순수이성비판 1

평범하고 정확한 우리말, 새번역

칸트

순수이성비판 1

평범하고 정확한 우리말, 새번역

임마누엘 칸트

코디정 옮김

읽어도 모르는 칸트에서 읽으면 이해되는 칸트로,
평범한 우리말로, 정확한 우리말로 순수이성비판을 읽읍시다!

목차

CONTENTS

역자가 독자에게 | 14쪽

순수이성비판 | 39쪽

선언문 | 45쪽
A판 헌사 | 46쪽
B판 헌사 | 47쪽

A판 머리말 | 57쪽
B판 머리말 | 70쪽

A판 서론 | 100쪽
B판 서론 | 112쪽

제1권 초월적 요소론 | 135쪽

제1부 초월적 감성 | 144쪽

      제1조 | 144쪽
 제1장 공간에 대하여 | 149쪽
    제2조 이 개념에 대한 형이상학적 개요 | 149쪽
    제3조 공간 개념의 초월적 개요 | 154쪽
 제2장 시간에 대하여 | 160쪽
    제4조 시간 개념에 대한 형이상학적 개요 | 160쪽
    제5조 시간 개념의 초월적 개요 | 162쪽
    제6조 이들 개념으로부터 나오는 결론 | 163쪽
    제7조 해명 | 166쪽
    제8조 초월적 감수성에 대한 전반적인 논평 | 171쪽
      제1항 | 171쪽
      제2항 | 177쪽
      제3항 | 179쪽
      제4항 | 181쪽
초월적 감성의 맺음말 | 182쪽

제2부 초월적 논리 | 185쪽

서론 | 초월적 논리라는 관념 | 196쪽

제1장 논리학 일반에 대하여 | 196쪽
제2장 초월 논리학에 대하여 | 202쪽
제3장 분석과 변증으로 일반 논리학을 구별함에 대하여 | 205쪽
제4장 초월적 분석과 변증으로 초월 논리학을 구별함에 대하여 | 209쪽

제1편 초월적 분석 | 212쪽

제1장 개념의 분석 | 214쪽

제1절 모든 순수 지식 개념 발견을 위한 단서에 대하여 | 215쪽

제1관 지식의 논리적 사용 일반에 대하여 | 216쪽
제2관 | 218쪽
    제9조 판단들 안에서 지식의 논리적 기능에 대하여 | 218쪽
제3관 | 225쪽
    제10조 순수 지식 개념 또는 범주에 대하여 | 225쪽
    제11조 | 233쪽
    제12조 | 236쪽

제2절 순수 지식 개념의 연역에 대하여 | 250쪽

제1관 | 250쪽
    제13조 초월적 연역 일반의 원리에 대하여 | 250쪽
    제14조 범주의 초월적 연역으로의 전환 | 257쪽

제2관(A판) 경험의 가능성을 위한 경험 무관한 근거들에 대하여 | 262쪽
    예비적 알림 | 265쪽
        제1항 직관에서 탐색의 종합에 대하여 | 265쪽
        제2항 상상력에서 복제의 종합에 대하여 | 267쪽
        제3항 개념에서 인지의 종합에 대하여 | 269쪽
        제4항 경험 무관한 인식으로서
            범주의 가능성에 대한 예비적 설명 | 275쪽

제3관(A판) 대상 일반에 대한 지식의 관계와
　　　　그것들을 경험 무관하게 인식할 가능성에 대하여 | 280쪽

요약: 순수 지식 개념의 이러한 연역은
　　　올바르며, 유일하게 가능한 것이다 | 289쪽

제2관(B판) 순수 지식 개념의 초월적 연역 | 292쪽
　　　　제15조 결합 일반의 가능성에 대하여 | 292쪽
　　　　제16조 지각의 근원적 종합의 하나됨에 대하여 | 294쪽
　　　　제17조 지각의 종합적 하나됨이라는 원리는
　　　　　　　모든 지식 사용의 최고 원리이다 | 298쪽
　　　　제18조 자기 의식의 객관적 하나됨이 무엇인지 | 301쪽
　　　　제19조 모든 판단의 논리 형식은 거기에 포함된
　　　　　　　개념들에 대한 지각의 객관적 하나됨이다 | 302쪽
　　　　제20조 모든 감각 직관은 범주의 지배를 받으며,
　　　　　　　범주 아래에서만 다양함이
　　　　　　　　　하나의 의식 안에서 합쳐질 수 있다 | 305쪽
　　　　제21조 주석 | 306쪽
　　　　제22조 범주는 경험 대상에 적용하는 것 이외의
　　　　　　　사물 인식을 위한 다른 용도는 없다 | 308쪽
　　　　제23조 | 310쪽
　　　　제24조 감각 일반의 대상들에 범주를 적용함에 대하여 | 312쪽
　　　　제25조 | 318쪽
　　　　제26조 경험에서 보편적으로 가능해지는
　　　　　　　순수 지식 개념의 사용에 대한 초월적 연역 | 320쪽
　　　　제27조 지식 개념들에 대한 연역의 결과 | 325쪽

이 연역의 요점 | 327쪽

제2장 원리의 분석 | 338쪽

서론 | 판단력 일반에 대하여 | 341쪽

제1절 순수 지식 개념의 윤곽 기능에 대하여 | 346쪽

제2절 순수 지식의 모든 원리의 체계 | 361쪽

제1관 모든 분석 판단의 최고 원리에 대하여 | 363쪽
제2관 모든 종합 판단의 최고 원리에 대하여 | 366쪽
제3관 순수 지식의 모든 종합 원리의 체계적인 표상 | 370쪽
    제1조 직관의 공리 | 375쪽
    제2조 포착의 예감 | 379쪽
    제3조 경험의 유추 | 389쪽
        제1항 제1 유추, 본질 불변의 원리 | 395쪽
        제2항 제2 유추, 인과성의 법칙을 따르는
        시간 순차성의 원리 | 402쪽
        제3항 제3 유추, 상호작용 또는 공동성의 법칙을 따르는
        동시성의 원리 | 420쪽
    제4조 경험적 생각 일반의 상정 | 428쪽

관념론 반박 | 438쪽

원리의 체계에 대한 일반 주석 | 447쪽

제3절 대상 일반을 현상물과 사유물로 구별하는 근거에 대하여 | 452쪽

부록, 지식의 경험적 사용과 초월적 사용의 혼동을 통해 생겨난
분별 개념의 모호함에 대하여 | 476쪽

제2편 초월적 변증(순수이성비판 2)

제2권 초월적 방법론(순수이성비판 2)

역자가 독자에게

철학은 언어 활동입니다.
그러므로 철학은 의미를 전해야 합니다.

의미불명에 빠진 철학이 무슨 소용이 있습니까? 몇몇 전문가의 해설에 의존하는 이 왜소한 철학에서 무엇을 기대할 수 있겠습니까? 사람들이 대철학자의 지혜를 왜곡하며 자기 목소리를 높일 때, 그들의 주장을 검증조차 못하는 이 언어는 얼마나 빈곤합니까? 알아듣지도 못할 언어 활동을 하면서, 사람들의 생활과 사회에 이로운 영향을 미치리라 기대하다니, 그게 가능이나 하겠습니까? 읽지 못하는 사람들이 읽지 않음을 정당화합니다. 칸트보다 칸트 연구자의 권위에 만족해하는 사람들이 칸트를 직접 읽으려는 사람들을 말립니다. 철학의 수호자들은 지금도 어딘가에서 이 작업을 조롱하고 있을지도 모릅니다. 인류 스승이 이 나라에서 벌어진 이런 사태를 알면 얼마나 괴로워하겠습니까?

나는 이 번역 작업을 하면서 두 가지 목표를 세웠습니다.

우리말이 철학을 번역하고 지식을 전하는 데 부족함 없는 언어임을 증명하는 일, 그것이 이 작업의 첫 번째 목표입니다. 한국어를 사용하는 언어 활동가라면 당연히 품을 만한 목표겠지요. 두 번째 목표는 순수이성비판의 메시지를 어지럽혀 온 신비주의 요소를 없앰으로써 임마누엘 칸트 철학의 참된 확실성과 대중성을 회복하고, 그의 지혜를 한국 독자들에게 널리 퍼뜨리는 일입니다. 긴 세월 동안 부당하게도, 순수이성비판은 난해한 책 혹은 불가해한 책이라는 오명에서 벗어나지 못했습니다. 독자가 그저 읽는 행위만으로도 칸트의 진심과 핵심을 이해할 수 있다면, 그리고 그런 결과물을 세상에 내놓을 수 있다면, 부당한 편견은 금세 사라지겠지요.

순수이성비판은 형이상학 책입니다. 칸트는 수학이나 과학처럼 형이상학이 믿을 만하고 안전한 학문이 되기를 희망했습니다. 그는 그 희망을 실현하기 위해 인류 역사에서 가장 확실한 학문 중 하나였던 논리학의 기초 위에 형이상학을 세웠습니다. 그러므로 이 책은 논리학 책이기도 합니다. '이성'이라는 단어 자체가 추론을 담당하는 논리학 용어입니다. 영원에서 영원까지 인간의 생각을 도약시키면서 인간이 닿을 수 없는 질문에 답하려는 이성의 성격을 충분히 해설하고 비판하기 위해, 칸트는 직관에서 시작하여 개념이 등장하는 극히 짧은 순간을 인내심 있게 분석하고 탐구했습니다. 독자들이 그 과정을 목격하고 이해하기 위해서는 인내심만큼이나 논리학 지식이 필요합니다. 그런데 기존 번역어를 만든 일본 학자들은 칸트를 번역하기에 적합한 수준의 논리학 지식을 갖지 못했던 것으로 보입니다. 그들의 문장이 나빴다거나, 그들이 독일어를 몰랐다거나, 혹은 단순히 오역과 누락을 했다는 게 아닙니다. 칸트 번역에 적합한 단어를 선별해 내는 능력이 부족했다는 게 문제의 핵심입니다. (그럼에도 여전히 '번역은 일본이지'라는 자욱한 환상을 편안해하는 지식인들이 많습니다) 칸트는 이 책의 서문에서 명확하고 확실한 저술 방법을 강조했습니다. 그렇다면 순수이성비판의 역자는 의미가 명료하면서 논리학적 판단을 표현하는 데에도 적합한 단어를 선택해야 합니다. 그런 선택에서는 논리학 기본 원리인 모순율 위반 가능성까지 검토해야 합니다(모순율을 어긴 번역어는 의미를 전달하지 못하기 때문이지요). 하지만 초기의 번역자들은 일을 그르쳤습니다. 전혀 다른 언어 체계를 사용하는 그들은 로마자 알파벳의 속박에서 자유로웠습니다. 그래서 더 정확하고 더 선명한 의미를 나타낼 수 있는 재량이 있었습니다. 그러나 그런 기회와 특권조차 칸트를 신비주의 사상가로 변질시키고 말았습니다. 불행하게도, 그들의 잘못은 바다 건너 우리나라 지식인에게 계승되었습니다. 오류와 결핍은 지혜도 지식도 아닙니다. 그러므로 그런 것들을 계승하기는커녕 잘라내야 합니다. 나는 첫 번째 목표를 이루기 위해서 일본 학자(그가 누구인지 알 수 없지만)의 오류와 결핍을 끊어내는 일이 필수적임을 깨달았습니다. 한국어를 사용하는 우리 후손들을 생각하면서 적당히 타협하지 않았습니다. 한편으로는 우리말의 어법에 맞게, 다른 한편으로는 논리학에 맞게 번역어를 변경했습니다.

물론 이런 작업의 결과, 기존 번역어에 익숙한 전문가께서는 매우 불편해하면서 이 역사적인 작업을 부정적으로 비평하실지도 모르겠습니다. 죄송스럽게 생각합니다. 그러나 우리가 잃을 것은 전문가 여러분의 불편함뿐입니다. 그밖에 무엇을 더 상실합니까? 여러분은 어차피 독일어 원전을 열람하시지 않습니까? 그러나 한국어 번역본을 찾는 독자들은 이 책이 읽고 이해할 수 있는 유일한 번역일지도 모릅니다.

소수의 모임에서 자기들끼리 알아듣는 언어로 소통하는 것보다(철학자들이 어째서 이런 문화를 편안해하는지 나는 납득할 수 없습니다), 수많은 독자 속에서 누구나 알아듣는 언어 활동을 하는 것이 훨씬 의미있고 이익도 되는 일 아닙니까? 플라톤은 철학자의 세계를 꿈꿨지만, 지금 시대에서 누가 철학자에게 지혜를 구합니까? 낡은 언어를 폐기하고, 소크라테스처럼 대화합시다. 현재 혹은 미래에서 활약할 우리 사회의 리더들이 있습니다. 그들이 새롭게 거듭난 철학책을 읽을 수 있도록, 그들이 철학책에서 더 쉽게 지혜를 얻을 수 있도록, 그리하여 그들이 더 현명하게 활약할 수 있도록, 그런 분위기를 조성하는 게 더 시급하고 더 중요한 일이 아니겠습니까?

철학은 엄밀한 개념의 학문이기 때문에 그렇게 함부로 용어를 바꿔서는 안 된다고, 누군가 이야기하고 있을지도 모르겠습니다. 나는 이런 '똑똑한 입장'에 맞설 마땅한 대처법이 없습니다. 다만, 독자를 위해 이런 정도의 해명은 필요할 것 같습니다. 철학만이 아니라 대부분 학문이 엄밀한 개념으로 이루어졌습니다. 실용적인 기술조차 엄밀하지 않으면 유용성을 잃습니다. 도대체 어떤 학문이 철학보다 엄밀하지 않은지 나는 모르겠습니다. 높은 곳을 달리며 엄밀함을 숭상한다는 사람들이 정작 엄밀하지 않은 경우도 많습니다. 그래서 나는 그분들이 말하는 엄밀함의 실제 사례를 순수이성비판의 번역에서 보고 싶습니다. 독일인 칸트는 한국어로 혹은 한자어로 글을 쓰지 않았습니다. 그렇다면 순수이성비판 번역어에서 어떤 단어가 엄밀하다는 건가요?

한국어로 번역된 기존 순수이성비판은 우리말의 무덤입니다. 불명료함이 난해함을 압도하고, 모호함으로 말미암아 엄밀함이 숨을 거둔 책, 한국어 옷을 입은 채 의미를 혼란스럽게 만드는 일본 한자어의 전횡, 이런 번역을 그대로 방치하거나 답습하고 있다는 간단한 사실로부터, 나는 이 나라의 철학이 그다지 엄밀하지 않음을 발견했습니다. 그러나 나는 독자에게 이 책의 모든 단어가 그리고 모든 문장이 기존 번역보다 훨씬 선명하고 정확함을 보증합니다. 만약 엄밀함을 문제로 삼는다면, 기존 번역 문장과 한 쪽 분량으로 이 책의 문장을 비교해 주시기 바랍니다.

이 책은 칸트를 한국어로 읽고자 하는 모든 한국인을 위한 번역입니다. 그러므로 칸트 전공자를 위한 학문 목적의 번역은 아닙니다. 하지만 그분들에게도 이 책이 좋은 교본이 되리라 생각합니다. 왜냐하면 이 책이 그분들의 논문에는 유용하지 않을지라도 대중에게 칸트를 설명하는 우리말의 모범을 참고할 교재가 될 수는 있기 때문입니다. 나는 평생 숨쉬듯 철학하시는 학자들의 지적 수준과 독일어 능력을 의심하지 않습니다. 이는 그분들이 내 전문 분야의 지식을 의심할 수 없는 것과 마찬가지입니다. 그런데 번역을 둘러싼 해묵은 문제가 역자의 독일어 실력에서 비롯된 건 아니지 않나요? 나는 단지 그분들의 한국어 능력을 의심할 뿐입니다. 거기에서 모든 문제가 생겨났습니다. 이 책이 그분들의 학문적 성과를 폄훼하지도 않습니다. 다만 나는 지혜와 지식을 구하는 독자가 칸트의 정당한 청중이 될 수 있도록 언어 교량을 만들고자 했을 뿐입니다.

이 책은 영어 번역본을 저본으로 삼았습니다. 캠브리지 대학 출판사의 폴 가이어, 알렌 우드 공역 판본(Paul Guyer & Allen W. Wood, 1999)과 해켓 출판사의 플루하르 판본(Werner S. Pluhar, 1999)을 주된 저본으로 삼고, 캠프 스미스의 판본(Norman Kemp Smith, 1929)을 참고본으로 하여 번역했습니다. 그리고 필요에 따라 이 번역을 최재희 번역본(박영사, 2019)과 백종현 번역본(아카넷, 2006)과 대조했습니다. 중역을 싫어하는 사람의 마음을 모르는 건 아닙니다. 그러나 나는 이 번역이 한국 독자에게 부족함이 없다고 자부합니다. 왜냐하면 앞에서 언급한 것처럼 기존 번역의 문제점이 독일어 원전 번역을 제대로 하지 않은 탓에 발생한 것은 아니었기 때문입니다. 또한 영어 번역본 자체가 순수이성비판 독일어 원본인 1781년 초판(A판)과 1787년 개정판(B판)을 충실히 번역했으며, 칸트 학계에서 권위를 인정받은 판본이기도 하기 때문입니다. 다시 말해 학자들도 저 영어 판본들을 읽습니다. 또한 독일어 원전을 한국어로 번역한 최재희 번역본과 백종현 번역본을 통해 대조했으므로, 이 번역에서 함부로 누락된 부분은 없으리라 생각합니다. 무엇보다 역자가 납득할 수 없고 독자가 이해할 수 없는 단어와 문장이 생기지 않도록, 수십 번의 검토를 거쳐 모든 단어와 문장을 점검했기 때문이기도 합니다. 또한 언어를 자유롭게 넘나드는 인공지능인 챗지피티와 제미나이를 통해서 번역을 검증하기도 했습니다. 만약 이 번역본이 의심스럽다면, 기존 학자의 번역본을 함께 읽어주시기를 추천합니다. 칸트의 모든 표준 번역에는 A판과 B판의 쪽번호가 표시되어 있으므로 병행 독서가 가능합니다.

이 책은 기존 번역본과 많은 차이가 있습니다. 똑같은 책을 번역한 것이 맞나 싶을 정도로 큰 차이라고 생각하실지도 모릅니다. 우선 주요 개념에서 많이 다릅니다. 평범한 한국인이 전혀 이해할 수 없는 단어는 번역어로 쓰지 않았습니다. 철학계에서 흔히 통용되는 단어일지라도, 기존 번역어의 의미와 칸트가 전하려는 의미가 서로 충돌하는 경우, 다시 말해 번역어에 담긴 칸트의 생각과 그 번역어를 접하고 한국인의 머릿속에서 떠오르는 의미가 다른 경우에는 기존 번역어를 폐기하고 새로운 번역어를 모색했습니다. 칸트를 위하고 동시에 독자를 위하는 그 과정이 몹시 고통스러웠습니다. 모든 단어는 칸트의 생각을 담기에 적합해야 합니다. 그리고 평범한 한국인이 독서하는 데 어려움이 없어야 하며, 번역어의 의미는 칸트가 전하려는 의미와 일치해야 합니다. 어떤 단어를 변경하고 수정했는지에 관해서는 본문 곳곳에서 반복적으로 표시되어 있으므로 여기에서는 별도로 언급하지 않겠습니다.

유감스럽게도 이 책은 순수이성비판 완역본이 아닙니다. 초월적 요소론의 초월적 분석까지의 번역입니다. 초월적 변증부터 마지막까지의 번역 작업은 더 시간이 필요합니다. 이 작업을 시작하면서 나는 당연히 완역본을 목표로 했습니다. 그러나 작업하는 도중에, 주석과 해설 탓에 분량이 너무 늘어나 버렸습니다. 만약 완역본을 출간한다면 가격과 분량 면에서 독자들이 사서 읽는 데 생기는 심리적 부담을 감당하기 어려울 것으로 보였습니다. 그래서 부득이 절반의 성과를 세상에 펴냅니다. 신의 존재 증명 같은 형이상학적 이슈는 오늘날 독자에게 큰 관심거리가 아닙니다. 이런 현대적 관점에서 보자면 이 절반이 순수이성비판의 핵심이며, 독자는 충분히 독서의 기쁨과 배움을 얻을 수 있습니다. 독자의 날카로운 지적을 반영하여 책의 오류를 더 신속하고 더 유연하게 바로잡을 수도 있기 때문에, '절반의 출간'이 역자에게 이롭기도 합니다.

완역본을 펴내는 일은 멋져 보입니다. 그러나 순수이성비판 번역 작업에서 역자의 명예는 하나도 중요하지 않습니다. 오직 빛날 사람은 칸트와 칸트를 읽는 독자들입니다. 그러므로 나는 작업의 완성을 성급히 좇을 필요는 없다고 생각했습니다. 완역본의 출간 시기는 세상의 반응에 따라 정해지겠지요. 이렇게 절반의 출간을 함에도 불구하고, 이 책에는 아주 많은 역자 주석이 있습니다. 그저 독자의 독서를 돕기 위한 유용함이 주석들의 존재 이유입니다. 주석을 즐겨 주시기 바랍니다. 역자의 주석이 독자가 오해의 늪에 빠지지 않도록 지켜줄 것입니다.

책을 읽어도, '내가 정말 제대로 읽었는지', '오해와 이해 사이에서 나는 어느 쪽에 있는 것인지' 모를 때가 많습니다. 이는 모든 독서가의 고충입니다. 특히 순수이성비판처럼 보이지 않는 머릿속 세계를 논리와 이치만으로 풀어내는 이런 책에서는 그 고충이 더욱 심합니다. 그래서 나는 독서를 점검해 줄 수 있는 다양한 사례와 예시 문제를 준비했습니다. 그런데 복습 문제가 많아지면서 본말전도 현상이 나타나는 것 같았습니다. 위대한 철학자의 책을 번역하면서 역자가 너무 시끄럽게 구는 듯한 부작용이 느껴졌습니다. 아무리 친절하게 접대하고 선의를 표현하더라도 지나치면 좋지 않습니다. 그래서 복습 문제들을 번역본에서 떼어내어 별도로 문제집을 제작했습니다. 그리고 이 책은 누구의 도움 없이 혼자서도 읽고, 이해하고, 생각할 수 있는 번역본이 되도록 구성했습니다. 전자는 '순수이성비판 우리말 새번역 문제집'이, 후자는 '순수이성비판 우리말 새번역 워크북'의 위상을 갖습니다. 워크북답게, 이 책에는 우리말 새번역만이 아니라, 다양한 주석, 번역 비교표, 삽화, 다이어그램 등이 실려 있습니다. 역자의 진심과 정성이 독자에게 전해지기를 희망합니다.

책보다 스마트폰이 더 유용하고, 고전보다 유튜브가 더 재미있는 오늘날, 과연 이 책이 얼마나 많은 독자에게 전해질지 궁금합니다. 그럼에도 이 새로운 우리말 번역이 지적 허세에서 벗어나 만인을 위한 실사구시 언어로 생각을 표현하는 지식 문화를 만드는 데 이정표 역할을 하리라 확신합니다. 만약 여러분이 이 책을 통해 칸트의 지혜를 얻는 데 성공하셨다면, 일본식 한자어에서 독립한 우리말의 경사입니다. 세상에 널리 알려주시기 바랍니다. 이런 일에는 많은 응원과 후원이 필요합니다. 이 책이 나오기 전에 벌써 여러분이 물질적으로 후원해 주셨습니다. 손연우, 홍창민, 이자성, 지용일, 꽤씸한 오빈씨, 강진기, 황우기, 신기섭, 홍준호 님 덕분입니다. 또한 이 책이 출간되기 전에 가장 먼저 번역본을 읽으며 칸트 여행을 함께했던 강태훈, 구건회, 권오빈, 권지형, 김명신, 김성한, 김유진, 김현정, 박시원, 박한진, 박현준, 송희정, 오태수, 유주아, 윤지열, 이겨울, 이민지, 이승진, 이원석, 이희내, 임민혁, 장지원, 전성룡, 정다인, 최상수, 허성엽, 클라라 님에게도 깊은 감사의 말씀을 표현합니다.

그런데 역자는 독자 여러분께서 순수이성비판을 읽으실 때, 더 정확하고 더 쉬운 길을 찾기를 희망합니다. 그런 희망을 담아 칸트의 주요 개념을 먼저 그림과 간단한 설명을 통해 해설합니다. 이런 그림과 해설에 오류는 없으리라 확신하지만, 어디까지나 비유적인 설명입니다. 만약 역자의 설명과 칸트가 전하려는 내용 사이에 차이가 있다면, 칸트의 설명에 더 귀를 기울여 주시기 바랍니다. 우리가 떠나려는 이 지적인 여행은 칸트가 만들어 놓은 세계에서 행해지는 것이지, 역자의 세계가 아니기 때문입니다.

이 책에 칸트가 있습니다.
저 겸손한 할아버지의 위대한 사상이 독자 여러분을 기다립니다.

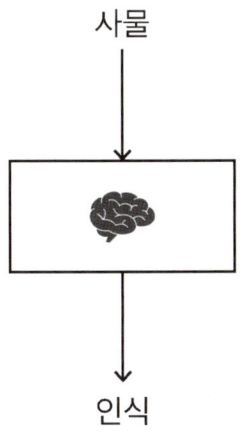
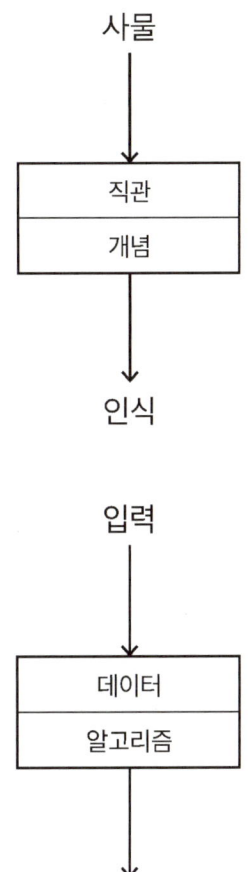

로크는 인간은 누구나 백지 상태에서 시작하며, 경험을 통해 텅 빈 머리를 채워 나간다고 말했습니다. 그렇다면 그게 어떻게 가능할까요? 사물을 보고 그 사물을 알게 될 때까지의 그 짧은 순간, 대체 머릿속에서는 무슨 일이 일어나는 걸까요? 이 질문에 대한 답변이 순수이성비판입니다.

사물에 대한 인식은 두 가지가 필요합니다. 직관과 개념입니다. 감각 자료가 머리 안으로 들어와야 하고, 그다음 개념을 적용해야 합니다. 이것이 인간 지능의 기본 과정이자 구조입니다. 인공지능도 비슷합니다. 입력과 출력 관계에서, 데이터가 입력되어야 하고, 알고리즘을 적용해야 비로소 판단이 가능해집니다. 칸트가 설명하는 머리 구조가 잘 이해되지 않는다면, 컴퓨터의 구조를 유추해 봅시다.

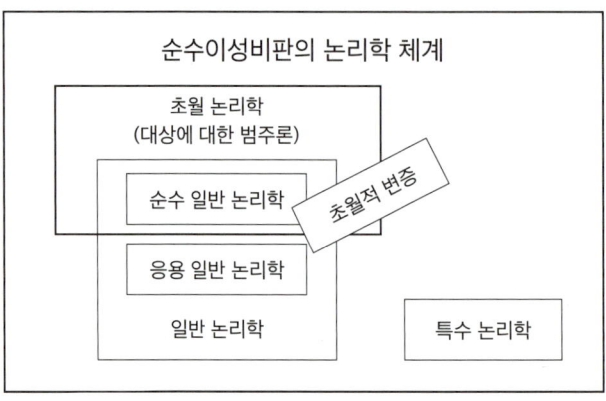

순수이성비판은 논리학에서 학문의 확실함을 찾으려는 형이상학 책입니다. 칸트는 자신의 논리학을 일컬어 초월 논리학이라고 칭했습니다. 전통적인 일반 논리학 중에서 경험적인 부분을 제외한 순수 일반 논리학만을 선택하고, 거기에 직관 부분을 추가해서 결합한 논리학입니다. 칸트의 논리학은 〈대상 인식 과정에서 머릿속에서 항상 나타나는 논리학〉으로 이해하면 대략 맞습니다. 일반 논리학은 내용을 배제하고 생각의 형식만을 분석했고, 그래서 이성의 추론까지 그 분석에 포함했기 때문에, 인간 머리 안에서 어떻게 경험이 가능하고, 어떻게 사물에 대한 앎이 탄생하는지 답할 수 없었으며, 이성의 오류를 분별하지 못했습니다. 칸트는 이 모든 문제를 초월 논리학을 통해 분석하고 규명합니다.

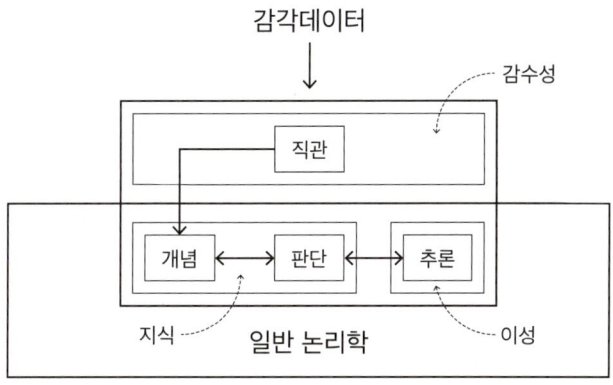

칸트는 인간의 의식을 크게 세 개로 분류합니다. 감각 데이터를 받아들이는 수용성인 감수성, 수용된 감각 데이터를 편집하고 개념을 부여하여 대상을 판단하는 지식, 그리고 생각의 도약(추론)을 담당하는 이성입니다. 순수이성비판 1은 이 중에서 감수성과 지식을 분석합니다. 순수이성비판 2에서 이성 추론을 탐구합니다.

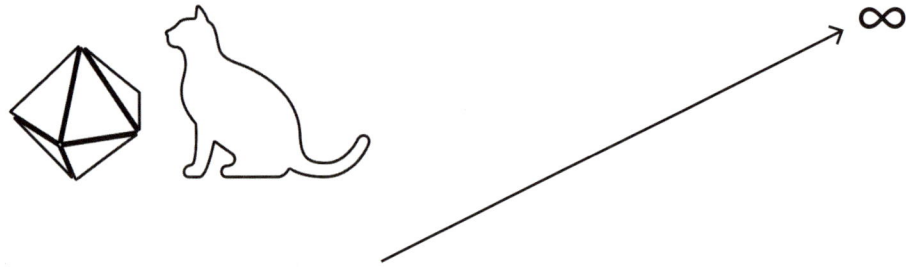

머리 바깥에 있는 사물이 크기와 어떤 위치 관계를 갖는다면, 그 사물은 머릿속에서도 그 크기와 위치 관계가 파악돼야 합니다. 모든 사물이 크기를 갖는다면, 인간의 머리는 예외 없이 모든 사물의 크기를 받아들일 준비가 돼야 합니다. 그것이 공간이라는 순수 직관입니다. 공간은 감각적인 틀입니다. 순수란 사람의 경험에 의해 없어지거나 바뀌지 않는다는 의미이고, 직관이란 의식 속으로 데이터가 들어오는 것을 뜻합니다.

우리는 누가 가르쳐주지도 않았음에도 불변과 변화를, 변하는 것의 순서를, 그리고 그것들의 동시성을 알아챕니다. 이 모든 것은 시간적인 것이니, 우리 의식 안에 시간이 들어있어야 합니다. 의식 안의 시간은 시계로 계측하는 물리적 시간이 아닙니다. 이 시간은 직접 인식할 수 있는 대상이 아니며, 실체도 없습니다. 영원히 흐르는 선분을 떠올리면서 시간의 속성을 파악할 뿐이지만, 이 시간은 모든 사물에 예외 없이 적용되니, 그러므로 이것은 모든 인간의 머리 안에 준비되어 있는 순수 직관입니다. 머릿속으로 들어오는 감각 자료는 모두 시간의 형식으로 변환됩니다.

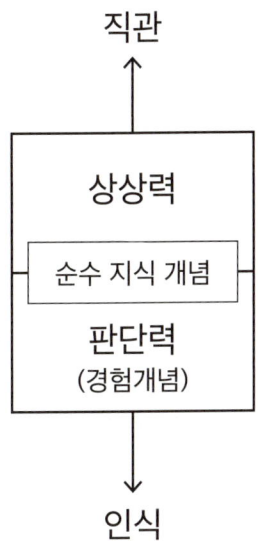

칸트는 인간 의식의 감수성 영역과 지식 영역이 완전히 분리되어 있다고 생각했습니다. 감수성은 데이터를 받기만 하는 수용성이고 능동적인 힘이 없는 반면, 지식은 데이터를 편집하는 자발성을 갖고 있기는 해도, 데이터가 없기 때문입니다. 의식 속 무엇인가가 감수성 안에 있는 직관 데이터에서 필요한 것만을 '편집'하고 가져와야 합니다. 그것이 바로 상상력입니다. 상상력은 감수성 영역에서 1차 편집하고, 지식 영역에서 2차 편집을 하는데, 이런 일을 가능하게 하려면 상상력에 특별한 기능이 기본 값으로 있어야 합니다. 칸트는 그것을 일컬어 순수 지식 개념, 다시 말해 범주라 칭했습니다. 상상력이 일을 마치면, 판단력이 편집된 데이터에 경험 개념을 적용하여 인식에 이르게 됩니다.

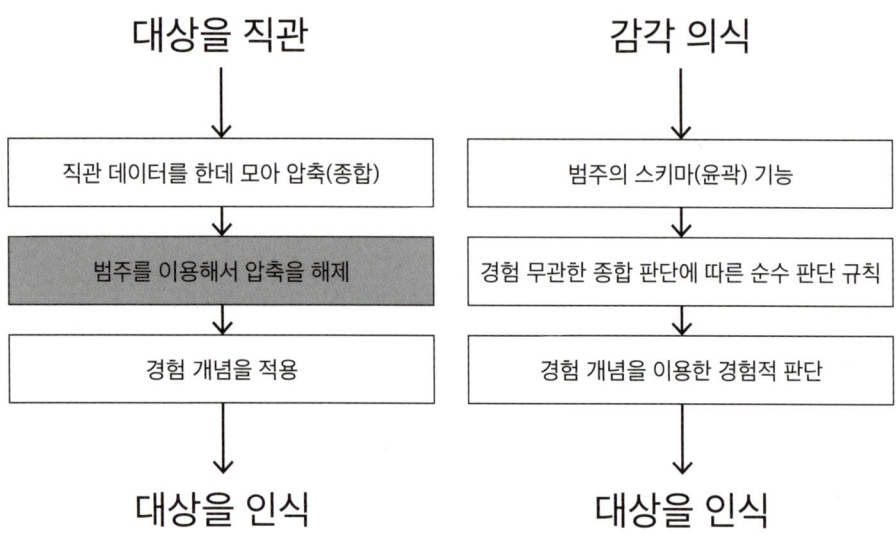

순수이성비판을 읽는 많은 독자가 범주의 기원과 존재까지는 이해해도, 그것들이 대체 대상 인식에서 구체적으로 어떤 역할을 하는지 이해하지 못합니다. 직관을 통해 대상 데이터가 머리 안으로 들어오면, 그 데이터는 아주 다양하고 많고 무질서합니다. 상상력은 필요한 데이터만 한데 모아 종합합니다. 범주는 이런 압축을 풀어냅니다. 순간적으로 유의미한 의미의 실루엣만을 뽑아내어, 데이터 처리 규칙(시간 규칙)을 만들어 냅니다. 그러면 판단력이 그 규칙에 따라 경험 개념을 적용하여 대상을 인식합니다.

범주는 감각 데이터에서 스키마 기능을 적용하여 양, 질, 관계, 양상의 네 가지 윤곽을 찾아냅니다. 이 윤곽을 통해 경험 무관한 종합 판단에 따른 순수 판단 규칙이 생깁니다. 그다음 판단력은 이 규칙에 따라 경험 개념을 적용해 대상을 인식합니다.

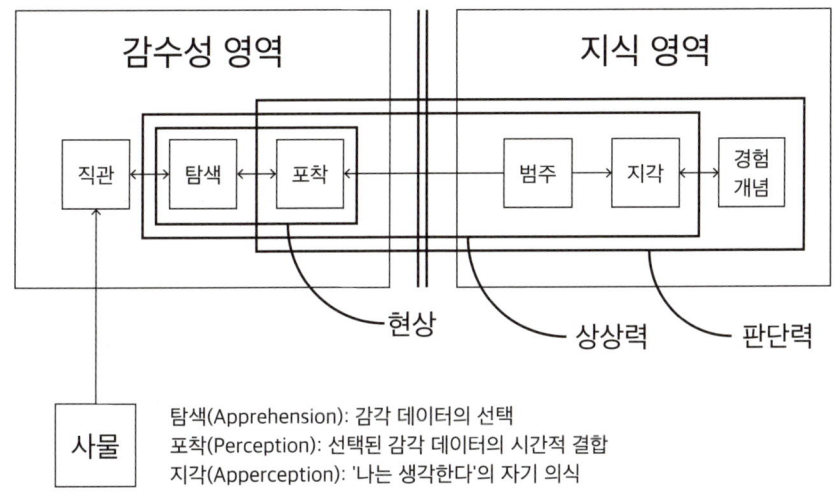

탐색(Apprehension): 감각 데이터의 선택
포착(Perception): 선택된 감각 데이터의 시간적 결합
지각(Apperception): '나는 생각한다'의 자기 의식

이것이 순수이성비판 1이 설명하고 있는 우리 의식 안에서 이루어지는 전체 데이터 처리 구조입니다. 이 그림이 순수이성비판 독서 여행에서 나침반 역할을 해 주리라 기대합니다.

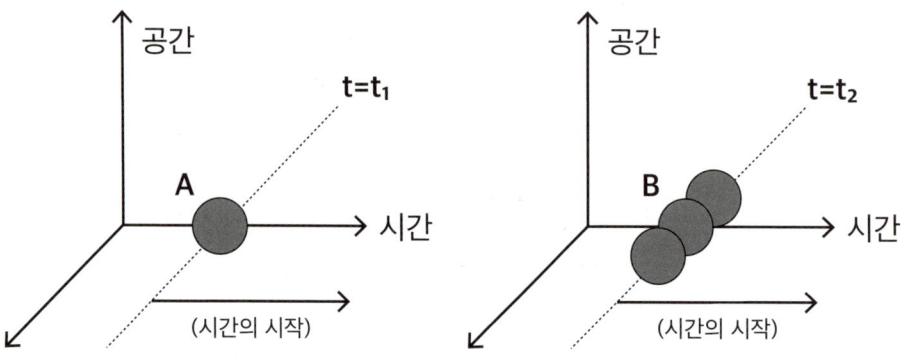

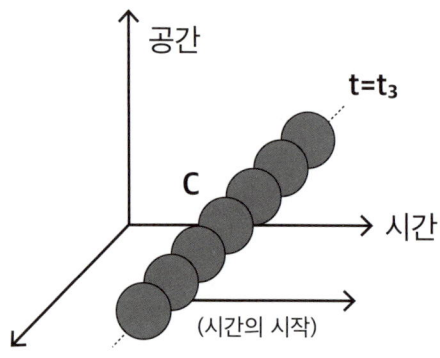

위 그림은 양의 범주에서 나타나는 첫 번째 경험 무관한 종합 판단(직관의 공리)을 나타낸 것입니다. 크기를 갖는 1개의 대상(A)이 직관될 때, 그 대상에 대한 우리 의식이 시작됩니다. 다시 말해 t_1이라는 시점에서 비로소 대상이 의식 속에서 존재하기 시작합니다. 우리 의식은 아무것도 없는 상태에서 시작되지 않습니다.

우리 의식은 복수의 대상(B)이 직관될 때, 같은 사물이라도 양의 많고 적음을, 다시 말해 양적 차이를 구별할 수 있습니다. 복수의 대상은 t_2라는 시점에서 우리 의식 속에서 존재하기 시작합니다.

위 그림은 양의 범주 중에서 '전체'의 범주에 관한 직관의 공리를 나타낸 것입니다. 같은 종류의 사물로서 크기를 갖는 대상들이 공간 안으로 가득 직관될 수 있고, 그러면 그 전부를 하나(C)로 보아 우리 의식이 t_3라는 시점에서 시작됩니다.

**감각의 등급
(시간의 채움)**

부정　　　제한　　　실체　　→ 시간

위 그림은 질의 범주에서 나타나는 두 번째 경험 무관한 종합 판단(포착의 예감)을 나타내었습니다. 우리 감각 의식은 시간이 지남에 따라 매우 선명할 수도 있고, 흐릿해질 수도 있으며, 사라질 수도 있습니다. 칸트는 이를 '시간의 채움'이라고 표현했습니다. 대상을 직접 보고 있을 때, 감각 의식은 그 대상에 대한 시간을 가득 채웁니다(실체). 그러나 그 대상으로부터 멀어지면 그 감각의 세기는 점점 줄어들 것입니다(제한). 그러다가 그 감각은 완전히 사라질 수 있습니다(부정). 우리는 우리의 감각 의식이 시간이 지남에 따라 그 세기가 줄어들거나 강하게 나타나게 되는 변화를 실제로 경험하지 않고서도 예감할 수 있습니다.

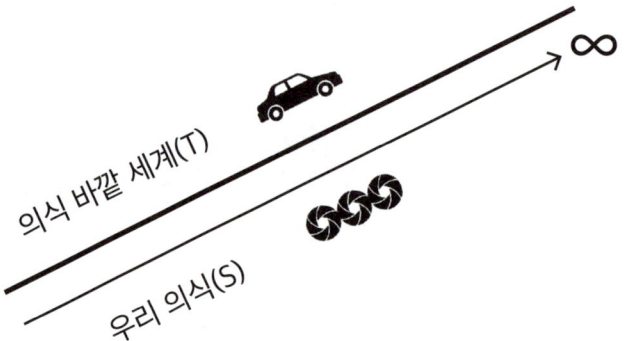

위 그림은 관계의 범주에서 나타나는 세 번째 경험 무관한 종합 판단(경험의 유추) 중에서 일반 원리를 나타낸 것입니다. 유추란 소스 도메인(S)과 타깃 도메인(T) 사이의 유사점에 기초해, 소스의 구조를 타깃에 적용해 보는 추론입니다. 칸트에게 경험이란 경험적 인식이며, 즉 우리 의식에서 생기는 감각 의식과 개념이 결합된 인식입니다. 그런데 시간은 무한히 흐르는 양이며, 직관의 공리에 의해 의식 속에 들어온 대상은 지속합니다. 그러므로 경험도 시간적인 양을 가져야 합니다. 경험의 유추란, 우리 의식(S)에서 어떤 시간적인 관계가 성립한다면, 우리 의식 바깥 세계(T)에서도 그런 시간적 관계가 성립하리라는 추론입니다. 동일한 대상에 대한 감각 의식이 서로 시간적으로 연결될 때, 그 대상에 대한 경험적 인식이 비로소 성립합니다. 다시 말해 경험은 머릿속 감각 의식이 서로 시간적으로 연결되고 연합해야만 가능해집니다.

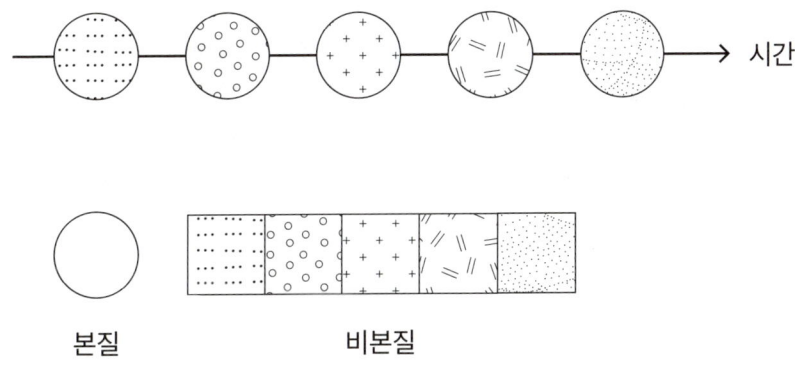

위 그림은 관계의 범주에서 나타나는 네 번째 경험 무관한 종합 판단(제1 유추: 본질 불변의 원리)을 개념적으로 나타냈습니다. 모든 것이 전부 변한다면 우리는 그 변화를 알 수 없습니다. 무엇인가 변하지 않는 것도 있어야 변화를 알 수 있습니다. 칸트는 인간이 변화를 파악할 수 있는 까닭은 순수 지식 개념 중에 모든 변화의 토대가 되는 불변성 개념이 있기 때문이라고 설명합니다. 그리고 그것이 본질substance입니다. 우리 의식 안에는 시간 속에서 변하지 않는 불변성이 있고, 이런 의식의 불변성이 외부 대상에서 불변의 것을 찾아냅니다.

관계의 윤곽
(시간 속에서의 상호 관계)

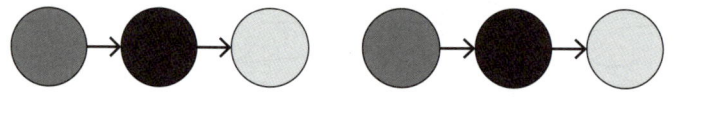

인과관계

관계의 범주에서 나타나는 다섯 번째 경험 무관한 종합 판단(제2 유추: 인과성의 원리)은 매우 중요하지만 오해하기 십상이기 때문에 유의해야 합니다. 모든 변화는 시간 속에서 이루어지며, 앞에 있는 것이 뒤따르는 것의 원인이며, 뒤따르는 것이 결과입니다. 그러나 인과성의 순수 개념은 이런 순서만의 윤곽과 규칙을 경험 개념에 알려주는 것이지, 감각 의식 자체에서 직접 인과성을 결정하지는 않습니다. 만약 그런 식으로 오해한다면, 모든 인간은 동일한 원인과 동일한 결과를 인식해야 합니다. 하지만 실제로는 순수 개념 이후에 적용되는 경험 개념에 의해 사람마다 인과성의 내용이 달라지곤 합니다.

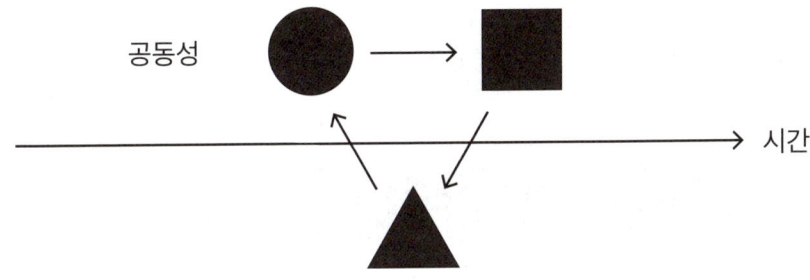

관계의 범주에서 나타나는 여섯 번째 경험 무관한 종합 판단(제3 유추: 동시성의 원리)는 서로 다른 두 종류 이상의 본질이 동시에 존재함을 인간이 경험 무관하게 인식할 수 있는 조건을 해명합니다. 우리 의식 안에서 시간은 오직 흐르기만 합니다. 그러므로 무엇인가가 동일한 시간에 공동으로 존재함을 인식려면, 어떤 분명한 기준이 있어야 합니다. 불변하는 것들이 단순히 같은 시점에 존재한다는 사실만으로는 그것들이 동시에 포착된다고 할 수 없습니다(그런 포착은 객관적이지 않고 우연적이며 사람마다 다르게 감각될 수 있기 때문입니다). 그러나 그것들이 서로 영향을 주고받으며 변화를 일으키는 경우, 다시 말해 서로 원인과 결과가 되는 경우, 우리 의식은 비로소 그것들이 동시에 존재함을 인식할 수 있습니다. 예컨대 두 사람이 악수를 하거나, 두 권투 선수가 경기를 할 때, 각각의 움직임은 상대방의 존재에 의해 영향을 받습니다. 이런 상호작용이 있을 때에만, 우리 의식은 두 사람이 동시에 있음을 확실히 인식할 수 있습니다.

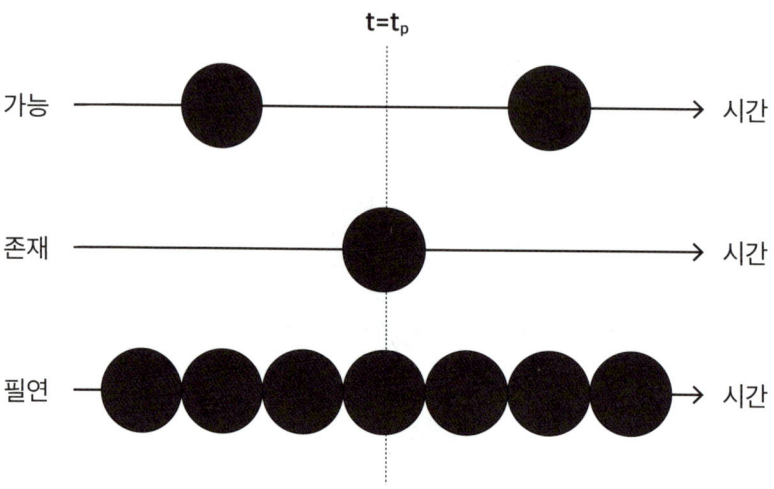

위 그림은 양상의 범주에서 나타나는 일곱 번째, 여덟 번째, 아홉 번째 경험 무관한 종합 판단(경험적 생각 일반의 상정)을 대략적으로 나타낸 것입니다. 칸트의 범주론은 인간 인식의 객관적 실체를 보증하는 필수적인 수단이며, 양상의 범주에서 정점을 이룹니다. 우리의 머릿속에서도 어떤 생각이 대상이 직관과 개념을 함께 포함하고 있다면, 그것은 실제로 있을 것입니다. 그런데 그것이 그 대상이 지금(t_p라는 시간) 기준으로 감각 의식 속에 있다면, 그것은 실제로 있습니다. 만약 그것이 모든 시간에서 감각되는 것이라면 항상 있어야 합니다. '드래곤'은 직관이 없기 때문에, 양상의 범주 어디에서도 그 윤곽을 얻을 수 없습니다. 그러나 '고양이'는 지금 내 앞에 없더라도 어딘가에는 있을 것이라고 우리는 상정할 수 있습니다. 이 '상정'이 바로 양상의 범주가 제공하는 인식의 형식입니다.

칸트 할아버지에 대한 존경심을 담아
우리말에 대한 애정을 담아
독자에게 새로운 번역을 바칩니다

순수이성비판

순수이성비판 1
우리말 새번역

선언문과 헌사

선언문(B판)

B둘

베룰람의 베이컨
〈대혁신〉 머리말

우리 자신에 관해서는 침묵한다. 그러나 우리가 다루고자 하는 이 문제에 관해서는, 사람들이 하나의 의견이 아니라 작업으로 생각해 주기를 바란다. 이 작업은 어떤 학파나 우리가 좋아하는 취향을 위한 것이 아니라, 인류의 공리와 존엄의 토대를 세우기 위함이다. 그러므로 모든 사람은 이 작업에 대하여 저마다 공동의 이익을 생각하면서 … 자기 자신의 몫까지 생각하면서 … 숙고할 수 있을 것이다. 더욱이 사람들은 우리의 혁신 작업이 그 어떤 무한한 주장도, 인간의 한계를 넘어서는 그 어떤 주장도 하지 않음을 알게 될 것이다. 왜냐하면 참된 혁신은 단지 한없는 오류를 끝장낼 뿐이요, 그것만이 정당한 목표이기 때문이다.

A판 헌사

왕국 장관
폰 채틀리츠 남작 각하께

A넷

A다섯

학문의 성장을 위해 저마다 자신의 몫을 다하는 일이야말로 각하께서 관심을 두시는 일입니다. 저희의 노력과 각하의 관심이 한마음이니, 이는 학문의 수호자라는 각하의 높은 지위에서만이 아니라, 계몽의 권위자이시자 학문을 사랑하시는 그 친숙한 우정에서도 비롯됩니다. 이런 이유로 저는 학문 증진의 목표에 소용될 수 있도록 그저 제가 가진 능력을 다해 각하께서 베풀어주신 은혜로운 신뢰에 감사하는 마음을 표현하고자 합니다.

현명하시고 권한도 지닌 심판자의 칭찬이야말로 사색하며 살아가는 사람에게는 더 없이 좋은 소망이자, 이 멀고 험난한 작업에 — 서민들에게는 보이지 않을 위대함일지라도 — 힘찬 격려가 됩니다.

그런 판단과 각하의 은혜로운 관심을 위해 저의 졸저를 각하께 바칩니다. 저는 모든 예를 다하여 이 저술 작업에 관련한 모든 일을 각하의 보호 아래에 두겠습니다.

A여섯

존경하는 마음을 남아,
당신의 종복

임마누엘 칸트 배상

쾨니히스베르크, 1781년 3월 29일.

B판 헌사

B다섯 왕국 장관
폰 채틀리츠 남작 각하께

학문의 성장을 위해 저마다 자신의 몫을 다하는 일이야말로 각하께서 관심을 두시는 일입니다. 저희의 노력과 각하의 관심이 한마음이니, 이는 학문의 수호자라는 각하의 높은 지위에서만이 아니라, 계몽의 권위자이시자 학문을 사랑하시는 그 친숙한 우정에서도 비롯됩니다. 이런 이유로 저는 학문 증진의 목표에 소용될 수 있도록 그저 제가 가진 능력을 다해 각하께서 베풀어주신 은혜로운 신뢰에 감사하는 마음을 표현하고자 합니다.

B여섯 이 작업의 초판에 배풀어주신 각하의 동일한 호의를 구하구자 졸저의 재판을 각하께 바칩니다. 저는 마찬가지로 모든 예를 다하여 이 저술 작업에 관련한 모든 일을 각하의 보호 아래에 두겠습니다.

존경하는 마음을 담아,
당신의 종복

임마누엘 칸트 배상

쾨니히스베르크, 1787년 4월 23일.

주요 개념 번역 비교 및 해설

독일어(라틴어)	영어	기존 번역
Dogmatismus	Dogmatism	독단론(최재희) 교조주의(백종현)
Diskursiv	Discursive	추리적(최), 논변적(백)
Verstand	Understanding	오성(최), 지성(백)
Physik	Physics	물리학
spekulativ	Speculative	사변적인

이 번역	비고
자기 확신론	경험을 고려하거나 분별함 없이, 이성의 능력을 맹목적으로 신뢰하고, 그 믿음에 기초해서 형이상학적인 주장을 하는 철학 방식을 가리킨다. Skepticism(회의주의)이 비판 없는 이성 회피라면, dogmatism(자기 확신론)은 비판 없는 이성 신뢰이다.
언어적	추리적에 대응하는 단어는 reasoning. 논변적은 칸트 이론에 맞지 않다. 논리는 개념, 판단, 추론으로 이어지는 구조를 갖는다. 그러므로 직관은 감각적이며, 개념은 언어적이다. 본래 *diskursiv*는 라틴어 *discurrere*(달리다)에서 유래하여, 개념 사이를 오가며 이성적으로 사유한다는 뜻. 신은 직관만으로 앎에 이른다. 반면 인간은 직관이 아닌 개념을 통해서만 사유하며, 개념은 필연적으로 언어 구조를 갖는다. 따라서 '언어적'은 단순한 해석이 아니라 칸트 철학의 인식 구조를 반영한 번역이다.
지식	매우 중요한 번역어의 변화. 이 용어의 차이를 기억해 둬야 텍스트를 읽을 때 헷갈리지 않는다. 기존 번역 용어는 칸트 사상을 이해하는 데 큰 장애물이다. Verstand는 개념을 이용해서 언어적인 사고력을 가능하게 하는 인간 머리의 능력을 뜻한다. 그러므로 어떤 심오한 깨달음을 만들어 내는 능력이 아니며, 따라서 '오성'이라는 한자어 의미를 갖지 않고, 인간의 사고를 더 높은 수준으로 이끌어 가는 지적인 능력이 아니다(그런 능력은 이성적인 것이다). 그러므로 그런 의미로 혼동을 초래하는 '지성'도 적합한 번역이 아니다. 나는 종래 '감성, 오성(지성), 이성'이라는 접사 공통의 번역이 빚어내는 혼란을 줄이기 위해, 각각 '감수성, 지식, 이성'으로 번역하여 각 개념 사이의 간격을 떨어뜨렸다.
자연학	현대의 관점으로 물리학이라는 분과 학문이 아니라, 자연과학을 가리키는 단어이다.
이론적인	speculative와 theoretical은 거의 같은 의미로 사용된다.

독일어(라틴어)	영어	기존 번역
Gegenstand	Object	대상
objekt	Object	객관
Realität	Reality	실재
Objective Realität	Objective reality	객관적 실재성
Transzendental	Transcendental	선험적(최), 초월적(백)
a priori	a priori	선천적(최), 선험적(백)
Vorstellung	Representation	
Vorstellen	Represent	

이 번역	비고
대상	Gegenstand도, objekt도 결과적으로 인간의 머릿속에 있는 '대상'이 되며, 머리 바깥의 것은 사물(thing)로 표현된다.
실체	머리 바깥에 실제로 있는 것. 매우 중요한 번역어의 변화. 이 용어의 차이를 기억해 둬야 텍스트를 읽을 때 헷갈리지 않는다.
객관적 실체(성)	머릿속에서 있는 것이 머리 바깥에도 있다는 의미.
초월적	'선험적'이라는 단어를 칸트 번역에서 쓰지 않는 것이 좋겠다. 얻는 것보다 잃는 게 많은 번역어. 이 단어 때문에 칸트 사상이 한국 독자들에게 제대로 전달되지 않는다. 칸트는 우리 인간의 감각적인 경험이 만들어 놓는 한계(또는 장벽)를 **인식 대상인 사물 자체와의 관계에서는** 그 한계를 넘어설 수 없음을 증명하고, 다른 한편으로 **인식 주체 사이의 관계에서는** 경험의 장벽에도 불구하고 대상 인식에서 공통성을 가짐을 밝혔다. 이를 통해 경험주의 전통의 지혜를 계승하면서도, **회의주의를 극복**하는 의미로 자신의 철학을 '초월철학'이라 칭했다. 인식 대상과 인식 주체 사이에 놓인 경험의 한계는 넘을 수 없고, 그러므로 인식 주체는 사물 자체를 알 수 없다. 그러나 인식 주체 사이에서 경험이 갈라놓은 앎의 장벽을 순수 직관과 순수 개념이라는 **형식적 관점으로** 넘을 수 있고, 그러므로 인식 주체는 모두 같은 인류로서 초월적 자아를 갖게 된다. 요컨대 이 단어는 '(한계) 너머'라는 의미가 반드시 포함되어야 하고, 그런 평범한 의미가 바로 Transcendental 본래의 뜻이며, 칸트 본인이 그런 의미로 이 단어를 사용한다. 본래의 뜻까지 무시하면서 '선험적'이라는 단어를 고집하는 것은 일본 학자들에게서 유래된 오류를 관습적으로 정당화하여 후대에 계속 물려주자는 태도와 다르지 않다.
경험 무관한	수학과 과학이 (1) *a priori*한 지식이라는 사실, (2) 이런 지식은 경험하기 전에도 경험 이후에도 변함이 없다는 사실을 번역에 반영했다.
표상	머릿속에 있는 것. 직관도 표상이며, 개념도 표상이다.
표상하다	머릿속으로 가져오다. 머릿속에 나타나다.

독일어(라틴어)	영어	기존 번역
Anschauung	Intuition	
Erscheinung	Appearance	
Synthesis	Synthesis	

이 번역	비고
직관	인식의 시작을 알리는 첫 번째 단계로 감각 데이터가 머리 안으로 들어온 상태 또는 그런 데이터를 가리킨다. 아직 생각되기 전의 감각 단계이므로 직관은 '앎'과는 아직 이르지 못한 상태. 앎에 이르기 위해서는 두 번째 단계, 즉 개념이 필요하다. 개념은 직관을 처리하여 생각을 만들어 내는 것을 가리킨다. 직관과 표상은 부분집합 관계(직관 ⊂ 표상)
현상	머릿속에 있는 직관 중에서 아직 정해지지 않은 대상. 이 단어가 쓰인 문장에서 의미가 잘 이해되지 않는다면, '머릿속에 나타난 대상'으로 바꿔봐도 좋다. 직관 중에 현상이 있다(현상 ⊂ 직관)
종합	서로 다른 것을 연결한다는 의미. 이 단어에 이런 연결 말고는 심오한 의미는 없다. 종합 명제는 서로 다른 단어들이 연결되어 있는 명제.

A판 머리말

A판 머리말

어떤 종류의 인식[1]에서 인간 이성은 외면할 수 없는 질문들[2]에 응해야 하는 특별한 운명에 처해 있다. 이런 질문은 이성 자체의 본성[3]을 통해 주어지는 문제이지만, 인간 이성의 모든 능력을 초월하기 때문에 답할 수도 없는 문제이다.

이성은 그 자신이 어떤 잘못도 없으면서 이런 난국에 빠지고 만다. 이성[4]은 경험 과정에서 필수적으로 이용되고, 동시에 경험에 의해 충분히 정당성을 갖는 원리들에서 출발한다. 이런 원리[5]를 사용하면서 이성은 (그 본성의 요구로) 더 높이, 더욱 먼 곳의 제약이 있는 곳까지 올라간다. 그러나 이런 질문은 결코 멈출 줄 모르므로, 이성은 이런 방식으로는 자신의 과업이 항상 미완성으로 남을 수밖에 없음을 깨닫는다. 이성은 불가피하게, 모든 가능한 경험적 사용을 넘어서면서도, 의심할 여지가 없어 평범한 상식에서도 동의할 수 있는 그런 원리들을 찾아 피난처로 삼는다. 하지만 그 결과 몽롱함과 모순에 빠지고 마는데, 그런 것들의 밑바닥에는 틀림없이

---

1   형이상학적인 인식을 뜻한다. 이 책에서 '인식cognition'이라는 단어는 '지식knowledge'이라는 단어로 바꿔 이해해도 좋다. 의미적으로 큰 문제가 없는 데다가, '인식'이라는 단어보다 '지식'이라는 단어가 더 이해하기 쉽다는 장점이 있다. 그러나 이 책에서는 생각을 담당하는 머리의 요소인 understanding을 '오성'이나 '지성'이라는 종래의 번역과 달리 '지식'으로 번역했기 때문에, 구별을 위해서라도 '인식'이라는 단어를 쓴다.

2   신은 존재하는가, 인간의 자유는 어디에서 나왔는가, 세계는 어디에서 시작하고 어디에서 끝나는가, 내세는 있는가 등의 질문을 말한다.

3   생각을 어딘가로 도약시키는 특성.

4   이성(reason)은 머릿속에서 추론(reasoning)을 행하는 인간 머리의 요소를 뜻한다. 이성은 지금 여기에서의 생각(이것을 판단이라고 하고, '지식'이 담당한다)에서 벗어나 어딘가로 생각을 도약시키는 본성을 갖는다. 그리고 그런 생각의 도약을 추론이라 칭한다. 일반 논리학은 인간의 생각이 아무렇게나 도약하는 게 아니라, 어떤 대전제(원리)를 기반으로 도약함을 가르친다. 칸트는 초월적 논리편에서 논리학에 대해 자세히 설명한다. 이성이라는 단어를 '생각을 도약시키는 힘'으로 바꿔 읽으면 이해하기 쉽다.

5   이 책에서 '원리'와 '원칙'을 구별해서 번역하지 않고, 모두 '원리'로 통일했다. 이 두 단어는 한국인에게 실질적으로 같은 의미이고, 구별할 실익이 없기 때문이다.

어딘가 감춰진 오류가 있으리라 추측할 수는 있어도, 이성은 그런 오류들을 발견하지 못한다. 왜냐하면 이성이 나아간 그 원리들은 모든 경험의 한계를 뛰어넘어 버리니, 어떤 경험의 시금석으로도 더 이상 알아볼 수 없게 됐기 때문이다. 이 끝없는 논란의 싸움터를 **형이상학**이라 부른다.

형이상학이 모든 학문의 **여왕**이라 불리던 시절이 있었다. 만약 여왕의 의지가 실현되는 것이라면, 형이상학의 대상이 갖는 탁월한 중요성으로 말미암아 저 명예로운 칭호를 받을 자격이 있다. 그렇지만 지금은 시대의 유행에 따라 여왕은 모든 면에서 경멸받으니 이 버림받고 추방된 노부인이 헤쿠바[6]처럼 한탄한다. "영웅들의 어미였고 만인지상의 자리에 있었건만, 이제 나는 내쫓겨 무력하구나." — 오비디우스 〈변신이야기〉 중.

A아홉

초기 **자기 확신론자들**[7]의 권세 하에서 형이상학의 지배는 **독재**[8]였다. 당시 형이상학의 입법은 고대 야만의 흔적을 여전히 갖고 있었으므로, 점차 내란들을 거치며 완전한 **무정부 상태**로 퇴락하고 말았다. 때로 회의론자들이 정착해서 땅을 경작하는 걸 혐오하는 유목민처럼 백성들의 통합을 분열시켰다. 그러나 다행스럽게도 그들의 숫자가 적었으니 회의론자들은 자기 확신론자들이 다시 권력을 일으켜 세우려는 — 비록 만장일치로 합의된 계획에 따른 것은 아니었을지라도 — 계속된 시

---

6   Hecuba. 고대 그리스어로는 헤카베. 〈일리아드〉의 등장인물. 트로이 전쟁 당시 트로이의 왕비이자 영웅 헥토르, 파리스, 카산드라의 모친이다. 트로이 전쟁에서 남편과 자식을 잃고 오디세우스의 노예가 된다. 오비디우스의 〈변신이야기〉에는 트로이 왕비 헤쿠바의 최후 이야기가 나온다.

7   사전적 의미로는 잘못되거나 불완전한 점을 성찰하지 않고 주관적인 신념에 따라 생각하고 주장하는 사람들을 뜻한다. '교조주의자' 또는 '독단론자' 등으로 번역되곤 한다. 칸트는 특히 이성의 능력을 의심하는 회의론자들과 대립하는 학파로서 형이상학적인 질문에 관해 이성의 완전한 능력을 믿거나 종교적 확신을 갖는 사람들을 가리킨다. 이 책에서 dogmatism은 '자기 확신론'으로 번역한다.

8   독자들은 종교 교리로 사회를 지배했던 중세 유럽 사회를 떠올려 볼 수 있다.

도를 막을 수는 없었다. 최근 인간의 인식에 관한 특별한 **생리학**(저 유명한 로크[9]에 의해)을 통해[10] 마치 이런 논쟁은 모두 종결되고, 모든 경쟁적인 주장의 정당성 문제가 완전히 해결된 것처럼 보였다. 그러나 자칭 여왕의 탄생이 하층민들, 즉 평범한 경험에서 비롯된 것일지라도, 그런고로 여왕을 참칭하는 것이 당연히 의심스럽더라도, 이런 **혈통**[11]이 실제로는 여왕에게 잘못 적용된 까닭에 여왕은 여전히 권세를 주장하고 있음이 밝혀졌다. 형이상학은 예전처럼 낡고 좀먹은 **자기 확신론**으로 물러났고, 그리하여 학문이라면 거기서 벗어나야 하는 경멸스러운 위치까지 이르렀다. 결국 이제 (사람들이 스스로 납득했듯이) 모든 시도는 허사가 되었으니, 지루함과 완벽한 **무관심**이 형이상학에 만연해 있다. 그러나 잘못 적용된 노력으로 말미암아 형이상학이 모호하고 혼란스러우며 무용하게 된 후에도, 이런 혼돈과 밤의 어머니는 막 시작된 변화와 계몽의 원천이거나 적어도 서곡이다.

A열

왜냐하면 인간 본성이 **무관심할 수 없는** 대상[12]에 관해 **관심이 없는** 척하는 것은 소용없는 일이기 때문이다. 또한 소위 **무관심주의자들**[13]이 그 학파의 언어를 바꿈으로써 자신들을 통속적인 양식으로 꾸몄지만,[14] 그들이 무슨 생각을 하든, 그토록 경멸했던 형이상학적 주장으로 항상 물러서야만 했다. 그러나 이런 무관심은 ─ 모든 학문이 번성하는 바로 그때 일어나며, 우리가 얻을 수만 있다면 모든 무관심을

---

9 John Locke 1632~1704. 영국 경험론 철학자. 〈인간지식론An Essay Concerning Human Understanding〉(1690) 등의 저명한 저서를 남겼다. 본문에서 언급하는 '생리학'은 이 책의 내용을 가리키며, 경험주의에 바탕을 둔 인간학이나 심리학을 뜻한다.

10 로크는 갓 태어난 인간은 텅 빈 백지 상태(타불라 라사: Tabula rasa)이며, 경험에 의해 인간 지식이 만들어진다고 주장했다. 정말로 인간의 머릿속은 백지 상태일 것일까? 칸트는 순수이성비판을 통해 답한다.

11 경험에서 형이상학의 근거를 찾는 주장을 가리킨다.

12 신, 영혼의 불멸(내세), 자유 등.

13 대표적으로 (1) 데이비드 흄 같은 경험주의자들과, (2) 라이프니츠-볼프 학파의 영향을 받았지만 형이상학을 전통적인 방식으로 탐구하기보다는 실용적이거나 심리적인 개념으로 변형하려 했던 18세기 독일 철학자들을 일컫는다.

14 예컨대 (1) 흄은 전통적으로 형이상학적인 개념인 '인과성'을 '습관적인 기대'로, '자아'를 '관념들의 다발'로 대체했다. (2) 한편, 일부 독일 철학자들은 자유의지나 영혼의 문제를 형이상학적으로 탐구하는 대신, 그것을 신앙적 확신이나 심리적 경험의 영역으로 돌려 '실용 형이상학'(Praktische Metaphysik)으로 변형하였다.

A열하나 그만둘 수도 있는 그런 학문들의 지식[15]에 정확히 관련되는 것으로 — 우리의 관심과 반성이 필요한 현상이다. 이는 우리 시대의 사려없음을 증거하는 결과가 아니다. 오히려 숙성된 **판단력***의 결과로서, 허상의 지식에 더 이상 연연하지 않겠다는 것이요, 이성이 자기가 할 일 중에서 가장 어려운 일을 새롭게 착수해야 한다는 요구이다. 다시 말하면 이성으로 하여금 스스로를 인식하는 일로써, 이성의 재판정을 열어 정당한 권리 주장을 보호하되 근거 없는 주장은 기각하는 것이며, 또한 이는 다른 권위로 만들어진 법령에 의하지 않고, 이성 자신의 영구적이며 변함없는

A열둘 법률에 따르는 것이니, 이 법정이 바로 **순수이성비판** 그 자체에 다름 아니다.

* 칸트 주석: 가끔 우리는 우리 시대의 사고방식의 천박함과 견고한 학문의 쇠퇴에 대한 푸념을 듣는다. 그러나 수학이나 물리학 등과 같이, 그 근거들이 잘 갖춰진 학문들의 경우, 나는 이런 비난을 받을 만하지는 않다고 생각한다. 오히려 그런 학문은 견고한 기초 덕분에 오래도록 명성을 유지하고 있으며, 자연학의 경우에는 그런 평판을 넘어선다. 다른 종류의 인식[16]에서도 우리가 만약 그것의 원리들을 먼저 올바르게 바로잡는다면, 마찬가지의 신령함이 스스로 그런 인식들에 깃들 것이다. 만약 이런 일이 행해지지 않는다면, 무관심과 회의가, 그리고 마침내는 가혹한 비판이 그 정당한 사고방식을 오히려 증거할 것이다. 우리 시대는 진정 비판의 시대이다. 모든 것이 비판에 붙여져야 한다. 종교는 그것의 신성함을 통해, 실정법은 그것의 권위를 통해 비판을 면하려고 하는 것이 보통이다. 그러나 그리하면 종교와 법률에 대한 사람들의 당연한 의혹을 일으키며, 자유롭고 공공연한 심사를 견뎌낸 것에 대해서만 이성이 부여하는 그 꾸밈없는 존경을 요구할 수 없게 된다.

그런데 나는 이것을 책이나 체계에 대한 비판으로 이해하지 않는다. 이성 일반의 능력에 대한 비판으로 생각한다. 이 비판은, 이성이 **모든 경험에서 독립하여** 분투

---

15 Knowledge.
16 형이상학을 일컫는다.

함으로써 얻는 모든 인식에 관한 비판이며, 그러므로 형이상학 일반의 가능성이나 불가능성 결정에 관한 비판이고, 또한 그런 형이상학의 원천, 범위, 한계를 규정하는 것에 관해 수행하는 비판이다. 그러나 모든 것이 원리들을 근거로 한다.

내가 제시한 이 비판의 길이 남겨진 유일한 길이다. 나는 이 길을 따라, 이성을 경험과 무관하게 사용함으로써 이성 스스로 불화에 빠지게 한 모든 잘못을 제거하는 데 성공했다고 자부한다. 나는 인간 이성의 무능력을 탓하면서 이성의 문제들을 외면하지 않았다. 오히려 나는 원리들에 따라 이런 문제를 철저히 열거했으며, 이성이 어떤 점에서 자기 자신을 오해했는지를 찾은 다음에, 이성이 온전히 만족하도록 이런 문제를 풀어냈다. 확실히 말하건대, 사람들이 기대할 듯싶은 지식에 대한 자기 확신적이며 열정적인 갈망으로는 이런 문제에 대한 해답이 드러나지는 않았다. 그런 것들은 마법이 아니고서는 충족시킬 수 없기 때문이지만, 나는 그런 쪽으로는 전문가가 아니다. 마법은 우리 이성의 본래의 사명이 의도하는 것도 아니었다. 설령 소중하기도 하고 사랑도 받는 환상들이 그 과정에서 파괴돼야 할지라도, 철학의 의무는 잘못된 해석에서 발생하는 그런 가짜를 제거하는 것이다. 이러한 과업에서 나는 철저함을 내 주된 목표로 삼았다. 여기서 해결되지 않은 형이상학적 문제는 하나도 없으며, 적어도 열쇠가 제시되지 않은 해법은 없노라고, 나는 감히 말한다. 만일 순수 이성의 원리가 이성 자신의 본성에 의해 자기에게 주어지는 문제들 중 하나에 대해서라도 부족하다면, 그 원리는 마땅히 폐기돼야 한다 — 왜냐하면 그때 이성은 완벽한 신뢰성을 가지면서 다른 문제들에 해답을 주지 못하게 되기 때문이다 — 는 그런 완벽한 통합성이 곧 순수 이성이다.

A열셋

내가 이처럼 말하는 동안, 내 주장들을 듣자 하니 잘난 체하고 건방지다면서 경멸 섞인 분노감이 독자들의 얼굴에서 느껴지지만, 그러나 나는, **인간 정신**의 단순한 본성이라거나 근원적인 **세계의 시초**의 필연성을 증명한 것처럼 구는 가장 통속적인 교본의 그 어떤 저자들[17]보다는, 내 주장들이 비할 데 없이 온건하다고 생각한

A열넷

---

17 신 존재 증명, 세계의 필연성, 영혼 불멸 같은 형이상학적 문제들을 마치 논리적으로 증명할 수 있다고 주장했던 철학자들을 가리킨다. 대표적으로 라이프니츠-볼프 학파 철학자들과 기독교 신학의 전통적 형이상학자들이 있다.

다. 그런 저자는 모든 가능한 경험의 한계 너머까지 인간 인식을 넓혔노라고 스스로 단언하지만, 나는 그런 일이 내 능력을 훨씬 넘어서는 일이라고 겸손하게 인정하기 때문이다. 나는 그저 이성 그 자체와 이성의 순수한 사유만을 다룬다. 그것들을 빠짐없이 알기 위해 내가 나 자신을 넘어서까지 찾아 나설 필요도 없다. 왜냐하면 내 안에서 그것들을 만나기 때문이며, 이성의 순전한 행동들이 어떻게 온전히 그리고 체계적으로 일일이 명시되어 있는지 그 견본을 일반 논리학이 이미 내게 제공하기 때문이다.[18] 여기에서 단 하나의 과제가 제기되니, 만약 경험이 주는 모든 내용과 도움을 내게서 빼낸다면, 그때 나는 이성의 성과에 대해 얼마나 많은 것을 기대할 수 있는가이다.

그런 목적들을 **하나하나** 달성할 때의 **완전성**과 목적 **일체**를 달성할 때의 **철저함**이 우리에게 놓여 있지만, 이는 임의적으로 기획된 것이 아니라, 우리의 비판적인 탐구의 **내용**으로서, 지식 그 자체의 본성에 의해 우리에게 놓여 있다.

A열다섯 한편 이런 탐구의 **형식**에 관하여 핵심 요구로 간주돼야 할 두 가지 사항이 있으니, 이토록 넘어지기 쉬운 과업을 감행하는 저자를 정당화해 주기도 하는 그것은 바로, **확실성**과 **명확성**이다.

확실성에 관해서 말하자면, 나는 내 스스로에게 판결을 내리기를, 이런 종류의 연구에서는 **사견을 고집**하는 것은 결코 허락될 수 없노라고, 가설처럼 보이는 어떤

---

18 이 문장은 순수이성비판을 제대로 이해하는 데 매우 중요한 문장이다. 칸트는 기존 철학자들의 형이상학 탐구와 완전히 다른 방법론을 택한다. 그것은 '호모 사피엔스의 머릿속'으로 들어가서 그 머리 안에 어떤 체계가 있는지를 탐구하겠다는 것이었다. 그런 작업에서는 인간 머리 안으로 들어가야 하기 때문에, 순수이성비판을 읽는 독자는, 칸트가 그랬던 것처럼, 논리학을 만날 수밖에 없다. 논리학이란 인간 생각의 형식만을 탐구하는 학문이며, 따라서 인간이라면 누구나 갖고 있고 누구에게나 동일하게 적용되는 형식 원리를 탐구하기 때문이다. 결국 칸트의 형이상학은 논리학적인 형이상학이다. 따라서 독자는 순수이성비판에서 칸트가 어떤 형식을 제시하는지 그 논리에 주목할 필요가 있다. 그러나 초판 출간 후 이런 핵심적인 관점이 당시 독자와 비평가에게 잘 전해지지 않았던 것 같다. 그래서 칸트는 이런 논리학의 중요성을 B판 머리말에서 크게 강조한다.

것도 밀매품이며, 가장 저렴한 가격으로도 팔아서는 안 되고, 발견되는 즉시 몰수돼야 한다고 결심했다. 왜냐하면 경험 무관하게 확실할 것으로 여겨지는 모든 지식은 절대적인 필연성[19]을 요구한다고 선언하기 때문이다. 또한 이는 모든 순수한 경험 무관 인식을 정하는 참된 규정이며, 모든 자명한 (철학적인) 확실성의 기준이자, 그러므로 그 자체가 견본이기 때문이다. 이와 관련하여 내가 지금 약속한 것을 내가 과연 실행했는지 여부는 전적으로 독자의 판단에 달려 있다. 저자는 그저 근거들을 제시할 뿐이지, 독자의 판단에 미치는 근거들의 영향을 스스로 정하는 것은 적절하지 않기 때문이다. 그러나 저자 잘못이 아닌 어떤 것으로 말미암아 그 근거들이 약화되는 것을 방지하기 위해서라도, 저자가 스스로 어떤 구절— 그 구절이 단지 부수적인 목적에 기여할 뿐일지라도 어떤 불신을 야기할 우려가 있다면—을 강조하는 것은 충분히 허락될 것이다. 그런고로 저자는 독자의 사소한 염려가 있는 점에 관해, 그것이 이 작업의 주요 목적에 관한 독자의 판단에 영향을 미치지 않도록 적시에 예방할 수 있다.

우리가 지식이라 부르는 능력의 바닥까지 이르러, 그 지식을 사용할 때의 규칙과 한계를 정하는 규정을 얻기 위해서는, **순수 지식 개념의 연역**[20]이라는 제목 하에서 초월적 분석의 두 번째 절에서 행했던 작업들보다 더 중요한 연구는 없다. 보상 없는 일이 되지 않기를 바라지만, 그것들은 내가 가장 큰 노력을 지불한 연구이기도 했다. 좀 더 깊이 가 보면, 이 탐구는 두 개의 측면이 있다. 한쪽은 순수 지식의 대상들에 관하여 경험 무관한 개념들의 객관적 타당성[21]을 증명하고 파악하는 탐구였다. 그러므로 그것은 내 목적들에 핵심적으로 속한다. 다른 한쪽은 순수 지식 그 자체를 다루며, 순수 지식의 가능성과 순수 지식 그 자체가 기초하는 인식 능력들에 관한다. 그러므로 이는 주관적인 관계 안에서 순수 지식을 생각하는 것이며, 비록 이런 개요가 내 주된 목적에 관해 아무리 중요하다 해도, 핵심적으로 속하는 것은 아니다. 왜냐하면 주된 문제는 항상, "일체의 경험 없이 지식과 이성은 무엇을,

A열일곱

---

19 경험과는 절대적으로 무관하다는 의미. 예컨대 '4+5=9'는 절대적으로 필연적이다. 우연히 다른 답이 나올 수 없고, '반드시' 이 수식이 성립한다.

20 A84~130, B116~169 부분.

21 그런 순수 개념들이 모든 경험에 실제로 사용된다는 의미.

그리고 얼마나 많이, 인식하는가?"[22]이며, "**생각하는 능력** 그 자체가 어떻게 가능한가?"가 아니기 때문이다. 후자의 질문은 주어진 결과에서 그것의 원인을 찾는 것과 같은 것이며, 그러므로 가설(내가 다른 곳에서 설명하는 바와 같이, 비록 이것이 사실이 아닐지라도)과 같은 것이다. 따라서 그런 질문은, 마치 내가 어떤 **의견**을 표현하는 자유가 있는 것처럼, 독자도 역시 다른 **의견**을 가질 자유가 있는, 그런 것과 같다. 이 지점에서 나는 독자에게 앞으로 당부한다. 주관적인 연역이 내가 기대한 완전한 확신을 낳지 못하는 경우에서조차, 객관적인 연역은 그 온전한 힘을 지닐 것이다. 그것이 내가 특히 관심을 두는 것이며, 이는 아마도 쪽수로 말하자면 92~93쪽[23]에서 내가 말한 것 자체로도 충분할 것이다.

A열여덟

마지막으로 **명확성**에 관해서, 독자들은, 먼저 개념들을 통한 언어적인[24](논리적인) **명확성**을 요구할 수 있으며, 또한 직관들에 의한, 즉 구체적인 선례들과 다른 사례들을 통한 직관적인 (감수성으로서) 명확성을 또한 요구할 권리가 있다. 나는 전자에 관해서는 충분히 신경을 썼다. 그것이 내 작업에 본질적인 것이었다. 그러나 그것은 또한 두 번째 명확성에 대한 요구 — 덜 엄격하기는 하지만 여전히 정당한 요구 —를 내가 충분히 다루지 못한 것의 부수적인 원인이기도 했다. 이 일을 애쓰면서 진전시키는 과정 내내, 나는 이 문제를 다루는 방법을 거의 결정하지 못했다. 선례와 사례가 언제나 필요한 것처럼 보였고, 그리하여 내 초고에 그런 것들이 적당하게 자리하고 있었던 게 사실이다. 하지만 내 작업의 분량과 내가 다뤄야만 하는 상당량의 연구 대상들을 보았을 때, 나는 건조하고 **스콜라적인** 방식으로 기술하는 것만으로도 충분히 방대한 작업이 되리라는 것을 알게 됐다. 그런 까닭에 **통속적인** 의도로만 필요할 뿐인 추가적인 선례와 사례로 이 책을 부풀리는 것은 현명하

---

22 "지식과 이성에서 경험적인 요소를 전부 빼 버렸을 때, 그런 경우에도 지식과 이성이 무엇인가를 인식할 수 있을까? 그게 대체 무엇인가? 만약 그렇다면 얼마나 많이 알 수 있을까?"

23 1781년판(A판). 즉 A 92와 A 93.

24 Discursive. 기존 번역은 '논변적'(백종현), '추리적'(최재희). 그러나 '논변적'은 그 의미가 칸트가 말하는 논리학의 성격에 맞지 않고, '추리적'은 reasoning에 해당하는 번역어이다. 논리는 개념, 판단, 추론(추리)로 이어지는 영역을 가지며, 이는 모두 언어적인 성격을 갖는다. 더욱이 직관은 감각적이고, 개념은 언어적이라는 대립을 선명하게 나타낼 수 있는 장점이 있으므로, 이 책에서 discursive는 '언어적'으로 번역했다.

지 않은 일임을 깨달았다. 특히 이 작업은 통속적인 용도로는 적합하지 않을 것이기 때문이며, 이 학문의 참된 전문가들이 자신들을 위해 더 쉽게 쓰일 필요가 있다고 생각하지도 않을 것이기 때문이다. 설령 그런 것이 항상 좋을지라도, 여기에서는 역효과를 불러일으킬지도 모른다.

테라송[25] 사제가 말하기를, 책의 두께가 쪽수에 의해 정해지는 게 아니라 그것을 이해하는 데 필요한 시간에 의해 정해지는 것이라면, 상당수의 책에 관해 **그 분량이 그렇게나 적게 되지 않았다면 오히려 훨씬 적게도 할 수도 있었을 텐데**라고 말할 수 있다는 것이다. 그러나 다른 한편, 넓은 범위에 걸쳐 있으면서도 원리로 연결되는 이론 지식 전체를 우리가 분명하게 이해하고자 한다면, 우리는 마찬가지로 정당하게 이렇게 말할 수 있을 것이다. **상당수의 책이 그 정도로 명확하게 하려고 하지 않았다면 오히려 훨씬 명확해질 수도 있었을 텐데.** 왜냐하면 명확성을 높이려다 부분적으로는 도움이 되는데 전체적으로는 혼란스러워지는 경우가 잦기 때문이며, 그것이 독자가 전체의 개요를 빠르게 살펴보는 데 이르지 못하도록 만들기 때문이다. 우리가 체계의 통합과 건강함을 판단할 수 있으려면, 그 구조나 맥락이 가장 중요함에도, 온통 밝은 색상으로 덧칠해 버리니 그것들을 알아볼 수 없게 된다.

A열아홉

앞에서 설명한 기획에 따라, 저자가 이 중대한 작업을 완벽하게 그리고 지속적으로 수행할 기회를 갖는다면, 독자는 저자의 그런 노력과 하나가 되리라 생각한다. 이제 형이상학은, 내가 여기서 제안할 형이상학의 개념들에 따라, 그런 완벽함을 기대할 수 있는 모든 학문 중 유일한 학문이다. 적지만 합쳐진 노력으로, 정말이지 짧은 시간 내로 그것을 기대할 수 있을 것이다. 우리 후손들이 조금도 내용을 더함 없이, 그들 목적에 맞는 **교습** 방법에서 모든 것이 마련돼 있는, 그런 완벽함을 기대해도 좋다. 왜냐하면 형이상학의 그런 성과는 **순수 이성**을 통해 우리가 보유한 모

A스물

25　Jean Terrasson 1670~1750. 프랑스 성직자이자 고대 철학을 가르친 교수이다. 1707년 아카데미 프랑세스 회원이 되었으며, 1721년 콜레주 드 프랑스 교수가 되었다. 보통 Abbé Terrasson으로 언급된다. 인용문은 1754년에 발행된 〈이성과 영의 모든 대상에 적용 가능한 철학〉에서 따온 것.

든 재산을 질서 있게 체계화한 **목록**에 다름 아니기 때문이다. 여기 모든 것이 우리에게 있다. 이성이 전적으로 자기 자신으로부터 낳은 것은 감춰질 수 없기 때문이며, 우리가 이성의 공통 원리를 발견하자마자 이성 그 자신이 빛을 내기 때문이다. 이런 종류의 지식들은 순수 개념들[26]에서 홀로 생겨난다. 그것들은 경험에서 얻어진 것에 의해 확장되거나 증가하는 그런 영향을 받지 않는다. 심지어 경험을 정하도록 인도하는 **특수한** 직관[27]에 의해서도 영향받지 않는다. 이런 종류의 지식들의 완전한 통합은 위에서 언급한 무조건적인 완벽함을 가능하게도 하고 필연적이게도 한다. "네 집에 머물러라. 그러면 네 소유물이 얼마나 온전한지 알 것이다." –페르시우스[28]

A스물하나   나는 그런 순수 (이론) 이성의 체계를 **자연 형이상학**이라는 제목으로 내놓기를 희망한다.[29] 이 비판에 비하면 그 분량이 절반도 되지 않을지라도 그 체계는 내용적인 면에서 비교할 데 없이 풍요롭다. 그러나 먼저 이 비판이 그런 체계의 가능성의 원천과 조건을 확립해야 하며, 또한 온통 잡초가 무성한 땅을 깨끗이 하고 평탄화할 필요가 있다. 이 비판에서 내가 독자에게 기대하는 것은 **재판관**의 인내와 공평심이다. 그러나 그런 체계에서는 **조력자**의 호의와 지원이다. 자연 형이상학 체계를 위한 모든 **원리**가 비판에 완벽하게 제시되어 있지만, 그런 체계 자체의 철저함은 어떤 **파생적인** 개념도 놓치지 않도록 함을 요구하기 때문이며, 이런 것들은 단번에 경험 무관하게 평가할 수는 없고 점차 찾아내야 하는 것이기 때문이다. 마찬가

---

26   특히 순수 지식 개념, 즉 범주.

27   인간이 갖고 있지 않은 직관. 신적인 직관 혹은 직관만으로 지식을 얻는 지적인 직관을 말한다.

28   Aulus Persius Flaccus 34~62. 고대 로마의 시인. 스토아 학파의 지혜를 믿었으며, 그의 작품은 중세에 특히 많이 읽혔다고 한다. 인용문은 페르시우스의 〈풍자시Satires〉 iv, 52 중에서.

29   그러나 칸트는 〈자연 형이상학〉이라는 제목의 책을 내놓지는 못했다. 칸트는 순수이성비판이 자연 형이상학과 도덕 형이상학으로 입문하기 위한 '예비학'이라고 규정했다. 그러므로 예비학 다음 작업으로 두 개의 본격 형이상학을 저술해야 했다. 칸트는 1781년 〈순수이성비판〉을 저술한 후, 1785년 〈도덕 형이상학의 기초〉, 1788년 〈실천이성비판〉, 1797년 〈도덕 형이상학〉을 펴냄으로써 도덕 형이상학 분야에 대한 추가 연구를 마쳤다. 그러나 1786년 〈자연학의 형이상학적 기초〉를 펴냈으나, 끝내 〈자연 형이상학〉이라는 제목의 책을 펴내지는 못하고 삶을 마감했다.

지로 전자에서 개념들의 **종합** 전체가 철저하게 규명되는 것처럼, 이에 더해 요구되기를 후자에서는 동일한 것이 그것들의 **분석** 관점에서 일어나야 한다. 쉬운 일일 것이다. 노동이라기보다는 오락이기도 하다.

이 책의 인쇄에 대해 언급할 몇 가지가 있다. 인쇄 개시가 다소 지체됐기 때문에, 나는 교정본의 절반만 볼 수 있었다. 의미를 혼란하게 하지는 않지만, 거기에서 약간의 인쇄 잘못을 발견했다. 379쪽 밑에서 네 번째 행 '**회의적**skeptical'으로 씌어 있지만 '**특정한**specific'으로 읽혀야 한다. 425~461쪽의 순수 이성의 이율배반 부분은 표 배열 방식으로 되어 있어서, **정립**에 속하는 모든 것은 항상 왼쪽에 있고, **반정립**에 속하는 것은 모두 오른쪽으로 이어진다. 이는 정립과 반정립을 각각 쉽게 비교할 수 있도록 하기 위함이었다.

A스물둘

(1781년 3월)

B판 머리말

B판 머리말

B일곱

우리는 이성의 관심에 속하는 인식들[30]에 대한 논의 방법이 과연 학문의 확실한 길을 따르는지 여부를 그것의 성과로부터 쉽게 판단할 수 있다. 만약 많은 예비 작업과 준비를 했음에도 그 목적에 이르자마자 비틀거린다면, 혹은 그런 목적에 도달하기 위해 자꾸 뒤를 바라봐야 하고, 그래서 다른 길로 접어들어야 한다면, 또는 만약 다양한 협력자들이 그들의 공통 목표를 달성하려는 방법으로 합의해 주는 게 불가능하다면, 그때 우리는 그런 연구가 학문의 확실한 길에 입문하는 길과는 한참 떨어진 곳에서 더듬거리는 것에 불과하다고 확신할 수 있다. 이런 상황에서 만약 우리가 그 길을 발견할 수 있다면, 이는 정말이지 이성에 공헌하는 일이다. 설령 우리가 예전에 별 생각 없이, 우리의 목적 속에 담았던 많은 무익한 것을 포기해야 할지라도 그러하다.

논리학은 아주 먼 옛날부터 학문의 확실한 길을 걸어 왔다. 그런 사실은 논리학이 아리스토텔레스 시절 이후로 뒤로 한 걸음도 후퇴하지 않았다는 사실로 증명된다. 물론 논리학에 없어도 되는 세부 사항들을 제거하거나 또는 더 분명하고 명확한 방법으로 논리학을 개선(설령 그런 개선들이 학문을 확실하게 하기보다는 품격 있게 하려는 것이었지만)하려는 시도가 있기는 했다. 마찬가지로 지금껏 논리학이 한 걸음도 앞으로 나아갈 수 없었다는 점도 주목할 사항이다. 그러므로 외견적으로 볼 때 논리학은 모두 끝났고 완성된 것처럼 보인다. 몇몇 현대 사람들이 우리가 지니고 있는 다른 인식 능력들(상상력, 재지 능)에 관해 **심리학** 장을, 혹은 인식의 원천이나 대상들의 다양함에 따른 서로 다른 종류의 확실성(관념론, 회의론 등)에 관해 **형이상학** 장을, 아니면 우리의 편견(그것들을 일으키는 원인들이나 없애는 해결책들)에 관해 **인간학** 장을 삽입함으로써 논리학을 확장시키려고 했지만,

B여덟

---

30 이성이 여러 원리를 통해 생각을 확장해 나가는 지식을 가리킨다. 수학, 과학, 형이상학, 논리학, 기타 모든 학문이 포함될 수 있다. 특히 이 책이 다루는 그런 인식은 형이상학적인 인식이다. 예컨대 신, 자유, 내세 등. 이런 인식은 모두 경험 무관한 성격을 갖는다.

B아홉 그런 생각은 이 학문의 고유한 본성[31]에 대한 무지로부터 비롯된 것일 뿐이다. 우리가 학문의 경계들을 서로 뒤섞는다면, 이는 학문을 개선하는 것이 아니라 개악하는 일이다. 그런데 논리학이란 모든 생각에 관한 형식 규칙을 상세히 설명하면서 엄격히 증명하는 학문이고, 따라서 논리학의 경계는 아주 정밀하게 정해진다(그런 생각이 경험적이든 경험 무관하든, 그 원천이 무엇이며 생각의 대상이 무엇이든, 그리고 우리 머릿속에서 생각이 마주치는 우연적인 혹은 천성적인 장애가 무엇이든 그러하다).

논리학이 그토록 성공적이었다는 사실은 전적으로 자기 제한을 뒀다는 이점 덕분이다. 논리학은 지식의 모든 대상과 그것들의 차이점을 빼내었는데 — 정말이지 빼내야만 한다 — 그러므로 논리학에서 지식[32]은 단지 자기 자신과 그 자신의 형식 외에 어떤 것도 다루지 않는다. 그러나 이성은 자기 자신만이 아니라 대상들도 다뤄야 하는 탓에, 학문의 확실한 길로의 입문이 훨씬 어려웠다. 따라서 논리학은 예비학으로서 말하자면 학문 안으로 들어가기 위한 현관일 뿐이다. 지식[33]이 문제가 될 때 우리는 그런 지식을 판단하기 위해 정말이지 논리학을 전제한다. 그러나 지식을 실제 얻기 위해서라면, 우리는 학문이라고 정당하게 불리는 것을, 즉 객관적 학문을 찾아야 한다.

B열 그런데 그런 학문들 안에 이성[34]이 있으리라는 한에서, 학문에서 무엇인가는 경험 무관하게 인식돼야 한다. 더욱이 이런 인식은 두 가지 방법으로 대상과 관계할 수 있다. 인식의 대상과 (다른 곳에서 주어져야만 하는) 그것의 개념을 단지 **규정**하기 위한 방법과, 그 대상을 **실제 있는 것으로** 만들기 위한 방법이다. 전자는 이론적인

---

31 생각의 형식만을 다루는 본성.

32 머리의 3요소 중 하나로서 지식을 가리킨다. 나머지 요소 중 하나인 이성과의 차이에 주목하자. 지식은 인간 머리의 능력 중에서 지금 여기에서의 생각(지금, 판단)을 담당한다. 이성은 지금 여기에서 벗어나 생각의 도약을 담당한다.

33 이때의 지식은 knowledge를 가리킨다.

34 이성은 본래 생각을 도약(추론)시키는 역할을 한다. 다시 말해 원리를 찾거나 원리에 따라 생각을 이끌어 낸다. 그런데 학문이란 어떤 원리들에 의해 만들어지기 때문에, 모든 학문은 결국 이성이 관여할 수밖에 없다.

이성 인식이며, 후자는 **실천적인** 이성 인식이다.[35] 이 두 가지에서, 이성이 그것의 대상을 오직 경험 무관하게 규정하는, 즉 **순수한** 부분은, 그것이 적든 많든, 우선적으로 분리해서 설명돼야 한다. 우리는 이 부분을 다른 원천들에서 비롯되는 부분과 섞어서는 안 된다. 만약 우리가 들어오는 수입마다 맹목적으로 써버리고, 수입이 막혔을 때 지출을 정당화할 수 있는 부분과 삭감해야만 하는 부분을 구별하지 못한다면, 이는 형편없는 관리인 것과 같기 때문이다.

수학과 자연학[36]은 경험 무관하게 그것들의 대상을 규정해야 하는 두 개의 이론적인 이성 인식이다. 전자는 온전히 순수하게 규정하며, 후자는 적어도 부분적으로는 순수하되 어느 정도는 이성과는 다른 인식의 원천을 따르기도 한다.

수학은, 인간 이성이 다다를 수 있는 먼 옛날부터, 저 경탄할 만한 그리스 사람들이 그랬던 것처럼, 학문의 확실한 길을 걸어왔다. 그러나 수학이 (이성이 자기 자신만을 다뤄야 하는) 논리학만큼이나 어렵지 않게 왕도를 발견했다거나 스스로 자신의 길을 쉽게 열었다고 생각해서는 안 된다. 오히려 나는, 수학이 오랫동안 더듬거렸으며(특히 이집트 사람들이 그러했다), 그것이 학문으로 전환한 것은 어느 한 사람에게서 일어난 행운의 영감으로부터 비롯된 어떤 혁명 덕분이었다고 생각한다. 앞길을 개척하던 그 사람은 더 이상 헤매지 않는 길을 찾으려고 시도했을 것이고, 그러다가 모든 시간에서 끝없이 확장되는 결코 틀리지 않는 학문으로 들어가는 문이 열렸을 것이다.

B열하나

이러한 지적인 혁명의 역사는 저 유명한 희망봉의 바닷길을 발견하는 것보다 훨씬 중요하지만, 이 혁명을 불러온 행운의 사람에 대한 역사는 우리에게 남아있지 않

---

35 우리 인간에게는 생각만으로 존재를 창조하는 초능력이 없다. 인간이 어떤 존재를 만들어 냈다면, 그런 존재를 만들어 내는 데 걸맞은 행동을 했기 때문이다. 이것이 그 존재와의 실천적인 관계를 뜻한다.

36 오늘날의 단어 용법으로는 '물리학'(최재희, 백종현)으로 번역될 수 있다. 그러나 칸트가 다른 자연과학 분야를 배제한다고 볼 수 없으므로, '자연학'으로 번역하는 것이 바람직하다.

다. 그러나 그 전설은 디오게네스 라에르티우스[37]에 의해 우리에게 전승됐다. 평범한 사람들에게 아주 자명하게 보이는 그런 기하학적 증명을 발견한 명망 있는 저자들의 이름을 그는 항상 기록했다. 또한 라에르티우스는 이러한 새로운 길의 발견에 관한 첫 번째 이정표 이야기를 우리에게 전승했다. 이 혁명적인 이야기는 수학자들에게는 극히 중요한 것처럼 보였을 터이고, 고로 지워지지 않게 되었다. 누군가 (그가 탈레스[38]라는 이름을 가졌든지 아니면 다른 사람이든지) 이등변 삼각형을 최초로 증명했을 때, 그에게 서광이 비쳤다. 그가 발견한 진실한 방법은, 이등변 삼각형의 형태에서 본 것에 대한 탐구도 아니고, 한낱 그 도형의 개념에 대한 탐구도 아니며, 또한 말하자면 그 도형의 특성들[39]로부터 알아내는 것도 아니라, 오히려 그 스스로가 이등변 삼각형이라는 경험 무관한 개념에 따라, 그 형태를 그려 냄으로써[40] 생각했으며, 그런 개념에 따라 도형의 특성들을 만들어 내는 발견이었다. 그리고 무엇인가를 경험 무관하게 확실히 알기 위해서는 스스로 그것의 개념에 합당하게 생각하고, 그 생각을 반드시 준수해야 함을 그가 발견했던 것이다.

B열둘

자연학[41]은 학문의 대로에 이르기까지 훨씬 오랜 시간이 걸렸다. 저 명석한 프랜시스 베이컨[42]이 일부를 발견했으며, 그가 다른 이들에 의해 부분적으로 발견된 그 길을 북돋우면서 이 학문의 길을 제안한 지 고작 한 세기 반의 일이기 때문이다. 그러

---

37 Diogenes Laertius 180~240. 전기 작가. 고대 그리스의 철학자들에 대한 상세한 기록을 남겼다. 그가 남긴 〈걸출한 철학자들의 삶과 견해Lives and Opinions of Eminent Philosophers〉는 고대 그리스 철학을 연구에서 매우 중요한 자료이다.

38 Thales 625~ 547 BC. 고대 그리스의 철학자로 소아시아 지역 밀레토스의 탈레스. 초기 자연철학의 이오니아 학파의 창시자로 알려졌다. 플라톤이 〈프로타고라스〉에서 언급한 '고대 그리스의 7인의 현자' 중 한 사람. 〈이등변 삼각형의 두 밑각은 서로 같다〉 등의 기하학의 정리들을 발견했다고 알려졌으며, 만물의 근원을 '물'이라고 주장했다.

39 관찰자의 '눈에 보이는' 이런저런 특징들을 뜻한다.

40 다시 말해 직관으로 머리에 나타내면서.

41 기본 번역은 '자연과학'. 'science'를 '과학'이라는 현대식 용어로 사용하기 시작한 것은 19세기 이후의 일이다. Natural science와 physics는 순수이성비판에서는 표현만 다르지 동의어로 이해된다.

42 Francis Bacon 1561~1626. 잉글랜드 철학자이자 근대 철학의 개척자이며 경험론의 시조로 알려졌다. 그는 편견(우상)을 배척하고 과학적인 연구 방법으로 학문을 해야 한다고 주장했다.

므로 이 발견 역시 사고방식의 갑작스러운 혁명[43]으로 설명될 수 있을 뿐이다. 여기서 나는 자연학을 경험 원리들에 기초한 것에 한해서만 고려할 것이다.

갈릴레이[44]가 특정 무게의 볼을 경사면에 굴렸을 때, 토리첼리[45]가 물기둥의 무게와 같을 것이라고 예측하면서 공기가 그 무게를 견디도록 했을 때, 나중에 슈탈[46]이 금속들을 금속회로 바꾼 다음 거기서 무언가를 뺐다가 넣었다가 하면서 그 금속회를 다시 금속으로 바꿨을 때,* 자연을 연구하는 그들에게 서광이 드리워졌다.

B열셋

> * 칸트 주석: 나는 여기서 이 실험법의 역사적인 과정을 정확히 따르지는 않고 있다. 정말이지 이 역사의 시초는 잘 알려져 있지도 않다.

그들은 자연이 이성을 보행기 안에 두고서 움직이도록 가르치는 게 아니라, 오히려 이성이 자신의 설계에 따라 통찰한다는 사실을 파악했다. 다시 말해 그들은 이성이 항구적인 법칙들에 따라 자기 판단들을 원리로 인도해야만 하고, 자연으로 하여금 이성의 질문들에 답하도록 한다는 사실을 파악했던 것이다. 그렇지 않았다면 미리 안배되지도 않았을 그런 우연적인 관찰이 필연적인 법칙 — 이성이 찾고 구하는 그 법칙 —과 연결될 수는 없었을 것이기 때문이다. 한 손에 원리를 쥐고 그 원리에 합치되는 현상만을 법칙으로 여기며, 다른 한 손에 그런 원리에 따라 생각해 낸 실험을 쥐고 이성이 자연에 접근해야만, 이성은 자연에게서 배움을 얻을 수

---

43 마치 위에서 설명한 수학에서의 혁명과 마찬가지로.

44 Galileo Galilei 1564~1642. 이탈리아의 물리학자이자 천문학자. 근대 과학 발전의 기초를 연 거인. 그는 실험을 통해 무거운 물체나 가벼운 물체나 동시에 떨어짐을 증명하여 무거운 물체가 가벼운 물체보다 더 빨리 떨어진다는 통념을 깼다.

45 Evangelista Torricelli 1608~1647. 이탈리아의 물리학자. 토리첼리는 실험을 통해 진공의 존재를 증명했으며 수은 기압계를 발명했다. 갈릴레이의 제자. 토리첼리 실험은 대기압의 존재를 증명하고 측정하기 위해 수행된 실험으로, 물의 기둥이 특정 높이까지 올라가는 것을 통해 대기압을 측정하는 방식이다.

46 Georg Ernst Stahl 1660~1734. 독일의 화학자이자 의사. 물질의 연소 실험으로 유명하며, 금속이 재가 되는 것은 '플로지스톤(Phlogiston)'이라는 가상의 물질이 금속에서 빠져나가기 때문이라고 주장했다. 이런 가설은 라부아지에(1743~1794)가 산소를 발견하여 금속의 산화와 환원을 설명하기 전까지 널리 퍼져 있었다.

B열넷

있다. 그러나 이성이 자연에게서 배우는 것은, 교사가 원하는 것이라면 무엇이든 암송하는 학생의 입장이 아니라, 증인들로 하여금 질문에 답하도록 하는 재판관의 자격에서다. 그러므로 자연학도 자신의 사고방식에서 일어난 바로 그 이로운 혁명을 이런 발상에 빚진 것이다. 다시 말해 우리는 이성이 자연에게서 배워야 하는 것이라면 무엇이든 이성 자신이 자연 속으로 들어가 자연에서 찾아야만 하며, (상상 속에서 꾸며내는 것이 아니라) 우리 자신에게서는 아무것도 알 수 없다는 것이다.[47] 이것이야말로 자연학을 비로소 학문의 확실한 길로 접어들게 한 바로 그것이다. 그토록 많은 세기 동안 더듬거린 후의 일이다.

B열다섯

형이상학은 경험과는 완전히 분리된 것으로 경험의 가르침과는 전적으로 무관한 이론적인[48] 이성 지식이다. 그것은 (수학처럼 개념들을 직관에 적용하는 것이 아니라) 단지 개념을 통해서만 인식하며, 그래서 여기에서는 이성이 자기 자신의 학생이어야 한다. 그러나 형이상학은 학문의 확실한 길 안으로 들어갈 수 있는 좋은 운을 얻지는 못했다. 설령 형이상학이 다른 모든 학문보다 더 오래되고, 온갖 것을 절멸시키는 야만의 심연 속에서 다른 모든 학문이 완전히 빨려 들어가는 상황에서조차 형이상학만큼은 더 오래 견딜 수 있다[49] 해도 그러하다. 왜냐하면 이성이 경험 무관하게 통찰하고자 하는 (그런 시늉을 하는) 법칙들이 가장 평범한 경험에 의해 확인되는 바로 그때에도 형이상학 속 이성은 머뭇거리기 때문이다. 우리는 그 학문의 길이 우리가 가고자 하는 곳[50]으로 이끌지 못함을 발견하며 수도 없이 뒷걸음을 쳐야 한다. 형이상학의 추종자들의 의견일치에 관해 말하자면, 이 학문은 정말이지 그런 일치와는 너무 멀다. 오히려 형이상학은 저마다 완력을 과시하면서 부딪히는 운명의 싸움터이다. 그러나 여기에서는 어떤 전사도 승리를 이루지 못하니

---

47 머릿속 상상으로는 자연학 지식을 얻을 수 없다는 이야기.

48 Speculative. 기존 번역은 '사변적인'. 그래서 speculative reason을 '사변 이성'으로 번역한다. 나는 이 책 전체에서 '이론 이성'으로 번역했다. '사변'은 일본식 한자어로 생활 속에서는 쓰이지 않는 단어이기 때문이다. 칸트도 speculative와 theoretical을 거의 같은 의미로 사용한다.

49 예컨대 모든 지식 활동이 금지되는 최악의 상황에서조차 인간은 신을 찾고 자유를 희망하며 내세를 꿈꾸면서 현세의 고통을 보상받기를 원한다.

50 학문의 확실한 길.

가장 작은 영역조차 소유할 수 없었다. 그러므로 이제 형이상학의 진전이란 그저 더듬거림뿐이니, 더욱이 한낱 개념들 속에서 더듬거리고 있음이 분명하다.

그러면 어째서 형이상학은 학문의 확실한 길을 발견할 수 없었던 것인가? 이곳에서는 그런 길이 불가능하단 말인가? 그렇다면 어째서 자연은 그런 길을 찾는 것이 이성의 가장 중요한 과업 중 하나인 것인 양 이성으로 하여금 그토록 끊임없이 노력하게 만들었는가? 만약 이성이 지식에 대한 우리 열망의 가장 중요한 부분 중 하나에서 우리를 저버릴 뿐 아니라 우리를 기만하고 마침내 우리를 배반한다면, 이성에 대한 우리의 신뢰가 얼마나 적어지겠는가! 만약 그런 게 아니라, 우리가 지금껏 그 길을 놓친 것일 뿐이라면, 우리가 새롭게 탐구했을 때, 우리 앞에 있던 사람들보다 더욱 큰 행운을 얻으리라 희망할 수 있는 그런 표식은 무엇인가?

수학과 자연학은 혁명에 의한 성과가 갑작스레 이루어진 사례였다. 그 혁명의 핵심 요소, 즉 그토록 유익했던 그 학문들의 사고방식 전환은 충분히 주목할 만하다고 나는 생각한다.[51] 이성 인식으로서 수학과 자연학이 형이상학과 유사하다는 사실이 인정되는 한, 우리는 그런 전환에 관해 수학과 자연학을 모방해야만 한다. 적어도 실험은 해야 한다. 지금껏 우리의 모든 인식은 대상들을 따라야 한다고 가정되어 왔다. 그러나 대상에서 무언가를 개념을 통해 경험 무관하게 발견하려는 모든 시도는 허사였다. 그러므로 우리가 형이상학 문제를 다룸에 있어 우리가 한 번도 가보지 못한 곳을 시도해 보자. 이것은 대상들이 우리 인식에 따라야 한다고 가정하는 시도이며, 이는 대상들에 대한 경험 무관한 인식의 가능성에 더 합당하고, 대상들이 우리 앞에 놓이기 전에 그것들을 먼저 규명하는 인식이다. 이것은 마치 코페르니쿠스[52]가 천공의 운동을 관찰하면서 모든 천체가 관찰자 주위를 돌고 있노라는 가정에서는 천공의 운동을 제대로 설명해 내지 못했을 때, 그가 이번에는,

B열여섯

---

51 이제부터 칸트는 인간의 사고방식에 대하여 이야기한다(사고방식의 전환을 포함하여).

52 Nicolaus Copernicus 1473~1543. 폴란드 출신의 가톨릭 성직자이자 천문학자. 지구가 우주의 중심이라는 천동설을 부정하고, 태양을 중심에 두는 지동설을 주창했다. 비록 태양계가 우주의 중심은 아니기 때문에 현재 기준에서는 정확하지 않지만, 근대 천문학의 혁명을 이끌었다는 점에는 이론의 여지가 없다.

멈춰 있는 별들을 관찰자가 공전한다고 가정하는 경우라면 과연 성공적으로 설명해 낼 수 있을지 시도했던 그 순간, 그 최초의 생각과 같은 것이다.

B열일곱 이제 우리는 형이상학에서 대상들을 직관하는 것에 관해 비슷한 방식을 시도할 수 있다. 직관이 대상들의 특성을 따라야 한다면, 그때 우리가 어떻게 그 특성을 경험 무관하게 알 수 있을지 나는 모른다. 그러나 (감각 대상으로서) 그 대상이 우리의 직관력의 특성에 따른다면, 그때 나는 그런 가능성을 나 스스로 아주 잘 알 수 있다. 그런데 직관이 인식되려면, 나는 직관에 머물러 있을 수는 없으며, 머리 안에 있는 직관이 대상으로서 어떤 것인지를 조회해야 하고, 그 과정에서 이 대상을 술어로 규정해야 한다. 나는 두 가지의 가정을 할 수 있다. 개념이 대상을 따르면서 이런 술어 규정을 낳는다고 가정할 수 있는데, 이 경우 나는 대상을 어찌 경험 무관하게 알 수 있을지 마찬가지의 어려움에 직면한다. 아니면 나는 그 대상이, 또는 그것과 동일한 것으로 (주어진 대상으로서) 대상이 인식될 수 있는 그런 경험이, 개념을 따르도록 가정할 수 있으며, 이 경우 나는 즉시 어려움에서 벗어나 쉬운 길을 만난다. 왜냐하면 경험 그 자체는 지식을 필요로 하는 인식의 한 종류이기 때문이며, 그런데 지식은 그것의 규칙을 갖게 되는데, 그 규칙은 대상들이 내게 주어지기 전에 내 안에 전제되어야 하기 때문이다. 따라서 그 규칙이 경험 무관하게 전제돼야 한다. 그런데 규칙은 경험 무관한 개념으로 표현된다. 그리하여 경험의 모든 대

B열여덟 상은 반드시 그런 규칙을 따르고 그 규칙과 일치해야 한다. 우리는 대상이 단지 이성을 통해 생각되는 한에서 — 필연적으로 그렇게 되겠지만 — 대상을 고려해야 하는데, 이성으로 이런 대상을 생각함은 경험으로 주어질 수 있는 게 아니다. 이렇게 대상을 생각하려는 시도는 (그것들은 생각될 수밖에 없기 때문에) 우리에게 우리의 사고방식에서 새롭게 바뀐 방법을 적용하는 데 훌륭한 시금석을 제공한다. 즉, 우리가 사물을 경험 무관하게 인식하는 모든 것은 그저 우리가 우리 자신을 그것들[53] 안에 넣은 것뿐이다.*

* 칸트 주석: 자연을 연구하는 사람들의 방법을 모방한 이 방법은 그러

---

53 경험 무관한 개념들을 가리킨다.

므로, 순수 이성의 요소들을 **실험을 통해 인정되거나 아니면 논박되는 방식**에서 찾는 것으로 이루어진다. 이제 순수 이성의 명제들은, 특히 그것들이 가능한 경험의 모든 한계를 넘는다면, (자연학에서 우리가 한 것처럼) **대상들**로 실험하는 것에 의해 검증될 수 없다. 그러므로 그런 명제들을 검증하는 일은 우리가 경험 무관하다고 가정하는 개념들과 원리들로 실험하는 것에 의해 실현될 것이다. 따라서 이런 실험에서 우리는 이런 개념과 원리의 대상들을 다음의 서로 다른 두 개의 관점으로 숙고할 수 있다. 대상은, **한편으로는** 경험을 위해 감각과 지식의 대상들로서, **다른 한편으로는** 경험의 한계를 넘으려고 애쓰는 저 고립된 이성을 위해 우리가 그저 생각할 뿐인 대상으로서 정돈돼야 한다는 것이다. 이제 만약, 우리가 이러한 두 겹의 관점으로 사물을 생각하는 경우, 순수 이성의 원리에 부합하기는 해도, 한 개의 관점만으로 사물을 생각하는 경우 불가피한 자기 모순이 생긴다면, 그때 이 실험은 저와 같은 관점 구별의 타당함을 밝혀줄 것이다.

B열아홉

이러한 실험은 우리가 바랐던 만큼이나 성공적이다. 이것은 형이상학으로 하여금 그 첫 번째 부분 — 경험 무관한 개념들에 관한 부분으로 이 개념들에 알맞게 대응하는 대상들이 경험으로 주어질 수 있다 —에서 학문의 확실한 길을 약속한다. 우리의 사고방식을 이렇게 바꾼 다음에야, 우리는 경험 무관한 인식의 가능성을 매우 잘 설명할 수 있기 때문이며, 게다가 모든 경험 대상의 합계로서 자연의 경험 무관한 근거가 되는 법칙들에 대해 더욱 충분한 증거들을 제공할 수 있기 때문이다. 이 두 가지는 앞선 방식[54]을 따라서는 불가능했던 것이다. 그런데 형이상학의 첫 번째 부분[55]에서 경험 무관하게 인식하는 우리 능력에 대한 연역[56]은 두 번째 부분[57]이

---

54 직관과 개념이 대상을 따른다는 사고방식.

55 예컨대 이 책의 초월적 감성편과 초월적 분석편.

56 우리 지식 안에 있는 순수 개념의 존재와 그것의 본래 역할에 대한 연역. 칸트는 개념의 분석편에서 순수 개념들의 존재와 기본 역할을 밝히고, 원리의 분석편에서 상세한 내용을 밝힌다.

57 예컨대 이 책의 초월적 변증편.

B스물

다루는 형이상학의 전체 목적에 아주 해롭게 보이는 매우 이상한 결과를 낳는다. 왜냐하면 그것이 우리가 가능한 경험의 한계를 결코 넘어설 수 없다는 결론에 이르게 하기 때문이다. 그런데 이는 이 학문이 다른 무엇보다 달성해야 하는 핵심이기도 하다. 그러나 바로 이 실험에 의해 간접적으로는 우리가 우리의 경험 무관한 이성 인식에 대한 첫 번째 평가가 진실임을 증명할 수 있도록 해준다. 다시 말해 그런 인식은 오직 현상에만 적용되는 것이며, 사물 그 자체는 설령 그것이 실제로 있는 것일지라도 우리에게는 인식되지 않는 것으로 남아야 한다는 것이다. 왜냐하면 우리로 하여금 경험과 모든 현상의 한계를 필연적으로 넘도록 강요하는 것은 **무제약적인** 것인데, 그 경우 이성은 필연적으로 그리고 그 모든 권리로 사물 자체에 완벽한 것으로서 제약 조건들의 시계열을 완성할 것을 요구하게 되기 때문이다. 그런데 만약 그때 우리의 경험적 인식이 사물 자체로서 대상과 일치한다는 가정에서 우리는 저 무제약적인 것이 **모순**[58] **없이는 생각될 수 없음**을 발견한다. 그러나 우리가 우리에게 주어진 것으로서 사물들에 대한 우리의 표상이 사물 자체로서의 이들 사물과 일치하는 게 아니라, 현상으로서 이런 대상이 우리가 표상하는 방식에 일치한다고 가정하는 경우, 저 **모순은 사라진다**. 그렇기 때문에 우리가 그것들을 아는 한, 다시 말해 그것들이 우리에게 주어지는 한, 무제약적인 것은 사물들 안에 있는 게 아니다. 오직 우리가 그것을 알지 못하는 한, 다시 말해 그것들이 사물 자체인 한에서만 무제약적인 것이 사물 안에 있는 것이다. 이는 우리가 처음에 실험으로 가정했던 것을 아주 잘 뒷받침해 준다.*

B스물하나

　　* 칸트 주석: 순수 이성의 이러한 실험은 **화학자들이** 이따금 **환원법**이라고 부르거나, 더 일반적으로는 **합성 과정**이라고 명명하는 것과 매우 비슷하다. **형이상학자들의 분석**은 경험 무관한 순수 지식을 두 가지 매우

58　가정 1: 인간의 인식(앎)은 경험적이다. 즉, 내가 경험하는 공간적, 시간 조건 안에서만 대상(현상)을 알 수 있다. 달리 말해 인간 인식은 언제나 한정된 조건 속에서 이루어진다. 가정 2: 사물 자체는 경험 조건에 의존하지 않고 무제약적이다. 즉 모든 시간대, 모든 조건에서 그대로 존재하는 것으로 여겨진다. 모순: 만약 우리의 경험적 인식이 사물 자체를 인식한다고 가정하면, 경험적 제한(가정1)과 무제약적 완결성(가정2)을 동시에 요구하게 되어 논리적 모순이 발생한다. 비유해서 말하자면, 인간은 '태초부터 영원까지' 모두 알 수 없는데, 사물 자체를 안다고 하면, 마치 유한한 존재가 무한을 다 아는 것처럼 요구하는 꼴이 되어서 모순이 생긴다는 뜻.

이질적인 요소로 분리하는데, 즉 현상으로서 사물에 대한 지식과 사물 그 자체에 대한 지식이다. 그런데 그들의 **변증**은 이 두 가지를 다시 합쳐서 이성에 의해 저 **무제약적인** 것이라는 필연적인 관념에 조화를 이루게 하지만, 위와 같은 올바른 구별을 제외하고서는 그런 **조화**는 결코 이루어질 수 없을 것이다.

그런데 감각을 초월한 분야에서의 모든 과정이 이론 이성에게는 부정되는 경우에도, 다음과 같은 것을 탐구하는 것은 여전히 우리에게 남아 있다. 〈이성의 실천적인 지식에 있어서 우리가 무제약적인 것이라는 초경험적 이성 개념을 규정하기에 충분한 자료를 갖고 있지 않음에도, 오직 실천적인 관점만으로도, 형이상학의 바람에 맞게, 경험 무관하게 가능한 인식에 의해, 모든 가능한 경험의 한계를 우리가 과연 넘을 수 있는가?〉[59] 이론 이성은 그런 확장에 대해 설령 텅 빈 공간일지라도 최소한의 방을 만들어 놓으니, 우리는 우리가 할 수 있다면 이성의 실천적인 자료를 통해 그 방을 채울 자유가 있으며, 그것이 이성에 의해 요청되는 것이다.*

* 칸트 주석: 마찬가지로 천체의 운동에 관한 기본 법칙들이 확실하게 증명되었으며(처음 코페르니쿠스가 어떤 가설로만 제기했던 것이다), 동시에 그 법칙들은 우주를 결합하는 보이지 않는 힘(뉴턴의 인력)에 관해서도 증명했다. 저 우주에 관한 법칙은, 만약 코페르니쿠스가 감각에는 모순되는 방식일지라도, 진실을 믿고, 관찰되는 운동을 천체에서 찾는 게 아니라 관찰자에게 찾지 않았다면, 여전히 발견되지 않은 채로 있었을 것이다 저 가설을 유추해서, 이 비판에서 설명되는 관점의 변화에 대해, 나는 이 머리말에서는 그저 가설로만 제시하는데, 이는 언제나 가설적인 그런 변화의 최초 시도의 성격에 주의를 기울이도록 하기 위함이다. 그러나 이 비판에서 공간과 시간에 대한 표상과 지식의 요소 개념들로부터 가설적이 아니라 필연적으로 증명될 것이다.

---

59 쉽게 풀이한다면, 예컨대 '우리가 신이나 완전한 도덕법을 규정하기 위한 충분한 자료가 없어도, 오직 도덕적 관점만으로 그런 신이나 도덕법이 존재하리라는 희망에 맞게, 경험을 넘어서는 수준에서, 모든 사람에게 도덕법이 보편적으로 적용될 수 있는가?'

순수 이론 이성에 대한 이러한 비판의 관심사는 ― 기하학자와 자연과학자의 사례를 따라 ― 완전한 혁명을 수행하여 기존 형이상학의 관행의 전환을 시도하는 것에 있다. 이것은 그 방법에 대한 논문이지 학문 자체의 체계는 아니다. 그러나 동시에 이 비판은 형이상학이라는 학문의 한계와 전체적인 내적 구조의 대강을 그려낸다. 왜냐하면 순수 이론 이성은 두 겹의 특징이 있기 때문이다. 첫째 생각하는 대상을 선택하는 다양한 방식에 따라 이성은 자신의 능력을 측정할 수 있고 측정해야 하기 때문이다. 경험 무관한 인식에서는 주체가 자기 자신에게서 도출하는 것 말고는 그런 인식의 어느 것도 대상들에는 속하지 않는다. 둘째, 문제들을 제기하는 여러 가지 방식을 자기 앞에 완전히 열거하여 형이상학의 전체 체계의 윤곽을 그려낼 수 있고 그려내야 한다. 왜냐하면 이성 원리에 관해 말하자면, 그것은 온전히 별개의 자립된 하나이며, 마치 유기체처럼 각각의 요소는 다른 모든 부분을 위해 존재하고, 모든 것은 각각의 요소를 위해 존재하기 때문이다. 그래서 이런 하나 속에서, 우리가 우리의 모든 순수 이성 사용에 대한 **일관된** 관계에서 원리를 탐구하지 않는다면, 어떤 원리도 **한 개**의 관계 안에서도 확실하게 취해질 수 없다. 그런데 형이상학은 대상들을 다루는 다른 모든 이성적인 학문에는 통하지 않는 예외적인 행운을 누린다(생각 일반의 형식만을 다룰 뿐인 **논리학** 덕분이다). 만약 형이상학이 이 비판에 의해 학문의 확실한 길에 들어서게 된다면, 이는 그것에 들어있는 모든 인식 영역을 완전히 망라할 수 있게 되는 것이고, 그리하여 모든 과업이 완수됨으로써 더할 나위 없이 중요한 자산으로서 후대를 위해 남겨 놓을 수 있는 것이다. 이것이 가능한 까닭은 형이상학이 오직 원리만을, 그리고 원리를 사용하는 경우, 원리들 자체에 의해 정해지는 한계만을 다루기 때문이다. 따라서 기초 학문으로서 형이상학은 이런 완벽함을 완수해야 하는 의무가 있으니, 우리는 이렇게 말할 수 있어야 한다. 〈해야 할 일이 남아 있다면, 일은 아직 끝난 게 아니라고 생각한다〉

그러나 사람들은 물을 것이다. 비판을 통해 정화되면서도 변함없이 지속될 형이상학으로부터 우리가 후대에게 남겨줄 그 보물이라는 게 대체 어떤 종류의 보물인가? 이 작업을 피상적으로 훑어보면서 누군가는 그런 형이상학이라는 게 그저 **소극적**으로만 유용할 뿐이라는 인상을 받을지도 모르겠다. 다시 말해 이론 이성

B스물셋

B스물넷

을 사용할 때, 형이상학은 우리가 경험의 경계를 넘어 모험해서는 안 된다고 우리에게 가르쳐 주고, 실로 이런 가르침이야말로 형이상학의 첫 번째 유용함이다. 그러나 이러한 이익은, 이론 이성이 그것의 경계를 넘어 모험할 때 사용하는 원리들이 실제로는 우리의 이성 사용을 확장하는 게 아님을 알아채자마자 **적극적**이 된다. 그러나 만약 그것들을 자세히 들여다보면, 이런 원리들은 자기가 실제로 속하는 감수성의 경계를 모든 것 너머로 **확장**하고, 순수(실천) 이성의 사용까지 일탈시키려 위협하기 때문에, 비판은 불가피하게 우리 이성 사용을 **축소**시키는 것이다. 그렇기 때문에 이론 이성을 제한하는 비판은 그런 한도로 소극적이다. 그러나 비판은 그렇게 함으로써 이성의 실천적 사용을 제한하는, 심지어 없애려고 위협하기까지 하는 장애물도 제거해 주기 때문에, 그런 점에서 비판의 유용함은 실제로 **적극적**이며, 아주 중요하다. 이런 유용함은 우리가 실천적이며 절대적으로 필수적인 (즉 그것의 도덕적 사용에서) 순수 이성의 용도가 있음을 확신하자마자 발견되는 것이다. 순수 이성은 그것이 실천적으로 사용되는 경우, 불가피하게 확장되고 감수성의 경계 너머까지 이르게 된다. 설령 이런 일이 이론적인 순수 이성으로부터 어떤 도움도 필요로 하지 않을지라도, 여전히 자기 자신과 모순에 빠지지 않기 위해서 이론 이성의 간섭으로부터 안전하게 보장되어야 한다. 비판의 이런 역할에 어떤 **적극적**인 유용함이 있음을 부정한다면, 마치 경찰은 적극적인 유용함이 없노라고 말하는 것과 같다. 경찰의 주된 과업은 시민들이 다른 시민들에게 공포를 갖지 않도록 폭력을 금지하는 것이고, 이를 통해 시민 각각이 평화와 안녕 속에서 자신의 일을 계속할 수 있게 된다.

B스물다섯

이 비판의 분석편에서 나는, 공간과 시간은 우리 감각 직관의 형식일 뿐이고, 그러므로 오직 현상으로서 사물의 존재에 관한 조건이며, 그렇기 때문에 이 직관이 지식 개념들에 대응하여 주어질 수 있는 경우여야만, 지식 개념도 그래서 사물 인식을 위한 요소도 존재하게 됨을 증명할 것이다. 그리고 나는, 결과적으로 우리는 오직 대상이 감각 직관의 대상이 되는 한에서, 다시 말해 현상되는 한에서만 그것을

B스물여섯

인식할 수 있을 뿐이지, 사물 자체로서는 어떤 대상[60]에 대한 인식을 가질 수 없음을 증명할 것이다. 이를 통해서 어느 가능한 이론적인 이성 인식이라는 것은 실로 그저 **경험** 대상만으로 제한되는 결과가 뒤따른다. 그러나 이러한 결론은, 설령 우리가 대상들을 사물 자체로 **인식**할 수는 없다 해도, 적어도 같은 대상들을 **생각**할 수는 있어야 한다는 점이 유보되어 있음을 주의 깊게 알아야 한다.* 그렇지 않으면, 〈현상되는 것이 없어도 현상은 존재한다〉라는 불합리한 명제가 나타나기 때문이다.

* 칸트 주석: 내가 어떤 대상을 **인식**하기 위해, 나는 그것의 가능성(경험의 증거에 의한 실제성으로부터이든 아니면 이성을 통한 경험 무관한 것으로부터이든)을 증명해야 한다. 그러나 나는 무엇이든 나 자신에게 모순되지 않는 한, 다시 말해 내 개념으로 가능한 생각인 한, 내가 원하는 대로 **생각**할 수는 있다. 이는 모든 가능성의 총합 속에서 대응하는 대상이 있는지 없는지를 내가 보증할 수 없더라도 그러하다. 그러나 내가 그런 개념에 객관적 타당성을 부여하기 위해서는 (즉 실제로 있는 가능성, 왜냐하면 앞에서 언급한 가능성은 그저 논리적 가능성에 불과했으므로) 무엇인가가 더 필요하다. 그렇지만 이러한 '더'는 인식의 이론적 원천에서 찾아야 하는 건 아니다. 그것은 실천적 원천에 놓여 있을 수도 있다.

B스물일곱 이제 만약 우리가 우리 비판에서 필수적인 경험 대상으로서의 사물과, 사물 자체로서의 사물 사이의 구별이 전혀 만들어지지 않는다고 가정한다면, 이런 경우 인과성의 원리가, 그리하여 그 인과성의 규정을 지배하는 자연의 기계주의가, 작용

---

60 나는 이 번역에서 특별한 경우가 아닌 한 '대상'과 '객관(객체)'를 구별하지 않고 '대상'이라는 단어로 통일해서 사용한다. 칸트는 감각적으로 주어지는 것을 Gegenstand라고 표현하고, 개념을 통해 판단되는 지식의 대상을 objekt라는 단어로 구별했지만, 칸트를 전문적으로 연구하는 학자가 아니라면, 한국어에서 두 단어를 구별할 실익이 적다(그런 연구자라면 독일어 원문을 직접 읽을 것이다). 더욱이 Gegenstand도, objekt도 결과적으로 **인간의 머릿속에 있는 '대상'이 되며, 머리 바깥의 것은 '사물thing'로 표현된다**. Objekt를 '객관(객체)'로 번역하면 오히려 문장이 모호해진다는 점도 고려했다. 실제로 주요 영어 번역본(Guyer & Wood, Pluhar, Kemp Smith 등)도 이 둘을 구별하지 않고 모두 'object'로 번역한다.

원인으로서, 모든 사물 일반에 대해 타당해지고 말 것이다. 그렇다면 나는 아주 분명한 모순에 빠지지 않고서는 동일한 존재에 대하여, 예컨대 인간 정신에 대하여, 〈그것의 의지는 자유롭지만, 동시에 자연 필연성에 종속되어 자유롭지 못하다〉[61]라고 말할 수 없게 된다. 왜냐하면 이 두 가지 명제에서 나는 **동일한 의미로** 인간 정신을, 즉 사물 일반으로 (사물 그 자체로) 취하게 될 것인데, 비판이 먼저 선행되지 않는다면, 나는 그것과 다르게 정신을 취급하지는 못하게 되기 때문이다.

그러나 만약 이 비판이 우리로 하여금 대상을 **두 겹의 의미로** 취하도록 가르치는 데, 달리 말해 현상으로서 대상을, 그리고 사물 자체로서 대상을 취하도록 가르치는 데 잘못이 없다면, 만약 순수 지식 개념의 연역이 올바르고, 그래서 인과성의 원리가 첫 번째 의미로 취해진 사물들에 대해서만 적용될 뿐이고, 즉 그것들이 경험 대상인 경우에만 인과성의 원리가 적용되지만, 반면 두 번째 의미의 사물들은 그 원리에 종속되지 않는다면, 우리가 동일한 의지를 다음과 같이 두 가지 방식으로 생각하는 경우에 어떤 모순도 발생하지 않게 된다. 한편으로는 그것이 현상에서는 (즉 눈에 보이는 행동에서는) 필연적으로 자연법칙에 종속되어 **자유롭지 않다**고 생각되고, 다른 한편으로는 사물 자체에 속하는 것으로서 자연법칙에 종속되지 않는다는, 그래서 **자유롭다**고 생각되는 것이다. 이제 이 두 번째 측면에서 나의 정신을 고려하는 경우, 나는 이론 이성을 통해서는 나의 정신을 **인식**할 수 없으며 (경험적 관찰을 통해서는 더욱 인식할 수 없으며),[62] 그러므로 감각 세계에 있는 것으로 보는 어떤 존재의 특성으로서는 자유를 인식할 수도 없다. 그렇지 않으면 나는 규정된 존재를, 그러나 시간 속에서 규정된 게 아닌 그런 존재를 인식해야 하기 때문이다. (이는 불가능한 일이다. 내가 그런 개념을 어떤 직관으로도 뒷받침할 수 없기 때문이다.) 그럼에도 불구하고 나는 여전히 자유를 **생각**할 수 있다. 다시 말해 나는 적어도 어떤 모순도 들어있지 않은 자유에 관한 나의 표상을 생각할 수 있다. 만약 우리의 비판이 표상의 두 가지 방식(감각적인 것과 지적인 것) 사이의 구별을 해낸다면, 그래서 순수 지식 개념을 제한하고, 그것들로부터 흘러나오는 원리들을

B스물여덟

---

61 칸트는 이 명제가 모순되지 않고 타당함을 말하고 싶은 것이다.
62 왜냐하면 이때의 나의 정신은 사물 자체이기 때문에.

제한한다면 그러하다는 것이다.

이제 우리가 도덕은 필연적으로 (가장 엄밀한 의미에서) 자유를 우리 의지의 특성으로 가정한다고 생각해 보자. 왜냐하면 도덕은 이런 자유를 위한 **자료**로서 이성 안에 거주하고 있는 근원적인 실천 원리들을 경험 무관하게 제시하는데, 이런 원리들은 자유를 전제하지 않고서는 절대적으로 불가능할 것이기 때문이다. 그러나 만약 이론 이성이 자유라는 것은 전혀 생각될 수 없는 것임을 증명했노라고 가정한다면,[63] 저 도덕의 전제는 명백한 모순을 갖게 되므로, 우리는 이런 반대쪽 가정에 굴복할 수밖에 없다. 만약 자유라는 게 이미 전제되어 있는 게 아니라고 한다면, 이런 반대쪽 가정은 어떤 모순도 포함하지 않는다. 그렇기 때문에 **자유**, 그리고 자유와 함께하는 도덕은 **자연의 기계주의**[64]에 자리를 내줘야 한다는 것이다. 그러나 실은 그렇지 않다. 도덕을 위해 내가 필요로 하는 것이 있다. 먼저 자유는 자기 자신과 모순되지 않아야 한다. 그리하여 더 이상의 통찰이 내게 필요하지 않으면서도 똑같은 행동이 (다른 관계에서 취해지는[65]) 자연의 기계주의를 전혀 방해하지 않는 그런 자유를 적어도 내가 생각할 수 있어야 한다. 그러므로 도덕 학설은 자기 자리를 지키며, 자연학도 마찬가지다.

그러나 이런 이야기는, 만약 이 비판이 우리에게 사물 자체에 관한 우리의 불가피한 무지를 먼저 가르쳐 주지 않았다면, 그리고 우리가 이론적으로 **인식**할 수 있는 모든 것은 그저 현상에 불과하다고 우리의 인식을 제한하지 않았다면, 생기지는 않았을 이야기다. 신이라는 개념과 우리 **정신**의 **단순한 본성**이라는 개념에 관해서도, 순수 이성의 비판적 원리의 적극적 유용함에 관한 똑같은 종류의 해설이 주어

B스물아홉

---

63 달리 말해 이성을 현상 세계(경험 세계)로만 제한하고, 사유 세계 자체를 부정한다는 의미. 칸트는 인간이 사유 세계를 '생각'할 수 있음을 인정한다. 다만 사물 자체를 알 수 없노라고 이성 '인식'을 제한한다.

64 Mechanism. 즉, 자연법칙이 지배하는 자연 필연성.

65 인간이 감각 세계(경험 세계)에 속할 때 인간은 자연법칙의 적용을 받으며, 인간이 사유 세계(지적인 세계)에 속할 때 자유의 법칙을 적용을 받는다. 그러므로 이 두 가지 관계는 아무런 모순이 없다. 인간은 경험 세계에도 속하고 동시에 지적인 세계에도 속하는 존재이기 때문이다.

질 수 있다. 그러나 이에 관해서는 간명함을 위해 생략한다.

그러므로 내가 만일 이론 이성으로부터 과도한 통찰을 내세우는 자격을 **빼앗지** 않는다면, 내 이성의 필수적이며 실천적인 용도를 위해 내가 **신, 자유, 불멸성을 전제**하는 것조차 할 수 없게 된다. 왜냐하면 그런 통찰에 이르기 위해서는 이론 이성이 원리들을 사용해야 하는데, 그때 이론 이성의 원리들은 그저 가능한 경험 대상들에만 확장되는 것이다. 그럼에도 불구하고 이런 원리가 경험 대상이 될 수 없는 어떤 것에까지 적용되는 경우, 그 원리들이 그 어떤 것을 항상 현상으로 바꿔 버림으로써 이성의 모든 **실천적 확장**이 불가능해지게끔 선언하고 말기 때문이다.[66] 따라서 나는 **신앙**을 위한 자리를 만들기 위해 **지식**[67]을 부정해야 했다. 그리고 형이상학의 자기 확신론, 다시 말해 비판 없이도 이성이 형이상학에서 진보를 이뤄낼 수 있다는 편견이야말로 도덕과 대립하는 모든 불신의 진정한 원천이니, 불신은 항상 자기 확신적이다.

B서른

그러므로 설령 후손들에게 순수 이성 비판에 따른 체계적인 형이상학의 유산을 남기는 일이 아주 어렵지는 않더라도, 그런 형이상학은 여전히 얕볼 수 없는 선물이다. 그 까닭에 관해 말하자면, 확실한 학문의 길을 추구함으로써 계발되는 이성의 성과와, 비판 없이 더듬거리며 경솔하게 배회하는 이성의 근거 없음을 비교해 보자. 지식에 굶주린 우리 젊은이들이 그 흔한 자기 확신론 아래에서 시간을 허비하기보다는 더 좋은 지식에 시간을 사용할 수 있게 됐노라고 생각해 보자. 젊은이들의 시간을 빼앗는 저 자기 확신론은 너무나 일찍 그리고 너무나 강렬하게 도무지 이해할 수 없는 것들에 대해, 그들도 이 세상의 그 누구도 도무지 통찰할 수 없는 것들에 대해 나부렁지도 않게 젊은이들을 도취시키고, 심지어 새로운 사상이니 의견이니 고안해 내도록 그들을 독려하는 한편, 건실한 학문을 공부하는 데 소홀하

B서른하나

---

66 실천 이성은 도덕법칙의 실천적 의미를 만들어 내기 위해 경험 너머의 존재(자유, 신, 불멸성)를 필수 전제로 다뤄야 하는데, 이론 이성은 이런 초월적 존재를 현상으로, 다시 말해 경험적인 존재로 끌어내리게 되기 때문에, 결과적으로 실천 이성의 확장이 불가능해졌다는 뜻. 그래서 칸트는 순수이성비판 작업을 통해 이론 이성이 그런 초월적 존재를 알 수 없다고 그 한계를 선언함으로써 실천 이성이 활동할 수 있는 공간을 만들어 냈다.

67 Knowledge.

도록 만든다. 그러나 만약 우리가, 저 **소크라테스**의 방법론으로, 다시 말해 상대방의 무지를 아주 자명하게 밝혀 줌으로써 도덕과 종교에 대한 모든 거부를 영구히 끝낼 수 있다는 측량할 수 없는 이점을 고려한다면, 이런 형이상학의 선물은 두드러지게 보일 것이다. 이 세상에는 항상 어떤 형이상학이 존재해 왔고, 또 어떤 형이상학이 앞으로도 이어질 것으로 보인다. 그러나 형이상학과 함께, 순수 이성의 변증도 함께할 것이다(변증은 순수 이성에 매우 자연스럽게 나타난다). 따라서 변증을 없애는 것은, 그리하여 오류들의 원천을 차단함으로써 단번에 모든 해악을 없애는 일은 일차적이며 가장 중요한 철학의 과업이다.

B서른둘

학문 영역에서 이러한 중요한 변화가 일어나고, 이론 이성이 지금까지 소유해 왔던 상상의 소유물들을 **상실**하게 된다 하더라도, 보편적인 인간 관심사와 순수 이성의 가르침으로부터 이 세계가 지금껏 얻었던 모든 이점은 그대로 남는다. 손실은 오직 **학계**[68]**의 독점**에만 미친다. **인류의 이익**에는 어떤 영향도 없다. 나는 가장 완고한 자기 확신론자들에게 묻는다. 본질의 단순성으로부터 이끌어 낸 죽음 이후 우리 영혼이 지속한다는 증명이, 주관적인 실천 필연성[69]과 객관적인 실천 필연성[70] 사이의 신비하지만 그다지 위력 없는 구별을 통해 도출되는 보편적 기계주의에 맞서려는 의지의 자유에 대한 증명[71]이, 최고 실체 존재라는 개념에서(아니면 변하는 것의 우연성과 제1의 원인[72]의 필연성으로부터) 도출되는 신의 존재에 대한 증명이라는 것이, 그 학파가 생겨난 이후로 과연 대중들에 닿을 수 있었던지, 적어도

---

68 학계(학파)는 신학과 형이상학을 통합하려는 스콜라적 형이상학파와, 라이프니츠-볼프 학파로 대표되는 독일 관념론의 형이상학 전통, 즉 합리론 계열의 형이상학 학파를 가리킨다.

69 '실천적'은 행동에 관한 것을 뜻하고, '필연성'은 의무를 말한다. 즉 이 말은 주관적으로 나는 자유롭다고 느끼면서 "나는 이렇게 행동해야 한다"고 스스로 생각하는 것을 가리킨다.

70 어떤 행위가 보편적으로 반드시 존재해야 한다는 필연성.

71 주관적으로 나는 자유롭게 느끼기 때문에, 그러므로 나는 객관적으로도 자유롭다는 논리를 가리킨다. 이렇게 주관에서 객관으로 도약하면서 의지의 자유를 증명하려는 논증은 신비롭기는 해도 설득력이 없다고 칸트는 비판한다.

72 a first mover. 아리스토텔레스의 개념. 흔히 부동의 원동자(unmoved mover)로 번역되곤 한다. 모든 우주의 제1 원인으로서 모든 운동의 최초의 원인이지만, 자기보다 선행하는 원인은 존재하지 않는다.

대중들의 확신에 영향을 미치기나 했는지.[73] 만약 그런 일이 일어나지 않았다면, 그리고 만약 그런 신비한 사유에 대해서는 평범한 인간 지식이 적합하지 않은 탓에 그런 일이 일어날 것으로 기대될 수도 없다면, 오히려 대중들에게 닿는 그런 확신은, 다른 이성적인 근거들에 의해 생겨나는 것일 터이다. 즉 첫 번째 지적에 관해서 말하자면, 모든 인간 존재에게서 현저하게 나타나는 우리 본성의 두드러진 기질 때문으로, 내세의 삶에 대한 희망을 안내하는 것에서 현세에 있는 것만으로는 도무지 만족할 수 없게 되는 것이고(왜냐하면 우리의 전체 소명에 관한 기질을 보더라도 현세는 항상 불충분하기 때문이다), 두 번째 지점에 관해 말하자면, 자유라는 의식은 다름 아니라 성향의 모든 주장에 맞서 의무[74]를 명확하게 나타내는 것에 의해 생겨나는 것이며, 마지막으로 신의 존재에 관해 말하자면, 현명하고 위대한 이 세계의 창시자에 대한 신앙이 오직 자연 어느 곳에서나 보여지는 경탄할 만한 질서와 아름다움과 섭리로부터 생겨나는 것일 터이다. 정말이지 이러한 확신의 소유[75]는 어떤 훼손도 없이 남는다. 그리고 다음과 같은 사실에서 권위까지 얻게 된다. 학계라고 해도 보편적인 인간의 관심사를 다루는 문제에서 그들이 위대한 다수(우리가 항상 가장 많이 존경하는 그런 사람들)에 의해 마땅히 달성될 수 있는 것 이상의 더 높고 더 큰 통찰을 할 수 없다는 사실과, 그러므로 보편적으로 납득할 수 있고 도덕적 견지에서 충분한 증명의 근거들을 양성하는 일로 학계의 과업을 제한해야 한다는 그런 사실이다. 따라서 이런 변화는 그저 학계의 오만한 주장에만 영향을 미칠 뿐이다. 그들은 이런 문제들에 대해 진리의 수호자와 유일한 전문가로 여겨지기를 원하는 사람들이요(지식의 여러 다른 문제에서도 당연히 그렇게 여겨지는 것처럼), 진리의 열쇠는 그들 자신만이 보관하되, 대중들에게는 그저 그것들을 사용하는 방법만을 이야기하는 사람들이다(나나 그나 똑같이 아는 것을 혼자

B서른셋

---

73 이 단락에서 칸트가 말하려는 메시지는, 기존 합리론자들이 이런 세 가지 증명을 했다고 하지만, 그런 증명이 대중들에게 설득력 있게 다가간 적도 없고, 앞으로도 그럴 수 없다는 것이며, 왜냐하면 진정한 도덕적, 실천적 확신은 이론이 아닌 실천 이성에서 생겨나기 때문이라는 것이다.

74 실천 이성의 명령으로 생겨나는 의무.

75 대중들에게 닿는 불멸성, 자유, 신에 관한 확신의 소유를 가리킨다.

아는 것처럼 보이기를 그가 원한다[76]). 그렇지만 여기에서 사유하는 철학자의 정당한 주장은 소중히 해야 한다. 그 사람은 항상 대중들이 잘 알지 못하더라도, 그들에게 유용한 학문을 관리하는 자이며, 다시 말해 이성 비판에 관한 유일한 관리자이다.

이 비판은 대중적일 수 없으며, 그럴 필요도 없다.[77] 왜냐하면 유용한 진리에 대한 지나치게 세밀한 주장은 사람들의 머릿속을 채우기 어려운 것처럼, 그런 주장에 대한 이해하기 어려운 반박도 마찬가지로 그들 머리 안으로 들어가지 않기 때문이다. 반면 학파 사람들은, 스스로 사유하려는 모든 이가 그러는 것처럼, 불가피하게 이 주장과 반박에 빠져들고 만다. 그리하여 학계는 이론 이성의 권리를 철저하게 탐구할 수밖에 없는데, 추문을 예방하기 위해서라도 그러하다. 이 추문이라는 것은, 비판이 없는 경우, 형이상학자들이(그리고 종국에는 성직자까지) 부득이 이 문제에 관여하면서, 나중에는 자신들의 가르침조차 변질시키고 마는 그런 논쟁에서 생겨나며, 조만간 사람들에게까지 알려지게 되는 그런 것이다. 오직 비판을 통해서만, 우리는 보편적으로 해로울 수 있는 **유물론, 운명론, 무신론**, 자유 사상에 입각한 **불신, 열광주의**와 **미신**의 뿌리를, 마지막으로 대중에게 쉽게 전해지지는 않지만, 학계에는 더욱 위험한 **관념론**과 **회의론**의 뿌리를 잘라낼 수 있다. 만약 정부가 학자들의 일에 관심을 갖는 것이 바람직하다고 실제로 생각한다면, 이성의 작업을 확고한 토대 위에 세울 수 있는 비판의 자유를 장려하는 편이, 자기들의 거미줄 같은 학설을 누군가 찢을 때마다 공공의 위협이라고 떠들어 대지만 정작 대중은 관심을 두지 않는 저 학계의 우스꽝스러운 독재를 지지하는 것보다, 학문과 인류를 위한 현명한 배려에 더 부합할 것이다.

비판은 학문으로서 순수 인식 안에서 이성이 갖는 **자기 확신적 과정**을 반대하지 않는다(왜냐하면 학문이란 항상 자기 확신적이 되어야 하기 때문이며, 즉 확실한

---

76   원문은 라틴어로 쓰였다. *quod mecum nescit, solus vult scire videri.*

77   18세기 후반의 독일 대중을 가리키는 대목이므로, 이 표현에 기대어 이 책이 인류 교양이 아니라 전문적인 학술 도서가 되어야 한다고 생각해서는 안 된다. 21세기 대한민국의 대중은 지식의 질과 양 면 모두에서 그 시절 독일 학자들보다 똑똑할지도 모른다.

경험 무관한 원리들로부터 엄격한 증명을 언제나 수행해야 하기 때문이다). 비판은 오직 자기 확신론에 반대한다. 이는 개념으로부터 비롯되는 순수 인식(즉 철학적 인식)만을 갖고서 원리들에 맞게 수행하겠노라는 가정에 비판이 반대한다는 것이다. 그런 개념과 원리에 이르게 된 이성의 권리가 무엇이며, 이성의 방식이 대체 무엇인지 우선 탐구하지 않은 채, 이성은 아주 오랫동안 사용돼 왔다. 따라서 자기 확신론은 **자신의 능력에 대한 선행 비판 없이** 이성에 의해 수행되는 자기 확신적 과정이다. 그런고로 이러한 반대는 대중성이라는 미명 아래 떠들썩한 얄팍함을 지지하는 것이 아니요, 모든 형이상학의 과업을 가볍게 다루는 회의론을 지지하는 건 더욱 아니다. 오히려 비판은 기초가 잘 갖춰진 학문으로서 형이상학의 진보를 위해 필수적인 준비 활동이고, 반드시 자기 확신적이며, 아주 엄격한 요건에 따라, 고로 학술적인 기준으로(대중적인 방식이 아니라) 체계적으로 수행돼야 하는 것이다. 이러한 요건은 면제될 수 있는 게 아니다. 왜냐하면 형이상학은 자신의 과업을 완전히 경험 무관하게 수행해야 하기 때문이며, 그리하여 이론 이성의 완전한 만족에 이르도록 해야 하기 때문이다.

B서른여섯

언젠가 이 비판이 가리키는 기획을 수행함에 있어, 다시 말해 형이상학의 미래 체계에서, 우리는 모든 자기 확신 철학자 중에서도 가장 위대한 볼프의 엄격한 방법론을 따라야 할 것이다. 그는 법칙을 따르는 방식으로 원리들을 확립하고, 분명하게 개념을 규정하며, 증명 속에서 엄격함을 구현하고, 추론에서는 대담한 비약을 피함으로써, 우리가 어떻게 학문의 확실한 길을 얻을 수 있는지에 관한 모범을 처음으로 보여 주었다(이런 모범을 통해 그는 지금도 사라지지 않는 철저함에 관한 독일의 영을 만들어 낸 시조가 되었다). 바로 이런 이유 때문에, 만약 그런 방법론이 저 유기체에 대한 비판, 즉 순수 이성 자체에 대한 비판으로 형이상학을 위한 영역을 미리 준비하도록 그에게 작용했다면, 그는 그야말로 형이상학 같은 학문을 그런 확실한 상태로 옮겨 놓는 데 매우 적합한 인물이었다. 그의 실패는 그에게 물어야 할 책임이라기보다는 그가 살던 시대의 자기 확신적 사고방식 탓이다. 그렇기 때문에 그가 살던 시대의 철학자들이나 그 이전의 모든 철학자가 서로를 비난할 어떤 것도 없다. 볼프의 교수법을 거부하고, 동시에 순수 이성에 대한 비판 과정도 인정하지 않는 사람들은 그저 **학문**이라는 속박을 벗어던지고, 작업을 유희로, 확

B서른일곱

실성을 믿음으로, 지혜에 대한 사랑[78]을 믿음에 대한 사랑[79]으로 바꾸려고 생각하는 사람들일 것이다.

이 책의 제2판에 관해서 말하자면, 섬세한 사람들이 이 책을 판단하면서 부딪혔던 많은 오해에 대해 — 아마도 그것이 내 잘못에서 비롯된 것이겠지만 — 나는 난해함과 모호함을 가능한 한 많이 없애는 이 기회를 놓치지 않으려 했다. 나는 내 명제들 자체에서, 그것들을 제시하는 데 사용된 근거들에서 바꿔야 할 것을 발견하지는 못했다. 이 기획의 형식과 완벽성에서도 아무런 문제가 없었다. 부분적으로는 내가 이 책을 대중 앞에 내놓기까지 아주 오랫동안 검토했기 때문이기도 하고, 또 부분적으로는 이 책 내용의 성격 자체, 다시 말해 순수 이론 이성의 본성 때문이기도 하다. 순수 이론 이성에는 각각의 요소가 실로 하나의 유기체로 연결되는 구조가 들어있으니, 모든 것이 개별 요소를 위해 존재하며, 개별 요소는 전체를 위해 존재하기 때문에, 아주 사소한 결점조차 그것이 잘못(오류)이든 결함이든, 이성의 사용에서 스스로를 드러낼 수밖에 없다. 나는 이 체계가 앞으로도 이런 변치 않는 상태로 유지되기를 희망한다. 이런 내 확신이 자만심에서 비롯된 건 아니다. 다음과 같은 실험을 통해 명백하게 드러난 사실에서 비롯된다. 가장 작은 요소에서 시작하여 순수 이성의 전체로 나아가든지, 아니면 전체에서 각 부분으로 나아가든지 동일한 결과를 얻으며(왜냐하면 이 전체라는 것은 그 자체가 실천적인 분야에서 순수 이성의 최종 목적을 통해 주어지기 때문이다), 반면 아무리 최소의 부분이라도 그것을 바꾸려고 하면 바로 이 체계뿐 아니라 보편적인 인간 이성에까지 모순을 가져온다는 사실이다. 그러나 **설명 방식**에서는 여전히 많은 일이 남아 있다. 이와 관련해서 나는 이 새 판본에서 많은 개선을 하려고 노력했다. 우선 감성편에서의 오해를 없애려고 했는데, 주되게는 시간 개념에 관한 것이다. 다음으로 지식 개념의 연역편에서의 모호함을, 이어서 순수 지식의 원리편의 증명에서 명백함이 부족해 보이는 부분을 바로잡았다. 마지막으로 이성적 심리학에 맞서 나타난 잘못된

---

78 Philosophy. 즉 철학.

79 Philodoxy. '필로독시'는 '필로소피'와 달리 자신의 의견만을 고집하는 것을 뜻하며, 편견과 독단을 상징한다. 이때의 의견은 참된 지식과 대립되는 것으로 개인적인 믿음에 기초한 의견이다. 그러므로 의견은 믿음과 사실상 같은 의미이다.

추론편에 관한 오해를 바로잡았다. 여기까지가 이런 개요 방식에 대한 내 수정 작업이 미친 부분이다(즉 개정 부분은 초월적 변증편 첫 번째 장의 말미까지이다).* 그 이상은 시간이 부족했기 때문이기도 했고, 나머지 부분에 관해서는 전문가들과 공평한 비평가들에 의한 어떤 오해도 내게 전해지지 않았기 때문이다. 내가 비록 이들 비평가의 이름을 거론하면서 찬사의 말씀을 드리지 못할지라도, 그들이 내게 해 준 제안들을 내가 어떻게 반영했는지 보여주는 대목을 그들이 필경 발견할 수 있을 것이다. 그러나 이런 개선 작업이 독자들에게는 조금 손해이다. 이는 내가 책의 분량이 늘어나는 것을 막을 수 없었다는 그런 손해를 말한다. 나는 전체의 완결성에 필수적이지 않은 사항들을, 설령 어떤 독자들은 다른 관점에서 유용할 수 있다는 이유로 그것들이 없는 것을 좋아하지 않을지라도, 제외하거나 축약해야 했다. 이런 방식으로 수정해야만 내가 지금 희망하는 — 더 수월하게 이해되는 — 개요를 위한 빈자리를 마련할 수 있기 때문이었다.

B서른아홉

B마흔하나
B마흔둘

* 칸트 주석: 내가 수정한 부분 중에서 내가 정말로 보충이라고 부를 수 있는 유일한 부분은 — 그것도 단지 증명의 방식에만 관계하는 것인데 — 275쪽에서 심리적 **관념론**을 새롭게 반박하고, 외부 직관의 객관적 실체에 관한 엄밀한 증명(내가 믿기로 유일한 가능한 증명)을 제시한 부분이다. 그런데 관념론이 형이상학의 핵심 목적에 관해서는 아무런 위해가 되지 않는 것처럼 보일지라도, 우리 바깥에 사물들이 존재함을 그저 **믿음으로**만 받아들여야 한다는 것(설령 그것들이 우리에게 우리 인식을 위한 모든 내용을 주고, 심지어 우리의 내적 감각의 내용까지도 주는 것임에도), 그리고 만약 누군가 외부 사물들의 존재를 의심하는 경우에 우리가 그 사람에게 만족할 만하게 증명해 줄 수 없다는 것, 이것들은 언제나 철학과 보편 인간 이성의 추문으로 남는다. 이 증명 부분의 세 번째에서 여섯 번째까지의 내 표현에는 다소 모호한 점이 있기 때문에, 나는 이 부분이 다음과 같이 수정되기를 바란다. "**그러나 이런 불변의 어떤 것은 내 안의 직관일 수는 없다. 왜냐하면 내 안에서 만날 수 있는 내 존재를 규정하는 모든 것은 머릿속에 있는 것이고, 그것이 그런 표상인 한, 그것들은 자신과 구별되는 불변의 어떤 것을 필요로 하기 때문이다.** 그

불변의 어떤 것이 내 존재를 규정하는 것들과 관계하고, 그리하여 시간 속에서 일어나는 그것들의 변화에서 나라는 존재가 규정되는 것이다."

어떤 이가 이런 증명에 대해 이렇게 말하면서 반박한다고 가정해 볼 수 있다. 내가 직접 의식하는 모든 것은 내 안에 있는 것, 다시 말해 외부 사물에 대한 나의 **표상**이므로, 이것에 대응하는 어떤 것이 내 바깥에 있는지 아닌지는 여전히 증명되지 않았다는 반박이다. 그러나 나는 내적 경험을 통해 **시간 속에서 나의 존재**(그래서 시간에서의 그것의 규정 가능성)를 의식하는데, 이것은 단순히 내 표상을 의식하는 것 이상이다. 그런데 시간 속에서 나의 존재(그리고 그것의 규정 가능성)에 대한 이런 의식은 **내 존재에 대한 경험적 의식**과 동일한 것이며, 이것은 오직 **내 바깥에 있는** 나의 존재와 결합된 어떤 것과 관계해야만 규정될 수 있는 것이다. 따라서 시간 속에서 나의 존재에 관한 의식은 동일성으로 내 바깥에 있는 어떤 것에 대한 관계에 관한 의식과 결합된다. 이리하여 내 바깥에 있는 것과 내 내적 감각을 불가분으로 결합하는 것은 허구가 아니라 경험이요, 내 상상이 아니라 감각이다. 왜냐하면 외부 감각은 이미 그 자체로 내 바깥에 실제로 있는 어떤 것에 대한 직관의 관계 맺기이기 때문이며, 상상과 구별되는 외부 감각의 실체는, 우리가 지금 하고 있는 것처럼, 우리의 외부 감각을 내적 경험 자체 — 다시 말해 내적 경험의 가능성에 대한 조건으로서 —와 불가분으로 결합하는 것에 전적으로 의존하기 때문이다. 나의 모든 판단과 지식 활동에 수반되는 〈나는 존재한다〉라는 개념에서 내가 갖는 나의 존재에 대한 지적인 의식에 대해 말하자면, 만약 내가 **지적인 직관**[80]을 통해 **나의 존재**에 대한 규정을 동시에 이런 나의 존재에 대한 **지적인 의식**과 결합시킨다면, 그때에는 이런 규정이 내 바깥에 있는 어떤 것과의 관계에 대한 의식이 반드시 포함되는 건 아닐 것이다. 그러나 실제로 나는 그럴 수는 없다. 내 존재에 관한 지적인 의식이 정말이지 앞서 있기는 해도, 하지만 홀로 나의 존재를 규정할 수 있는 내적 직관은 감각 직관이고, 이것은 시간의 조건에 속하는 것이

B마흔

---

80 인간이 갖고 있지 않은 신적인 직관으로, 사물을 직관하자마자 사물 자체까지 아는 것.

다. 그런데 이런 규정과, 그리하여 내적 경험 자체는 내 안에 있지 않는, 따라서 내 바깥에 있는 불변하는 어떤 것에 의존하며, 나는 나 자신을 그 것의 관계 속에서만 그려야 한다. 그렇기 때문에 외부 감각의 실체와 내 적 감각의 실체는 반드시 결합해야 하며, 이것이 경험 일반을 가능하게 만든다. 달리 말하면, 내가 나 자신을 시간 속에서 규정된 존재임을 의식 하는 것만큼이나, 나는 내 감각과 관계하여 내 바깥의 사물들이 존재한 다는 것을 확실히 의식한다. 이제 어떤 주어진 직관이 실제로 외부 사물 에 대응하는지, 즉 상상에 속하기보다는 외부 **감각**에 속하는지에 대해 서는, 모든 경험 일반(심지어 내적 경험조차도)을 상상과 구별해 주는 규칙에 따라 개별적으로 정해야 한다. 이러한 구별 절차는 〈외부 경험은 실제로 존재한다〉라는 명제에 항상 근거한다. 우리는 여기에 다음과 같 이 주석을 붙일 수 있다. 〈존재 속에서 **불변하는** 어떤 것에 대한 표상은 어떤 **불변하는 표상**과 같은 게 아니다〉 왜냐하면 우리의 모든 표상, 심 지어 물질에 대한 표상조차, 불변하는 어떤 것에 대한 표상은 매우 변화 무쌍하여 가변적일 수 있더라도, 그것은 여전히 불변하는 어떤 것과 관 계하기 때문이다.

B마흔하나

그러므로 이러한 불변하는 어떤 것은 나의 모든 표상과 구별되는 것이 어야 하며, 그리고 외적인 것이기도 해야 한다. 이런 사물의 존재야말로 나 자신의 존재에 대한 **규정** 속에 반드시 포함되는 것이며, 그것과 함께 하나의 경험을 구성한다. 만약 그것이 동시에 (부분적으로) 외적인 것이 아니라면, 내적 경험조차 일어날 수 없을 것이다. 이것이 어떻게 가능한 지에 대해서는, 우리가 시간 속에서 지속하는 것을 생각할 수 있다는 사 실을, 변화하는 것과 동시에 지속하는 것이 변화가 개념을 가능하게 한 다는 사실을, 더 이상 설명할 수 없는 것과 마찬가지로, 우리는 더 이상 설명할 수 없다.

기본적으로 개정판에서 명제들이나 그것들을 증명하는 근거들에서 아무런 변화 가 없다. 그러나 개요를 제시하는 방법에서는 지난 판본과 여기저기 차이가 있고,

B마흔셋

이는 내가 단순히 내용을 삽입하는 것만으로는 다룰 수 없었다. 어떤 이는 이 판본과 지난 판본을 비교하면서 보완하겠지만, 이런 작은 손해가 이 판본이 더욱 이해하기 쉬워졌다는 사실에 의해 보상되기를 나는 희망한다. 나는 여러 공개 저술(일부는 여러 책의 서평에서, 일부는 특별 논문에서)을 통해 철저함에 관한 독일의 영이 사라지지 않았으며, 단지 스스로를 독창적이라고 착각하는 자유 사상의 유행스러운 소음에 의해 잠시 가려졌을 뿐이라는 사실을 감사와 기쁨으로 반겼다. 그리고 나는 이 비판의 가시밭길이, 용기 있고 총명한 정신들이 그 길 — 학문적으로 엄격하되 그만큼 영속적이고 가장 필요하기까지 한 순수 이성의 학으로 향하는 길 —을 극복하는 것을 방해하지 못함을 보았다. 이 개요는 명쾌함에서 아직은 여기저기 흠이 있다. 세상에는 명쾌한 해설과 일관된 통찰을 행복하게 결합할 수 있는 재능을 가진 훌륭한 사람들이 있고(나는 바로 그런 재능이 내게 없음을 자각한다), 그들에게 내 작업의 완성을 맡긴다. 왜냐하면 이런 경우에, 내가 이해되지 못할 위험이 있더라도, 내가 반박당할 위험은 없기 때문이다.[81] 나로서는 앞으로 더 이상 논쟁에 휘말릴 수 없겠지만, 친구든 아니면 반대자이든, 모든 제안에 주의를 기울일 것이고, 이 예비학에 따라 장차 이 학문의 체계를 완성하는 데 그것들을 활용할 것이다. 이 작업을 진행하는 동안, 나는 상당히 고령이 되었다(이번 달에 예순넷이 된다). 내가 만일 이론 이성과 실천 이성 모두에 대한 비판의 정당성을 재확인하기 위해 자연 형이상학과 도덕 형이상학을 제공하겠다는 나의 계획을 실천하고자 한다면,[82] 나는 시간을 절약하면서 보내야 한다.

B마흔넷

그러므로 나는 작업 초기에 거의 피할 수 없었던 모호함을 해명하고, 이 작업 전체를 옹호하는 일에 이 작업을 자기 것으로 만들어 낸 저 훌륭한 이들의 지원에 의존할 수밖에 없다. 어떤 철학 논문도 개별 구절에서는 지적받을 수 있다(왜냐하면 철학 논문이 수학 논문처럼 완전히 무장될 수는 없기 때문이다). 반면 하나로 간주되

---

81 원문은 '왜냐하면 내가 이런 경우에, 내가 반박당할 위험은 없을지라도, 내가 이해되지 못할 위험은 있기 때문이다'라고 쓰어 있지만, 문맥상 의미가 통하려면 앞뒤 문장을 바꿔야 한다.

82 〈도덕 형이상학〉은 1797년에 출간되었다. 칸트는 이 머리말을 쓰기 전인 1786년 〈자연학의 형이상학적 기초〉라는 책을 출간했지만, 그가 죽기 전까지 〈자연 형이상학〉이라는 이름의 책을 쓰지 못했다.

는 체계의 구조의 경우에는 위험은 조금도 없다. 체계가 새로운 경우, 그것을 전체적으로 파악할 수 있는 영리한 정신은 거의 없고, 모든 혁신은 불편하다는 이유로 그것을 기꺼이 파악하려는 사람은 더욱 없다. 또한 어떤 저술이든, 만약 우리가 개별 구절들을 맥락에서 떼어내 서로 비교한다면, 일견 모순돼 보이는 것들을 얼마든지 찾을 수 있다. 그런 모순돼 보이는 것들에 대해, 남의 평가에 의존하는 사람들의 눈에서는 그것들이 그 저술에 불리한 빛처럼 보일 것이다. 그러나 그 전체의 사상을 파악한 이에게는 아주 쉽게 해결될 수 있을 것이다. 그런데 만약 어떤 이론이 내적으로 견고하다면, 처음에는 큰 위협으로 보였던 어떤 반박과 재반박도 시간이 지나면 그 이론의 거칠기를 부드럽게 만들어 줄 뿐이다. 그리고 만약 공명정대하고 통찰력이 있으며 참된 대중성을 지닌 사람들이 이런 일을 하게 된다면, 그 이론은 머지않아 필요한 세련됨까지 갖추게 될 것이다.

쾨니히스베르크, 1787년 4월.

A판 서론

서론부터 순수이성비판 본문이 본격적으로 시작합니다. A판 서론보다는 B판 서론을 독서하기를 권합니다. 왜냐하면 B판 서론이 A판 서론의 내용을 모두 포함하면서 내용이 더욱 보강되어 있기 때문입니다.

서론[83]

I.
초월철학이라는 관념

경험은 의심할 여지 없이, 우리 지식이 감각 작용의 원재료를 처리하면서 만들어 낸 첫 번째 산물이다. 바로 이런 이유 때문에 경험은 최초의 가르침이며, 경험이 진전되는 과정에서, 그것은 새로운 가르침을 무궁히 만들어 내기 때문에, 모든 미래 세대에까지 이어지는 삶의 사슬에서 수집되는 새로운 지식은 결코 부족함이 없을 것이다. 그럼에도 불구하고 경험이 우리 지식을 제한할 수 있는 유일한 분야는 아니다. 경험은 확실히 우리에게 무엇이 존재하는지를 말해 주지만, 그것이 반드시 존재해야 하며, 그러므로 달리 존재해서는 안 된다고는 말해 주지 않는다. 바로 그런 까닭에 경험은 우리에게 참된 보편성을 주지는 못하며, 이런 종류의 인식을 그토록 바라는 이성은 경험에 의해 자극을 받기는 해도, 만족을 얻는 건 아니다. 이제 그런 보편적인 인식은 동시에 내적 필연성이라는 성격을 가지면서 그 스스로가 경험과는 독립해서 명확하고 확실해야 하는데, 그렇기 때문에 사람들은 그런 인식을 일컬어 경험 무관한 인식이라 부르고, 반면 그저 경험에서만 빌려온 것은, 우리가 말하길, 오직 경험과의 관계를 통해 또는 경험적으로 인식되는 것이라 한다.

그런데 우리 경험 중에서도, 인식이라는 것은 경험 무관한 근원을 가져야 하는 것과, 아마도 감각 표상들을 연결시키는 역할을 하는 것이 섞여 있고, 이는 특히 주목할 만하다. 왜냐하면 설령 우리가 우리 경험에서 감각에 속하는 모든 것을 제거하더라도, 어떤 근원적인 개념들과 이 개념들로부터 만들어진 판단들이 여전히 남게 되는데, 이것들이 경험과는 독립적으로 완전히 경험 무관하게 생겨난 것임에 틀림

---

83 A판 서론은 B판에서 내용이 많이 추가되면서 개정되었다. 그러므로 B판 서론을 중심으로 독서하는 것이 더 바람직하고 효과적이다. 역자의 해설과 주석도 B판 서론에 초점을 맞추기로 한다. 다만 1781년 초판에 어떤 서론이 실렸는지 그 지식을 번역하는 작업은 문헌학적으로 의미가 있을 것이다.

없기 때문이다. 이는 우리로 하여금 감각에 나타나는 대상에 대해 그저 경험이 가르쳐 주는 것 이상을 말할 수 있도록 해 주거나, 아니면 적어도 그렇게 말할 수 있는 — 단순한 경험적인 인식으로는 제공될 수 없는 — 참된 보편성과 엄격한 필연성이 들어있는 주장을 만들어 낸다.

모든 가능한 경험의 영역을 벗어난 특정 인식들이 있다는 사실은 앞에서 말한 모든 것보다 훨씬 중요하다. 대응되는 대상이 경험에서는 전혀 주어질 수 없는 개념으로 말미암아, 이러한 인식은 우리 판단들의 범위를 확장하여 경험의 모든 한계를 넘어서게 된다.

감각 세계를 넘어서서, 경험이 우리에게 어떤 안내도 올바름도 줄 수 없는 이들 후자의 인식 안, 바로 거기에 이성의 탐구가 자리한다. 우리는 이러한 탐구들을 우리 지식이 현상의 영역에서 배울 수 있는 것보다 훨씬 중요하고 더욱 숭고한 최종 목적으로 간주한다. 정말이지 우리는, 어쩐지 불확실하다는 이유 때문이든 경멸과 무관심 탓이든, 그런 중요한 탐구들을 포기하기보다는 오류의 위험을 무릅쓰고서라도 감히 모험하려고 한다.

우리가 지금 경험의 영토를 막 떠나자마자, 그 유래를 알지 못하면서도 우리가 갖고 있는 인식으로 곧바로 건축물을 세우기보다는, 또한 우리에게 낯선 근원을 가진 원리들을 믿고서 건축하기보다는, 놓인 기초를 조심스럽게 탐구하면서 먼저 확실함을 구하는 것이 자연스러운 일로 보인다. 다시 말하면, 지식이 어떻게 이 모든 경험 무관 인식에 이를 수 있었는지에 관해, 또한 경험 무관 인식의 범위와 타당성과 가치에 관해 질문을 먼저 제기하는 것이 자연스럽게 보인다. 만약 '자연스럽게'라는 단어가 올바르게, 이성적으로 발생해야 하는 것을 의미하는 경우라면, 사실 이보다 자연스러운 건 없을 것이다. 그런데 그런 의미가 아니라, 우리가 그 단어를 일반적으로 생기는 자연스러움을 의미하는 경우라면, 오랫동안 이런 탐구가 행해지지 않은 채로 남아야 했다는 사실보다 더욱 자연스럽고 납득할 만한 것도 없다. 왜냐하면 이런 인식들의 한 부분, 즉 수학적인 인식들은 오랫동안 신뢰를 받아왔으니, 그런고로 다른 부분의 인식들에 대해서도 — 이런 인식들이 상당히 다른 성질을 지녔음에도 — 마찬가지의 호의적인 기대를 갖게 됐기 때문이다. 우리가 일단 경험의 영역을 넘어서면 경험으로부터 논박당할 일은 확실히 없다. 우리 인식을 확장시키는 일은 매우 매력적인 탓에, 우리는 어떤 분명한 모순에 부딪혀 앞길이 막혀야만 발길을 멈춘다. 그런데 우리가 발명한 것에 단지 주의를 기울이는 것만으로 — 그렇다 해도 그런 발명이 사라지지 않지만 — 그런 모순을 피할 수 있다. 수학은 경험과는 별개의 경험 무관한 인식에서 우리가 얼마나 많은 성과를 얻을 수 있는지를 보여주는 훌륭한 예를 제공한다. 수학은 대상과 인식을 다루되, 오직 그것들이 직관 안에서 나타나는 한에서만 그러하다. 그러나 이러한 디테일은 쉽게 간과된다. 왜냐하면 직관 그 자체는 경험 무관하게 주어질 수 있고, 그래서 그저 순수 개념과는 거의 구별되지 않기 때문이다. 이성의 힘을 증명하는 그런 것에 의해 매혹되어 인식을 확장하려는 우리 욕구는 끝이 없다. 공기를 헤치며 자유롭게 날아가는 흰 비둘기는 공기의 저항을 느낀다. 비둘기는 공기가 없는 공간에서 훨씬 더 잘 날 것 같다고 생각할지도 모르겠다. 마찬가지로 우리 지식에 그토록 좁은 한계를 놓았다면서 플라톤은 감각세계를 떠났다. 그는 이데아의 날개를 타고 피안의 세계로 모험을 떠나 순수 지식의 텅 빈 공간 안으로 들어갔다. 모든 노력에도 불구하고 어떤 진전도 이뤄내지 못했음을 그는 알지 못했다. 그 자신을 지탱해 주면서, 자기 힘을 발휘하여 지식을 움직이게 할 그런 발판을 갖지 못했기 때문에 앞으로 나아가지 못한 것이다. 그러나, 사유 속에서, 가능한 빨리 건축물을 완성한 다음에야 그 건축물의 실제 기초가 튼튼한지 조사하는 것은 인간 이성의 흔한 운명이다. 그러자 온갖 종류의 합리화가 등장해서는 변명거리를 찾으면서, 그 건축물을 튼튼하다느니 더 좋다느니, 심지어 조사해 보는 것은 너무 늦고 위험하다면서 거절하는 것이다. 그러나 그런 건축을 하는 동안에 우리를 모두 근심과 의심에서 벗어나게 해주고, 철저함으로 우리를 북돋아주는 것은 다음과 같다. 우리 이성의 과업 중 큰 부분은, 아마도 가장 큰 부분은, 우리가 이미 갖고 있는 대상 개념들을 분해하는 일이다. 이런 과정은 우리에게 많은 지식을 제공한다. 또한 이 지식들이 우리 개념 속에서 이미 생각돼 온 것(아직은 혼란스러운 방식으로 생각됐음에도)을 명확하게 하거나 해명하는 것에 지나지 않을지라도, 그것들은 적어도 형식 면에서 새로운 통찰과 다를 바 없다. 설령 재료 면에서나 내용 면에서는 우리가 갖고 있는 개념들을 확장해 주지는 않고, 단지 자세히 설명해 주는 것에 그칠지라도 그러하다. 이제 이런 과정이 안전하고 유용하게 나아가는 진짜 경험 무관한 인식을 낳으니, 이성은 그런 허세를 은밀히 이용하면서, 비록 자신은 이것을 알아채지 못하지만, 상당히 다른 종류의 주장을 만들어 낸다. 그런 주장 속에서 이성은 주어진 개념들에 완전히 낯선 것을 덧붙이는데, 정말이지 더욱 경험 무관하게 행한다. 그러나 이성이 이런 개념에 어떻게 이르는지는 알지 못하니, 진실로 그런 문제는 생각조차 되지 않았다. 그러므로 나는 이 출발 지점에서 이 두 종류의 인식을 구별하는 일을 다루고자 한다.

분석 판단과 종합 판단의 구별에 대하여

모든 판단에는 주어와 술어의 관계가 있으며, 이 관계는 두 가지 방식이 가능하다(나는 여기에서 단지 긍정 판단만을 고려한다. 부정 판단에 대한 적용은 나중에라도 쉽기 때문이다). 술어 B가 주어 A 개념에 (은밀히) 포함된 것으로서 주어 A에 속하는 경우이거나, 아니면 B가 A 개념에 연결되더라도 그것의 바깥에 놓이는 경우이다. 첫 번째 경우를 나는 분석 판단이라 부르고, 두 번째는 종합 판단이라 부른다. 그러므로 (긍정) 분석 판단은 술어의 주어와의 연결은 동일성을 통해 생각되지만, 동일성 없이 생각되는 연결이라면 그런 판단들은 종합 판단이라 불리는 것이다. 우리는 또한 전자를 설명 판단이라 부를 수 있는데, 그것들은 술어를 통해 주어 개념에 어떤 것도 덧붙이지 않기 때문으로, 술어는 주어 개념 안에서 (비록 혼란스럽게 사고되더라도) 이미 생각되는 구성 개념들로 나눔으로써 그저 주어 개념을 분해할 뿐이기 때문이다. 반면 종합 판단은 확장 판단으로 불릴 수 있는데, 저 주어 개념 안에서 생각되지 않으며, 어떤 분해로도 그것으로부터는 추출될 수 없는 술어를 주어 개념에 더하기 때문이다. 예를 들어, 만약 내가 말하기를, 〈모든 물체는 크기가 있다〉고 한다면, 이것은 분석 판단이다. 왜냐하면 크기가 그것에 연결되어 있음을 알기 위해 물체라는 단어에 결합된 개념을 넘어갈 필요는 없기 때문이다. 물체라는 개념 안에서 이 술어를 찾기 위해 필요한 모든 일은 그 개념을 분해하는 것, 즉 그것 안에서 내가 항상 생각하는 여러 가지를 의식하기만 하면 될 뿐이다. 그러므로 그 판단은 분석적이다. 이와는 대조적으로, 만일 내가 말하기를, 〈모든 물체는 무게가 있다〉고 한다면, 이때 술어는 내가 물체 일반 개념 안에서 생각하는 것과는 완전히 다른 것이다. 따라서 그런 술어를 덧붙이는 것은 종합 판단이 된다.

이제 이로부터 다음과 같은 것이 분명해진다. (1) 분석 판단을 통해서는 우리 인식이 확장되지는 않는다. 그러나 내가 이미 갖고 있는 그 개념을 분해함으로써 내가 그것을 더 잘 알 수 있도록 만든다. (2) 종합 판단에서 나는 주어 개념에, 그 개념 안에 놓이지 않지만, 그럼에도 불구하고 그 개념에 속하는 어떤 술어를 인식하는 경우, 다른 어떤 것(X)을 덧붙여야 한다.

경험적인 판단 혹은 경험의 판단이 경우에는 전혀 문제 될 게 없다. 왜냐하면 이 X는 그 대상에 대한 완전한 경험이기 때문이다. 나는 어떤 개념 A를 통해 그 대상을 생각하기는 해도, 그것은 단지 이런 경험의 부분을 구성할 뿐이다. 물체 일반이라는 개념 안에서 내가 무게라는 술어를 전혀 포함시키고 있지 않을지라도, 그 개념은 경험의 한 부분을 통해 어떤 경험 대상을 가리키며, 그런고로 나는 물체 일반의 개념에 속하는 그런 것들에 더해 동일한 경험에서 한 부분에 다른 부분들을 덧붙일 수 있다. 이러한 개념에서 생각되는 모든 것, 크기, 불투과성, 형태 등의 표식을 통해 나는 우선 분석적으로 물체의 개념을 인식하기 시작할 수 있다는 것이다. 그러나 내가 물체라는 이 개념을 끌어냈던 경험을 되돌아 보면서 위와 같은 특징들에 항상 연결되어 있는 무게를 또한 발견할 수 있으며, 나는 그것을 하나의 술어로써 저 개념에 종합적으로 더할 수 있으니, 이로써 나는 내 인식을 확장한다. 그러므로 경험이 바로 저 X이다. 그리고 그것은 개념 A 바깥에 놓여 있으며 개념 A가 근거하는 무게라는 술어 B를 종합할 수 있는 가능성의 근거이다.

그러나 경험 무관한 종합 판단에서는 이런 요법이 전혀 없다. 내가 A 개념을 넘어서 A 개념과 결합된 다른 B 개념을 인식해야 한다면, 그런 종합을 가능하게 하는 무언가에 의지하는데, 경험의 영역에서 그것을 찾는 이익을 내가 지금 갖고 있지 못하니, 그 무엇은 무엇인가? 〈발생하는 모든 것은 원인이 있다〉라는 명제를 취해 보자. 발생하는 것이라는 개념 안에서, 나는 정말이지 시간 등에서 선행하는 어떤 존재를 생각하며, 이것으로부터 분석 판단들을 얻을 수 있다. 그러나 원인이라는 개념은 앞선 개념의 바깥에 놓여 있으며, 발생하는 것과 다른 무엇을 가리킨다. 따라서 그것은 후자의 표상 안에 포함된 부분이 아니다. 발생하는 것에 대해 일반적으로 말하자면, 내가 어찌 그것과는 완전히 다른 것에 관해 말할 수 있을 것이며, 이 개념이 발생하는 것의 개념 안에 포함되어 있지 않음에도, 그것에 속하는 — 실로 그것에 필연적으로 속한다는 — 것으로 인식할 수 있단 말인가? 지식이 A 개념 바깥에서 A 개념과 이질적인 술어 B를 발견해서는, 그럼에도 불구하고 지식이 저 개념에 연결된다고 간주할 때, 여기서 그 지식이 의지하는 미지의 X는 무엇인가? 미지의 것은 경험될 수 없다. 왜냐하면 발생하는 것의 표상에 원인이라는 표상을 더함에 있어, 위에서 말한 원칙은 경험이 줄 수 있는 것보다 훨씬 보편성만이 아니라 필연성의 표현에 의해서도 행해져야 하기 때문이며, 그러므로 그것은 완전히 경험 무관하게 그저 개념들에 기초해서 행해지는 것이다. 이제 우리의 이론적인 경험 무관 인식의 온전한 최종 목적은 그런 종합, 즉 확장 원리에 기초한다. 분석 원리는 실로 매우 중요하고 필요하기도 하지만, 그러나 그 까닭은 개념의 명백성 때문이다. 진정으로 새로운 습득으로서, 확실하고 확장적인 종합을 위해서라도 개념의 명백성을 달성하는 게 필요하다.

따라서 여기에 어떤 비밀이 숨겨져 있다.* 지식의 한계 없는 순수 인식의 영역에서 유일하게 확실하고 신뢰할 수 있는 진보를 만들어 낼 수 있는 것에 대한 해명, 다시 말해 적합한 보편성으로 경험 무관한 종합 판단의 가능성에 대한 근거를 밝혀내는 것, 그런 판단들의 모든 종류를 가능하게 하는 조건들에 대한 통찰을 얻는 것, 그리고 피상적인 윤곽으로 이 모든 인식(그 자신의 부분을 포함하여)을 나타내는 게 아니라, 그것을 일차적인 원천, 분류, 연역, 한계에 따라 하나의 체계 안으로 모든 용도에 완벽하게 그리고 알맞게 규정하는 것이 감춰져 있다. 그런 많은 것이 종합 판단의 잠정적인 특성이다.

* 칸트 주석: 만약 옛 사람들 중의 한 사람이라도 이런 문제를 거론했다면, 우리 시대에 가라앉은 순수 이성의 모든 체계에 강력한 저항을 제공해 주었을 것이고, 문제가 되는 것이 무엇인지도 모른 채 맹목적으로 수

행했던 그 많은 헛된 시도들을 덜어주었을 것이다.

앞에서 말한 모든 것에서 우리는 순수이성비판이라 불릴 수 있는 특수한 학문이라는 관념이 나온다. 왜냐하면 이성은 우리에게 경험 무관한 인식의 원리들을 제공하는 능력이기 때문이다. 따라서 순수 이성은 절대적으로 경험 무관하게 무엇을 인식하기 위한 원리들을 포함하는 이성이다. 순수 이성의 논리적 길잡이는 모든 경험 무관한 순수 인식이 얻어지고, 또 실제로도 발생될 수 있는 그런 원리들의 총합이다. 그런 논리 길잡이의 철저한 적용은 순수 이성의 체계를 만들어 낼 것이다. 그러나 그런 체계는 많은 것을 요구하며, 실로 우리 인식의 확장이 가능한 일인지, 또한 어떤 경우에 가능한지에 대한 문제가 여전히 미결된 상태인 까닭에, 우리는 단순히 순수 이성, 그 원천과 한계를 평가하는 학문을 순수 이성 체계에 대한 예비학으로 간주할 수 있다. 그런 예비학은 순수 이성에 대한 학설이 아니라, 단지 순수이성비판으로 불려야 할 것이며, 또한 사유에 관한 한 그 유용함은 사실상 그저 소극적으로만 될 것이다. 왜냐하면 그 비판은 단지 우리 이성을 확장하는 것이 아닌, 이성을 순화하는 데 쓰이는 까닭이며, 또한 그것이 오류로부터 우리 이성을 지켜주기 때문인데, 이는 이미 굉장한 수확이다. 나는 대상들이 아니라, 대상 일반을 인식하는 우리의 방식이 경험 무관하게 가능하다는 한에서, 그런 방식을 다루는 모든 인식을 초월적이라 부른다. 그런 개념들의 체계는 초월철학이라 불릴 것이다. 그러나 이것은, 아직 처음인 여기에서는, 우리에게 너무 많다. 그런 학문은 분석적 인식과 경험 무관한 종합 인식을 모두 포함해야 하는데, 이는 우리 목적에 관한 한 너무 큰 범위이기 때문이다. 우리는 우리의 관심사인 경험 무관한 종합의 원리에 대한 통찰을 얻는 데 꼭 필요한 만큼의 분석을 전 범위에 걸쳐 수행할 필요가 있기 때문이기도 하다. 우리가 지금 다루는 것은 이런 탐구이며, 이것을 올바르게 말하자면 그저 초월적 비판으로 불릴 수 있을 뿐이지, 어떤 학설이 아니다. 그것의 목적은 인식 자체를 확장하는 것이 아니라, 그 인식들을 단지 바로잡는 것이며, 또한 이것이 경험 무관한 모든 인식의 가치를 정해주는 시금석 역할을 하는 까닭이다. 따라서 그런 비판은, 가능하다면 그런 인식들의 논리 길잡이를 위한 준비, 그것이 성공적이지 못하다면 적어도 그것들의 규범을 위한 준비 작업이다. 그러한 규범은 적어도 언젠가 우리로 하여금 순수 이성 철학의 완벽한 체계를, 그 체계가 순수 이성의 인식을 확장하는 것에 있든 아니면 그저 그것의 경계들을 정하는 것이든, 분석적이면서도 종합적으로 제시하도록 해 줄 것이다. 실로 아주 넓은 범위가 될 수는 없고, 그래서 그걸 완성하기를 우리가 희망하는 것이니, 그런 체계가 가능하다는 것은 다음과 같은 것으로도 가늠될 수 있다. 즉, 여기서 대상을 이루는 것은 무진장하게 많은 사물들의 본성이 아니라, 그런 사물들의 본성을 판단하는 지식이며, 그런 지식조차 오직 경험 무관 인식에 관련한 지식인 것이다. 더욱이 경험 무관한 인식을 제공하는 지식의 보급은 우리에게서 숨을 수 없으니, 무엇보다 우리는 그것을 지식 바깥에서 찾을 필요가 없는 데다가, 그 보급물은 우리가 그것을 완벽하게 기록해 둘 수 있고 그것에 대한 가치를 판단할 수 있으며, 그것을 정확히 산정할 수 있을 만큼 충분히 적다고 우리는 생각하기 때문이다. 그러나 독자들은 순수 이성의 체계와 이 책 각 권에서의 비판을 여기서 기대하기보다는 순수 이성의 능력 자체에 대한 비판을 기대해야 한다. 오직 우리가 저 비판을 우리의 기초로 이용하는 경우에만, 우리는 이 분야 옛 작업과 새로운 작업의 철학적 내용을 위한 믿을 만한 시금석을 갖는다. 그런 비판이 없다면, 자격 없는 역사가와 재판관이 다른 사람의 근거 없는 주장에 대해 마찬가지로 근거도 없이 판결을 내리는 것이다.

II.
초월철학의 분류

초월철학은 순수이성비판이 전체 기획을 건축학적으로, 즉 원리로부터, 이 건축물을 이루는 모든 구성의 완전성과 신뢰성을 온전히 보증하면서, 골자를 만들기 위한 그런 학문의 관념이다. 초월철학은 순수 이성의 모든 원리의 체계인데, 그런데 이 비판이 그 자체로 아직은 초월철학이라 불리지 않는 까닭은, 오직 이런 이유 탓이다. 이 비판이 완전한 체계가 되려면 인간의 모든 경험 무관 인식에 대한 철저한 분석을 포함해야 한다는 것이다. 이제 우리의 비판은 또한 저 순수 인식을 만드는 모든 근본 개념을 우리 앞에 완벽하게 열거해야 한다. 그러나 비판은 이런 개념들 자체에 대한 철저한 분석이나 혹은 그것들로부터 도출되는 개념들에 대한 완벽한 검토를 삼가야 하는데, 이는 올바른 일이다. 첫째, 이러한 분해는 우리 목적에 기여하지 않기 때문으로, 전체 비판이 거기서 행해지는 덕분에 우리가 종합에서 만나는 곤란함이 없다. 둘째, 그런 분석과 도출의 완벽함에 책임을 지는 것은, 결국 우리 목적을 고려해서 면책될 수는 있더라도, 우리 기획의 통합에는 반하기 때문이다. 그럼에도 불구하고 그 개념들이 종합의 철저한 원리들로 존재하는 한, 또한 만일 이러한 본래 목적에 관해 어떤 부족함도 없다면, 앞으로 제공될 경험 무관한 개념들로부터 완벽하게 도출하고 분석하는 작업은 쉽게 완성될 수 있을 것이다.

따라서 순수이성비판은 초월철학을 구성하는 모든 것을 포함하며, 그것은 초월철학의 완벽한 관념이다. 그러나 이 비판은 아직 학문 그 자체는 못되니, 경험 무관 종합 인식에 관한 완벽한 판단을 만드는 데 요구되는 만큼의 분석이 행해져야 하는 까닭이다.

그런 학문을 분류함에 있어 중요한 목표는 경험적인 것을 포함하는 어떤 개념들도 이 학문 안에 들어가서는 안 된다는 점이며, 혹은 그 학문의 경험 무관한 인식은 전적으로 순수해야 한다는 것이다. 그런 까닭에 도덕의 최고 원리들과 기본 개념들은 경험 무관한 인식이긴 해도, 그것들은 여전히 초월철학에 속하지 않는다. 그것들은 필경 순수 도덕 체계의 형식 안으로 쾌와 불쾌, 욕망과 성향 등의 개념을 가져오는데, 이들은 모두 경험적인 것에 기원을 두기 때문이다. 도덕의 최고 원리와 기본 개념은 도덕 계율의 기초 위에 경험 개념들 자체를 두지는 않지만, 그런 쾌와 불쾌, 욕망과 성향 등을 극복해야 할 장애물 또는 행동의 동기가 돼서는 안 되는 자극으로써 의무 개념 안으로 가져와야 한다. 따라서 초월철학은 단지 순수 이론 이성만의 철학이다. 실천적인 모든 것은, 그것이 동인들을 포함하는 한, 감정에 관하며 또한 이는 경험적인 인식 원천에 속하기 때문이다.

이제 체계 일반의 전반적인 관점에서 이 학문을 분류한다면, 이 학문의 첫 번째 위치에서 순수 이성의 요소론을, 두 번째는 방법론을 포함해야 한다. 이 두 가지 주요 부분은 하위 분류를 가질 것이지만, 하위 분류의 근거들은 아직 여기서 설명될 수는 없다. 서론으로서나 예고로서 필요해 보이는 것들은 이러하다. 인간 인식은 두 개의 줄기가 있으니, 즉 감수성과 지식이다. 이것들은 하나의 뿌리에서 생겨났으나, 그 뿌리는 우리에게 알려지지 않았다. 감수성을 통해 대상이 우리에게 주어진다. 지식을 통해 그것들이 생각된다. 만약 감수성이, 대상이 우리에게 주어지는 조건을 구성하는 경험 무관한 표상들을 포함한다면, 그것은 초월철학에 속한다. 인간 인식의 대상이 우리에게 주어진 조건들은 대상이 사고되는 조건들에 선행하기 때문에, 초월적 감각론이 요소들에 관한 학문의 첫 번째 부분에 속하게 된다.

B판 서론

서론

I.
순수한 인식과 경험적 인식의 차이에 대하여

우리의 모든 인식이 경험에서 시작된다는 것은 의심의 여지가 없다. 만약 우리 감각을 자극하는 대상들이 그런 일을 하지 않는다면, 대체 무엇이 우리 인식 능력을 작동시킬 수 있겠는가? 이런 대상은 한편으로 스스로 표상을 가져오고, 다른 한편으로 그 표상들을 우리 지식 활동이 비교하고, 연결하거나 분리하게 해주며, 그러므로 감각 인상의 원재료를 — 경험이라 불리는 — 대상에 대한 인식으로 처리되도록 한다. **시간적으로 보자면**, 우리 안의 어떤 인식도 경험에 선행하지 않으며, 경험에서 모든 인식이 시작된다.

그러나 우리의 모든 인식이 경험**에서** 비롯될지라도, 그 모두가 경험**으로부터** 생겨난 것은 아니다. 왜냐하면 우리의 경험 인식조차 인상을 통해 수용한 것과 우리 자신의 인식 능력이 (감각 인상에 의해 상기해 준 덕분에) 자기 바깥으로 꺼내 준 것을 합한 것이기 때문이다. 오랜 훈련을 통해 두 개[84]를 주의 깊게 분리하는 데 익숙해지기까지는 우리는 우리 자신의 인식 능력이 더해준 것과 기초 재료를 구별할 수 없다.

경험으로부터도 심지어 모든 감각 인상으로부터도 독립된 그런 인식이 존재하는지 여부는 훑긋 보고 무시할 수 있는 게 아니라, 적어도 더 면밀히 조사할 필요가

---

84 지금 경험을 통해 머리에 수용된 것과 원래 머릿속에서 갖고 있던 것.

있는 문제이다. 그런 인식을 일컬어 **경험 무관한 인식**[85]이라 부르며 그 원천이 후천적인, 즉 경험에 있는 **경험적** 인식과는 구별된다.

그러나 그런 표현은 방금 제기한 문제의 온전한 의미를 적절하게 보여줄 정도로 충분하게 정해지지는 않았다. 왜냐하면 내 생각으로는, 우리가 경험적인 원천에서 나온 많은 인식에 대해 관습적으로 그것이 경험 무관한 성격을 띤다거나 그럴 수 있다고 말하기 때문이다. 우리는 이것이 경험에서 직접 나온 게 아니라 일반적인 규칙에서 생기기 때문이라고 말한다. 그래서 누군가 자기 집의 기초를 훼손하는 경우, 그러면 그가 집이 무너질 것임을 경험하지 않고도, 즉 그런 붕괴를 실제로 경험해 볼 때까지 기다릴 것도 없이 알 수 있을 거라고 우리는 말한다. 그러나 그가 완벽하게 경험 무관하게는 알 수 없을 것이다. 왜냐하면 그는 먼저, 물체는 무게를 가지며, 그런고로 지지대를 빼내면 떨어진다는 사실을 경험을 통해 알아야 했기 때문이다.

B3 그러므로 이제부터 우리는, 경험 무관한 인식이란, 이런저런 경험과는 독립적으로 발생하는 것을 의미하는 게 아니라, 모든 경험에 절대적으로 독립해서 생기는 것을 의미하기로 한다. 경험 무관한 인식은 단지 후천적으로, 즉 경험을 통해 가능해지는 경험적 인식과는 아주 다르다. 그런데 어떤 경험적인 것도 섞이지 않는 인식이 있다면 그런 경험 무관한 인식을 **순수**하다고 칭한다. 그러므로, 예컨대 〈모든 변화는 원인을 갖는다〉라는 명제는 경험 무관한 명제이지만, 순수한 것은 아니다.

---

85 Cognition *a priori*. 칸트 철학에서 가장 중요하고 가장 빈번하게 나타나는 'a priori'라는 라틴어 번역이 100년 넘게 우리나라 독자들을 괴롭혀 왔다. 이 책에서는 **'경험 무관한'**으로 번역한다. '경험 무관한 인식'은 그것이 형식에 관한 것이든 내용에 관한 것이든 결국 인간의 경험과 무관하게 있는 지식을 뜻한다. 학자들은 선험적(백종현), 선천적(최재희), 아프리오리(칸트학회)라는 단어로 번역한다. 이 번역어에 대해서는 〈괘씸한 철학 번역〉(코디정, 2025) 167~175쪽. '선험적' 혹은 '선천적'이라는 단어에는 '(경험)에 앞선'이라는 뜻이 내포돼 있어서, 독자들은 '선험적(선천적) 인식'을 십중팔구 '경험에 앞선 인식'으로 이해할 것이다. 그러나 칸트의 'a priori'는 그런 순서적인 의미가 아니다. 경험한 다음에도 여전히 경험적인 것이 아닌 성격을 가리킨다. 나는 오랫동안, 사람들이 평범하게 사용하는 언어 표현이면서, 동시에 칸트의 의미를 정확하게 전달하는 우리말 표현을 찾기 위해 고뇌해 왔다. 쉬운 단어이면서 의미적으로 정확하고 선명해야 했다. 그 결과 가장 좋은 번역어로서, **'경험 무관'**이라는 단어를 선택해 세상에 내놓는다.

왜냐하면 변화는 오직 경험에서 얻을 수 있는 개념이기 때문이다.

II.
우리는 어떤 경험 무관한 인식을 갖고 있으며, 평범한 지식조차 그것이 없는 경우가 없다.

여기에서 중요한 것은 경험적인 인식들에서 순수 인식을 확실하게 구별할 수 있는 표식을 아는 것이다. 경험은 실로 우리에게 어떤 것이 이러저러하다고 가르쳐 주지만, 그렇게 되지 않을 수 없음은 가르쳐 주지 않는다. **첫째**, 만약 우리가 어떤 명제를 생각하되 **필연성**에 따라 생각한다면, 그것은 경험 무관한 판단이다. 게다가 그 판단이, 이어서 필연적인 명제로서 타당한 어떤 명제로부터 도출되되 다른 명제에서는 도출되지 않는다면, 그 판단은 절대적으로 경험 무관하다. **둘째**, 경험은 자신의 판단에 참되거나 엄밀한 보편성을 제공하지 않으며, 오직 (귀납을 통해) 추정적이고 상대적인 **보편성**만을 줄 뿐이다. 그러므로 여기에서 알맞게 말하자면, 지금껏 우리가 살펴보는 한에서는, 이것이든 저것이든 어떤 예외도 없다는 식으로 말해야 한다. 따라서 어떤 판단이 엄밀한 보편성이 있는 것으로, 즉, 가능할 것 같은 어떤 예외도 없다는 식으로 생각된다면, 그때 그 판단은 경험에서 나온 게 아니며 절대적으로 경험 무관 판단이다. 그래서 경험적인 보편성이라 함은 예컨대 〈모든 물체는 무게를 갖는다〉 같은 명제처럼, 단지 대부분의 경우 지지되는 것에서부터 모든 경우 지지되는 것에 이르기까지 우리가 그 타당성을 높이려는 것에 불과하다. 그러나 엄밀한 보편성이 어떤 판단에 본질적으로 속하는 경우, 그것은 그 판단을 위한 특별한 인식 원천, 즉 경험 무관한 인식 능력을 가리키는 것이다. 그러므로 필연성과 엄밀한 보편성은 경험 무관 인식의 확실한 표식이며, 이것들은 불가분으로 함께한다. 그런데 이런 두 기준이 그 자체로 각각 틀림없더라도, 분리해서 이용하는 것도 바람직하다. 왜냐하면, 그 둘을 이용함에 있어, 인식의 경험적 제약을 보여주는 것이 그런 인식을 기반으로 한 판단의 우연성을 보여주는 것보다 쉬운 경우가 있기 때문이요, 우리가 어떤 판단에 부여하는 무제약적인 보편성을 보여주는 것이 그 판단의 필연성을 보여주는 것보다 더 설득력이 있기 때문이다.

B4

B5 이제, 인간의 인식에서는 필연적이고 가장 엄밀한 의미에서 보편적이며, 그러므로 순수하고 경험 무관한 판단들이 실제로 있음을 쉽게 증명할 수 있다. 만약 우리가 학문에서 예를 찾고자 한다면, 우리는 그저 수학의 모든 명제에 눈을 돌리기만 하면 된다. 만약 우리가 가장 평범한 지식 사용에서 어느 하나를 원한다면, 〈모든 변화는 원인이 있어야 한다〉라는 명제를 이용할 수 있다. 후자의 명제에서는, 실로 원인이라는 그 개념은 결과와 연결돼서 필연성 개념과 그런 규칙의 엄밀한 보편성의 개념을 분명하게 포함하고 있다. 그런데 만약 우리가 그 개념의 기원을 흄[86]이 했던 것처럼 찾는다면 원인 개념은 전적으로 상실될 것이다. 즉, 흄은 앞서 일어난 것들의 반복된 연관과 표상들을 연결시키는 우리 습관에서 (그러므로 그저 주관적인 필연성으로부터) 원인 개념을 끌어냈다. 그러나 우리는 그런 사례들을 취하면서까지 우리 인식 안에 경험 무관한 순수 원리들이 실제로 있음을 증명할 필요는 없다. 그 대신, 우리는 경험이 가능해지려면 이런 원리들이 필수불가결하다는 것을 입증할 수 있으며, 따라서 경험 무관함을 입증할 수 있다. 만일 경험 과정에서 만나는 모든 규칙이 결국 언제나 경험적이고 고로 우연적이어서 그런 규칙으로는 제1의 원리가 될 수 없다면, 경험이 어디에서 자신의 확실성을 구할 수 있겠는가? 그러나 여기에서는 우리 인식 능력의 순수한 사용이라는 문제로 해결할 수 있으며, 또한 그것의 표식이 무엇인지 입증하는 것으로 해결할 수 있다. 그런데 우리는 그런 경험 무관한 원천을 판단에서만이 아닌, 어떤 개념들에서도 볼 수 있다. 만약 여러분이 **물체**라는 경험 개념에서, 물체 안에 있는 경험적인 모든 것 ─ 색깔, 단단함이나 말랑함, 무게, 심지어 불투과성까지 ─을 하나씩 제거한다고 가정해 보자. (이제는 완전히 사라져버린) 그 물체가 차지했던 **공간**은 여전히 남게 되는데, 여

B6 러분은 이 공간을 없애지는 못한다. 그것과 유사하게, 만약 여러분이 물질적인 것이든 비물질적인 것이든 무엇이든, 어떤 대상의 경험 개념으로부터 경험이 여러분

---

[86] David Hume 1711~1776. 스코틀랜드 출신의 회의론자. 칸트에 지대한 영향을 미친 철학자이다. 순수이성비판은 데이비드 흄의 철학에 대한 전면적인 비판이면서 동시에 헌사이다.

에게 가르쳐 준 모든 성질을 없앤다면, 그럼에도 불구하고 여전히, **본질**[87]로서 혹은 본질에 **속하는 것**으로 생각하는 개념의 성질은 그 경험 개념에서 제거할 수 없다(본질 개념이 대상 일반 개념보다 더 많은 규정 요소를 포함하고 있더라도). 그러므로 본질 개념이 여러분에게 강요하는 필연성에 굴복하여, 여러분은 이 개념을 여러분의 인식 능력 안에 경험 무관하게 자리잡고 있음을 인정해야 한다.

III.
철학은
모든 경험 무관한 인식의 가능성과 원리와 범위를
규정할 학문을 필요로 한다

모든 가능한 경험의 영역을 벗어난 특정 인식들이 있다는 사실은 앞에서 말한 모든 것보다 훨씬 중요하다. 대응되는 대상이 경험에서는 전혀 주어질 수 없는 개념으로 말미암아, 이러한 인식은 우리 판단들의 범위를 확장하여 경험의 모든 한계를 넘어서게 된다.

A3

감각 세계를 넘어서서, 경험이 우리에게 어떤 안내도 올바름도 줄 수 없는 이들 후자의 인식 안, 바로 거기에 이성의 탐구가 자리한다. 우리는 이러한 탐구들을 우리 지식이 현상의 영역에서 배울 수 있는 것보다 훨씬 중요하고 더욱 숭고한 최종 목적으로 간주한다. 정말이지 우리는, 어쩐지 불확실하다는 이유 때문이는 경멸과 무관심 탓이든, 그런 중요한 탐구들을 포기하기보다는 오류의 위험을 무릅쓰고서

B7

---

87 Substance. 기존 번역은 일본의 규범에 따라 '실체'. 실제로 있는 모든 것은 변화한다. 그리고 그것이 실체이다. 그러나 substance는 그런 뜻이 아니다. 어떤 사물이 변하지 않는 것과 변하는 것이 결합해 있다고 우리 머리가 간주함으로써 우리는 그 사물을 통해 시간의 흐름을 인식해 낼 수 있다. 전자의 불변성이 바로 substance이며, 후자의 변하는 속성이 accidents이다. 머리 바깥에 실제로 있는 모든 '**실체**(reality)'는 변화한다. 이 책에서 substance는 '**본질**'로, accidents는 '**비본질**'로 번역한다. 자세한 내용에 대해서는 〈괘씸한 철학 번역〉(코디정, 2025) 202~216쪽 참고.

라도 감히 모험하려고 한다. 이성 자신의 이러한 피할 수 없는 문제들은 **신, 자유**[88], 그리고 **불멸성**[89]이다. 그러나 학문의 모든 기관을 포함해서 이런 문제들을 해결하는 것만이 자신의 최종 목적임을 가리키는 학문을 일컬어 **형이상학**이라고 부른다. 당초 형이상학의 과정은 자기 확신적이니, 즉 이성이 그런 대단한 기획을 할 수 있는지 아니면 할 수 없는지를 우선 심사하지도 않은 채, 확신하면서 그런 과업을 실행한 것이다.

우리가 지금 경험의 영토를 막 떠나자마자, 그 유래를 알지 못하면서도 우리가 갖고 있는 인식으로 곧바로 건축물을 세우기보다는, 또한 우리에게 낯선 근원을 가진 원리들을 믿고서 건축하기보다는, 놓인 기초를 조심스럽게 탐구하면서 먼저 확실함을 구하는 것이 자연스러운 일로 보인다. 다시 말하면, 지식이 어떻게 이 모든 경험 무관한 인식에 이를 수 있었는지에 관해, 또한 경험 무관 인식의 범위와 타당성과 가치에 관해 질문을 먼저 제기하는 것이 자연스럽게 보인다. 만약 '**자연스럽게**'라는 단어가 올바르게, 이성적으로 발생해야 하는 것을 의미하는 경우라면, 사실 이보다 자연스러운 건 없을 것이다. 그런데 그런 의미가 아니라, 우리가 그 단어를 일반적으로 생기는 자연스러움을 의미하는 경우라면, 오랫동안 이런 탐구가 행해지지 않은 채로 남아야 했다는 사실보다 더욱 자연스럽고 납득할 만한 것도 없다. 왜냐하면 이런 인식들의 한 부분, 즉 수학적인 인식들은 오랫동안 신뢰를 받아 왔으니, 그런고로 다른 부분의 인식들[90]에 대해서도 — 이런 인식들이 상당히 다른 성질을 지녔음에도 — 마찬가지의 호의적인 기대를 갖게 됐기 때문이다. 우리가 일단 경험의 영역을 넘어서면 경험으로부터 논박당할 일은 확실히 없다. 우리 인

---

88 인간은 자연의 일부로서 생리적인 욕망을 가지며, 자기의 생존과 지배를 위해 다른 개체의 목숨을 빼앗도록 하는 자연법칙에 종속되는 존재처럼 보인다. 그러나 실제로는 반드시 그런 건 아니다. 우리 인간은 그런 자연법칙에서 '벗어나는 의지'가 있는 유일한 생명체처럼 보인다. 이런 자연법칙의 속박과 굴레를 벗어나는 이런 자유가 어떻게 인간에게 가능했던 것이며 그 정체가 무엇인지에 관한 문제.

89 인간은 필멸의 존재로 죽을 수밖에 없지만, 죽은 다음에의 사후 세계를 생각하게 마련인데, 그런 인간 영혼의 불멸성에 관한 믿음은 어디에서 생기며, 그것이 과연 존재하는 것인지에 관한 문제.

90 형이상학을 가리킨다.

식을 확장시키는 일은 매우 매력적인 탓에, 우리는 어떤 분명한 모순에 부딪혀 앞길이 막혀야만 발길을 멈춘다. 그런데 우리가 발명한 것에 단지 주의를 기울이는 것만으로 — 그렇다 해도 그런 발명이 사라지지 않지만 — 그런 모순을 피할 수 있다. 수학은 경험과는 별개의 경험 무관한 인식에서 우리가 얼마나 많은 성과를 얻을 수 있는지를 보여주는 훌륭한 예를 제공한다. 수학은 대상과 인식을 다루되, 오직 그것들이 직관 안에서 나타나는 한에서만 그러하다. 그러나 이러한 디테일은 쉽게 간과된다. 왜냐하면 직관 그 자체는 경험 무관하게 주어질 수 있고, 그래서 그저 순수 개념과는 거의 구별되지 않기 때문이다.

이성의 힘을 증명하는 그런 것[91]에 의해 매혹되어 인식을 확장하려는 우리 욕구는 끝이 없다. 공기를 헤치며 자유롭게 날아가는 흰 비둘기는 공기의 저항을 느낀다. 비둘기는 공기가 없는 공간에서 훨씬 더 잘 날 것 같다고 생각할지도 모르겠다.[92] 마찬가지로 우리 지식에 그토록 좁은 한계를 놓았다면서 플라톤은 감각세계를 떠났다. 그는 이데아의 날개를 타고 피안의 세계로 모험을 떠나 순수 지식의 텅 빈 공간 안으로 들어갔다. 모든 노력에도 불구하고 어떤 진전도 이뤄내지 못했음을 그는 알지 못했다. 그 자신을 지탱해 주면서, 자기 힘을 발휘하여 지식을 움직이게 할 그런 발판을 갖지 못했기 때문에 앞으로 나아가지 못한 것이다. 그러나, 사유 속에서, 가능한 빨리 건축물을 완성한 다음에야 그 건축물의 실제 기초가 튼튼한지 조사하는 것은 인간 이성의 흔한 운명이다. 그러자 온갖 종류의 합리화가 등장해서는 변명거리를 찾으면서, 그 건축물을 튼튼하다느니 더 좋다느니, 심지어 조사해 보는 것은 너무 늦고 위험하다면서 거절하는 것이다. 그러나 그런 건축을 하는 동안에 우리를 모든 근심과 의심에서 벗어나게 해주고, 철저함으로 우리를 북돋아주는 것은 다음과 같다. 우리 이성의 과업 중 큰 부분은, 아마도 가장 큰 부분은, 우리가 이미 갖고 있는 대상 개념들을 **분해하는** 일이다. 이런 과정은 우리에게 많은 지식을 제공한다. 또한 이들 지식이 우리 개념 속에서 이미 생각돼 온 것(아직은 혼란스러운 방식으로 생각됐음에도)을 명확하게 하거나 해명하는 것에 지나지 않을

---

91 수학 또는 경험 무관한 인식 원리에 기초한 학문을 가리킨다.
92 공기가 없다면 중력에 의해 비둘기는 떨어진다.

B10 지라도, 그것들은 적어도 형식 면에서 새로운 통찰과 다를 바 없다. 설령 재료 면에서나 내용 면에서는 우리가 갖고 있는 개념들을 확장해 주지는 않고, 단지 자세히 설명해 주는 것에 그칠지라도 그러하다. 이제 이런 과정이 안전하고 유용하게 나아가는 진짜 경험 무관한 인식을 낳으니, 이성은 그런 허세를 은밀히 이용하면서, 비록 자신은 이것을 알아채지 못하지만, 상당히 다른 종류의 주장을 만들어 낸다. 그런 주장 속에서 이성은 주어진 개념들에 완전히 낯선 것을 덧붙이는데, 정말이지 더욱 경험 무관하게 행한다. 그러나 이성이 이런 개념에 어떻게 이르는지는 알지 못하니, 진실로 그런 문제는 생각조차 되지 않았다. 그러므로 나는 이 출발지점에서 이런 두 종류의 인식을 구별하는 일을 다루고자 한다.

IV.
분석 판단과 종합 판단의 구별에 대하여

A7

B11

모든 판단[93]에는 주어와 술어의 관계가 있으며, 이 관계는 두 가지 방식이 가능하다 (나는 여기에서 단지 긍정 판단만을 고려한다. 부정 판단[94]에 대한 적용은 나중에라도 쉽기 때문이다). 술어 B가 주어 A 개념에 (은밀히) 포함된 것으로서 주어 A에 속하는 경우이거나, 아니면 B가 A 개념에 연결되더라도 그것의 바깥에 놓이는 경우이다. 첫 번째 경우를 나는 **분석 판단**이라 부르고, 두 번째는 **종합 판단**이라 부른다. 그러므로 (긍정) 분석 판단은 술어의 주어와의 연결은 동일성을 통해 생각되지만, 동일성 없이 생각되는 연결이라면 그런 판단들은 종합 판단이라 불리는 것이다. 우리는 또한 전자를 **설명 판단**이라 부를 수 있는데, 그것들은 술어를 통해 주어

---

93 논리학에서 생각이란 대상을 '판단'하는 것이다. 판단은 문장으로 표현되며, 그 문장을 일컬어 '명제'라 부른다. 명제(즉 판단)는 개념들이 연결되는 구조로 만들어지며, 문장에서 그 개념들이 차지하는 위치와 역할에 따라 주어와 술어라는 명칭이 생겨난다. 술어는 주어를 규정하는 역할을 맡고, 주어는 대상의 이름으로 주어진 것이며 술어에 의해 규정된다. 칸트에게 이런 간단한 논리학 지식은 자명할 것이므로, 칸트는 특별한 힌트 없이 판단의 두 가지 종류를 분석하기 시작했다. 이는 순수이성비판이 논리학을 이용하여 형이상학을 재구성하는 기획으로 이루어지는 것임을 뜻한다.

94 긍정 판단은 〈A는 B이다〉라는 판단을, 부정 판단은 〈A는 B가 아니다〉라는 판단을 의미한다.

개념에 어떤 것도 덧붙이지 않기 때문으로, 술어는 주어 개념 안에서 (비록 혼란스럽게 사고되더라도) 이미 생각되는 구성 개념들로 나눔으로써 그저 주어 개념을 분해할 뿐이기 때문이다. 반면 종합 판단은 **확장 판단**으로 불릴 수 있는데, 저 주어 개념 안에서 생각되지 않으며, 어떤 분해로도 그것으로부터는 추출될 수 없는 술어를 주어 개념에 더하기 때문이다. 예를 들어, 만약 내가 말하기를, 〈모든 물체는 크기가 있다〉[95]고 한다면, 이것은 분석 판단이다. 왜냐하면 크기가 그것에 연결되어 있음을 알기 위해 물체라는 단어에 결합된 개념을 넘어갈 필요는 없기 때문이다. 물체라는 개념 안에서 이 술어를 찾기 위해 필요한 모든 일은 그 개념을 분해하는 것, 즉 그것 안에서 내가 항상 생각하는 여러 가지를 의식하기만 하면 될 뿐이다. 그러므로 그 판단은 분석적이다. 이와는 대조적으로, 만일 내가 말하기를, 〈모든 물체는 무게가 있다〉고 한다면, 이때 술어는 내가 물체 일반 개념 안에서 생각하는 것과는 완전히 다른 것이다. 따라서 그런 술어를 덧붙이는 것은 종합 판단이 된다.

경험 판단 일반은 모두 종합적이다. 왜냐하면 경험에 대한 분석 판단은 불합리하기 때문이요, 분석 판단에서는, 나는 나의 개념 바깥으로 나가지 않고서도 판단을 표현할 수 있으므로, 경험에 의한 어떤 증명도 필요하지 않기 때문이다. 그러므로 〈물체는 크기가 있다〉라는 명제는 경험 무관하게 성립된 것이지 경험적인 판단은 아니다. 나는 내 판단에 필요한 모든 조건을 그 개념에서 이미 갖고 있기 때문이다. 나는 단지 모순율의 원리[96]에 따라 주어에서 술어를 이끌어 내야만 하고, 그렇게 할 때 나는 동시에 그런 판단의 필연성을 의식할 수 있다. 이는 경험이 내게 알려주지 못하는 것이다. 반면 물체 일반이라는 개념 안에서 내가 무게라는 술어를 전혀 포함시키고 있지 않을지라도, 그 개념은 경험의 한 부분을 통해 어떤 경험 대상을 가리키며, 그런고로 나는 물체 일반의 개념에 속하는 그런 것들에 더해 동일한 경험

---

95 당시 철학자들은 '크기를 갖는 것'을 일컬어 물체(body)라고 정의했던 것으로 보인다. 참고로 정확히 측량하지는 못하지만 가장 작은 입자조차 크기를 갖는다. 빛도 입자인 한 크기가 있다. 그러나 모든 물질이 질량을 갖는 것은 아니다. 빛의 질량은 0이다. 그러므로 '크기'는 물체 개념 안에 있는 것이지만, '무게'는 물체 개념 바깥에 있다.

96 논리학의 기본 원리. A와 A가 아닌 것이 동시에 참인 경우는 존재하지 않는다는 원리이다. 즉, 〈A는 A가 아니다〉라고 말하는 것은 모순이어서 성립할 수 없다는 뜻.

에서 한 부분에 다른 부분들을 덧붙일 수 있다. 이러한 개념에서 생각되는 모든 것, 크기, 불투과성, 형태 등의 표식을 통해 나는 우선 분석적으로 물체의 개념을 인식하기 시작할 수 있다는 것이다. 그러나 내가 물체라는 이 개념을 끌어냈던 경험을 되돌아 보면서 위와 같은 특징들에 항상 연결되어 있는 무게를 또한 발견할 수 있으며, 나는 그것을 하나의 술어로써 저 개념에 종합적으로 더할 수 있으니, 이로써 나는 내 인식을 확장한다. 그래서 경험이 물체라는 그 개념에 무게라는 술어의 종합을 가능하게 한다. 왜냐하면 두 개념 중 어느 한쪽도 다른 쪽을 포함하지 않지만, 비록 우연적일 뿐이더라도 그것들은 각각이 어떤 전체의 부분으로 속하기 때문이요, 그 전체가 경험이며, 직관의 종합적 결합 그 자체이다.[97]

A9
B13
그러나 경험 무관한 종합 판단에서는 이런 요법이 전혀 없다. 내가 A 개념을 넘어서 A 개념과 결합된 다른 B 개념을 인식해야 한다면, 그런 종합을 가능하게 하는 무언가에 의지하는데, 경험의 영역에서 그것을 찾는 이익을 내가 지금 갖고 있지 못하니, 그 무엇은 무엇인가? 〈발생하는 모든 것은 원인이 있다〉라는 명제를 취해 보자. 발생하는 것이라는 개념 안에서, 나는 정말이지 시간 등에서 선행하는 어떤 존재를 생각하며, 이것으로부터 분석 판단들을 얻을 수 있다. 그러나 원인이라는 개념은 앞선 개념의 바깥에 놓여 있으며, 발생하는 것과 다른 무엇을 가리킨다. 따라서 그것은 후자의 표상 안에 포함된 부분이 아니다. 발생하는 것에 대해 일반적으로 말하자면, 내가 어찌 그것과는 완전히 다른 것에 관해 말할 수 있을 것이며, 이 개념이 발생하는 것의 개념 안에 포함되어 있지 않음에도, 그것에 속하는 — 실로 그것에 필연적으로 속한다는 — 것으로 인식할 수 있단 말인가? 지식이 A 개념 바깥에서 A 개념과 이질적인 술어 B를 발견해서는, 그럼에도 불구하고 지식이 저 개념에 연결된다고 간주할 때, 여기서 그 지식이 의지하는 미지의 X는 무엇인가? 미지의 것은 경험될 수 없다. 발생하는 것이라는 표상에 원인이라는 표상을 더함에 있어, 위에서 말한 원칙은 경험이 줄 수 있는 것보다 훨씬 보편성만이 아니라 필연성의 표현에 의해서도 행해져야 한다. 그러므로 그것은 완전히 경험 무관하게 그저 개념들에 기초해서 행해지는 것이다. 이제 우리의 이론적인 경험 무관 인식

A10

---

[97] 물체에 관한 경험 데이터가 연결되어 하나로 결합된다는 의미.

의 온전한 최종 목적은 그런 종합, 즉 확장 원리에 기초한다. 분석 원리는 실로 매우 중요하고 필요하기도 하지만, 그러나 그 까닭은 개념의 명백성 때문이다. 진정으로 새로운 습득으로서, 확실하고 확장적인 종합을 위해서라도 개념의 명백성을 달성하는 게 필요하다.

B14

V.
이성의 모든 이론 학문은
경험 무관한 종합 판단을 원리로서 포함한다

1. 수학 판단들은 모두 종합적이다. 비록 이 명제는 부정할 수 없이 확실하고, 매우 중요한 결과를 가짐에도, 인간 이성의 분석가들의 주목을 거의 받지 못한 것 같고, 정말이지 그들의 짐작과 정반대인 것처럼 보인다. 그들이 보기에, (모든 자명한 확실성의 본성이 요구하는 것처럼) 수학자들은 모든 추론이 모순율에 따라 진행된다고 보았기 때문이며, 그러므로 모순율은 우리가 수학 원리로 인식하는 것의 기초가 된다고 믿었던 것이다. 여기에서 그들은 잘못을 저질렀다. 비록 우리가 모순율에 따라 어떤 종합 명제를 통찰할 수 있을지언정, 그 자체로는 불가능하다. 단지 다른 종합 명제를 전제하고 거기에서 추론될 수 있다는 식으로만 가능하기 때문이다.

무엇보다 우리는, 올바르게 말하자면, 수학 명제는 경험적이라기보다는 항상 경험 무관한 판단임을 알아야 한다. 왜냐하면 수학 명제는 필연성을 취하기 때문이며, 우리는 그것을 경험으로 얻을 수 없는 까닭이다. 그런데 누군가 그런 명제들이 경험 무관함을 인정하지 않는다면, 괜찮다, 그러면 내 주장을 **순수 수학**으로 한정한다. 바로 그 개념 안에 경험이 포함되어 있지 않고 오직 순수한 경험 무관 인식만을 포함하고 있음이 내포되어 있다.

확실히 처음에 우리는, 〈7+5=12〉라는 명제가 그저 분석 명제이며, 모순율에 따라 7과 5의 합이라는 개념에서 도출된다고 생각한다. 그러나 우리가 더 면밀히 살펴보면, 우리는 7과 5의 합이라는 개념은 두 수를 하나로 합친다는 것만을 포함하고 있으며, 그런 통합에서 우리는 그 두 개를 합한 하나의 숫자가 무엇인지 어떤 식으로든 전혀 생각하고 있지 않음을 알게 된다. 단순히 저 7과 5의 합을 생각할 때, 나는 12라는 개념을 이미 갖고 있는 것은 전혀 아니다. 그런 가능한 합이라는 내 개념을 아무리 오랫동안 분해하더라도, 여전히 나는 그 안에서 저 12라는 숫자를 발견하지 못할 것이다. 우리는 이런 개념을 넘어야만 하고, 우리의 다섯 손가락을 이용하거나 또는 (세그너[98]가 그의 산술학에서 했던 것처럼) 다섯 개의 점을 이용하면서 직관을 돕도록 해야 한다. 이런 방식으로 우리는 7이라는 개념에 직관으로 주어진 5와의 합을 하나씩 더해가야 하는 것이다. 내가 먼저 7이라는 숫자를 취한 다음, 5라는 개념에 대해서는 그 개념을 돕는 직관으로 손가락을 취하고, 이제 저 이미지에서 숫자 5가 되도록 모아 놓은 손가락을 하나씩 더하는 것이다. 이런 방식으로 나는 숫자 12가 생기는 것을 본다. 5에 7이 더**해져야** 하는 것을, 확실히 나는 7+5라는 개념에서 합을 생각하기는 했지만, 이러한 합이 숫자 12와 동일한 것은 아니다. 산술 명제는 그러므로 언제나 종합적이다. 만약 우리가 더 큰 숫자들을 취한다면[99] 이것이 훨씬 분명해짐을 알게 되는데, 우리가 우리 개념들을 아무리 뒤틀더라도 직관의 도움이 없다면 단지 우리 개념들을 분해하는 것만으로는 합을 결코 발견하지 못한다.

B16

순수 기하학의 어떤 원리도 마찬가지로 분석적이지는 않다. 〈직선은 두 점을 잇는 가장 짧은 선이다〉라는 명제는 종합 명제이다. '**직**'이라는 나의 개념은 크기에 관해서는 아무것도 포함하지 않으며 오직 어떤 질만을 포함한다. 그러므로 가장 짧다는 개념이 직선이라는 개념에 전적으로 더해진 것이지, 어떤 분해로도 직선 개념에서 끌어낼 수는 없다. 따라서 우리는 여기서 직관의 도움을 받아야 하니 그것에 의해서만 종합이 가능해진다.

---

98 Johann Andreas von Segner 1704~1777. 헝가리 왕국 출신의 과학자이자 수학자. 크리스티안 볼프 사후, 볼프의 후임자로 할레 대학의 교수를 역임하였다.

99 예컨대 〈17285+34582=51867〉의 경우, 17285와 34582의 합이라는 개념과 51867이라는 개념은 서로 다르다는 것, 즉 서로 다른 개념이 연결되어 하나가 됐으므로 종합명제라는 의미이다.

진실로 기하학자들이 전제하는 몇몇 명제들은 실제 분석적이고 모순율에 기초하고 있다. 그러나 동일 명제들처럼, 그것들은 원리가 아니라 도표로 연결하는 방법론이다. 예를 들어 a=a의 경우, 전체는 그 자신과 동일한 것이며, (a+b)>a의 경우, 전체는 그것의 부분보다 크다. 비록 이것들이 순전히 개념에 맞게 타당하더라도 그러나 이런 원리들조차 수학에서 인정되는 까닭은 직관으로 나타날 수 있기 때문이다. 개념 안에 자명한 판단들의 술어가 포함되어 있으며, 그런 판단은 그러므로 분석적이라고, 우리가 믿게 되는 것은 단지 표현의 모호함 때문이다. 왜냐하면 우리는 생각하면서 주어진 개념에 어떤 술어를 덧붙**여야만 하고**, 이러한 필연성은 바로 개념에 붙어 있는 것이다. 그러나 여기서 문제는 주어진 그 개념에 우리가 무엇을 더할지 **생각해야만 하느냐**가 아니라, 설령 모호할지라도, 우리가 그 개념 안에서 무엇을 **실제로 생각하느냐**이다. 그때 거기에서 우리는, 술어가 그런 개념들에 필연적으로 부착된다 하더라도, 그것은 개념 그 자체에서 생각되는 것이 아니라, 그 개념에 더해져야 할 직관에 의해 그렇게 됨을 발견한다.

B17

2. 자연학은 원리로서 경험 무관한 종합 판단을 자기 안에 포함한다. 나는 그 예로 몇 가지 명제를 든다. 〈물질계의 모든 변화에서 물질의 양은 변하지 않는다〉, 〈모든 운동 전달에서 작용과 반작용은 항상 같아야 한다〉는 명제는 모두 필연적일 뿐 아니라 그러므로 경험 무관한 근원이 있으며, 종합적임이 명백하다. 물질 개념 안에서 나는 불변성을 생각하지 않지만, 그것이 공간을 차지하는 한, 그 물질이 공간에서 존재한다는 것만은 생각하게 되는데, 따라서 내가 물질 안에서 생각하지 않은 무언가를 생각 속에서 경험 무관하게 덧붙이기 위해서는 물질 개념 너머로 나는 실제로 나아가기 때문이다. 따라서 그 명제는 분석적이 아니라 종합적으로 그리고 경험 무관하게 생각된 것이다. 자연학의 순수 부문의 다른 명제들에서도 마찬가지다.

B18

3. 형이상학이 학문으로 간주되는 것이 그저 시도돼 오기만 했을지라도, 인간 이성의 본성 때문에 형이상학이 없어서는 안 될 학문이라면, **형이상학에는 경험 무관한 종합 인식들이 포함되는 것이다.** 형이상학은 우리가 사물에 관하여 경험 무관하게 만든 개념들을 단순히 분해함으로써 그것들을 분석적으로 명확히 하는 것에

관한 학문이 아니다. 형이상학에서 우리는 우리의 경험 무관한 인식을 확장하기를 원한다. 이를 위해, 우리는 주어진 개념을 넘어,[100] 그 개념 안에 포함되지 않은 무언가를 그것에 더하는 원리들을 이용해야 하며, 또한 그런 경험 무관한 종합 판단에 의해 우리는 〈세계는 시초가 있어야 한다〉 등의 명제처럼 경험조차 우리를 따라올 수 없는 너머까지 멀리 가야만 한다. 그러므로 형이상학은 적어도 **그것의 목적에 관한 한** 순전히 경험 무관한 종합 명제들로 이루어진다.

VI.
순수 이성의 일반 과제

많은 탐구를 단 하나의 과제 문장 아래로 가져올 수 있다면, 우리는 이미 많은 것을 얻게 될 것이다. 이로써 우리가 그것을 정확하게 정의함에 따라 우리 자신의 과업을 순조롭게 할 뿐 아니라, 우리가 이 기획을 잘 수행했는지 여부를 심사하려는 사람들의 판단을 쉽게 해주기 때문이다. 이제 순수 이성의 진정한 과업은 다음과 같은 질문에 들어있다. **"경험 무관한 종합 판단은 어떻게 가능한가?"**

형이상학이 지금껏 불확실함과 모순의 그런 흔들리는 상태로 머물렀던 까닭은 단 하나의 이유로 돌릴 수 있는데, 누구도 이전에는 이 과제를, 아마도 **분석** 판단과 **종합** 판단의 구별조차, 생각하지 않았다는 사실 때문이다. 이 과제를 해결하든지, 아니면 형이상학이 해명하기를 요구하는 그 가능성이 사실상 전무함을 만족스럽게 증명하든지, 형이상학은 기로에 서 있다. 데이비드 흄은 다른 어떤 철학자보다 이 문제에 가장 근접했다. 그러나 그는 그 문제를 어느 곳에서나 결정적일 정도로 보편성을 가지면서 생각하지는 못했고, 그저 어떤 결과를 원인들과 연결하는 것(인과율)에 관한 종합 명제에 머물렀다. 그는 그런 경험 무관한 명제는 전적으로

---

100 분석 판단에서는 인식이 주어진 개념을 넘을 수 없다. 인간의 사고방식은 경험이 더해주거나 어떤 특별한 조건(즉 경험 무관한 원리)이 없다면, 다시 말해 제3의 매개가 없다면, 주어진 의미 바깥으로 개념을 넘어갈 수 없다(논리학의 기본 원리). 그렇기 때문에 종합 판단이 중요한 의미를 갖는다.

불가능함을 발견했다고 믿었으며, 그의 결론에 따르면, 우리가 형이상학이라고 부르는 모든 것은 근거 없는 이성 통찰의 망상에 지나지 않으며, 실은 단지 경험에서 빌려온 것이고, 습관을 통해 필연적으로 보이는 것에 불과하다는 것이다. 만약 흄이 우리의 문제를 보편성 안에서 직시했더라면, 모든 순수 철학을 파괴하는 그런 주장에 빠지지는 않았을 것이다. 왜냐하면 그때 그는 자기 주장에 의해, 경험 무관한 종합 판단을 확실히 포함하는 순수 수학조차 불가능해지고 말았다는 것을 보게 될 것이고, 그렇다면 그의 건전한 지식이 그를 틀림없이 지켜줬을 것이기 때문이다.

위와 같은 문제를 해결하는 데에는 대상에 대한 경험 무관한 이론 인식을 포함하는 모든 학문의 기초와 실행을 수행함에 있어 이성을 순수하게 사용할 가능성에 관한 또 다른 것이 동시에 포함된다. 예컨대 이런 질문에 대한 답변이다.

순수 수학은 어떻게 가능한가?
순수 자연학은 어떻게 가능한가?

이런 학문은 실제로 주어져 있으므로 그것들이 어떻게 가능한지 묻는 것은 확실히 적절하다. 왜냐하면 그것들이 필경 가능함은 실제로 존재함에 의해 증명되기 때문이다.* 그러나 **형이상학**에 관해서는 그 가능성에 대하여, 모든 이가 의심하는 까닭은 지금껏 그 진전이 보잘것없었고, 그러므로 형이상학의 본래 목적에 관한 한 그런 것이 진짜 존재한다고 우리가 말할 수 있게 해설해 주는 어떤 형이상학도 없다는 사실 때문이다.

B21

* 칸트 주석: 순수 자연학의 경우에서는 이 마지막 지점에 관해 일부 사람들이 여전히 의심스러워 하는 것 같다. 그러나 올바른 (경험적인) 자연학에서 처음 등장하는 다양한 명제들, 예를 들어 질량 보존의 법칙, 관성의 법칙, 작용과 반작용의 법칙 등을 숙고해 볼 필요가 있고, 그러면 우리는 이것들이 좁든 넓든 그 자체로 별도의 학문으로 정립될 가치가 충분한 순수 자연학(또는 이성적 자연학)을 구성함을 금세 확신할 수 있

을 것이다.

그러나 어떤 의미에서는, 이런 **종류의 인식**도 마찬가지로 주어진 것이며, 학문으로서가 아니라 타고난 특성(예컨대 자연 형이상학)[101]으로서 형이상학이 실제로 있다고 간주되는 것이다. 왜냐하면 그저 많은 지식을 얻으려는 허영심에 의해 움직이기보다는, 자기 자신의 필요에 이끌려 이성의 어떤 경험적 사용으로도, 그것을 통해 얻는 원리로도 답할 수 없는 그런 질문들에 인간 이성은 억제할 수 없을 정도로 나아가기 때문이다. 그러므로 모든 인간은, 그들의 이성이 그런 질문들을 사유할 수 있는 데까지 확장되자마자, 항상 그 질문들에서, 어떤 형이상학을 실제로 가졌으며, 언제나 가질 것이다. 지금 그것에 관해서도 이런 질문이 있다. **어떻게 타고난 특성으로서 형이상학이 가능한가?** 즉, 순수 이성이 자기에게 제기하고, 자신의 필요에 의해 가장 좋은 답을 내리고, 그런 질문들이 인간 이성의 본성으로부터 어떻게 나타나는 것인가?

그러나 이런 자연스러운 질문들, 예컨대 세계는 시초가 있는가, 아니면 영원에서부터 그곳에 있었던 것인가 등에 답하려는 모든 시도는 불가피한 모순에 직면한다. 따라서 우리는 단지 형이상학에 있는 타고난 특성에만, 즉 이성의 순수한 능력 자체에만 — 설령 어떤 형이상학이나 다른 것(그것이 어떤 것이든)이 언제나 그것에서 자라나더라도 — 맡겨놓을 수 없다. 그런데 형이상학은 대상들에 대한 앎 또는 무지에 관하여, 즉 그 질문들이 다루는 대상들에 관해 결정하거나 이 대상들에 대해 판단하는 이성의 능력이나 무능력에 관한 한, 확실한 성취가 가능해야 한다. 다시 말하면, 신뢰할 수 있는 방법으로 우리의 순수 이성을 확장하는 것이 가능해야 하거나, 아니면 순수 이성을 위해 안전하게 정해진 한계를 설정하는 것이 가능해야 한다. 위와 같은 일반 과제에서 나오는 마지막 질문은 그러므로 다음과 같이 정당하게 제기될 것이다.

---

101 바로 이어지는 단락에서의 형이상학적 질문들, 예컨대 세계는 시초가 있는가, 신은 존재하는가, 죽은 이후의 사후 세계는 존재하는가 등의 인간이라면 누구나 품는 질문을 천성적으로 갖게 된다는 특성을 의미한다.

어떻게 형이상학이 학문으로 가능한가?

그러므로 결국 순수이성비판은 학문으로 필히 나아간다. 반면, 비판 없는 순수 이성의 자기 확신적 사용은, 사람들이 언제나 똑같은 헛소리로 반박하는, 근거 없는 주장을 하게 하고, 그러므로 **회의주의**에 이른다.

더욱이 이 학문이 극단적으로 방대할 수는 없다. 왜냐하면 형이상학은 셀 수 없이 다양한 이성의 대상들을 다루는 게 아니라, 그저 이성 자체만을 다루기 때문이며, 이성은 자기 자궁에서 잉태된 과제만을, 이성과 구별되는 사물의 본성에 의해서가 아니라, 이성 자신의 본성에 의해 제기된 과제만을 다루는 것이다. 따라서 일단 이성이 경험에서 만날 수 있는 대상들에 관해 그 자신의 능력을 완전히 얻게 된다면, 경험의 모든 한계를 넘어설 때, 이성은 필경 이성 사용의 범위와 한계를 완전하고 확실하게 정하는 것이 용이함을 발견하게 된다.

그러므로 지금껏 **자기 확신적으로** 형이상학을 일으키려 했던 모든 시도는 마치 그것들이 전혀 없었던 것으로 간주할 수 있고, 간주해야 한다. 이런저런 형이상학에서 분석적인 무엇이든, 즉 우리 이성 안에 경험 무관하게 머무는 개념들[102]을 분해하는 것이 무엇이든, 그것은 올바른 형이상학의 목적이 아니라 단지 하나의 준비이다. 그런 것들은 우리의 경험 무관한 인식을 종합적으로 확장해 주지 않으며,[103] 그런 목적에는 쓸모 없다. 왜냐하면 지금까지의 시도는 경험 무관한 개념에 포함된 것만을 보여주기 때문이다. 그리고 그것은 우리가 그런 경험 무관 개념들에 어떻게 이르게 되며, 그래서 우리가 모든 인식 대상 일반에 관하여 그런 개념들을 어떻게 타당하게 사용할 수 있는지를 보여주지 않기 때문이다. 그러나 이런 모든 요

---

102 형이상학적인 개념들. 예컨대 신, 사후세계, 세계의 시초, 자유의지 같은 개념.

103 B18 단락에 있는 주석을 참고. 하나의 개념만이 주어지고 그 개념을 분석하는 경우, 인간은 그 개념에 담긴 의미 밖으로 벗어날 수 없다는 것이 논리학의 가르침이다. 그러므로 그 개념이 어떻게 생겨났으며, 우리 생각과 지식 확장에 어떤 기여를 하는지는 그런 개념 분석만으로는 알 수 없다. 그것을 알려면, (1) 데이비드 흄의 견해처럼 경험이 그 개념에 다른 개념을 연결해 주거나(경험적 종합 판단), 아니면 (2) 이 책에서 칸트가 밝히는 견해처럼 인간 머릿속에서 경험 무관한 것들의 연결 시스템이 갖춰져 있어야 한다(경험 무관한 종합 판단).

구를 포기해 버리는 자기 부정은 그다지 필요하지 않다. 형이상학의 자기 확신적 과정에서 부정할 수 없으며 피할 수도 없는 이성의 자기 모순은 오랜 시간에 걸쳐 모든 종래 형이상학의 권위를 파괴해 버린 까닭이다. 그러므로 기존 형이상학과 완전히 반대되는 또 다른 접근에 대한 이 학문 내부의 어려움이나 외부의 저항에 의해 이 학문이 단념되지 않도록 더 많은 결의가 필요할 것이다. 이것은 인간 이성에 꼭 필요한, 모든 줄기를 베어버리더라도 그것의 뿌리는 뽑히지 않을 이 학문의 번영과 풍요로운 성장을 증진하는 일이다.

VII.
순수이성비판이라는 이름 아래 특수 학문의 관념과 분류

A11

앞에서 말한 모든 것에서 우리는 **순수이성비판**이라 불릴 수 있는 특수한 학문이라는 관념이 나온다. 왜냐하면 이성은 우리에게 경험 무관한 인식의 원리들을 제공하는 능력이기 때문이다. 따라서 순수 이성은 절대적으로 경험 무관하게 무엇을 인식하기 위한 원리들을 포함하는 이성이다. 순수 이성의 논리적 길잡이[104]는 모든 경험 무관한 순수 인식이 얻어지고, 또 실제로도 발생될 수 있는 그런 원리들의 총합이다. 그런 논리 길잡이의 철저한 적용이 순수 이성의 체계를 만들어 낼 것이다. 그러나 그런 체계는 많은 것을 요구하며, 실로 우리 인식의 확장이 가능한 일인지, 또한 어떤 경우에 가능한지에 대한 문제가 여전히 미결된 상태인 까닭에, 우리는 단순히 순수 이성, 그 원천과 한계를 평가하는 학문을 순수 이성 체계에 대한 **예비학**으로 간주할 수 있다. 그런 예비학은 순수 이성에 대한 **이론**이 아니라, 단지 순수 이성**비판**으로 불려야 할 것이며, 또한 사유에 관한 한 그 유용함은 사실상 그저 소

B25

---

104 Organon. 아리스토텔레스의 논리학에 관한 저술 6권을 통칭하여 가리키는 용어이다. 실제로 칸트는 아리스토텔레스의 논리학적 방법론을 비판적으로 차용하고 있다. 이 맥락에서는 '학문으로 입문하는 예비학으로서 앎에 이르는 논리학적 도구' 정도의 의미이다. 일반적으로는 진리를 탐구하는 길잡이 도구로 사용된다. 이 책에서는 '논리적 길잡이'로 번역한다.

극적[105]으로만 될 것이다. 왜냐하면 그 비판은 단지 우리 이성을 확장하는 것이 아닌, 이성을 순화하는 데 쓰이는 까닭이며, 또한 그것이 오류로부터 우리 이성을 지켜주기 때문인데, 이는 이미 굉장한 수확이다. 나는 대상들이 아니라, 대상 일반을 인식하는 우리의 방식이 경험 무관하게 가능하다는 한에서, 그런 방식을 다루는 모든 인식을 **초월적**이라 부른다. 그런 개념들의 **체계**는 **초월철학**이라 불릴 것이다. 그러나 이것은, 아직 처음인 여기에서는, 우리에게 너무 많다. 그런 학문은 분석적 인식과 경험 무관한 종합 인식을 모두 포함해야 하는데, 이는 우리 목적에 관한 한 너무 큰 범위이기 때문이다. 우리는 우리의 관심사인 경험 무관한 종합의 원리에 대한 통찰을 얻는 데 꼭 필요한 만큼의 분석을 전 범위에 걸쳐 수행할 필요가 있기 때문이기도 하다. 우리가 지금 다루는 것은 이런 탐구이며, 이것을 올바르게 말하자면 그저 초월적 비판으로 불릴 수 있을 뿐이지, 어떤 학설이 아니다. 그것의 목적은 인식 자체를 확장하는 것이 아니라, 그 인식들을 단지 바로잡는 것이며, 또한 이것이 경험 무관한 모든 인식의 가치를 정해주는 시금석 역할을 하는 까닭이다. 따라서 그런 비판은, 가능하다면 그런 인식들의 논리적 길잡이를 위한 준비, 그것이 성공적이지 못하더라도 적어도 그것들의 규범을 위한 준비 작업이다. 그러한 규범은 적어도 언젠가 우리로 하여금 순수 이성 철학의 완벽한 체계를, 그 체계가 순수 이성의 인식을 확장하는 것에 있든 아니면 그저 그것의 경계들을 정하는 것이든, 분석적이면서도 종합적으로[106] 제시하도록 해 줄 것이다. 실로 아주 넓은 범위가 될 수는 없고, 그래서 그걸 완성하기를 우리가 희망하는 것이니, 그런 체계가 가능하다는 것은 다음과 같은 것으로도 가늠될 수 있다. 즉, 여기서 대상을 이루는 것은 무진장하게 많은 사물들의 본성이 아니라, 그런 사물의 본성을 판단하는 지식이며, 그런 지식조차 오직 경험 무관 인식에 관련한 지식인 것이다. 더욱이 경험 무관한 인식을 제공하는 지식의 보급은 우리에게서 숨을 수 없으니, 무엇보다 우리는 그것을 지식 바깥에서 찾을 필요가 없다. 또한 그 보급물은 우리가 그것을 완

---

105 어떤 것의 의미를 부정적으로 규정하는 것. A의 의미를 설명할 때 'A는 B이다'라고 정의하면 적극적인 정의가 되고, 반면, 'A는 B가 아니다'라고 정의하면 소극적인 정의가 된다.

106 '분석적'이라는 말의 뜻은 단어(개념)의 의미를 분석하겠다는 것이고, '종합적'이라는 말은 단어와 단어의 연결, 즉 원리를 분석하겠다는 뜻이다. 다시 말해 개념의 분석과 원리의 분석이며, 실제 이 책은 그런 제목으로 분석 작업을 수행한다.

벽하게 기록해 둘 수 있고, 그것에 대한 가치를 판단할 수 있으며, 그것을 정확히 산정할 수 있을 만큼 충분히 적다. 그러나 독자들은 순수 이성의 체계와 이 책 각 권에서의 비판을 여기서 기대하기보다는 순수 이성의 능력 자체에 대한 비판을 기대해야 한다. 오직 우리가 저 비판을 우리의 기초로 이용하는 경우에만, 우리는 이 분야 옛 작업과 새로운 작업의 철학적 내용을 위한 믿을 만한 시금석을 갖는다. 그런 비판이 없다면, 자격 없는 역사가와 재판관이 다른 사람의 근거 없는 주장에 대해 마찬가지로 근거도 없이 판결을 내리는 것이다.

순수이성비판이 전체 기획을 건축학적으로, 즉 원리로부터, 이 건축물을 이루는 모든 구성의 완전성과 신뢰성을 온전히 보증하면서, 골자를 만들기 위한 그런 학문의 관념, 그것이 초월철학이다. 초월철학은 순수 이성의 모든 원리의 체계이다. 그런데 이 비판이 그 자체로 아직은 초월철학이라 불리지 않는 까닭은 오직 이 비판이 완전한 체계가 되려면 인간의 모든 경험 무관 인식에 대한 철저한 분석을 포함해야 하기 때문이다. 이제 우리의 비판은 또한 저 순수 인식을 만드는 모든 근본 개념을 우리 앞에 완벽하게 열거해야 한다. 그러나 비판은 모든 근본 개념 자체에 대한 철저한 분석이라거나 또는 그것들로부터 도출되는 개념들에 대한 완벽한 검토를 삼가야 하는데, 이는 올바른 일이다. 첫째, 이러한 분석은 우리 목적에 기여하지 않기 때문이다. 전체 비판이 실제로 행해지는 덕분에 우리가 그 비판을 종합하는 데 곤란함이 없다. 둘째, 그런 분석과 도출의 완벽함까지 책임지려는 시도는 ─ 결국 우리 목적을 고려해서 면책될 수는 있더라도 ─ 우리 기획의 통합에는 반하기 때문이다. 그럼에도 불구하고 그 개념들이 종합의 철저한 원리들로 존재하는 한, 또한 만일 이러한 본래 목적에 관해 어떤 부족함도 없다면, 앞으로 제공될 경험 무관한 개념들로부터 완벽하게 도출하고 분석하는 작업은 쉽게 완성될 수 있을 것이다.

따라서 순수이성비판은 초월철학을 구성하는 모든 것을 포함하며, 그것은 초월철학의 완벽한 관념이다. 그러나 이 비판은 아직 학문 그 자체는 못되니, 경험 무관 종합 인식에 관한 완벽한 판단을 만드는 데 요구되는 만큼의 분석이 행해져야 하는 까닭이다.

그런 학문을 분류함에 있어 중요한 목표는 경험적인 것을 포함하는 어떤 개념들도 이 학문 안에 들어가서는 안 된다는 점이며, 혹은 그 학문의 경험 무관한 인식은 전적으로 순수해야 한다는 점이다. 그런 까닭에 도덕의 최고 원리들과 기본 개념들은 경험 무관한 인식이긴 해도, 그것들은 여전히 초월철학에 속하지 않는다. 그것들은 필경 순수 도덕 체계의 형식 안으로 쾌와 불쾌, 욕망과 성향 등의 개념을 가져오는데, 이것들은 모두 경험적인 것에 기원을 두기 때문이다. 도덕의 최고 원리와 기본 개념은 도덕 계율의 기초 위에 경험 개념들 자체를 두지는 않지만, 그런 쾌와 불쾌, 욕망과 성향 등을 극복해야 할 장애물 또는 행동의 동기가 돼서는 안 되는 자극으로써 의무 개념 안으로 가져와야 한다. 따라서 초월철학은 단지 순수 이론 이성만의 철학이다. 실천적인 모든 것은, 그것이 동기들을 포함하는 한, 감정에 관하며 또한 이는 경험적인 인식 원천에 속하기 때문이다.

A15
B29

이제 체계 일반의 전반적인 관점에서 이 학문을 분류한다면, 이 학문의 첫 번째 위치에서 순수 이성의 **요소론**을, 두 번째는 **방법론**을 포함해야 한다. 이 두 가지 주요 부분은 하위 분류를 가질 것이지만, 하위 분류의 근거들은 아직 여기서 설명될 수는 없다. 서론으로서나 예고로서 필요해 보이는 것들은 이러하다. 인간 인식은 두 개의 줄기가 있으니, 즉 감수성과 지식이다. 이것들은 하나의 뿌리에서 생겨났으나, 그 뿌리는 우리에게 알려지지 않았다. 감수성을 통해 대상이 우리에게 주어진다. 지식을 통해 그것들이 생각된다. 만약 감수성이, 대상이 우리에게 주어지는 조건을 구성하는 경험 무관한 표상들을 포함한다면, 그것은 초월철학에 속한다. 인간 인식의 대상들이 우리에게 주어진 조건들은 대상이 사고되는 조건들에 선행하기 때문에, 초월적 감각론이 요소들에 관한 학문의 첫 번째 부분에 속하게 된다.

B30
A16

제1권 초월적 요소론

제1부 초월적 감성

주요 개념 번역 비교 및 해설

독일어(라틴어)	영어	기존 번역
Sinnlichkeit	Sensibility	감성
Materie	Matter	질료
Ausdehnung	Extension	외연(최), 연장성(백)
Gemüt	Mind	심성(최), 마음(백)
Seele	Soul	영혼
Expositio	Exposition	구명(최), 해설(백)
Größe	Magnitude	크기
Realität	Reality	실재
Objective Realität	Objective reality	객관적 실재성
Auffassung	Apprehension	각지(최), 포착(백)

이 번역	비고
감수성	기존 감성, 오성(지성), 이성 사이의 의미 간격을 떼어놓기 위해, '감성'이 아닌 '감수성'으로 번역했다.
내용 ǀ 재료	'질료'는 우리말이 아니다.
크기	모든 물체는 크기를 갖는다.
머리	칸트의 사상은 mind 안에서, 다시 말해 머릿속에서 어떤 일이 일어나는지, 그래서 인간은 무엇을 알 수 있는지를 자세히 분석하는 것.
정신	soul과 mind는 모두 머리를 가리키며 인간 정신을 뜻하지만, soul이 mind에 비해 개인적인 정신을 가리킨다.
개요	—
양	크기든 세기든 양의 값이라는 의미의 양.
실체	머리 바깥에 실제로 있는 것. 이 책에서는 '실재'라는 말을 쓰지 않고 '실체'로 옮긴다. 기존 substance의 번역어로 쓰인 실체는 '본질'로 대체한다. 이 용어의 차이를 기억해 둬야 텍스트를 읽을 때 헷갈리지 않는다.
객관적 실체(성)	머릿속에서 있는 것이 머리 바깥에도 있다는 의미.
탐색	머릿속으로 직관된 감각 자료의 단편들 중에서 생각의 재료가 될 만한 것을 선별하는 것.

독일어(라틴어)	영어	기존 번역
Wahrnehmung	Perception	지각
Transzendental	Transcendental	선험적(최), 초월적(백)
a priori	*a priori*	선천적(최), 선험적(백)
Vorstellung	Representation	
Vorstellen	Represent	

이 번역	비고
포착	매우 중요한 번역어의 변화. 이 책의 주석을 통해서 반복적으로 설명한다. 이 단어는 앎에는 아직 도착하지 못한 단순한 감각적 의식을 가리킨다. 탐색한 데이터를 시간적으로 종합한 것이 포착이다.
초월적	'선험적'이라는 단어를 칸트 번역에서 쓰지 않는 것이 좋겠다. 얻는 것보다 잃는 게 많은 번역어. 이 단어 때문에 칸트 사상이 한국 독자들에게 제대로 전달되지 않는다. 칸트는 우리 인간의 감각적인 경험이 만들어 놓는 한계(또는 장벽)를 **인식 대상인 사물 자체와의 관계에서는** 그 한계를 넘어설 수 없음을 증명하고, 다른 한편으로 **인식 주체 사이의 관계에서는** 경험의 장벽에도 불구하고 대상 인식에서 공통성을 가짐을 밝혔다. 이를 통해 경험주의 전통의 지혜를 계승하면서도, **회의주의를 극복**하는 의미로 자신의 철학을 '초월철학'이라 칭했다. 인식 대상과 인식 주체 사이에 놓인 경험의 한계는 넘을 수 없고, 그러므로 인식 주체는 사물 자체를 알 수 없다. 그러나 인식 주체 사이에서 경험이 갈라놓은 앎의 장벽을 순수 직관과 순수 개념이라는 **형식적 관점으로** 넘을 수 있고, 그러므로 인식 주체는 모두 같은 인류로서 초월적 자아를 갖게 된다. 요컨대 이 단어는 '(한계) 너머'라는 의미가 반드시 포함되어야 하고, 그런 평범한 의미가 바로 Transcendental 본래의 뜻이며, 칸트 본인이 그런 의미로 이 단어를 사용한다. 본래의 뜻까지 무시하면서 '선험적'이라는 단어를 고집하는 것은 일본 학자들에게서 유래된 오류를 관습적으로 정당화하여 후대에 계속 물려주자는 태도와 다르지 않다.
경험 무관한	수학과 과학이 (1) *a priori*한 지식이라는 사실, (2) 이런 지식은 경험하기 전에도 경험 이후에도 변함이 없다는 사실을 번역에 반영했다.
표상	머릿속에 있는 것. 직관도 표상이며, 개념도 표상이다.
표상하다	머릿속으로 가져오다. 머릿속에 나타나다.

독일어(라틴어)	영어	기존 번역
Anschauung	Intuition	
Erscheinung	Appearance	
Synthesis	Synthesis	

이 번역	비고
직관	인식의 시작을 알리는 첫 번째 단계로 감각 데이터가 머리 안으로 들어온 상태 또는 그런 데이터를 가리킨다. 아직 생각되기 전의 감각 단계이므로 직관은 '앎'과는 아직 이르지 못한 상태. 앎에 이르기 위해서는 두 번째 단계, 즉 개념이 필요하다. 개념은 직관을 처리하여 생각을 만들어 내는 것을 가리킨다. 직관과 표상은 부분집합 관계(직관 ⊂ 표상)
현상	머릿속에 있는 직관 중에서 아직 정해지지 않은 대상. 이 단어가 쓰인 문장에서 의미가 잘 이해되지 않는다면, '머릿속에 나타난 대상'으로 바꿔봐도 좋다. 직관 중에 현상이 있다(현상 ⊂ 직관)
종합	서로 다른 것을 연결한다는 의미. 이 단어에 이런 연결 말고는 심오한 의미는 없다. 종합 명제는 서로 다른 단어들이 연결되어 있는 명제.

제1권 초월적 요소론

제1부 초월적 감성[107]

제1조[108]

어떤 방식이든지, 대상과 관계하는 어떤 인식 수단을 쓰든지, 대상과 즉각적으로 관계하면서, 인식을 얻는 수단으로 여겨지는 모든 생각이 목표에 직접 닿는 것을 **직관**[109]이라 한다. 그러나 그 대상이 우리에게 주어지는 경우에 한해[110] 직관이 생긴다. 그러므로 어떤 방식으로든 대상이 우리의 머리에 영향을 미쳐야만 한다.

---

107 Transcendental Aesthetic. 백종현은 '초월적 감성학', 최재희는 '선험적 감성론'으로 번역한다. 우리는 그 집에 있는 방들을 아무리 크더라도 '방'이라고 부르지 '집'이라고 부르지는 않는다. 하나의 집에 여러 개의 집이 있다고 혼란스럽게 생각하기보다는, 하나의 집에 여러 개의 방이 있다고 생각하는 것이 인간의 머릿속 체계에 자연스럽다. 우리는 지금 '초월철학'이라는 큰 건축물 안으로 들어간다. 그러므로 가급적 '학'이라는 용어를 사용하지 않는 것이 바람직하다.

108 주 번호는 B판에서 추가되었다.

109 감각 데이터를 머리 안으로 가져오는 최초의 활동이자 최초의 상태. 대상 관점으로 비유해서 표현한다면, 직관이란 대상이 머리의 문을 여는 것이다. 아직 앎에는 이르지 못했다. 칸트는 이를 일컬어 '즉각적인 표상'이라 표현하기도 했다(제3조 참고). 사람들의 일반 용법에서는 이미 앎이 들어있는, 예컨대 "딱 봐도 아는 것" 또는 "빠르게 생각하는 것"을 가리키는 의미로 직관이라는 단어를 쓴다. 하지만 그때의 직관은 칸트가 말하는 직관이 아니다. 그것은 직관이 아니라 그저 빠르게 개념을 적용해서 판단한 것이다. 대체로 경험과 어휘력이 풍부한 사람이 개념을 빠르고 섬세하게 사용한다.

110 고양이는 우리에게 주어지지만, 드래곤은 주어지지 않는다. 따라서 고양이는 직관되지만, 드래곤은 직관되지 않는다.

대상으로부터 영향받음으로써 표상[111]을 얻는 능력(수용력)을 **감수성**[112]이라 부른다. 따라서 대상은 감수성을 통해 우리에게 **주어지며**, 감수성만이 **직관**을 제공한다. 그러나 대상은 지식[113]을 통해 **생각되는** 것이고, 그 지식에서 개념들이 나온다. 곧은 길을 가든, 우회해서 가든, 모든 생각은 궁극적으로 직관과 관계해야 하며, 그러므로 지금 우리에게는 감수성과 관계해야 한다. 왜냐하면 대상이 우리에게 주어질 수 있는 다른 방식이 없기 때문이다.

B34
A20

우리가 대상으로부터 영향받는 한, 표상 능력[114]에 대해 대상이 미치는 그 결과가 **감각**이다.[115] 감각을 통해 대상과 관계하는 것을 **경험적**이라 부른다. 경험적 직관에서 아직 정해지지 않은 대상을 **현상**이라 칭한다.

나는 현상 중에서 감각에 대응하는 것을 현상의 **내용**[116]이라 부른다. 다양한 현상이 어떤 관계들 속에서 질서 있게 직관되도록 하는 것이 있고, 나는 그걸 일컬어 현상의 **형식**이라 부른다. 감각 중에서 어떤 형식으로 질서 있게 배치될 수 있는 것은

---

111 '표상表象'이라는 단어는 한국 독자에게 그 의미가 분명하게 전해지지 않는 단어이다. 그럼에도 '표상'이라는 단어를 대체할 만한 마땅한 번역어가 없다. 그럼에도 '표상하다'는 순수이성비판에서 1천 회 이상 반복해서 등장한다. 따라서 이 단어를 깔끔히 이해하고 넘어가지 않으면 독서가 불가능해진다. 표상은 '머릿속에 있는 것'을 뜻한다. '표상하다'라는 동사는 '머릿속으로 가져오다'로 바꿔 이해하면 대체로 올바르게 이해할 수 있다.

112 Sensibility. 기존 번역은 '감성'. 이 번역에 대해서는 〈괘씸한 철학 번역〉(코디정. 2025), 147~149쪽.

113 Understanding. 기존 번역은 '오성'(최재희), '지성'(백종현). 이에 대한 자세한 설명은 제2부 초월적 논리에서 살펴본다. 이 번역에 대해서는 〈괘씸한 철학 번역〉(코디정, 2025), 150~156쪽.

114 감수성을 일컫는다.

115 직관은 감수성이 대상과 관계하는 의미이고, 감각은 대상이 감수성에 관계하는 의미이다. 이쪽 관점에서 단어를 설명하느냐, 저쪽 관점에서 단어를 설명하느냐의 차이에 불과하기 때문에, 동의어는 아니지만, 상황에 따라 바꿔 쓸 수 있는 단어이다.

116 Matter. 기존 번역은 '질료'. 〈괘씸한 철학 번역〉(코디정, 2025), 193~195쪽 참고. 내용과 형식의 우선 순위에 관하여 칸트는 이 책 전체를 통해 직관의 형식이 감각을 통해 주어지는 모든 경험적 내용에 선행함을 밝힌다. 특히 B323에서는 사물의 내용이 그것의 형식에 선행한다고 생각한 라이프니츠를 비판하고 있으니 참고.

감각 자신일 수는 없으므로,[117] 현상의 내용은 그저 우리에게 모두 후천적으로 주어질 뿐이다. 그러나 현상의 형식은 내용을 위해 머릿속에 경험 무관하게 모두 준비돼 있어야[118] 하고, 따라서 형식은 모든 감각에서 분리되어 고찰될 수 있어야 한다.

감각에 속하는 것과는 만나지 않는 모든 표상을 일컬어 나는 (초월적 의미에서[119]) **순수**하다고 말한다. 따라서 감각적 직관 일반[120]의 순수 형식은 머릿속에서 경험 무관하게 만나는 것이며, 그 안에서 모든 다양한 현상이 특정한 관계들로 직관된다. 이러한 감수성 자신의 순수한 형식은 **순수 직관**이라 불린다. 그러므로 내가 물체의 표상에서 감각에 속하는 것(예컨대 경도, 색깔, 불투과성 등)뿐 아니라, 지식이 물체에 관해 생각하는 것들(예컨대 본질, 힘, 가분성 등)을 빼내더라도, 이런 분리된 경험적 직관에서도 내게 여전히 무엇인가 남는 것이 있으니, 크기[121]와 형태가 그것이다. 이런 것들이 순수 직관에 속하는 것이다. 심지어 감각이나 느낌에서 실제 대상이 없어도 머릿속에서 감수성의 형식은 경험 무관하게 생긴다.

B35
A21

나는 모든 경험 무관한 감수성의 원리에 관한 부문을 **초월적 감성**transcendental aesthetic*이라 부른다. 그러므로 초월적 요소론의 제1부를 이루는 이런 학문은 순

B36

---

117 비유적으로 쉽게 풀어 보면, "집 안에서 어떤 형식으로 질서 있게 배치될 수 있는 가구들이 집 자신일 수는 없으므로"라는 뜻. 결국 내용(예컨대 가구)은 경험을 통해 후천적으로 머리(감각) 안으로 들어오게 된다는 의미.

118 '형식이 내용을 위해 머릿속에 경험 무관하게 모두 준비돼 있어야' 한다는 이 칸트의 관점이야말로, 독자가 순수이성비판을 이해하는 데 가장 유용한 나침반 중 하나이다. 데이터를 어떻게 처리해야 할지 머리가 경험 무관하게 미리 준비되어 있지 않으면, 데이터가 머릿속으로 들어와도 그 데이터에 알고리즘(즉 개념)을 적용하지 못할 것이고, 그러므로 데이터를 처리하지도 해석하지도 못할 터이기 때문이다. 한편 내용은 경험적이며, 경험 무관한 것은 형식뿐이다. 내용은 변화하고 달라짐에 비해, 형식은 변화하지 않는다. 결국 경험 무관한 종합은 형식에 관련한 것이다.

119 다시 말해 (경험 무관하게 이루어지는) 대상 인식에서 항상 나타나는.

120 개별적인 직관에서 우연적 혹은 선별적으로 적용되는 형식이 아니라, 모든 직관에서 항상 적용되는 형식을 가리키는 표현으로서 '직관 일반'.

121 Extension. 기존 번역은 '외연'(최재희) 또는 '연장성'(백종현). 이런 번역은 자명한 한국어 사용법이 아니다. 이에 대한 논증은 〈괘씸한 철학 번역〉(코디정, 2025), 229~203쪽 참고. 물체의 크기에 대해서는 칸트가 〈직관의 공리〉 B 203 이하에서 자세히 설명한다.

수한 생각의 원리를 포함하는 초월적 논리와는 구별돼야 한다.

> * 칸트 주석: 독일인들은 다른 사람들이 취미 비판이라 일컫는 것에 '미학aesthetics'이라는 말을 사용하는 유일한 사람들이다. 탁월한 분석가인 바움가르텐[122]이 가졌던 생각으로 그 기초에는 잘못된 희망이 깔려 있다. 그는 미에 대한 비판적 평가를 이성 원리들 아래에 놓고, 그 평가 규칙들을 학문으로 높이려 했다. 그러나 이런 노력은 무익하다. 왜냐하면 거기서 추정된 규칙들이나 기준들은 그 주된 원천으로 볼 때 경험적일 뿐이어서 우리의 취미 판단이 따라야 할 어떤 경험 무관한 법칙으로서는 쓰일 수 없기 때문이며, 오히려 취미 판단이 저 규칙이나 기준의 옳음을 가리는 시금석이 되기 때문이다. 이런 이유로 용어를 양자택일하는 것이 바람직하다. 이 중 하나인 '미학'이라는 명칭의 사용을 다시 실효시키고, 진정한 학문이 되는 이론을 위해 '감성'이라는 명칭을 남겨두기로 한다. (이로써 인식을 감각적인 것과 지적인 것으로 분류하는 것으로 유명했던 고대인들의 언어와 의미에 더욱 근접할 수 있게 된다). 이 용어를 이론 철학에서 나눠 사용하되, 때로는 초월적인 의미로 또 때로는 심리학적인 의미로 사용하기로 한다.[123]

A22 그러므로 우리는 먼저 초월적 감성편에서 지식이 개념들을 통해 생각하는 모든 것을 분리해 냄으로써 감수성을 **따로 떼어놓을** 것이다. 이로써 단지 경험적 직관만이 남는다.[124] 그다음 우리는 감각에 속한 모든 것[125]을 분리할 것이다. 그러면 순수

---

122 Alexander Gottlieb Baumgarten 1714~1762. 독일의 철학자이자 미학의 창시자.
123 '초월적 의미'란 대상 인식에 관해 항상 나타나는 의미를 뜻하는 것으로, '심리학적 의미'는 미학적인 의미를 뜻하는 것으로 이해하면 무난하다.
124 대상에 대한 생각 중에서 대상과 직접 관계 맺는 부문만을 살펴 본다는 의미이다.
125 즉, 경험적인 것을 말한다.

직관[126]과 현상의 형식[127]을 빼고는 아무것도 남지 않는다. 그것이 감수성이 경험 무관하게 제공할 수 있는 유일한 것이다. 이러한 연구에서는 경험 무관한 인식의 원리들로서 두 개의 순수 형식이 있으니 그것은 공간과 시간임이 밝혀질 것이며, 이제 우리가 이 고찰에 관여한다.

머리 바깥에 있는 사물이 크기와 어떤 위치 관계를 갖는다면, 그 사물은 머릿속에서도 그 크기와 위치 관계가 파악돼야 한다. 또한 모든 사물이 크기를 갖는다면, 인간의 머리는 예외 없이 모든 사물을 받아들일 준비가 돼 있어야 한다. 그것이 바로 공간이라는 순수 직관이다. 공간은 능동적으로 의미를 만들어 내는 개념이 아니라, 그저 무엇인가를 수용하는 감각적인 틀이다. 순수란 사람의 경험에 의해 없어지거나 바뀌지 않는다는 의미이고, 직관이란 의식 속으로 데이터가 들어오는 것을 뜻한다.

---

126 쉽게 말해, 공간과 시간이라는 머릿속 비어있는 방.

127 다시 말해, 공간과 시간이라는 방에서 감각 데이터가 서로 연결되는 상태(혹은 과정). 이런 현상의 형식이 무엇인지에 대해서는 제2부에서 자세히 다룬다.

제1장 공간[128]에 대하여

제2조
공간 개념에 대한 형이상학적 개요

(우리 머리[129]의 속성인) 외부 감각[130]을 통해 우리는 바깥에 있는 대상들을 우리 자신에게 표상하되, 그 전부를 공간 안에서 표상한다.[131] 공간 안에서 대상들의 형태, 양, 상호관계가 규정되거나 규정될 수 있다. 머리가 자신을 직관하거나 혹은 내적 상태를 직관하는 수단인 내적 감각은 하나의 대상으로서 정신[132] 자체에 대한 직관을 주지 못함에 틀림없으나,[133] 그럼에도 자신의 내적 상태에 대한 직관을 가능케 하는 어떤 규정 형식이 여전히 있어서 그런 내적 규정들에 속하는 모든 것은 시간

---

128 한국 독자들은 '시공간' 등 시간이라는 표현을 관습적으로 공간 앞에 놓는다. 그러나 인식 과정에서는 공간이 시간보다 선행한다(물론 한순간이지만). 그러므로 칸트도 공간을 먼저 고찰한다. 아인슈타인의 시공간도 'Space time'이다.

129 Mind. 기존 번역은 '심성'(최재희) 또는 '마음'(백종현).

130 흔히 말하는 시각, 청각, 미각, 후각, 촉각을 지칭하는 오감(five senses)은 '외부 감각'에 속한다. 칸트는 우리의 감각을 '외부 감각outer sense'과 '내적 감각inner sense'으로 명확히 구분한다. 그런데 칸트가 순수이성비판에서 말하는 감각(sense)은, 감각기관의 하나(즉, 눈, 코, 입 등)를 지칭하는 것이 아니라, 우리의 감각 의식이며, 이 안에서 감각 데이터를 수용하는 능력이자 요소를 뜻한다.

131 쉬운 말로 풀이하면 다음과 같다. "외부 감각을 통해 우리는 바깥에 있는 대상들을 우리 머릿속으로 가져오되, 그 전부를 머릿속 공간 안으로 가져온다."

132 Soul. 기존 번역은 '영혼'. (1) 'soul'과 'spirit'은 서양정신사에서 매우 중요한 단어로 명확히 구별돼야 한다. 전자는 '정신(영혼)'이며 '개별 인간'의 정신을 가리킨다, 후자는 '영'이며, '신성한 정신'을 가리킨다. 이에 대해서는 〈패씸한 철학 번역〉(코디정, 2025) 134~146쪽에서 자세히 설명하고 논증했다. (2) 'soul'과 'mind'는 모두 사람의 정신을 가리킨다는 점에서 공통점을 갖는다. 그러나 전자는 어떤 특정된 한 사람의 정신을 가리킴에 비해, 후자는 좀 더 일반화된 의미로서 정신을 가리킨다. 즉 'mind'가 'soul'에 비해 더 넓은 개념이다.

133 진짜 나에 대한 직관을 주지는 못한다는 뜻. 칸트에게 '정신 자체'는 사물 자체에 해당한다. 나는 내적 감각을 통해 '나타나는 나'를 알 수 있을 뿐이지, 나라는 정신 자체를 알 수는 없다. 왜냐하면 사물 자체는 직관되지 않기 때문이다.

의 관계 안에서 표상된다. 시간은 외적으로는 직관될 수 없다. 이는 공간이 우리 안에 있는 무엇인가를 직관할 수 없는 것과 마찬가지다.

그러면 공간과 시간이란 무엇인가? 공간과 시간은 실제로 존재하는 것인가? 그것들은 단지 사물에 대한 규정들[134]인가 아니면 관계들인가? 사물들이 직관되지 않더라도 그 사물들에 포함되어 있는 어떤 것인가? 아니면 직관의 형식에 부착되는, 그러므로 우리 머리의 주관적인 성질에만 부착되어 있을 뿐인 관계들이어서 이런 술어들[135]이 없다면 어떤 것도 제공될 수 없는 그런 관계들인가? 이런 것들을 우리가 배우기 위해 먼저 공간 개념[136]에 대한 개요를 제시한다. 나는 **개요**[137]라는 말을 어떤 개념에 속한 것을 분명하게 (명백히 표현되지는 않더라도) 머릿속으로 가져오는 것으로 이해하는데, 만약 그 개념이 **경험 무관하게 주어지는** 개념 제시를 포함한다면 **형이상학적**[138]이다.

B38

1. 공간은 외부 경험에서 도출된 경험적 개념이 아니다. 나 바깥에 있는 어떤 것과 관계 맺기 위해서는, 그리하여 내가 그것들을 바깥에 있는 것으로 차례로 머릿속으로 가져오기 위해서는, 따라서 그것들이 단지 다르다는 게 아니라 다른 장소에

---

134 Determination. 논리학 용어이다. 주어와 술어의 관계에서, 주어의 속성(성질이나 관계)을 규정하고 결정하며 한정하는 술어의 기능을 뜻한다. 단지 '규정'으로 번역된다면, 논리학에 대한 선행 지식을 갖고 있지 않는 한국 독자들에게 그 본래의 의미가 잘 전해지지 않는 경우가 있다. 그런 경우에는 가급적 논리학적 용어임을 나타내기 위해 '술어 규정'으로 맥락을 고려해서 번역하기도 했다. 이 단어는 논리학을 잘 모르는 독자에게는 아주 낯선 의미이므로, 앞으로 주석을 통해 몇 번이고 더 설명하겠다.

135 공간과 시간을 가리킨다.

136 이때의 개념은 '의미를 갖는 낱어'의 의미일 뿐, (감수성의) 직관과 구별되는 (지식의) 개념을 가리키지 않는다.

137 Exposition (Expositio). 기존 번역은 '해설'(백종현) 또는 '구명'(최재희). 칸트가 굳이 A판에 없는 문장을 B판에 추가해서 이 단어에 대한 자신의 이해를 덧붙인 것을 고려하면, 또한 소나타 작곡에서 주제를 먼저 제시하거나, 연극 도입부에서 상황과 인물에 대한 개요를 먼저 제시해 주는 뜻의 'expositon'의 고유한 의미를 생각한다면, '개요'로 번역하는 것이 자연스럽다. 'exposition'은 박람회에서 물건을 진열하는 의미로 사용되는 단어로 음악과 연극에서의 용법과 그 본질이 같다.

138 변함없이 항상 나타난다는 의미. 이 책에서 '형이상학적'이라는 용어를 만나면, '어떤 불변의 것', 그래서 '항상 나타나는 것(혹은 그런 원리)'으로 바꿔 이해하기를 추천한다.

있다는 것으로 머릿속에 나타내려면, 공간에 대한 표상이 이미 기초로 깔려 있어야 하기 때문이다. 그러므로 공간이라는 표상은 경험을 통해 바깥 현상의 관계들에서 얻어질 수 있는 게 아니다. 외부 경험 그 자체가 이런 표상을 통해서만 비로소 가능한 것이다.

A24

B39

2. 공간은 경험 무관한 필연적인 표상이며, 모든 외부 직관의 기초이다. 인간은 공간에서 만나는 대상이 없음을 아주 잘 생각할 수는 있어도, 공간이 없다고는 결코 표상할 수 없다. 따라서 공간은 현상들이 가능해지는 조건으로 간주되지만, 현상들에 의존하는 규정으로 여겨지지 않는다.[139] 그리고 공간은 외부 현상들을 필연적으로 기초 짓는 경험 무관한 표상이다.

3.[140] 모든 기하학 원리의 자명한 확실성과 경험 무관한 작도의 가능성은 이러한 경험 무관한 필연성에 기초를 둔다. 만약 공간에 관한 표상이 후천적으로 획득되는 개념이라면, 그래서 통상의 외부 경험에 의해 도출되는 것이라면, 수학 규정의 제1원리들은 그저 머릿속으로 포착된 것들에 불과할 것이다. 그리하면 수학 원리들은 모두 포착된 것[141]의 우연성을 지니게 되고, 심지어 두 점 사이에 하나의 직선만 존재한다는 것도 필연적인 게 아니라 경험이 항상 가르쳐 주는 것이 된다. 경험으로부터 빌려온 것은 언제나 상대적 보편성을 지닐 뿐이요, 즉 귀납을 통해서이니, 따라서 우리가 말할 수 있는 것은 단지 지금껏 관찰돼 온 것에 한해서 삼차원 이상을 가진 공간은 발견되지 않았노라는 것이다.

---

139   즉 개념이 아니다.

140   이 단락은 A판에는 있었으나 B판에서는 삭제되었다. 그래서 이하, 단락 번호들에서 A판과 B판에 차이가 생겼다(A판의 4번과 5번이, B판의 3번과 4번이 되었다). 이 단락은 공간에 대한 종래의 견해에 대한 간략한 반론을 제기하는 내용이다. 칸트는 기존 관념에 반하는 주장을 하는 까닭에 이에 대해 좀 더 상세히 설명하는 것이 좋겠다고 판단하여 이 단락을 삭제하는 대신, 내용을 더 보강해서 B40과 B41에 해당하는 내용을 추가했다.

141   Perception. 기존 번역은 '지각'. 칸트에서 perception은 감수성이 수용해서 지식에 전달하는 단순 감각 의식을 가리키며, **아직 앎에는 이르지 못한 상태**에 그치기 때문에, '알아서 깨달음, 사물의 이치나 도리를 분별하는 능력'이라는 우리말 '지각'의 본래 뜻과는 아주 다르다. '지각'이라는 단어를 perception의 번역어로 사용하면 모순율 위반의 문제가 발생한다. 〈괘씸한 철학 번역〉(코디정, 2025) 157~161쪽에서 자세히 설명했다.

3. 공간은, 언어적인 게 아니거나, 사람들이 말하는 것처럼 사물 일반의 관계들에 관한 보편 개념이 아니라, 순수 직관이다. 우선 우리는 단지 하나의 공간만을 머릿속으로 가져올 수 있을 뿐이기 때문이며, 우리가 많은 공간을 이야기하는 경우여도, 하나의 동일한 고유 공간의 부분만으로 이해하는 것이기 때문이다. 그리고 이런 공간 부분은 구성 성분으로서 (그걸로 공간을 구성하는 것이 가능하겠지만) 모든 걸 망라하는 공간에 선행할 수는 없으며, 오히려 **공간 안에서** 생각될 뿐이다. 공간은 필수적으로 하나이다. 그러므로 공간 안의 다양한 표상들은 — 공간 일반에 관한 개념들도 — 그저 한계에 의존할 뿐이다.[142] 이것으로부터 공간에 관해 경험 무관한 직관(경험적인 게 아니다)이 그것들[143]에 관한 모든 개념을 근거 짓게 된다는 귀결이 나온다. 따라서 모든 기하학 원리, 예컨대 〈한 삼각형에서 두 변의 합은 나머지 한 변의 길이보다 길다〉는 원리는 선분과 삼각형의 일반 개념들에서는 도출될 수 없고, 오히려 직관에서 도출되는 것이며, 정말이지 명백한 확실성에 의해 경험 무관하게 도출된다.

A25

4.[144] 공간은 무한히 **주어진 양**[145]으로 머릿속에 나타난다. 우리는 서로 다른 가능한 표상들의 무한한 집합 안에 포함되는 어떤 표상으로서 (그것들의 공통 표식으로서) 모든 개념을 생각해야 함에 틀림없다. 따라서 그 개념[146]은 서로 다른 표상들을 **자기 아래에** 둔다. 그러나 그와 달리 어떤 개념도 **자기 안에** 무한한 표상 집합이 들

B40

---

142 쉽게 풀이하면, '공간이라는 제약 조건이 항상 작용하기 때문에, 공간이 없으면 인식이 성립하지 않는다' 정도의 이미.

143 '공간 안에 있는 공간적인 것들'을 가리키는 것으로 보인다.

144 A판에는 이 단락 대신에 "공간은 무한한 크기로 주어져 표상된다. 공간의 일반 개념은 (한 자의 길이든 한 척의 길이든 마찬가지다) 크기에 관해서는 아무것도 규정할 수 없다. 만약 직관을 펼쳐 냄에 있어 무한정함이 없다면, 어떤 관계 개념도 무한의 원리로 직관하지 못한다."로 쒀져 있었다.

145 Magnitude. 다시 말하면 크기의 양.

146 공간을 가리킨다. 이때의 개념은 그저 '의미를 갖는 단어'라는 뜻으로 쓰였다. 초월적 감성편에서는 이렇듯 두 가지 다른 의미(단순히 단어를 가리키는가 아니면 초월적 논리편에서 다루는 개념인가)의 단어 표현이 곳곳에 섞여 있음에 유의하자.

어있는 것처럼 생각될 수는 없다. 그럼에도 불구하고 공간은 그렇게 생각된다.[147] (왜냐하면 공간의 모든 부분이, 심지어 무한까지, 동시적이기 때문이다.) 그러므로 공간의 본래 표상은 경험 무관한 **직관**이지 **개념**이 아니다.

---

[147] 쉽게 풀어보면 이러하다. "머릿속 공간은 무한하다. 우리가 무엇을 생각하든지 이 무한한 공간에 속하는 것으로서 그것을 머릿속에서 생각한다. 개념은 저마다 차이가 있다. 그러나 개념이 무엇이든지 이 무한한 공간에 속한다는 점에서 공통된다. 따라서 공간은 서로 다른 것들을 자기 안에 포괄하는 것이다. 어떤 개념도 이런 무한한 공간처럼 모든 것이 자기 안에 포함되어 있는 것처럼 생각될 수는 없다. 그럼에도 불구하고 공간은 그렇게 생각된다."

제3조
공간 개념의 초월적 개요

나는 경험 무관한 종합 인식의 가능성을 통찰할 수 있는 원리로서 어떤 개념을 설명하는 것을 **초월적**[148] **개요**로 이해한다. 이런 목적을 위해, (1) 경험 무관한 종합 인식이 그 주어진 개념으로부터 실제로 흘러나오고, (2) 그런 인식은 이 개념을 설명하는 어떤 주어진 방식을 전제해서만 가능하다는 것이 요구된다.

기하학은 공간의 속성을 종합적으로 그리고 경험 무관하게 규정하는 학문이다. 그런 공간 인식이 가능하려면 그때 공간에 대한 표상은 무엇이어야 하는가? 처음부터 직관돼야 한다. 왜냐하면 단지 개념만으로는 어떤 명제도 그 개념을 넘어서는 도출될 수 없는데,[149] 그런 일이 기하학에서는 일어나기 때문이다(서론 V 참고). 이 직관은 우리 안에서 경험 무관하게 만나야 함에 틀림없고, 다시 말해 대상에 대한 포착[150] 모두에 선행돼야 하기 때문에, 그러므로 경험적 직관이 아니라 순수할 수밖에 없다. 왜냐하면 기하학의 명제들은 자명하기 때문이며, 다시 말해 그것들의 필연성에 대한 의식과 결합되기 때문이다. 예컨대 〈공간은 단지 3차원이다〉와 같은 명제들은 경험적이거나 경험 판단이 될 수 없으며, 그런 것들로부터 얻어지는 게 아니다(서론 II 참고).

B41

어떻게 외부 직관이 대상 자체보다 선행해서 머릿속에 거주할 수 있는 것일까? 또

---

148 이 책에서 '초월적'과 '형이상학적'이 서로 인접해서 나타나는 경우가 많다. '형이상학적'은 항상 나타나는 것(원리)을 가리키며, 이런 '형이상학적'이라는 표현에 '대상 인식에 관하여'라는 수식어를 붙이면 '초월적'이다. 그러므로 〈공간 개념의 초월적 개요〉라는 말은 〈공간 개념 중 대상 인식에서 항상 나타나는 것에 대한 개요〉라는 의미이다.

149 논리학의 기본 지식. 예컨대 '직선'이라는 단어 자체에서 어떤 도형이나 관계가 나타나지 않는다. 우리는 경험 지식을 더해야 (즉, 뭔가를 알아야) 직선이라는 단어의 의미 바깥을 생각할 수 있다. 그런데 이런 기하학적인 지식은 경험하지 않고서 (즉, 뭔가를 몰라도) 눈으로 보면 그 지식을 알 수 있다. 그 까닭은 우리 머릿속에 공간이 들어있기 때문이라고 칸트는 해설한다.

150 대상에 대한 포착이 곧 경험이다.

한 후자의 개념이 어떻게 그 안에서 경험 무관하게 규정될 수 있을까? 분명하게도, 대상들에 의해 영향받음으로써 그 대상들에 대해 **즉각적인** 표상을 얻게 되는, 다시 말해 **직관**을 얻도록 해 주는 주관의 형식적인 구성을 통해서이다. 즉 주관 안에 외부 직관이 자리를 차지하는 한에서, 따라서 오직 외부 **감각** 일반의 형식을 통해서이다.

그러므로 우리의 설명만이 경험 무관한 종합 인식으로서 **기하학의 가능성**을 파악할 수 있게 한다. 이를 달성하지 못한 어떤 종류의 설명도, 설령 그것이 우리의 설명과 유사하게 보이더라도, 이러한 특징에 의해 아주 확실하게 우리 설명과 구별될 수 있을 것이다.

이상의 개념들로부터 나오는 결론

A26/B42

(1) 공간은 사물 자체의 어떤 속성도 머리 안으로 가져오지 않으며, 사물 자체의 어떤 상호 관계도 가져오지 않는다.[151] 다시 말해 공간은 대상 자체에 부착해 있는 규정이 아니며, 직관의 모든 주관적인 조건에서 떼어내더라도 남아있는 규정도 아니다. 절대적인 규정이든 상대적인 규정이든 사물에 덧붙여진 그런 규정이 사물의 존재에 앞서 직관될 수 없기 때문이며,[152] 그러므로 그런 것들이라면 경험 무관하게 직관되지 않는다.

(2) 공간은 외부 감각에서의 모든 현상의 형식에 지나지 않는다. 즉, 공간은 그 아래에서만 외부 직관이 우리에게 가능해지는 감수성의 주관적인 조건이다. 대상에 의해 영향받을 주관의 수용성은 필연적으로 그 대상의 모든 직관에 선행하기 때문에,[153] 어떻게 모든 현상의 형식이 실제로 포착한 것들에 앞서 머릿속에서 경험 무관하게 주어질 수 있으며, 또한 모든 대상을 규정하는 순수 직관으로서 그것이 어떻게 모든 경험에 앞서 대상의 관계를 규정하는 원리들을 포함할 수 있는지 이해된다.

따라서 오직 인간의 입장에서만 우리는 공간이니 크기가 있는 존재들이니 따위를 말할 수 있다. 만약 우리가, 외부 직관을 얻을 수 있게 하는 이 주관적인 조건, 즉 우리가 대상에 의해 영향받을 수 있도록 매개하는 그 주관적 조건[154]에서 벗어난다면, 공간이라는 표상은 무의미해진다. 이러한 술어[155]는 단지 사물이 우리에게 나타나

A27/B43

---

151 그런 속성과 관계는 직관되는 게 아니며, 사물 자체가 아닌 현상들의 관계로서, 우리 지식이 생각하는 것이다.

152 즉, 공간은 대상이 본래 갖는 속성을 뜻하지 않는다.

153 경험이 일어나기 전에 그 경험을 할 사람이 먼저 있어야 하고, 그 사람이 경험으로 지식을 얻기 전에 그 경험을 수용할 머리가 먼저 존재해야 한다.

154 '내가' 어떤 사물을 만나게 되는 상황을 뜻한다.

155 공간을 지칭한다.

는 한에서만, 다시 말해 감수성의 대상이 되는 한에서만 그 사물에 부여된다. 우리가 감수성이라고 일컫는 이러한 수용성의 항구적 형식은, 우리 안에서, 대상이 우리 바깥에 있는 것으로 직관될 수 있도록 하는, 모든 관계의 필수적인 조건이다. 또한 우리가 이런 대상에서 그걸 떼어낸다면, 그것은 공간이라는 이름의 순수 직관이다. 우리 감수성의 이런 특별한 조건을 사물들의 가능성의 조건으로 개조할 수는 없기 때문에,[156] 단지 사물들의 현상으로서 우리에게 외부에서 나타나는 모든 사물을 공간이 포괄한다고 말할 수는 있으나, 직관되든 직관되지 않든 혹은 직관되는 주관이 누구이든, 모든 사물 자체를 공간이 포괄한다고는 말할 수 없다. 왜냐하면 생각하는 다른 존재들의 직관이, 우리의 직관을 제한하고 또한 우리에게 보편적으로 타당한 것과 동일한 조건에 구속되어 있는지 여부를 우리가 판단할 수는 없기 때문이다.[157] 만약 우리가 어떤 판단의 주어 개념에, 그 판단이 만들어지도록 하는, 그런 제한을 덧붙인다면, 그 판단은 무조건 타당하다. 〈모든 사물은 공간 내에서 서로 나란하다〉라는 명제는 이런 사물들이 우리의 감각 직관의 대상으로 취해진다는 제한 아래에서 타당하다는 것이며, 또한 만약 내가 여기에 그 개념에 조건을 가해, 〈모든 사물은, 우리의 외부 직관으로서, 공간 내에서 서로 나란하다〉라고 말한다면, 이 규칙은 보편적으로 무조건 타당하다는 것이다. 따라서 우리의 개요들은 어느 대상으로서 외부에서 우리에게 들어올 수 있는 모든 것에 관해 공간의 **실체**[158]를 (다시 말하면 객관적 타당성을) 가르쳐 준다. 그러나 동시에 우리 개요들은 이성을 통해, 즉 우리 감수성의 조건을 따지지 않은 채, 사물 자체가 고려

B44
A28

---

[156] 머릿속 공간 안에 무엇인가 나타났다고 해서, 그 무엇인가가 실제로 존재하는 사물일지는 아직 미정이다. 그러므로 공간이 사물들의 가능성의 조건이 될 수는 없다는 뜻. 우리가 영화를 보면서 하늘을 나는 드래곤 열 마리를 보았더라도, 그 드래곤이 실제로 존재하는 사물이 될 수는 없다.

[157] 만일 공간이 사물 자체에 있는 것이라면, 모든 주관에게 동일하게 전해져야 하므로, 그것에 대한 나의 직관은, 그것에 대한 타인의 직관에 영향받을 수밖에 없는데, 그게 정말 그러한지 우리가 알 수 없다는 의미. 〈초월적 요소론〉을 읽는 독자들은 순수 직관으로서 '공간'과 '시간'을 만나게 되는데, 칸트는 '자연에서 공간과 시간이 실제로 존재하는가 아닌가'에 대해 말하는 것이 아니라, '우리 인식 속에서 공간과 시간은 무엇인가'를 논증하고 있음을 유의해야 한다. 즉, 칸트의 모든 논증은 '머릿속 인식 활동'을 전제로 이루어진다는 것을 잊지 말자. 그렇지 않으면 칸트가 과학적인 사실을 인정하지 않는 것처럼 오해돼서 온갖 혼란이 발생한다.

[158] Reality. 기존 번역은 '실재'. 이 번역어는 학자들에게는 관용어지만, 일본식 번역어에 불과하다. 〈쾌씸한 철학 번역〉(코디정, 2025), 212~216쪽 참고.

되는 경우에 관해서는 공간의 **관념성**[159]을 가르쳐 준다. 공간의 **초월적 관념성**[160]을 주장할지라도, 다시 말해 공간이 모든 경험을 가능하게 하는 조건이라는 걸 우리가 외면하고, 사물 자체의 기초가 되는 어떤 것으로 여기자마자 공간은 아무것도 아닐지라도, 우리는 (모든 가능한 외부 경험에 관해서) 공간의 **경험적 실체성**[161]을 주장한다.

그러나 공간을 제외하고는 경험 무관하게 객관적이라고 불릴 수 있는, **외부에 있는** 것에 관한, 다른 주관적 표상은 없다. 왜냐하면 그런 주관적 표상들로부터는, 공간에서 직관으로부터 도출할 수 있던 것처럼, 우리가 그런 경험 무관한 종합 명제들을 도출할 수 없기 때문이다(제3조 참고). 비록 주관적 표상들이 색깔과 소리와 온기의 감각을 통해 시각과 청각과 촉각과 같은 주관적인 성질에만 속한다는 점에서 공간 표상과 아주 비슷하다 할지라도, 엄격히 말하자면, 관념성은 그런 것들에서는 존재하지 않는다. 그런 것들은 그저 감각들이지 직관이 아닌 까닭에, 주관적 표상들은 그 자체로는 어떤 대상도 경험 무관하게 인식시키지 않는다.

이런 언급을 하는 목적은 단지 사람들이 매우 불충분한 사례들을 통해 위에서 주장된 공간의 관념성을 실증적으로 생각하지 않도록 하기 위함이다. 색깔과 맛 등과 같은 것은 사물의 성질이 아니라 사람이 달라지면 그것조차 달라질 수 있는 우리 주관의 단순한 변화에 불과한 것으로 여겨지는 것이 올바르다. 예컨대 한 송이의 장미는 경험적 의미에서는 사물 자체로 생각되지만(색깔은 모든 이의 눈에 다르게 나타날 수 있음에도), 이 경우 그건 원래가 현상 자체이기 때문이다. 반면 공간 내에서 현상들의 초월적 개념은 다시금 이렇게 생각하는 것이 중요하다. — 공간에서 직관되는 어떤 것도 사물 자체가 아니요, 공간은 어떤 사물 자체에 합당한

---

159 공간 개념이 머릿속에 있다는 의미. 다시 말해 공간은 사물 자체에 붙어있는 게 아니라는 뜻이다.

160 공간 개념이 사물을 인식하는 데 필요한 머릿속 직관의 순수 형식이며, 그러므로 대상 인식에 관해 항상 나타나는 성격을 갖는다는 의미. 따라서 공간은 모든 경험을 가능하게 하고, 이런 기능은 모든 인간에게서 공통된다.

161 공간 개념이 비록 머릿속에 있는 순수 직관이라고 해도, 머릿속에서 실제로 파악된 사물에 관한 공간은 실제로 있다는 의미. 칸트는 이에 대해서 원리의 분석장에서 자세히 설명한다.

형식이 아니며, 오히려 대상 그 자체는 우리에게 전혀 알려지지 않았으므로, 우리가 외부 대상이라 부를 수 있는 것은 단지 우리 감수성의 표상에 불과함이요, 그런 감수성의 형식이 공간이라는 것이되, 그 감수성에 대응하는 진정한 관계자, 즉 사물 자체는 머릿속에 있는 것들을 통해서 인식되지 않으며, 될 수도 없고, 이후로도 경험을 통해서는 결코 물을 수 없다는 것이다.

제2장 시간에 대하여

B46

제4조
시간 개념에 대한 형이상학적 개요

1. 시간은 경험에서 어떻게든 도출되는 경험적 개념이 아니다. 왜냐하면 시간 표상이 경험 무관하게 기초하지 않으면 동시성이나 순차성 자체가 포착되지 않기 때문이다. 오직 시간이 전제돼야만, 인간은 동일 시간에(동시성), 아니면 서로 다른 시간에(순차성) 여러 가지 사물이 존재한다는 것을 머릿속으로 가져올 수 있다.

2. 시간은 모든 직관을 기초 짓는 필수적인 표상이다. 현상 일반에 관해, 우리는 시간에서 그 현상들을 아주 없앨 수는 있어도 시간을 없앨 수는 없다. 따라서 시간은 경험 무관하게 주어진다. 시간 안에서만 현상들의 실제성이 가능해진다. 현상들은 모두 사라질 수 있을 것이다. 그러나 시간 자체는, 현상들을 가능하게 하는 보편적인 조건으로서,[162] 제거될 수 없다.

A31

3. 이러한 경험 무관한 필연성은 시간 관계의 자명한 원리들의 가능성 또는 시간 일반의 공리들도 기초 짓는다. 시간은 오직 하나의 차원을 갖는다. 시간이 다르면 동시가 아니라 순차적이다(서로 다른 공간들은 순차적이지 않고 동시성으로 존재하는 것처럼). 이러한 원리들은 경험으로부터 도출될 수 없다. 왜냐하면 경험에서는 엄밀한 보편성도 자명한 확실성도 나오지 않기 때문이다. 우리는 단지 이렇게 말할 수 있을 뿐이다. 〈보통 그렇게 포착되는 거라고 가르쳐 줄 뿐이지, 반드시 그래야만 한다고 가르쳐 주는 건 아니다〉. 이런 원리[163]는 규칙으로서 타당하며, 이런

B47

---

162 이 부분의 표현이 B판에서 추가되었다.

163 시간은 경험적인 개념이 아니라 모든 직관의 기초가 되는 것이며, 머릿속에 하나의 시간만 있으면서 동시성과 순차성의 기초가 된다는 원리.

규칙 아래에서 모든 경험이 가능해진다. 경험을 통해서가 아니라 경험에 앞서 우리를 가르친다.

4. 시간은 사람들이 말하는 것처럼 언어적이거나 일반적인 개념이 아니라, 감각 직관의 순수 형식이다. 서로 다른 시간들은 동일한 하나의 시간의 부분일 따름이다. A32 그러나 오직 하나의 대상을 통해서만 주어질 수 있을 뿐인 표상은 직관이다. 또한, 〈서로 다른 시간들은 동시에 있을 수 없다〉는 명제는 일반적인 개념에서 이끌어낼 수 없다. 이 명제는 종합적이며, 개념들에서 홀로 생기지는 못한다. 그러므로 이 명제는 시간 직관과 머릿속 시간에 직접 들어있는 것이다.

5. 시간의 무한성이란, 모든 규정된 시간의 양은 그것의 기초가 되는 한 개의 시간의 제한을 통해서만 이뤄질 수 있음을 뜻한다. 그러므로 이 근원적 표상인 시간은 B48 무제한으로 주어져야 한다. 그런데 그 부분들 자체와 어떤 대상의 모든 양은 단지 제한을 통해서만 머릿속에서 규정될 수 있으며, 전체 표상은 개념을 통해 주어질 수 있는 게 아니다(왜냐하면 개념들에는 단지 부분적인 표상들만 들어있기 때문이다[164]). 직접적인 직관이 개념들을 기초 지어야 한다.

---

164 A판에서는 '왜냐하면 부분 표상들이 선행하기 때문'으로 씌어 있었다.

제5조
시간 개념의 초월적 개요

이 개요는, 내가 형이상학적 개요라는 제목에서 간단한 요약의 목적으로 놓았던 위 3항에 대한 주석이 될 수 있다. 여기서 나는, 변화라는 개념과, 그것과 함께 (장소의 변화로서) 운동이라는 개념을 더 하려고 하는데, 이것은 오직 시간 안에서 그리고 시간을 통해서만 가능하다. 만약 이러한 표상[165]이 경험 무관한 (내적) 직관이 아니라면, 어떤 개념도, 그것이 무엇이든, 변화가 가능함을 이해시킬 수 없다. 다시 말하면, 예컨대 한 장소에 사물이 있음과 바로 그 장소에 그 사물이 없음 같은, 동일한 대상에서 모순 대립적인 술어들의 결합이 가능함을 이해할 수 없게 된다. 오직 시간 안에서만 두 모순 대립하는 규정들이 하나의 사물에 대해 만날 수, 즉 **이어질** 수 있다. 그러므로 우리의 시간 개념[166]은, 운동에 관한 일반 이론에서 많은 성과를 보이며 나타나는 것만큼이나 경험 무관한 종합 인식의 가능성을 많이 설명한다.

B49

---

165 시간을 가리킨다.

166 '시간 개념'에서 '개념'이라는 말은 그저 '의미를 갖는 단어'라는 뜻으로 쓰였다. 시간은 그저 순수 직관일 뿐이다. 초월적 논리편에서 분석하는 그 개념을 가리키는 게 아니다.

제6조
이 개념들로부터 나오는 결론

A32

A33

1. 시간은, 그 자체로 존속한다거나, 아니면 객관적인 규정으로서 사물에 붙어 있으면서 사물에 대한 직관의 모든 주관적인 조건들을 빼내더라도 남아있는, 그런 것이 아니다.[167] 첫 번째의 경우에서는 실제하는 대상이 없음에도 여전히 실제로 존재한다는 것이 되기 때문이다. 그러나 두 번째 경우에서는 시간은 사물들의 조건이자 사물 자체에 부여되는 규정이나 질서로서 대상들에 선행할 수 없게 되기 때문이다. 그래서 종합 명제를 통해 경험 무관하게 인식되고 직관될 수도 없기 때문이다. 그런데 후자[168]는 매우 잘 발생할 수 있다. 만약 시간이 우리 안에서 생기는 모든 직관의 주관적인 조건이라면 그러하다. 이러한 내적 직관의 형식은, 대상들에 앞서, 그러므로 경험 무관하게 머릿속에 들어있다.

B50

2. 시간은 내적 감각의, 즉 우리 자아와 우리의 내적 상태를 직관하는 형식이다. 왜냐하면 시간은 외부 현상에 대한 규정일 수 없기 때문이다. 그것은 형태나 위치 등에 속하지 않지만, 우리 내적 상태 안에서 표상들의 관계를 규정한다. 또한 내적 직관은 어떤 형태도 주지 않기 때문에, 우리는 유추[169] 기법을 통해 이 부족분을 메우려고 하니, 무한히 뻗은 하나의 선을 통해 시간 순서를 표상한다. 이 선에서는 여러

---

167 이에 대해 칸트는 제7조 해명 B56, B57에서 더 자세히 다룬다.

168 대상들에 앞서 시간을 먼저 경험 무관하게 직관한다는 것을 뜻한다.

169 Analogy. 어떤 것에서 익숙한 다른 것을 비교해서 의미를 찾거나 이해하는 논리 기법을 뜻한다. 예컨대 〈① S가 어떤 관점에서 T와 유사하다. ② S는 어떤 특징 Q를 갖고 있다. ③ 그러므로 T도 Q를 갖고 있거나, 그와 유사한 Q'를 갖는다〉와 같은 구조의 논리 기법을 아날로지(유추)라 한다. 예를 들어 지구와 화성의 유사점을 확인한 다음에, 지구에 생명이 살고 있다는 사실을 전제하고 나서, 화성에도 생명이 존재하지 않을까라고 추론해 내는 기법이 바로 아날로지다. 칸트가 설명하는 시간에 관한 아날로지는 다음과 같다. 〈① 직선은 무한히 이어진다는 점에서 시간과 유사하다. ② 직선 위에 있는 점은 연속하는 계열로 연결되는 특성이 있다. ③ 그러므로 시간도 그런 연속한 시계열을 갖는다〉 오늘날 컴퓨터 인공지능 기술의 논리 구조는 칸트가 순수이성비판에서 설명하는 이성의 논리 구조와 매우 유사하다. 그러므로 인공지능 기술로 칸트 철학을 이해하는 방식을 시도한다면, 그것이 곧 아날로지 기법이다. 이처럼 직접적으로 닿기 어려운 대상을 쉽게 혹은 유용하게 이해하려는, 인류의 오래된 논리적인 방법론이다.

가지 것이 오직 1차원인 계열을 구성하며, 이 선의 특성으로부터 시간의 모든 특성을 추론한다. 선과 시간의 유일한 차이는, 전자의 부분들은 동시적이지만, 후자의 부분들은 항상 순차적으로 존재한다는 점이다. 이로써 시간의 모든 관계가 외부 직관에서 표현될 수 있다는 사실은, 시간 표상이 그 자체로 직관임을 보여준다.

3. 시간은 모든 현상 일반의 경험 무관한 형식 조건이다.[170] 모든 외부 직관의 순수 형식인 공간은 단지 외부 현상에만 경험 무관한 조건으로 제한된다. 반면 머릿속에 있는 모든 것은, 외부 사물을 그 대상으로 하든지 간에, 어쨌든 그 자체로 머릿속 규정으로서 내적 상태에 속한다. 그런데 이 내적 상태는 내적 직관의 형식 조건, 그러므로 시간에 속하는 것이다. 따라서 시간은 모든 현상 일반의 경험 무관한 조건이며, 실제 (우리 정신의) 내적 직관의 직접적인 조건이자, 그렇기 때문에 외부 현상의 간접적인 조건이기도 하다. 만약 내가, 〈모든 외부 현상은 공간 안에서 존재하며, 공간의 관계에 따라 경험 무관하게 규정된다〉라고 말할 수 있다면, 그때 나는 내적 감각의 원리로부터, 〈모든 현상 일반은, 즉 모든 감각 대상은 시간 안에서 존재하며, 필연적으로 시간 관계에 서 있다〉라고 아주 보편적으로 말할 수 있다.

A34

B51

만약 우리가 대상을 사물 자체일 것처럼 취한다면, 달리 말해 우리가 내적으로는 우리 자신[171]을 직관하고, 이런 직관[172]을 통해 우리의 표상 능력 안에서 모든 외부 직관을 다루는 그런 우리 방식[173]을 빼내 버린다면, 시간은 아무것도 아니게 된다. 시간은 오직 현상에 관해서만 객관적으로 타당하다. 현상들은 이미 **우리 감각의 대상**으로 취한 사물이기 때문이다. 만약 우리 직관의 감수성을 떼어낸다면, 그러므로 우리에게 특유한 저런 유형의 표상을 빼내고, **사물 일반**에 대해서 말한다면, 시간은 더 이상 객관적이지 않다. 그러므로 시간은 단지 우리 (인간) 직관의(항상

A35

---

170 다시 말해, 모든 현상은 시간과 관계한다. 시간이 현상 일반에 관여되어 있기 때문에, 원리의 분석편에서 다루는 현상 일반에 작용하는 범주의 역할은 모두 시간적인 성격을 갖는다.

171 사물 그 자체로서 자기 자신.

172 감각적인 직관이 아니라 '지적인 직관'을 가리킨다.

173 감각적으로 직관하는 방식.

감각적이며, 즉 우리가 대상에 의해 영향받는) 주관적인 조건에 지나지 않는다. 그럼에도 불구하고 모든 현상에 관해서는, 그러므로 경험에서 우리 앞에 올 수 있는 모든 사물에 관해서는 필히 객관적이다. 우리는 모든 사물이 시간 안에서 존재한다고 말할 수는 없다. 왜냐하면 사물 일반이라는 개념에서는 그것들에 대한 모든 종류의 직관이 배제되기 때문이다. 그러나 이 직관이야말로 시간이 대상들의 표상에 속하는 진정한 조건이다. 이제 만일 그 조건이 개념에 더해진다면, 현상, 즉 〈감각 직관의 대상으로서 모든 사물은 시간 안에서 존재한다〉는 원리가 나온다. 이 원리는 논리적으로 옳은 객관성과 경험 무관한 보편성을 갖는다.

따라서 우리 주장은, 시간의 **경험적 실체성**[174]을, 즉 우리 감각에 주어질 수 있는 모든 대상에 관해 객관적 타당성을 가르쳐 준다. 우리의 직관은 언제나 감각적이기 때문에, 시간 조건에 종속되지 않는다면 경험에서 어떤 대상도 우리에게 주어질 수 없다. 이와는 달리, 시간을 절대적인 실체라고 여기는, 다시 말하면 우리의 감각 직관의 형식에 관련하지 않고서도 시간은 어떤 조건이자 속성으로서 사물에 절대적으로 붙어 있으리라는 모든 주장을 우리는 거부한다. 사물 자체에 포함되는 그런 속성들은 감각을 통해서는 결코 우리에게 주어질 수 없다. 그러므로 이런 점에서 시간의 **초월적 관념성**[175]이 존재하는 것이다. 만약 우리가 감각 직관의 주관적인 조건을 빼낸다면 시간은 아무것도 아니게 되며, 따라서 시간이 대상들 그 자체에 부속하거나 고유한 것으로 (그것들이 우리 직관과 관계함이 없으니) 인정할 수는 없다. 그러나 이러한 관념성은 공간의 관념성과 마찬가지로 허위 감각들과 비교돼서는 안 된다. 왜냐하면 이런 경우, 우리는 이런 술어들이 부여된 현상 그 자체가 객관적인 실체를 갖는다고 전제하게 되기 때문이다. 그런데 그런 객관적인 실체가 그저 경험적이라는 경우를 제외한다면, 즉 우리가 그 실체를 순전히 현상으로 간주하는 경우를 제외한다면, 경험적 실체는 전적으로 없는 것이다. 이에 관해서는 앞장에서 언급된 부분을 참고하라.[176]

---

174 머릿속에서 순수 직관으로 존재하는 시간은 머리 바깥에 실제로 있다는 특성을 가리킨다. 경험적 실체와 객관적 타당성은 사실상 같은 의미이다.

175 머릿속에 있는 시간은 대상 인식에서 항상 나타난다는 의미.

176 제1장 공간에 대한 A28, B44 부분.

제7조
해명

시간이 경험적인 실체라고는 인정하되, 그것이 절대적이고 초월적인[177] 실체라는 것을 거부하는 이 이론에 대해 식견 있는 사람들이 상당히 일치된 반대를 했다고 한다. 이러한 생각에 익숙하지 않은 모든 독자에게는 그런 반대가 필경 자연스러울 것 같다. 다음과 같은 의견이었다. 〈변화는 사실이다〉(이것은 우리가 변화와 그것에 따르는 모든 외부 현상을 부정할지라도, 우리 자신의 표상들이 변하는 것에 의해 증명된다) 〈그런데 변화는 오직 시간 안에서만 가능하다〉, 〈그러므로 시간은 실제 있는 무언가이다〉라는 것이다. 이런 반대에 답하는 건 어렵지 않다. 나는 이런 주장 전체에 동의한다. 시간은 실로 실제로 있는 무엇이다.[178] 다시 말하면 내적 직관의 실제 형식이다. 그러므로 나는 내적 경험에 관해 주관적 실체를 갖는다. 즉 나는 실제로 시간 표상과 시간에서 나를 규정하는 표상을 갖는다. 따라서 시간은 실제 있는 것으로 간주한다. 그것은 시간이 어떤 대상이어서가 아니라, 나 자신을 머릿속 대상으로 가져오는 방법으로서 그러하다. 반대로 만약 내가 혹은 다른 존재가 감수성의 이러한 제약 없이[179] 나 자신을 직관할 수 있다고 가정한다면, 이 경우, 시간 표상 안에서 그러므로 변화 표상 안에서 만들어진 인식을 제공했던 바로 그 규정들이 이제는 변화를 전혀 표상하지 못하게 될 터이다. 따라서 시간은 우리의 모든 경험의 제약 조건으로서 경험적 실체성을 보유한다. 이상에서 논의한 것처럼, 단지 시간의 절대적인 실체성만이 부인된다. 시간은 그저 우리의 내적 직관의 형식이다.* 만일 시간에서 우리 감수성의 특별한 조건이라는 성질을 제거한다면, 그때 시간 개념도 사라질 것이다. 시간은 대상들 자체에 붙어 있는 것이 아니라, 그것들을 직관하는 주관에 붙어 있다.

A37

B54

A38

---

177 초경험적인.

178 이에 관해서는 원리의 분석편 경험 무관한 종합 판단 부분에서 자세히 다루며, 특히 양상의 범주를 설명하면서 시간의 객관적 실체와 객관적 타당성이 어떻게 상정되는지 해명된다.

179 즉 시간 없이.

* 칸트 주석: 정말이지 나는 말할 수 있다. 내 머릿속에 있는 것들은 서로 이어진다. 그러나 이는 우리가 그것들을 시간 순서 안에 있는 것으로서, 즉 내적 직관의 형식에 따라 의식함을 의미할 뿐이다. 그러므로 시간은 무엇인가 그 자체도 아니며, 사물들에 객관적으로 붙어 있는 규정도 아니다.

B55 그러나 공간의 관념성 이론에 대해서는 어떤 그럴싸한 반박을 생각할 수 없었던 사람들조차 다들 그렇게나 일치되게 반박한 데에는 다음과 같은 이유 때문이다. 그들은 공간이 절대적으로 실체임을 자명하게 증명할 수는 없었다. 왜냐하면 외부 대상들의 실체성은 엄밀하게 증명될 수 없다고 하는 관념론[180]에 맞닥뜨렸기 때문이다. 이와 달리, 우리 내적 감각 대상의 실체성은 (나 자신과 나의 상태의 실체성은) 의식을 통해 직접적으로 증명된다는 것이다. 외부 대상들은 그저 허상일지도 모른다. 그러나 그들의 의견에서는 내적 감각의 대상은 부정할 수 없을 정도로 실제로 있는 무엇이다. 그렇지만 그들은 양자 모두, 표상으로서 그것들이 실제로 있음을 반박할 수 없을지라도, 여전히 현상에 속할 뿐임을 생각하지 못했다. 현상은 항상 두 개의 면이 있다. 하나는 대상 그 자체로 여겨지는 면이다(그것이 직관되는 방식에는 아랑곳하지 않고 그래서 그런 특성이 항상 미정으로 남게 되는 이유가 된다). 다른 하나는 우리가 이 대상을 직관하는 형식을 고려하는 면이다. 이 형식은 대상 그 자체가 아니라, 대상이 나타나는 주관 안에서 찾아야 한다. 직관 형식은 그 대상의 현상에 실제로 그리고 필연적으로 속하는 것이다.

A39 따라서 시간과 공간은 서로 다른 종합 인식들을 경험 무관하게 끌어낼 수 있는[181] 인식의 두 원천이다. 이는 무엇보다 공간과 그것의 관계들에 대한 인식에 관해 순

---

180 데카르트와 흄은 각자의 회의론으로 눈에 보이는 현실이 진짜인지 탐구했으나, 논증을 통해 증명하지는 못했다. 우리는 워쇼스키의 영화 〈매트릭스〉를 보는 것만으로도 철학자들의 좌절을 이해할 수 있다.

181 시간 속에서 서로 다른 것이 순차적으로 연결되며, 공간 안에서 서로 별개의 것들이 동시에 존재하면서 연결되는데, 이런 연결은 경험에 의해 생겨나는 것이 아니다.

수 수학¹⁸²이 제공하는 훌륭한 예에서 확인할 수 있다. 시간과 공간은 둘 다 모든 감각 직관의 순수 형식이며, 그것들에 의해 경험 무관한 종합 명제들이 가능해진다. 그러나 바로 이런 점 때문에(즉, 단지 감수성의 조건들이라는 점 때문에), 이런 경험 무관한 인식의 원천은 그것들 자신의 한계를 정하는 것이다. 다시 말하면 시간과 공간은 대상들이 현상으로 여겨지는 한에서만 그 대상들에 적용되는 것이지, 사물 자체를 나타내는 것은 아니다. 현상은 이런 경험 무관한 인식 원천이 타당한 유일한 영역이다. 만약 우리가 저 영역 바깥으로 나간다면, 그것들의 어떤 객관적인 사용도 만들어지지 않는다. 그런데 공간과 시간의 이러한 실체는 경험 인식의 확실성을 훼손하지 않는다. 왜냐하면 이런 형식들이 사물 자체에 붙어 있든, 아니면 오직 이 사물에 대한 우리 직관에만 붙어 있든, 경험 인식에서 우리는 똑같은 확실성을 갖기 때문이다. 반면 공간과 시간의 절대적 실체성을 주장하는 사람들은, 그들이 공간과 시간을 자존하는 것¹⁸³으로 보든 순전히 부속하는 것¹⁸⁴으로 보든, 경험 자체의 원리들과 충돌할 수밖에 없다. 왜냐하면 만약 그들이 공간과 시간을 자존하는 것으로 결정한다면(보통 수학적 자연 연구자의 입장을 취하는 것으로), 그때 그들은, 그저 모든 실체를 자기 안에 아우르기 위해서만 존재할 뿐인 두 개의 영원하고 무한하며 독립적인 실체 아닌 것들(공간과 시간)을 가정해야 한다. 아니면 그들이 공간과 시간을 순전히 부속하는 것으로 결정한다면(몇몇 형이상학적 자연학자의 입장인 것처럼), 여기서 공간과 시간은 그들에게 (서로 나란히 있거나 순차적인) 현상의 관계로 여겨질 텐데, 이런 관계들은 경험에서 떼낸 것이지만, 그런

B56

A40

B57

---

182 기하학을 가리킨다.

183 공간과 시간을 영원히 시속하는 본질로 보는 입장으로, 뉴턴의 견해를 나타낸다.

184 라이프니츠의 견해를 나타낸다. 아리스토텔레스에 따르면, 비본질은 본질 안에 부속하는 무형의 존재를 일컫는다. 이 '부속성inherence'은 고대 그리스 엠페도클레스의 견해에서 유래한다. 논리학의 관점에서는 이렇게도 설명할 수 있다. 판단(명제)은 주어에 술어가 연결됨으로써 만들어진다. 주어와는 다른 의미의 개념을 술어로서 주어에 연결한 것을 일컬어 '종합명제'라 한다. 주어 하나에 다양한 술어를 연결함으로써 수많은 판단이 생긴다. 주어는 자존하는 것(subsistence)이며, 반면 술어는 부속하는 것(inherence)이다. 주어는 본질(substance)이며, 술어는 비본질(accident)이다. 주어는 대상(object)이며, 술어는 그 대상에 속성을 부여하는 규정(determinations)이다. 이런 술어 규정이 있어야만 대상의 성질이 결정된다. 또한 주어는 표상된 개념이며, 술어는 직관의 제약 조건(conditions)들이다. 칸트에게 이런 주어와 술어 사이의 관계는 머릿속에서 생긴다. 칸트는 시간과 공간이 사물 자체에 술어로 붙어있다는 라이프니츠의 입장을 비판한다.

과정에서 혼란스럽게 표상된 것으로, 만약 그들이 이런 두 번째 입장[185]을 취한다면, 그때 그들은 실제로 있는 사물(예컨대 공간)에 관해 경험 무관한 수학 이론의 타당성이나 적어도 자명한 확실성을 거부해야 한다. 왜냐하면 그런 확실성은 후천적으로 발생하지 않기 때문이다.[186] 이런 견해에서는 공간과 시간의 경험 무관한 개념들은 단지 상상물이며, 그 원천은 실제로 경험에서 찾아야 한다고 한다. 상상이 경험에서 관계들을 떼어내고,[187] 이런 관계들에서 일반성을 포함하는 어떤 것[188]을 만들어 냈지만, 자연이 그것들에 덧붙인 제약들 없이는 생길 수 없다는 것이다.

공간과 시간을 자존하는 것으로 가정하는 사람들은 수학적인 주장들을 위해 현상들의 영역을 해방시킨[189] 이점을 얻는다. 그러나 지식이 현상의 영역을 넘어가기 원할 때, 바로 그런 제약 조건들로 말미암아 굉장히 큰 혼란이 생긴다.[190] 반면 공간과 시간을 순전히 부속하는 것으로 가정하는 사람들은 지식이 현상 너머로 갈 때 이점이 있다. 즉 그들이 대상들을 현상으로 판단하는 게 아니라 순전히 지식과 관계하는 것들로 판단하기를 원할 때, 공간과 시간 표상들이 그들의 방식을 방해하지 않는다는 것이다.[191] 그러나 그들은 경험 무관한 수학적 인식들의 가능성의 근거를 나타낼 수 없으며(왜냐하면 참되고 객관적으로 타당한 경험 무관한 직관이 결여

---

185 이 부분의 설명은 무제약자인 신God의 관념을 떠올리면서 이해할 필요가 있다. 예컨대 공간과 시간을 신에 부속하는 술어로 보는 입장. 그들의 입장에 따르면, 공간과 시간은 본질인 신에게서 분리할 수 없는 것이지만, 우리는 경험을 통해 신의 속성인 공간과 시간을 불명료하게 체험한다는 것이다.

186 그 견해에 따르면, 시간과 공간은 무제약자의 술어이며, 따라서 인간은 경험을 통해 그 술어인 공간과 시간을 알게 되는데, 수학적인 지식은 경험과 무관하게 필연적이고 보편적으로 전제되어 있다는 지적.

187 이를테면 우리가 경험하는 사물들은 나란히 존재하거나 순서대로 발생하는데, 경험을 통해 공간적 관계(나란히 존재)와 시간적 관계(순서대로 발생)를 떼어낸다는 의미.

188 공간과 시간.

189 즉 머릿속에서 벗어나게 한.

190 인간이 신을 생각하게 될 때, 신은 절대자이며, 절대자는 영원하고 무한한 존재라고 생각하게 되는데, 이때 신은 아니면서 영원히 지속하는 무한히 있는 공간과 시간이라는 별도의 존재에 부딪혀서 헷갈리게 된다는 의미이다.

191 앞선 견해와 달리, 공간과 시간은 신에 부속하는 신성한 성질이기 때문에(그러나 그것은 경험적 지식이다), 아무런 논리적 모순이 발생하지 않는다.

되어 있으므로), 경험 명제들을 경험 무관하고 수학적인 주장들에 필연적으로 일치시킬 수도 없다. 감수성의 이 두 가지 근원 형식들의 참된 성질에 대한 우리 이론은 위 양자의 난점들을 없애준다.

A41
B58

마지막으로, 초월적 감수성은 두 가지 요소, 즉 공간과 시간 외에 다른 것을 포함할 수 없으니, 이는 감수성에 속하는 다른 모든 개념은 경험적인 것을 전제한다는 사실로부터 명백하다. 심지어 이 두 가지 요소를 합치는 운동이라는 개념에서도 그러하다. 운동은 움직이는 어떤 것에 대한 포착을[192] 전제하기 때문이다. 그런데 그 자체로 생각되는 공간에서는 아무런 움직임도 없다. 그러므로 움직이는 것이란 **오직 경험을 통해** 공간에서 발견되는 어떤 것이어야 하고, 그래서 경험적인 자료여야 하는 것이다. 마찬가지로, 초월적 감수성은 그것의 경험 무관한 자료 중에서 변화라는 개념을 포함할 수 없다. 왜냐하면 시간 자체는 변화하지 않으며, 변화란 시간 안에 있는 무언가가 변하는 것이기 때문이다. 따라서 변화 개념은 어떤 존재에 대한, 그리고 그것의 규정들의 순차성에 대한 포착을 필요로 하니, 곧 경험이 요구되는 것이다.

---

192 다시 말해 경험을.

제8조
초월적 감수성에 대한 전반적인 논평

제1항[193]

감각 인식 일반의 기본 성질에 관한 우리 견해를 오해하지 않도록 예방하고자 하는 목적으로, 우리는 우선 우리 견해가 무엇인지 가능한 한 분명하게 설명해야 한다.

우리가 말하고자 했던 것은 다음과 같다. 우리의 모든 직관은 다름 아닌 현상을 머릿속으로 가져오는 것이다. 우리가 직관하는 사물들은 우리가 그것들을 그 자체로 그것들이라고 직관하는 것이 아니다. 그것들이 우리에게 나타나는 것처럼, 그것들 자체가 그렇게 구성되는 관계도 아니다. 만약 우리가 주관으로서 우리 자신을 공간과 시간에서 제거하거나, 혹은 감각 일반의 주관적인 구성만을 제거한다면, 그러면 모든 구성이, 공간과 시간에서의 대상에 관한 모든 관계가, 정말이지 공간과 시간 그 자체가 사라지고 말 것이다. 현상이 되는 그것들은, 그것들 자체로가 아니라, 오직 우리 안에서 존재할 수 있다. 우리 감수성의 이러한 수용성을 모두 떼어낸 것과 대상들 그 자체에 관한 사정은 전적으로 우리에게 알려져 있지 않다. 우리가 아는 모든 것은 우리가 그것들을 포착하는 방식뿐이다. 이것이 우리에게 고유한 방식이며, 설령 다른 모든 존재[194]에게 반드시 적용되는 것은 아닐지라도, 모든 인간 존재에게는 필연적으로 적용된다. 우리는 여기서 오직 이 방식만을 다룬다. 공간과 시간은 그 방식의 순수한 형식이며, 감각 일반은 그것의 내용이다. 우리는 전자만을 경험 무관한 것으로, 즉 모든 실체를 포착하는 것에 앞서 인식할 수 있으며, 그러므로 그것들은 순수 직관이라 불리는 것이다. 반면, 후자[195]는 우리 인식 안에서 후천적 인식, 즉 경험 직관이라 불리는 것의 원인이 되는 그런 인식이다. 전자

---

193 B판에서 숫자 구별이 더해졌다.

194 예컨대 절대자.

195 공간과 시간을 제외한 다른 감각적인 것들. '전자'는 공간과 시간을 뜻한다.

는, 우리가 갖고 있을 감각의 종류가 무엇이든, 우리 감수성에 절대적이며 필연적으로 붙어 있다. 후자는 매우 다를 수 있다. 우리는 우리가 갖고 있는 직관을 가장 높은 수준의 분명함으로 끌어올릴 수 있을지라도, 그것이 우리로 하여금 대상 그 자체의 구성에 더 가깝게 다가가게 해 주지는 않는다. 왜냐하면, 어떤 경우에서든 우리는 오직 우리 자신의 직관 방식, 즉 우리의 감수성만을 완벽하게 인식할 뿐인데, 언제나 주관에 시원적으로 붙어 있는 공간과 시간이라는 제약 조건들 하에서만 인식할 뿐이기 때문이다. 대상 그 자체가 무엇일지는 우리에게 결코 알려지지 않을 것이다. 우리에게 유일하게 주어지는, 다시 말하면 그것들의 현상에 대한 가장 현명한 인식을 통해서조차 그러하다.

A43

우리의 모든 감수성은 그저 사물들의 혼란스러운 표상에 불과하다면서,[196] 거기에는 사물 자체에 속하는 것만이 들어있되, 우리가 결코 의식적으로는 차례로 분리할 수 없는 부분 표상들과 표식 더미 속에 들어있다는 관점[197]을 우리는 거부해야 한다. 왜냐하면 이런 견해는 감수성과 현상 개념을 왜곡하기 때문이며, 그래서 감성론 전체를 쓸모없고 공허하게 만들기 때문이다. 분명한 표상과 분명하지 않은 표상 사이의 차이[198]는 그저 논리적인 것이며, 내용과는 상관이 없다. 건전한 지식이 채택하는 **올바름**[199]이라는 개념의 경우, 가장 섬세한 사유가 그것에서 뽑아낼 수 있는 바로 그런 것[200]을 포함한다는 것은 의심할 나위 없다. 그런데 그 개념의 그저 평범하고 실천적 사용에서 우리는 그런 생각 안에 포함된 다양한 표상들을 의

B61

---

196 다시 말해, 우리 머릿속에는 사물에 관한 것이 혼란스럽게 들어있다는 의미. 그러므로 우리는 그런 혼란스러움을 '지적으로' 정돈할 수 있으며, 정돈해야 한다는 합리론적인 견해가 포함된다.

197 라이프니츠의 관점. 칸트는 이러한 라이프니츠의 견해에 관해 원리의 분석편 말미에 붙은 관념론 반박과 부록에서 다시 상세히 다룬다.

198 머릿속에서 그 의미가 분명한 것과 의미가 분명하지 않은 것의 차이.

199 '법'(백종현), '권리', '정당함'으로 번역해도 마찬가지다. 건전한 상식이 다루는 이러한 평범하고 일상적인 단어는 개념이지 감각적 직관이 아니며, 따라서 현상이 아니다. 현상을 분명한 표상과 불분명한 표상으로 나누는 라이프니츠를 비판하는 대목.

200 분명한 표상, 즉 '올바름(법 또는 정의)'에 관련해서 면밀히 생각하는 명확한 관념들을 지칭한다.

식하지는 않는다. 그러므로 우리는 일상적인 개념이 감각적이며 그저 현상만이 들어있다고는 말할 수 없다. 왜냐하면 올바름이란 전혀 현상될 수 없기 때문이며, 오히려 그 개념은 지식 안에 놓인 것이다. 그래서 우리는 그것을 행동 그 자체에 속하는 성질(도덕적인 성질)로 머릿속으로 가져오는 것이다. 반면 직관을 통해 어떤 **물체**가 머릿속에 나타난 경우, 이 표상은 대상 그 자체에 속할 수 있는 것이라면 그 무엇도 포함하지 않는다. 그것은 어떤 것의 현상과 우리가 그 어떤 것에 의해 영향 받는 방식을 포함할 뿐이다. 우리 인식 능력의 이러한 수용성을 감수성이라 부른 것이다. 우리가 설령 저것(현상)의 밑바닥까지 파고들지라도, 이 수용성은 대상 그 자체에 대한 인식과는 하늘과 땅의 차이다.

그러므로 라이프니츠와 볼프의 철학은 — 감각되는 것과 단지 논리적인 것으로서 지적인 것의 차이를 숙고해 보니 — 우리 인식들의 본성과 근원에 대한 모든 탐구에서 완전히 잘못된 견해를 제시한 것이다. 왜냐하면 그 차이는 명백히 초월적이기 때문이며, 그것은 분명한 형식이냐 모호함의 형식이냐에 관한 게 아니라, 그것들의 근원과 내용에 관한 차이이기 때문이다.[201] 그래서 감수성이 사물 자체의 구성에 대한 분명한 인식 제공을 단순히 실패하는 게 아니라, 사물 자체에 대해서는 우리에게 아무것도 제공하지 않는 것이다. 우리가 우리의 주관적인 구성[202]을 제거한다면, 그때 머리 안의 대상은 감각 직관에 의해 그것에 부여된 속성들과 함께 어느 곳에서도 발견되지 않게 되며, 발견될 수도 없게 된다. 왜냐하면 이러한 주관적 구성은 현상으로서 저 대상의 형식을 규정하는 것이기 때문이다.

우리는 현상에 대한 직관에 필수적으로 붙어있어서 모든 인간 감각 일반에 타당한 것과, 그저 이런저런 감각에서 특수한 상황이나 그런 감각의 조직적 특성에만 타당하고 감수성 일반의 관계에서는 타당하지 않아서 그 직관에 단지 우연히 포함되는 것을, 평범하게 구별한다. 그때 사람들은 첫 번째 인식에 대해 대상 그 자체를

---

201 이러한 차이에 대해서 칸트는 부록을 통해 초월적 분별 개념으로 자세히 설명하고 라이프니츠를 비판한다.
202 다시 말해 공간과 시간.

머릿속으로 가져온 것이라 부르고, 두 번째 인식을 오직 그것의 현상이 나타난 것이라고 부른다. 그러나 이러한 차이는 단지 경험적인 것일 뿐이다. (보통 그러하듯이) 만약 우리가 이런 견해[203]를 지지한다면, (마땅히 그래야 하듯이) 그다음 저 경험 직관을 그저 현상으로, 거기서 어떤 사물 자체에 속하는 것은 무엇이든 만날 수 없다고 간주하지 않는다면, 그때 초월적 차이[204]는 상실된다. 그러면 우리는 무엇보다, 감각 세계에서는 우리가 그 대상을 아무리 깊이 탐험한들 현상 이외에는 아무것도 다룰 수 없음에도, 사물 자체를 인식한다고 믿고 만다. 그러므로 여우비 내릴 때, 우리는 무지개를 그저 현상이라 부르고,[205] 비를 사물 자체라고 부를지도 모르겠는데,[206] 이런 말은 우리가 비를 오직 물리적 감각의 대상으로 이해하는 한에서만 옳다. 이런 경우 비는 모든 경험에서 그리고 어느 장소에서나 항상 같은 방식으로 감각될 뿐이며, 우리 직관에서 다르게 나타나지 않는다. 그러나 만약 우리가 이런 경험 대상 일반의 특성에 관해 — 그것이 모든 인간의 감각에서 똑같은지를 살펴보지 않고 — 사물 자체를 표상하는지를 묻는 것이라면(빗방울을 표상하는지가 아니다. 빗방울에 대해 말하자면 현상으로서 이미 경험적인 대상이다), 이런 질문은 초월적인 문제가 된다. 답은 이러하다. 이 빗방울들은 단지 현상에 불과하며, 그것들의 둥근 모양조차도, 실로 그것들이 떨어지는 공간조차도 그 자체로는 아무것도 아니다. 그런 것들은 그저 우리 감각 직관의 변환물이거나 또는 기초 형식일 뿐이다. 그러나 초월적 대상은 우리에게 알려지지 않은 채로 남아 있다.

우리의 두 번째 중요한 관심사는, 단지 그럴싸한 가설로 어떤 호의를 얻기보다는, 이 초월적 감성론이 과연 확실하며 의심할 여지가 없는 것이냐이다. 이는 하나의 앎에 이르는 논리적 길잡이로써 기여하는 이론에 요구될 수 있는 그런 것이다. 이러한 확실성을 완벽하게 확신할 수 있도록, 그 타당성을 분명하게 할 수 있으며, 3

---

203 경험에서 물리적 감각을 통해 항상 만나는 인식을 사물 자체로 보고, 우연히 나타나는 인식을 현상으로 일컫는 상식적인 견해.

204 대상 인식에 관해 항상 나타나는 차이. 머릿속 현상과 머리 바깥의 사물 자체의 차이로 해석된다.

205 무지개는 항상 나타나는 건 아니기 때문에.

206 비가 내릴 때 비는 항상 감각되기 때문에.

조에서 제시한 것에 대해 더욱 명확성을 부여할 수 있는 사례를 골라 보자.

만약 공간과 시간 그 자체가 객관적이며, 사물 자체를 가능하게 하는 조건이라고 가정하는 경우, 그때 우리는 우선 공간과 시간 모두에 대해, 특히 공간에 대해, 매우 많은 수의 경험 무관한 종합 명제들이 있음을 보게 될 것인데, 우리는 여기서 이것들을 우리의 주요한 예제로서 탐구해 볼 것이다. 기하학의 명제들은 경험 무관한 종합으로 인식되며, 자명한 확실성을 갖고 있다. 그래서 내가 묻는다. 여러분은 그런 명제들을 어디에서 얻는가? 그리고 그런 절대적으로 필연적이며 보편적으로 타당한 진리들에 이르기 위해 지식이 의지하는 것은 무엇인가? 개념을 통하거나 직관을 통하는 것 외에 다른 방법이 없다. 그러나 이런 개념과 직관은 경험 무관하거나 아니면 후천적으로 주어진다. 후자, 즉 그 기초가 되는 경험 직관들과 경험 개념들은, 오직 마찬가지로 경험적일 따름인, 다시 말하면 경험 명제인 그런 종합 명제만을 만든다. 그와 같이 이런 명제들은 결코 필연성과 절대적인 보편성(모든 기하학 명제들의 성질이다)을 포함하지 못한다. 그런데 그런 인식을 얻는 유일한 수단이자 첫 번째 수단이 남아있다. 다시 말해 순전히 개념을 통하거나 아니면 경험 무관한 직관을 통해서이다. 그러나 개념만으로는 종합 인식을 얻을 수 없고, 단지 분석 인식만을 얻을 수 있다.[207] 〈공간에서 두 직선은 둘레를 만들 수 없다. 그러므로 어떤 도형도 가능하지 않다〉라는 명제를 취한 다음, 직선들의 개념과 숫자 2 개념으로부터 그 명제를 도출하는 것을 시도해 보라. 아니면, 〈세 직선으로는 도형이 가능하다〉라는 명제를 취한 다음, 마찬가지로 이런 개념만으로만 이 명제의 도출을 시도해 보라. 여러분의 모든 노력은 헛되니, 정말이지 기하학이 항상 그러는 것처럼, 여러분은 직관을 피난처로 삼을 수밖에 없는 자신을 발견한다. 직관 안에서 자기 자신에게 대상을 제공하는 것이다. 그런데 이런 직관은 어떤 종류란 말인가? 그것은 경험 무관한 순수 직관인가 아니면 경험적인 것인가? 만약 그것이 후자라면, 보편적으로 타당한 명제로 둔갑하지는 못하고, 어떤 자명한 명제로만 남을 뿐

---

[207] 종합 인식을 얻기 위해서는 제3의 무엇이 필요하다. 일반적으로는 '경험'이 제3의 것이 되지만, 칸트는 이 책을 통해 경험 외에도 경험 무관한 순수 직관과 순수 개념이 제3의 매개 역할을 할 수 있음을 밝힌다.

이다. 왜냐하면 경험은 그와 같은 것[208]을 제공할 수 없기 때문이다. 그러므로 여러분은 자신에게 직관 안에서 대상을 경험 무관하게 주어야만 하고, 이 대상 위에 종합 명제를 세워야 한다. 이제, 만약 여러분에게 경험 무관하게 직관할 능력이 없다고 가정해 보자. 이 주관적인 제약 조건이 형식으로는 간주되지 않는다는 것이며, 동시에 이런 (외부) 직관의 대상을 그 자체로 가능하게끔 하는 경험 무관하게 보편적인 조건이 아니라는 가정이며, 그리고 그 대상(아까의 삼각형)이 어떤 것 그 자체라는 것이고, 심지어 그것이 주관인 여러분 자신과 아무런 관계도 없다는 가정이다. 그렇다면, 어떤 삼각형을 만들기 위해서 여러분의 주관적인 조건들 안에 필연적으로 놓인 것이, 그 삼각형 자체에도 필연적으로 속한다고 어떻게 말할 수 있을까? 왜냐하면 여러분은 (세 직선이라는) 개념을, 그 대상에서 필연적으로 만나야 하는 (그 도형이라는) 새로운 것에 더할 수 없기 때문인데, 그런 게 가능하려면 이러한 대상이 인식을 통해서라기보다는 인식에 앞서 먼저 주어져 있어야 하기 때문이다. 따라서 만약 공간(그리고 시간도 마찬가지)이 그저 여러분의 직관 형식이 아니라면, 다시 말해 그 조건 하에서만 사물이 여러분에게 외부 대상이 될 수 있고, 이런 주관적인 조건과 분리돼서는 대상이란 아무것도 아니라는 그런 경험 무관한 조건들이 여러분의 직관에 들어있지 않다면, 여러분은 외부 대상에 대해서 종합적이며 경험 무관한 어떤 것도 전적으로 만들어 낼 수 없다. 그러므로 우리의 모든 (외부 및 내적인) 경험의 필연적인 조건으로서 공간과 시간이, 우리 직관의 모든 것의 순전한 주관적인 조건임은, 단순히 가능하다거나 십중팔구 그럴 것이라는 게 아니라, 의심할 나위 없이 확실한 것이다. 따라서 이런 조건과의 관계에서 모든 대상은 단지 현상들이다. 이런 방식에서는 사물 자체가 우리에게 주어지는 것이 아니다. 또한 이 대상들의 형식에 관해서는 많은 것이 경험 무관하게 말해질 수 있지만, 이런 현상의 기초에 놓일지도 모르는 사물 자체에 대해서는 어느 것도 말해질 수 없다.

B66

A49

---

208 일반성을 뛰어넘는 보편성.

제2항[209]

내적 감각과 외부 감각의 관념성, 그러므로 감각의 모든 대상이 현상이라는 이 이론은 다음과 같은 사항에 의해 아주 유용하게 확인된다. 우리 인식 중에서 직관에 속하는 것이 무엇이든(그러므로 전혀 인식이 아닌 쾌와 불쾌의 감정과 의지를 제외하고), 그것은 직관 안의 장소들(크기)의, 장소들의 변화(운동)의, 그리고 그런 변화가 규정되는 법칙들(운동력)의 그저 관계에 지나지 않는다. 그러나 저 장소 안에서 무엇이 존재하는지, 그것이 그런 장소의 변화 외에 사물 자체 안에서 무엇을 만들어 내는지는, 그런 관계들에 통해 주어지지 않는다. 고작 관계들을 통해서 사물 자체가 인식되는 건 아니다. 따라서 머리 안에서 그저 관계에 관한 것을 빼 버리면, 어떤 사물도 외부 감각을 통해서는 우리에게 주어지지 않기 때문에, 그리하여 머릿속에는 주관에 대한 대상의 어떤 관계만이 외부 감각에 들어있을 뿐이지, 그 대상 자체에 속하는 내적인 것이 들어있는 건 아니라는 판단은 정당하다. 내적 직관에 대해서도 마찬가지다. 왜냐하면 **외부 감각**의 표상들이 우리 머리를 채우는 알맞은 내용을 구성하기 때문이며, 시간은 우리가 이런 표상을 놓는 곳이기 때문이다. 또한 시간 자체가 경험적인 것들에 대한 의식에 선행하고, 형식 조건으로서 시간은 우리가 그것들을 우리 머리에 위치 짓는 방식의 기초가 되기 때문이다. 그리고 시간 속에 순차성의 관계가, 동시성의 관계가, 그리고 (불변하는 것의) 순차성을 가지면서도 동시적인 그런 관계가 이미 포함돼 있기 때문이기도 하다. 시간은 머릿속에서 무언가를 생각하는 모든 행위에 선행하는 직관이다. 만약 이 직관에 단지 관계들만 들어있다면, 그때 그것은 직관의 형식이다. 그런데 이러한 형식[210]은 머릿속에 놓이는 어떤 것을 제외하고서는 그 무엇도 표상하지 않는다. 그러므로 이 형식은 단지 머리가 자기 활동에 의해, 즉 자기의 표상을 놓는 것에 의해 영향받는, 그런고로 자기 자신에 의해 영향받는 방식일 수밖에 없다. 다시 말하면, 저 감각의 형식에 관한 한, 그것은 내적 감각이다. 감각을 통해 머릿속에 나타나는 모든 것은 어느 정도는 언제나 현상이다. 따라서 내적 감각을 전혀 인정하지 않거나,

---

209 여기에서부터 초월적 감성 끝까지 B판에서 추가되었다.
210 시간.

내적 감각을 인정한다면, 이 감각의 대상인 주체가, 현상으로서, 주체의 내적 감각을 통해 머릿속에 나타난다는 점을 인정해야 한다. 이는 그 주체의 직관이 순전히 자기 활동적인 것처럼, 다시 말해 지적인 직관[211]인 것처럼 자기 자신을 판단하는 게 아니다. 이런 문제에 놓인 모든 난점은 어떻게 주체가 내적으로 자기 자신을 직관할 수 있느냐의 문제이다. 그러나 이러한 난점은 모든 이론에 공통된 어려움이다. 자기 자신에 대한 의식(지각[212])은 '나'에 대한 단순한 표상이며, 만약 이러한 의식만으로 주체 안의 다양한 표상인 내가 모두 **자기 활동적으로** 주어진다면, 그때 저 내적 직관은 지적인 것일지도 모른다. 그러나 인간에게 이런 의식은 주체 안에서 사전에 주어진 다양한 나를 내적으로 포착할 것도 요구한다. 이렇듯 다양한 내가 자발성 없이 머릿속으로 주어지는 방식은, 그런 자발성과의 구별을 나타내기 위해서, 감수성이라 일컬어진 것이다. 만약 자기 자신을 의식하게 되는 능력이라는 것이 머릿속에 있는 나를 찾는(탐색하는[213]) 것이라면, 그 능력이 머리에 영향을 미쳐야 하고, 오직 그런 방식에서만 자기 자신에 대한 직관을 만들 수 있다. 그러나 이런 직관의 형식은 머리 안에 사전에 기초로 놓인 것이며, 그래서 이 형식이 시간의 표상 안에서 다양한 내가 머릿속에서 함께하는 방식을 규정한다. 그러므로 자기 자신을 직접 자기 활동적으로 머릿속으로 가져오는 방식으로 스스로를 직관하는 것이 아니라, 스스로 영향받는 방식에 따라 자기 자신을 직관하며, 따라서 있는 그대로가 아니라, 자기 자신[214]에게 나타나는 바대로 자기 자신[215]을 직관하는 것이다.

B69

---

211 직관하자마자 즉시 앎에 이르게 되는 그런 직관. 칸트는 그런 직관을 신적인 직관으로 이해하고, 인간에게는 없는 직관이라고 해설한다. 여기서 '자기 활동적'이라 함은 '자발성'을 뜻하는데, 시간(공간도 마찬가지다)은 감수성에 속하기 때문에 '수용성'만 있지 '자발성'은 없다. 자발성은 오직 지식의 영역, 다시 말해 개념의 영역에 속한다.

212 Apperception. 기존 번역은 '통각'이다. 초월적 논리의 분석편에서 자세히 설명한다.

213 Apprehend(apprehension). 기존 번역은 '포착'(백종현) 또는 '각지'(최재희)'. 머릿속에 수용된 감각 데이터 중에서 지식에 의해 처리될 데이터를 찾아 내는 것을 뜻한다. 흔히 우리는 데이터를 '탐색'한다고 말하지 '포착'한다고 말하지 않는다. 〈괘씸한 철학 번역〉(코디정, 2025), 256~259쪽.

214 주체를 가리킨다.

215 사물 그 자체로서 자기 자신이지만, 직관을 거쳐야 하므로 결국 현상이다. 주체는 현상만 알 뿐 사물 자체를 알 수는 없다.

제3항

외부 대상들에 대한 직관과 머리에서의 자기 직관, 이 양자는 그것들이 우리 감각에 영향을 미칠 때, 다시 말해 그것들이 **나타날** 때, 공간 안에서 그리고 시간 안에서 이것들을 머리 안으로 가져오는 것이라고 내가 말할 때, 이 말은, 이것에 의해 이 대상들이 단지 **허상**[216]에 지나지 않는다고 말하는 것은 아니다. 왜냐하면 우리가 현상을 다룰 때, 그 대상들과, 정말이지 우리가 그 대상들에 부여하는 특성조차 언제나 실제로 주어진 무엇으로서 간주되기 때문이다(단, 대상들의 성질은 오직 그 대상을 직관하는 주체의 방식에만 의존한다). 그때 우리는, **현상**으로서 그런 대상과, 대상 **그 자체**로서 동일한 대상을 구별한다. 따라서 내가 물체들과 나의 정신을, 그것들이 존재하는 것의 조건으로서 공간과 시간의 질에 따른다고 가정할 때, 실로 나는 공간과 시간의 질은 내가 직관하는 것에 있는 것이지, 대상 그 자체에 있는 것은 아니라고 주장한다. 이처럼 주장함에 있어, 물체들은 그저 내 바깥에 있는 것처럼 **보인다**거나, 내 정신은 단지 내 자기 의식 안에 주어지는 것처럼 **보인다**고 말하는 게 아니다. 내가 만일 현상으로 여겨야 할 것을 고작 허상으로 바꾼다면,* 그것은 내 잘못이다. 그러나 이런 일은, 모든 감각 직관의 관념성이라는 우리의 원리를 따른다면, 발생하지 않는다.

B70

* 칸트 주석: 현상에 대한 술어는 우리 감각과의 관계에서 대상 자체에 부여될 수 있다. 예를 들어, 장미에는 붉은색이나 향기를 부여할 수 있다. 그러나 고작 허상인 어떤 대상에는 술어가 부여될 수 없다.[217] 왜냐하면 허상은, 예컨대 토성에 부여한 두 개의 손잡이들처럼,[218] 오직 감각들이나 일반적으로는 주관과의 관계에서만 그것에 속하는 것을, 스스로 취해서, 그 대상에 부여한 것이라는 바로 그 이유 때문이다. 만약 무언가

---

216   Illusion.

217   예컨대 '드래곤'이라는 단어를 들어본 적이 없는 사람은 드래곤을 설명할 수 없다.

218   옛날 갈릴레이는 토성을 관측하면서 토성의 고리를 행성 양쪽에 손잡이가 붙어 있다고 표현했다. 그러나 1659년 천문학자 호이겐스(Christiaan Huygens)가 그것이 고리라는 사실을 밝혀냈다.

가 대상 그 자체 안에서가 아니라, 언제나 그 대상의 주관과의 관계 안에서 만나게 되고, 대상에 대한 표상[219]과 분리될 수 없다면, 그 무언가는 현상이다. 그러므로 공간과 시간의 술어들은 감각 대상들에 그와 같이 정당하게 부여되는 것이며, 여기에 허상은 없다. 이와 반대로 만약 내가 주관에 대한 이런 대상의 술어 규정의 관계를 고려하지 않고 거기에 내 판단을 한계 짓지 않으면서, 장미 **그 자체에** 붉음을, 토성에 손잡이들을, 모든 외부 대상 **그 자체에** 크기를 부여한다면, 비로소 허상이 생겨난다.

반면 우리가 그런 표상의 형식에 **객관적 실체**를 부여할 때,[220] 이로써 우리는 모든 것이 **허상**에 지나지 않게 됨을 막지 못한다. 왜냐하면 우리가 공간과 시간을, 어디까지나 가능성의 이야기지만, 사물 자체 안에서 발견돼야 할 특성으로 간주한다고 가정해 보자. 그다음, 본질이 될 수도 없으며, 그렇다고 본질에 실제로 부속하는 것도 아님에도, 반드시 존재한다는 것, 실로 모든 사물이 존재하기 위한 필연적인 조건이어야 한다는 것이며, 더욱이 모든 사물이 소멸되더라도 존속해야만 하는 무한한 두 개의 사물을 얻게 된다는 점에서 우리가 어쩔 수 없이 얽히게 되는 불합리함을 곰곰이 생각해 보자. 만약 우리가 이러한 가정을 그처럼 생각해 본다면, 그때 우리는 물체들을 그저 허상으로 격하한 저 선량한 버클리[221]를 비난할 수 없을 것이다. 실로 이런 방식에서는, 시간처럼, 스스로 자존하는 실체 아닌 것의 실체에 의존하게 되고, 심지어 우리 자신의 존재조차 이런 시간에 따라 고작 허상으로 바뀌고 마는 것이니, 이는 지금껏 누구에게도 책임 지울 수 없는 불합리함이다.

B71

---

219 즉, 주관의 머릿속에 있는 대상 데이터.

220 칸트는 그 '형식'에 '관념성'을 부여한다. 단, 공간과 시간의 표상에는 객관적 실체(경험 가능한 대상으로서의 유효성)가 있다고 본다. 그리고 범주편을 통해 자세히 해명한다.

221 George Berkeley 1685~1753. 아일랜드의 철학자이자 성공회 주교이다. "존재하는 것은 감각되는 것이다(Esse est percipi)"라는 명제가 유명하다. 감각을 통해 직접 얻어지는 그것이 대상이며, 대상은 우리에게 감각되는 만큼 존재하며, 그러므로 진짜 물체는 없다는 극단적인 경험주의 철학을 이론화했다.

제4항

우리는, 우리에게 직관의 대상이 되는 것이 가능하지 않을 뿐더러, 어떤 방식으로든 자기 자신에게조차 감각 직관의 대상이 될 수 없는, 어떤 대상[222]을 생각한다. 이때 우리는 그분의 모든 직관에서 시간과 공간이라는 제약 조건을 매우 신중히 제거한다(왜냐하면 그분의 모든 인식은, 항상 한계가 명백히 나타나는 **생각**에 의해서가 아니라, 직관되는 것이기 때문이다). 그러나 만약 우리가 공간과 시간을, 사물 자체의 형식으로, 사물들의 존재에 대한 경험 무관한 조건들이어서 우리가 그 사물들을 없애더라도 여전히 남게 되는 그런 형식으로 바꾼다면, 우리가 무슨 권리로 저와 같이 할 수 있을까? 왜냐하면 모든 존재 일반의 제약 조건들이라고 한다면, 신이라는 존재의 제약 조건이 되기도 하기 때문이다. 만약 우리가 공간과 시간을 모든 사물의 객관적인 형식으로 삼지 않는다면, 우리는 그것들을 우리 직관의 유형인 내적 직관과 외부 직관의 주관적인 형식으로 삼아야 한다. 우리 직관은 감각적인 유형의 직관이다. 그것은 **원본이 아니기** 때문이다. 다시 말하면, 이런 직관 자체에 의해서 그 대상의 존재가 주어지는 그런 것은 아니라는 것이다(우리가 아는 한, 그런 직관 유형은 오직 시원적인 존재[223]에게만 속할 수 있다). 오히려 우리 직관의 유형은 그 대상의 존재에 의존하며, 따라서 그 대상이 주관의 표상 능력에 영향을 미침으로써만 가능해지는 것이다.

B72

우리가 이런 직관 유형 — 공간과 시간 안에서의 직관 —을 인간의 감수성에만 국한시킬 필요도 없다. (우리가 이를 결정할 수는 없을지라도) 모든 생각하는 유한 존재는 이와 관련해서 필연적으로 인간과 동일할 것이다. 그러나 이런 직관 유형이 그리하여 보편적으로 타당하더라도, 그것은 감성적이기를 중단하지 않는다. 왜냐하면 그것은 근원적(원본 직관)이라기보다는 파생적(모방 직관)이라는 바로 그 이유 때문이며, 따라서 지적인 직관이 아니다. 지적인 직관은 오로지 시원적인 존재에게만 속하는 것이며, 존재도 직관(주어진 대상들에 관하여 저 존재의 있음을

---

222 God.
223 God.

규정하는 직관)도 의존적인 존재에게는 결코 속하지 않는다. 그러나 이 마지막 비평은 우리 감수성 이론의 예증으로만 볼 것이지, 증명의 근거까지는 아니다.

초월적 감성의 맺음말

B73

그러므로 공간과 시간이라는 우리의 경험 무관한 순수 직관들 안에서, 우리는 이제 **"경험 무관한 종합 명제가 어떻게 가능한가?"**라는 초월철학의 일반 과제를 해결하는 데 요구되는 요소들의 하나를 얻었다. 공간과 시간에 관한 경험 무관한 판단에서, 우리가 주어진 개념을 넘어서기를 원할 때, 우리는 주어진 개념에서는 경험 무관하게 발견될 수 없는 것을 만나게 되는데, 실로 그 개념에 대응하는 직관 안에서 발견되고, 종합적으로 결합될 수 있는 것이다.[224] 그러나 이 때문에 그런 판단들은 결코 감각 대상들을 넘어서까지 이를 수 없고, 그저 가능한 경험 대상들을 위해 머무를 수 있을 뿐이다.

---

224 예컨대 머리 안에 공간이 있기 때문에 어느 대상에 크기의 양이 머릿속에서 연결되고, 시간이 있기 때문에 관계의 순차성이나 동시성 등이 대상에 연결된다. 더 자세하게는 원리의 분석편에서 구체화된다.

제2부 초월적 논리

제2부 초월적 논리

제1편 초월적 분석

제1장 개념의 분석

칸트는 형이상학이 어떻게 논리학과 결합하는지 보여준다. 이 장에서 독자는 칸트가 전하려는 인식에 꼭 필요한 종합과 하나됨의 메시지를 이해해야 한다. 덤으로 논리학 지식을 얻는 이점이 있다. 순수이성비판만큼 독자에게 논리학 지식을 구체적으로 알려주는 고전은 거의 없다. 칸트는 이 장에서 순수 지식 개념의 기원을 찾고, 인간 인식 활동에서 그것들의 필요성을 연역한다.

주요 개념 번역 비교 및 해설

독일어(라틴어)	영어	기존 번역
Verstand	Understanding	오성(최), 지성(백)
Transzendental	Transcendental	선험적(최), 초월적(백)

이 번역	비고
지식	매우 중요한 번역어의 변화. 이 용어의 차이를 기억해 둬야 텍스트를 읽을 때 헷갈리지 않는다. 기존 번역 용어는 칸트 사상을 이해하는 데 큰 장애물이다. Verstand는 개념을 이용해서 언어적인 사고력을 가능하게 하는 인간 머리의 능력을 뜻한다. 그러므로 어떤 심오한 깨달음을 만들어 내는 능력이 아니며, 따라서 '오성'이라는 한자어 의미를 갖지 않고, 인간의 사고를 더 높은 수준으로 이끌어 가는 지적인 능력이 아니다(그런 능력은 이성적인 것이다). 그러므로 그런 의미로 혼동을 초래하는 '지성'도 적합한 번역이 아니다. 나는 종래 '감성, 오성(지성), 이성'이라는 접사 공통의 번역이 빚어내는 혼란을 줄이기 위해, 각각 '감수성, 지식, 이성'으로 번역하여 각 개념 사이의 간격을 떨어뜨렸다.
초월적	'선험적'이라는 단어를 칸트 번역에서 쓰지 않는 것이 좋겠다. 얻는 것보다 잃는 게 많은 번역어. 이 단어 때문에 칸트 사상이 한국 독자들에게 제대로 전달되지 않는다. 칸트는 우리 인간의 감각적인 경험이 만들어 놓는 한계(또는 장벽)를 **인식 대상인 사물 자체와의 관계에서는** 그 한계를 넘어설 수 없음을 증명하고, 다른 한편으로 **인식 주체 사이의 관계에서는** 경험의 장벽에도 불구하고 대상 인식에서 공통성을 가짐을 밝혔다. 이를 통해 경험주의 전통의 지혜를 계승하면서도, **회의주의를 극복**하는 의미로 자신의 철학을 '초월철학'이라 칭했다. 인식 대상과 인식 주체 사이에 놓인 경험의 한계는 넘을 수 없고, 그러므로 인식 주체는 사물 자체를 알 수 없다. 그러나 인식 주체 사이에서 경험이 갈라놓은 앎의 장벽을 순수 직관과 순수 개념이라는 **형식적 관점으로** 넘을 수 있고, 그러므로 인식 주체는 모두 같은 인류로서 초월적 자아를 갖게 된다. 요컨대 이 단어는 '(한계) 너머'라는 의미가 반드시 포함되어야 하고, 그런 평범한 의미가 바로 Transcendental 본래의 뜻이며, 칸트 본인이 그런 의미로 이 단어를 사용한다. 본래의 뜻까지 무시하면서 '선험적'이라는 단어를 고집하는 것은 일본 학자들에게서 유래된 오류를 관습적으로 정당화하여 후대에 계속 물려주자는 태도와 다르지 않다.

독일어(라틴어)	영어	기존 번역
Sinnlichkeit	Sensibility	감성
Gemüt	Mind	심성(최), 마음(백)
Organon	Organon	기관(백)
Materie	Matter	질료
Illusion	Illusion	가상(백)
Kanon	Canon	규준(백)
Universales Urteil	Universal judgment	전칭 판단
Partikuläres Urteil	Particular judgment	특칭 판단
Einzelnurteil	Singular judgment	단칭 판단
Unendliches Urteil	Infinite judgment	무한 판단
Kategorisches Urteil	Categorical judgment	정언 판단
Hypothetisches Urteil	Hypothetical judgment	가언 판단
Disjunktives Urteil	Disjunctive judgment	선언 판단

이 번역	비고
감수성	기존 감성, 오성(지성), 이성 사이의 의미 간격을 떼어놓기 위해, '감성'이 아닌 '감수성'으로 번역했다.
머리	칸트의 사상은 mind 안에서, 다시 말해 머릿속에서 어떤 일이 일어나는지 자세히 설명하는 것.
(논리적) 길잡이	학문에 입문하기 위한 예비적 도구라는 의미. 아리스토텔레스의 논리학 저작 전체를 가리키는 명칭에서 유래함.
내용 | 재료	'질료'는 우리말이 아니다.
허상(착각)	착각으로 바꿔 번역해도 좋다.
규범	비록 지식과 이성의 원리 체계를 뜻하지만, 한 단어로 설명할 만한 의미가 아니기 때문에, 간명하게 번역하는 것이 좋다.
보편 판단	주어에 '모든'이 들어간 판단.
개별 판단	복수 주어에 관한 판단.
단일 판단	주어가 하나인 경우의 판단.
긍정부정 판단	긍정문의 형식으로 이루어졌지만 부정적인 의미의 술어가 연결된 판단.
무조건 판단	조건이 없는 판단.
조건 판단	조건이 붙은 판단.
선택 판단	두 개의 판단이 선택적으로 연결된 판단.

독일어(라틴어)	영어	기존 번역
Problematisches Urteil	Problematic judgment	개연 판단(최)
Assertorisches Urteil	Assertoric judgment	실연 판단(최)
Apodiktisches Urteil	Apodictic judgment	명증 판단(백)
Kopula	copula	계사(최), 연결사(백)
Mannigfaltigkeit	manifold	다양(최), 잡다(백)
Einheit	Unity	하나
Einheit	Unity	통일
a priori	*a priori*	선천적(최), 선험적(백)
Vorstellung	Representation	
Vorstellen	Represent	
Anschauung	Intuition	

이 번역	비고
미정 판단	사실 여부가 아직 확정되지 않은 판단.
확정 판단	사실 여부가 확정된 판단.
필연 판단	사실이면서 그 사실이 필연적인 판단.
연결어	문장에서 주어와 술어를 연결해 주는 역할을 하는 것.
다양함, 다양한 표상	감각을 통해 머릿속에 주어지는 여러 가지 데이터를 가리킨다.
하나	―
하나(하나됨)	머릿속에서 여러 가지 것들이 합쳐져서 하나의 의미가 된다.
경험 무관한	수학과 과학이 (1) *a priori*한 지식이라는 사실, (2) 이런 지식은 경험하기 전에도 경험 이후에도 변함이 없다는 사실을 번역에 반영했다.
표상	머릿속에 있는 것. 직관도 표상이며, 개념도 표상이다.
표상하다	머릿속으로 가져오다. 머릿속에 나타나다.
직관	인식의 시작을 알리는 첫 번째 단계로 감각 데이터가 머리 안으로 들어온 상태 또는 그런 데이터를 가리킨다. 아직 생각되기 전의 감각 단계이므로 직관은 '앎'과는 아직 이르지 못한 상태. 앎에 이르기 위해서는 두 번째 단계, 즉 개념이 필요하다. 개념은 직관을 처리하여 생각을 만들어 내는 것을 가리킨다. 직관과 표상은 부분집합 관계(직관 ⊂ 표상)

독일어(라틴어)	영어	기존 번역
Erscheinung	Appearance	
Synthesis	Synthesis	

이 번역	비고
현상	머릿속에 있는 직관 중에서 아직 정해지지 않은 대상. 이 단어가 쓰인 문장에서 의미가 잘 이해되지 않는다면, '머릿속에 나타난 대상'으로 바꿔봐도 좋다. 직관 중에 현상이 있다(현상 ⊂ 직관)
종합	서로 다른 것을 연결한다는 의미. 이 단어에 이런 연결 말고는 심오한 의미는 없다. 종합 명제는 서로 다른 단어들이 연결되어 있는 명제.

제1권 초월적 요소론

제2부 초월적 논리

서론
초월적 논리[225]라는 관념

제1장
논리학 일반에 대하여[226]

우리의 인식은 두 개의 머릿속 원천에서 비롯된다. 첫 번째가 표상을 수용하는 것이다(인상들에 대한 우리의 수용성). 두 번째가 이런 표상을 통해 대상을 인식하는 능력이다(개념들의 자발성). 수용성을 통해 대상이 우리에게 **주어지며**, 자발성을 통해 대상이 저 표상에 관하여 (그저 머리가 결정하는 규정[227]으로서) **생각된다**. 그러므로 직관과 개념은 우리 인식의 모든 요소를 구성한다. 따라서 어떤 방법으로든, 대응하는 직관이 없는 개념도, 개념이 없는 직관도 인식을 낳을 수 없다.

---

225 기존 번역은 '초월적 논리학'(백종현), '선험적 논리학'(최재희)이다. 그러나 제1부 〈초월적 감성〉에서 '학'이나 '론'을 붙이지 않은 것처럼, 제2부에서도 '학'이나 '론'을 붙이지 않는다. 순수이성비판은 '초월철학'이라는 성냥한 이름 안에 있는 것으로, 칸트는 비판을 형이상학으로 입문하는 예비 학문으로 여긴다. 그런데 학자들의 단어에 따르면, 학문 안에 또 학문이, 그 안에 다시 세부 학문이 계속 겹쳐지기 때문에, 독자로 하여금 쓸데없는 난해함과 복잡함을 겪게 만든다. 그런데 '학'과 '론'을 덧붙이지 않아도 의미는 충분히(오히려) 잘 전해진다. '일반 논리학'과의 차이점을 나타내기 위한 대목에서 필요에 따라 '초월 논리학'으로 번역한다.

226 초월적 감성편의 도입부 A19/B33 부분과 함께 독자들이 '반드시 기억'해야 하는 용어 정의 부분이다.

227 생각은 결국 문장으로 표현될 수 있다. 대상이 그 문장의 주어가 된다. 생각은 그 주어에 술어를 연결하는 것이다. 이처럼 주어에 술어를 연결하는 것을 determination이라 하며, 그 의미는 술어가 주어의 속성을 '규정'한다는 뜻이다.

B75
A51

직관과 개념 모두 순수하거나 아니면 경험적이다. 만약 감각 작용[228]을 포함한다면 (감각은 대상이 실제로 존재함을 전제한다), 그것들은 **경험적**이다.[229] 만약 머릿속에 있는 것들에 어떤 감각 작용도 섞이지 않는다면, 그것들은 **순수**하다. 감각은 감각적 인식의 재료라 불릴 수 있다. 그러므로 순수 직관은 오직 형식만을 포함하며, 그 형식 하에 어떤 것이 직관된다. 순수 개념은 대상 일반[230]에 대한 생각의 형식만을 포함한다. 단지 순수 직관과 순수 개념만이 경험 무관하게 가능하며, 경험적인 것들은 그저 후천적으로 가능할 뿐이다.

어떤 식으로든, 영향을 받아서 표상을 수용하는 우리 머리의 **수용성**에는 **감수성**이라는 이름을 주자. 반면 **지식**[231]은 우리 스스로 표상을 만들어 내는 능력이며, 즉 우리 인식의 **자발성**이다. 우리의 본성[232]에 의해, **직관**은 **감각적인 것**에 다름 아니다. 다시 말하면 감수성은 우리가 대상에 의해 영향받는 방식만을 포함한다. 반면 **지식**은 감각 직관의 대상을 **생각하는** 능력이다. 이런 특성 중 어떤 것도 다른 쪽보다 우월하지는 않다. 감수성이 없다면 어떤 대상도 우리에게 주어지지 않을 것이요, 지식 없이는 어떤 대상도 생각되지 않을 것이다. 내용 없는 생각은 공허하며, 개념

---

228 Sensation. 이 책에서는 '감각'과 동의어로 번역한다.

229 감각적인 것과 경험적인 것은 거의 같은 뜻이다.

230 '대상'과 '대상 일반'은 다르다. 전자는 구체적인 대상으로 특정된 것이고, 후자는 구체적인 것으로 특정되지 않고, 대상 전체를 가리킨다. 따라서 '순수 개념'은 모든 대상에 차별 없이 똑같이 관계하는 것으로 이해해야 한다. 만약 대상이 구체적으로 특정된다면, 이는 감각을 통해 머릿속에 자리잡는 것이고, 그렇다면 그때 이 대상만의 개념은 더 이상 순수하지 않고 '경험 개념'이 된다. 더 정확하게는 순수 개념이 먼저 작용하고, 다음 경험 개념이 나타난다. 이에 대해 칸트는 원리의 분석편에서 자세히 설명한다.

231 기존 번역은 '오성'(최재희), '지성'(백종현). 이 책에서는 일관되게 '지식'으로 번역한다. 따라서 이 번역에서는 '오성 개념' 및 '지성 개념'은 '지식 개념'으로 표현된다.

232 만약 인간의 본성이 아니라 신의 본성이라면, 직관은 지적인 성격을 갖는다.

없는 직관은 맹목이다.[233] 따라서 우리가 우리 개념들을 감각화하고(즉, 우리가 직관 안에서 그 개념들에 대상을 부여하고), 우리가 우리 직관들을 지식화하는(즉, 우리가 직관들을 개념 아래로 가져오는) 것이 마찬가지로 필수적이다. 또한 이런 역량과 능력은 서로 기능을 바꿀 수 없다. 지식은 그 무엇도 직관할 수 없으며, 감각은 어느 것도 생각할 수 없다. 오직 이것들이 하나가 됨으로써 인식이 생길 수 있다. 이런 연유로 우리는 양자의 역할을 섞지 말아야 하니, 오히려 감수성과 지식을 조심스럽게 분리해서 구별할 강력한 이유가 된다. 그러므로 우리는 감수성 일반의 규칙에 관한 부문, 즉 감성을, 지식 일반의 규칙에 관한 부문, 즉 논리와 구별하는 것이다.

B76
A52

그다음 논리는 지식의 일반적인 용도의 논리[234]이거나, 지식의 특수한 용도의 논리[235]라는 두 가지 상이한 관점으로 행해진다. 지식의 일반적인 용도의 논리는, 그것들이 없으면 지식이 전혀 사용될 수 없는 절대적으로 필연적인 생각의 규칙을 포함한다. 따라서 지식에 연결될 다양한 대상과 무관하게 지식을 다룬다. 이런 논리는 기본 논리라 불릴 것이다. 지식의 특수한 용도에 관한 논리는 이런저런 학문의

---

233 이 유명한 칸트의 문장은, 동일한 의미로, 다양하게 변형될 수 있다. 〈직관 없는 개념은 공허하며, 개념 없는 직관은 맹목이다〉, 〈내용 없는 생각은 공허하며, 생각 없는 내용은 맹목이다〉, 〈경험 없는 개념은 공허하며, 개념 없는 경험은 맹목이다〉, 〈내용 없는 형식은 공허하며, 형식 없는 내용은 맹목이다〉, 〈감각 없는 생각은 공허하며, 생각 없는 감각은 맹목이다〉, 〈재료 없는 개념은 공허하며, 개념 없는 재료는 맹목이다〉, 〈데이터 없는 개념은 공허하며, 개념 없는 데이터는 맹목이다〉, 〈데이터 없는 알고리즘은 공허하며, 알고리즘 없는 데이터는 맹목이다〉, 〈감수성 없는 지식은 공허하며, 지식 없는 감수성은 맹목이다〉 등등.

234 일반 논리학. 칸트는 이어서 일반 논리학을 순수 논리학과 응용 논리학으로 다시 구별되며, 다음으로 일반 논리학과 초월 논리학의 차이점을 순서대로 설명한다. 의미의 복잡을 피하기 위해 '학'이라는 접미어를 사용하지 않았다. 그중 일반 논리학과 초월 논리학의 교집합 부분이 순수 (일반) 논리학이다. 일반 논리학에 해당하는 대표적인 것으로 주어와 술어의 형식적인 관계가 있다. B 95의 판단표는 일반 논리학에 의해 행해지는 판단의 유형을 나타내므로, 일반 논리학이 무엇인지 묻는다면, 칸트가 제시한 판단표의 논리학을 예로 들 수 있다. B 84 및 B 85를 추가적으로 참고.

235 특수 논리학. 어떤 학문의 기초 원리를 설명하는 논리를 뜻한다. 예를 들어 오늘날 중등교육 과정에서 배우는 과학, 전기공학에 입문하기 위한 전자기학이라는 과목 등 각종 학문을 본격적으로 배우기 위해 그 학문의 기본 개념과 원리에 대한 예비 지식이 특수 논리학에 해당한다 하겠다.

길잡이²³⁶라 불릴 수 있으며, 어떤 종류의 대상들을 올바르게 생각하기 위한 규칙을 포함한다. 설령 특수 용도의 논리가 인간 이성의 진보라는 면에서는 최후에 이르는 것일지라도, 학교에서는 이런 논리를 학문들에 입문하는 길잡이로 삼는다. 그런데 학문이 완성되어 오랜 시간이 지날 때까지, 그리고 그 학문을 개선하고 완벽하게 할 마지막 국면이 필요할 때까지, 이성은 이 논리학에 다다르지는 않는다. 왜냐하면, 우리가 어떻게 특수 학문이 성립될 수 있는지에 관한 규칙들을 제시하고자 한다면, 그 학문의 대상들이 이미 우리에게 아주 상당한 수준으로 알려져야 하기 때문이다.

B77

일반 논리학은 순수 일반 논리학이거나 응용 일반 논리학이다. 전자에서 우리는 우리가 우리 지식을 실행하게끔 하는 모든 경험 조건을 떼어 낸다. 예컨대, 감각의 영향, 상상의 작용, 기억의 법칙, 습관의 힘, 성향 등을 빼낸다. 그러므로 우리는 편견의 원천들을 빼내고, 정말이지 이런저런 인식들을 일으키는 혹은 일으킬 것으로 보이는 모든 원인을 배제하는 것이다. 왜냐하면 이러한 경험 조건은 단지 어떤 상황에만 적용되는 지식에 관계하기 때문이며, 그런 상황들을 알려면 경험이 필요해지기 때문이다. 따라서 **일반** 논리학이면서 **순수** 논리학은 오직 경험 무관한 원리만을 다룬다. 그런 논리학이 이성과 **지식**의 **규범**²³⁷이되, 그것들을 이용함에 있어 단지 형식적인 것에서만 규범이라는 것이며, 내용적인 것(그것이 경험적이든 초월적이든)은 무시된다. 그런데 만약 일반 논리학이, 심리학²³⁸이 우리에게 가르쳐 주는 주관적인 경험 조건들에 이용되는 지식의 규칙에 관련된다면, 그 **일반 논리학**은 **응용 논리학**²³⁹이라 불린다. 비록 그것이 지식 대상들을 구별함 없이 지식의 사용을 다룬다는 점에서 일반 논리학일지라도 그런 논리는 경험 원리를 갖는다. 그

A53

---

236 Organon. 오르가논의 의미에 대해서는 A11의 주석을 보라.

237 Canon. 기존 번역은 '규준'. 지식이나 이성의 원리 체계를 뜻한다.

238 칸트가 말하는 심리학은 오늘날의 심리학을 뜻하지는 않는다. 엄밀한 의미의 형식적인 논리보다는 사람들의 경험에 관련하여 그 경험 지식의 내용적 타당성을 밝히는 학문 정도의 의미를 갖는다.

239 예를 들어, "논리적으로 생각해 보면 이해할 수 있을 거야", "당신 주장은 인과관계가 잘못되어 논리적으로 타당하지 않습니다", "이 책은 굉장히 논리적으로 서술되어 있어" 등의 표현에서 언급되는 '논리'가 칸트가 말하는 '응용 논리학'에 해당하는 것으로 해석된다.

렇기 때문에 응용 일반 논리학은 평범한 지식을 위한 정화제가 될 뿐이지 지식 일반의 규범이 아니며, 특수 학문들의 길잡이도 아니다. B78

따라서 일반 논리학에서 순수 이성 이론을 구성하는 부분은 응용(그럼에도 여전히 일반적인) 논리학을 구성하는 부분과 완전히 분리돼야 한다. 설령 간략하고 건조한, 지식의 요소론에 관한 학문적인 요점 같은 것이 필요할지라도, 이 부분의 첫 번째만이 적합한 학문이다. 그러므로 그런 순수 일반 논리학에서 논리학자들은 항상 두 가지 규칙을 유념해야 한다. A54

1. 일반 논리학으로서, 지식의 모든 인식의 내용과 그 인식의 대상들 사이의 차이를 배제하고, 단지 생각의 형식만으로 다룰 것.
2. 순수 논리학으로서, 어떤 경험 원리도 갖지 말 것. 따라서 (사람들이 자주 설득돼 버리는 것 같은) 심리학으로부터는 아무것도 취하지 않을 것. 그로 말미암아 심리학이 지식의 규범에 무엇이든 영향을 미치지 못하도록 할 것. 순수 일반 논리학은 증명된 이론이며, 그 안의 모든 것은 온전히 경험 무관하게 확실해야 한다.

내가 응용 논리학이라고 부른 것은 (응용 논리학이라는 표현의 평범한 의미와는 다르게, 순수 논리학이 제공하는 규칙에 대한 어떤 실습을 포함해야 한다는 것에 따라) 지식 안에 들어있는 것이자, 지식의 필연적이며 구체적인 사용을 다스리는 규칙이다. 다시 말하면, 주관에 붙어 있는 우연적인 조건들 하에서의 사용이며, 그런 조건들은 지식의 사용을 촉진하거나 방해할 수 있되, 하나이건 모두이건 단지 경험적으로만 주어지는 것이다. 이러한 응용 논리학은 주도면밀함을, 주도면밀함을 방해하는 것과 그것의 결과를, 의심과 거리낌과 확신 등의 상태를 다룬다. 순수 도덕이 본래의 덕이론에 대한 관계처럼,[240] 순수 일반 논리학은 응용 일반 논리학과 관계한다. 순수 도덕은 자유 의지 일반의 도덕법만을 다루는 것이되, 덕이론은 인간들이 많든 적든 굴복하는 감정과 성향과 정열에 의한 방해 하에서 이런 도덕법 B79 A55

---

240 '순수 도덕'은 모든 이에게 도덕 의무로서 작용하는 도덕법칙을 뜻하며, '덕이론'은 사람들의 마음가짐에 관한 이론으로서 심리적이거나 경험적으로 바람직한 것에 관한 이론을 뜻한다.

을 평가한다. 덕이론은 참되고 증명된 학문을 제공하지는 못한다. 왜냐하면, 저 응용 논리학처럼, 그것은 경험적이며 심리적인 원리들을 필요로 하기 때문이다.

제2장
초월 논리학에 대하여

우리가 살펴본 것처럼, 일반 논리학은 인식의 모든 내용을, 즉 인식 대상과의 모든 관계를 배제한다. 그것은 단지 인식들이 갖는 관계 내의 논리적 형식만을, 즉 오직 생각 일반의 형식만을 고찰한다. 그러나 (초월적 감수성이 밝힌 것처럼) 순수 직관과 경험적 직관이 있었으므로, 대상에 대한 순수 생각과 경험적 생각의 구별이 또한 드러나게 된다. 이 경우, 인식의 모든 내용을 빼내지 않은 어떤 논리학이 있을 것이다. 왜냐하면 대상에 대한 순수 생각을 규율하는 규칙만을 포함하는 논리학이라면 경험적인 내용을 갖는 모든 인식을 배제하기만 할 것이기 때문이다.[241] 더욱이 그 논리학[242]은 대상들에 대한 인식의 근원을 다룰 수도 있겠지만(대상들에 그런 근원이 주어지지 못하는 경우에 한해서), 일반 논리학은 인식의 근원에는 전혀 상관하지 않는다. 오히려 일반 논리학은 원래부터 우리 안에 경험 무관하게 있는 것이든 아니면 단지 경험적으로 주어진 것이든 머릿속에 있는 것들을 고찰한다. 또한 일반 논리학은, 지식이 그런 표상들을 생각할 때, 그것들을 서로 관계시킴에 있어 지식이 따르는 법칙에 관해서만 고찰한다. 그러므로 일반 논리학은 오직 지식의 형식만을 다루는 것이며, 머릿속에 있는 것들이 어디에서 유래했는지는 상관하지 않는다.

B80

A56

여기서 나는 한 가지 논평을 해둔다. 그 중요함은 앞으로 이어지는 모든 고찰에 미치니, 따라서 주의 깊게 기억해야 한다. 모든 경험 무관한 인식이 초월적이라고 칭해지는 것은 아니다.[243] 머릿속에 있는 어떤 것(직관과 개념)이 경험 무관하게 적용

---

241 따라서 이와 달리, 경험적인 생각을 고려하는 논리학이 있으리라는 것.
242 일반 논리학과 달리, 경험적인 내용을 포함하는 논리학.
243 그러므로 수학과 자연학 지식은 경험 무관한 지식이기는 해도, 그 자체로 초월적 지식은 아니다.

되거나 가능해진다는 사실을 우리가 인식하며, 또한 그런 것이 어떻게 이루어지는지를 우리가 경험 무관하게 인식하는, 오직 그런 인식만을 초월적이라 불러야 한다(즉, 인식을 경험 무관하게 가능하게 하거나, 경험 무관하게 사용하는 것).[244] 따라서 공간도, 공간에서의 어떤 경험 무관한 기하학적 규정도 초월적 표상은 아니다. 머릿속에 있는 이것들[245]이 전혀 경험에 근원을 두지 않는다는 인식과, 그럼에도 경험 대상들에 경험 무관하게 관계할 수 있다는 가능성만이 초월적이라 불릴 것이다. 마찬가지로 대상 일반에 관한 공간의 그런 이용 또한 초월적일 것이다. 그러나 만약 공간의 이용이 단지 감각 대상들로 국한된다면, 이는 경험적이라 불린다. 그래서 초월적인 것과 경험적인 것의 구별은 오직 인식에 대한 이런 비판에 속할 뿐이지, 인식과 대상 사이의 관계[246]에 관련되는 것은 아니다.

기대하건대, 아마도 대상에 경험 무관하게 관계하는 개념들이 존재할 것이며, 그것들은 순수하거나 감각적인 직관이 아니라, 그저 순수 생각의 활동일 것이다. 따라서 경험에서도 감수성에서도 유래하지 않는 개념일 것이다. 이런 기대 속에서 우리는, 우리가 대상들을 온전히 경험 무관하게 생각하는 순수 지식과 순수 이성 인식이라는 학문의 관념을 미리 천명한다. 그런 학문은 그런 인식들의 근원과 범위와 객관적 타당성을 정할 것이니, 그것을 일컬어 **초월 논리학**[247]이라 칭해야 한

---

244 이 부분 때문에 최재희는 transcendental을 '초월적'이 아니라 '선험적'으로 번역했다. *a priori*의 번역어 '선천적'의 의미는 '선험적'의 의미와 사실상 같은 의미이기 때문에, 결국 칸트가 동어반복으로 용어를 정의한 듯한 진술이 되고 만다. Transcendental은 대상 인식에서 **인식 주체 사이에 놓인 경험이라는 장벽을 넘는다는 뜻**이며, 그리하여 서로 다른 인식 주체라 할지라도, **대상 일반에 대한 경험 가능성에서는 모든 인류에게 항상 똑같이 나타나는 성격**을 가리킨다. '선험적'이라는 학자들의 '해석적 용어'만으로는 그런 뜻을 추론해 낼 수 없다. 그러나 '초월적'이라는 단어는 적어도 (벽을) 넘어선다는 뜻을 쉽게 추론할 수 있다. 단어의 어원 관점에서도, 칸트 본인의 단어 이해 관점에서도 transcendental을 '선험적'으로 번역하는 것은 일부 학자들의 과욕이다. 〈괘씸한 철학 번역〉(코디정, 2025) 176쪽~186쪽 참고.

245 공간과 공간에 대한 기하학적 규정.

246 인식이 대상에 관계 맺는 것은 직관이며, 경험적인 것이다. 반면 인식에서 초월적인 것은 대상 일반에 경험 무관하게 관계함으로써 항상 나타나는 것이다.

247 혹은 동의어로서, '초월적 논리'

다. 왜냐하면 그것은 그저 지식과 이성의 법칙만을 다루기 때문이요, 일반 논리학과 달리, 대상들에 경험 무관하게 관계하는 한에서만 그러하기 때문이다. 일반 논리학은 순수 이성 인식이든 경험적 인식이든 구별없이 관계한다.[248]

B82

---

248 이러한 칸트의 논리학 분류는 다음과 같이 요약할 수 있다.

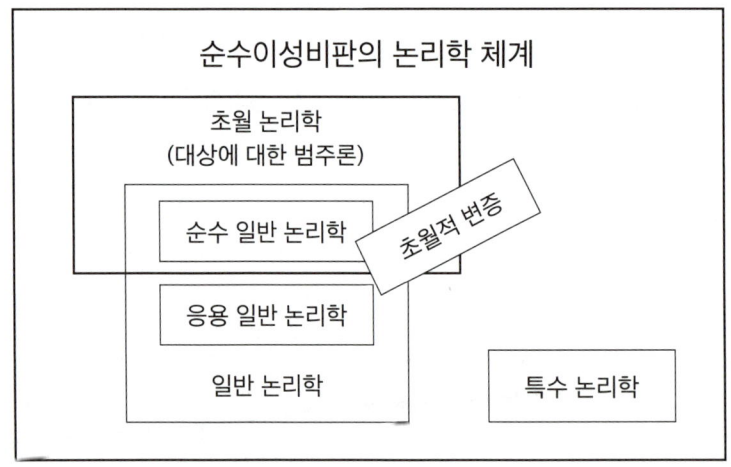

제3장
분석과 변증으로
일반 논리학을 구별함에 대하여

A41

진리란 무엇인가? 사람들이 논리학자들을 궁지에 몰려고 의도했던 이 유구하고 유명한 질문은, 논리학자들이 그들 스스로 비참한 순환론에 떨어질 수밖에 없거나, 아니면 무지를 고백하면서 그들의 기예가 모두 무용함을 인정해야 하는 곳까지 이르게 하려 했다. 이런 질문에서는, 인식과 그 인식의 대상이 일치하는 것이 곧 진리라는, 진리의 명시적 정의가 주어지고 전제된다. 그들은 알기를 요구한다. 어떤 인식이 진리인지 관한 문제에서 무엇이 보편적이며 확실한 기준이냐는 것이다.

합리적으로 질문해야 함을 안다는 것은 이미 그 사람의 현명함과 통찰을 아주 넉넉하게 증명한다. 왜냐하면 만약 질문이 그 자체로 불합리하고 불필요한 답을 요구한다면, 질문한 사람도 무안해질 뿐더러, 질문받은 사람이 부주의한 경우 그이를 호도하며, 그로 하여금 불합리한 대답을 유도하거나 우리가 우스꽝스러운 모습을 보게 되는 부작용이 생기기 때문이니, 옛 사람들이 말했던 것처럼, 이는 한 사람

B83

이 숫양의 젖을 짜자[249] 다른 사람이 그 밑에 체를 놓는 꼴이다.

그러므로 만약 진리가 인식과 그 인식의 대상이 일치하는 것이라면, 그때 이 대상은 다른 대상들과 구별돼야 한다. 왜냐하면 어떤 인식이 그것과 관계하는 대상과 일치하지 않는다면, 설령 그것이 다른 대상들에 타당한 것을 포함한다 해도, 거짓이기 때문이다. 그런데 진리의 보편적인 기준이라 함은 모든 인식에 대해 그 대상들을 구별함 없이 타당한 것이리라. 그러나 진리의 이런 보편적인 기준에서 우리는 인식의 모든 내용(그것의 대상과의 관계)을 빼내는 것이지만,[250] 그런데 진리란

A59

바로 이 내용에 관한 것이니, 인식에서 이런 내용상의 진리에 대한 표시를 묻는 질

---

249 당연하게도, 숫양은 젖이 나오지 않는다.
250 일반 논리학은 내용을 빼내고 생각의 형식만을 탐구하는 학문이다.

문은 완전 불가능해지며 불합리하게 돼 버리고, 그리하여 충분하면서도 동시에 보편적인 진리의 표지를 제공하는 것은 불가능해진다. 우리는 이미 앞서 인식의 내용을 재료라고 칭했다.[251] 따라서 우리는, 재료의 면에서는, 어떤 보편적인 표식도 인식의 진리에 대해 요구할 수 없다고 말해야 한다. 그런 표식은 자기 모순적이기 때문이다.

반면 (모든 내용을 제외하고) 단지 형식의 면에서의 인식에 관해서, 그러므로 지식의 보편적이고 필연적 규칙들을 소상히 밝히는 논리학에 관해서, 그런 논리학이 이런 규칙들 안에서 진리의 기준을 제시해야 함은 마찬가지로 명백하다. 무엇이든 이런 규칙과 모순되는 것은 거짓이다. 왜냐하면 그때 지식은 자기 자신의 보편적인 생각 규칙과, 고로 자기 자신과 충돌하기 때문이다. 이 기준은 오직 진리의 형식에만, 다시 말하면 생각 일반의 형식에만 관련해서는 전적으로 올바르지만, 충분하지는 않다. 왜냐하면 어떤 인식이 논리적 형식에 완전히 부합할지라도, 즉 자기 자신과는 모순되지 않을지라도, 여전히 그 대상과는 모순될 수 있기 때문이다. 그렇기 때문에 진리의 순전히 논리적 기준, 다시 말하면 인식이 지식과 이성의 보편적이고 형식적인 법칙들에 일치하는지 여부는 실로 불가피한 조건이며, 따라서 모든 진리의 소극적 조건이다. 그러나 논리학은 이 이상 더 나아가지 못한다. 형식이 아닌 내용에 관한 오류를 찾는 데 쓰는 어떤 시금석도 논리학은 갖고 있지 않다.

B84

A60

일반 논리학은 지식과 이성의 전체 형식적인 과업을, 요소들로 분해하여, 이런 요소를 우리 인식의 모든 논리적 판단을 지배하는 원리로서 개시한다. 그러므로 논리학의 이러한 부분을 일컬어 분석이라 불릴 것이다. 이러한 분석이 적어도 진리의 소극적 시금석이다. 왜냐하면 모든 인식은, 무엇보다 이런 규칙에 의해, 그 형식 면에서 검사되고 평가돼야 하기 때문이며, 이것은 인식들이 그들의 대상에 관해 적극적인 진리를 포함하고 있는지 밝히기 위해 우리가 이런 규칙 자체를 내용적인 면에서 평가하기 전에 행해져야 하기 때문이다. 그러나 한낱 인식의 형식은, 그

B85

---

251 Matter. B 74에서, "감각은 감각적 인식의 재료라 불릴 수 있다. 그러므로 순수 직관은 오직 형식만을 포함하며, 그 형식 하에 어떤 것이 직관된다."

A61

것이 논리 법칙과 잘 일치한다 한들, 어떤 인식이 재료적(객관적) 진리임을 밝히는 데에는 너무나 부족하다. 따라서 논리만으로는 누구도 과감하게 대상들을 판단하고 그것들에 대해 무엇인가 주장할 수는 없다. 우리는 먼저 논리 밖으로 나가서 대상에 대해 근거가 충분한 정보를 얻어야 하고, 이어서 그 정보를 채택해서 논리 법칙들에 부합하게 전체를 일관되게 연결하도록 시도해야 한다. 아니면, 더 좋게는, 이런 법칙으로 그 정보를 검사하기 위해서라도 논리 바깥으로 나가야 한다. 그런데 그곳에는 매우 그럴싸한 기예를 소유하는 것에 관해 아주 큰 유혹이 있다. 인식의 내용에 관한 한, 여전히 매우 공허하고 빈약함에도, 우리는 우리의 모든 인식에 지식의 형식을 제공하려는 것이다. 이 유혹은 너무나 강력해서, 미혹할 뿐인 객관적인 주장들을 실제로 만들어 내기 위한 **논리적 길잡이**로, 그저 판정을 위한 **규범**인 일반 논리학을 사용하니, 이로써 일반 논리학은 실제로 오용돼 온 것이다. 일반 논리학이, 이른바 길잡이로써 이용될 때, 이를 **변증**이라 칭해진다.

B86

고대 사람들이 학문과 기예를 나타내는 것으로 변증이라는 명칭을 저마다 상당히 다르게 사용했어도, 그들의 실제 용법으로부터 우리는 변증이라는 것이 다름 아닌 **허상의 논리**에 지나지 않음을 확실히 알 수 있었다. 다시 말하면, 그것은 무지에, 심지어 의도된 거짓에, 진리의 분위기를 가져다 주는 궤변술이었다. 그리고 변증은 논리학 일반에 의해 처방된 철저한 방법을 흉내 냄으로써, 또한 텅 빈 가면을 장식하는 주제들[252]을 사용함으로써 행해졌다. 이제 일반 논리학이 **논리적 길잡이로 간주되는** 경우, 우리는 그것이 항상 허상의 논리임을, 즉 언제나 변증임을 주의할 수 있다(확실하고 유용한 경고이다). 왜냐하면 일반 논리학은 우리에게 인식의 내용에 대해서는 무엇이든 아무것도 가르쳐 주지 않기 때문이요, 그것은 그저 지식에 부합하는 형식 조건들만을 가르쳐 주기 때문이요, 이런 조건들은 대상에 관해서는 전적으로 무관심하기 때문이다. 따라서 자기 지식을 넓히고 확대하기 위해

---

252 Topics. 아리스토텔레스의 〈토피카Topics〉에 등장하는 '토포스(topos)'를 지칭한다. '장소(위치)'라는 어원을 갖는 이 단어는 이야기의 의미적 묶음을 뜻한다. 〈토피카〉는 〈오르가논〉으로 알려진 6권의 논리학 저서 중 한 권이다. 아리스토텔레스는 질문자와 답변자의 문답을 통해, 어떤 주어진 '이야기 무대'(토피카)를 지지하거나 혹은 반박하기 위해, 논리적인 입증까지는 아니더라도, 설득력 있는 주장을 발견해 나간다. 주로 변증적인 논의와 토론의 규칙을 정리한 매뉴얼이다.

(적어도 그렇게 전제하듯이), 일반 논리학을 도구(길잡이)로서 염치없이 이용한다면, 이는 그저 쓸데없는 잡담에 불과하니, 우리가 바라는 것을, 그럴싸하게 보이는 것으로, 주장한다거나 제멋대로 반박하거나 하는 것이다.

이런 가르침은 철학의 권위에 전혀 합당하지 않다. 이런 연유로, 저 이름 '변증'은, **변증적 허상에 대한 비판**으로 논리학에 포함되는 것이고, 그런 방식으로 우리는 여기서 그것을 알게 될 것이다.

/ B87

제4장
초월적 분석과 변증으로
초월 논리학을 구별함에 대하여

초월 논리학에서는 지식만을 분리한 다음(마치 초월적 감성에서 우리가 감수성을 분리한 것처럼), 우리 인식에서 오로지 지식 안에 그 근원을 가진 생각 부분만을 선택한다. 그러나 이런 순수 인식의 사용은 어떤 조건에 의존하니, 그것은 지식이 적용될 수 있는 대상들이 직관 안에서 우리에게 주어진다는 조건이다. 왜냐하면 직관이 없다면, 우리의 모든 인식은 대상들이 결여된 것이기 때문이며, 그러므로 완전히 공허한 채로 남겨지기 때문이다. 따라서 지식의 순수 인식의 요소들과 그것 없이는 어떤 대상도 생각될 수 없는 원리들을 상술하는 초월적 논리 부분이 초월적 분석이며, 동시에 진리의 논리이다. 왜냐하면 어떤 인식도 동시에 모든 내용을, 즉 대상에 대한 모든 관계를 상실하지 않는다고 한다면, 그리하여 모든 진리를 상실함이 없다면, 인식이 논리에 모순될 수 없기 때문이다. 반면, 비록 오직 경험만이 우리에게 순수 지식 개념이 적용될 수 있는 재료(대상들)를 제공할 수 있을지라도, 지식의 순수 인식들은 지식 스스로 원리를 사용하면서, 심지어 경험의 한계를 넘어가고자 하는[253] 굉장한 유혹과 끌림이 있다. 그 결과 지식은 위험에 빠지고 마니, 공허한 궤변으로, 순수 지식의 그저 형식 원리들을 내용적인 용도[254]로 사용하는 것이며, 주어지지도 않은 대상들에 대해, 혹은 정말이지 어떤 식으로도 주어질 수 없는 대상들에 대해 무분별하게 판단하는 것이다. 실은, 초월 논리학은 단지 경험적 사용을 판단하기 위한 규범일[255] 뿐이다. 따라서 만약 우리가 초월 논리학을 보편적이며 무제한적으로 사용하는 논리적 길잡이로 받아들인다면, 만약 순수 지

---

253 예컨대, 신은 존재하는지, 세계는 어디에서 시작됐는지, 죽은 다음의 내세는 있는지 등의 인식처럼 경험으로부터 재료를 받기는커녕 지식 스스로 재료를 만들어낸다.

254 즉, 재료(물질)적인 용도로.

255 초월적 논리는 인간에게 경험이 어떻게 가능해지는 것인지, 즉 경험을 통해 머릿속으로 들어온 다양한 표상들을 어떻게 합쳐서 개념을 적용하여 하나로 결합하는지(그 결과가 '판단'이다)에 대한 경험 무관한 논리 규범을 의미한다.

식 홀로 대상 일반에 대하여 종합적으로 어떤 것을 판단, 주장, 결정하려고 한다면, 그때 우리는 초월적 분석을 잘못 사용하게 된다. 그러므로 그런 순수 지식의 사용은 변증이 될 것이다. 따라서 초월적 논리의 두 번째 부분은 이런 변증적 허상에 대한 비판이어야 하며, 이를 초월적 변증이라 한다. 이는 그런 허상을 자기 확신적으로 만들어 내는 (불행히도 형이상학적 요술로 너무나 다양하게 유행하고 있는) 기예가 아니라, 초자연적으로 쓰이는 지식과 이성의 비판으로 간주된다. 지식과 이성의 근거 없는 주장 속 거짓 허상을 폭로하기 위해 우리에게 비판이 필요한 것이요, 초월적[256] 원리들을 이용하는 것만으로도 성취될 수 있을 거라는 발명과 확장[257]에 대한 이성의 요구를 약화시키기 위해 그런 비판이 필요한 것이며, 또한 이는 궤변적인 기만에 맞서 순수 지식을 보호하고, 다만 평가하는 것이다.

A64

---

256 초경험적이라는 의미로.

257 경험 없이도 새로운 인식을 발견하고 인식의 대상을 초경험적인 것으로 확대하려는 그런 확장을 뜻한다.

제1편
초월적 분석[258]

초월적 분석은 우리의 모든 경험 무관한 인식을 지식의 순수 인식의 요소들로 분해하는 것이다. 다음 사항들이 이 분해에서 중요하다. (1) 개념들은 경험적이지 않고 순수해야 한다. (2) 개념들은 직관과 감수성에 속하는 게 아니라 생각과 지식에 속해야 한다. (3) 개념들은 기본 개념이어야 하며, 기본 개념들[259]에서 파생되거나 만들어진 개념들[260]과는 분명히 구별돼야 한다. (4) 이런 개념의 표는 완벽해야 하며, 그 개념들은 순수 지식의 영역 전체를 망라해야 한다. 이제 학문의 이러한 완벽함은, 생겨난 개념들을 수집해서 그저 시험 삼아 대강으로 평가하는 것으로는 신뢰할 만하다고 할 수 없으니, 그러므로 이 완벽함은 오직 지식의 경험 무관한 인식의 **전체라는 관념**에 의해서만, 그리고 저런 관념에 의해 정해지고 구성되는 개념들의 분별을 통해서만, 고로 오직 이런 개념을 **하나의 체계 안으로 연결**함으로써만 가능해지는 것이다.

순수 지식은 경험적인 모든 것과 완전히 구별될 뿐 아니라, 모든 감수성과도 구별된다. 그러므로 순수 지식은 홀로 자존하며 스스로에게 충분한 하나이며, 외부에서 무엇인가를 더해 늘어날 수 있는 것이 아니다. 따라서 그 인식의 전부가 하나의 관념[261]에 의해 정해지고, 둘러싸일 수 있는 체계를 이룰 것이다. 지식 시스템의 완벽함과 짜임새는 동시에 그 체계에 적합한 모든 인식 단편의 올바름과 참됨의 시

---

258 이것에 대응하는 제2편이 〈초월적 변증〉이며, 순수이성비판 2에서 다룬다.

259 순수 지식 개념을 가리킨다. 칸트는 곧 범주라는 이름의 열두 개의 순수 지식 개념을 제시한다.

260 (1) 경험 개념을 가리킨다. 인간의 머리 안에 있는 개념들은 대부분 경험 개념이다. 또는 (2) 준범주(B108)를 가리키는 것으로 해석될 수 있다.

261 순수 지식이라는 관념.

금석을 제공할 수 있다. 초월적 논리[262]의 이러한 전체 편은, 그러나 두 개의 장[263]으로 이루어진다. 그 첫 번째가 순수 지식의 **개념들**을, 두 번째가 **원리들**을 포함한다.

---

262 즉 초월적 분석.

263 원문에서는 'book'으로 표현되었다. 그러나 'book'에 대응하는 우리말 '권'은 이미 〈초월적 요소론〉과 〈초월적 방법론〉에 각각 할당되었다. 이 책의 소제목 분류는 우리 대한민국 법령의 체계인 '편장절관조항호목'에 따라 재분류되었기 때문에, 여기에서는 '장'에 해당한다. 그 위치는 이러하다. 제1권 초월적 요소론, 제2부 초월적 논리, 제1편 초월적 분석, 제1장 개념의 분석(제2장 원리의 분석).

제1장
개념의 분석

나는 개념의 분석이라는 말에 대해, 이미 주어진 개념들을 내용 면에서 분해하여 분명하게 만드는 흔한 철학 탐구에서의 개념 분석을 의미하는 게 아니라, 오히려 여기에서는 **지식 능력** 자체를 **분해**하는 것을 의미하며, 이는 거의 시도되지 않았던 것이다. 이런 분해의 목적은 경험 무관한 개념들을 오직 그것들의 출생지인 지식 안에 위치시킴으로써, 그리고 지식의 순수한 사용 일반을 분석함으로써 경험 무관한 개념들의 가능성을 탐구하려는 것이다. 왜냐하면 이러한 탐구가 초월철학의 참된 과업이며, 나머지[264]는 철학 일반에서 개념들을 논리적으로 다루는 일이기 때문이다. 따라서 우리는 온 힘을 다해 인간 지식 안에서 순수 개념들의 최초의 씨앗과 기질까지 그것들을 추적할 것이다. 그곳에서는 이 개념들이 그것들에 붙는 경험 조건들로부터 자유로운 상태로 있으면서, 경험을 기회 삼아 바로 그 동일한 지식에 의해 마침내 선명하게 발전되고 제시될 때까지 준비되어 있다.[265]

A66

B91

---

264 위에서 언급한 종래의 개념의 분석.
265 감수성의 경험 무관한 준비에 대한 '언급'에 관해서는 A 20(B 34)을 보라.

제1절[266]
모든 순수 지식 개념 발견을 위한
단서에 대하여

만약 우리가 인식 능력을 발휘한다면, 그렇게 하도록 하는 다양한 방식에 따라, 우리로 하여금 그 능력을 알게 하는 서로 다른 개념들이 앞으로 나온다. 꽤 오랫동안 관찰하거나 매우 날카롭게 관찰한다면, 그런 철저한 시도에서 이런 개념들이 수집될 수는 있다. 그러나 말하자면 기계적인 이런 과정에 의해서는, 우리는 탐구가 완벽해지는 지점을 신뢰성 있게 정하지는 못한다. 만약 단지 주어진 기회들에 대해서만 개념들이 발견된다면, 그것들은 자신을 질서 있게 또는 체계적인 통합으로 드러내지는 못할 것이다. 오히려 개념들은 결국 얼마나 유사한지에 따라 짝을 이루며, 내용이 얼마나 많은지에 따라 단순한 것에서부터 합쳐진 것까지 연쇄적으로 배열될 것이다. 이 연쇄적인 것은, 설령 어느 정도는 질서가 있을지라도, 전혀 체계적이지는 않다.[267]

초월철학은 원리에 맞게 개념들을 찾아내는 이익이 있으며, 또한 그렇게 할 의무가 있다. 왜냐하면 이런 개념은 순수하고 섞이지 않은 채로 지식에서 비롯되되, 절대적으로 하나가 되어 있으므로, 그것들 스스로 하나의 개념이나 관념에 따라 서로서로 연결되어야 한다. 그러나 그런 연결은 우리에게 규칙을 제공한다. 각 순수 지식 개념에 우리가 위치와 그것들 모두의 완전성을 경험 무관하게 결정할 수 있는, 그런 규칙이다. 그렇지 않다면 이 모든 것은 기분과 우연의 지배를 받게 될 것이다.

---

266 순수 지식 개념(범주)를 찾아내기 위한 이 제1절의 제목은 약간씩 변형되기는 해도, 모두 제2절 순수 지식 개념의 연역 전까지 모두 같은 절에 해당한다.

267 날카로운 관찰과 기계적인 분석만으로는 체계적인 개념 발견의 단서가 될 수 없다는 뜻. 따라서 이어지는 초월철학의 원리에 따른 단서가 필요하다는 것이다.

지식의 모든 순수 개념 발견을 위한
초월적 단서

제1관
지식의 논리적 사용 일반에 대하여

지금까지 지식은 단지 소극적으로 설명되었다. 다시 말해 지식은 감각적이지 않은 인식 능력으로 설명되었다. 감수성을 떠나서 우리는 어떤 직관에도 관여할 수 없기 때문에, 지식은 직관 능력이 아니다. 그러나 직관을 제외하고도 오직 하나의 인식 방법이 있으니, 즉 개념을 통하는 것이다. 그러므로 지식 인식은, 적어도 인간의 지식 인식은, 그 전체가 개념을 통한 인식이다. 그것은 직관적이지 않고 언어적인 것이다. 감각으로서 우리의 모든 직관은 영향을 받는 것[268]에 기인한다. 반면 개념은 기능에 기인한다. 그런데 나는 기능이라는 말을 다양한 표상을 하나의 공통 표상 아래로 정리하는 행동[269]으로 이해한다. 따라서 감각 직관이 인상의 수용성에 기초하는 것처럼, 개념은 생각의 자발성에 기초한다. 이제 지식은 이런 개념을 사용하여 판단을 내릴 수 있다.[270]

A68
B93

그러나 그런 판단에서는 개념이 대상과 직접 관계하지 않는데, 왜냐하면 직관이 아니고서는 어떤 표상에도 대상이 직접 들어있지 않기 때문이다. 그런데 개념은 대상의 어떤 표상(그 표상이 직관이든지 아니면 그 자체로 이미 개념이든지)에 대해서는 항상 관계한다. 그런 까닭에 판단은 대상에 대한 간접적인 인식이며, 고로

---

268 외부로부터 영향을 받으면 '외부 직관', 자기 내부에서 영향을 받으면 '내적 직관'이 된다. A22, B 37, B 72 참고.

269 '다양한 표상들을 하나의 공통 표상 아래로 정리하는 행동'이라는 표현에서, '다양한 표상'은 직관을 통해 머릿속에 자리한 대상에 관한 감각 데이터를 뜻하고, '공통 표상'은 머릿속에 들어 있는 개념에 관한 것을 뜻한다. '표상'이란, 머릿속에 있는 것을 의미한다.

270 개념을 사용한다는 말은 그 개념으로 대상을 판단한다는 뜻이다.

대상에 대한 표상의 표상[271]이다. 모든 판단에는, 많은 표상에 타당하며, 또한 많은 표상 중에서도 대상과 직접 관계하는 표상[272]을 파악하는 어떤 개념이 있다. 예컨대 **〈모든 물체는 나눌 수 있다〉**라는 판단에서, 나눌 수 있음은 다양한 다른 개념들과 관계하지만, 이것들 중에서 여기서는 특히 물체라는 개념에 관계하고, 이어서 물체라는 그 개념은 우리가 만나는 어떤 현상들[273]에 관계한다. 그러므로 이런 대상은 '나눌 수 있다'라는 개념을 통해 간접적으로 표상되는 것이다. 따라서 모든 판단은 우리의 표상들을 하나로 합치는 기능이다. 그 까닭은 우리가 직접적인 표상으로 대상을 인식하는 것 대신에, 이런 직접적인 표상[274]과 여러 다른 표상으로 구성되는 더 높은 표상[275]으로 인식하기 때문이요, 이로써 우리가 많은 가능한 인식을 하나로 모으기 때문이다.[276]

이제 지식의 모든 활동은 판단으로 환원되므로, **지식** 일반은 판단 능력으로 머릿속에 나타날 수 있다. 왜냐하면 우리가 앞서 말한 것에 따라 지식은 **사고력**이기 때문이다. 그런데 생각은 개념을 통한 인식이며, 가능한 판단들의 술어로서 개념은 아직 정해지지 않은 대상으로서의 어떤 표상에 관계한다. 따라서 물체라는 개념은 그 개념을 통해 인식될 수 있는, 예컨대 금속인 어떤 것을 의미한다. 그러므로 그것이 개념인 까닭은, 대상들과 관계할 수 있는 것에 의한 다른 표상들이, 오직 그것 아래에서만 포함되기 때문이다. 그래서 물체라는 개념은 가능한 판단, 예컨대 〈모든 금속은 물체이다〉라는 판단의 술어가 된다.[277] 따라서 우리가 판단들 안에서 하

---

271 '대상에 대한 표상의 표상'이라는 표현에서 전자의 표상은 직관에서 비롯된 표상이며, 후자의 표상은 개념에서 비롯된 표상이다. 즉, 전자는 대상에 대한 머릿속 이미지로, 후자는 개념이 제시해 주는 의미의 윤곽으로 이해할 수 있다.

272 즉 직관.

273 A판 칸트의 수기에서는 '직관들'로 수정되었다.

274 직관. 그런데 직관은 단수가 아니다. 여러 가지 감각 데이터를 포함한다.

275 개념.

276 다시 말해 개념을 사용해서 직관을 판단하는 것이, 즉 다양한 직관 데이터를 하나로 모으는 것이 지식 활동이다.

277 어떤 판단에서는 주어였던 개념이, 이 판단에서는 술어가 되었다. 다시 말해 개념은 주어이거나 술어가 됨으로써 판단 속에서 나타난다.

나됨의 기능[278]을 완벽하게 제시할 수 있다면, 우리는 지식의 모든 기능을 발견할 수 있다. 이것이 상당히 순조롭게 수행될 수 있음을 다음 단락이 보여줄 것이다.

모든 순수 지식 개념을 발견하기 위한 단서

제2관

제9조 [279]
판단들 안에서 지식의 논리적 기능에 대하여

만약 우리가 판단 일반에서 모든 내용을 빼내고 오직 그 안의 지식의 형식에만 집중한다면, 그때 우리는 판단에서 생각이 기능 각각이 세 가지 요소를 그 아래에 두는, 네 가지 항목 하에서 제공됨을 발견한다. 그것들은 다음 표[280]로 알맞게 제시될 수 있다.

---

278 개념의 기능을 뜻한다.

279 9조부터 조 번호는 B판에서 추가되었다. 제1조~제8조는 초월적 감성편에 있다.

280 기존 번역과의 차이점에 대해서는 다시 언급하기로 한다.

1
판단의 양
보편

개별

단일

2
질
긍정

부정

긍정부정

3
관계
무조건

조건

선택

4
양상
미정

확정

필연

B96
A71

이런 구별은, 본질적인 관점에서 그렇지는 않더라도, 몇몇 관점에서 논리학자들의 관습적인 기법에서 벗어나 있으니, 그런 걱정스러운 오해에 관해서는 다음과 같은 항변들이 요긴하다.

1. 논리학자들이 말하기를, 〈삼단논법[281]으로 판단을 사용할 때, 단일 판단[282]은 보

---

281 Syllogism. 동의어로 '이성 추론'. 대전제: 독일인은 정직하다. 소전제: 칸트는 독일인이다. 결론: 그러므로 칸트는 정직하다. (내용의 타당성은 논외로 한다) 이때 대전제인 〈독일인은 정직하다〉와 〈모든 독일인은 정직하다〉는 각각 단일 판단 및 보편 판단이지만, 동일하게 취급될 수 있다.

282 기존 번역은 '단칭 판단'. 일본 번역을 모범으로 삼은 번역이다. 예컨대, 〈소크라테스는 철학자이다〉, 〈칸트는 정직하다〉, 〈햄릿이 죽었다〉, 〈그 자동차가 신호를 어겼다〉 등의 판단. 〈괘씸한 철학 번역〉(코디정, 2025), 316쪽.

편 판단²⁸³과 같이 취급될 수 있다〉고 하는 것은 정당하다. 왜냐하면 단일 판단들은 전혀 영역²⁸⁴을 갖지 않기 때문이고, 그래서 그것들의 어떤 술어도 주어 개념 하에 포함된 것의 일부에만 관계하고 다른 부분을 배재할 수는 없기 때문이다. 그러므로 단일 판단의 술어는, 마치 이 개념이 일반적으로 타당한 판단처럼, 그리고 그 술어는 그 개념의 모든 의미에서 타당한 것처럼, 예외 없이 주어 개념에 유효하다는 것이다. 반면, 만약 우리가 그저 인식으로서 단일 판단을 양의 관점에서 일반적으로 타당한 판단과 비교한다면,²⁸⁵ 그때 단일 판단과 일반적으로 타당한 판단과의 관계는 하나와 무한의 관계 같은 것이며, 그러므로 그 자체로는 본질적으로 구별된다. 그런 까닭에 만약 내가 단일 판단을 그것의 내적 타당성 면에서 뿐 아니라, 인식 일반의 관점에서도 평가한다면, 그리고 다른 인식들과 비교해서 그것이 갖는 양의 면에서도 평가한다면, 그 경우 단일 판단은 실로 일반적으로 타당한 판단들²⁸⁶과 구별되는 것이며, 따라서 생각 일반 요소들의 완전한 표 안에서 특별한 장소를 차지할 만하다(설령 그저 각각에 관한 판단들의 이용이 제한되는 논리학에서는 그런 장소를 정말로 차지하는 것이 아닐지라도).

B97

2. 마찬가지로, 초월적 논리에서 우리는 **긍정부정²⁸⁷ 판단**도 **긍정** 판단과 구별해야 한다. 일반 논리학에서는 그것들이 긍정 판단을 응당 포함하고 있고, 판단의 분별에서 특별한 요소가 되는 것은 아니다. 왜냐하면 일반 논리학은 (설령 술어가 부정

A72

---

283 기존 번역은 '전칭 판단'. 예컨대, 〈모든 그리스 철학자는 인류의 스승이었다〉, 〈모든 독일인은 정직하다〉, 〈모든 인간은 죽는다〉, 〈모든 자동차는 빨간 불에서 멈춰야 한다〉 등의 '모든'이 들어가는 판단. 〈패씸한 철학 번역〉(코디정, 2025), 310쪽. '어떤'이 명시적으로 혹은 의미상 들어간다면 '개별 판단'(기존 번역: 특칭 판단)이다.

284 주어가 차지하는 영역.

285 초월적 논리의 판단표에 나타난 것처럼. '일반적으로 타당한 판단'은 보편 판단을 가리키는 것으로 해석된다.

286 칸트는 라틴어 *iudicia communia*를 병기했다. 같은 의미이다.

287 기존 번역은 '무한'이며 원문에 충실한 번역이다. 그런데 판단에서 '무한'이라는 의미가 독자들에게 전혀 직감되지 않고, 설명을 들은 후에도 어째서 그 판단이 무한인지 다시금 모호해지는 약점이 있다. 그러나 '긍정부정'으로 번역한다면 그 의미를 쉽고 명확하고 정확하게 전달할 수 있는 장점이 있다. '긍정부정 판단'이 갖는 무한적인 의미는 이하에서 칸트가 소상히 설명한다. 더 자세한 이해를 위해서, 〈패씸한 철학 번역〉(코디정, 2025), 320~323쪽 참고.

적인 의미더라도) 술어에서 모든 내용을 빼내기 때문이요, 그저 술어가 주어에 속하는지,[288] 아니면 반대되는 것인지[289]만을 고려하기 때문이다. 그러나 초월 논리학은 그런 판단을, 부정적인 의미만의 술어로 만들어진 이런 논리적 긍정이 있다는 가치나 내용적인 면에서도 고려할 뿐만 아니라, 이 논리적 긍정이 전체 인식에 대해 가져오는 이익도 고려한다. 영혼에 대해 말하기를, 〈영혼은 필멸이 아니다〉[290]라고 내가 말한다면, 이 부정 판단에서 나는 적어도 착오를 피할 것이다. 이제 내가 〈영혼은 불멸이다〉라고 말한다면, 그때 나는 논리 형식 면에서는 정말이지 사실상 긍정적인 것을 가지니, 나는 불멸의 존재라는 무제한적인 영역[291] 안으로 영혼을 놓는 것이다. 이제 필멸인 것은 가능한 존재의 모든 영역의 한 부분을 이루고, 불멸인 것은 또 다른 부분을 이룬다. 그러므로 내 명제[292]는 다름 아니라 영혼이, 내가 필멸의 것을 제거하고 남은, 무한히 많은 사물 중 하나라는 것을 말하는 것에 지나지 않는다. 그러나 이는 오직 모든 것이 가능한 무한한 영역을 제한하는 것이고, 다시 말하면 필멸의 것을 그것으로부터 분리하는 정도로만 제한하는 것이며, 영혼은 그 영역의 나머지 공간에 놓이는 것이다. 그러나 이런 제외에도 불구하고, 이 공간은 여전히 무한하다. 우리가 거기에서 더 많은 부분

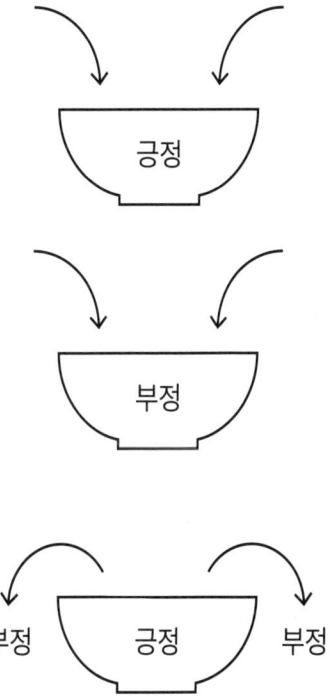

위 그림의 긍정 판단과 부정 판단은 그 판단의 영역이 그릇 안으로 한정되어 있다. 그러나 긍정부정 판단은 그릇 바깥으로 영역이 정해지기 때문에, 이 판단이 차지하는 영역은 무한해진다. 이러한 긍정부정 판단의 무한성은 '가능한 존재의 모든 영역' 자체가 아니라, 그릇 안쪽의 영역의 유한성에 의해 '제한'된 영역이라는 성격을 갖는다.

---

288 긍정 판단.

289 부정 판단.

290 이런 부정 판단에서 술어(필멸이 아니다)가 존재하는 영역은 필멸이라는 제한된 영역이 기준이 돼서 결정된다.

291 이런 판단에서는 술어(불멸이다)가 존재하는 영역은 그 영역을 제한할 기준이 없다. 그래서 무한한 영역이 된다.

292 〈영혼은 불멸이다〉라는 명제.

을 제거하더라도 영혼의 개념은 조금도 늘어나지 않으며,[293] 긍정적으로 정해지지도 않는다. 그리하여 그런 판단들이 논리적인 영역에 관해서는 무한할지라도, 인식 일반의 내용에 관해서는 사실상 그저 제한적이다. 이런 관점에서, 그것들은 판단들에서 발생하는 생각의 모든 요소를 나타내는 초월적 표에서 빠져서는 안 되니, 왜냐하면 지식이 이런 긍정부정 판단에서 수행하는 기능은 아마도 지식의 경험 무관한 순수 인식의 영역에서 중요할 것이기 때문이다.[294]

3. 판단들에서 생각의 모든 관계는 이러하다. (1) 주어에 대한 술어의 관계, (2) 결론에 대한 근거의 관계, (3) 분할된 인식과 그 나뉘어짐에서 모든 요소들의 관계. 판단의 첫 번째 유형에서 관계는 단지 두 개의 개념[295]만으로 고려된다. 두 번째에서는 두 개의 판단이, 세 번째에서는 여러 판단이 각각의 관계 속에서 고려된다. 〈완전한 정의가 있다면, 상습적인 악인은 벌을 받는다〉라는 조건 명제[296]는 실제로 두 가지 명제의 관계를 포함하니, 〈완전한 정의가 있다〉와 〈상습적인 악인은 벌을 받는다〉이다. 이 두 가지 명제가 그 자체로 참인지는 여기서는 정해지지 않았다. 오직 논리적인 귀결만이 이런 조건 판단을 통해 생각된다. 마지막으로 선택 판단[297]은 두 개 이상의 명제 사이의 관계를 포함한다. 이 관계는 순서 관계가 아니다. 어느 한 판단의 영역은 다른 판단의 영역을 배제한다는 점에서 논리적 반대이며, 그러나 동시에 판단들이 본래의 인식 영역을 함께 채운다는 점에서 공동성[298]의 관계이다. 그렇기 때문에 선택 판단에서 명제들의 관계는 인식 영역의 부분들의 관계이다. 분할된 인식의 전체 합을 이루려면, 각 부분의 영역이 다른 부분의 영역을 보

---

293 반면 '부정 판단'의 경우, 긍정적인 부분이 섞어질수록 술어가 규정하는 주어(여기서는 '영혼')의 개념이 증가한다.

294 다시 말해 긍정부정 판단을 만들어 내는 순수 지식 개념이 별도로 있을 것이라는 이야기. 곧 그런 순수 지식 개념은 질의 범주 중 '제한'에 해당함이 밝혀진다.

295 주어의 개념과 술어의 개념만, 아무런 조건 없이, 단순하게 연결된 것. 무조건 명제라 한다. 기존 번역은 '정언 명제'. 대표적인 일본식 번역이다.

296 기존 번역은 '가언 명제'.

297 'or'로 관계를 표현하는 판단. 동일한 뜻으로 '선택 명제'. 기존 번역은 '선언 판단'이다.

298 기존 번역은 '상호성'.

충하기 때문이다. 예를 들어, 〈세계는 알 수 없는 우연으로 존재하거나, 내적 필연성으로 존재하거나, 아니면 외부 원인에 의해 존재한다〉라는 명제에서, 이 명제들의 각 부분이 세계 일반의 존재에 관한 가능한 인식 영역에서 한 부분씩을 차지하고, 모두가 전체 영역을 차지한다. 이 영역의 한 부분에서의 인식을 제거함은 그 인식을 다른 영역의 한 부분 안으로 위치시키는 것을 의미하며, 반대로 한 영역 안으로 인식을 낳는 것은 다른 영역에서 그것을 제거함을 뜻한다. 그러므로 이 선택 판단 안에는 인식의 공동성이 존재한다. 이 공동성은, 인식들이 서로 배제하지만 이로써 **그 전체가** 참된 인식을 결정한다는 점에 있으니, 그것들은 함께 취해지면서 주어진 개별 인식의 전체 내용을 이루기 때문이다. 그리고 이것이 다음 설명을 위해 내가 지적해 둘 필요가 있는 전부이기도 하다.

B100

A75

4. 판단의 양상은 판단에서 매우 특수한 기능이다. 이 기능은 판단의 내용에 관해서는 아무것도 기여하지 않는다는 점에서 차별점이 있다(양, 질, 관계 외에 판단의 내용을 구성하는 것은 달리 없기 때문이다). 양상은 오직 생각 일반에 관한 연결어[299]의 가치에만 관여한다. **미정** 판단[300]은 긍정 또는 부정이 그저 **가능**의 면에서 (임의로) 취해진 판단이다. 확정 판단[301]은 긍정 또는 부정이 **사실**(진짜)로 여겨지는 판단이다. **필연** 판단[302]은 **필연**으로 보이는 판단이다.*

> * 칸트주석: 마치 생각의 첫 번째 경우에는 **지식**의 기능, 두 번째는 **판단력**의 기능, 그리고 세 번째는 **이성**의 기능인 것처럼 보인다. 이런 주석은

---

299 Copula. 한국어 문법과 로마자 계통의 문법이 다르다는 점을 고려해서 이해할 필요가 있다. 〈Kant is a philosopher〉에서 주어는 Kant, 술어는 a philosopher, 연결어는 'is'가 된다. 우리말에서는 '주격 조사' 또는 '서술격 조사'가 그 역할을 한다.

300 최재희는 일본 번역을 모범 삼아 '개연 판단'으로 번역했다. 예컨대 〈독일인은 정직할 것이다〉 등의 판단.

301 최재희는 일본 번역을 모범 삼아 '실연 판단'으로 번역했다. 예컨대 〈칸트는 독일인이다〉 등의 판단.

302 백종현은 '명증 판단'으로 번역했다. 'must'로 표현되거나 의미적으로 포함하고 있는 문장. 예컨대 〈중력을 극복하려면 에너지가 있어야 한다〉, 〈물체는 크기를 갖는다〉, 〈5+7=12〉, 〈모든 사람은 죽는다〉 등의 판단이다.

나중에 명확히 밝혀질 것이다.

따라서 그것들의 관계가 조건 판단으로 이루어진 두 개의 판단(전제와 결론), 그리고 선택 판단이 그것들의 상호 작용의 관계를 이루는 판단(저 분별의 요소들)은 모두 미정일 뿐이다. 위의 예에서 〈완전한 정의가 있다〉라는 명제는 확정적으로 말해진 게 아니라, 단지 임의적인 판단으로 생각된 것으로, 누군가 그럴 것이라고 가정함으로써 가능해지는 판단이다. 오직 논리적인 귀결만이 확정적이다. 그러므로 그런 판단들이 분명 거짓일 수 있더라도, 미정적으로 취해지는 경우, 여전히 진리 인식의 조건이 될 수 있는 것이다. 그리하여 **〈세계는 알 수 없는 우연으로 존재한다〉**라는 판단은 그 선택 판단에서 단지 미정적인 의미를 갖는 것이며, 즉 누군가 이 명제를 순간적으로 가정할 수는 있다. 그러나 이는(마치 한 사람이 갈 수 있는 모든 길의 경우의 수에서 잘못된 길을 가리키는 것처럼) 참된 명제를 찾는 데 기여한다. 따라서 미정 판단은 오직 논리적인 가능성만을 (객관적인 가능성이 아니라) 표현하는 ― 곧 그런 명제를 타당한 것으로 여기는 자유로운 선택을, 그런 선택을 지식 안에서 임의적으로 가정할 뿐인 것을 표현하는 ― 것이다. 필연 판단은 논리적 사실성이나 진실을 말한다. 그런 까닭에 조건적 삼단논법303에서는, 예컨대 대전제의 선행 명제는 미정적이지만, 소전제에서는 확정적이다. 확정 명제는 이미 지식의 법칙에 따라 지식과 결합됨을 나타낸다. 필연 명제는 확정 명제를 지식 그 자체의 법칙에 의해 결정된 것으로 여기니, 그리하여 경험 무관한 것으로 주장하는 것처럼, 이런 방식으로 논리적 필연성을 표현한다. 이제 여기서 모든 것이 점차 지식과 일체화되되, 우리는 처음에 미정적으로 어떤 것을 판단하고, 그다음 그것을 참이라고 확정적으로 인정하며, 마침내 우리는 그것이 지식과 불가분으로 결합된 것으로, 즉 필연적이며 자명한 것으로 주장하는 것이다. 따라서 이 양상의 세 가지 기능은 생각 일반의 많은 순간으로 칭해질 수 있다.

B101

A76

---

303   예를 들어 〈만약 사람들이 인문학에 관심이 있다면, 순수이성비판을 읽어야 한다〉라는 문장을 생각해 보자. 대전제는 '인문학에 관심이 있는 사람들은 인문학 책을 읽기를 좋아한다'가 되고, 소전제는 '순수이성비판은 인문학 책이다'가 되며, 결론은 '그러므로 사람들이 인문학에 관심이 있다면, 순수이성비판을 읽어야 한다'라는 구조로 이루어진다.

B102

모든 순수 지식 개념을
발견하기 위한 단서

제3관

제10조
순수 지식 개념 또는 범주에 대하여

우리가 이미 여러 번 말한 것처럼, 일반 논리학은 인식의 모든 내용을 빼내며, 그곳이 어디에서든 어딘가로부터 표상이 주어지기를 기대하며, 그다음 이런 표상들을 우선 개념으로 변환하되, 분석적으로 한다. 반면 초월 논리학은 인식 앞에 경험 무관하게 놓이는 감수성의 다양함[304]을 가지되, 그것들은 초월적 감성에 의해 제공된 것이다. 초월적 감성은 순수 지식 개념들에 재료를 주기 위해 이런 다양함을 인식에 제공한다. 이러한 재료가 없다면, 초월 논리학은 내용이 없는 것이니, 완전 공허해질 것이다. 공간과 시간은 경험 무관한 순수 직관의 다양함을 포함한다. 그러나 그것들은 그럼에도 우리 머리의 수용성의 조건들에 속하며, 오직 그 아래에서만 머리가 대상의 표상들을 수용하며, 따라서 언제나 그 표상들이 이런 대상 개념에 영향을 미쳐야 한다. 그러나 하나의 인식이 되기 위해서, 우리 생각의 자발성은 이런 다양함을 특정한 방식으로, 먼저 살펴보고, 가져오며, 결합해야 한다고 요구한다.[305] 이런 활동을 일컬어 종합이라 부른다.

A77

B103

이 용어의 가장 일반적인 의미에서 **종합**이라는 말에 대해, 나는 서로 다른 표상들을 서로에게 덧붙여서 하나의 인식 안에서 다양한 표상을 파악하는 활동으로 이

---

304 기존 번역은 '잡다'(백종현), '다양'(최재희). 이 책에서는 '다양함' 또는 '다양한 표상'으로 번역한다.

305 각각 '탐색', '복제', '인지'의 절차로, '순수 지식 개념의 연역' 부분에서 자세히 설명된다.

해한다.³⁰⁶ 만약 그 다양함이 경험적으로 주어지지 않고 경험 무관하게 주어진다면 (공간과 시간 안에서 그 다양함이 있었던 것처럼), 그런 종합은 **순수**하다. 우리의 표상들에 대한 모든 분석에 앞서, 이런 표상은 먼저 주어져야 하기 때문에, **내용 면에서는** 어떤 개념도 분석적으로 생길 수 없다. 그러나 다양함의 종합은 (그것이 경험적으로 주어지든 경험 무관하게 주어지든) 가장 먼저 인식을 일으키는 것이다. 비록 이 인식이 처음에는 여전히 날것이며 뒤죽박죽일지라도, 그래서 분석이 필요한 것일지라도, 종합은 인식 요소들을 알맞게 모으고, 그것들을 하나로 합쳐 특정한 내용을 만들어 낸다. 그러므로 우리가 우리 인식의 제1의 기원에 대해 판단하기를 원한다면, 그때 종합이 우리가 주목해야 할 첫 번째이다.

A78

종합 일반은, 우리가 이제부터 보게 되는 것처럼, 상상력에 의해 만들어진 결과일 뿐이다. 상상력은 그것 없이는 우리가 도무지 인식할 수 없음에도 좀처럼 의식조차 하지 않는, 미지의, 그러나 필수적인 정신의 기능이다. 그러나 이런 종합을 **개념들에** 가져가는 것은 지식에 속하는 기능이다. 종합에 의해 지식은 처음으로 우리에게 참된 의미의 인식을 제공한다.

일반적으로 표상되는 순수 종합³⁰⁷이 순수 지식 개념을 낳는다. 순수 종합이라는 말을 나는 경험 무관한 종합적 하나됨³⁰⁸에 근거를 두고 의지하는 그런 종합으로 이해한다. 예를 들어 숫자를 더하는 행동(큰 수에서 특히 분명해지는 것처럼³⁰⁹)은 **개념들에 따르는 종합**이다. 왜냐하면 그것은 일원화의 공통 근거(예컨대 십진법)에

B104

---

306 이렇듯 칸트는 '종합'이라는 단어를 무엇인가가 서로 이어지는 것만을 가리키는 형식적인 의미로 사용한다. 하지만 한국인에게 이 단어는 내용적인 의미가 들어있다. 이 용어에 관한 더 상세한 내용은 〈괘씸한 철학 번역〉(코디정, 2025), 237쪽.

307 머릿속에서 경험 무관하게 일어나는 연결을 뜻한다.

308 Synthetic a priori unity. 'synthesis'은 '서로 다른 것들을 연결하여 결합한다'는 의미이고, 'unity'는 '하나' 혹은 '하나됨'을 뜻한다. 의미적으로는 이미 'unity'에 'synthesis'가 포함되어 있다. 그러나 칸트는 한편으로는 여러 가지가 연결되고 묶여서 하나가 된다는 점을 '더욱' 강조하기 위해, 다른 한편으로는 상상력과 지각의 기능을 분별하게 위해, 'synthesis'를 덧붙였다.

309 354681+185702+578919=1119302처럼, 세 개의 숫자를 더해서 '하나'가 되었다. 이것은 숫자라는 개념, 십진법이라는 개념, 더하기라는 개념 등을 연결해서 하나로 합친 결과이다. 그것이 개념을 따르는 종합의 의미이다.

따라 수행되기 때문이다. 그러므로 이런 개념 하에서 다양함을 종합하는 것은 필연적이다.

서로 다른 표상들이 하나의 개념 **아래로** 보내지는 것은 분석적이다(일반 논리학에서 다뤄지는 일이다). 그러나 초월 논리학은 개념 아래로, 표상들이 아니라, 표상들의 **순수 종합**을 가져다 주는 방법을 가르친다. 어떤 대상을 인식하기 위해 경험 무관하게 주어져야만 하는 첫 번째는 순수 직관의 **다양함**이다. 두 번째는 상상력에 의해 이러한 다양함을 **종합**하는 것이다. 그러나 이 종합은 아직 인식을 낳지 못한다. 이러한 순수 종합에 **하나됨**을 제공하는 개념, 그리고 이러한 필연적인 종합적 하나됨으로 이루어지는 것, 그것이 바로 우리 앞의 대상을 인식하는 데 필수적인 세 번째 것이다. 이러한 개념들은 지식에 기초한다.

A79

어떤 판단에서 서로 다른 표상들을 하나로 만드는 것과 동일한 기능이, **직관 안의** 서로 다른 표상들의 종합을 하나로 만들어 주는데, 이것을 일컬어 일반적으로 말하자면, 순수 지식 개념이라 불린다. 그리하여 바로 이러한 지식이 — 정말이지 분석적으로, 개념 안에서, 하나로 묶는 판단의 논리적 형식을 가져온 바로 그 동일한 활동을 통해 — 직관 일반 안의 다양함을 종합해서 하나로 묶음으로써 지식 표상 안으로 초월적 내용[310]을 가져다 준다. 이런 이유로 대상들이 경험 무관하게 들어있는 순수 지식 개념으로 칭해지는 것이며, 이런 건[311] 일반 논리학에서는 수행될 수 없다.

B105

그리하여 앞에서 제시한 표 안에 있던 모든 가능한 판단에 포함된 논리적 기능들과 꼭 같은 숫자로, 직관 일반의 대상들에 경험 무관하게 적용되는 순수 지식 개념

---

310 판단표에서 살펴본 12가지의 논리적인 기능과 관련된 정보로서(이하 범주표에서 자세히 설명된다), 지식 개념에 경험 무관하게 제공하는 대상들에 관한 정보.
311 지식 개념 자체에 대상 일반이 경험 무관하게 들어있다는 것.

들³¹²이 나타난다. 지식은 이러한 기능들에 의해 하나도 빠짐없이 설명되고, 그 능력이 완전히 조망된다. 아리스토텔레스³¹³를 좇아 우리는 이런 개념을 범주라 부르고자 한다. 비록 이 작업 과정에서 그의 개념과는 매우 멀어졌지만, 우리의 목적은 근본적으로 아리스토텔레스의 그것과 마찬가지이기 때문이다.

A80

---

312 다음 범주표에서 제시하는 12개의 순수 지식 개념은 그저 판단표에서 발원한 논리적 기능으로서 모든 인간에게 기본 값으로 존재하는 개념이다. 이것들은 오직 대상에 관한 감각 데이터를 우리 의식이 인식할 수 있도록 데이터를 '전처리'(실제 데이터 처리는 기존 경험 개념을 사용하거나 마땅한 단어가 없는 경우 경험 개념을 만들어서 수행한다)하기 위한 존재 목적을 갖는다. 여기서 독자들은 특히 주의해야 한다. 우리는 이 12개의 순수 지식 개념에 의미적으로 대응하는 '범주와 유사한' 경험 개념을 갖게 된다. 이 두 가지를 혼동해서는 안 된다. 전자의 개념은 원리의 분석편에서 자세히 해명되는 형식적인 규칙이지만, 후자의 경험 개념은 내용적인 규칙이다. 마치 공간과 시간이라는 순수 직관에 각각 대응하는 다양한 공간 개념과 다양한 시간 개념이 경험 개념으로서 머릿속에 존재함과 마찬가지다.

313 Aristotle 384~322 BC. 고대 그리스 철학자. 서양철학의 성립과 발전에 지대한 영향을 미친 고대의 거인. 순수이성비판이 아리스토텔레스의 스승인 플라톤에게서 빚진 것은 그다지 많다. 그러나 칸트에 대한 아리스토텔레스의 영향력은 이 책 전반에 걸쳐 있다.

범주표

1
양의 범주
하나
복수
전체

2
질의 범주
실체
부정
제한

3
관계의 범주
부속성과 자존성(본질과 비본질)[314]
인과성과 의존성(원인과 결과)
공동성(능동과 수동의 상호작용)

4
양상의 범주
가능 – 불가능
존재 – 비존재
필연 – 우연

이것이 지식이 경험 무관하게 자기 안에 포함하는 종합에 관한 모든 근원적인 순수 개념들의 목록[315]이다. 실로 이런 개념들 때문에 순수 지식인 것이다. 왜냐하면 지식은 오직 이것들을 통해서만 직관의 다양함 속 무언가를 인식할 수 있기 때문이다. 곧 직관된 대상을 생각할 수 있게 된다. 범주의 이러한 구별은 하나의 공통 원리, 다시 말하면 판단하는 능력(이는 생각하는 능력과 똑같은 것이다[316])으로부터 체계적으로 만들어진 것이다. 순수 개념들을 아무렇게나 찾음으로써 제멋대로

---

314 순서가 어긋나 있다. 본질은 자존성에 대응하고, 비본질은 부속성에 대응한다.

315 범주의 번역은 기존 번역과 많이 다르다. 이에 대해서는 해당 개념에서 다시 언급한다.

316 판단력과 사고력은 결국 같은 것임을 기억해 두면 칸트를 이해하는 데 유용하다. 그렇기 때문에 판단표에 이어서 범주표가 등장하는 것이다.

만들어 낸 것은 아니다. 그런 식으로는 순수 개념들의 완벽한 열거를 우리가 확신 B107
할 수 없다. 위와 같은 방식을 분별함 없이, 단지 귀납만으로 그것을 추론한다면,
우리는 결코 어째서 꼭 이런 개념들이어야 하는지, 순수 지식 안에 거주하는 개념
이 어째서 다른 것이 아니라 이것이어야 하는지에 대한 통찰을 얻지 못한다. 이런
기본 개념들을 찾으려는 아리스토텔레스의 기획은 영민한 사람에게 합당한 노고
였다. 그러나 원리[317]를 갖지 못했으므로, 그는 더듬거리면서 그것들을 모았다. 그
가 우선 기본 개념들 열 개[318]를 모아, 그것들을 일컬어 **범주**(기본 술어[319])라 칭했
다. 그는 나중에 다섯 개[320]의 범주를 더 찾았다고 생각했으며, 그것들에 후기 기본
술어라는 명칭을 덧붙였다. 그러나 그의 범주표는 여전히 결함이 있었다. 우리는
그 안에서 순수 감수성의 유형들(시간, 장소, 위치, 그리고 순서성과 동시성)을 비
롯하여, 경험적 유형(운동)이 있음을 발견하는데, 이런 것들 중 무엇도 지식의 등
기부에는 기재되어 있지 않다. 파생 개념들(능동, 수동)도 저 시원의 개념[321] 속에
포함되는 반면, 몇몇 개념[322]은 아예 포함되지 않았다.

시원의 개념들을 위하여, 우리는 순수 지식의 참된 **근본 개념**으로서 범주는 또한
그것들의 순수 **파생 개념**도 가짐을 알아야 한다. 초월철학의 완벽한 체계 안에서
이 파생 개념들이 간과될 수는 없지만, 그러나 그저 비판적인 이 논문에서는, 나는 A82

---

317 [B 94]의 "지식의 모든 활동은 판단으로 환원되므로 지식 일반은 판단 능력으로 표상될
수 있다." [B 95]의 판단표, [B 105]의 "앞에서 제시한 표 안에 있던 모든 가능한 판단에 포함된
논리적 기능들과 꼭 같은 숫자로 직관 일반의 대상들에 경험 무관하게 적용되는 순수 지식 개
념들이 나타난다." 즉, 칸트는 순수 판단의 유형을 고찰한 후, 그 유형의 판단을 가능하게 하는
개념을 일대일로 탐색하는 원리에 의해 12개의 범주(순수 지식 개념)을 찾아내었다. 지식의 활
동 = 판단. 판단에 필요한 논리적 기능 - 개념, 지식의 모든 활동 분류 = 판단표. 판단표에 대응
하는 개념의 논리적 기능표 = 범주표. 모든 판단에 반드시 나타나는 논리적 기능 = 순수 지식
개념(즉 범주) 등의 원리를 사용한 것이다.

318 본질(substance), 양(quantity), 질(quality), 관계(relation), 장소(place), 시간(time), 위치
(position), 상태(state), 능동(action), 수동(passion).

319 predicaments. 이어 나오는 후기 기본 술어는 post-predicaments.

320 대립(opposition), 순서성(priority), 동시성(simultaneity), 운동(motion), 보유(having).

321 아리스토텔레스의 목록에 포함된 개념.

322 칸트가 제시한 12개의 범주표에는 있으나, 아리스토텔레스에게는 없는 개념.

그것들을 언급만 해두고 만족하기로 한다.

B108 내가 이런 지식의 순수하지만 파생적인 개념들을 순수 지식의 **준범주**[323](범주라는 말과 대비되도록)라고 부르는 것을 허용해 주기를 바란다. 일단 시원적이고 기본적인 개념들을 갖게 되면, 우리는 파생적이고 종속적인 개념들을 쉽게 더할 수 있으며, 고로 순수 지식의 계통도를 완벽하게 그려낼 수 있다. 나는 여기서 체계의 완전성이 아니라, 오직 체계를 위한 원리들의 완전성에 관여하기 때문에, 그런 보충 작업은 또 다른 기획으로 유보해 둔다. 그러나 이런 목적에 대해서, 만약 우리가 존재론 교과서를 손에 들고 준범주들을 범주들 아래로 둔다면, 우리는 저 계통도를 완성하는 목적에 쉽게 다다를 수 있다. 예를 들어 인과성의 범주에 힘, 능동, 수동의 준범주를 아래에 두고, 공동성의 범주에는 존재함과 저항함이라는 준범주를, 양상의 범주에는 생성, 소멸, 변화의 준범주를, 등등. 범주들이 순수 감수성의 유형들과 결합하거나 또는 범주끼리 결합할 때, 굉장히 많은 경험 무관한 파생 개념들이 생겨난다.[324] 이런 개념을 언급하고, 가능하다면 그것들을 완벽하게 목록화한다면 유용하기도 하고 즐겁지 않은 일도 아니지만, 여기서는 굳이 하지 않아도 될 노고이다.

A83
B109 설령 내가 정의하는 것을 좋아하지만, 이 논문에서 나는 일부러 이 범주들에 대해 정의하는 것을 삼가고 있다. 나는 이제부터 이 개념들을, 이 책의 방법론[325]에 적합할 정도로만 분해할 것이다. 그러나 범주에 대한 정의들은 순수 이성의 체계라는 곳에서 사람들이 내게 정당하게 요구할 것이다. 그러나 여기에서는 그런 사항들은

---

323 post-predicaments. 앞에서 'predicaments'를 '기본 술어'라고 번역했으므로, 여기에서는 '후기 기본 술어'라고 번역하는 것이 일관성에는 유리하다. 그러나 한국 독자가 해독하기 어렵다는 이유로, 각각 '범주'와 '준범주'로 대체했다. 표기는 다르지만 같은 의미이다.

324 경험과 무관한 순수 파생 개념이 아무리 많이 나타난다 해도, 순수이성비판에서 다루지 않는 경험 개념이 그런 순수 개념보다 우리 머릿속에서 비교할 나위 없이 그 수효가 많을 것임을 독자는 잊지 말아야 한다. 칸트는 초월적 분석편에서 적은 숫자의 순수 지식 개념(범주)만으로도 머릿속에서 많은 일이 행해짐을 밝힌다. 그렇다면 거기에 경험 개념이 더해질 때, 범주는 매우 섬세해질 뿐더러 인간의 지적 활동이 방대해질 것임은 자명하다.

325 제2권 초월적 방법론(A 705~856, B 733~B 884) 부분.

탐구의 주된 지점을 놓치게 만들 뿐일 것이다. 왜냐하면 그런 것들은 의심과 반대를 낳기 때문인데, 이는 우리의 핵심 목적에서 일탈되지 않는 방법으로 우리가 다른 곳에서 기꺼이 언급할 수 있는 문제이다. 그럼에도 이에 대해 내가 이제 조금만 설명한 것으로부터도, 우리는 모든 필요한 설명을 다 갖춘 완벽한 사전이 가능할 뿐더러, 쉽게 완성될 수 있음을 분명하게 통찰할 수 있다. 구획은 바로 앞에 있다. 필요한 것은 단지 채우는 일이다. 현재 제시된 것 같이, 체계적인 위치는 각각의 개념이 올바르게 속하는 장소를 쉽게 놓치지 않게 하며, 동시에 비어있는 장소를 쉽게 파악할 수 있게 만들어 준다.

제11조[326]

이 범주표를 잘 살펴봄으로써, 사람들은 모든 이성 인식의 학문적 형식에 관련한 중요한 결과들을 갖게 된다고 훌륭하게 통찰할 수 있을 것이다. 왜냐하면 철학의 이론적인 부문에서, 이 학문이 경험 무관한 개념들에 기초하는 한, **학문에 대한 총체적인 기획**을 완벽하게 완성함에 있어, 그리고 **규정 원리**[327]**에 따라** 학문을 체계적으로 **구별함**에 있어, 이 표는 굉장히 유용하고 실로 필수불가결하기 때문이다. 이는 다음과 같은 점에서 이미 자명하다. 범주표는 지식의 모든 기초 개념을 온전하게 목록으로 만든다. 정말이지 그것은 인간 지식 안에 거주하는 기초 개념들의 체계적 형식을 포함하며, 그리하여 우리에게 기획된 이론 학문에 관한 모든 **작용점**을, 실로 그것들의 **질서**를 가리키는데, 이는 내가 다른 곳에서 이미 증명한 것이기도 하다.* 여기서 범주표에 대한 주석을 제시한다.[328]

* 칸트 주석: 〈자연학의 형이상학적 기초〉(1786)을 보라.

첫 번째 주석은 지식 개념의 네 개의 계층을 갖는 이 표는 다시 두 분류로 나눌 수 있다는 것이다. 제1 분류[329]의 개념들은 (순수와 경험 모두의) 직관의 대상에 관련된다. 반면 제2 분류[330]의 개념들은 이 대상들의 존재에 연결된다(이 대상들은 서로 관계하거나 지식과 관계한다).

제1 분류를, 나는 **수학적** 범주라 부른다. 제2 분류는 역학적 범주이다. 우리가 이 표를 검사해 보면, 제1 분류의 범주는 상호 관계를 갖고 있지 않음을 알 수 있다. 오

---

326 제11항과 제12항은 B판에서 추가되었다.
327 술어가 주어를 규정하는 원리.
328 더 자세한 내용은 원리의 분석에서 다룬다.
329 양의 범주와 질의 범주.
330 관계의 범주와 양상의 범주.

직 제2 분류에서만 우리는 상호 관계를 발견한다. 이러한 차이는 지식의 본성에서 비롯된 것임에 틀림없다.

범주표에 관한 **두 번째 주석**은 각 계층에서 범주의 숫자는 모두 같으니, 곧 3이라는 것이다. 이 또한 숙고해 볼 일이다. 왜냐하면 보통 개념에 의한 경험 무관한 분류는 이분법이기 때문이다. 여기에 더해 각 계층에서 세 번째 범주는 동일 계층의 첫 번째 범주와 두 번째 범주의 결합으로 생겨난다는 점이다.

그러므로 **전체**(모두)는 하나로 간주되는 복수이다. **제한**은 부정과 결합된 실체에 다름 아니다. 공동성은 다른 본질에 상호 작용하면서 속성을 규정하는 어느 한 본질의 **인과성**이다. 마지막으로 **필연성**은 가능성 그 자체를 통해 주어지는 존재에 다름 아니다. 그러나 이런 사실이 우리로 하여금 저 세 번째 범주가 순수 지식의 근본 개념이라기보다는 단지 파생 개념으로 여기게 하는 건 결코 아니다. 왜냐하면 세 번째 개념을 만들기 위해 첫 번째와 두 번째 범주를 결합함은, 첫 번째와 두 번째 개념의 경우와는 다른 지식의 특별한 작용을 요구하기 때문이다. 그러므로 **수**라는 개념(이것은 '전체' 범주에 속한다)은 다수[331]와 하나라는 개념들이 있는 곳이라고 해서 항상 가능한 것은 아니다(예컨대, 그런 경우 무한이라는 표상은 가능하지 않다[332]). 또한 원인과 본질이라는 두 개념을 결합한다 해도, 그것이 영향에 대한, 즉 어떻게 한 **본질**이 다른 본질의 **원인**이 될 수 있는지에 대한 즉각적인 이해를 주는 것은 아니다. 이는 지식의 특별한 작용이 필요함을 보여주며, 나머지 범주들의 경우에서도 마찬가지다.

B111

범주표의 **세 번째 주석**은 셋째 항목 하의 **공동성** 범주에 관한 것이다. 논리적 기능표에서 공동성에 대응하는 형식, 다시 말하면 선택 판단의 형식과의 일치 여부가 다른 범주들의 경우와 달리 분명하지 않다.

B112

---

331   즉, '복수' 범주.
332   '하나'와 '복수'라는 개념만으로 수라는 개념의 무한의 속성이 나타나지 않는다는 의미.

이런 일치성을 확인하기 위해, 우리는 다음과 같은 사항을 유의해야 한다. 모든 선택 판단에서 (그 판단 하에서 포함되는 것의 전체 분량인) 그것의 영역은 (하위 개념들인) 부분들로 나뉘는 전체로서 머릿속에 나타난다. 한 부분은 다른 부분을 포함할 수 없기 때문에, 그것들은 서로에게는 **종속적인 것**이 아니라 **동등한** 것으로 생각되며, 그래서 그것들은 서로를, 어떤 **시계열** 내에서 **일방적으로**가 아니라 어떤 집합체 속에서 **상호적으로** 결정한다(여기서 이 분별의 어느 한 요소가 상정되면, 나머지 요소는 제외되고 그 역도 마찬가지다).

이제 어떤 유사한 연결이 **사물의 전체** 안에서 생각된다. 그런 전체에서는, 결과로서의 어떤 사물이 그 존재의 원인으로서 다른 사물에 **종속하는 것**이 아니며, 오히려 그것은 다른 사물들의 규정에 관한 원인으로서 동시적으로 그리고 쌍방적으로 다른 사물들과 **동등한 것**이다(예를 들어 한 물체 안에서 그것의 부분들은 서로 끌어당기거나 반발하는 것처럼). 이런 종류의 연결은 한낱 원인과 결과의 관계(결론에 대한 근거의 관계)에서 발견되는 것과는 완전히 다른 것이니, 그와 같은 결론은 근거를 쌍방으로 정하는 것이 아니며, 고로 근거와 함께 전체를 구성하지도 않는다(예를 들어 이 세계는 세계를 창조한 조물주와 함께 전체가 되는 것은 아니다 [333]). 지식이 어떤 분별된 개념의 영역을 표상할 때[334]에는 어떤 과정을 따르게 된다. 그것은 한 사물을 나눌 수 있는 것으로 생각할 때의 과정과 같은 것이다. 전자의 경우에서 그런 구별의 요소들은 서로를 배제하건만 하나의 영역 안에 연결되는 것처럼, 후자의 경우에서 지식은 각 부분의 존재가 다른 부분들을 배제하지만 (본질로서) 그 사물에 속하기도 하는 그런 것으로 부분들을 표상하되, 그 부분들은 결합되어 하나의 전체를 이룬다.

B113

---

333 예컨대 신과 세계는, 〈신이 세계를 창조했으므로 세계가 존재한다〉라는 원인과 결과의 관계로 표현된다. 이런 명제 표현에서는 신과 세계가 함께 전체가 되는 것이 아니다.

334 '지식이 어떤 범주의 영역을 머릿속으로 가져올 때'라는 의미.

제12조

그런데 옛 사람들의 초월철학에서는 순수 지식 개념들을 포함하는 장이 더 있었다. 비록 그런 개념들이 범주로 포함되는 것은 아닐지라도, 옛 사람들에 따르면, 그것들은 대상에 대한 경험 무관한 개념으로 여겨졌다. 그러나 그런 개념들은 실제로 범주의 수를 늘리겠지만, 그게 가능한 일은 아니었다. 그것들은 스콜라학파 사이에서 유명한, 〈모든 명제는 하나요, 참이요, 선하다〉[335]라는 명제로 제시되었다. 이제 이런 원리 이용은 아주 빈약한 (그저 동어반복의 명제들을 낳는) 추론만을 할 뿐이며, 같은 이유로 요즘 시절에는 그 원리를 관례적으로만 형이상학 안으로 둘 따름이다. 그럼에도 불구하고 어떤 견해가 그렇게나 오랫동안 스스로 유지돼 왔다면, 설령 그것이 아무리 공허해 보일지라도, 언제나 그것의 기원을 탐구해 볼 가치는 있다. 우리는 그런 일이 자주 일어나는 연유를 생각하면서, 지식에는 어떤 규칙이 있기 때문이며, 고로 그 규칙에 근거를 두기 때문인데, 단지 잘못 해석해서 그런 견해가 생겨난 것일 뿐이라고 추측한다. 이런 **사물들**에 대한 이른바 초월적 술어들[336]은 모든 **사물에 대한 인식** 일반의 논리적 요건이자 척도에 지나지 않으며, 양의 범주, 즉 **하나, 복수, 전체**의 범주에 기초를 두는 것이다. 그러나 실은 이런 범주들은 사물 자체의 가능성에 속하는 것으로서 내용으로 취해져야 하는 것이었다. 그럼에도 그들은 그것들을 실제로 어떤 인식에 관한 논리적 요건에 속하는 것으로 형식적 의미만으로 사용했다. 그런데 부주의하게도, 그들은 이러한 생각의 척도들을 사물 자체의 속성으로 변질시켰다. 대상에 대한 모든 인식에는 세 가지가 있다. 첫째, 개념의 **하나됨**이다. 우리는 그것을 일컬어, 예컨대 연극, 연설, 수설에서의 주제의 통합처럼, 오직 다양한 인식들을 한 데 모아 통합하는 것인 한, **질**[337]**적인 하**

B114

---

335 *quodlibet ens est unum, verum, bonum.* 영어로는 Every being is one, true, and good.

336 하나, 참, 선.

337 범주표에서 나타내는 질의 범주의 그 질을 뜻하는 게 아니다. 질의 범주는 어떤 대상이 존재하는지 여부와 관련되지만, 여기서의 질은 내용 면에서 대상 데이터가 어떻게 개념과 하나로 결합되고, 그 개념과 연결되는 술어들에서 얼마나 많은 참됨이 있으며, 그런 것들이 전체적으로 그 개념에 결합되어 완벽함을 이루는지에 관한 의미이다. 각각 질적인 하나, 질적인 복수, 질적인 완벽성이 된다.

나라고 부를 수 있다. 둘째, 결론에 관련한 **참됨**이 있다. 주어진 개념으로부터 참인 결론이 많을수록, 그것이 객관적 실체임을 더 많이 나타낸다. 우리는 이것을 하나의 공통 근거로서 어떤 개념에 속하는 표식들의 (그 개념 안에서 양적인 것으로 생각되기보다는) **질적인 복수**라 부를 수 있을 것이다. 마지막으로 셋째, **완전함**[338]이다. 이러한 복수가 역으로 개념의 하나로까지 소급하여 그것과만 온전하게 합치하는 것인데, 우리는 이를 **질적인 완벽성**(전체)으로 부를 수 있다. 인식 일반의 가능성에 대한 이런 논리적 척도는, 세 가지의 양의 범주들 — 양을 생성함에 있어 하나는 완전히 동일한 것으로 가정돼야 한다[339] — 을 한 개의 의식 안에서 인식의 **이질적인** 요소들[340]과의 연결을 위한 어떤 인식의 질이라는 원리로 변환하는 것임에 틀림없다. 그러므로 한 개념(그 개념의 대상이 아니라)에 대한 정의는 그 개념의 가능성에 대한 척도이다. 정의 안에서 개념의 **하나됨**, 그것으로부터 최초 끌어냈을 모든 것의 **참됨**, 그리고 마침내 그것에서 도출된 모든 것의 **완벽함**이, 일체의 개념을 만드는 데 필요한 모든 것을 이룬다. 혹은 **어떤 전제에 대한 기준**은 가정된 **설명 근거**의 자명함이거나 (보조되는 전제 없이) 그것의 **하나됨**, (전제 자체와 일치 또는 경험과의 일치인) 그것[341]으로부터 도출한 결론의 **참됨**, 그리고 마침내, 이런 결론에 대한 설명 근거의 **완벽함**이다. 이것은 그 전제에서 가정된 것 이상으로도 이하로도 환원되지 않음을 뜻한다. 그 전제를 경험적으로 분석하더라도, 그것은 전제에서 경험 무관하게 종합적으로 생각된 것과 일치하게 된다. 그러므로 초월적 범주표에 하나, 참됨, 완전함이라는 개념들을 더함으로써 마치 뭔가 부족했던 것 같은 그 범주표가 완성되는 게 아니다. 오히려 대상들에 대한 이 개념들을 곁에 두

---

338 서양철학에서 'good'은 단순히 '좋음'이라는 의미로 사용되는 단어가 아니다. '절대적으로 좋음'이라는 의미로 선함이며, 또한 그것은 'perfection'(완전함)의 속성을 갖는 것이다. 그런 까닭에 도덕철학의 핵심 단어가 'good'이 되는 것이다.

339 하나와 하나는 같아야 한다. 즉 예를 들어 하나, 복수, 전체에서, 복수를 (하나+하나)로, 전체를 (하나+하나+하나)로 가정할 때, 이때의 '하나'는 모두 동일해야 한다는 것. 예컨대 대상이 '개'일 때, 복수나 전체에서 개가 아닌 고양이가 나와서는 논리적인 규칙이 되지 못한다는 이야기.

340 예를 들어 대상이 '개'일 때, 그 대상 개념에 연결되는 술어들은 다양할 수 있다. 어떤 술어는 '포유류', 또 어떤 술어는 '짖는다', '꼬리를 흔든다', '품종', '색깔' 등에서 선택될 수 있다. 이런 술어들은 모두 이질적인 것이며, '개'라는 개념에서 서로 연결될 수 있다.

341 이 문장에서 '그것'은 제시된 어떤 '전제'를 가리킨다.

고서 우리는 그저 그 인식(자기 자신과 일치하는)을 지배하는 일반 논리 규칙 하에서 이들 개념을 생각하는 것이다.

제2부 초월적 논리

제1편 초월적 분석
제1장 개념의 분석
제2절 순수 지식 개념의 연역에 대하여

주요 개념 번역 비교 및 해설

독일어(라틴어)	영어	기존 번역
Verstand	Understanding	오성(최), 지성(백)
Sinnlichkeit	Sensibility	감성
Begriff des Verstandes	Concept of Understanding	오성 개념(최) 지성 개념(백)
Einheit	Unity	통일
Synthetische Einheit	Synthetic unity	종합적 통일

이 번역	비고
지식	매우 중요한 번역어의 변화. 이 용어의 차이를 기억해 둬야 텍스트를 읽을 때 헷갈리지 않는다. 기존 번역 용어는 칸트 사상을 이해하는 데 큰 장애물이다. Verstand는 개념을 이용해서 언어적인 사고력을 가능하게 하는 인간 머리의 능력을 뜻한다. 그러므로 어떤 심오한 깨달음을 만들어 내는 능력이 아니며, 따라서 '오성'이라는 한자어 의미를 갖지 않고, 인간의 사고를 더 높은 수준으로 이끌어 가는 지적인 능력이 아니다(그런 능력은 이성적인 것이다). 그러므로 그런 의미로 혼동을 초래하는 '지성'도 적합한 번역이 아니다. 나는 종래 '감성, 오성(지성), 이성'이라는 접사 공통의 번역이 빚어내는 혼란을 줄이기 위해, 각각 '감수성, 지식, 이성'으로 번역하여 각 개념 사이의 간격을 떨어트렸다.
감수성	기존 감성, 오성(지성), 이성 사이의 의미 간격을 떼어놓기 위해, '감성'이 아닌 '감수성'으로 번역했다.
지식 개념	감각 데이터를 하나로 합쳐서 의미를 만들어 내는 알고리즘(단어). 인간이라면 모두 '기본값'으로 갖고 있어서 모든 대상에 우선적으로 적용되는 순수 지식 개념(범주)과, 순수 지식 개념이 적용된 다음에 구체적인 의미로 적용되는 경험 개념이 있다. 경험 개념은 사람마다 다르다. 칸트는 인간 공통의 기본 알고리즘인 순수 지식 개념으로 12개의 범주를 제시한다. 대부분의 지식 개념은 경험 개념이며, 인간의 머릿속에 있는 수많은 어휘가 '경험 알고리즘' 역할을 한다.
하나됨	'통일'이라는 단어는 깊고 심오한 의미를 풍기며, 어떤 조화로움을 포함하는 의미로, '어떻게 통일되는 것이냐'라는 의문을 낳는 단어이다. 그러나 칸트의 Unity는 그저 수적으로 '하나'를 뜻하고, 여러 가지 조각을 하나로 만드는 단순한 의미만을 갖는다. 이런 형식적인 의미의 단어일 뿐, '통일'처럼 내용적인 의미를 전혀 갖지 않는다. 따라서 '하나' 또는 '하나됨'으로 번역해야만 칸트의 메시지가 선명하게 전해진다.
종합적 하나됨	여러 가지 감각 자료를 연결하고 합쳐서 하나로 만들어 냄.

독일어(라틴어)	영어	기존 번역
Modifikation	Modification	변양
Transzendental	Transcendental	선험적(최), 초월적(백)
Illusion	Illusion	가상(백)
Mannigfaltigkeit	Manifold	다양(최), 잡다(백)

이 번역	비고
변환물	감각 자료가 우리 머릿속으로 들어올 때, 대상 그 자체가 있는 그대로 들어오는 것은 아니다. 감각 자료는 시간 형식과 공간 형식 안으로 변환되어 수용된다. 마치 아날로그 데이터가 컴퓨터 프로세서에 의해 처리되려면 디지털 데이터로 변환돼야 하는 것과 같이, 감각 자료는 직관 형식 안에서 우리 인식 체계에 맞는 형식으로 변환돼야 한다.
초월적	'선험적'이라는 단어를 칸트 번역에서 쓰지 않는 것이 좋겠다. 얻는 것보다 잃는 게 많은 번역어. 이 단어로 말미암아 칸트 사상이 한국 독자들에게 제대로 전달되지 않는다. 칸트는 우리 인간의 감각적인 경험이 만들어 놓는 한계(또는 장벽)를 **인식 대상인 사물 자체와의 관계에서는** 그 한계를 넘어설 수 없음을 증명하고, 다른 한편으로 **인식 주체 사이의 관계에서는** 경험의 장벽에도 불구하고 대상 인식에서 공통성을 가짐을 밝혔다. 이를 통해 경험주의 전통의 지혜를 계승하면서도, **회의주의를 극복**하는 의미로 자신의 철학을 '초월철학'이라 칭했다. 인식 대상과 인식 주체 사이에 놓인 경험의 한계는 넘을 수 없고, 그러므로 인식 주체는 사물 자체를 알 수 없다. 그러나 인식 주체 사이에서 경험이 갈라놓은 앎의 장벽을 순수 직관과 순수 개념이라는 **형식적 관점으로** 넘을 수 있고, 그러므로 인식 주체는 모두 같은 인류로서 초월적 자아를 갖게 된다. 요컨대 이 단어는 '(한계) 너머'라는 의미가 반드시 포함되어야 하고, 그런 평범한 의미가 바로 Transcendental 본래의 뜻이며, 칸트 본인이 그런 의미로 이 단어를 사용한다. 본래의 뜻까지 무시하면서 '선험적'이라는 단어를 고집하는 것은 일본 학자들에게서 유래된 오류를 관습적으로 정당화하여 후대에 계속 물려주자는 태도와 다르지 않다.
허상	대체로 착각이나 환영으로 바꿔 번역해도 좋다.
다양함, 다양한 표상	감각을 통해 머릿속에 주어지는 여러 가지 데이터를 가리킨다.

독일어(라틴어)	영어	기존 번역
Auffassung	Apprehension	각지(최), 포착(백)
Wahrnehmung	Perception	지각
Reproduktion	Reproduction	재생
Apperzeption	Apperception	통각
Transzendentale Apperzeption	Transcendental Apperception	선험적 통각(최) 초월적 통각(백)
Affinität	Affinity	친화성(최), 근친성(백)

이 번역	비고
탐색	데이터 수집. 감각을 통해 들어오는 수많은 외부 데이터 중에서 우리 생각의 자료가 될 것만을 선별해서 수집한다는 의미이다. 지금 우리는 우리의 눈을 통해 무수히 많은 것을 본다고 가정하자. 외부 사물의 데이터는 헤아릴 수 없이 많다. 그러나 그중 극히 일부의 데이터만 파편적으로 우리들 머릿속에서 생각의 대상이 된다. 요컨대 수많은 데이터 중에서 우리의 생각 자료가 될 데이터를 '탐색'해서 탐색된 데이터만을 '연결'하는 과정이 있어야 한다. 그것이 바로 '탐색의 종합'이다.
포착	지각은 앎을 뜻한다. 그러나 perception은 앎이 아니다. 그저 수집된 데이터를 뜻한다. '탐색'이 감각 자료를 한순간 선별한 것으로, 미분적인 감각 자료 선별이라면, 포착은 탐색된 데이터를 시간 안에서 연결한 것이다. 예컨대 포착은 일정 시간 범위로 탐색을 적분한 것이다. 탐색된 데이터가 포착된 데이터로 편집되어야 범주를 적용할 수 있다. 탐색이 공간적인 성격이라면, 포착은 시간적인 성격을 갖는다. 포착은 잘 정리된 경험 데이터이지 생각이 아니다.
복제	탐색된 데이터가 수집된 데이터(즉 포착)로 묶이려면, 데이터는 실시간으로 복제되어야 한다. 탐색 → 복제 → 포착 → 지각.
지각	지각은 앎을 뜻한다. 그리고 그것이 apperception이다. 포착된 데이터를 개념을 적용하여 하나로 합치는 자기 의식인 이 지각을 통해 감각 자료를 하나의 대상으로 인식할 수 있게 된다.
초월적 지각	순수하고, 근원적이며, 불변하는 인식 주체의 의식. 대상 인식에서 반드시 나타나는 자기 의식으로, 포착된 데이터를 범주를 적용해서 최초로 처리하는 자기 의식을 가리킨다. '나는 생각한다'라는 자기 의식의 동일성이며, 인류 공통의 자기 의식이다. 경험적 지각은 대상에 경험 개념을 적용하는 것이고, 초월적 지각은 경험 개념을 적용하기에 앞서 범주를 적용한 것이다.
친족	분류학 용어로, '같지는 않지만, 공통 조상을 가졌거나 매우 밀접한 유사성이 있는 관계'를 의미한다. 머릿속에 있는 것과, 그것에 대응하여 머리 바깥에 있는 대상 사이의 관계를 일컫는다.

독일어(라틴어)	영어	기존 번역
Deduktion	Deduction	
Gegenstand überhaupt	Object in general	
Vorstellung	Representation	
Vorstellen	Represent	
Anschauung	Intuition	
Erscheinung	Appearance	
Synthesis	Synthesis	

이 번역	비고
연역	사실 문제가 아닌 법률 문제에 대하여, 정당한 법적 근거를 주장하는 것. 논리학적으로는 삼단논법에서 보편적인 대전제에 기초한 누구도 부정할 수 없는 결론의 정당성 주장.
대상 일반	인간이 인식활동의 대상이 되는 모든 대상.
표상	머릿속에 있는 것. 직관도 표상이며, 개념도 표상이다.
표상하다	머릿속으로 가져오다. 머릿속에 나타나다.
직관	인식의 시작을 알리는 첫 번째 단계로 감각 데이터가 머리 안으로 들어온 상태 또는 그런 데이터를 가리킨다. 아직 생각되기 전의 감각 단계이므로 직관은 '앎'과는 무관하다. 앎에 이르기 위해서는 두 번째 단계, 즉 개념이 필요하다. 개념은 직관을 처리하여 생각을 만들어 내는 것을 가리킨다. 직관과 표상은 부분집합 관계(직관 ⊂ 표상)
현상	머릿속에 있는 직관 중에서 아직 정해지지 않은 대상. 문맥이 이해가 가지 않으면, '머릿속에 나타난 대상'으로 바꿔 이해해도 좋다. 직관 중에 현상이 있다(현상 ⊂ 직관)
종합	서로 다른 것을 연결한다는 의미. 이런 연결 말고는 심오한 의미는 없다. 종합 명제는 서로 다른 단어들이 연결되어 있는 명제.

범주의 초월적 연역 이해를 위한 유추

순수이성비판	영상 재생 장치의 유추	컴퓨터 시스템의 유추	형사 재판의 유추
사물 자체	사물 자체	외부 원천 데이터	사건
	영상 재생 장치 바깥의 사물. 영상 재생 장치는 그 사물에 대한 영상을 가져와서 처리한다.	컴퓨터 시스템 바깥의 데이터	재판을 하기 전에 발생한 사건
감수성	영상 수신부	입력 버퍼 (RAM의 버퍼)	수사 자료
	영상을 장치 안으로 가져온다.	데이터를 임시로 보관한다.	사건에 관한 다양한 데이터가 수집되었다.
지식	영상 재생 장치	운영체제 소프트웨어	법전과 판례
	그 영상을 처리하여 재생한다.	컴퓨터 시스템에 설치된 다양한 하드웨어와 소프트웨어의 알고리즘을 규칙에 맞게 실행한다.	재판에 필요한 규칙이 수록되어 있다.
상상력	코덱	GPU	검사의 증거조사
	필요에 따라 영상 데이터를 압축하고, 그 압축을 해제한다.	RAM에 있는 데이터를 불러와 작업을 분할하고 수많은 데이터를 동시에 데이터를 처리한다.	수사 자료를 이용하여 사건에 대한 증거 조사를 실시한다.

		합치기 (결과의 집계)	증거수집
	코더		
종합	영상 데이터를 압축하여 데이터가 처리되는 곳으로 제대로 전달되도록 한다.	처리된 데이터를 합산한다.	필요한 증거만을 수집하여 한데 모은다.
	디코더	맞추기 (동기화와 규칙)	법률의 규정
범주	압축된 영상 데이터를 풀어서 데이터가 처리되도록 한다.	모든 처리 결과를 하나로 합산해서 규칙에 따라 읽어낸다.	범죄 구성 요건에 관한 법률의 규정을 수집된 증거에 적용한다.
	프로세서	CPU	배심원의 평결
지각	영상 데이터가 영상 재상 장치가 처리하는 데이터로 귀속시킨다.	최종 데이터를 응용 소프트웨어에 전송한다	배심원이 유죄 여부에 관해 1개의 평결을 내린다.
	디스플레이	응용 소프트웨어	재판관의 판결
판단력	영상 데이터를 규칙에 따라 처리하여 디스플레이를 통해 재생한다.	응용 소프트웨어가 정해진 규칙에 따라 데이터를 출력한다.	평결에 대해 재판관이 법전과 판례에 기초해서 판결을 내린다.

제2절
순수 지식 개념의 연역에 대하여

제1관

제13조
초월적 연역 일반의 원리에 대하여

법학자들이 법적 자격과 권리 주장에 대해 말할 때, 그들은 법률행위에서 법률 문제[342]와 사실 문제를 구별한다. 그리고 양자 모두 증명을 요구한다. 법률상의 자격이 있는지 또는 주장할 권리가 있는지 밝히기 위한 전자의 증명을 일컬어 **연역**[343]이라 한다. 우리는 누군가로부터 항변받지 않으면서 다수의 경험 개념을 사용하며, 연역 없이도 경험 개념들에 어떤 의미와 과연 그러리라는 뜻을 부여할 수 있노라고 스스로 정당화한다. 왜냐하면 우리가 그것들의 객관적 실체를 바로 증명해

---

342 기존 번역에서는 '권리 문제'. 그러나 칸트는 법학자의 언어를 인용하는 것이므로, 법 이론의 정식 표현, 즉 '법률 문제'로 번역하는 것이 바람직하다. 그래야 '연역'이라는 단어가 자연스럽게 연결된다. 참고로 법률행위의 해석을 둘러싸고 그것을 사실 문제가 아니라 법률 문제로 본다면(통설), 주장 책임과 입증 책임이 당사자에게 일임되지 않고 법원이 직권 조사할 수 있으며, 당사자의 자백이 법원의 판단을 구속하지 못하고, 사실심에서 법률행위의 해석에 잘못이 있다면 그 잘못은 대법원의 상고 이유가 된다. 만약 법률행위를 사실 문제로 본다면, 당사자에게 입증 책임이 있고, 자백이 법원의 판단을 구속하며, 판단의 잘못이 대법원의 상고 이유가 되지 못한다.

343 Deduction. 즉, 연역이란 정당한 법쩍 근기가 있음을 밝히는 것이다. 이때 근거가 되는 법률의 규정이 이미 있으므로, 결국 연역은 법률 조항이 어떻게 규정되어 있으며, 어떻게 적용돼야 하는지 밝히는 작업이 된다. 그래서 연역은 사실 문제가 아닌 법률 문제가 된다. 한편, 독자는 법률(law)과 법칙(law)이 동의어임을 잊어서는 안 된다. 그러므로 법의 적용을 받는다는 것은 보편성과 필연성을 적용받는다는 것이다. 그런데 보편성과 필연성은 경험 무관함의 요건이었다. 따라서 '연역'이 법률 문제인 한 '경험 무관한 것'이다. 또한 경험 무관한 것이 순수하면서 경험 무관한 대상 인식과 관련된다면 '초월적'이 된다. 따라서 인간이 경험 무관하게 갖고 있는 순수 개념에 대한 연역은 초월적 연역이 된다. 논리학적으로는 삼단 논법에서 보편적인 대전제에 기초함으로써 누구도 부정할 수 없는 결론의 정당성을 주장하는 것이다. 〈소크라테스의 죽는다〉라는 결론에 대한 연역은 〈모든 인간은 죽는다〉라는 보편적인 법칙에서 그 정당성이 나오는 것이다.

B117　주는 경험을 항상 갖고 있기 때문이다. 그러나 예컨대 **행운**이니 **운명**이니 하면서 침해되는 개념들도 있다. 비록 이런 개념들이 거의 보편적인 관용으로 방치되기는 하지만, 이따금 법률 문제에 직면하곤 한다. 이는 이런 개념들의 연역에 관해서 우리를 상당히 난처하게 만든다. 왜냐하면 우리는 그런 개념[344]을 이용할 자격에 대한 분명한 법적 근거를 경험으로부터도 이성으로부터도 제시할 수 없기 때문이다.

A85

그런데 인간 지식의 아주 복잡한 짜임새를 만드는 많은 개념 중에는, 경험 무관한 순수한 사용을 위해 — 즉, 모든 경험으로부터 완벽하게 독립적인 사용을 위해 — 정해진 개념들이 있다. 그런 개념을 사용할 권리는 언제나 연역을 필요로 한다.[345] 그런 식의 개념 사용에 대한 적법성을 경험에 기초한 증명으로는 충분히 밝히지 못하기 때문이며, 경험으로부터 대상을 취하지 못함에도 어찌하여 이런 개념이 대상들과 관계하는지 우리가 알아야만 하기 때문이다. 그러므로 나는, 개념이 대상과 경험 무관하게 관계하는 방식에 대한 설명을 일컬어 이런 개념[346]의 **초월적 연역**[347]이라 부른다. 그리고 나는 이 초월적 연역을 **경험적** 연역과 구별하니, 경험적 연역은 경험과 경험에 대한 분별을 통해 개념이 어떻게 획득되는지를 보여주는 것이며, 따라서 그 개념의 적법성이 아니라 우리가 그것을 갖게 된 사실에만 관계할 뿐이다.

B118　우리는 전적으로 다른 종류의, 그러면서도 온전히 경험 무관하게 대상과 관계한다는 점에서는 일치하는, 두 가지 유형의 개념을 이미 갖고 있다. 하나는 감수성의 형

344　예컨대 법률 문제에 해당하지 않으며, 사실 문제에도 해당하지 않는, 행운과 운명 같은 개념. 즉, 증명될 수 없는 개념.

345　감수성은 수용성임에 비해 지식은 자발성이다. 다시 말해 감수성에 속하는 순수 직관은 데이터를 받기만 할 뿐 어떤 능동적인 작용이 없기 때문에, 칸트는 '개요' 또는 '해명'으로 순수 직관을 설명했다. 그러나 지식에 속하는 순수 지식 개념은 능동적인 작용을 하는 역할을 하기 때문에, 그 권능이 어디에서 비롯되었는지, 어째서 우연적인 게 아니라 필연이고 보편적인 역할을 하는지 밝혀야 한다. 그러므로 순수 직관과 달리 '연역'이 필요하다.

346　경험 무관한 개념들. 즉 순수 지식 개념(범주)를 가리킨다.

347　판단표에서 범주표에 이르는, 판단의 논리적 기능으로 순수 지식 개념을 연역하는 것은 '형이상학적 연역'이었다. 다시 말해 판단에서 그 개념들이 항상 나타나는 연역을 뜻한다. '초월적 연역'은 대상 인식에서 그 개념들이 항상 나타나는 연역을 의미한다.

식으로서 공간과 시간이라는 개념[348]이며, 다른 하나는 지식 개념으로서 범주들이다. 이 두 가지 유형의 개념에 대해 경험적 연역을 구하는 것은 아주 헛된 일로 보인다. 왜냐하면 대상들을 머릿속으로 가져오기 위해 우리는 경험으로부터 어떤 것도 빌리지 않고 대상들과 관계한다는 바로 그 점이 그것들의 본성적인 특성이기 때문이다. 그러므로 만약 이런 개념에 대한 연역이 필요하다면, 이는 항상 초월적일 수밖에 없다.

A86

그럼에도 불구하고 이러한 개념[349]의 경우, 모든 인식의 경우처럼, 만약 그것들의 가능성의 원리가 아니라면, 적어도 그것들이 발생한 계기적 원인[350]을 경험에서 찾을 수는 있다. 그리하여 감각 인상이 그 개념들에 관한 인식 능력 전부를 열어젖히고, 경험을 만들어 내는 첫 번째 계기를 제공하는 것이다. 경험은 두 개의 매우 이질적인 요소를 포함한다. 다시 말하면 감각으로부터 얻는 인식을 위한 **내용**과, 그 내용에 질서를 부여하기 위해 순수 직관과 생각의 내적 원천[351]에서 얻는 **형식**이 그것들이다. 순수 직관과 순수 생각은 감각으로부터의 내용을 계기 삼아 비로소 작동되는 것이며, 개념들을 낳는다. 개별적인 포착에서 일반적인 개념으로 올라가려는 우리 인식 능력의 첫 번째 시도에 대한 탐험은 의심할 나위 없이 아주 유용한 일이다. 이는 저 걸출한 로크에게 빚진 것이니, 그는 그 길을 가장 먼저 개척한 인물이었다. 하지만 그런 길에서는 경험 무관한 순수 개념들의 **연역**에는 이를 수 없다. 연역은 그 길 위에는 전혀 없다. 왜냐하면 경험과는 전적으로 독립적이어야 하

B119

---

348 독자들은 '개념'이라는 용어에 주의해야 한다. 칸트가 지치지도 않고 반복해서 강조한 엄밀한 의미로는, 감수성은 '직관'을 통해 대상을 머릿속으로 가져오고(표상하고), 지식은 '개념'을 표상에 적용한다. 그런 점에서 공간과 시간은 순수 직관이다. 그런데 칸트는 여기에서 공간과 시간을 일컬어 '개념'이라는 단어를 쓴다. 이때의 개념은 지식에 소속된 인식 요소로서의 개념이 아니라, 그저 의미를 갖는 단어로서 사용된 것이다.

349 순수 지식 개념, 즉 범주.

350 Occasional causes. 어떤 결과에 대한 진짜 원인은 아니지만, 그 결과에 선행하는 우연적인 원인을 뜻한다. 미신에서 과학에 이르기까지 광범위하게 사용된다. 예컨대 신을 이 세상의 참된 원인이라고 믿는 입장에서 볼 때, 전염병과 천재지변이 신이 주는 징벌로서 occasional cause가 된다. 또한 폭발성 가스가 누설되고 있는 상황에서 그걸 모르던 손오공이 담배를 태우려고 불을 켜서 폭발 사고가 일어났다. 이때 손오공의 불이 occasional cause이다.

351 순수 지식 개념.

A87 는 이런 개념들의 사후적 사용의 면에서, 그것들은 경험에서 비롯된 것과는 완전히 다른 출생증명서를 제시해야 하기 때문이다. 로크의 생리학적인 도출은 사실 문제에 관한 것이었으므로, 본래 연역이라 불릴 수는 없는 것이다. 그렇기 때문에 나는 그것을 일컬어 순수 인식을 **소유한 것**에 대한 설명이라고 명명할 것이다. 이러한 순수 인식에 대해 유일하게 가능한 연역은 초월적인 것이지 결코 경험적인 게 아니다. 경험 무관한 순수한 개념들에 대한 경험적 연역은 그저 헛된 시도에 불과하다. 그런 시도들은 순수 인식의 특성을 파악하지 못한 사람들만이 관여할 수 있을 뿐이다.

B120 그런데 비록 경험 무관한 순수 인식의 연역이 유일하게 가능해지는 그런 종류가 초월적인 길을 따르는 것임을 인정한다 해도, 그것만으로는 이런 연역이 반드시 필요함을 증명하지는 못한다. 우리는 앞서 초월적 연역을 이용해서 공간과 시간이라는 개념을 그것들의 원천까지 추적했으며, 공간과 시간의 경험 무관한 객관적 실체를 설명하고 규정했다. 그러나 기하학은, 철학에 공간이라는 기본 개념의 순수하고 합법적인 족보에 대한 증명서를 요청할 것도 없이, 경험 무관한 인식을 통해 그 과정을 확실하게 따른다. 반면, 이 학문의 공간 개념은 단지 외부 감각 세계에서만 사용되는 것이고, 이때의 공간은 직관의 순수 형식이다. 따라서 경험 무관한 직관에 기초하는 모든 기하학적 인식은 직접적으로 증명되며, 대상들은 그런

A88 인식 자체를 통해 직관에서 경험 무관하게 주어진다(형식 면에서). 그런데 **순수 지식 개념**에서는 이런 개념 자체의 초월적 연역뿐 아니라, 공간에 대한 초월적 연역도 찾아야 함이 불가피하다. 왜냐하면 이런 개념은 직관과 감수성의 술어가 아니라 경험 무관한 순수 생각의 술어를 통해 대상을 말하기 때문이다. 따라서 그것들은 어떤 감수성의 제약 조건 없이 대상들과 보편적으로 관계한다. 이 힘에 앞서 그것들의 종합을 기초 짓는 경험 무관한 직관에서는 어떤 대상도 제시할 수 없는 까닭에, 이런 개념은 객관적 타당성과 한계에 관한 의심을 불러일으킬 뿐만 아니라,

제1장 개념의 분석 | 253

공간 개념을 모호하게 만든다.³⁵² 왜냐하면 그것들은 우리로 하여금 감각 직관의 제약 조건조차 넘어서서 공간 개념을 사용하게 하는 경향이 있기 때문이다. 실로 이것이 앞에서 공간 개념에 대한 초월적 연역이 필요한 이유였다. 그러므로 독자는 순수 이성의 영역으로 한 발을 내딛기 전에 그와 같은 초월적 연역이 불가피하게 필요함을 확신해야 한다. 그렇지 않고서는 아무것도 보이지 않은 채로 전진하는 것이며, 결과적으로 이리저리 헤매다가 무지의 출발점으로 회귀할 게 틀림없을 터이다. 그러나 독자는 그런 연역의 착수가 갖는 어쩔 수 없는 어려움도 확실히 이해해야 한다. 그래야만 이런 주제 자체에 깊이 감춰진 곳의 모호함에 대한 불만이나 너무 조급히 방해물을 제거하려다가 생기는 짜증을 피할 수 있을 것이다. 왜냐하면 우리는 우리가 가장 관심이 있는 영역, 다시 말하면 모든 가능한 경험의 한계를 넘어선 영역을 향한 순수 이성의 통찰에 대한 모든 권리 주장을 완전히 포기하게 하거나, 그렇지 않으면 이 비판적인 탐구를 완수해야 하기 때문이다.

경험 무관한 인식들임에도 공간 개념과 시간 개념이 어떻게 대상들과 필연적으로 관계하는지에 대해, 그리고 어떻게 그것들이 모든 경험과 독립적으로 대상들의 종합적 인식을 가능하게 하는지에 대해, 우리는 그다지 어렵지 않게 파악할 수 있었다. 오직 감수성의 그런 순수 형식들에 의해서만 대상은 우리에게 나타날 수, 즉 경험적 직관의 대상이 될 수 있었다. 그러므로 공간과 시간은 현상으로서 대상의 가능성에 대한 경험 무관한 조건을 포함하는 순수 직관이며, 공간과 시간 안에서의 종합은 객관적 타당성을 가졌다.

그러나 지식의 범주들은, 직관 안에서 대상이 주어지는 그런 조건 하에서 우리의 머릿속에 나타나지 않는다. 따라서 대상들은, 지식의 기능들에 반드시 관계하지

---

352 공간은 경험을 가능하게 하는 감수성의 형식임에도, 순수 지식 개념은 도저히 경험할 수 없는 생각을 하면서 '감수성을 거치지 않으면서도' 공간을 만들어 내기 때문에, 그렇다면 공간은 경험과 반드시 관련되는 건 아니라는 의미적 혼란을 만들어 낼 수 있다. 공간 개념에 대해 초월적 연역이 필요한 까닭은 바로 이런 의미적 혼란을 예방하기 위함이다. 정당한 법적 근거를 갖는 순수 직관으로서의 공간만이 남고, 순수 생각이 만들어 내는 공간은 정당한 권리가 없어 기각된다(하늘을 나는 드래곤을 생각해 낸다고 해서 드래곤이 공간 속에서 직관되는 것은 아니다).

A90 않더라도, 또한 지식이 이런 대상의 경험 무관한 조건을 포함하고 있지 않더라도, 정말이지 우리에게 나타날 수 있었다. 그러므로 우리는 여기서 난관에 직면한다. **어떻게 생각의 주관적인 조건**이 **객관적 타당성**을 갖는지, 즉 어떻게 그것들이 대상에 대한 모든 인식의 가능성에 대한 조건을 낳는지에 대하여, 우리는 감수성의 영역 안에서는 알지 못한다는 점이다. 왜냐하면 현상은 실로 지식의 기능 없이 직관에서 주어질 수 있기 때문이다. 나는 원인이라는 개념을 예로 들겠다. 이 개념은 특별한 종류의 종합을 의미하니, 어떤 A가 주어지고, 이것과는 아주 다른 어떤 B가 규칙에 따라 놓인다. 어째서 현상들이 이런 종류의 것을 포함해야 하는지 경험 무관하게는 명확하지 않다(이런 경험 무관한 개념의 객관적 타당성은 증명돼야 하는데, 경험은 어떤 증거도 제시할 수 없기 때문이다). 그러므로 그런 개념이 완전히 텅 빈 것은 행여 아닌지, 그리고 현상들에서는 어떤 대상도 만날 수 없는 것은 아닌지 경험 무관하게 의심스럽다. 왜냐하면 감각 직관의 대상들은 머릿속에 경험

B123 무관하게 놓인 감수성의 형식 조건에 부합해야 하는데, 이런 사실은 그렇지 않다면 그것들이 우리에게 대상이 될 수 없다는 점에서 명백하지만, 그렇다 해도 지식이 생각을 종합하여 하나로 합치기[353] 위해 요구하는 조건에도 대상들이 과연 부합해야 하는지는 쉽게 알 수 있는 추론이 아니기 때문이다. 만약 지식이 현상들을 저 하나됨이라는 조건에 합치시키지 못하고, 그럼에도 현상들이 가능해진다고 가정해 보자. 그러면 모든 것이 혼란스러워진다. 예컨대 현상들의 순서는 우리에게 종합의 규칙을, 그러므로 원인과 결과의 개념에 상응하는 규칙을 제공하지 못할 것이다. 그 결과 이 인과 개념은 완전히 텅 비고, 아무것도 아니며, 의미를 상실한다.

A91 그렇더라도 현상들은 대상을 우리 직관에 제공할 터이니, 왜냐하면 직관은 생각의 기능을 전혀 필요로 하지는 않기 때문이다.

---

353 Synthetic unity. '여러 가지 것들을 연결하고 합쳐서 하나로 만들어 낸다'는 정도의 형식적 의미. 내용 관점에서는 어떤 심오한 뜻도 없다. 그런데 형식 관점(즉, 논리학 관점)에서는 의미가 있다. 머릿속에 들어온 대상에 관한 여러 가지 다양한 데이터를 감각 자료라 부른다. 이것은 수많은 단편과 조각으로 이루어졌을 것이다. 이 감각 자료가 어떻게 연결되어 하나의 생각으로 탄생되는지에 대한 상세한 규명이 필요하다. 칸트는 이 연역편에서 상상력의 역할로서 놀라울 정도로 논리정연하게 설명한다. 독자는 조금만 인내심을 갖고 읽도록 하자. 독자의 인내심은 보상받는다. Unity의 번역에 대해서는 〈괘씸한 철학 번역〉(코디정, 2025), 242~247쪽 참고.

경험이 우리에게 그런 현상의 규칙성에 관한 사례들을 끊임없이 제공하며, 그런 사례로부터 원인이라는 개념을 **빼내는** 충분한 기회가 주어진다고 가정해 보자. 따라서 만약 우리가, 사례들을 통해 동시에 그런 개념의 객관적 타당성이 검증된다고 말하면서 이런 곤란한 탐구[354]에서 도망갈 작정이라면, 그때 우리는 원인 개념이 그런 방식으로는 생겨날 수 없다는 사실을, 오히려 그것은 지식 안에서 온전히 경험 무관한 근거를 가져야 한다거나 아니면 그저 환상에 불과한 것으로 완전히 버려져야 함을 외면하게 될 것이다. 왜냐하면 원인 개념이라는 것은, 어떤 A와는 다른 종류인 어떤 B가 그 A를 뒤따르는 것이 **필연적**이며, 그리고 **절대적으로 보편적인 규칙을 따를 것**을 분명히 요구하기 때문이다. 설령 현상이 우리에게 사례들을 제공하고, 거기에서 우리가 어떤 것이 일반적으로 발생한다는 규칙을 얻을 수 있을지라도, 그것들이 우리에게 **필연적으로** 이어지는 규칙을 결코 제공하지는 못한다. 이것이 원인과 결과의 종합에 경험으로 표현될 수 없는 존엄이 부가되는 까닭이며, 다시 말하면, 결과는 그저 원인에 더해지는 것이 아니라, 원인**을 통해** 놓이며, 원인**으로부터** 뒤따르는 까닭이다. 그런 규칙의 엄밀한 보편성은 실로 어떤 경험적인 규칙의 성질도 갖고 있지 않다. 경험적인 규칙들은 귀납을 통해 단지 상대적인 보편성만을, 즉 널리 통용되는 편리함만을 얻을 수 있을 뿐이다. 만약 우리가 순수 지식 개념을 한낱 경험적인 산물로만 다룬다면, 순수 지식 개념에 대한 사용은 완전히 달라지고 말 것이다.

---

354 순수 지식 개념에 대한 초월적 연역에 대한 탐구. 즉 순수 지식 개념(예컨대 인과성 개념)의 존재를 법적으로 증명하려는 탐구.

제14조[355]
범주의 초월적 연역으로의 전환

B125 종합적인 표상[356]과 그 대상이 서로 일치하면서 필연적으로 관계할 수 있는 방법은, 말하자면 서로 만날 수 있는 것은 오직 두 가지 경우만이 가능하다. 대상이 홀로 머릿속에 있는 것을 가능하게 만들거나, 아니면 머릿속에 있는 것이 홀로 대상을 가능하는 하는 경우이다. 만약 대상이 머릿속에 있는 것을 가능하게 한다면, 이 관계는 오직 경험적이기 때문에, 머릿속에 있는 것은 결코 경험 무관하게 가능하지는 않을 것이다. 만약 머릿속에 있는 것이 대상을 가능하게 한다면, 머리 안에 있는 것 자체는 **존재**에 관한 한 그 대상을 만들어 내지 못하므로(여기서는 의지에 의한 인과성[357]을 문제 삼지 않기로 한다),[358] 이것은 오직 머릿속에 있는 것을 통해서만 **하나의 대상으로서 무언가를 인식**하는 것이 가능해진다는 의미이다. 그런 점에서 머릿속에 있는 것이 그 대상에 관한 한 경험 무관한 규정이 된다. 그러나 어떤 대상

---

355 B판에서는 조 번호가 누락되어 있다. 그러나 13과 15 사이에는 14가 들어가야 함이 자명하다.

356 머리 안에서 여러 가지가 서로 연결되어 있는 것들을 가리킨다.

357 예컨대 행동에 관한 인과성. 이성적 존재는 자기 의지를 원인으로 어떤 행동을 할 수 있고, 그 행동을 통해 어떤 대상을 만들어 낼 수 있다. 예를 들어 인간은 자기 의지로 종이 비행기라는 존재를 만들어 낼 수 있고, 조물주는 자기 의지로 세계를 창조할 수 있다.

358 내가 머릿속에서 드래곤을 생각해 낸다고 해서 드래곤이 내 머리 바깥에 실제로 존재하는 것은 아니다. 그러므로 표상은 대상이 존재함을 만들어 내지는 못한다. 그러므로 '대상의 존재'가 아닌 '대상에 대한 앎'(대상 인식)이 당면한 문제이다.

인식이 가능해지는 데에는 두 가지 조건[359]이 있다.[360] 첫째 **직관**이며, 설령 현상에 불과할지라도, 직관을 통해 대상이 주어진다. 둘째 **개념**이며, 개념을 통해 어떤 대상이 직관에 맞게 생각된다. 이는 위에서 말한 것에서 첫 번째 조건, 다시 말해 대상들이 직관될 수 있다는 조건은 정말이지 대상들의 형식적인 기초로서 머릿속에서 경험 무관하게 놓여 있음이 분명하다. 따라서 모든 현상은 반드시 감수성의 형식 조건에 부합하는 것이니, 이는 오직 감수성을 통해서만 현상들이 나타날 수, 즉 경험적으로 직관되고 주어질 수 있기 때문이다. 이제 개념도 대상들에 경험 무관하게 선행하는지, 설령 직관되지 않더라도,[361] 대상 일반이 어떤 것으로 생각될 수 있는 조건으로서[362] 과연 개념도 경험 무관한 것인지의 문제가 생긴다. 왜냐하면 만일 경험 무관한 개념들이 있다면, 대상에 대한 모든 경험적 인식은 반드시 그 경험 무관한 개념들에 부합할 것이기 때문이며, 경험 무관한 개념들이 전제되지 않는다면, 그 무엇도 **경험의 대상**으로서 가능해지지 않기 때문이다.

A93

B126

모든 경험에는, 감각 직관이 포함될 뿐 아니라, 직관에 의해 주어진 그 대상에 대한 **개념**이 들어있다. 그러므로 대상 일반에 대한 개념은 경험 무관 조건으로서 모든

---

359 순수이성비판에서 '조건condition'이라는 단어가 쓰인 어구 또는 문장에서 그 의미가 모호한 경우가 종종 있다. 그런 경우 독자들은 '제약 조건'으로 바꿔 보거나, 그래도 만족스럽지 못하다면 '형식'으로 바꿔 이해할 것을 권한다. 그러면 대체로 의미가 자연스러워진다. 칸트는 내용과 형식을 분명하게 구별한다. 내용은 모두 경험적이다. 그러므로 초월철학이 경험 무관한 인식 개념으로 다루는 모든 것은 형식일 수밖에 없다. 따라서 칸트가 말하는 '조건'은 형식에 다름 아니다. 플라톤과 아리스토텔레스가 이 세계 자체의 형식(즉, 이데아)을 탐구했다면, 칸트는 인간 머릿속에 존재하는 형식을 탐구했다. 그 형식이 바로 경험이 가능해지는 혹은 인식이 가능해지는 '조건'이다. 그러므로 인식 과정에서 인간에게는 조건이 필요하다. 그러나 신에게는 조건이 필요없다 '신God'이라는 개념 자체에 '절대지'를 갖는 존재가 들어있기 때문에, 신에게는 인식 과정이랄 게 없다. 한편 조건이 아니라 '제약'으로 번역되기도 한다. 신의 속성을 지칭하는 표현으로 '무제약자'라는 번역어를 쓸 때의 자연스러움을 얻는 이점이 있다.

360 따라서 이 두 조건 중 어느 하나라도 결여된다면, 인간은 지식을 얻을 수 없다.

361 다시 말해 감각 자료가 머리 안으로 주어지지 않더라도.

362 '어떤 대상'이 주어가 아니라 '대상 일반'이 주어가 되고 있음에 유의하자. 지금 칸트는 모든 대상과 관계하는 개념의 존재 여부를 검토 중이다.

경험 인식의 기초가 되는 것이다. 결과적으로 경험 무관한 개념으로서 범주들의[363] 객관적 타당성은 오직 범주를 통해서만 (생각의 형식 면에서) 경험이 가능해진다는 사실에 기초한다. 그런 경우, 범주들은 경험 대상에 필연적으로 그리고 경험 무관하게 관계하게 된다. 오직 범주에 의해서만 무엇이든 경험적인 대상이 생각되기 때문이다.

A94 따라서 모든 경험 무관한 개념의 초월적 연역은 이 연구 전체가 지향해야 할 원리, 즉 경험 무관한 개념은 경험을 가능하게 하는 (경험에서 발견되는 직관의 가능성이든 아니면 생각의 가능성이든) 경험 무관한 조건으로 여겨져야 한다는 원리를 갖는다. 만약 개념이 경험의 가능성에 대한 객관적 근거로서 역할을 한다면, 바로 이런 이유 때문에, 개념들이 필요한 것이다. 경험을 이런 개념들과 만나는 곳으로 펼쳐 낸다고 해서 개념들을 연역하는 건 아니다(단지 개념들을 보여줄 뿐이다). 이때의 개념은 그저 우연적인 것에 지나지 않기 때문이다. 만약 모든 인식 대상이 발생하는 경험의 가능성에 대한 이러한 근원적 관계가 없다면, 특정 대상에 대한 개념들의 관계는 전연 파악될 수 없을 것이다.

B127

모든 경험의 가능성에 대한 조건을 포함하며, 머릿속의 다른 권능으로부터는 스스로를 도출할 수 없는, 세 가지 근원적인 원천(정신력 혹은 정신의 능력)이 있으니, 즉 **감각, 상상력,**[364] **지각**이다. (1) 감각을 통해 다양한 표상의 경험 무관한 **줄거리**가, (2) 상상력을 통해서 다양함의 **종합**이, 마지막으로 (3) 근원적 지각을 통해서 이 종합의 **하나됨**이 그것들에 근거한다. 이런 권능은 모두, 그것들의 경험적 용도뿐 아니라, 전적으로 형식을 다루며, 경험 무관하게 가능해지는 초월적 용도를 갖는다. 제1부에서 우리는 **감각에 관한** 이러한 초월적 용도에 대해 이야기했다. 이제 다른 두 가지 권능의 초월적 용도의 분석에 대한 통찰을 얻기 위해 노력해 보자.[365]

A95

---

363 우리는 이미, 형이상학적 연역을 통해, 12개의 범주를 모든 판단의 논리적 기능으로서 판단표로부터 얻어냈다. 칸트는 이제 대상 인식에 대한 초월적 연역을 통해 이 형이상학적 연역에서 밝혀낸 범주의 객관적 타당성을 확인한다.

364 한때, '구상력'(최재희)으로 번역되었다.

365 A판에 있는 단락이다. B판에서는 삭제되었다.

[366]저 걸출한 로크는 이런 식으로 곰곰이 생각하지 못한 채, 경험에서 순수 지식 개념들을 만났기 때문에, 역시나 경험에서 그것들을 도출했다. 그러나 그는 아주 모순되게도 순수 지식 개념들을 이용해서 과감히 경험의 경계를 뛰어넘는 인식에 이르려고 시도했다.[367] 데이비드 흄은 그런 일을 할 수 있으려면 이런 개념들의 근원이 경험 무관이어야 함을 깨달았다. 그러나 그는, 그 자체로는 지식에 결합되어 있지 않음에도[368] 대상에는 반드시 결합되어야 하는 그런 개념을 지식이 생각한다는 게 어떻게 가능한 일인지 설명할 수 없었다. 또한 그는 이런 개념들에 의해서 지식 자신이 대상들과 만나는 그런 경험의 창작자가 될 수 있음을 착상해 내지 못했다. 그러므로 어쩔 수 없이 그는 경험에서 그런 개념을 도출했다(다시 말하면, **습관**으로부터, 즉 반복된 연합을 통해 경험에서 비롯되되, 결국 객관적인 것으로 착각하게 되는 주관적인 필연성으로부터). 그러나 그는 매우 일관되게 전진했으니, 이러한 개념과 원리를 이용해서는 경험의 경계를 뛰어넘는 것이 불가능함을 선언했다. 그런데 이 양자[369]가 의지하는 이 순수 지식 개념의 **경험적** 도출은, 우리가 실제로 갖고 있는 경험 무관한 학문의 인식, 즉 **순수 수학**과 **일반 자연학**의 실체와는 어울릴 수 없기 때문에, 이런 사실에 의해 논박된다.

이 두 저명한 사람 중에서, 로크는 **열광주의**[370]으=로 가는 문을 활짝 열었으니, 이성이 일단 그런 권한을 소유하게 되면, 모호한 절제의 권고로는 더 이상 이성을 제약할 수 없기 때문이었다. 흄은 **회의주의**에 완전 굴복했으니, 그는 자신이 이성으

---

366 여기서부터 제14조 끝까지 B판에서 추가되었다.

367 로크는 인간 인성을 이용해서 진리에 이를 수 있으리라 믿었다. 그는 믿음으로 신의 계시를 얻으려는 전통적인 입장을 비판하면서, 지식Understanding을 이용하여 신의 계시와 진리를 추구할 수 있다는 낙관적인 입장이었다.

368 개념은 경험에 의해 만들어진다고 생각했기 때문에.

369 로크와 흄의 견해.

370 Enthusiasm. 17세기에 유럽 신교 사이에 존재했던 종교적 흐름이다. 로크는 〈인간지식론〉에서, 이성적인 근거가 없더라도 신에게서 생겨난 진리를 믿는 사람들의 아주 강한 종교적 신념에 찬 생각을 열광주의라고 칭하면서 근거 없는 견해이자 지식이 될 수 없다고 비판했다. 그러나 로크가 경험으로 지식의 출발을 삼았으나, 이성을 자연적 계시로 여기고 진리의 일부를 알 수 있다고 함으로써 오히려 열광주의를 이롭게 했다고 칸트는 비판한다.

로 간주되었던 우리 인식 능력의 폭 넓은 기만을 밝혀냈다고 믿었다. 우리는 지금 이 두 가지 절벽 사이에서 우리가 과연 인간 이성을 안전하게 이끌지 못하는 것인지, 인간 이성에 한계를 정할 수 있는지, 그리고 여전히 이성이 자기 사명에 맞는 활동을 펼쳐낼 영역을 열어놓을 수 있는지를 알기 위해 애쓰고 있다.

B129
이 작업을 시작하기 전에 내가 먼저 하고자 하는 것은 **범주들을 설명**하는 일이다. 범주는 대상 일반에 대한 개념이다.[371] 범주에 의해, 대상의 직관이 판단을 위한 **논리적 기능**[372]의 하나와 관계하면서, 그 대상이 **규정되는** 것으로 간주된다. 그러므로 **범주적** 판단의 기능은, 예컨대 〈모든 물체는 나뉠 수 있다〉처럼, 술어에 대한 주어의 관계라는 기능이었다. 그러나, 지식의 한낱 논리적 사용은, 이 두 개념[373] 중에서 어느 것이 주어의 기능으로 주어지고, 어느 것이 술어의 기능으로 주어질 것인지에 관하여 아직 정해지지 않았다. 왜냐하면 우리는 〈나뉠 수 있는 어떤 것은 물체이다〉라고도 말할 수 있기 때문이다. 그런데 내가 만약 본질[374]이라는 범주 아래에 물체 개념을 갖다 놓으면, 경험 속에서 물체의 경험 직관은 항상 주어로만 고려됨에 틀림없고, 한낱 술어로는 여겨지지 않는다는 사실이 정해진다. 모든 나머지 범주에서도 마찬가지다.

---

371 범주는 모든 대상에 관계하는 개념이라는 뜻.

372 즉 범주(순수 지식 개념).

373 '물체'라는 개념과 '나뉠 수 있다'라는 개념을 가리킨다.

374 범주표에서 3번 관계 범주의 'substance'를 뜻한다. 'substance'는 항상 변하지 않는 본질이기 때문에 주어의 지위를 차지한다. 반면 우연적인 것, 즉 다양하게 변화하고 바뀔 수 있는 비본질은 본질의 술어가 된다.

순수 지식 개념의 연역[375]

제2관(A판)
경험의 가능성을 위한
경험 무관 근거들에 대하여

만일 어떤 개념 자체가, 가능한 경험 개념 안에 포함되어 있지 않다면, 그리고 가능한 경험을 구성하는 요소가 아니라면, 그때 그 개념이 온전히 경험 무관하게 만들어져야 한다거나 대상과 관계한다는 것은 전적으로 모순되며 불가능한 일이다. 왜냐하면 내용이 없을 것이기 때문이다. 그런 개념에 대응하는 직관이 없기 때문이요. 그런데 직관 일반이 우리에게 대상들을 제공할 수 있으며, 가능한 경험의 영역을 또는 전체 대상을 형성하기 때문이다. 경험에 관계하지 않는 경험 무관한 개념은 단지 어떤 개념을 위한 논리 형식일 뿐이며, 그 개념 자체를 통해 무언가가 생각되는 것은 아닐 것이다.

따라서 만약 경험 무관한 개념들이 존재한다면, 그것들은 정말이지 어떤 경험적인 것도 포함할 수 없되, 그럼에도 불구하고 가능한 경험의 경험 무관 조건이 될 것임에 틀림없으니,[376] 바로 이것이야말로 그것들의 객관적 실체가 기초하는 것이기 때문이다.

---

375 A판 순수 지식 개념의 연역 제2관과 제3관은 B판에서 모두 삭제되고 새로운 내용으로 대체되었다. 즉 A95~A130 부분은 B판의 제15조~제27조 내용으로 교체되었다. 비록 B판에서 삭제되었다 해도, 이 부분은 감수성 영역과 지식 영역 사이의 관계에 관한 통찰로서 매우 중요한 의미를 지닌다.

376 경험 무관한 개념임에도 경험에 전혀 관여하지 않는다면, 그런 지적인 개념은 순수 지식 개념에 해당하지 않는다. 순수 지식 개념, 즉 범주가 되려면 반드시 경험을 가능하게 하는 조건이 되어야 한다. 다시 말해 모든 경험에 항상 관여해야 한다(대상 일반과의 관계). 이에 대해 칸트는 관념론 반박 부분에서 자세히 논증한다.

A96 그러므로 만약 우리가 어떻게 순수 지식 개념이 가능한지 알기 원한다면, 그때 우리는 경험의 가능성이 의존하는 경험 무관 조건을, 그리고 현상에서 경험적인 모든 것을 빼낼 때조차 경험을 기초 짓는 그런 조건을 탐구해야 한다. 이러한 경험의 형식과 객관적 조건을 보편적이면서 충분하게 표현하는 개념을 일컬어 순수 지식 개념이라 칭할 것이다. 내가 순수 지식 개념을 갖게 되자, 나는 정말이지 불가능한 것 같은 대상조차 생각해 낼 수 있게 되었다. 나는 그 자체로는 가능할 수 있어도 경험할 수는 없는 그런 대상들도 생각해 낼 수 있다. 그런 대상들은 경험으로는 주어질 수 없는 것이니, 순수 지식 개념들을 연결함[377]에 있어서, (영이라는 개념에서처럼) 경험을 가능하게 하는 조건에 반드시 속해야 하는 무언가[378]가 빠졌기 때문이거나, (신이라는 개념에서처럼) 순수 지식 개념이 경험이 다다를 수 있는 것보다 더욱 확대된 것이기 때문이다. 그렇지만 모든 경험 무관한 인식의 **요소들은**, 심지어 제멋대로이며 터무니없는 환상조차, 경험으로는 빌려 올 수 없는 것이다(그게 아니라면 그런 인식이 경험 무관한 인식일 수는 없을 것이므로). 그것들은 항상 가능한 경험과 가능한 경험 대상의 순수 경험 무관 조건을 포함해야 하니, 그렇지 않다면 그것을 통해서는 그 무엇도 생각될 수 없으며, 자료가 없는 탓에 생각 속에서 떠오르지조차 않을 것이기 때문이다.

A97 이제 우리는 이러한 개념들을, 모든 경험 속에서 순수 생각을 경험 무관하게 포함함을, 범주에서 발견한다. 만약 우리가 오직 범주에 의해서만 어떤 대상이 생각될 수 있음을 증명할 수 있다면, 이것은 이미 범주에 대한 충분한 연역이다. 그리고 그것은 범주의 객관적 타당성을 정당화하는 것이다. 그러나 이런 생각에는 사고력만이 아니라, 즉 지식만이 아니라, 다른 무엇도 관여한다. 그러므로 대상들과 관계해

---

377 어째서 인간은 경험하지도 않았으면서, 신, 세계, 사후 세계(영혼의 불멸성) 등을 생각해 내는 것인가? 그 열쇠가 12개의 범주, 즉 순수 지식 개념이다. 이들 범주를 서로 연결함으로써 인간은 초경험적인 존재를 자연스럽게 생각해 낼 수 있다. 그러나 이런 신이나 영 같은 사유물이 순수 지식 개념의 연결을 통해 해명할 수 있기는 해도, 그 자체가 초경험적이고, 경험의 시금석으로는 참과 거짓 여부를 도저히 확인할 수 없기 때문에, 범주를 연결해서 만들어 낸 사유물은 객관적 실체가 없는 텅 빈 개념이 된다.

378 예를 들어 범주에서 양과 질의 개념이 누락되었다는 것. 바로 위의 주석을 참고. 영(spirit)은 순수 지식 개념만이 연결된 것으로, 꼭 있어야 할 생각의 데이터, 즉 직관과 포착이 존재하지 않는다.

야 하는 인식 능력으로서 지식 자체는 마찬가지로 해명이 필요하다. 다시 말해 대상과의 관계 맺음의 가능성을 해명해야 한다. 따라서 우리는 그런 경험의 가능성에 대한 경험 무관한 기초를 만들어 내는 주관적 원천들을, 경험적인 성질이 아닌 초월적인 성질의 면에서, 먼저 평가해야 한다.

만약 개별 표상마다 다른 모든 표상과는 전적으로 이질적이라면,[379] 말하자면 개별 표상마다 다른 표상들과 동떨어져 분리되어 있다면, 인식 따위는 생기지 않을 것이다. 왜냐하면 인식이란 머릿속에 있는 것들이 비교되고 연결되어 이루어지는 전체이기 때문이다. 감각은 그 직관에서 다양함을 포함하고 있으니, 만약 내가 감각에 줄거리[380]가 있다고 한다면, 이 줄거리는 항상 종합[381]에 해당한다. 그리하여 **수용성**이 **자발성**과 결합될 때 인식이 가능해지는 것이다. 이제 이러한 자발성이 모든 인식에서 반드시 발생하는 세 겹의 종합의 기초가 된다. 다시 말하면, 직관에서 머릿속 변환물[382]인 표상들을 **탐색**하는 종합, 상상력에서 이 표상들을 **복제**하는 종합, 그리고 개념에서 그것들을 **인지**하는 종합이 그것이다. 이 세 가지 종합은 우리를 인식의 세 가지 주관적 원천으로 인도하고, 지식 자체를 가능하게 하며, 지식을 통해 모든 경험이 지식의 경험적 산물이 되도록 한다.

A98

---

379 예를 들어 개를 바라보면서 개의 형태, 움직임, 소리 등이 각각 별개로 그 개와 관련되는 것임을 나타내지 못한다면, 사과에 대해 그 사과의 형태, 색깔, 맛 등이 서로 같은 사과에 대한 감각 자료가 아니라면.

380 Synopsis. 칸트 철학을 이해하는 데 유용한 단어이다. 예컨대 우리의 삼각기관은 일상생활에서 무수히 많은 것을 동시에 혹은 순차적으로 본다. 그러나 그 모든 것이 머리에 들어오지 않고, 그중 극히 일부만이 머릿속으로 들어온다. 우리는 그 일부만을 데이터로 수용해서 생각할 뿐이다. '그 일부'가 바로 감각의 시놉시스(줄거리)이다. 다시 비유해서 말하자면, 인간은 한 편의 영화를 모두 보는 게 아니라, '시놉시스'만을 본다는 의미.

381 종합이란 머릿속에서 서로 다른 것들을 연결하고 결합한다는 형식적인 의미이다.

382 Modifications. 기존 번역은 '변양'. 대상에 대한 감각 데이터가 직관을 통해 우리들 머릿속으로 들어올 때, 대상 그 자체가 있는 그대로 들어오는 것은 아니다. 그것은 시간 형식과 공간 형식 안으로 변환되어 수용되는 것이므로, '변환물'로 번역하는 것이 칸트의 메시지를 쉽고 정확하게 이해하는 데 유리하다. 아날로그 데이터가 컴퓨터 프로세서에 의해 처리되려면 디지털 데이터로 변환돼야 하는 것과 같은 이치이다. 〈패씸한 철학 번역〉(코디정, 2025) 248~250쪽 참고.

예비적 알림

범주의 연역은 매우 많은 난관이 있고, 그래서 우리 인식 일반의 첫 번째 근거를 아주 깊이 탐구할 필요가 있다. 어떤 완벽한 이론의 방만함을 피하기 위해서, 그리고 필요한 이 탐구에서 그 무엇도 누락되지 않도록, 나는 다음 네 항목을 통해, 독자들을 가르치기보다는 준비하도록 하는 것이 더욱 바람직함을 깨달았다. 그리고 이어지는 제3관에서 지식의 이러한 요소들의 개요를 체계적으로 제시하는 것이다. 이런 까닭에 독자들은 이제껏 누구도 가보지 못한 길에서 처음 만나는 그 피치못할 모호함을 이유로 단념치 말아야 한다. 바라건대 다음 섹션[383]에서 온전하게 해명될 것이다.

제1항
직관에서 탐색의 종합에 대하여

A99 우리 머릿속에 있는 것들이 어디에서 생겨났든지, 머릿속 변환물로서 그것들은 내적 감각에 속한다. 그것들이 외부 사물의 영향을 통해 생겨난 것이든, 내적 원인을 통해 만들어진 것이든, 아니면 그것들이 경험 무관하게 생겨난 것이든 또는 현상으로서 경험적으로 생겨난 것이든, 모두 내적 감각에 속한다. 또한 내적 감각에 속하는 한, 우리의 모든 인식은 결국 내적 감각의 형식 조건, 즉 시간의 지배를 받는다. 우리의 머릿속에 있는 것들이 시간 안에서 모두 질서 있게, 연결되며, 관계를 맺는다. 이것이 다음 이어지는 전체의 기초가 돼야 할 일반적 논평이다.

모든 직관에는 다양한 표상이 들어있다. 그러나 만약 차례로 이어지는 인상들의 순서에서 머리가 시간을 구별하지 않는다면, 다양함은 표상 일반이 되지는 못할 것이다. 왜냐하면 **어떤 한 순간에 포함된 것으로서** 표상은 절대적인 하나일 수밖

---

[383] 제3관, A115로 시작된다.

에 없기 때문이다.[384] 이제 이러한 다양함이 직관의 **하나됨**이 되도록 하려면(예컨대 공간 표상 안에서), 먼저 다양함을 살펴보고 하나로 모아야 한다. 나는 이러한 활동을 일컬어 **탐색**[385]의 종합이라 부른다. 그것이 직접적으로 직관을 향하고 있기 때문이며, 확실히 직관을 통해 다양함이 제공되기 때문이지만, 만약 이런 과정으로 종합이 일어나지 않는다면, 직관은 이런 다양함이 **어느 하나의 표상 안에** 포함된 것으로서의 다양함이 되도록 할 수 없기 때문이다.[386]

그런데 이러한 종합은 경험 무관하게도, 즉 경험적이지 않은 표상들[387]에 대해서도 실행돼야 하니, 그런 종합이 없다면, 우리는 공간 표상도, 시간 표상도 경험 무관하게 갖지 못하기 때문이다. 이들 표상[388]은 오직 감수성이 시원적인 수용성 내에서 제공한 다양함의 종합을 통해서만 만들어지는 까닭이오, 그러므로 우리가 순수 탐색의 종합을 갖는 것이다.

A100

---

384 예를 들어 어떤 대상 A를 우리가 시각적으로 관찰함으로써 여러 가지 이미지 단편(즉, 다양함)이 머릿속으로 수용됐다고 가정해 보자. 즉, 우리 머릿속에서 A 의 개별 표상인 A1, A2, ⋯, An가 들어있는 경우에, 우리는 A1, A2 등으로 A를 각각 분리해서 직관하는 게 아니라, {A1, A2, ⋯, An}으로 모두 하나의 집합으로 묶인 A를 직관한다는 의미. 머리 바깥의 A는 본래 하나이기 때문이다.

385 Apprehension. 기존 번역은 '각지'(최재희), '포착'(백종현). 독자들은 이 '탐색'이 공간적인 성격을 갖는다는 점에 유의해야 한다. 어느 '한순간'의 시간에서 머릿속에 있는 수많은 것에서 필요한 데이터만 탐색한다는 의미이다. 지금 우리가 우리의 눈을 통해 무수히 많은 것을 본다고 가정해 보자. 외부 사물의 데이터는 헤아릴 수 없이 많다. 그러나 그중 극히 일부의 데이터만 우리들 머릿속에서 생각의 대상이 된다. 다만 수많은 데이터 중에서 우리의 생각 자료가 될 데이터를 먼저 '탐색(선택)'되기는 해도, 그 데이터가 의미를 가지려면 탐색된 자료를 다시 시간적으로 '연결'하는 과정이 있어야 한다. 그것이 바로 '탐색의 종합'이다. 그런데 우리의 한순간 한순간은 서로 연속되어 있으며, 앞의 시간에 있던 것이 이어지는 시간에서 갑자기 사라지는 것은 아니다. 그러므로 머리 안에서 시간적인 연결이 생겨날 것이다. 그것이 바로 경험적인 감각 의식인 '포착'이며, 복제의 종합이 된다. 다만 B판에서 칸트는 복제의 종합이라는 과정을 버리고, 탐색의 종합을 포착으로 간주한다.

386 이 문장에서, 앞의 '다양함(manifold)은 직관의 일반적인 기능의 면에서 말하는 표상이며, 뒤의 '다양함'은 하나의 사건에서 수용된 구체적인 표상을 가리킨다.

387 공간과 시간.

388 공간 표상과 시간 표상.

제2항
상상력에서 복제[389]의 종합에 대하여

어떤 법칙이 있어서 서로서로 잇따르고 동반되는 표상들이 마침내 연관되며, 이로써 연결되기에 이르러서는, 대상의 존재함이 없을지라도, 일정한 규칙에 따라, 이런 표상의 어느 하나가 다른 표상으로 머릿속에서 전환[390]된다. 이러한 복제의 법칙은 단지 경험적이다. 그러나 이는, 현상들 그 자체가 실제로 어떤 법칙의 지배를 받으며, 이런 현상을 이루는 다양함 안에서 그런 동반과 잇따름이 어떤 규칙에 맞게 발생함을 전제한다. 왜냐하면, 그렇지 않다면, 우리의 경험적 상상력은 자기 능력에 부합할 어떤 것도 할 수 없게 될 것이기 때문이요, 그리하여 심지어 우리 자신에게조차 알려지지 않은 사멸한 능력처럼 머릿속 내부에 숨겨진 채 있을 것이기 때문이다. 만약 적색 안료[391]가 지금 붉은데 다음에는 검다고 한다면, 지금 가볍지만 나중에는 무겁다면, 만약 인간의 형상이 지금은 이런 생물의 모습으로 변했다가 다음에는 저런 생물의 모습으로 바뀐다면, 만약 낮이 긴 하지에 이르러 지금은 과일이 대지에 가득하다가도, 다음에는 빙설로 덮인다면, 이런 경우에서 우리의 경험적 상상력은 적색 안료가 표상되더라도 무거운 안료라고 생각할 기회를 갖지조차 못할 것이다. 현상들 스스로 이미 종속된 어떤 규칙에 의해 지배되지 않고, 만약 어떤 단어가 지금은 이것에 쓰이다가 다음에는 다른 사물의 명칭으로 쓰인다면,

A101

---

389 Reproduction. 기존 번역은 '재생'. 이 책은 '복제'로 번역한다. 이미 표상으로서 실시간으로 머릿속에 재생되고 있는 것을 다시 재생한다는 것은 언어 모순이기 때문이다. 더 자세하게는 〈괘씸한 철학 번역〉(코디정, 2025), 260~269쪽 참고.

390 Transition. 칸트는 대상이 인간 머릿속에서 생각되기 전에 적어도 2번 바뀌는 것으로 생각했다. 첫째 감수성에 의해 머릿속으로 수용되면서 대상은 다양한 표상으로 이루어지는 변환물(modifications)이 된다. 감수성의 영역에서 이루어지는 변환이며, 거기에서 탐색이 이루어진다. 그다음 생각의 영역으로 들어가기 위한 변환, 즉 전환(transition)이 행해지고, 칸트는 이것을 복제의 종합이라고 칭했다. 이런 전환은 지식(더 정확하게는 상상력)이 행한다(감수성은 수용성에 불과하지 자발성이 없기 때문). 그다음 복제된 대상에 대한 데이터에 개념이 적용되면서 모든 데이터가 하나가 되고, 대상에 대한 판단이 내려진다. 이러한 일련의 과정을 거쳐 인간은 대상을 생각한다. 지금 관점에서 보면 매우 획기적이고 천재적인 발상임에도, 칸트는 B판에서 이 부분을 삭제했다.

391 Cinnabar. 수은의 원료이자 붉은색 안료로 쓰이는 광물. 화학식 HgS(황화수은)으로 표현되며, 고대 그리스 시대부터 알려진 적색 광물이다. '진사'라 번역된다.

만약 동일한 사물이 지금은 이런 이름으로 불렸다가 다음에는 다른 이름으로 칭해진다면, 복제의 경험적 종합은 일어날 수 없을 것이다.

따라서 현상들의 필연적인 종합의 하나됨에 대한 경험 무관한 근거가 됨으로써 그 자신이 이런 현상들의 복제를 가능하게 해주는 무언가가 있어야 한다. 그런데 만약 우리가 현상이란 사물 자체가 아니라, 결국 내적 감각의 규정이 되는 것으로, 단지 우리 머릿속에 있는 것들이 재생[392]된 것에 지나지 않음을 유념한다면, 우리는 저 무언가를 금방 생각해 낸다. 이제 만약 우리가 우리의 가장 순수하고 경험 무관한 직관조차 그것들이 다양함의 결합, 즉 복제의 철저한 종합을 가능하게 하는 그런 결합을 포함하지 않고서는 어떤 인식도 우리에게 제공될 수 없음을 밝혀낼 수 있다면, 그때 이런 종합은 모든 경험에 앞서는 근거를 가지며 경험 무관한 원리들에 기초하는 것이다. 그리하여 우리는 그 자신이 모든 경험의 가능성을 기초 짓는 상상력의 순수한 초월적 종합을 가정해야 한다(현상들의 그런 복제가 반드시 전제되는 것처럼). 만약 내가 지금 생각 속에서 하나의 선분을 그린다거나, 어느 정오에서 다음 정오까지의 시간을 생각하거나, 아니면 어떤 숫자를 막 떠올려 보고자 한다면, 그때 나는 무엇보다 서로 잇따르는 이 다양함 중에서 하나를 반드시 붙잡아야 함이 명백하다. 그러나 만약 내가 내 생각에서 앞선 표상들(선분의 첫 번째 부분, 시간의 선행 부분, 또는 순차적으로 표상되는 일의 자리 수들)을 항상 잃어버린다면, 그리고 내가 다음 부분들로 진행하면서 앞선 표상들을 복제해 놓지 않았다면, 그때 하나의 전체 표상이 생겨나지 못할 것이며, 앞서 언급한 생각에서 어느 것도, 공간과 시간의 가장 순수하고 가장 기본적인 표상조차 생길 수 없을 것이다.

A102

따라서 탐색의 종합은 복제의 종합과 불가분으로 결합된다.[393] 탐색의 종합이 모든 인식 일반(경험적 인식뿐 아니라 경험 무관한 순수 인식)의 가능성에 대한 초월적

---

392 Play. 'reproduction'의 번역어가 아니다.

393 감각 데이터가 생각의 대상이 되려면, 공간적으로 연결돼야 하고 시간적으로도 연결돼야 하며, 이 두 가지는 반드시 존재해야 한다. 이것이 갖는 더 자세한 의미에 대해 칸트는 원리의 분석편에서 다시 집중적으로 다룬다.

근거를 이루기 때문에, 상상력의 복제적 종합은 머리의 초월적 활동[394]에 속하며, 이런 관점에서 우리는 이 능력을 상상력의 초월적 능력이라 부르기로 하자.

제3항
개념에서 인지[395]의 종합에 대하여

A103

우리가 생각하는 것이 방금 전에 생각한 것과 같은 것이라는 의식이 없다면, 표상의 시계열에서 모든 복제는 소용 없을 것이다. 우리가 현재 상태에서 생각하고 있는 것은 새로운 표상이 될 것이기 때문이고, 조금씩 표상을 만들어 냈던 그런 활동에는 전혀 속하지 못하게 될 것이기 때문이다. 그러므로 다양함이 하나의 전체를 형성하는 것은 불가능해지고 만다. 이것은 오직 의식만이 줄 수 있는 하나됨이 다양한 표상에 결여되어 있기 때문이다. 만약 내가 숫자를 세면서, 내 머릿속에서 맴돌면서 하나씩 더해지는 단위들[396]을 잊어버리고 만다면, 나는 하나의 숫자에 다른 하나가 순차적으로 더해짐으로써 만들어지는 합계를 인식하지 못할 뿐더러, 결과적으로 나는 그 숫자를 인식하지 못할 것이다. 이 덧셈 개념은 종합해서 하나로 만드는 의식으로 이루어지기 때문이다.

이미 **"개념"**이라는 단어 자체가 우리를 이런 논평으로 이끌어 줄 수 있었다. 왜냐하면 개념은 순차적으로 직관된 다음 복제된 다양함을 하나의 표상으로 만드는 한 개의 의식이기 때문이다. 이러한 의식은 불충분할 수도 있고, 그래서 우리가 단지 결과 면에서 표상[397]의 생성에 의식을 연결하는 것이지만(의식 자체가 직접적으로

A104

---

394 대상 인식에서 항상 나타나는 활동.

395 Recognition. '재인'(최재희)이라고 번역되기도 했다.

396 십진법 단위.

397 대상에 대한 여러 가지 데이터가 탐색과 복제 과정을 거쳐 하나로 합쳐진 그런 '하나의 표상'을 가리킨다.

활동하는 게 아니라), 이러한 차이와 무관하게, 한 개의 의식은 항상 발견돼야 한다. 설령 그런 의식이 아주 명확하지는 않더라도, 그것이 없으면 개념도 대상에 대한 인식도 완전히 불가능해질 것이다.

여기서 "표상들의 대상"이라는 표현이 의미하는 것을 이해할 필요가 있다. 우리는 위에서 현상 그 자체는 다름 아닌 감각적 표상이며, 그것은 마찬가지로 (표상력 바깥의) 대상 그 자체로 여겨져서는 안 된다고 말했다. 그렇다면 우리가 인식에 대응하는, 그리하여 인식과는 구별되는 대상에 관해 말할 때, 그것은 무엇을 의미하는 것인가? 이런 대상은 오직 어떤 것 일반[398]의 = x로만 생각될 수밖에 없음을 우리는 쉽게 알 수 있다. 왜냐하면 어쨌든 우리 인식 바깥에서는 인식에 대응하는 것으로서 대조해 볼 수 있는 그 무엇도 우리가 갖지 못하기 때문이다.

그러나 우리는 인식이란 모두 그것의 대상과 관계한다고 생각한다. 이런 우리의 생각에는 무엇인가가 필연적으로 수반되어 있음이 발견된다. 그것은 대상에 대한 우리 인식들이 아무렇게나 임의대로 정해지지 않도록 하는 것이며, 오히려 인식들이 일정한 방식에서 경험 무관하게 규정되도록 하는 것으로 여겨진다. 왜냐하면 이런 인식은 대상과 관계하는 것이니, 그리하여 그런 관계에서 인식들도 반드시 대상에 일치해야, 즉 하나의 대상 개념이 갖는 저 하나됨을 인식들도 가져야만 하기 때문이다.[399]

A105

그런데 우리는 단지 우리의 다양한 표상만을 다뤄야 한다. 그리고 다양함에 대응하는 대상 x는 우리의 모든 표상과는 구별되는 것이기 때문에, 그런 대상은 우리에게 아무것도 아니다. 따라서 분명하게도, 내상이 필연적으로 만드는 저 하나됨이란 다름 아니라 다양함을 종합할 때 의식이 행하는 형식적 하나됨일 수 있다. 우리

---

398 구체적으로 특정된 어느 하나의 대상이 아니라, '대상 일반'을 가리킨다. 구체적인 특정은 머릿속에서 현상으로 행해진다.

399 우리 인식은 객관적 실체를 가져야 한다. 달리 말해 객관적 타당성을 가져야 한다.

가 직관의 다양함에서 종합적 하나됨을 이루는 경우,[400] 이때가 바로 우리가 대상을 인식한다고 말하는 때이다. 그러나 만약 직관이, 어떤 종합 기능을 통해, 즉 다양함의 복제가 반드시 경험 무관이 되도록 하는 규칙과 그런 다양함이 하나가 되도록 하는 개념을 따르는 종합 기능을 통해 만들어질 수 없다면, 그런 하나됨은 불가능해진다. 그러므로 우리가 하나의 대상으로 삼각형을 생각할 때, 우리는 직관이 항상 제시될 수 있는 그런 규칙에 따라 세 직선의 결합을 의식함으로써 그 삼각형을 생각하는 것이다. 이제 그런 **규칙의 하나됨**이 모든 다양함을 규정하며, 지각의 하나됨을 가능하게 하는 조건들을 한정한다. 그리고 이런 하나됨 개념이, 대상 = x, 즉 삼각형이라고 언급된 술어를 통해, 내가 생각한 그 대상에 대한 표상이다.

A106 개념이 아무리 불완전하고 모호할지라도, 모든 인식은 개념을 필요로 한다. 그러나 그 형식의 면에서 개념은 항상 보편적이다. 그리고 규칙 역할을 한다. 따라서 물체라는 개념[401]은 이 개념을 통해 생각되는 다양한 것의 하나됨이라는 관점에서는 외부 현상들에 대한 우리 인식을 위해 규칙으로서 역할을 한다. 그런데 개념은, 현상이 우리에게 주어질 때, 그것의 다양함의 필연적인 복제를 머릿속에 가지고 와야 하며, 그리하여 그것에 대한 우리 인식 안에서의 종합적 하나됨을 머리 안에서 만들어 내야만 직관에 대한 규칙이 될 수 있다. 그러므로 우리가 우리 외부에 있는 어떤 것을 포착할 때, 물체라는 그 개념은 불투과성, 형태 등의 표상과 함께, 크기의 표상을 필연적이게 한다.[402]

모든 필연성은 언제나 초월적인 조건의 기초 위에 있다. 그러므로 어떤 초월적 근

---

400 즉, 다양한 데이터를 하나로 합치는 경우. 예컨대 머리 바깥에는 대상이 하나로 특정되어 있기 때문에, 그 대상에 대한 머리 안쪽의 우리 인식도 하나가 되어야 한다.

401 사물 자체로서 어떤 물체를 이야기하는 것이 아니라, '물체'라는 단어를 사용할 때 생기는 의미로서의 개념을 말한다.

402 '무게'와 달리, 물체의 '크기'는 경험 무관하다. 이 단락에서 칸트는 〈모든 물체(body)는 크기를 갖는다〉는 경험적 공리가 어떻게 인식되는지를 물체 개념을 통해 설명한다. 우리 외부의 물체가, 당연하게도, 하나라면, 그 물체에 대한 우리의 인식도 당연하게 하나여야 한다. 이런 논리로 칸트 철학에서 설령 인식이 객관 그 자체를 알 수 없다고 해도 그 대상에 대한 인식의 객관적 실체가 확보되는 것인데, 무엇이 우리의 인식을 하나로 만드는가? (물체라는) 개념이 그런 하나됨의 규칙을 만든다.

거가 우리의 모든 직관의 다양함을 종합하고, 대상 일반의 개념을 종합한다. 그리하여 모든 경험 대상을 종합할 때의 의식의 하나됨에 대한 초월적 근거가, 그것이 없다면 우리 직관들에 대해 어떤 대상도 생각할 수 없을 그런 초월적 근거가 발견돼야 한다. 왜냐하면 대상이라는 것은 어떤 것의 개념이 그런 종합의 필연성을 표현하는 그 어떤 것에 다름 아니기 때문이다.

이러한 근원적이고 초월적인 조건이 바로 **초월적 지각**[403]이다. 내적 포착에서는 자기 상태를 규정한다는 점에서 자기 의식이 있으며, 이것은 그저 경험적이어서 언제나 변화한다. 이러한 내적 현상의 흐름 속에서 자기 의식은 불변하거나 지속하는 자아를 제공하지 못한다. 그것을 일컬어 보통 **내적 감각**이라거나 **경험적 지각**이라고 부른다. 그러나 수적으로 동일한 것[404]으로 **반드시** 머릿속에 있어야 한다는 것은 경험 자료를 통해서는 생각될 수 없다. 그런 초월적 전제를 증명하는 조건은 모든 경험에 선행하면서 경험 자체를 가능하게 하는 조건이어야 한다.

A107

모든 직관 자료에 선행하며, 그것과의 관계에 의해서만 모든 경험 표상이 가능해지는 의식의 하나됨이 없다면, 우리 안에서 어떤 인식도, 인식들 사이에서 이루어지는 어떤 연결도, 어떤 하나됨도 생길 수 없다. 이제 이러한 순수하고 근원적이며 불변하는 의식을 일컬어 나는 **초월적 지각**이라고 부르고자 하는 것이다. 가장 순수한 객관적 하나됨, 다시 말하면 저 경험 무관한 개념들(공간과 시간)의 객관적 하나됨조차 이런 지각에 대한 그 직관들의 관계를 통해서만 가능해진다는 사실로부터 이미 그런 이름을 받을 만하다. 따라서 초월적 지각의 수적 하나됨은 모든 개념의 경험 무관한 근거가 되는 것이니, 이는 공간과 시간에서 나타나는 다양함이

---

403 기존 번역은 '초월적 통각'(백종현) 혹은 '선험적 통각'(최재희). '통각'이라는 낱말은 일본 학자의 번역을 그대로 수입해서 음역한 것이지, 우리말이 아니다. 즉 누구도 이런 단어를 일상 생활에서 사용하지 않는다. 이 책에서는 '지각'이라는 단어를 번역어로 사용한다. 지각이라는 우리말의 뜻이 곧 apperception의 의미에 해당한다. 〈패씸한 철학 번역〉(코디정, 2025) 162~166쪽 참고. 일본 학자의 번역을 폐기해서 잃는 것은 학자들의 단어 독점뿐이다. 그 대신 우리말의 자연스러움을 얻고 칸트의 메시지를 더 쉽게 더 분명하게 나타낼 수 있다. '초월적 지각'은 인류 공통의 자기 의식을 뜻한다. 이리하여 의식은 대상에 관해 최초로 앎에 이르렀다.

404 수적으로는 하나이다. 1초 전의 나와 지금의 나와 1초 후의 나는 시간 흐름 속에서 달라졌으나, 동일한 나이다. 다시 말해 수적으로 달라지지 않는다. 그것이 바로 초월적 자아이다.

감각 직관들의 근거가 되는 것과 같은 것이다.

A108 이제 이 초월적 지각의 하나됨은 하나의 경험으로 모을 수 있는 모든 가능한 현상에서 법칙에 따라 머릿속에 있는 것들을 전부 연결[405]한다. 왜냐하면, 만약 다양함을 인식할 때, 우리 머리가 그것들을 종합적으로 하나의 인식으로 결합하는 기능의 동일성을 의식하지 못한다면, 그러한 의식의 하나됨은 불가능해지기 때문이다. 그러므로 근원적이고 필연적인 자기 자신의 동일성에 대한 의식은 동시에 개념에 맞게 모든 현상을 종합하여 필연적으로 일원화하는 의식이다. 개념은 현상을 필연적으로 복제할 뿐 아니라, 이로써 이런 현상에서 우리 직관에 대한 대상을 규정하는, 즉 이런 현상이 필연적으로 일치하는 어떤 것의 개념을 규정하는 규칙이 되는 것이다. 만약 머리가 자기 활동 — 탐색의 모든 종합(경험적인 종합)을 초월적 하나됨의 지배 하에 놓은 다음에, 비로소 종합의 표상들을 경험 무관한 규칙에 따라 연결되도록 하는 활동 —의 동일성을 자기 시야에 갖지 않는다면, 머리는 그것의 다양함 안에서 자기 동일성을 생각할 수 없을 터이며, 더욱이 그 동일성을 경험 무관하게는 생각조차 못할 것이기 때문이다. 이리하여 우리는 **대상 일반**에 관한 우리의 개념을 더욱 정확하게 규정할 수 있다. 모든 표상은, 표상인만큼, 그것들의 대상을 갖는다. 그리고 그것들은 스스로 차례대로 다른 표상들의 대상이 될 수 있다. 우리에게 직접적으로 주어질 수 있는 유일한 대상은 현상이며, 이 현상 안에서 직

A109 접적으로 대상과 관계하는 것을 일컬어 직관이라 부른다. 그러나 현상은 사물 자체가 아니다. 오히려 현상은 그저 표상에 지나지 않으며, 이어서 그것의 대상을 가질 뿐이다. 이런 대상은 더 이상 우리에게 직관되지 못한다. 그러므로 그것을 일컬어 비경험적인 대상이라는 것이며, 즉, 초월적 대상 = x라고 명명하는 것이다.

이러한 초월적 대상(이는 실제로 우리의 모든 인식에서 항상 동일하게 x이다)이라는 순수 개념은 우리의 모든 경험 개념 일반에 하나의 대상과 관계함을 제공한다.

---

405 이 단어뿐 아니라, 자기 동일성을 포함해서 초월적 지각에 관해 의미가 잘 이해가 가지 않는다면, '시간적인 연결'과 '시간적인 동일성'을 생각해 보자. 내가 고양이를 보고 있을 때, 지금 바라보는 고양이와 1초 전에 바라본 고양이가 다를 수 없다. 다시 말해 고양이를 감각하고 있는 동안에는 시계열 속에서 그 고양이를 하나의 동일한 고양이로 간주하는 의식이 있어야 한다.

즉 객관적 실체를 제공할 수 있는 것이다. 이제 이 개념이 무엇이든 직관을 규정하는 것은 포함할 수 없다. 그래서 인식의 다양함 안에서 어떤 대상과 관계하는 한 만날 수밖에 없는 저 하나됨에만 관련되는 것이다. 그러나 이러한 관계는 의식의 필연적인 하나됨에 지나지 않는다. 따라서 그것은 한 개의 표상 안에 있는 다양함을 결합하는 머리의 공통 기능을 통해 그런 다양한 표상을 종합하는 의식의 하나됨일 뿐이다. 이제 이런 하나됨은 경험 무관하게 필연적인 것으로 간주돼야 하기 때문에(그렇지 않다면 인식이 대상을 결여하기 때문이다), 초월적 대상과 관계함은, 즉 우리의 경험 인식의 객관적 실체는 어떤 초월적 법칙에 의존할 터이다. 이 초월적 법칙은, 대상이 현상을 통해 우리에게 주어지는 한에서, 모든 현상은 경험 직관에서 현상의 관계를 가능하게 하는 종합적 하나됨의 경험 무관한 규칙의 지배를 받는다는 법칙이다. 다시 말하면 현상들이 한낱 직관 속에서 공간과 시간의 형식 조건들의 지배를 받던 것처럼, 경험 속에서 현상들은 지각의 필연적인 하나됨이라는 조건의 지배를 받아야 한다는 것이니, 정말이지 어떤 인식이든지 오직 이 조건을 통해서만 비로소 가능해진다.

A110

제4항
경험 무관한 인식으로서 범주의 가능성에 대한
예비적 설명

여기 **하나의** 경험이 있다. 그 경험에서 포착된 모든 것은 일관되게 법칙의 지배를 받아 연결되는 존재로서 표상되며,[406] 이는 마치 오직 하나의 공간과 하나의 시간 속에서 현상의 모든 형식과 존재 혹은 비존재의 모든 관계가 발생하는 것과 같다. 우리가 다른 경험들을 말하는 경우에도, 이것들은 그저 그렇게나 많이 포착된다는 것이며, 이런 모든 포착[407]이 하나이면서 그리고 동일한 보편 경험에 속하게 된다. 왜냐하면 경험의 형식은 바로 이런 포착들의 일관되고 종합적인 하나됨으로 이루어지기 때문이요, 이러한 하나됨은 다름 아니라 개념들에 따른 현상들의 종합적 하나됨이기 때문이다.

A111　경험 개념들에 따르는 종합적 하나됨은 완전 우연적일 것이다.[408] 그리고 경험 개념들이 하나됨의 초월적 근거에 기초하지 않는다면,[409] 경험으로 바뀌지 못한 현상들이 무리를 지어 우리 정신을 가득 채울 것이다. 그때 대상 인식의 모든 관계도 사라지고 말 것이다. 왜냐하면 대상이 보편적이고 필연적인 법칙들에 따르는 그런 연결을 결핍하기 때문이다. 그리하여 생각 없는 직관이 되고 말며, 인식에 이르지 못

406　머릿속에서 그렇게 존재한다는 의미.

407　탐색이 공간적인 성격이라면, 포착은 시간적인 성격을 갖는다. 탐색한 것들을 모두 특정 시간(즉 경험 시간)으로 묶으면 그것이 포착이 된다. 포착을 얻으려면 탐색된 모든 것은 복제돼야 한다. 포착은 감각적인 의식이며, 포착에 의해 현상이 정해진다. 지식 영역에 도착한 포착에 범주를 적용해서 최초로 처리하는 자기 의식, 그것이 초월적 지각이다. 포착은 그저 수집된 경험 데이터이자 감각적인 의식이지, 생각이 아니다. 지각에 이르러 비로소 생각이 나타난다. 기존 번역으로 말하면, 탐색은 각지(포착), 포착은 지각, 지각은 통각으로 단어 표현이 달라지지만, 그런 단어 사용법으로는 칸트가 전하려는 선명한 메시지가 한국어 독자에게 전해지지 않는다.

408　같은 경험을 하더라도 사람들은 저마다 다른 개념을 사용할 수 있으며, 같은 개념을 사용하더라도 그 의미가 다를 수 있다.

409　범주가 존재하지 않는다면. 범주가 어떻게 종합적 하나됨을 만들어 내는지에 관해서는 원리의 분석편에서 다룬다.

하여, 우리에게는 아무런 의미가 없는 것과 마찬가지가 될 것이다.

가능한 경험 일반에 대한 경험 무관한 조건들은 동시에 경험 대상의 가능성에 대한 조건들이다.[410] 이제 나는 주장한다. 앞에서 제시한 **범주**는 **어떤 가능한 경험에서 생각의 조건**에 다름 아니며, 이는 마치 동일한 사물에 대해 **공간**과 **시간**이 **직관**의 조건을 포함하는 것과 같은 것이다. 따라서 범주는 현상에 대해 대상 일반[411]을 생각하기 위한 기본 개념이며, 그렇기 때문에 범주가 경험 무관한 객관적 타당성을 가지는 것이고, 이것이 실제로 우리가 알기 원했던 것이다.

그러나 이런 범주의 가능성은, 정말이지 그것들의 필연성조차, 우리의 모든 감수성과 그리고 감수성과 함께할 모든 현상이 맺는 근원적 지각과의 관계에 의존한다. 근원적 지각에서는 모든 것이 저 일관된 자기 의식의 하나됨이라는 조건에 반드시 일치해야 한다. 즉, 근원적 지각 안에서 모든 것은 반드시 종합의 보편적 기능, 다시 말하면 지각으로 하여금, 지각의 일관되고 필연적인 동일성을 경험 무관하게 증명하게끔 하는 그런 개념들,[412] 다시 말해 범주의 보편적인 기능이 바로 지각의 종합적 하나됨이다.을 따르는 종합의 보편적 기능의 지배를 받아야 한다. 그러므로 원인이라는 개념은 단지 (시계열에서 잇따르는 것이 다른 현상들과 종합되는) **개념들을 따르는** 종합에 다름 아니다. 경험 무관한 규칙을 가지면서 현상들을 그 자신[413]에 종속시키는 그런 하나됨이 없다면, 어떤 일관성도, 어떤 보편성도, 그러므로 의식의 필연적인 하나됨도 저 포착된 다양함 속에서는 만나지 못할 것이

A112

---

410 만약 모든 경험을 가능하게 만들어 주는 조건이 있다면, 그 조건은 경험하기 전에 미리 준비돼 있어야 하고, 우리는 그 조건 덕분이 어떤 대상을 경험할 수 있게 된다.

411 구체적인 특정 대상이 아니라 '대상 일반'이다. 다시 말해 범주는 모든 대상을 생각할 때 반드시 나타나서 자기 할 일을 하게 되는 순수 개념이라는 것을 잊지 말자.

412 순수 지식 개념, 즉 범주를 의미한다. 다시 말해 범주의 보편적인 기능이 바로 지각의 종합적 하나됨이다.

413 원인 개념.

다. 그때 이 포착은 어떤 경험에도 속하지 않게 되고,⁴¹⁴ 결과적으로 대상이 없게 되는 것이니, 그것들은 그저 표상들의 맹목적인 놀이, 즉 한낱 꿈에 지나지 않을 것이다.

그러므로 경험으로부터 그런 순수 지식 개념들을 도출하려는, 그리고 그것들에 그저 경험적인 근원을 부여하려는 모든 시도는 헛되다. 예컨대 원인 개념은 필연성의 특성을 동반한다는 점을 언급할 필요도 없다. 어떤 경험도 그것이 무엇이든 우리에게 필연성을 주지 못한다. 실로 경험이 하나의 현상에 대해 습관적으로 뒤따르는 다른 어떤 것을 우리에게 가르쳐 줄 수는 있다. 그러나 그 현상 다음에 필연적으로 뒤따라야 하는 다른 어떤 것을 가르쳐 주지는 못하며, 하나의 조건에서 그것의 결과를 경험 무관하게 전적으로 보편적으로 추론할 수 있게 하지는 못한다. 반면 **연합**의 경험 규칙에 관하여, 우리가 사건의 시계열 속에서 모든 것은 그것이 항상 따르는 어떤 것이 선행되지 않고서는 그 무엇도 생겨나지 않는다는 규칙의 지배를 받는다고 말할 때, 우리는 실로 그 규칙을 일관된 것으로 받아들여야 한다. 그런데 나는 묻는다. 하나의 자연법칙으로 여겨지는 그런 규칙이 의지하는 것이 무엇인가? 그리고 이런 연합이 어떻게 가능해지는 것인가? 다양한 표상의 연합이 가능해지는 근거를 대상에 놓는 한, 이 근거를 일컬어 다양한 표상의 **친족**⁴¹⁵이라고 부른다. 그러므로 내가 묻기를, 여러분은 현상들의 저 일관된 친족을 어떻게 스스로에게 납득시킬 수 있는가(그것으로 말미암아 현상들이 변함없는 법칙들의 지배를 받고, 받**아야만** 한다)?

A113

---

414 개념은 다양함(manifold)을 만나 그것들을 하나로 묶는 역할을 하며, 의식이 개념이 역할 하는 곳까지 도착해야만(그걸 '지각'이라 한다), 비로소 의식이 대상과 관계하는 것이다. 경험이란 직관과 개념(순수 개념 + 경험 개념)을 모두 포함해야 성립한다. 즉, 감각을 통해 대상과 관계하고(직관), 그때 만들어진 다양함을 하나로 묶어야 한다(개념). 의식이 거기까지 도착하지 않는다면, 즉 개념이 표상을 만나지 못한다면, 아직 경험이 된 게 아니다.

415 Affinity. 분류학 용어로, '같지는 않지만, 공통 조상을 가졌거나 매우 밀접한 유사성이 있는 관계'를 의미한다. '근친성', '근연성', '친화성' 등으로 번역되기도 한다. 이 친족 개념은 머릿속에 있는 것과, 우리가 그 표상에 대해 머리 바깥에 있으리라고 상정하는 외부 대상 사이의 관계를 뜻하기도 하지만, 그런 관계는 머리 바깥에서 정해지는 게 아니라, 상상력의 종합에 의한 결과이다. 그런데 인식의 대상인 현상은 머리 바깥의 대상 그 자체의 리얼리티(객관적 실체)와 긴밀한 관계를 가져야 한다. 칸트는 친족의 족보를 머리 바깥의 대상이 아닌 머리 안쪽의 표상과 그것의 종합에서 찾는다. 다만 B판 초월적 연역 부분에서는 친족 개념이 포함된 내용의 대부분이 삭제되었다.

내 원리에 따르면 쉽게 납득할 수 있다. 머릿속에 있는 것으로서 모든 가능한 현상은 가능한 자기 의식 전체에 속한다. 그런데 초월적 표상으로서[416] 이러한 자기 의식으로부터 수치적 동일성[417]은 불가분이며 경험 무관하게 확실하다. 왜냐하면 이러한 근원적인 지각에 의하지 않고서는 어떤 것도 인식에 이르지 못하기 때문이다. 현상에 들어있는 다양함 전부를 종합하는 것이 경험적인 인식이 되는 한, 저 동일성은 반드시 그런 종합에 관여해야 한다. 그렇기 때문에 현상들은 (탐색의) 종합이 일관되게 따라야 했던 경험 무관 조건들의 지배를 받는다. 그런데 어떤 다양한 표상이 따를 것으로 놓**일 수** 있는(머릿속 다양한 것들이 무엇이든) 보편적인 조건의 표상은 규칙이라 부르며, 만약 다양함이 반드시 그렇게 놓**여야** 한다면, 그때 그 표상을 **법칙**이라 부른다.[418] 따라서 모든 현상은 필연적인 법칙들에 따르는 일관된 연결 안에 있는 것이며, 그러므로 **초월적 친족**[419] 안에 있는 것이되, 경험적 친족은 한낱 그것의 결과에 그친다.

A114

자연이 우리의 주관적인 근거, 지각에 따라야 한다니, 정말이지 자신의 합법칙성에 관해서 자연이 저런 근거에 의존해야 한다니, 아주 터무니없고 이상하게 들린다. 그러나 자연 자체라는 것은 단지 현상의 합계에 불과하다. 그리하여 자연은 사물 그 자체가 아니라 그저 수많은 머릿속 표상에 불과함을 유념해야 한다. 그렇게 생각한다면, 우리가 우리의 모든 인식에 대한 근본적인 힘, 즉 초월적 지각 안에서 하나된 것으로 자연을 본다는 게 놀라운 일이 아닐 것이다. 다시 말해 그런 하나됨 속에서 자연을 보기 때문에 모든 가능한 경험 대상, 즉 자연이라 불릴 수 있는 것이다. 그리고 바로 이런 이유 때문에, 우리는 이 하나됨을 경험 무관하게, 따라서 필연적으로 인식할 수 있는 것이며, 만일 하나됨이 우리 생각의 이런 기본적인 원친

---

416 대상 인식에서 머릿속에 항상 나타나는 것.

417 여기서 수치(numerical)는 '하나'를 의미한다. 자기 의식은 언제나 하나이다.

418 표상은 '머릿속에 있는 것'을 뜻하므로, 결국 규칙과 법칙도 머릿속에 있는 것이다.

419 사실상 인류 공통의 자기 의식을 뜻하는 것으로 해석되는 초월적 지각은 하나이며, 이것은 모든 인류에게 동일하다. 그러므로 초월적 지각을 갖는 모든 인간은 초월적 동일성이며, 따라서 같은 친족을 가지고, 숫자로도 하나이다. 그렇기 때문에 한편으로 자연법칙이 모든 사람에게 동일하게 인식되는 근거가 되며(따라서 자연법칙은 머리 안에 있게 되며), 다른 한편으로는 모든 인간(개인)이 동일한 인격과 존엄성을 갖게 되는 이론적 근거가 된다.

과 무관하게 **그 자체로** 주어지는 것이라면, 우리는 그런 인식을 포기해야만 한다는 것에도 우리는 놀라지 않을 것이다. 왜냐하면 그 경우에 우리는 자연 대상들 그 자체에서 자연의 보편적인 하나됨을 취해야 하는데, 그때 그런 하나됨에 관한 종합명제를 우리가 어디에서 얻을 수 있는지를 내가 모르기 때문이다. 그것은 오직 경험을 통해서만 얻을 수 있을 터이고, 따라서 우리는 그런 경험 원천에서는 그저 우연적인 하나됨만을 얻게 되는데, 이것은 우리가 자연이라고 말할 때 우리 머릿속에서 가졌던 필연적인 연결에 비해 훨씬 미치지 못하는 하나됨이라 할 것이다.

순수 지식 개념의 연역

제3관(A판)

대상 일반에 대한 지식의 관계와 그것들을 경험 무관하게 인식할 가능성에 대하여

앞에서 분리해서 개별적으로 제시한 것을 이제 통합하고 연관 지어 설명해 보자. 경험 일반의 가능성과 대상들에 대한 인식의 가능성이 근거하는 세 가지 주관적 원천이 있으니, **감각, 상상력, 지각**이다. 이것들 각각은 경험적으로, 즉 주어진 현상에 적용되는 것으로 간주될 수 있다. 그러나 이 모두는 경험적 사용을 가능하게 만들어 주는 경험 무관한 요소나 기초를 갖고 있기도 하다. **감각**은 현상을 경험적으로 **포착** 안으로 가져온다. **상상력**은 연합(그리고 복제)에서 그런 일을 한다. **지각**은 현상을 통해 주어진 복제적 표상들에 대해 동일성의 **경험적 의식**에서, 그러므로 **인지**에서 경험적으로 사용한다.

그런데 (머릿속으로 가져온다는 관점에서) 모든 포착된 것은 순수 직관(즉, 내적 직관의 형식인 시간)에 경험 무관하게 기초한다. 연합은 상상력의 순수 종합에 경험 무관하게 근거한다. 경험적 의식은 순수 지각에 ― 다시 말해 모든 가능한 표상 안에 있는 자기 자신의 일관된 동일성에 ― 경험 무관하게 근거를 둔다.

이제 만약 우리가 이러한 머릿속에 있는 것들의 연결에 관한 내적 근거를 추적하기를 원한다면, 그리고 표상들이 모두 수렴돼서, 가능한 경험을 위해, 결국 필요한 인식의 하나됨을 얻게 되는 지점까지 나아가기를 원한다면, 그때 우리는 순수 지각에서 시작해야 한다. 직관이 모여 직접적으로든 간접적으로든 의식에 영향을 미치지 못한다면, 직관은 우리에게 아무것도 아니며, 아무런 관련도 없다. 의식[420]을 통해서만이 인식이 가능해진다. 우리는 우리 인식에 속할 수 있는 모든 표상에 관하여 우리 자신의 일관된 동일성을 경험 무관하게 알아챈다. 그리고 우리는 그런 동일성이 모든 표상을 가능하게 하는 필연적인 조건임을 안다. (왜냐하면 머릿속에 있는 것들은 머리 안에서 오직 하나의 의식에 속하는 다른 모든 것과 함께한다는 한에서 내 안에 어떤 것으로 표상되기 때문이며, 그러므로 그것들은 적어도 하나의 의식 안에서 연결될 수 있는 것이어야 하기 때문이다.) 이런 원리는 경험 무관하게 유지되는 것이다. 그리고 이것은 우리 안의 표상에서 (고로 직관에서도), 다양함이 무엇이든, 그것들의 **초월적 하나됨의 원리**라 불릴 수 있을 것이다. 이제 어느 한 주체 안에서 다양함의 하나됨은 종합적[421]이다. 따라서 순수 지각은 우리에게 모든 가능한 직관에서의 다양함의 종합적 하나됨의 원리를 제공하는 것이다.*

A117

> *칸트 주석: 이 명제는 너무나 중요해서, 우리는 이것을 섬세하게 다루어야 한다. 머릿속에 있는 모든 것은 하나의 가능한 경험적 의식과 필연적으로 관계한다. 왜냐하면 만약 표상들이 이런 관계를 갖지 않는다면, 그래서 그것들이 의식되는 것이 완전 불가능해진다면, 이는 머릿속에 있는 것이 전혀 없다고 말하는 것과 진배없기 때문이다. 그러나 모든 경험적 의식은 초월적 의식(모든 개별적인 경험에 선행하는 의식), 즉 근원적 지각으로서 나 자신에 대한 의식과 필연적인 관계를 갖는다.[422] 따라서 내 인식 안에서 모든 의식이 하나의 의식(나 자신의 의식)에 속함은 절대적으로 필연적이다. 이제 여기에 경험 무관하게 인식되는 (의식 안에서) 다양함의 종합적 하나됨이 있으니, 이러한 하나됨이 순수 생각

---

420 '나는 생각한다'의 나라는 의식이 곧 지각이다.

421 여러 가지 것이 연결되고 모여 하나가 된다는 의미.

422 여기에서 말하는 경험적 의식은 경험 개념을 사용하는 의식이며, 초월적 의식은 순수 지식 개념을 사용하는 의식이다. 전자는 사람마다 상황마다 다른 의식이고, 후자는 모든 사람에게 모든 상황에서 동일한 순수 의식이다. 직관을 거친 모든 감각 데이터가 종합되면(포착), 지식은 먼저 순수 지식 개념을 적용하여 지각의 하나됨을 실행하고(초월적 의식), 그런 다음 경험 개념을 사용하여 경험적 하나됨을 완수한다(경험적 의식). 이리하여 하나의 대상 인식이 완성된다.

에 포함되는 경험 무관한 종합 명제의 근거를 제공한다. 이는 마치 한낱 직관 형식에 관하여 공간과 시간이 그런 명제의 근거를 제공하는 것과 마찬가지다. 〈모든 다양한 **경험적 의식**은 하나의 단일한 자기 의식[423]과 결합돼야 한다〉는 종합 명제는 우리의 생각 일반의 절대적인 제일의 종합 원리이다. 그런데 우리는 모든 다른 표상과 관계하는 (그것의 집합적 하나됨에 의해 가능해지는) 한낱 표상인 '나'는 초월적 의식[424] 이라는 사실을 간과해서는 안 된다. 이제 이러한 표상이 분명한 것(경험적 의식)일지 아닐지는 여기에서는 중요하지 않다. 그 표상들이 실제하는 것인지 아닌지도 문제되지 않는다. 모든 인식의 논리적 형식의 가능성은 **하나의 권능으로서**, 이러한 지각과의 관계에 반드시 의지한다는 것, 그것이 중요하다.

이러한 종합적 하나됨은 어떤 하나의 종합을 전제하거나 포함한다. 만약 저 종합적 하나됨이 경험 무관하게 필연적이라면, 그때 그 종합 역시 경험 무관하게 필연적이어야 한다. 그러므로 지각의 초월적 하나됨은, 하나의 인식 안에서 다양함의 모든 조합 가능성에 대한 경험 무관한 조건으로서, 상상력의 순수 종합에 관련된다. 그러나 오직 **상상력의 생산적**[425] **종합**만이 경험 무관하게 발생하는 것이니, 왜냐하면 **복제적**[426] 종합은 경험 조건에 의존하기 때문이다. 따라서 지각에 앞서 상상력의 순수 (생산적인) 종합의 필연적인 하나됨의 원리는 모든 인식 가능성의, 특히 경험 가능성의 근거이다.

A118

이제 만약 직관들의 차이와 무관하게, 상상력이 다양함을 경험 무관하게 연결한 것만을 다룬다면, 상상력 안에서 이루어지는 다양함의 종합은 추월적이라 칭해진

---

423 초월적 지각 또는 초월적 자기 의식.

424 초월적 지각.

425 생산적 복제를 가리킨다. 인식 과정에서 대상에 대한 포착을 실시간으로 만들어 내는 생산적 복제를 가리킨다.

426 이때의 '복제'는 상상력의 자발성으로 대상 인식 과정에서 '실시간으로' 이루어지는 복제가 아닌, 기억 속에 보관되어 관념의 연합을 만들어 내는 복제를 의미한다.

다. 또한 이러한 종합의 하나됨도, 저 근원적인 지각의 하나됨과의 관계에서, 경험 무관한 필연성으로 머릿속에 나타나는 것이라면 역시 초월적이라 일컫는다. 이러한 지각의 하나됨이 모든 인식 가능성의 근거가 되기 때문에, 상상력의 초월적 종합의 하나됨은 모든 가능한 인식의 순수 형식이며, 그리하여 모든 가능한 경험 대상은 이러한 형식을 통해 경험 무관하게 표상되어야 한다.

A119 **상상력의 종합에 관계하는 지각의 하나됨**이 **지식**이다.[427] 상상력의 **초월적 종합에** 관계하는 바로 그 동일한 하나됨은 **순수 지식**이다.[428] 그러므로 지식에는 모든 가능한 현상에 대한 상상력의 순수 종합의 필연적인 하나됨을 포함하는 경험 무관한 순수 인식들이 존재하는 것이다. 이런 인식이 **범주**, 즉 순수 지식 개념들이다. 설령 직관에 의해 그리고 상상력에 의해 수행되는 직관의 종합에서만 대상들과 관계할지라도, 결과적으로 인간의 경험적 인식 능력은 모든 감각 대상과 관계하는 지식을 반드시 포함한다. 이리하여 가능한 경험 데이터로서 모든 현상은 지식의 지배를 받는다. 이제 가능한 경험에 대한 현상의 관계는 마찬가지로 필연적이다(왜냐하면 그런 관계가 없다면, 현상은 우리에게 무엇이든 인식을 주지 못할 것이며, 고로 우리에게 아무런 관련도 없기 때문이다). 따라서 범주들에 의해, 순수 지식은 모든 경험의 형식적이며 종합적인 원리가 되며, 현상들은 **지식과 필연적인 관계**를 갖는 것이다.

이제 우리는 지식이 범주를 통해 어떻게 필연적으로 현상들과 연결되는지, 경험 저 밑바닥에서 시작하여 살펴볼 것이다. 우리에게 처음으로 주어진 것은 현상이었다. 현상이 의식과 결합하는 것이라면, 그것을 포착이라 칭한다. (적어도 어느 가능

A120

---

427 지각의 하나됨(기존 번역은 '통각의 통일')이란 다양함에 경험 개념을 적용함으로써 모두 하나로 연결한다는 뜻. 지식 안에서는 이런 일이 필수적으로 일어난다. 예를 들어, 아주 많은 표상 중에서 상상력이 {다음, 다뇨, 다식, 눈 침침함, 손발 저림} 등의 여러 가지 병리학적 표상만을 연결(종합)해서 의식에 전달하면, 지각은 '당뇨병'이라는 개념(경험 개념)을 상상력이 종합해 준 병리학적 표상에 적용한다. 그러면 그때 모든 데이터가 당뇨병이라는 개념으로 하나가 된다. 그것이 바로 지각의 하나됨이다.

428 경험 개념이 적용되기에 앞서, 상상력이 종합한 경험 자료(감각 자료)에 범주가 먼저 적용됨으로써 순수 지각의 하나됨이 생겨난다.

한 의식과 관계함이 없다면, 현상은 우리에게 인식 대상이 될 수 없으며, 그리하여 우리에게는 아무것도 아니다. 또한 현상 자체로는 어떤 경험적 실체를 갖지 못하며, 단지 인식 안에서만 존재하는 것이기 때문에, 결국 의식과 관계하지 않는 현상은 전혀 의미가 없을 것이다.) 그러나 모든 현상은 다양함을 포함한다. 그래서 서로 다른 포착들이 머릿속에서 저마다 산재하고 파편으로 만나게 되는 까닭에, 포착된 것은 감각 자체에서는 가능하지 않았던[429] 결합을 필요로 한다. 그렇게 때문에 우리 안에 이 다양함을 종합하는 능동적인 권능이 있는 것이다. 그 권능을 일컬어 우리가 상상력이라 불렀던 것이며, 저 포착들에 대해서 직접 실행하는 작용을 일컬어 나는 탐색이라 불렀던 것이다.* 왜냐하면 상상력은 직관의 다양함을 **이미지**로 가져오는 것인데, 그래서 인상들을 상상력의 활동 앞으로 가져가야, 즉 인상들을 탐색해야 하기 때문이었다.

> *칸트 주석: 어떤 심리학자도 상상력이 포착 자체에 대한 필수적인 구성이라는 점을 생각해 내지 못했다. 부분적으로는 이런 능력이 복제로만 제한되어 왔기 때문이다. 또한 부분적으로는 감각이 우리에게 인상들을 제공해 줄 뿐만 아니라, (인상에 관한 수용성 이상의 것, 다시 말해 인상들을 종합하는 기능이 필요함은 의심할 나위 없으니) 감각 자체가 인상들을 조립해서 대상 이미지를 만들어 준다고 믿어 왔기 때문이다.

그러나 만약 머리가 다른 포착으로 넘어갔어도, 그 이전 포착을 모아 다음 포착들에 대해 불러내기 위한, 그래서 그것들을 전체 포착들의 시계열에 나타내 주기 위한 어떤 주관적 근거, 즉 상상력의 복제력이 존재하지 않는다면(역시 한낱 경험적인), 다양함의 위아 같은 탐색은 어떤 이미지도, 어떤 인상들의 연결도 산출해 내지 못할 것이다.

그런데 만약 표상들이 마치 그것들이 생겨났던 때처럼 무차별적으로 복제된다면,

---

429 감각 자체는 수용력만 있기 때문에, 탐색이니 종합이니 결합이니 하는 자발적이고 능동적인 능력이 없다.

결국 표상들의 규정적인 연결은 생기지 않을 것이며, 그저 아무 규칙 없이 모여든 것으로는 어떤 인상도 생겨나지 않을 것이다. 그러므로 표상의 복제는, 상상력 안에서, 어떤 표상을, 그 표상들이 아니라 저 표상과 결합한다는 식의 규칙을 가져야 한다. 규칙을 따르는 복제의 주관적이고 **경험적인** 근거를 일컬어 표상의 **연합**이라 부른다.

그러나 만약 이러한 연합의 일원화가 객관적 근거를 갖지 못한다면, 그래서 현상들이 상상력에 의해 탐색되는 것이 불가능해진다면(지각의 가능한 종합적 조건 하에서만 가능하다), 이 경우 현상들이 인간 인식의 연관성을 낳는 것은 전적으로 우연적인 일이 될 것이다. 우리가 포착된 것들을 연합할 능력을 갖고 있을지라도, 실로 그런 연합이 가능해질지 여부는 여전히 그 자체로 전적으로 정해지지 않고, 우연적으로 남기 때문이다.

A122

만약 포착들이 연합되지 못한다면, 수많은 포착과 심지어 모든 감수성이, 내 머릿속 아주 많은 경험적 의식이 만나는 곳에서, 분리된 채로, 나 자신의 **하나의** 의식에 속함 없이도 가능할 것처럼 보일지도 모르나, 그러나 그런 일은 불가능하다. 왜냐하면 나는 오직 모든 포착을 하나의 의식(근원적인 지각)에 귀속시킨다는 바로 그 이유만으로, 그것들을 의식한다고 내가 말할 수 있기 때문이다. 그러므로 어떤 객관적 근거가, 즉 모든 경험 법칙에 선행하여 상상력이 통찰될 수 있는 근거가 있어야 한다. 모든 현상을 통해 펼쳐지는 법칙의 가능성과 실로 그 필연성이 의존하는 그런 근거가 필요하다. 다시 말하면 현상들이, 그 자체로 연합할 수 있으며 복제 속에서 일관된 연결이라는 보편적인 규칙의 지배를 받는 감각 데이터로, 시종일관 간주되도록 하는 그런 법칙이 의존하는 근거가 있어야 한다. 모든 현상 연합의 이러한 객관적인 근거를 나는 현상들의 **친족**이라 부른다. 그런데 내게 속하는 모든 인식에 관한 지각의 하나됨이라는 원리가 아니라면, 이런 근거는 어디에서도 만날 수 없다. 이런 원리를 따라 모든 현상은 예외 없이 머릿속으로 들어오거나, 지각의 하나됨을 따르는 그런 방식으로 탐색돼야 한다. 이런 일은 현상들의 연결 안에서 종합적 하나됨이 없다면 가능하지 않을 것이고, 따라서 이러한 하나됨은 마찬가지로 객관적으로 필연적이다.

그렇기 때문에 하나의 의식(즉, 근원적 지각) 안에서 모든 (경험적) 의식의 하나됨은 모든 가능한 포착의 필연적인 조건이며, 모든 현상의 친족(가깝든 멀든)은 상상력에서의 종합의 필연적인 결과이며, 그것들은 규칙들에 경험 무관하게 기초하는 것이다.

A123

따라서 상상력은 경험 무관한 종합의 능력이기도 하는 것이며, 이것이 우리가 그것에 생산적 상상력이라는 명칭을 부여하는 이유이다. 현상 안의 모든 다양함에 관한 상상력의 목적이 다름 아니라 현상의 종합 안에 필연적인 하나됨을 제공하는 것인 한, 이러한 종합은 상상력의 초월적 기능이라 불릴 수 있다. 그러므로 앞에서 이야기한 것으로부터, 설령 이상하게 들릴지라도, 상상력의 이러한 초월적 기능에 의해서만 현상들의 친족이 될 수 있으며, 현상들의 연합이 가능해지고, 이러한 연합을 통해 결국 법칙에 따르는 현상들의 복제가, 결과적으로 경험 그 자체가 가능해진다. 왜냐하면 이러한 초월적 기능이 없다면, 대상이 무엇이든 어떤 대상 개념들도 하나의 경험으로 합류하지 못하기 때문이다.

왜냐하면 불변하고 지속하는 (순수 지각의) **나**는, 머리 안에 있는 것에 대한 의식이 아주 가능해지는 한, 우리 머릿속에 있는 모든 것의 관계자이기 때문이다. 또한 모든 의식은 — 마치 모든 감각 직관이 표상으로서 순수 내적 직관, 즉 시간에 속하는 것처럼 — 모든 것을 망라하는 순수 지각에 속하기 때문이다. 이러한 지각이야말로 상상력의 기능을 지적으로 만들기 위해 순수 상상력에 더해져야 하는 것이다. 비록 경험 무관하게 수행되기는 하더라도, 상상력의 종합은 항상 감각적이니, 그 이유는 예컨대 삼각형의 형태와 같이 오직 직관 인으로 **나타날** 때에만 다양함을 결합하기 때문이다. 지각의 하나됨과 다양함의 관계를 통해, 지식에 속하는 개념들이 생겨날 수 있게 되는데, 이는 오직 감각 직관과 관계하는 상상력에 의해서이다.

A124

그리하여 우리는 모든 인식이 경험 무관하게 근거하는 인간 정신의 기본 능력으로서 순수 상상력을 갖는다. 순수 상상력에 의해, 한편으로는 우리가 직관의 다양함을 결합하며, 다른 한편으로 순수 지각의 필연적인 하나됨의 조건을 결합한다. 이

A125 두 개의 항, 다시 말하면 감수성과 지식은 상상력의 초월적 기능에 의해 반드시 연결돼야 한다. 그렇지 않다면 감수성이 현상을 내놓더라도 경험적 인식의 대상을 가져올 수 없으므로, 경험도 없게 되기 때문이다. 실제 경험은 현상들의 탐색, 그것들의 연합(복제), 마지막으로 그것들의 인지로 이루어진다. 이 마지막 그리고 (경험의 한낱 경험적 요소 중에서) 최고의 요소에서 실제 경험은 개념[430]을 포함한다. 이때의 개념이 경험의 형식적 하나됨을 가능하게 하며, 경험적 인식의 모든 객관적 타당성(진실)을 만든다. 다양함에 대한 인지의 이러한 근거는, 그것들이 **경험 일반의 한낱 형식**에 관하는 한, 저 **범주들**이다. 따라서 범주는 상상력의 종합 안에서 모든 형식적 하나됨의 기초가 되며, 또한 그런 종합에 의해, 현상에 이르기까지 상상력의 모든 경험적 사용의 형식적 하나됨의 근거가 되는 것이다. 왜냐하면 오직 이런 요소들에 의해서만 현상들이 인식에, 그리고 우리 의식 일반에, 그러므로 우리 자신에 속할 수 있기 때문이다.

따라서 우리가 **자연**이라 칭하는 현상 안에서의 질서와 규칙성은 우리 자신이 부여한 것이다. 만약 우리가 혹은 우리 머릿속 자연[431]이 현상 안으로 그것들[432]을 시원적으로 주입해 두지 않았다면, 정말이지 우리는 그런 질서와 규칙을 현상에서 발견하지 못할 것이다. 왜냐하면 자연의 이러한 하나됨은 필연적으로, 즉 경험 무관한 확실성으로서 현상들이 연결[433]된 하나됨이어야 하기 때문이다. 그런데 만약 우리 머리의 시원적인 인식 원천들[434]이 그런 하나됨의 주관적 근거를 경험 무관하게 포함하지 않는다면, 그리고 만약 이 주관적인 조건들이 동시에 객관적으로 타당하지 않다면, 다시 말하면 경험 속에서 어떤 대상을 인식할 가능성에 대한 근거가 되지 못한다면, 어떻게 우리가 경험 무관한 종합적 하나됨을 실현할 수 있겠는가?

A126

---

430   이때의 '개념'은 경험적인 지식 개념을 지칭한다. 경험 개념은 구체적인 실제 경험에서 사용된다.

431   Nature. 이때의 '자연'은 '인간 머리의 본성'을 뜻하며, 다시 말해 '순수 지식'을 가리킨다.

432   질서와 규칙.

433   즉, 종합의.

434   [A 115]에서, "경험 일반의 가능성과 대상들에 대한 인식의 가능성이 근거하는 세 가지 주관적 원천이 있으니, 감각, 상상력, 지각이다."

우리는 위에서 **지식**을 다양한 방식으로 설명했다. 인식의 자발성(감수성의 수용과 대비하여)으로서, 사고력으로서, 개념 능력으로서, 그리고 판단력으로서 지식을 말했다. 우리가 이 설명들을 잘 들여다 보면 결국 같은 것이다. 이제 우리는 지식을 **규칙 능력**이라고 특징 지을 수 있다. 지식에 대한 이러한 명명이 더 생산적이며, 지식의 본성에 더 가깝다. 감수성은 우리에게 (직관의) 형식을 주지만, 지식은 우리에게 규칙들을 준다. 지식은 현상 안에서 어떤 규칙을 찾으려는 의도로 언제나 유심히 그 현상들을 살핀다. 규칙이 객관적인 한(그리하여 그 대상을 인식할 때 반드시 부여되는 한), 법칙이라 칭해진다. 실로 많은 법칙을 우리는 경험을 통해 배운다. 그러나 이런 법칙은 훨씬 높은 상위 법칙들의 개별적인 규정에 그치며, 최상위 법칙들은 (이것들 아래에 다른 모든 법칙이 놓인다) 지식 그 자체에서 경험 무관하게 나온다. 그것들은 경험에서 빌려온 것이 아니다. 이 법칙들은 현상에 지식의 합법칙성을 제공해야 하며, 바로 이것에 의해 경험이 가능해지는 것이다. 따라서 지식은 그저 현상들을 비교함으로써 규칙을 만들어 내는 능력이 아니라, 스스로 자연을 위한 입법을 한다. 즉, 지식이 없다면 어떤 자연도, 다시 말하면 규칙에 따르는 현상들의 다양함을 종합하여 하나로 만드는 그 무엇도 존재하지 못할 것이다. 왜냐하면 현상 일반은 우리 바깥에서 생길 수 없기 때문이요, 곧 오직 우리 감수성 안에서만 존재하기 때문이다. 이제 경험 속에서 인식 대상으로서의 자연 — 이 자연이 포함할 모든 것과 함께 —은 오직 지각의 하나됨 안에서만 가능하다. 한편 지각의 하나됨은 하나의 경험 속에서 모든 현상의 필연적인 합법칙성의 초월적 근거이다. 다양함에 관한 이런 동일한 지각의 하나됨이 규칙이며, 이 규칙들에 대한 우리의 능력이 지식이다. 따라서 모든 현상은, 그것들이 가능한 경험인 한, 지식 안에서 경험 무관하게 놓이는 것이며, 지식으로부터 그것들의 형식적 가능성을 얻는다. 이것은 마치 현상이 한낱 직관일 때 그것들이 감수성 내에 놓이고, 그 형식 면에서 감수성을 통해 홀로 가능해지는 것과 같다.

A127

지식 자신이 자연법칙의 원천이요, 고로 자연의 형식적 하나됨의 원천이라 말하다니, 터무니없고 허풍스럽게 들릴지도 모르겠다. 그럼에도 불구하고 그런 주장은 타당하고, 대상 즉 경험에 합당하다. 우리가 저 헤아릴 수 없이 많은 현상의 다양함을 감각 직관의 순수 형식을 통해서는 충분히 파악할 수 없는 것처럼, 경험법칙들

A128 도 경험이라는 점에서 순수 지식으로부터는 자신의 근원을 어쨌든 도출할 수는 없다. 그러나 모든 경험법칙은 단지 지식의 순수 법칙들의 개별적인 규정이며, 이런 순수 법칙 아래에서, 그리고 그것들의 기준에 따라, 경험법칙들이 비로소 가능해지고, 현상들의 합법칙의 형식을 취하게 되는 것이다. 그래서 이는 모든 현상이 항상, 그것들의 경험적인 형식의 다종다양함과 무관하게, 감수성의 순수 형식의 조건을 따라야 한다는 것과 마찬가지이다.

그러므로 순수 지식은, 범주들을 통해서, 모든 현상의 종합적 하나됨의 법칙인 것이다. 이리하여 그 형식의 면에서 비로소 그리고 시원적으로 경험을 가능하게 한다. 이것이 우리가 범주들의 초월적 연역에서 이루어 낸 모든 것이다. 즉 우리는 지식의 감수성과의 관계를, 감수성을 통해 모든 경험 대상과의 관계를, 그래서 지식의 경험 무관하게 순수한 개념들의 객관적 타당성을 이해했으며, 이로써 그것들의 근원과 진실을 규명했다.

요약: 순수 지식 개념의 이러한 연역은 올바르며, 유일하게 가능한 것이다

만약 우리 인식을 통해 다뤄지는 대상이 사물 자체라면, 그때 우리는 대상에 대한 어떤 경험 무관한 개념도 가질 수 없을 것이다. 그렇다면 도대체 우리가 어디에서 그런 개념들을 얻을 수 있겠는가? 만약 우리가 대상으로부터 그것을 얻는다면(나는 여기서 이 대상을 우리가 어떻게 얻을 수 있는지에 대해서는 다시 탐구하지 않 A129 을 것이다), 우리 개념들은 경험 무관한 것이 아니며, 그저 경험적일 따름이다. 만일 우리가 우리 자신으로부터 그 개념들을 얻는다면, 그때 우리 안에 존재하기만 하는 것이 우리 표상과 구별되는 저 대상의 성질을 규정할 수는 없을 터이니, 즉 그때의 개념은, 어째서 한 사물이 우리 생각 안에서 갖게 되는 것과 같은 것을 가지게 되는지, 어째서 이 모든 표상이 공허해지지 않는지에 대한 근거가 되지 못한다. 반면, 우리가 진실로 대상을 머릿속에 있는 것으로 다룬다면, 그때 어떤 경험 무관한 개념들이 대상에 대한 우리의 경험적 인식에 선행해야 함이 가능할 뿐만 아니라 필연적이기까지 하다는 것이다. 왜냐하면 현상 그 자체는 하나의 대상으로서 오직 우리 안에 존재하는 유일한 것이기 때문이다. 그래서 우리 감수성의 한낱 변환물은 우리 바깥에서는 결코 만날 수 없기 때문이다. 이런 모든 현상과, 그리하여 우리 자신이 가질 수 있는 모든 대상이 전부 내 안에 있다는 사실, 이것이 나의 동일한 자아가 행하는 규정이라는 생각을 표현한다. 실로 이런 생각이야말로 필연적인 것으로서 한 개의, 그리고 동일한, 지각 안에서 현상들을 일관되게 하나됨으로 표현하는 것이다. 그러나 대상에 대한 모든 인식 형식(즉, 이리하여 다양함이 한 개의 대상에 속하는 것으로 생각되는 형식)은 마찬가지로 가능한 의식의 이런 하나됨이다. 그러므로 감각적인 다양함(직관)이 하나의 의식에 속한다는 방식이, 저 인식의 지적인 형식으로서, 대상에 대한 모든 인식에 선행한다. 그리고 그 방식 자체가, 다양함이 생각되는 한, 모든 대상의 경험 무관하고 형식적인 인식(범주)에 해당하는 것이다. 순수 상상력에 의한 이러한 종합과 근원적 지각이 관계함으로써 모든 표상의 하나됨은 모든 경험 인식에 선행한다. 그러므로 순수 지식 개념들이 경험 무관하게 가능해지는 것이며, 경험과의 관계에서 필연적이기까지 하니, 이는 오직 우리 인식이 현상만을 다루기 때문이다. 왜냐하면 현상의 가능성은 우리 자신에게 있기 때문이며, (한 대상의 표상 안에서) 그것들의 연결과 하나됨이란 단지 우리 내부에서만 만나는 것이기 때문이다. 그리하여 이러한 연결과 하나됨은 모든 경험에 선행하며, 그 형식 면에서, 비로소 경험을 가능하게 하는 것이다. 범주에 대한 우리의 연역은 이런 근거에서 수행되었다. 이것만이 유일하고 가능한 근거이다.

A130

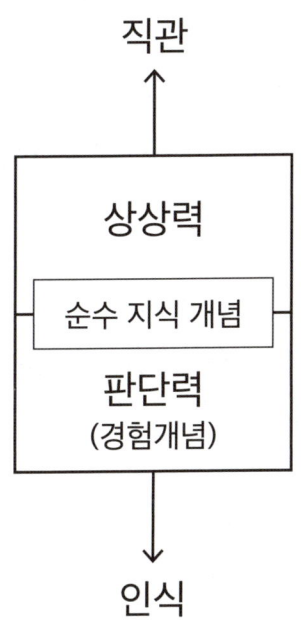

칸트는 인간 의식의 감수성 영역과 지식 영역이 완전히 분리되어 있음을 전제한다. 이런 대전제를 유념해야 칸트가 선명하게 나타난다. 감수성은 데이터를 받기만 하는 수용성이고 능동적인 힘이 없는 반면, 지식은 데이터를 편집하는 자발성을 갖고 있기는 해도, 데이터가 없다. 그렇기 때문에 의식 속 무엇인가가 감수성 안에 있는 직관 데이터에서 필요한 것만을 '편집'하고 가져와야 한다. 그것이 바로 상상력이다. 상상력은 감수성 영역에서 1차 편집하고, 지식 영역에서 2차 편집을 하는데, 이런 일을 가능하게 하려면 상상력에 특별한 기능이 기본 값으로 있어야 한다. 칸트는 그것을 일컬어 순수 지식 개념, 다시 말해 범주라 칭했다. 상상력이 일을 하고, 그다음 판단력이 편집된 데이터에 경험 개념을 적용하여 인식에 이르게 됨을 독자는 유념해야 한다.

순수 지식 개념의 연역

제2관(B판)
순수 지식 개념의 초월적 연역

제15조
결합 일반의 가능성에 대하여

한낱 감각적인, 즉 수용성에 불과한 직관은 다양한 것을 받아들일 수 있다. 그 형식은 경험 무관하게 우리의 표상 능력 안에 놓일 수 있으며, 직관은 주관이 영향을 받는 방식에 의해 행해진다. 그러나 다양한 것의 **결합**은 우리 감각을 통해서는 생기지 못한다. 그런 결합이 감각 직관의 순수 형식 안에 이미 포함될 수 있는 것도 아니다. 왜냐하면 이러한 결합은 표상 능력에 의한 자발성의 활동이기 때문이요, 그런 권능은 지식이라 불릴 수밖에 없기 때문이며, 그래서 감수성과는 구별되기 때문이다. 그러므로 우리가 그런 결합을 의식하든 그렇지 않든, 그것이 직관의 다양함을 결합하는 것이든, 여러 가지 개념들을 결합하는 것이든, 아니면 직관에서 주어진 그것이 감각적인 결합이든 감각될 수 없는 것[435]의 결합이든, 모든 결합은 지식의 활동이다. 나는 지식의 그런 활동에 **종합**이라는 일반 명칭을 부여할 것이니, 이는 우리 자신이 결합하는 것을 미리 갖지 않고서는 대상에서 결합된 그 무엇도 머릿속으로 가져올 수 없음을 가리킬 뿐더러, 우리 머리 안의 모든 것에서 **결합**이란 대상을 통해 주어지는 게 아니라, 주체의 자기 활동의 작용 덕분에, 즉 주체 그 자신에 의해서만 홀로 수행되는 것임을 동시에 가리키기 위함이다. 우리는 주체의 자기 활동의 작용이야말로 근원적으로 단일한 활동이어야 하며, 모든 결합에 동일하게 타당해야 함을 쉽게 안다. 그것과 반대되는 것처럼 보이는 분해(**분석**)도 언제나 그것을 전제한다. 왜냐하면 어떤 것을 결합하는 것을 미리 갖지 않는 곳에서는

---

435 순수 직관으로서 공간과 시간.

B131 지식이 어떤 것을 분해할 수도 없기 때문이고, 오직 **지식을 통해서만** 무엇인가가 결합된 것으로 표상 능력에 주어질 수 있기 때문이다.

결합 개념은 다양함의 종합 개념만이 아니라, 다양함의 하나됨이라는 개념을 동반한다. 결합은 다양함의 **종합적** 하나됨을 머릿속으로 가져온다.* 따라서 이런 하나됨이라는 표상은 결합으로부터 생겨나는 게 아니라, 하나됨이라는 것이 다양한 표상에 더해짐으로써 비로소 결합 개념을 가능하게 하는 것이다. 그러므로 모든 결합 개념에 경험 무관하게 선행하는 이런 하나됨은 앞에서 설명한 하나[436]라는 범주는 아니다(제10조를 보라). 왜냐하면 모든 범주는 판단에서 생기는 논리적 기능에 근거하는데, 이런 기능 속에서 결합이, 따라서 주어진 개념들의 하나됨이 이미 생각되기 때문이다. 그리하여 범주가 이미 결합을 전제하는 것이다. 따라서 우리는 이 하나됨(질적인 하나로서 제12조를 보라)을 훨씬 더 높은 데서, 즉 판단에서 서로 다른 개념들을 하나로 합치기 위한,[437] 따라서 지식의 가능성을 위한 근거가 되는 것을, 논리적 사용으로서, 찾아야 한다.

> *칸트 주석: 우리는 여기서 표상들 자체가 동일한 것이든, 그러므로 하나의 표상이 다른 표상을 통해 분석적으로 생각될 수 있는지 여부는 고려하지 않는다. 다양함에 관한 한, 하나의 표상에 대한 의식은 다른 표상에 대한 **의식**과 항상 구별되는 것이다. 여기서 문제되는 것은 이런 (가능한) 의식의 종합만이다.

---

436 순수 지식 개념의 연역에서 '하나됨'과 범주표에서 양의 범주의 '하나'는 모두 'unity'이다. 전자의 하나됨(unity)은 여러 가지 데이터(다양함)에 개념(들)을 결합하여 하나의 인식을 완성하는 의식의 활동을 뜻하며, 후자의 '하나(unity)'는 이러한 의식의 활동에서 사용되는 개념(들) 중에서 '단수'를 뜻하는 순수 지식 개념을 뜻한다.

437 범주는, 직관의 감각 데이터에 경험 개념을 적용하여 인식에 이르도록 하기 위해, 감수성과 지식을 매개하는 우리 의식의 기능이다. 이런 기능이 가능해지기 위해서는 경험 무관한 순수 지식 개념(범주)의 존재 이전에, 그것과 별개로 '하나됨'이라는 개념이 먼저 존재해야 한다. 그래서 칸트는 '지각의 하나됨'을 일컬어 '근원적(original)'이라고 반복해서 강조한다.

제16조
지각의 근원적 종합의 하나됨에 대하여

〈**나는 생각한다**〉는 내 머릿속에 있는 모든 것에 동반될 수 있어야 한다. 그렇지 않 B132
다면 내 머릿속에 있는 것은 전혀 생각될 수 없기 때문이며, 이는 표상이 불가능해
지거나, 적어도 나에게는 아무것도 아니라고 말하는 것과 같다. 모든 생각에 선행
하여 주어질 수 있는 표상은 **직관**이라 칭해진다. 그러므로 직관에 포함된 모든 다
양함은, 그것들이 발견되는 동일한 주체 안에서, 〈**나는 생각한다**〉와 관계할 필요
성이 있다. 그런데 〈나는 생각한다〉라는 표상은 **자발성**의 활동이다. 다시 말하면
감수성에 속하는 것으로 여겨질 수는 없다. 나는 이를 일컬어 **순수 지각**이라 부르
며, **경험적** 지각과 구별한다. 혹은 나는 그것을 다시 일컫기를 **근원적 지각**이라 칭
한다. 왜냐하면 그것이 자기 의식이기 때문이며, 자기 의식은 머릿속에 있는 다른
모든 것에 동반해야만 하는 〈**나는 생각한다**〉라는 표상을 생산하기 때문이요, 모
든 의식 안에서 하나이며 동일한 것이어서, 그것이 아닌 표상은 동반될 수 없기 때
문이다. 나는 이러한 지각의 하나됨을 일컬어 자기 의식의 **초월적** 하나됨이라고도
칭하는데, 이는 그것으로부터 경험 무관한 인식이 얻어질 수 있음을 나타내기 위
함이다. 왜냐하면, 만약 어떤 직관 안에 주어진 다양함이 하나가 되지 못하고, 그
전부가 하나의 자기 의식에 속하지 않는다면, 하나가 되지 못한 다양함은 **나의** 표
상이 되지는 못할 것이기 때문이다. 다시 말해 (설령 내가 그것들이 나의 것임을
의식하지 않는다 하더라도) 나의 표상들로서, 그것들은 하나이자 보편적인 자기
의식 안에서 다같이 함께할 **수 있다**는 오직 이 조건에 반드시 부합해야 하기 때문
이다. 그렇지 않다면, 저 표상들은 나에게 전적으로 속하지는 못할 터이다. 그리하 B133
여 이 근원적 결합으로부터 많은 것이 추론될 수 있다.

직관 안에 주어진 다양함에 대한 지각의 동일하고 일관된 동일성은, 표상들의 종
합을 포함하고, 이 종합을 의식함으로써만 가능해진다. 왜냐하면 서로 다른 표상
들을 동반하는 경험적 의식은 주체의 동일성과 관계함이 없다면 저절로 흩어지기
때문이다. 이런 관계함은 단지 각각의 표상에 내 의식이 동반되기만 하면 생기는

게 아니다. 그것은 내가 하나의 표상을 다른 표상에 **덧붙임**으로써 생기는 것이다. 오직 내가 주어진 다양함을 **한 개의 의식 안에** 결합할 수 있다는 그 이유 때문에, 내가 **이런 표상들에서 의식의 동일성 그 자체**를 표상하는 것이 가능하다. 다시 말하면, 지각의 **분석적** 하나됨은 오직 지각의 어떤 **종합적** 하나됨이라는 전제 하에서만 가능하다.[438]* 직관에서 주어진 이런 표상이 하나가 그리고 그 모두가 **나에게** 속한다는 이 생각은, 내가 그것들을 하나의 자기 의식 안에서 일원화한다는, 적어도 그렇게 할 수 있다는 생각에 다름 아니다.

> * 칸트 주석: 의식의 분석적 하나됨은 모든 공통 개념에 들어 있다. 예컨대 내가 만일 **빨강** 일반을 생각한다면, 나는 그것을 어떤 것이나 다른 것에서 (표식으로서) 발견될 수 있는, 또는 다른 표상들과 결합될 수 있는 어느 특징으로 표상하게 되는데, 나는 내가 이전에 생각했던 어느 종합적 하나됨으로 말미암아 저 분석적 하나됨[439]을 표상할 수 있는 것이다. **여러 가지 것**에 공통된 것으로 생각되는 표상은, 그 공통된 것을 가지면서도 **다른** 어떤 것도 갖는 표상들에 속하는 것으로 여겨진다. 결과적으로 공통된 것은 (설령 단지 가능한 표상에 불과할지라도) 다른 표상과의 종합적 하나됨 안에서 그 이전에 생각되어 있어야 한다. 오직 그때만이 나는 표상을 공통 개념[440]으로 만드는 의식의 분석적 하나됨 안에서 그것을 생각할 수 있다. 그리하여 지각의 종합적 하나됨은 우리의 모든 지식

438 지식에서, 감수성에서 받아들인 감각 데이터와 내 의식이 서로 관계한다는 뜻은, 단순히 내 의식이 그런 자료를 만났다는 사실을 의미하는 게 아니다. 더 나아가서 저 데이터에 내 의식을 덧붙이는 자발성이 작용함을 뜻한다. 이는 내가 주어진 저 다양한 표상을 나라는 한 개의 의식 안에서 결합할 수 있다는 의미이다. 내가 머릿속에 들어온 데이터에 의식의 주체성 그 자체를 더한다고 표현할 수도 있다. 지각이라는 단어에 들어있는 하나됨이라는 의미는 감수성에서 받아들인 데이터를 연결해서 하나로 합치는 하나됨이지만, 어떻게 하나로 합치는 것도 규명해야 한다. 그것이 바로 경험 무관한 종합 판단의 역할이며, 이에 대해서는 원리의 분석편에서 다뤄진다.

439 빨강이라는 것을 의식하는 나는 수적으로 하나이다.

440 칸트는 라틴어 *conceptus communis*로 표현했다. 영어로는 common concept.

사용에, 심지어 논리학 전체에 붙여야 한다.[441] 이것이 초월철학을 따르게 되는 가장 높은 지점이다. 실로 이 능력이야말로 지식 그 자체이다.

그리고 생각 자체가 아직 표상들의 **종합**에 대한 의식이 아니더라도, 여전히 그런 종합의 가능성을 전제한다. 다시 말해, 오직 내가 하나의 의식 안에서 다양함을 파악할 수 있기 때문에, 나는 그것들을 다같이 **나의** 표상들이라 부를 수 있는 것이다. 그렇지 않다면, 나는 색채가 여러 가지인 만큼이나, 그리고 내가 의식하는 표상들만큼이나 다양한 자아를 갖게 될 터이다. 그러므로 경험 무관하게 주어지는 것으로서, 직관의 다양함에 대한 종합적 하나됨은 지각 자체의 동일성의 근거이며, 이는 **나의** 확정적인 생각에 경험 무관하게 선행하는 것이다. 그러나 결합은 대상에 놓이는 게 아니다. 포착에 의해 빌려올 수도 없다. 그래서 대상들을 지식 안으로 가져오기만 해서 되는 게 아니다. 오히려 결합은 지식에 의해 홀로 수행되는 것이다. 따라서 지식 자체는 경험 무관하게 결합하는 힘으로서, 주어진 직관의 다양을 ― 지각의 하나됨이라는 ― 모든 인간 인식 안에서 최고 원리인 이 하나됨이라는 원리 아래로 가져가는 능력에 다름 아니다.

B135

이제, 지각의 필연적인 하나됨이라는 이러한 원리는 그 자체로 자기 동일적이며, 그러므로 분석 명제임이 확실하다. 그러나 이 원리는, 어느 직관에서 주어지는 다양함의 종합이 반드시 일어나야 한다는 것이며, 그런 종합이 없다면 자기 의식의 일관된 동일성은 생각될 수도 없음을 선언한다. 왜냐하면 다양함이 주어지지 않은 단순한 표상인, 나를 통해서, 그런 표상과 구별되어 오직 직관 속 다양함이 **결합**됨으로써, 그것들이 하나의 의식 안에서 생각될 수 있기 때문이다.

---

441 의식에는 하나됨이라는 의미가 들어있다. 그리고 의식이 사용하는 모든 개념에 '하나됨'이 공통으로 붙어있다. 예컨대 내가 만일 빨강을 생각한다면, 나는 빨강이라는 개념을, 다른 이미지와 결합시킬 수 있다. 나는 내가 이전에 어느 물건에서 봤던 이미지와 빨강이라는 특징의 결합을 떠올리면서, 다시 빨강을 내 의식에서 재사용할 수도 있다. '빨간 사과'는 빨강이라는 표상만 있는 게 아니다. 빨강 표상과 다른 표상들이 서로 연결돼 하나로 합쳐져 있다. '빨간 딸기'도 마찬가지다. 이렇듯 내 의식이 빨강이라는 개념을 떠올릴 때에는 다른 표상과 연결되어 있다는 것(종합)과 결국 그것이 내 의식 속에서 독립된 의미로 지각된다는 것(하나됨)을 동시에 갖는다. 지각의 종합적 하나됨은 우리의 모든 지식 사용에서 항상 나타난다.

자기 의식만으로도 다양함 전부가 동시에 주어지는 그런 지식은 **직관하는** 지식[442]일 것이다. 그러나 우리의 지식은 오직 **생각할** 수 있을 뿐이니, 직관은 감각 속에서 찾아야 한다. 그때 나는 직관에서 나에게 주어진 다양함에 관하여 주체로서 자아를 의식하는데, 왜냐하면 내가 그것들을 모두 다같이, **하나의** 표상을 이루는 **나의** 표상이라고 부르기 때문이다. 그런데 이는 내가 그것들의 필연적 종합을 경험 무관하게 의식한다고 말하는 것과 진배없다. 이런 종합을 일컬어 지각의 근원적이고 종합적인 하나됨이라 칭한다. 내 머릿속에 주어진 모든 것은 이런 하나됨의 지배를 받되, 종합을 통해 그것들이 그 아래로 가져와지는 것이다.

---

442 신이 갖는 지성, 즉 직관적 지식을 말한다. 신에게 직관은 곧 앎이다. 신과 달리, 인간 지식은, 완전한 존재가 아니며, 그러므로 생각하는 절차를 거쳐야 한다. 즉, 반드시 감각 직관을 거친 다음, 직관을 통해 수집된 표상들을 하나로 모아 (즉, 개념을 적용하여) 생각해야 하는 단계적 과정을 거쳐야 한다.

제17조
지각의 종합적 하나됨이라는 원리는
모든 지식 사용의 최고 원리이다

초월적 감성편에 따르면, 감수성과 관계하면서 모든 직관을 가능하게 하는 최고 원리는 직관 내 다양함이 공간과 시간이라는 형식 조건의 지배를 받는다는 것이었다. 지식과 관계하면서 모든 직관을 가능하게 하는 최고 원리는 직관 내 모든 다양함이 지각의 근원적이고 종합적 하나됨이라는 조건의 지배를 받는다는 것이다.* 직관의 모든 다양함은, 그것들이 우리에게 **주어지는** 한, 저 첫 번째 원리에 종속된다. 다양함이 하나의 의식 속에서 **결합될** 수 있어야만 하는 한, 저 두 번째 원리에 종속된다. 왜냐하면 그런 결합이 없는 표상을 통해서는 어떤 것도 생각될 수도 인식될 수도 없기 때문이며, 그런 경우 주어진 표상들이 〈나는 생각한다〉라는 지각의 활동을 공통으로 갖지 않으니, 따라서 하나의 자기 의식 안으로 표상들이 수렴되지 않을 터이기 때문이다.

B137

> * 칸트 주석: 공간과 시간, 그리고 이것들의 모든 부분은 **직관**이며, 고로 개별 표상들 — 직관 그 안에 포함되는 다양한 표상과 함께하는 —이다 (초월적 감성편을 보라). 그러므로 공간과 시간은 많은 표상에서 저 동일한 의식이 들어가도록 하는 그런 개념들이 아니다. 오히려 공간과 시간은 한 개의 표상에, 그리고 그 표상에 대한 의시에 들어있는 많은 표상이다. 그러므로 공간과 시간은 합성물이 되어야 하며, 결과적으로 이런 의식의 하나됨은 **종합적인** 것으로, 그러나 근원적인 것으로 발견된다. 직관의 이러한 **개별성**은 적용 시에서 중요하다(제25조를 보라).

일반적으로 말해서 **지식**은 인식 능력이다. **인식**이란 어떤 대상에 대해 머릿속에 주어진 것들이 갖는 관계 규정으로 이루어진다. 그런데 대상은 직관에 주어진 다양함이 개념 안에서 **하나가 되는** 것이다. 머릿속에 있는 것들의 모든 통합은 그것들의 종합 속에서 의식의 하나됨이 있어야 함을 요구한다. 결과적으로 대상에 대한 머릿속에 있는 것들의 관계는 오직 의식의 하나됨 안에서 이루어지며, 그럼으로써 머릿속에 있는 것들의 타당성이, 그리고 인식이 되는 것이다. 결국 지식의 바로 그 가능성은 그런 하나됨에 의존한다.

그러므로 지각의 근원적이며 **종합적** 하나됨의 원리가 제일의 순수 지식 인식이니, 나머지 모든 지식 사용이 그것에 근거한다. 그리고 이것은 동시에 감각 직관의 모든 조건과는 전적으로 독립해 있다. 외부 감각 직관의 형식, 즉 공간은 전혀 인식이 아니다. 공간은 단지 경험 무관한 직관의 다양함을 가능한 인식에 제공할 뿐이다. 그런데 공간 안에서 무엇인가를 인식하기 위해서, 예컨대 하나의 선분이라면, 나는 그것을 **그려야** 한다. 그러고는 나는 주어진 다양함에 대한 규정된 결합을 종합적으로 수행해야 하는 것이고, 결과적으로 이런 활동의 하나됨이 동시에 (한 선분이라는 개념 안에서) 의식의 하나됨이며, 그리하여 하나의 대상(규정된 공간)이 비로소 인식된다. 그러므로 의식의 종합적 하나됨은 모든 인식의 객관적인 조건이다. 대상을 인식하기 위해서 나 자신이 이러한 조건을 필요로 할 뿐더러, 모든 직관은 **나에게 대상이 되기 위해** 그 조건의 지배를 받아야 한다. 그렇지 않다면, 그리고 그런 종합이 없다면, 다양함은 한 개의 의식에서 하나가 되지 **못할** 것이기 때문이다.

앞[443]에서 말한 것처럼, 이 마지막 명제[444]가 종합적 하나됨을 모든 생각의 조건으로 만들지라도, 그 명제 자체로는 분석적이다. 왜냐하면 그 명제는, 어떤 주어진 직관 안에 있는 **나의** 모든 표상은 위와 같은 조건의 지배를 받아야 하며, 그 조건 아래에서 나는, 나의 표상들로서, 그 표상들을 동일한 자아에 귀속시킬 수 있기 때문이며, 따라서 그 조건 아래에서만, 하나의 지각 안에서 종합적으로 결합된 것으로서, 나는 저 보편적인 표현 〈**나는 생각한다**〉를 통해 머리 안에 있는 것들을 하나로 모을 수 있기 때문이다.

---

443   B135 부분.

444   〈의식의 종합적 하나됨은 모든 인식의 객관적 조건이다〉라는 명제.

그러나 이러한 원리[445]는 모든 가능한 지식 일반[446]에 대한 원리가 아니라, 〈나는 존재한다〉라는 표상 안에서는 아무런 다양함도 주어지지 않는다는, 단지 순수 지각을 통하는 지식에 대한 원리이다. 자기 의식을 통해 직관의 다양함이 동시에 주어지는 지식이라면, 표상을 통해서 이 표상의 객관이 동시에 존재하는 지식이라면, 그런 지식은 의식의 하나됨을 위해 다양함을 종합하는 특별한 활동이 필요 없을 것이다. 그러나 인간 지식은 직관하지 않고 그저 생각할 뿐이므로 그런 종합 활동을 필요로 한다. 이것은 인간 지식에 피할 수 없는 제일의 원리이다. 그래서 인간 지식 그 자체로는 또 다른 지식이 가능하다는 최소한의 개념조차 형상화할 수 없으니, 스스로 직관하는 지식[447]이든, 혹은 공간과 시간 안에 근거하는 감각 직관 외에 또 다른 종류의 감각 직관을 소유하는 지식[448]이든 그런 지식 개념을 형상화하지는 못한다.

B139

---

445   〈나는 생각한다〉를 통해 표상들을 하나로 모으는 원리.

446   칸트가 살던 당시에는 신의 지성도 생각해야 했다. 즉 지식 일반은 인간이 소유하는 지식뿐 아니라, 신이 갖고 있는 지성도 고찰해야 했다. 이 단락은 신의 지성을 논평한다.

447   직관의 다양함이 자기 의식에 하나된 것으로 직접 주어지는 지식. 즉 신의 직관이다.

448   직관적 표상 안에 그 표상의 객관이, 즉 사물 자체가 공간과 시간으로 변환되지 않고 그대로 존재하는 지식. 이것은 가정으로만 제시된다.

제18조
자기 의식의 객관적 하나됨이 무엇인지

지각의 **초월적 하나됨**이란 직관에서 주어진 다양함 전부가 그 대상 개념에서 하나가 되는 하나됨이다. 그러므로 이러한 하나됨이 **객관적**이라 칭해지는 것이며, 의식의 주관적 하나됨과는 구별돼야 한다. **주관적** 하나됨은 **내적 감각의 규정**이며, 이것을 통해 직관의 다양함이 그런 결합을 위해 경험적으로 주어지는 것이다.[449] 내가 다양함을 동시적인 것으로든 혹은 순차적인 것으로든 **경험적으로** 의식할 수 있는지 여부는 상황이나 경험적 조건에 의존한다. 그렇기 때문에 의식의 경험적 하나됨 그 자체는, 표상들의 연합을 통해서, 현상에 관한 것이며, 그래서 전적으로 우연적이다. 반면, 시간 안에서 직관의 순수 형식은, 주어진 다양함을 포함하는 한낱 직관 일반으로서, 의식의 근원적 하나됨 아래에 놓인다. 그런데 이것은, 〈**나는 생각한다**〉라는 그 하나에 대한, 직관의 다양함의 필연적 관계를 통해서만, 그리하여 경험적인 종합을 경험 무관하게 근거하는 지식의 순수 종합을 통해서만 의식의 근원적 하나됨 아래에 놓이는 것이다. 의식의 근원적 하나됨만이 오직 객관적으로 타당하다. 의식의 경험적 하나됨은 ― 우리가 이것을 여기서 평가하고 있지 않으며, 더욱이 근원적 하나됨으로부터 **구체적으로** 주어진 조건 하에서 도출될 뿐인 ― 그저 주관적으로 타당한 것이다. 누군가 한 사물에 어떤 특정 단어[450]의 표상을 결합하고, 다른 사물에 다른 단어를 결합할 것이다. 그러니 경험적인 것 안에서 의식의 하나됨이란 그 주어진 것에 관해서 필연적이고 보편적으로 타당한 게 아니다.

B140

---

449 주관적 하나됨 → 객관적 하나됨의 순서 구조. 먼저 대상에 관한 경험 데이터로서 직관의 다양함이 하나로 종합되고(주관적 하나됨), 다음으로 범주가 적용되어 그 대상이 모든 사람이 공통으로 인식할 수 있는 객관적 대상이 되도록 만들어 준다(객관적 하나됨). 주관적 하나됨에 관해서, 칸트는 A판 연역편에서는 탐색의 종합과 복제의 종합으로, B판 연역편에서는 형상적 종합으로 설명한다. 어느 쪽이든 이런 주관적 하나됨에 관한 종합에 관해서는 '포착(perception)'이라는 단어가 사용된다.

450 단어(word)'가 바로 개념(concept)이다.

제19조
모든 판단의 논리 형식은
거기에 포함된 개념들에 대한
지각의 객관적 하나됨이다

나는 예전부터 판단 일반에 대한 논리학자들의 설명에 만족할 수 없었다. 그들이 말하기를, 〈판단이란 두 개념 사이의 관계를 머릿속으로 가져오는 것이다〉라고 한다. 여기에서 이런 설명에 어떤 잘못이 — 그 설명은 어쨌든 단지 **무조건** 판단[451]에만 맞을 뿐이지, 조건 판단이나 선택 판단에는 그렇지 않다(조건 판단과 선택 판단은 개념들의 관계가 아니라 판단들 그 자체의 관계를 포함한다) — 있는지에 관해 다툴 것은 아니므로, 나는 그저 그들이 말하는 **관계**가 어디에서 이루어지는지는 미결된 상태임을 지적해 둔다.*

B141

> * 칸트 주석: 삼단논법의 네 가지 형태[452]라는 널리 알려진 원칙은 단지 무조건 삼단논법에만 관계한다. 이 원칙은 그저, 순수 삼단논법의 전제들 속으로 직접 추론들을 감춤으로써 제1의 형태의 추론 외에도 더 많은 종류의 추론이 있다는 착각을 은밀히 만들어 낸다. 만약 무조건 판단에 특권을 일으키는 데 성공하지 못했다면, 즉 다른 모든 판단이 무조건 판

451　지금껏 논리학 용어는 일본식 번역을 그대로 수용해 왔다. 그래서 학자들은 '정언 판단'이라고 칭했다. 또한 '조건 판단'은 '가언 판단', '선택 판단'은 '선언 판단'으로 번역하는 식이었다. 21세기를 살아가는 한국인의 관점에서 생각하면, 이제는 한국인의 일상 언어에 맞게 표현을 바꿀 때가 되었다. 무조건 판단이란 〈모든 인간은 죽는다〉와 같이 어떤 조건도 포함하지 않는 형식의 판단이다. 반면 조건 판단은 〈어떤 인간은 죽는다〉, 선택 판단은 〈어떤 인간은 죽거나, 혹은 어떤 인간은 산다〉와 같은 형식의 판단을 말한다. 이런 논리학 용어에 관해서는 〈괘씸한 철학 번역〉(코디정, 2025), 302~340쪽) 참고.

452　Figure. 학자들은 '격'이라고 번역했다. 삼단논법은 두 개의 전제로(모든 인간은 죽는다 | 그런데 소크라테스는 인간이다)부터 마지막 세 번째 명제(그러므로 소크라테스는 죽는다)를 결론으로 도출하는 연역 논법이다. 인간(M), 죽음(P), 소크라테스(S), 세 개의 명사가 주어와 술어로 등장한 다음, 마지막 결론 문장에서 〈S는 P이다〉에 이르게 된다. 제1 형태는 'M-P | S-M | S-P'의 구조를 갖는다. 제2 형태는 'P-M | S-M | S-P'의 구조, 제3 형태는 'M-P | M-S | S-P'의 구조를, 제4 형태는 'P-M | M-S | S-P'의 구조를 갖는다.

단에 관계될 수 있어야 한다는 독점적 지위를 얻지 못했다면, 이 원칙은 그런 착각으로 얻어내는 특별한 성공을 거두지 못했을 것이다. 그러나 이는 제9조의 설명을 통해 밝혀졌듯이 거짓이었다.

B142

그런데 만약 내가 모든 판단에서 주어진 인식들의 관계를 더 면밀히 탐구해 본다면, 그리고 만약 그것을 지식에 속하는 것으로서 복제적[453] 상상력의 법칙 면에서의 관계(단지 주관적 타당성만을 갖는 관계)와 구별해 본다면, 그때 나는 판단이란 그저 주어진 인식들을 지각의 **객관적** 하나됨으로 가져가는 방법임을 알게 된다. 판단들에서 연결어[454]인 '이다'는 주어진 표상들의 객관적 하나됨을 주관적 하나됨과 구별하기 위함이다. 왜냐하면 이 단어는, 설령 판단 그 자체가 예를 들어 〈물체는 무겁다〉와 같은 판단처럼 경험적이고 그래서 우연적일지라도, 근원적인 지각과 그것의 **필연적인 하나됨**에 표상이 관계함을 나타내기 때문이다. 이로써 내가 말하려는 바는, 이런 표상이 경험적 직관에서 **필연적으로 서로에게** 속한다는 것이 아니라[455], 지각의 필연적 하나됨 덕분에 직관의 종합에서 서로에게 속한다는 것이요,[456] 다시 말하면 표상들은, 인식될 수 있는 한, 모든 표상에 대한 객관적 규정의 원리들에 따라 서로에게 속한다는 것이며, 이런 원리는 지각의 초월적 하나됨이라는 원리로부터 도출된다는 것이다. 오직 이것을 통해서만 이러한 관계가 **하나의 판단**, 즉 **객관적으로 타당한** 관계가 될 수 있으며, 동일한 표상들에 대해 예컨대 연합의 법칙들[457]에 따르되 오직 주관적인 타당성만을 갖는 관계와 충분히 구별되는 것이다. 이런 연합의 법칙에 따르는 경우, 〈물체를 들 때, 나는 무게의 힘을 느낀다〉라고 말할 수 있을 뿐이지, 〈물체는 무겁다〉라고 말할 수는 없을 것이다. 그것은,

---

453 상상력의 재생적 복제를 가리킨다.

454 Copula. 주어와 술어를 연결하는 역할을 하는 동사를 의미한다. 문법에서 말하는 서술어가 아님을 유의할 것. 한국어 문장에서는 '조사'(더 구체적으로는 주격 조사와 서술격 조사와의 연합)에 해당한다.

455 주어(물체)와 술어(무겁다)가 감수성 영역에서 서로 관계를 맺는 게 아니라는 뜻.

456 지식의 자발성(종합)이 작용함으로써 주어와 술어가 하나로 연결된다는 뜻.

457 데이비드 흄의 관념들의 연합을 가리킨다.

이 두 표상[458]이, 단지 포착을 통해 하나로 모아진 것이 아니라(아무리 빈번하게 반복될지라도), 주체의 상태가 어찌 되었든 그것과 무관하게, 대상 안에서 결합되어 있음을 말하는 것이다.

---

458   주어 표상과 술어 표상. 다시 말해 '물체'와 '무겁다'를 가리킨다.

제20조
모든 감각 직관은 범주의 지배를 받으며, 범주 아래에서만 다양함이 하나의 의식 안에서 합쳐질 수 있다

감각 직관 안에서 주어진 다양함은 반드시 지각의 근원적이며 종합적인 하나됨의 지배를 받는다. 왜냐하면 오직 이러한 하나됨을 통해서만 직관의 **하나됨**이 가능해지기 때문이다(제17조). 지식의 활동에 의해 주어진 표상의 다양함(직관에서든 개념에서든)이 한 개[459]의 지각 일반 아래로 보내지는 것은 판단의 논리적 기능(제19조)이다. 그러므로 다양함 전부가, 그것들이 하나의 경험적 직관에서 주어지는 한, 판단하기의 논리적 기능 중 어느 하나와 관련하여 **규정된다**.[460] 그런 기능을 통해서 다양함은 한 개의 지각 일반에 보내지는 것이다. 그런데 **범주들은** 바로 이런 판단하기의 기능에 다름 아니니, 주어진 직관의 다양함이 판단 기능과 관계하여 규정되는 한에서 그러하다(제13조). 따라서 마찬가지 의미로 주어진 직관의 다양함은 반드시 범주의 지배를 받게 되는 것이다.

---

459 지각은 자기 의식이고, 따라서 하나일 수밖에 없다(수적 동일성).
460 범주표의 12개의 범주 중 하나와 관계하는 것이다.

제21조
주석

지식의 종합을 통해서, 내가 '나의 것'이라고 부르는 어느 직관에 포함된 다양함은 자기 의식의 **필연적인** 하나됨에 속하는 것으로서 머릿속에 있는 것이며, 이런 일이 범주에 의해 행해진다.* 따라서 범주는 하나의 직관에서 주어진 다양함에 대한 경험적 의식이 경험 무관하게 순수한 자기 의식에 지배를 받도록 지시한다. 이는 마치 경험적 직관이 마찬가지로 경험 무관하게 일어나는 순수 감각 직관에 지배되는 것과 같다. 그러므로 위의 명제[461]에서 나는 순수 지식 개념의 **연역**의 단초를 만들었던 것이다. 범주들은 **감수성과 독립하여** 지식에서 홀로 생겨난 것이다. 그러므로 나는 이 연역에서, 지식이 범주를 통해 직관에 부여하는 하나됨에만 관여하기 위하여, 경험 직관에 대해 다양함이 주어지는 방식을 빼내야 했다. 나중에(제26조) 나는, 경험 직관이 감수성에서 주어지는 방식으로부터 직관의 하나됨이란, 그저 범주가 (위의 제20조에서) 주어진 직관 일반의 다양함에 지령하는 하나됨에 다름 아님을, 그리하여 우리 감각의 모든 대상에 관한 범주의 경험 무관한 타당성[462]에 대한 설명에 의해 순수 지식 개념의 연역의 목적이 비로소 온전히 달성될 것임을 보여줄 것이다.

> 칸트 주석: 이것을 증명하는 근거는, 머릿속에 있는 **직관** ― 그것을 통해 대상이 주어진다 ― **의 하나됨**에 기초한다. 이 직관의 하나됨은 창싱 직관에 대해 주어진 다양함의 종합을 의미하며, 이미 그 다양한 표상이 지각의 하나됨에 대해 갖는 관계를 포함한다.

그런데 나는 위의 증명에서 한 가지 점을 배제할 수 없었다. 다시 말해 직관에 대한

---

461 〈모든 감각 직관은 범주의 지배를 받으며, 범주 아래에서만 다양함이 하나의 의식 안에서 합쳐질 수 있다〉

462 범주는 모든 '감각 대상'에 반드시 적용된다.

다양함은 지식의 종합에 앞서 그리고 독립해서 미리 **주어져야** 한다 — 어떻게 그러한지는 여기서는 미결로 둔다 —는 것이다. 왜냐하면, 만약 내가 지식 자체가 직관한다고 생각한다면(예를 들어 주어진 대상들을 표상하는 게 아니라, 표상을 통해 그 대상들이 동시에 주어지거나 만들어지는 신성한 지식), 그런 인식에서는 범주가 전혀 중요하지 않다. 범주는 오직 전체 권능이 생각으로, 즉 다른 곳에서 주어지는 직관의 다양함을 종합하여 지각의 하나됨으로 가져다 주는 활동으로 이루어지는, 지식을 위한 규칙이다. 따라서 지식 자체만으로는 아무것도 **인식하지** 못한다. 단지 지식은 인식을 위한 재료, 즉 대상을 통해 주어져야 하는 직관을 결합하고 정리하는 것이다. 그러나 어째서 우리 지식이 이런 특성을 갖는 것인지, 어째서 지식이 오직 범주를 통해서만 지각의 하나됨을 경험 무관하게 낳는 것이며, 어째서 범주들이 그런 종류를 갖고, 어째서 그런 개수인지, 그 까닭은 우리에게 주어질 수 없다. 이는 우리가 판단에서 바로 그런 기능들을 갖는 까닭이나, 공간과 시간만이 우리의 가능한 직관의 유일한 형식인 까닭이 우리에게 주어지지 못함과 마찬가지이다.

제22조
범주는 경험 대상에 적용하는 것 이외의
사물 인식을 위한 다른 용도가 없다

대상을 **생각하기**와 대상을 **인식하기**는 같지 않다. 왜냐하면 인식은 두 개의 구성요소를 포함하되, 첫째 개념(범주)이며, 이것을 통해 대상 일반이 생각되기 때문이요, 둘째 직관이며, 이것을 통해 대상이 주어지는 것이기 때문이다. 만약 개념에 대응하는 직관이 전혀 주어질 수 없다면,[463] 개념은 형식상 생각될 수 있을지언정 어떤 대상도 없으니, 그 개념에 의해서는 그 어떤 인식도 가능하지 않을 것이다. 왜냐하면 내가 아는 한, 내 생각을 적용할 수 있는 그 어떤 것도 없을 것이기 때문이며, 아무것도 주어질 수 없기 때문이다. 이제 우리에게 가능해지는 모든 직관은 감각적이며(초월적 감성편을 보라), 그리하여 우리가 순수 지식 개념을 통해 해내는 대상 일반에 대한 생각은, 이 개념이 감각 대상에 관계하는 한에서만, 인식이 될 수 있는 것이다.

감각 직관은 순수 직관(공간과 시간)이거나, 감각 작용을 통해 실제로 있는 것으로서 공간과 시간 안으로 직접 표상되는 것인 경험 직관이다. 순수 직관을 규정함으로써 우리는 (수학에서) 현상으로서 대상에 대한 경험 무관한 인식을 얻을 수 있다. 그러나 그저 형식 면에서 그러하다는 것이지, 이런 형식으로 직관되어야 하는 사물들이 존재할 수 있을지 여부는 여전히 미결로 남는다. 결과적으로 모든 수학적 개념 그 자체로는 — 그런 순수 감각 직관의 형식에 따라서만 우리에게 제시될 수 있는 사물들이 존재한다고 전제하지 않고서는 — 어떤 인식도 아니다. 그러나 **공간과 시간 속 사물들**은 오직 그것들이 포착된 것(즉, 감각 작용에 의해 동반되는 표상들)에 한해서 주어지는 것이다. 따라서 그것들은 오직 경험적 표상을 통해서만 주어진다. 결과적으로 순수 지식 개념들은, 그것들이 (수학에서와 같이) 경험

B147

---

463 예컨대 '드래곤' 같은 상상의 개념에는 직관이 주어지지 않는다.

무관한 직관들에 적용되는 경우조차, 이런 직관[464]이 — 직관을 매개로 하는 지식 개념들도 — 경험적 직관들에 적용될 수 있는 한에서만 인식을 제공하는 것이다. 그렇기 때문에 가능한 **경험적** 직관에 범주들이 적용되는 것을 통해서만, 범주들이 우리에게 직관을 매개로 사물에 대한 인식을 제공한다. 다시 말해 범주들은 오직 **경험적 인식**이 가능하도록 하는 것에만 역할을 한다. 그런데 그런 경험적 인식을 일컬어 **경험**이라 한다. 결과적으로 범주는 사물이 가능한 경험의 대상으로 취해지는 한에서만 그 사물을 인식하는 데 사용될 수 있을 뿐이다.

---

464 경험 무관한 직관들인 공간과 시간.

제23조

위의 마지막 명제[465]는 가장 중요한 명제이다. 왜냐하면 이 명제가 대상들에 관하여 순수 지식 개념 사용의 한계를 규정하기 때문이다. 이는 초월적 감성편이 우리 감각 직관의 순수 형식 사용의 한계를 규정했던 것만큼이나 중요하다. 대상들이 어떻게 우리에게 주어질 수 있는지에 관한 그 가능성의 조건으로서, 공간과 시간은 감각 대상들에만 타당하며, 그래서 경험 대상들에만 타당하다. 이런 한계를 넘어선다면, 공간과 시간은 아무것도 표상하지 않으니, 왜냐하면 그것들은 감각 안에 존재하는 것이며, 감각을 벗어나서는 실제성을 갖지 못하기 때문이다. 순수 지식 개념은 이런 한계에서 자유롭고, 직관 일반 — 그것이 지적인 게 아니라 감각적인 한, 그런 직관이 우리 직관과 유사하든 그렇지 않든 — 의 대상으로까지 확장한다. 그러나 우리의 감각 직관을 넘어서는 개념들의 이러한 확장은 그것이 무엇이든 우리에게 이로운 일은 아니다. 왜냐하면 그때 대상 개념들은 텅 비게 되기 때문이며, 개념을 통해서 대상이 가능해지는지조차 우리가 판단할 수 없기 때문이다. 다시 말하면, 순수 지식 개념은 그저 객관적 실체가 없는 생각의 형식에 불과해질 뿐이니, 그때 우리는 지각의 종합적 하나됨을 적용할 — 그것이 순수 지식 개념들이 포함하는 모든 것이며, 그래야만 개념들이 어떤 대상을 규정할 수 있다 — 이용 가능한 직관을 갖지 못한다. **우리의** 감각적이고 경험적인 직관만이 유일하게 개념들[466]에 의미와 의의를 제공한다.

B149

따라서 만약 우리가 **감각적이지 않은** 직관의 대상이 주어졌다고 가정한다면, 그때 〈**그 대상은 감각 직관에 속하는 그 어떤 것도 들어있지 않다**〉는 가정이므로, 크기가 없다거나 공간 안에 있지 않다거나, 그 대상이 지속해서 존재하게 만드는 것은 시간이 아니라거나, 어떤 변화(즉, 시간에서 술어 규정의 연속)도 그 안에서 발견

---

465 바로 위 단락의 마지막 문장. 〈범주는 사물이 가능한 경험의 대상으로 취해지는 한에서만 그 사물을 인식하는 데 사용될 수 있을 뿐이다〉

466 범주들.

되지 않는다는 등의, 그런 가정 속에 포함되는 모든 술어를 통해 우리가 그런 대상을 머릿속으로 가져올 수는 있을 것이다. 그러나 만일 내가 직관 안에 무엇이 들어있는지 말할 수 없으면서 그 대상에 대한 직관이 무엇이 **아니**라고만 제시할 뿐이라면, 그것은 진정한 인식이 아니다. 그때 나는 순수 지식 개념을 위한 어떤 대상의 가능성도 머릿속에 가져오지 못하기 때문이니, 나는 그 개념에 대응하는 어떤 직관도 줄 수 없었으며, 그저 우리 직관은 그 개념에 타당하지 않다고 말할 수만 있었기 때문이다. 그러나 여기서 가장 중요한 점은 하나의 범주조차 그런 것[467]에는 적용될 수 없다는 것이다. 따라서 예를 들면 본질이라는 개념, 즉 주어로서만 존재할 뿐 한낱 술어로서는 존재할 수 없는 개념조차 적용되지 못한다는 점이다.[468] 만약 경험 직관이 내게 그 개념을 적용할 사례를 주지 않는다면, 생각의 이런 규정에 대응하는 것으로 도대체 무엇이 있을 수 있는지, 나는 도무지 알지 못하기 때문이다. 그러나 자세한 사항은 나중에 다룬다.

---

467 인간으로 감각으로는 직관할 수 없는 대상.

468 본질(substance)은 변화가 없고 주어로만 기능하는 범주이다. 이 순수 지식 개념을 적용한다는 말은 술어를 연결해서 본질에 변화(즉, 다양한 성격)를 부여한다는 뜻이다. 그런데 직관을 통해서 본질에 연결할 술어를 얻지 못하기 때문에, 본질이라는 단어를 적용할 수 없게 된다는 의미.

제24조
감각 일반의 대상들에
범주를 적용함에 대하여

순수 지식 개념은 단지 지식을 통해서만 직관 일반의 대상과 관계하는데, 비록 직관이 감각적일지라도 그것이 우리 것인지 아니면 다른 것인지는 상관하지 않는다. 바로 이런 이유 때문에 개념은 그저 **생각의 형식**인 것이며, 개념만으로는 아직 규정되지 않는 것으로서 대상은 인식되지 않는다. 생각의 형식 안에서 다양함의 종합이나 결합은 지각의 하나됨과 관계하는 것이었으며, 인식이 지식에 의존하는 한, 이것은 경험 무관한 인식이 가능해지는 근거였다. 따라서 이런 종합은 초월적일 뿐더러 순수하게 지적이기만 한 것이었음을 우리는 보았다. 그러나 우리 안에는 감각 직관의 어떤 경험 무관한 형식이 기초로 놓여 있으니, 이 형식은 우리 표상 능력의 수용성(즉, 우리의 감수성)에 근거를 두는 것이었다. 따라서 (자발성으로서) 지식은, 머릿속으로 주어진 다양함에 의해서 지각의 종합적 하나됨에 따라 내적 직관을 규정할 수 있으며, 그리하여 경험 무관한 **감각 직관**의 다양함에 대해 지각의 종합적 하나됨을 생각할 수 있으니, 바로 이 하나됨은 우리의 (즉, 인간의) 직관이 반드시 종속해야 하는 형식이다. 그리고 생각의 형식 그 자체인 범주는 객관적 실체를 얻게 된다. 다시 말하면 직관에서 우리에게 주어질 수 있는 대상들에 범주가 적용되는 것이다. 그러나 오직 현상으로서의 대상들에 적용되는 것이니, 현상만이 우리가 경험 무관한 직관을 가질 수 있기 때문이다.

경험 무관하며, 그리고 필연적인 감각 직관의 다양함을 **종합**하는 것을 일컬어 **형상적 종합**[469]이라 하고, 이는 범주 안에서 직관 일반의 다양함에 관계하여 생각되는 종합과는 구별된다. 후자의 종합을 일컬어 지식의 결합(지적인 종합[470])이라 부른

---

469 Figurative synthesis. 칸트는 라틴어 *synthesis speciosa*를 덧붙였다. A판에서 밝혔던 탐색의 종합 및 복제적 종합의 분별과 상세한 내용을 B판에서는 '형상적 종합'이라는 표현으로 간략화했다. 이것이 범주의 연역에 관한 A판과 B판의 가장 큰 차이 중 하나이다.

470 Synthesis intellectualis.

다. 이 양자의 종합은 **초월적**이니, 그것들이 경험 무관하게 선행하기 때문일 뿐 아니라, 다른 인식이 경험 무관하게 가능하도록 근거를 주기 때문이기도 하다.

그런데 만약 형상적 종합이 지각의 근원적이고 종합적 하나됨에 관계하는 경우, 다시 말해 형상적 종합이 범주에서 생각되는 저 초월적 하나됨에만 관계하는 경우, 그때 그것은 **상상력의 초월적 종합**이라 칭해져야 하며, 저 지적인 결합과는 구별된다. **상상력**은 직관 안에 대상이 존재함이 없을 때조차 그 대상을 머릿속으로 가져오는 능력이다. 그런데 우리의 모든 직관은 감각적이며, 그래서 상상력은 ― 그 아래에서만 지식 개념들에게 대응하는 직관이 주어질 수 있는 주관적인 조건인 까닭에 ― **감수성**에 속한다.[471] 그러나 상상력의 종합은 여전히 자발성의 실행이며, 이런 점에서 감각으로서 그저 규정될 수 있는 게 아니라, 규정하는 것이다. 그러므로 상상력의 종합은 지각의 하나됨에 따라 감각 형식을 경험 무관하게 규정할 수 있다. 이런 점에서 상상력은 감수성을 경험 무관하게 규정하는 능력이며, 그리고 이 능력이 직관들을 **범주에 합치되도록** 종합하는 것은 **상상력**의 초월적 종합이 되어야 한다. 이러한 종합은 감수성에 대한 지식의 작용이자, 우리에게 가능해진 직관 대상들에 지식이 최초로 적용된 것이다(동시에 모든 다른 적용의 근거). 형상적인 종합으로서 이러한 종합은, 상상력 없이 단지 지식을 통해서만 이루어지는 지적인 종합과는 구별된다. 이제 상상력이 자발성인 한, 나는 때때로 그것을 **생산적**[472] 상상력으로 칭해서 **복제적**[473] 상상력과 구별하기도 한다. 복제적 상상력의 종합만이 경험법칙들, 다시 말하면 연합의 법칙들의 지배를 받는다. 이것은 경험 무관

---

471 칸트는 '상상력'에 대해 확신이 없었던 듯하다. A판에서 상상력은 인간 정신 능력의 능동적인 권능으로서 확실히 지식에 속하는 것이었다(AI20 참고). 그러면서 감수성과 지식을 매개하는 역할을 하였다. 그런데 B판에서는 상상력이 감수성에 속한다고 천명한다. 그렇지만 이런 천명은 감수성은 수용력에 불과해서 자발성이 없다고 강조한 칸트 견해에 모순된다. 이어지는 다음 문장에서 '상상력의 종합'은 확실히 자발성의 작용이기 때문에, 감수성에 속하면서 어떻게 자발성을 실행한다는 것인지 모호하다. 그러므로 논쟁적이다. 상상력의 역할만 놓고 본다면, B판의 견해는 A판에 비해 축소되었다. 또한 A판에서 상상력의 기능으로 설명된 '탐색의 종합'과 '복제의 종합'이 삭제되었고, '형상적 종합'으로 단순화되었다.

472 A판 관점에서는 탐색의 종합 후 이어지는 상상력의 생산적 복제를 뜻한다.

473 A판 관점에서는 기억 속에 보관되어 습관을 만들어 내는 복제를 가리킨다. [AI18] 참조.

한 인식의 가능성을 설명하는 데 아무런 기여를 못하니, 따라서 그것[474]은 초월철학이 아니라 심리학에 속한다.

○

이제 내적 감각 형식의 개요를 읽었을 때(제6조[475]), 모든 이가 부딪혔을 역설을 풀어낼 곳에 이르렀다. 다시 말하면 내적 감각이 어떻게, 우리가 우리 자신 안에 존재하는 것으로서가 아니라, 우리가 우리 자신에게 나타나는 것으로서 우리 자신을 의식에 제시한다는 것인지에 관한 문제이다. 우리는 우리 자신을 단지 내적으로 **영향받는** 한해서만 직관하기 때문인데, 이는 모순적으로 보인다. 우리가 우리 자신에게 수동적으로 관계해야 한다는 말이기 때문이다. 이런 이유 때문에 심리학 체계에서 사람들은 **내적 감각**을 **지각**의 권능과 같은 것으로 다루기를 선호한다 (우리는 지각을 내적 감각과 섬세하게 구별한다).

B153

그러나 내적 감각을 규정하는 것은 지식과 그 지식의 — 직관의 다양함을 결합하는 — 근원적인 권능이다. 다시 말해 내적 감각의 규정은 (지식의 가능성 그 자체가 의존하는) 한 개의 지각 아래로 저 다양함을 가져다 주는 지식의 권능이다. 이제 우리 안에 있는 인간 지식은 그 자신이 직관하는 능력이 아니다. 설령 직관들이 감수성 안에서 이미 주어졌다 하더라도, 이를테면 자기 직관의 다양함을 결합하기 위해서, 지식은 그것을 **자기 자신 안으로** 끌어올 수 없다.[476] 따라서 지식 혼자의 힘으로 종합한다고 생각해 본다면,[477] 그 종합은 지식의 활동에 다름 아니니, 이는 지식이 감수성 없이도 그런 활동을 의식하는 것이요, 그런 활동을 통해서 지식 그 자신이, 직관 형식에 부합하면서 지식에게 주어지는 그 다양함과 관계하여 내적으로 감수성을 규정할 수 있는 것이다. 그러므로 **상상력의 초월적 종합**이라는 이름 아

---

474 복제적 상상력.

475 초월적 감성편의 A32~36, B48~53.

476 감수성 영역과 지식 영역이 분리되어 있기 때문이다. 그래서 두 영역을 매개할 수단이 필요하고, 그것이 바로 상상력이다.

477 감수성(내적 감각)은 자발성이 없으므로, 결국 지식이 혼자 애써야 한다.

B154 래에서, 지식은 — 우리가 내적 직관이 영향받는다고 정당하게 말하는 것에 대하여 — **수동적인** 주관에 대한 능동적인 작용을 실행한다. 그런 주관의 **권능**이 지식이다. 지각과 그것의 종합적 하나됨은 결코 내적 감각과 같지 않다. 지각은 모든 결합의 원천으로서 **직관 일반**의 다양함에 적용되는 것이며, 범주라는 이름 아래에서 모든 감각 직관에 선행하여,[478] 대상 일반에 적용되는 것이다. 반면 내적 감각은 단지 직관의 **형식**을 포함하며, 이 형식 안에 있는 다양함의 결합이 없고, 따라서 어떤 **규정된** 직관도 포함하지 않는다. 직관을 규정함은 오직 상상력의 초월적 활동에 의해 다양함의 규정을 의식하는 것을 통해서만 (즉, 내적 감각에 대한 지식의 종합적인 영향을 통해서만) 가능하다. 나는 그 활동을 일컬어 형상적 종합이라고 불렀다.

또한 우리는 이것을 언제나 우리 자신 안에서 포착한다. 우리는 머릿속에서 **그어 보지** 않고서는 하나의 선분을 생각할 수 없다. 우리는 **그려 보지** 않고서는 하나의 원을 생각할 수 없다. 우리는 동일한 점에서 서로 수직인 세 개의 선을 **위치시키지** 않고서는 3차원 공간을 전혀 표상할 수 없다. 심지어 우리는 시간에 대해, 어떤 직선(이는 시간을 외부적으로 표현한 형상적 표상을 의미한다)을 **그어 본** 다음에, 우리가 거기서 다양함을 종합하는 활동에 관여하여 내적 감각을 순차적으로 규정하지 않고서는, 결과적으로 내적 감각 안에서 이런 규정의 순차성에 관여하지 않고서는, 시간조차 표상할 수 없다. 주관의 활동으로서 (대상에 대한 규정으로서가 아니라) 운동이*, 결과적으로 공간 안에서 다양함을 종합하는 것이 — 만약 우리가 공간에서 그 다채로운 표상을 빼낸 다음, 오직 내적 감각의 형식에 대한 규정에 부합하는 주관의 활동에만 관여한다면 — 비로소 순차성의 개념을 만들어 낸다. 따라서 지식은 **내적 감각** 안에서 다양함이 이미 결합되어 있는 종류의 것을 **발견하는** 것이 아니라, 내적 감각에 영향을 미침으로써 그런 결합을 **만들어 내는** 것이다.

B155

* 칸트 주석: 공간에서 어느 **대상**의 운동은 순수 학문에 속하지 않으니

---

478 감각을 통해 실제로 대상을 직관하기 전에 이미 주관의 머릿속에, 지각의 하나됨이라는 형식뿐 아니라 지식의 결합 시스템이 갖춰져 있다는 의미.

고로 기하학에도 속하지 않는다. 왜냐하면 어떤 것이 움직인다는 사실은 경험 무관하게 직관될 수 있는 게 아니라, 오직 경험을 통해서만 인식될 수 있는 것이기 때문이다. 그러나 공간에서 **그려 봄으로써** 취해지는 운동은, 생산적 상상력에 의해, 외부 직관 일반의 다양함을 순차적 종합으로 종합하는 순수 활동이며, 그래서 기하학에 속할 뿐 아니라, 초월철학에도 속한다.

그러나 어떻게 〈**나는 생각한다**〉의 〈**나**〉가, 자기 자신을 직관하는 〈나〉와, 구별되면서도(왜냐하면 나는 다른 종류의 직관을 적어도 가능한 것으로 표상할 수는 있기 때문이다), 동일한 주관으로서 같은 것인가? 그리하여 지적인 존재이자 **생각하는** 주체[479]로서의 〈나〉는 **생각되는** 대상으로서 〈나 자신〉을 인식한다고, 다시 말하면 다른 현상처럼, 내가 직관에서 나 자신에게 주어지는 한, 나는 지식에 대해 존재하는 것으로서가 아니라, 내가 나 자신에게 나타나는 것으로서만 나 자신을 인식한다고, 나는 어떻게 말할 수 있는가? 이 문제는, 어떻게 나는 나 자신에게 하나의 대상이 될 수 있는가, 즉 어떻게 내가 직관의 대상이자 내적 포착의 대상이 될 수 있는가에 관한 문제만큼의 난관이 있다. 그러나 만약 공간이란 외부 감각의 현상에 대한 순수 형식에 불과하다고 간주한다면, 이 문제는 사실 쉽게 증명될 수 있다. 이를테면 시간에 대해서, 비록 그 자체로는 외부 직관의 대상이 되지 못할지라도, 우리는 하나의 선분을 그어 보는 한에서, 그리고 그 선분의 이미지 하에서만, 시간을 우리 자신에게 표상할 수 있다. 이런 방식으로 시간을 표시하지 않고서는 우리는 시간의 단위를 전혀 측정할 수 없다는 사실로부터 명확해지는 것이다. 마찬가지로 모든 내적 포착에서 시간의 길이나 위치에 대한 규정을 얻으려고 할 때, 우리는 항상 외부 사물에 의해 변화하는 특성이 우리에게 보여지는 것으로부터 그런 규정을 얻는다. 결과적으로 우리는 내적 감각에 대한 규정들을 시간 안에서 현상으로서 정리해야 하며, 이는 외부 감각에 대한 규정을 공간에서 정리하는 방식과 똑같은 것이다. 따라서 외부 감각에 대한 규정에 관하여 우리가 외부로부터 영향받는 한에서만 우리가 외부 감각을 통해 대상을 인식함을 우리가 만약 인정한다

B156

---

479 Subject. 이 책에서 '주관'과 '주체'는 동일어이다.

면, 그때 우리는 마찬가지로 내적 감각에 대해서 우리는 **우리 자신에 의해** 영향받을 때에만 그것을 통해 우리 자신을 직관한다는 것도 인정해야 한다. 다시 말하면 우리는, 내적 직관에 관한 한, 우리 자신인 주관을 오직 현상으로서만 인식하는 것이요, 주관 그 자체와 일치하면서 인식하는 것이 아님을 인정해야 하는 것이다.*

* 칸트 주석: 내적 감각이 우리 자신에 의해 영향받는다는 관점에 사람들이 어째서 그렇게나 많은 어려움을 겪는지 나는 잘 모르겠다. **정신 집중**에 관한 모든 활동이 우리에게 견본을 준다. 그런 활동에서 지식은 항상 내적 감각을 규정하여 — 지식이 생각하는 그런 결합에 부합하면서 — 지식의 종합 속에서 다양함에 대응하는 내적 직관으로 변화시킨다. 이리하여 머리가 얼마나 많이 영향받는 것인지 모든 이가 자기 자신 속에서 포착할 수 있을 것이다.

제25조

반면, 표상 일반의 다양함에 대한 초월적 종합에서, 그러므로 지각의 종합적이고 근원적인 하나됨 안에서, 나는 내가 나 자신에게 나타나는 것으로서나, 내가 나 자신 안에 존재하는 것으로서나, 나 자신을 의식하지 않으며, 그저 내가 존재한다는 것만을 의식한다. 이러한 **표상**은 **생각**이지 **직관**이 아니다. 이제 우리 자신에 대한 **인식**은 모든 가능한 직관의 다양함을 지각의 하나됨으로 가져가는 생각의 활동을 필요로 하지만, 그것에 더해 그런 다양함이 주어지도록 하는 어떤 규정된 직관도 필요로 한다. 그리하여 설령 내 자신의 존재가 현상(한낱 허상은 아니다)이 아닐지라도, 나의 존재를 규정함*은 오직 내적 감각 형식에 부합하게, 그리고 내가 결합한 다양함이 내적 직관에서 주어진다는 그런 특별한 방식을 따라 생길 수 있는 것이다. 따라서 나는 **내가 존재하는 것으로서** 나 자신에 대한 **인식은 가질 수 없되,** 오직 내가 나 자신에게 **나타나는** 것으로서 나 자신을 인식할 수 있게 된다.

> * 칸트 주석: 〈나는 생각한다〉는 나의 존재를 규정하는 활동을 표현한다. 그러므로 나라는 존재는 〈나는 생각한다〉를 통해 이미 주어진 것이다. 그러나 내가 나의 존재를 규정하는 방식, 즉 내가 나의 존재에 속하는 다양한 나를 머릿속에 놓는 방식은 〈나는 생각한다〉를 통해 주어지지 않는다. 그런 다양함이 주어지기 위해서는 자기 직관이 필요하다. 그리고 이런 자기 직관의 근거는 경험 무관하게 주어진 형식, 즉 시간이다. 그것은 감각적이고, 규정될 것을 수용하는 능력에 속한다. 내가 나를 **규정하는** 활동에 앞서 시간 같은 나를 **규정하는** 것 — 내가 오직 의식하는 자발성에 대해 —을 제공하는 또 다른 어떤 자기 직관을 추가로 갖는 게 아니라면, 그때 나는 나의 존재를 자기 활동적인 존재의 그것으로는 규정할 수 없으니,[480] 그 대신 나는 내 생각의 자발성만을, 다시 말하면 규

---

[480] 자기 존재를 스스로 자기 자신에게 알려주는 그런 존재는 신을 지칭한다. 인간은 그런 존재가 아니다. 그렇기 때문에 인간은 자기 자신 그 자체를 파악할 수도, 접근할 수도 없다.

정하는 활동의 자발성만을 표상하며, 그리고 나의 존재는 언제나 감각적인, 즉 현상의 존재로서만 규정될 것으로 남는다. 그러나 이런 자발성을 이유로 나는 나 자신을 **지적인 존재**라 부르는 것이다.

그러므로 자기 자신에 대한 의식은 자기 자신에 대한 인식이 전혀 아니다.[481] 설령 모든 범주가 하나의 지각 안에서 다양함을 결합함으로써 **대상 일반**에 대한 생각을 이루더라도 그러하다. 내가 나와는 다른 어떤 대상을 인식하기 위해서는, 대상 일반에 대해 생각하는 것(나는 범주 안에서 생각한다)이 필요할 뿐 아니라, 내가 저 일반 개념을 규정하도록 하는 직관도 필요하다. 마찬가지로, 나 자신을 인식하고자 한다면, 나는 나 자신에 대한 의식이나 내가 나 자신을 생각한다는 사실이 필요할 뿐더러, 내가 이런 생각을 규정하게끔 하는 내 안의 다양함에 대한 직관 역시 필요한 것이다. 따라서 지적인 존재로서 나는 존재한다. 이러한 지적 존재만이 유일하게 결합 능력을 의식한다. 그러나 결합돼야 할 다양함에 관해서라면, 이 지적 존재는 내적 감각이라 불리는 제한 조건의 지배를 받는다. 이런 조건에 지배되기 때문에, 시간 관계에 의해서만 저 결합이 직관될 수 있는 것이며, 그리고 이는 지식 개념의 바깥에 전적으로 그리고 타당하게 놓이는 것이다. 그리하여 이 지적 존재는 오직 (직관은 지적일 수 없으며, 지식 자체에 의해 주어질 수도 없는) 직관과 관계하면서 그저 자기 자신에게 나타나는 것으로서 자기 자신을 인식할 수 있을 따름이니, **직관**이 곧 지식인 그런 지적 존재[482]만이 할 법한 그런 방식으로는 자기 자신을 인식할 수는 없다.

B159

---

481 칸트에게 인식은 반드시 대상을 필요로 한다. 그리고 그 대상은 직관을 통해 머리 안으로 나타나야 한다. 따라서 직관이 없다면 인식도 없는 것이다. 그러나 인간은 직관 없이 생각할 수는 있고(예를 들어 드래곤을 생각해 낼 수 있다, 복권에 당첨되어 행복해하는 나를 생각할 수 있다), 그것을 내 의식의 활동으로 여길 수 있지만, 직관이 없기 때문에(다시 말해 아무런 현상도 없으므로), 인식이 될 수는 없다.

482 신.

제26조
경험에서 보편적으로 가능해지는
순수 지식 개념의 사용에 대한
초월적 연역

형이상학적 연역[483]에서 우리는 범주 일반의 경험 무관한 근원을 생각의 보편적인 논리 기능과 완벽하게 일치되도록 하는 것을 통해서 밝혀냈다. 그러나 **초월적 연역**에서 우리는 직관 일반에 대한 경험 무관한 대상 인식으로서 범주들의 가능성을 보여줬다(제20조, 제21조). 이제 **범주**를 통해서 **우리 감각이 만날 수 있는** 대상이 무엇이든 그 대상을, 그것들의 직관 형식이 아니라 결합의 법칙이 관계하는 한에서, 경험 무관하게 인식할 가능성이 설명되어야 한다. 따라서 자연에 법칙을 정해 줘서 그 자연을 가능하게 하는 그런 가능성이다. 왜냐하면 만약 범주가 이런 식으로 역할하지 않는다면, 어째서 우리 감각이 만날 수밖에 없는 그 모든 것이 어째서 지식으로부터 홀로 생기는 법칙들에 지배를 받는 것인지 밝혀지지 않을 것이기 때문이다.

B160

무엇보다 나는, 경험 직관 내에 있는 다양함을 모으는 것을 **탐색의 종합**으로 이해하고, 이것을 통해 포착, 즉 (현상으로서) 직관에 대한 경험적 의식이 가능해짐을 지적해 둔다.

우리는 공간과 시간 표상에서 외부 감각 직관과 내적 감각 직관의 **형식**을 경험 무관하게 가지며, 현상의 다양함에 대한 탐색의 종합은 언제나 이런 형식들에 일치해야 하니, 왜냐하면 그때의 종합 자체는 오직 이런 형식에 따라서만 발생하기 때문이다. 그러나 공간과 시간은 감각 직관의 **형식**으로서 뿐만 아니라, (다양함을 포함하는) **직관** 자체로서 경험 무관하게 표상되며, 그리하여 그것들 안에 있는 다양

---

[483] A 65~83, B 90~116. 칸트는 판단표와 범주표를 일치시킴으로써 범주를 연역해 내는 것을 일컬어 형이상학적 연역이라고 칭한다. 형이상학적 연역에 대상 인식 요소를 추가하면 초월적 연역이 된다.

B161　　함의 **하나됨**을 규정하는 것과 함께 표상된다(초월적 감성편을 보라).*

> *칸트 주석: (기하학에서 실제 필요로 되는 것처럼) **대상**으로서 표상된 공간은 직관 형식 이상의 것을 포함하는데, 다시 말하면 감수성의 형식에 따라 주어진 다양함을 하나의 **직관적** 표상으로 합치는 것도 포함한다. 그리하여 저 **직관 형식**[484]은 우리에게 한낱 다양함을 주지만, **형식적 직관**[485]은 우리에게 표상의 하나됨을 제공한다. 초월적 감성편에서, 나는 이 하나됨을 그저 감수성에 포함되는 것으로 보았다. 단지 그것이 모든 개념에 선행함을 나타내기 위함이었다. 그러나 사실 이러한 하나됨은, 감각에는 속하지 않지만 그것을 통해 모든 공간과 시간 개념이 비로소 가능해지는 종합을 전제하는 것이다. 이러한 하나됨을 통해서 (지식이 감수성을 규정하는 한) 공간 혹은 시간은 비로소 직관으로서 **주어지기** 때문에, 고로 이런 경험 무관한 직관의 하나됨은 공간과 시간에 속하고, 지식 개념에는 속하지 않는다(제24조).

그러므로 우리 안팎의 다양함을 **종합하여 하나로 만드는 것**조차, 그리하여 공간과 시간 속에서 규정적으로 표상될 모든 것이 따라야 할 **결합**도, 이 직관과 함께 (그 안에서가 아니라) 모든 **탐색**의 종합의 조건으로서 이미 경험 무관하게 주어진다. 그러나 이런 종합적 하나됨은, 우리 **감각 직관**에 적용된 범주들에 따라서, 근원적 의식에서, 주어진 **직관 일반**의 다양함을 결합하는 하나됨에 다름 아니다. 결과적으로 그것을 통해 포착이 가능해지는 모든 종합은 범주의 지배를 받게 되며, 경험이란 연결된 포착을 통한 인식이라는 점에서, 범주는 경험을 가능하게 하는 조건이니, 따라서 범주는 모든 경험 대상에 대해 경험 무관하게 타당한 것이다.[486]

484　감수성의 순수 직관으로서의 공간.
485　다채로운 표상들이 하나로 모이는 공간.
486　다시 말해 범주는 모든 경험 대상에 필연적으로 적용된다는 의미.

예컨대 만약 내가 어떤 집에 대한 경험적 직관을, 직관의 다양함을 탐색함으로써 포착으로 바꾼다면, 그때 나는 공간과 외부 감각 직관 일반의 **필연적 하나됨**을 근거로 삼는다. 그다음 나는, 말하자면 공간 속에서 다양함의 종합적 하나됨에 합치되게 그 집의 형태를 그리는 것이다. 그러나 바로 이 동일한 종합적 하나됨은, 만약 내가 공간이라는 형식을 빼낸다면, 지식에 자리잡는 것이고, 그렇다면 그것은 직관 일반에서 동종의 것을 종합하는 범주, 즉 **양**의 범주이다. 그러므로 탐색의 종합, 즉 포착은 일관되게 범주에 따라야 한다.*

B162

> * 칸트 주석: 이런 식으로 우리는, 경험적인 저 탐색의 종합은, 지적이면서 범주 안에 전적으로 경험 무관하게 포함된 지각의 종합에 반드시 합치해야 함을 증명한다. 상상력이라는 이름 아래에서, 그리고 여기에서는 지식이라는 이름 아래에서 직관의 다양함에 결합을 가져다 주는 저 자발성은 하나이며, 그리고 동일한 것이다.

(다른 사례를 들자면) 만약 내가 물의 동결을 포착한다면, 그때 나는 시간 관계에서 서로 맞닿은 두 개의 상태(액체와 고체)를 탐색하는 것이다. 현상은 **내적 직관**이므로, 나는 그 바탕에 시간을 놓는다.[487] 그런데 시간에서 나는 반드시 다양함의 종합적 **하나됨**을 표상하니, 이런 하나됨이 없다면, 저 시간 관계는 직관 안에서 (시간 순서에 관한 것으로) **규정적으로** 주어질 수 없을 것이다. 그러나 내가 만일 **나의** 내적 직관의 변하지 않는 형식인 시간을 빼낸다면, 내가 **직관 일반**의 다양함을 결합하는 경험 무관한 조건으로서 이러한 종합적 하나됨은 **원인**의 범주가 되는 것으로, 이 범주를 통해 내가 그것을 내 감수성에 적용하는 경우, 나는 **관계**[488]**에 따라 발생하는 모든 것을 시간 일반 안에서 규정하게 된다.**

B163

---

487 이처럼 칸트의 철학 체계에서 내적 직관은 시간이 지배하는 영역이다
488 범주표의 세 번째 유형인 관계relation를 뜻한다.

그러므로 그런 사건에서 탐색은, 고로 사건 자체는, 가능한 포착과 관계하면서, **결과와 원인이라는 관계**의 지배를 받는 것이니, 다른 모든 경우에서도 그러하다.

○

범주는 개념이다. 즉, 현상들에, 그리하여 모든 현상의 합계로서 자연(내용으로 고려된 자연)에 경험 무관한 법칙들을 정해주는 개념이다. 이제 이런 질문들이 떠오른다. 범주들이 자연으로부터 도출되지 않고 그것들의 모델로서 자연을 따르지 않으니(그렇다면 그저 경험적이게 되기 때문이다), 자연이 범주를 따라야만 한다는 사실을 우리가 어떻게 받아들일 것인가? 다시 말하면 자연에서 도출하지 않았음에도 어떻게 범주가 자연의 다양함에 관한 결합을 경험 무관하게 규정할 수 있는가? 지금 여기에 이 수수께끼에 대한 해답이 있다.

B164 자연 현상에 관한 법칙들이 어찌하여 지식과 그것의 경험 무관한 형식, 즉 다양함 일반을 **결합하는** 지식의 권능에 일치돼야 하느냐의 문제가, 어찌하여 현상 자체가 감각 직관의 경험 무관한 형식에 일치해야 하느냐의 문제보다 더 기이할 것은 없다. 왜냐하면 현상이 그 자체로 존재하는 것이 아니라 주관과 관계해서만 존재하되, 주관이 감각을 갖는 한에서만 그 주관에 부속하는 것처럼, 법칙들도 현상 안에 존재하는 게 아니라, 지식을 갖는 한에서, 동일한 그 주관과 관계해서만 존재하기 때문이다. 사물 자체는, 설령 그것들을 인식하는 지식이 없어도, 필연적으로 합법칙성을 가지기는 할 것이다. 그러나 현상은 단지 사물의 표상에 불과하기 때문에,[489] 그 표상은 그것들이 사물 자체 안에 있는 것인지에 관해서는 알려짐 없이 존재할 뿐이다. 그러나 한낱 표상으로서 현상은, 연결하는 권능[490]에 의해 정해지는

---

489 현상이란 단지 사물에 관한 감각 자료가 머릿속으로 들어온 것에 불과하다. 다시 말해 사물 자체가 있는 그대로 머리 안으로 들어오는 것이 아니라, 인간 머리의 형식에 맞게 데이터 변환돼서 들어온 것이 '현상'이다.

490 머릿속에서 현상을 하나로 연결해 주는 범주의 권능을 가리킨다. 현상은 머리 안에 있으므로 머리 안의 규칙을 따라야 한다.

것이 아니라면, 그 어떤 연결의 법칙에 의해서도 지배받지 않는다.[491] 감각 직관의 다양함을 연결하는 것은 상상력이며, 상상력은 지적인 종합의 하나됨에 대해서는 지식에 의존하고, 탐색의 다양함에 관해서는 감수성에 의존한다. 그런데 모든 가능한 포착은 탐색의 종합에 의존하지만, 탐색의 종합 자체는 경험적 종합으로서 초월적 종합에 의존하고, 그리하여 범주에 의존한다. 따라서 모든 가능한 포착, 그리고 무엇이든 경험적 의식에 이를 수 있는 모든 것, 다시 말해 자연의 모든 현상은 그것들의 결합에 관해서 범주의 지배를 받아야 한다. (단지 자연 일반으로서 간주되는) 자연은 그것의 필연적인 합법칙성의 시원적인 근거로서 범주에 의존한다 (형식으로 고려된 자연으로서). 그러나 지식의 순수한 권능은 공간과 시간 안의 합법칙성을 현상에 제공할지라도, 한낱 범주만으로는 **자연 일반**이 의존하는 법칙들 너머까지 경험 무관하게 법칙을 정해주지는 못한다. 특수한 법칙들은, 그것들이 경험적으로 정해지는 현상에 관한 것이므로, 이런 법칙[492]으로부터 **온전히 도출될 수는 없으니**, 설령 특수 법칙들이 하나같이 모두 범주의 지배를 받더라도 그러하다. 우리가 특수 법칙 **전부**에 대한 앎에 이르기 위해서는 경험이 더해져야 한다. 그러나 경험 일반에 관해서는, 그리고 경험 대상으로서 인식될 수 있는 것에 관해서는, 오직 경험 무관한 법칙들만이 우리에게 가르침을 준다.

B165

491　마찬가지로 현상은 머리 안에 있으므로, 머리 바깥의 법칙에 종속되지는 않는다.
492　자연 일반이 근거하는 순수 지식의 경험 무관한 법칙들을 뜻한다.

제27조
지식 개념들에 대한 연역의 결과

B166

범주 없이 우리는 어떤 대상도 **생각**할 수 없다. 개념에 대응하는 직관을 통하지 않고서는 우리는 생각되는 어떤 대상도 **인식**할 수 없다. 이제 우리의 모든 직관은 감각적이니, 그 대상이 주어지는 한 이러한 인식은 경험적이다. 〈그러므로 가능한 경험 대상을 제외하고서는 우리에게 **어떤 경험 무관한** 인식도 가능하지 않다〉[493]*

* 칸트 주석: 독자들이 이 명제의 번거롭고 해로운 결론으로 말미암아 성급히 고통받지 않도록 하기 위해서 나는 이렇게 상기시키고자 한다. 우리의 **생각** 속이라고 한다면, 범주들은 우리 감각 직관의 조건에 의해 제한되지 않고 무한정한 영역을 가진다.[494] 직관이란 오직 우리가 생각하는 것을 **인식**하기 위해서, 단지 대상을 규정하기 위해서만 필요한 것이다. 직관이 없는 곳에서도, 대상에 대한 생각은 여전히 주관의 **이성 사용**에 대하여 참되고 유용한 결론을 가질 수는 있다. 왜냐하면 이성 사용이 언제나 그 대상을 규정하기만, 그래서 인식에 직접 관여하기만 하는 건 아니기 때문이고, 이성은 주관과 주관의 의욕을 규정하는 것에도 관여하기 때문인데, 여기서는 아직 설명될 수 없다.[495]

그러나 경험 대상들에만 제한되는 이러한 인식은 그 전부가 경험으로부터 얻어지는 것은 아니다. 순수 지식 개념뿐 아니라 순수 직관에 관하는 한, 그것들은 우

---

493 이 명제는 범주 적용의 한계를 나타낸다. 범주를 적용하려면 경험 가능한 대상이 전제돼야 한다. 예컨대 감각으로 경험할 수 있는 '고양이'에 대해서는 범주가 적용된다. 그러나 '드래곤'은 경험 가능하지 않고, 그러므로 범주가 적용될 수 없다.

494 A96에서 언급된 것처럼, 범주를 통해 영이니 신이니 하는 개념도 생각할 수 있다. 칸트는 감각 직관에서 벗어난 순수 범주가 만들어 내는 개념에 관해서 A235/B294 이하의 사유물(noumena) 개념으로 자세히 다룬다.

495 이때의 이성 사용이 관여하는 영역은 도덕행위에 관련한다. 이에 관해서 칸트는 〈도덕 형이상학의 기초〉, 〈실천이성비판〉에서 자세히 설명한다.

리 안에 경험 무관하게 발견되는 인식 요소이다. 경험이 경험 대상들에 대한 개념과 **필연적으로** 일치한다고 생각할 수 있는, 오직 두 가지 방법만이 존재한다. 경험이 이런 개념을 가능하게 만들거나, 아니면 개념이 경험을 가능하게 만드는 것이다. 전자는 범주에 관해서는 해당하지 않는다(순수 감각 직관에 관해서도 마찬가지다). 왜냐하면 범주는 경험 무관한 개념들이며, 그래서 경험과는 독립해 있기 때문이다(범주가 경험적이라고 주장하는 것은 자연발생설[496]을 주장하려는 것이다). 그러므로 후자만이 남는다(말하자면 순수 이성의 **후성설**[497] 체계). 다시 말하면 범주는 지식 쪽에서 모든 경험 일반을 가능하게 하는 근거를 포함하는 것이다. 그러나 범주가 어떻게 경험을 가능하게 하는지에 대해서, 그리고 현상들에 적용될 때 범주가 제공하는 경험 가능성의 원리에 대해서는, 이어지는 판단력의 초월적 사용에 관한 장에서 더 많이 다뤄질 것이다.

B167

이와 같이 오직 두 가지의 길에 더해서, 누군가는 그사이의 중간 길을 제안하고 싶어질 것이다. 즉, 범주는 **스스로 생각된** 우리 인식의 경험 무관한 제일의 원리가 아니며, 경험에서 얻어낸 것도 아니라, 우리의 창조주가, 경험 과정을 지배하는 자연법칙에 정확히 일치되도록 하는 그런 방식으로, 우리 존재와 동시에, 우리 안에 심어놓은, 생각을 위한 주관적인 기질이라는 것이다(순수 이성의 **전성설 체계**의 일종). 중도를 제안하는 이런 견해에 대해서는, (그런 가설의 경우, 미래의 판단들에 대해 예정된 기질이라는 전제를 얼마나 멀리까지 갖고 가야할지 그 끝이 보이지 않는다는 사실뿐 아니라) 범주가 그 개념에 필수적인 **필연성**을 결여하게 된다는 결정적인 반론이 생길 것이다. 왜냐하면 예를 들어 전제된 조건 아래에서 어떤 결과의 필연성을 주장하는 개념인 원인이라는 개념이 ― 만약 그런 관계의 규칙을

B168

---

496 *generatio aequivoca*. 영어로는 spontaneous generation. 생명체가 부모 없이 스스로 생겨날 수 있다는 가설. 아리스토텔레스가 주창한 이후로 상당히 오랫동안 믿어졌다. 여기에서는, '어떤 것이 완전히 다른 것으로부터 생겨난다'는 부조리한 견해를 뜻한다. 예를 들어 '썩은 고기에서 구더기가 생겨난다'라는 식의 견해이다.

497 epigenesis. 무엇인가가 처음부터 형식이 갖춰진 상태로 존재하는 것인지, 아니면 시간이 지남에 따라 형식이 나타나는지에 대해서, 전통적으로 두 가지 철학적 입장이 대립해 왔다. 전자가 전성설(preformation), 후자가 후성설이다. 이 부분에서 칸트의 메시지는, '순수 이성의 체계에 의해 경험은 후성적으로 발생한다'는 의미.

따르는 어떤 경험 표상들을 결합함에 있어 원인 개념이 단지 우리에게 임의적으로 심어진 어떤 주관적 필연성에만 의존한다면 — 거짓이 될 것이기 때문이다. 그렇다면 나는 결과가 대상 안에서 원인과 결합되어 있노라고 (즉, 필연적으로) 말할 수 없을 것이고, 그저 나는 내가 그렇게 만들어져 있어서 그렇게 연결되어 있는 것 이외에는 이 표상을 생각할 수 없노라고 말할 수 있을 뿐이니, 이것이야말로 회의주의자들이 가장 바라는 것이다. 왜냐하면 그때 이른바 우리 판단의 객관적 타당성을 통한 우리의 모든 통찰이 순전히 착각이 되고 말기 때문이요, (반드시 느껴야 하는) 그런 주관적 필연성이 자기 안에는 없노라는 사람들도 적지 않을 것이기 때문이며, 적어도 우리는 타인과의 관계에서 그저 그이의 주관이 조직되는 방식에 의존하는 것에 대해서는 누구와도 다툴 수 없을 것이기 때문이다.

이 연역의 요점

B169

이 연역은 경험을 가능하게 하는 원리들로서, 순수 지식 개념들(그리고 그것들과 더불어 모든 이론적이고 경험 무관한 인식)에 대한 증거들을 제시한 것이다. 경험은 공간과 시간에서 현상들에 대한 **규정 일반**이었다. 마지막으로 그 규정은 지각의 근원적이고 종합적인 하나됨에서 비롯된 것이었다. 저 하나됨은 감수성의 근원 형식들인 공간과 시간에 관계하는 것으로 지식의 형식이었다.

◯

우리가 요소 개념들을 다뤄왔기 때문에, 여기까지는 조의 구별[498]이 필요하다고 나는 생각했다. 이제부터 우리는 이런 개념들의 사용을 다룰 것이므로 그와 같은 구분없이 이 논문을 연속적인 방식으로 기술해도 좋을 것이다.

---

498 초월적 감성편에서는 제1조 내지 제8조, 그리고 초월적 논리편에서 제9조 내지 제27조.

제2부 초월적 논리

제1편 초월적 분석

제2장 원리의 분석

이 장은 개념 분석을 통해 연역해 낸 순수 지식 개념(범주)이 인간의 인식 활동에서 구체적으로 어떤 원리로 자기 역할을 하는지 분석한다. 칸트는 여기에서 마침내 9개의 경험 무관한 종합 판단을 제시한다.

주요 개념 번역 비교 및 해설

독일어(라틴어)	영어	기존 번역
Verstand	Understanding	오성(최), 지성(백)
Kanon	Canon	규준(백)
Schema	Schema	도식
Bild	Image	도상
Ausdehnung	Extension	외연(최), 연장성(백)

이 번역	비고
지식	매우 중요한 번역어의 변화. 이 용어의 차이를 기억해 둬야 텍스트를 읽을 때 헷갈리지 않는다. 기존 번역 용어는 칸트 사상을 이해하는 데 큰 장애물이다. Verstand는 개념을 이용해서 언어적인 사고력을 가능하게 하는 인간 머리의 능력을 뜻한다. 그러므로 어떤 심오한 깨달음을 만들어 내는 능력이 아니며, 따라서 '오성'이라는 한자어 의미를 갖지 않고, 인간의 사고를 더 높은 수준으로 이끌어 가는 지적인 능력이 아니다(그런 능력은 이성적인 것이다). 그러므로 그런 의미로 혼동을 초래하는 '지성'도 적합한 번역이 아니다. 나는 종래 '감성, 오성(지성), 이성'이라는 접사 공통의 번역이 빚어내는 혼란을 줄이기 위해, 각각 '감수성, 지식, 이성'으로 번역하여 각 개념 사이의 간격을 떨어트렸다.
규범	비록 지식과 이성의 원리 체계를 뜻하지만, 한 단어로 설명할 만한 의미가 아니기 때문에, 간명하게 번역하는 것이 좋다.
윤곽	'스키마'는 순수 지식 개념의 감각 자료와 연결되도록 하는 기능을 뜻한다. 현상으로 주어진 감각 데이터에서 기초적인 '의미의 실루엣'을 찾아내고, 이후 적용될 지식 개념(경험 개념)으로 하여금 그 의미에 종속돼서 직관과 결합되도록 안내하는 규칙의 역할을 한다. 윤곽은 예컨대 0.01초 사이의 극히 짧은 시간 단위에서 이루어지기 때문에, 범주가 일일이 감각 자료를 '도식화'하는 건 아니다. '도식'이라는 기존 번역은 양의 범주에서나 의미를 갖지, 다른 범주의 스키마 기능을 설명할 수 있는 번역이 아니다. 범주의 윤곽 기능 덕분에 순수 지식 개념의 경험 무관한 종합 판단이 가능해진다.
이미지	'이미지'라는 단어는 한국어로 편입되어 있다. 반면 '도상'은 한국인에게 의미를 전하지 못한다.
크기	모든 물체는 크기를 갖는다.

독일어(라틴어)	영어	기존 번역
Inhalt	Intension	내연(최), 밀도(백)
Realität	Reality	실재성
Negation	Negation	부정성
Grad	Degree	도
Größe	Magnitude	크기
Substanz	Substance	실체(실체성)
Substratum	Substratum	기체
Akzidenzen	Accidents	우유성
Gemeinschaft	Community	상호성
Wirklichkeit	Actuality	현실성

이 번역	비고
세기	감각의 세기는 커질 수 있고(선명해질 수 있고), 작아질 수 있고(흐릿해질 수 있고), 사라질 수도 있다. 그때의 정도를 나타내는 것이 '세기'이다.
실체	감각 자료에 대응하는 어떤 존재가 머리 바깥에 있고, 감각 자료는 그것을 가리킨다는 성격. 순수 지식 개념 중 하나이다.
부정	사물에 대한 감각이 0이 되는 성격. 따라서 그 존재가 없음 혹은 아님에 해당하는 성격. 순수 지식 개념 중 하나이다.
등급	감각의 세기가 줄어들거나 커지는 정도를 가리킴.
양	크기든 세기든 양의 값이라는 의미의 양.
본질	불변하는 것. 모든 실체는 변한다. 변하지 않는 무엇인가가 있어야만 그 변화를 알 수 있다. 그러므로 불변의 본질은 그 실체의 변화가 인식되도록 하는 토대이다. '본질'은 순수 지식 개념 중 하나이다.
토대	변화를 알게 하는 본질의 기능.
비본질	변하는 것. 〈세계의 모든 변화 속에서 본질은 지속하되 오직 비본질만이 바뀐다〉 '본질'과 붙어 순수 지식 개념 중 하나를 구성한다.
공동성	두 개 이상의 본질이 서로 관계하여 비본질(변화)를 일으키는것으로 동시성의 윤곽을 만들어 내는 것. 순수 지식 개념 중 하나이다.
사실성(실제성)	순수 지식 개념 중 하나로 존재의 양상을 나타내는 개념이다. 가능성과 달리 실제로 인식 대상에 대응하는 사물이 머리 바깥에 존재한다는 것이며, 필연성과 달리 모든 시간에서 그것이 존재함을 가리키지는 않는다.

독일어(라틴어)	영어	기존 번역
Antizipation	Anticipation	예료(최), 예취(백)
Moment	Moment	운동량(최), 동인(백)
Regulativ	Regulative	통제적(최), 규제적(백)
Postulate	Postulates	요청
Vorstellung	Representation	
Vorstellen	Represent	
Anschauung	Intuition	
Erscheinung	Appearance	
Synthesis	Synthesis	

이 번역	비고
예감	머릿속 감각의 세기가 줄어들거나 커질 수 있음을 예감하는 것. 즉 경험하지도 않았는데, 우리는 시간이 지남에 따라 감각 데이터에 변화가 생기는 것을 알 수 있다.
작용점	'모멘트'는 어떤 고정된 기준점으로부터 일정 거리에 있는 물리량을 다루는 개념으로, 거리와 물리량의 곱으로 표현된다. 이것은 순간적으로 작용하는 힘이라는 특성을 가진다는 점에서 특히 감각의 세기에 영향을 미치는 순간적인 힘을 가리킨다.
조정적	관계의 범주가 작용하는 원리의 특성을 뜻한다. 관계의 범주는, 존재를 구성할 수 없고 존재의 관계만을 다루게 되는데, 그때 범주가 그 관계를 조정한다는 의미이다.
상정	수학자들은 '공준'이라고 번역한다. 이 단어는 심리적으로 무엇인가를 요구하는 의미가 아니다. 모순을 피하기 위한 논리적 수단으로 무엇인가의 존재(비존재)를 '증명'할 수는 없어도, 그것이 그럴 것임이 확실하다고 논리적인 참으로 전제하고 상정하는 것을 뜻한다.
표상	머릿속에 있는 것. 직관도 표상이며, 개념도 표상이다.
표상하다	머릿속으로 가져오다. 머릿속에 나타나다.
직관	인식의 시작을 알리는 첫 번째 단계로 데이터가 머리 안으로 들어온 상태 또는 그런 데이터를 가리킨다. 아직 생각되기 전의 감각 단계이므로 직관은 '앎'과는 무관하다. 앎에 이르기 위해서는 두 번째 단계, 즉 개념이 필요하다. 개념은 직관을 처리하여 생각을 만들어 내는 것을 가리킨다. 직관과 표상은 부분집합 관계(직관 ⊂ 표상)
현상	머릿속에 있는 직관 중에서 아직 정해지지 않은 대상. 문맥이 이해가 가지 않으면, '머릿속에 나타난 대상'으로 바꿔 이해해도 좋다. 직관 중에 현상이 있다(현상 ⊂ 직관)
종합	서로 다른 것을 연결한다는 의미. 이런 연결 말고는 심오한 의미는 없다. 종합 명제는 서로 다른 단어들이 연결되어 있는 명제.

탐색과 포착과 현상의 관계

아래의 표는 탐색과 포착과 현상의 의미가 어떻게 다른지를 **비유적으로** 설명한 것이다. 탐색과 포착과 현상은 모두 우리 의식 안에 있고, 특히 감각 의식에 포함되는 것이다. 이런 감각 의식에 개념 의식이 결합함으로써 인식이 생겨난다.

> 예를 들어 유리창 밖으로 우산을 쓰고 비 내리는 풍경 속을 걷고 있는 행인이 있다. 내가 유리창을 통해 그 행인을 1분 동안 바라보고 있다고 가정해 보자. 그러면 내가 감각하고 있는 다양한 이미지가 머릿속으로 들어온다. 이것을 '행인 사건'으로 명명한다.

Auffassung	Wahrnehmung	Erscheinung
Apprehension	Perception	Appearance
탐색	**포착**	**현상**
기존 번역: 각지 | 포착	기존 번역: 지각	

데이터 수집	수집된 데이터	알고리즘과 결합되는 데이터
내 시선으로 들어오는 다양한 감각 데이터 중에서 '행인'과 관련된 데이터만을 선별(예컨대 행인 데이터). 순간 순간의 공간 데이터.	1분 동안 행인 데이터 전부. 탐색된 데이터를 주어진 시간 간격으로 적분하면, 그것이 바로 포착이 된다. 포착은 정해진 시간에서 모두 합쳐진 하나의 행인 데이터이다. 행인 사건 자체가 포착이다.	행인 사건의 대상. 포착의 대상이며, 실제 판단에서 개념과 결합된 독립된 감각 데이터로서, 다른 사건(포착들)과 시간적으로 비교(관계)될 때, 기준이 되는 것이 현상이다.
원리: 직관의 공리	**원리: 포착의 예감**	**원리: 경험의 유추**

탐색은 감각 데이터의 선별이며, 포착은 선별된 데이터의 시간적 합이고, 현상은 개념 적용이 준비된 데이터이다. 이 모든 요소가 아직 생각이 아니다. 즉 지식이 적용되지 않은 무의미한 상태다. 생각이란 판단이며 개념 적용이기 때문이다. 한편 관계의 범주에 속하는 순수 개념이 '현상'에 시간 관계의 규칙을 적용한다. 이런 규칙 덕분에 머릿속 판단이 머리 바깥의 존재에 대응하게 된다. 그것이 칸트가 〈경험의 유추〉부분에서 수행하는 원리의 분석이다

제1권 초월적 요소론
제2부 초월적 논리
제1편 초월적 분석

제2장
원리의 분석

일반 논리학은 더 높은 인식 능력이 차지하는 부문과 정확히 일치하는 지평 위에 세워진다. 그런 능력이 **지식**과 **판단력**과 **이성**이다. 그러므로 저 이론은 분석 작업에서 **개념**과 **판단**과 **추론**을 다루며,[499] 이것들은 그런 머릿속 능력의 기능과 질서에 꼭 맞으니, 지식 일반의 광의적 의미에 포함되는 것이다.

A131

왜냐하면 단지 형식적인 일반 논리학은 인식에서 (순수하든 경험적이든) 모든 내용을 빼내고 나서, 생각의 형식 (예컨대 논리적인 인식) 일반만을 다루기 때문인데, 그러므로 일반 논리학은 — 그것의 분석적 부문에서 — 이성에 대한 규범도 포함할 수 있다. 우리는 이성 자신의 안전한 지침을 갖는 그런 형식 속에서 이성의 활동을 요소들로 분해하는 것만으로도, 사용되는 인식의 특질을 고려할 것도 없이, 경험 무관한 통찰을 얻을 수 있다.[500]

B170

---

499 지식은 대상에 개념을 부여하고, 판단력은 대상을 주어 삼아 그 주어를 규정하는 술어를 붙임으로써 대상을 판단하며, 이성은 지금 여기에서의 생각에서 벗어나 다른 생각을 추론해 내는 역할을 한다는 의미. 이것이 일반 논리학의 대강이다.

500 모든 인간의 머릿속에서 나타나는 지식, 판단력, 이성이 하는 순수한 역할을 알 수 있다는 이야기.

반면 초월 논리학은 경험 무관한 순수 인식만의 규정적인 내용으로[501] 제한되기 때문에, 이런 분류에서는 일반 논리학을 따를 수 없다.[502] 왜냐하면 **이성의 초월적**[503] **사용**은 객관적으로 타당하지 않으며, 그래서 **진리의 논리**, 즉 분석에는 속하지 않되, 그것보다는 **허상의 논리**에 속함이 밝혀지기 때문이다. 이성의 초월적 사용은 초월적 **변증**이라는 이름 하에서 학문 체계의 특수한 부문을 필요로 한다.

---

501   따라서 초월 논리학은 순수 인식의 객관적 실체objective reality를 탐구하게 된다. 그런데 경험의 한계를 초월하는 내용을 얻고자 이성을 사용하면, 경험과 관계를 맺지 못하기 때문에 객관적 실체를 가질 수 없다. 따라서 그런 경우에는 이성이 객관적 타당성을 갖지 못하며, 경험에 대한 규범 역할을 하지 못한다.

502   초월 논리학은 일반 논리학에 (경험 무관한) 대상 인식 부분을 더하는 논리학이다. 이런 논리학에서는 일반 논리학이 대상을 인식하는 부분과 결합하기 때문에(즉 순수 직관과 순수 개념을 필수적으로 포함), 대상과의 결합에서 일탈하는 이성 추론 부분은 논리학적 분석에서 제외된다(초월적 변증으로 다뤄진다).

503   경험을 초월한, '초경험적인'의 의미다.

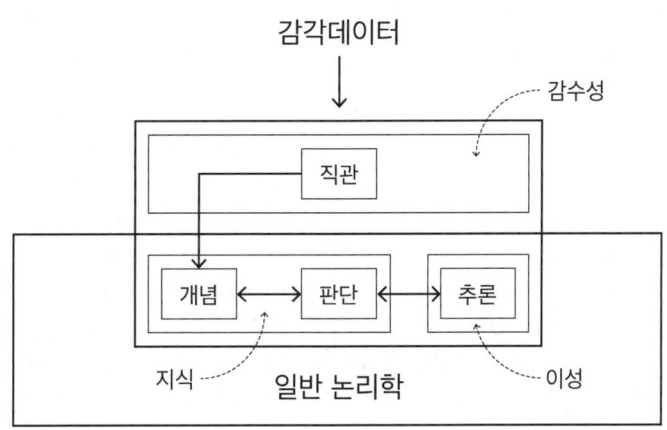

칸트는 인간의 의식을 위와 같이 크게 세 가지 영역으로 분류한. 순수이성비판 1은 이 중에서 감수성과 지식을 분석한다. 그리고 순수이성비판 2에서 이성 추론을 탐구한다.

지식과 판단력은 초월 논리학에서 객관적으로 타당하여[504] 참된 용도의 규범[505]을 갖게 되며, 고로 그것들은 초월 논리학의 분석적 부분에 속한다. 반면 이성은, 그것이 대상들에 대해 경험 무관한 것을 만들어 내려고 시도하고, 인식을 가능한 경험의 한계 너머까지 확장하려고 할 때,[506] 한결같이 **변증적**이니, 허상에 빠진 이성의 주장은 반드시 분석에 포함돼야 하는 규범으로는 전혀 적합하지 않다.

A132/B171

원리들의 분석은 판단력에 대한 유일한 규범이 될 것이다. 그것은 **판단력**으로 하여금 현상들에 지식 개념을 적용하도록 가르치고, 경험 무관한 규칙에 대한 조건을 포함한다. 이런 이유로 나는, 실제로는 **지식의 원리**인 것을[507] 내 주제로 삼으면서도, **판단력에 대한 이론**이라는 이름을 사용할 것이다. 이 이름이 이 작업을 더 정확하게 가리킨다.[508]

---

504 왜냐하면 지식과 판단력은 '인식 대상'과 관계하기 때문이다. 즉 일반 논리학과 달리 내용에 관련되므로, 내용에 해당하는 대상을 객관적 실체로 삼을 수 있기 때문이다.

505 규범의 의미는 일반 논리학과 초월 논리학에서 다르게 사용된다. 일반 논리학은 생각의 형식만을 다루기 때문에, '규범'은 머릿속에서 나타나는 논리 규칙으로 한정된다. 칸트의 초월적 논리는 인식 대상과의 관계를 전제하기 때문에, 이때의 '규범'은 '대상에 개념을 제공하는' 규칙을 뜻한다.

506 이성이 항상 문제인 것이 아니라, 이처럼 경험의 한계 너머로 활동하려고 할 때가 문제라는 맥락.

507 본래 일반 논리학에서는 대상과의 관계를 제외한 채 개념 자체의 원리를 탐구하며, 그런 탐구는 지식, 판단력, 이성 중에서 '지식'이 담당한다. 대상과의 관계가 제외되었기 때문에, 일반 논리학에서 판단력은 대상을 판단하는 데 역할하기보다는 개념들의 연결, 즉 주어와 술어의 연결을 담당할 뿐이었다. 그런데 칸트의 초월 논리학은 대상과의 관계를 전제한다. 개념 자체의 규칙에 관해서는 지식이 담당한다면, 대상에 개념을 적용하는 것은 무엇이 담당하는 것인가? 칸트는 순수 지식 개념의 존재를 연역할 때에는 '상상력'의 역할을, 순수 지식 개념의 원리를 분석할 때에는 '판단력'의 역할을 강조한다. 그 이유는 곧 설명한다.

508 순수 지식 개념이 적용되어야만 판단력의 올바른 사용이 가능해지기 때문이다. 범주가 없다면 판단력은 공허하다. 다시 말해 범주가 올바르게 작동해야 판단력의 분별이 바르게 이루어진다.

서론
판단력 일반에 대하여

만약 지식 일반이 규칙[509] 능력으로 밝혀진다면, 판단력은 그런 규칙들 아래로 무엇을 **포함시키는** 능력, 즉 어떤 것이 주어진 규칙 아래에 있는지 여부(주어진 규칙의 사례에 해당하는지 여부)를 분별하는 능력이다. 일반 논리학은 판단력을 위한 어떤 지침도 포함하지 않으며, 포함할 수도 없다. 왜냐하면 **일반 논리학은 인식의 모든 내용을 빼내기 때문이며,** 그래서 일반 논리학에서는 개념, 판단, 추론에서 발견되는 인식의 형식만을 분석적으로 분해하는 일만 남기 때문이고, 그러므로 일반 논리학은 모든 지식 사용에 대한 형식적 규칙들을 세우기만 하기 때문이다.

만일 일반 논리학이, 어떻게 이런 지식의 규칙 아래로 무언가를 포함하게 되는지, 다시 말해 어떤 것이 그 규칙 아래에 놓이고 또 어떤 것은 그렇지 않은지, 그런 것을 우리가 어떻게 구별하는 것인지를 보편적으로 보여주고자 한다면, 그때 다시 어떤 규칙이 있지 않고서는 그런 일은 가능하지 않을 것이다. 그러나 그것이 바로 규칙이기 때문에, 우리는 다시금 판단력의 명령을 필요로 한다. 그러므로 지식은 규칙을 통해 배우고 익힐 수 있는 것이지만, 판단력은 배울 수 있는 게 전혀 아니고, 오직 숙련될 수 있을 뿐임을 우리는 안다. 이것은 판단력이 이른바 타고난 능력의 특성을 지닌 까닭이며, 그래서 그것이 부족하다 해도 학교 교육을 통해 메울 수 없다. 학교가 다른 사람들의 통찰에서 빌려온 수많은 규칙을 부족한 지식에 제공하여 그것들을 주입할 수는 있겠지만, 이런 규칙을 올바르게 사용하는 능력은 학습자 본인에게 속해야 하는 것이고, 그런 천부적인 재능이 없다면 누군가 그에게 올바르게 사용되도록 규칙을 처방해 주더라도 잘못된 규칙 사용으로부터 안전하지 못하다.*

---

509 생각의 규칙. 머릿속에서 나타난 개념이 어떻게 다른 개념과 연결되어 판단을 만들어 내는지에 관한 규칙. 결국 개념의 규칙이다.

* 칸트 주석: 판단력의 부족은 우리가 실제로 어리석음이라 부르는 것인데, 이런 장애에 대해서는 치료법이 없다. 둔하고 부족한 머리일지라도 그것이 단지 지식이 부족한 정도라면, 그리고 지식 개념들이 부족한 것이라면, 정말이지 배움을 통해 채울 수 있고, 심지어 학식까지 갖출 수 있다. 그러나 그런 사람들은 보통 판단력 또한 부족할 터이다(베드로후서[510]). 자기 학문에서 아주 학식있다는 사람들에게서 개선될 수 없는 판단력의 결여가 빈번하게 나타나는 것을 목격하는 일이 이상할 것도 없다.

따라서 의사, 판사, 정치가가 자기 분야에서 완전한 교사가 될 수 있을 정도로 각자의 머릿속에는 훌륭한 병리학 개념, 법률 개념, 정치 개념이 많이 들어 있겠지만, 그 개념들을 적용할 때에는 쉽게 실수를 저지르는 것이다. 왜냐하면 타고난 판단력의 부족 때문에 실수가 생기는 것으로(지식이 부족해서가 아니다), 보편적인 것을 추상적으로는 통찰할 수 있어도, 어떤 경우에 그런 보편적인 것에 해당하는지 구체적으로는 구별할 수 없기 때문이거나,[511] 이러한 판단력을 키우기 위해 여러 사례와 실무를 통해 충분히 훈련하지 못했기 때문이다. 참으로 사례들이 누군가의 판단력을 선명하게 해 준다. 그리고 이것이 사례의 유일하고도 대단한 혜택이다. 그러나 지식 통찰이 얼마나 올바르고 얼마나 정확한지에 관해서, 사례는 그런 올바름과 정확함을 훼손하기 일쑤다. 왜냐하면 (한계 있는 사건으로서) 사례가 규칙의 조건을 충분히 만족시키는 것은 매우 드물기 때문이며, 게다가 규칙에서 정확한 통찰을 — 경험의 특수한 상황과는 독립해서, 보편적으로 — 얻으려는 지식의 노력을 사례가 자주 약화시키기 때문이다. 결국 사례는 규칙들을 원리가 아니라

---

510 베드로후서에 나오는 사람들. 베드로는 이 서신에서 단순히 지식이 부족한 사람이 아니라 진리를 알면서 부인하거나, 세속적 욕망, 탐심, 쾌락에 끌려 다니며, 그런 이익 때문에 진리를 저버리는 사람들을 경계하라고 가르치면서, 이런 사람들보다 차라리 무지가 낫다고 말한다. 그러나 Petrus Ramus(1515~1572)의 〈논리학 강의〉 2장을 가리킨다고 해석하는 것이 학계의 정설. 베드로후서를 가리키는 표현인 라틴어(die secunda Petri)는 이중 의미를 갖는다는 것.

511 어떤 개념을 알고는 있어도 그 개념을 실제로는 머릿속에서 꺼내서 당면한 현실 사안에 적용하지는 못한다는 의미. 논리학에서 판단이란, 구체적인 대상에 개념을 부여하는 행위로서, 개념이란 그 구체적인 대상을 포함해서 동종의 대상에 부여되는 보편적인 이름이므로, 결국 판단이란 머릿속에서 구체를 보편에 연결하거나 포함시키는 것을 뜻한다.

B174 공식으로 사용하도록 우리를 길들이는데, 이런 점으로 말미암아 사례는 판단력의 보행기에 불과한 것으로, 타고난 판단력의 재능이 부족한 사람들에게는 꼭 필요하다.

A135 그런데 **일반 논리학**이 판단력에는 아무런 지침을 주지 못할지라도, **초월** 논리학은 사정이 아주 다르다. 초월 논리학은, 순수 지식이 사용되는 명확한 개념들[512]을 통해, 판단력을 바로잡고 안전하게 해주는데, 이런 일이 초월 논리학의 자기 과업으로 보인다.[513] 왜냐하면 철학은 이론으로서는, 즉 경험 무관한 순수 인식의 영토 안에서 지식을 확장하는 이론[514]으로서는, 전혀 필요한 것처럼 보이지 않기 때문인데, 이런 일에는 철학이 적당하지 않은 것처럼 보인다. 그래서 그 모든 시도에서 지금껏 얻어낸 영토가 거의 없거나 아예 없기도 하다. 이와 달리 우리에게는 비판으로서 철학이 필요하다. 이는 우리가 가진 몇몇 순수 지식 개념[515]을 사용할 때, 판단력이 실수(판단 착오)를 저지르지 않도록 지켜 주기 위함이니, — 비록 이런 철학의 이점이 그저 소극적일지라도 — 그 날카로운 검토 작업이 요청되는 것이다.

B175 그러나 초월철학은, 순수 지식 개념 안에 주어져 있는 규칙(오히려 규칙들에 대한 보편적인 제약 조건)을 보여줄 뿐만 아니라, 동시에 그런 규칙이 적용돼야 하는 경험 무관한 본보기를 보여줄 수 있다는 특이점이 있다. 이런 점에서 초월철학은 (수학을 제외한) 다른 모든 교과 학문보다 우월하다. 이런 우월함의 까닭은, 초월철학

---

512 우리는 이 개념들을 '범주'라는 이름으로 '개념의 분석'에서 범주표로 살펴보았다. 그리고 여기 '원리의 분석'에서 칸트는 그 순수 개념들이 하는 역할을 다시금 분석해서 독자들에게 자세히 설명한다.

513 일반 논리학이 판단력을 훈련시키는 데 어떤 지침도 주지 못함에 비해(왜냐하면 그 논리학은 대상을 배제하므로), 초월 논리학은 대상과 직접 관계하는 범주를 가르치고, 그 범주의 기능에 관심을 가지고 그것을 통찰함으로써 판단력을 훈련시킬 수 있는 이점이 있다.

514 경험할 수도, 경험으로 검증할 수도 없는 초월적 대상까지 이성이 추론으로 지식을 확장해 내는 이론을 뜻한다. 다시 말해 종래의 형이상학.

515 아마도 관계의 범주에 속하는 순수 개념들과 양상의 범주에 속하는 순수 개념을 가리킬 것이다. 양의 범주와 질의 범주에서는 그 성격상 판단 착오가 나타나기 어렵다.

이 대상과 경험 무관하게 관계하는 개념을 다루기 때문이다.[516] 이런 개념들의 객관적 타당성이 후천적으로는 증명될 수 없다. 그런 접근은 경험 무관한 개념들의 권위에 전적으로 저촉될 뿐이다. 이와 달리 초월철학은 보편적이고 충분한 기준으로서 어떤 제약 조건[517]을 동시에 제시해야 한다. 또한 초월철학은 그런 조건과 조화를 이루면서 대상이 주어질 수 있게 한다. 만일 그렇지 않다면 이 개념에는 아무런 내용이 없고, 따라서 순수 지식 개념이라기보다는 그저 단순한 논리 형식에 불과하게 될 것이다.[518]

이러한 **판단력의 초월적 이론**은 두 개의 절로 구성된다. **제1절**은 감각 조건을 다룬다. 오직 그 제약에서만 순수 지식 개념이 사용될 수 있으니, 그 감각 조건은 곧 순수 지식의 윤곽 기능이다. **제2절**은 종합 판단을 다룬다. 이런 조건 아래서 순수 지식 개념들로부터 경험 무관하게 흘러나와서는 다른 모든 인식의 기초 위에 경험 무관하게 놓이는 그것들, 즉 순수 지식의 원리들을 다룬다.

---

516 다시 말해 초월철학은 경험 무관하게 존재하는 순수 개념을 사용하기 때문에, 결국 모든 대상에게 보편적으로 관계할 수 있다는 뜻(대상 일반에 대한 규칙 적용). 경험 개념을 사용하면, 사람마다, 상황마다, 대상마다, 대상과의 관계가 달라질 수밖에 없다.

517 감수성의 조건. 다시 말해 공간과 시간이라는 직관의 형식.

518 그러므로 그런 범주들은 초월 논리학이 다루는 순수 지식 개념이 아니라, 일반 논리학에서 다뤄 왔고 다뤄지는 개념, 특히 기초적인 판단(판단표의 판단)을 만들어 낼 뿐인 개념에 불과해진다.

우리 의식 안에서 이루어지는 전체 데이터 처리 구조. 번역 용어 '감수성, 지식, 탐색, 포착, 지각'이 기존 번역과 아주 다르다. 그러나 이런 차이가 있음에 유의한다면 소통에 어려움은 없을 것이다.

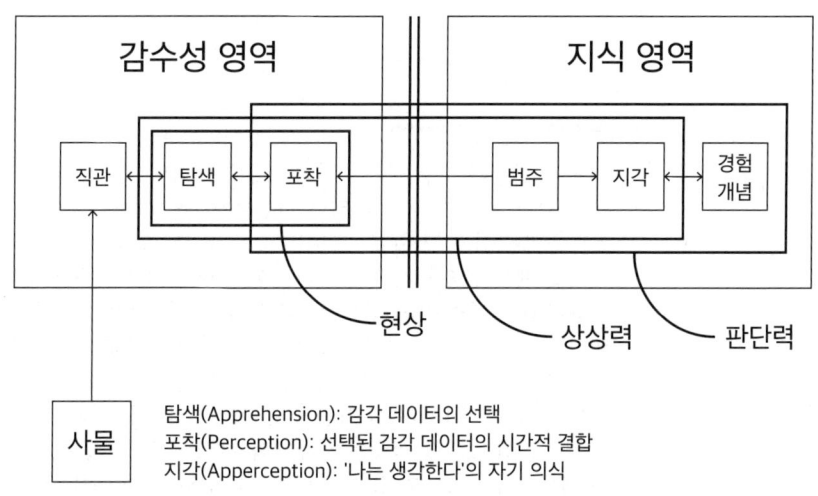

탐색(Apprehension): 감각 데이터의 선택
포착(Perception): 선택된 감각 데이터의 시간적 결합
지각(Apperception): '나는 생각한다'의 자기 의식

판단력의 초월적 이론
(또는 원리의 분석)

제1절
순수 지식 개념의 윤곽 기능[519]에 대하여

어떤 대상이 어떤 개념 아래 놓일 때마다 그 대상의 표상은 항상 그 개념과 **같은 종류**여야 한다. 즉 개념은 그 아래 놓이는 대상에서 표상되는 것을 포함해야 한다. 왜냐하면 이것이야말로 〈어떤 대상이 어떤 개념 아래 포함된다〉는 표현에 딱 맞는 의미이기 때문이다. 그러므로 **접시**라는 경험 개념은, 그 접시 개념에서 생각되는 동그라미가 **원**이라는 형태로 직관될 수 있다는 점에서 원이라는 순수 기하 개념과 같은 종류이다.

---

519 컴퓨터의 영상 데이터 처리 기술을 이용해서 칸트의 범주 윤곽 기능을 이해할 수 있다(아날로지: 유추 기법). 즉 데이터를 압축하고 해제하는 코덱(codec: 데이터 압축, 해제 프로그램)에서 압축을 해제하는 '디코더' 역할이 바로 순수 지식 개념이 윤곽 기능이다. 범주는 종합(압축)된 감각 데이터를 우리가 이해할 수 있는 형식으로 풀어줘야 하며(일종의 '데이터 전처리'), 따라서 모든 감각 데이터 처리에서 반드시 나타나야 한다. 이것이 범주의 핵심 기능이다. 그러나 압축을 해제할 감각 데이터가 없다면, 범주는 일하지 않는다. 상상물의 경우, 감각 데이터가 없으므로, 감수성과 지식을 매개하는 범주가 작동하지 않고, 대신 범주의 논리적 기능으로 훈련된 경험 개념이 상상물에 직접 적용된다. 그리고 이렇게 풀어낸 자료가 '나는 생각한다'의 대상이 되기 위해서는 지각이 필요하다. 지각은 나의 의식이며 하나밖에 존재하지 않는다. 대상도 의식에 주어지는 한에서 하나다. 그러므로 머리 안팎으로 의식과 대상이 서로 하나로 일치하게 된다. 그것이 바로 인식이다.

A138/B177

그런데 순수 지식 개념은 경험적 직관과는 (정말이지 감각 직관과는) 매우 이질적이며, 그래서 어떤 직관에서도 만날 수는 없다. 그렇다면 어떻게 직관이 범주 아래 **포섭**되는 것이며, 어떻게 범주가 현상들에 **적용**될 수 있단 말인가? 실로 누구도 어떤 범주(예를 들어 인과성이라는 범주)가 감각을 통해 직관될 수 있다고는, 그래서 현상 안에 그런 범주가 포함되어 있다고는 말하지 못할 터이다.[520] 이제 이 자연스럽고도 중대한 문제가 바로 판단력의 초월적 이론이 필요한 이유이다. 다시 말해 이 이론은 **순수 지식 개념들**이 어떻게 현상 일반에 적용되는 것이 가능한지를 보여주기 위해 필요한 것이다. 다른 모든 학문에서는 그런 필요가 나타나지 않는다. 대상[521]이 일반적으로 생각되게 되는 개념들이, 그 대상이 구체적으로 주어질 때 그것을 표상하는 개념과, 그렇게 차이가 나지도 않고 이질적이지도 않기 때문이다. 그러므로 그곳에서는 후자에 대해 전자의 개념 적용에 관해 특별히 설명할 필요가 없다.

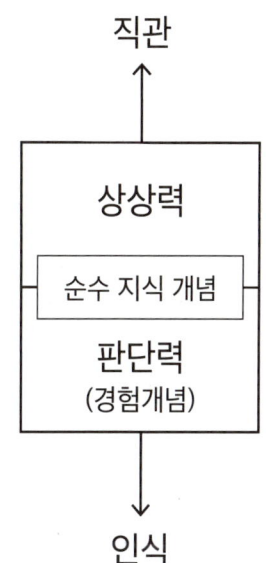

이제 한편으로는 범주와 같은 종류여야 하고, 다른 한편으로는 현상과 같은 종류여야 하면서, 또 한편으로는 범주를 현상에 적용하는 것을 가능하게 해주는 제삼의 어떤 것이 있어야 함이 분명하다. 이런 매개 역할을 하는 표상은 순수해야 하며(즉, 어떤 경험적인 것

---

520 따라서 범주는 감각 직관 안에 존재하는 게 아니라, 지식 안에 존재해야 한다.

521 여기에서는 감각 직관을 거치는 인식의 대상이 아니라, 그저 생각의 대상을 가리킨다. 예를 들어 교과서에 포함되는 다양한 지식 개념은 어떤 대상을 설명하게 마련인데, 그때의 대상을 생각할 때에는 범주 적용이 필요하지 않다.

도 없이), 한편으로는 **지적**이어야 하고,[522] 다른 한편으로는 감각적이어야 한다.[523] 그런 표상이 바로 **초월적 윤곽**[524]이다.

지식 개념에는 다양함 일반의 순수 종합적 하나됨이 들어있다. 내적 감각의 다양함에 대한 형식 조건인, 그러므로 모든 표상을 연결하는 형식 조건인 시간에는 순수 직관의 경험 무관한 다양함이 들어있다. 그런데 초월적 시간 규정은 보편적인 데다가 경험 무관한 규칙에 근거를 둔다는 점에서,[525] (시간 속에서 하나됨이 이루어지는) 범주와 같은 종류이다. 그러나 이 초월적 시간 규정은 다양함의 모든 경험적인 표상에 **시간**이 들어있다는 점에서[526] **현상**과 같은 종류이다. 따라서 이런 초월적 시간 규정 덕분에 범주를 현상에 적용하는 것이 가능해지는 것이다. 초월적 시간 규정은 지식 개념들의 윤곽으로서 범주 아래로 현상이 포섭되는 것을 매개한다.

B178

A139

대상을 직관
↓
직관 데이터를 한데 모아 압축(종합)
↓
범주를 이용해서 압축을 해제
↓
경험 개념을 적용
↓
대상을 인식

---

522 범주와 같은 종류여야 하므로. 지적이라는 말은 어떤 규칙에 따라 데이터를 편집해서 의미를 만들어 낼 수 있다는 의미.

523 현상과 같은 종류여야 하므로. 감각적이라는 말은 공간적이거나 시간적이어야 한다는 뜻이다.

524 Schema. 기존 번역은 '도식'으로, 이 책에서는 '윤곽'으로 번역한다. '크기'에 직접 관련하는 양의 범주에서는 어느 정도 납득할 수 있을지도 모르겠지만, 질, 관계, 양상의 범주 기능을 설명하는 데 '도식'이라는 단어는 어떤 의미도 제공하지 못하고, 오히려 칸트 철학에 대한 이해를 방해한다. 〈괘씸한 철학 번역〉(코디정, 2025), 270~274쪽.

525 다시 말해 지적인 면에서.

526 다시 말해 감각적인 면에서(시간은 순수 직관이며 그러므로 감각적이다).

이러한 순수 지식 개념들이 그저 경험적으로만[527] 사용되는 것인지, 아니면 초월적[528]으로도 사용되는 것인지? 다시 말하면 그것들이 경험을 가능하게 하는 조건으로서 오직 현상에만 경험 무관하게 관계하는 것인지,[529] 아니면 사물 일반의 가능성에 대한 조건으로서 순수 지식 개념들이 (우리 감수성의 아무런 제한 없이) 대상 그 자체까지 확장될 수 있는지? 범주의 연역에서 살펴본 관점에서 본다면, 이런 질문에 주저함 없이 답할 것이다. 왜냐하면 어떤 대상이 개념 자체에 혹은 적어도 개념을 이루고 있는 요소에 주어지지 않는다면, 그 개념은 불가능해지고 어떤 중요한 뜻도 갖지 못하기 때문이다. 그러므로 개념이 사물 자체에 관계할 수 없음을 (사물 자체가 과연 우리에게 주어지는 것인지 혹은 어떻게 주어질 수 있는지와 무관하게) 우리는 연역을 통해 살펴봤기 때문이다. 게다가 대상들이 우리에게 주어질 수 있는 유일한 방법은 우리 감수성의 변환에 의해서일 뿐이며, 결국 경험 무관하게 순수한 개념들에는 범주 안에 담긴 지식 기능[530]이 들어 있을 뿐만 아니라, 감수성의 (특히 내적 감각의) 형식적인 제약 조건이, 즉 오직 그 아래에서만 범주가 어떤

B179
A140

---

527 인식 대상이 주어져야만.

528 초경험적인 의미.

529 '경험을 가능하게 하는 조건'이라는 의미는 '모든 경험에 반드시 나타난다'는 뜻과 같다. 그러므로 현상에 대해서는 항상 범주가 적용된다.

530 판단을 만들어 내는 논리적 기능. 그렇기 때문에 범주에서 '종합 판단'이 가능해지는 것이다.

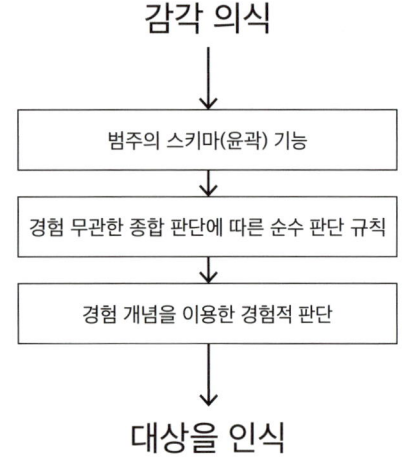

대상에 적용될 수 있다는 보편적인 조건[531]이 경험 무관하게 들어있음을, 우리가 알았기 때문이다. 지식 개념의 사용을 제한하는 이러한 형식적이며 순수한 감수성에 대한 조건을 일컬어 우리는 지식 개념의 **윤곽**이라 부른다. 또한 우리는 지식이 이런 윤곽으로 처리하는 과정을 일컬어 **윤곽 기능**이라 부른다.

윤곽은, 그 자체로는, 오직 상상력의 산물이다. 그러나 여기서 상상력의 종합은 어떤 개별 직관을 위함이 아니라, 감수성에 대한 술어 규정들을 하나로 합치기 위함이므로, 윤곽은 이미지와 구별되어야 한다.[532] 그러므로 내가 만일 다섯 개의 점을 '·····'와 같이 차례로 찍는다면, 이것은 숫자 5의 이미지다. 반면 내가 만일 그저 수 일반을 생각한다면, 말하자면 5가 될 수도 있고, 100일 수도 있는 수를 생각한다고 가정한다면, 이러한 생각은, 어떤 이미지 자체라기보다는 특정 개념[533]에 맞게 양(예를 들어 1000)을 이미지로 표상하기 위한 방법을 머릿속에 갖는 것이다. 1000이라는 숫자의 경우, 나는 그 이미지를 쉽게 살펴볼 수도, 그 이미지를 1000이라는 개념과 비교하기도 어렵다. 그래서 나는 한 개념에 그것의 이미지를 제공하는 상상력의 이런 보편적인 처리 과정을 일컬어 그 개념을 위한 윤곽이라 부르는 것이다.

B180

---

531 감수성에서 비롯되는 감각이 전제되어야 한다는 조건. 다시 말해 공간적이고 시간적인 직관 데이터가 범주에 주어져야 한다. 그렇지 않다면 범주를 적용할 대상이 없다.

532 윤곽과 이미지와의 차이점은 특히 양의 범주 기능에서 의미가 있다.

533 특정 숫자라는 개념을 뜻한다.

A141 실제로 우리의 순수 감각 개념들의 기초에는 대상의 이미지가 아니라 그것의 윤곽이 놓인다. 그 어떤 삼각형의 이미지도 삼각형 개념에 딱 맞지는 않을 것이다. 왜냐하면 어떤 삼각형 이미지도 그 삼각형 개념으로 하여금 모든 삼각형(직각 삼각형이나 예각이나 둔각 삼각형 등)에 타당하도록 만들어 주는 개념의 보편성에는 이르지 못할 것이기 때문이며, 그런 이미지는 항상 삼각형 분야의 한 부분에만 제한될 것이기 때문이다. 삼각형의 윤곽은 다른 곳이 아닌 생각 속에서만 존재할 수 있으며, 그것은 공간에서 순수 형태에 관한 상상력의 종합 규칙을 뜻한다. 경험 대상이나 그 대상의 이미지가 그것의 경험 개념에 완벽하게 이르지는 못한다.[534] 오히려 경험 개념은 언제나 상상력의 윤곽에 직접 관련되는데, 이러한 윤곽이 일반적인 개념에 따라서 우리 직관을 규정하는 규칙이다. '개'라는 개념은 나의 상상력이 그리고 네 발 달린 동물의 형태로 일반적으로 특정할 수 있는 규칙이지, 경험을 통해 내게 주어진 어떤 하나의 특수한 형태로 제한되거나, 혹은 내가 구체적으로 나타낼 수 있는 모든 가능한 이미지로 제한되는 건 아니다. 현상과 그것의 형식에만 관계하

B181 는 우리 지식의 윤곽 기능은 인간 정신 깊은 곳에 감춰진 기술이다. 우리가 이 기술의 참된 운용법을 그 본모습 그대로 알아내서 우리 눈앞에 드러내는 건 매우 어렵다. 우리는 단지 이렇게 말할 수 있을 뿐이다. **이미**

---

534 윤곽은 순수 개념만이 아닌 직관을 갖는 모든 경험 개념에도 붙어 있다.

지[535]라는 것은 생산적 상상력의 경험적인 능력의 산물이다. 반면 감각 개념(가령 공간에서 도형 개념들)의 윤곽은 경험 무관한 순수 상상력의 모노그램[536]이며, 이것을 통해 그리고 이것에 맞게, 비로소 이미지들이 가능해진다. 그러나 이미지는 항상 그 이미지를 지정하는 윤곽에 의해서만 개념들에 연결돼야 하되, 이미지 자체로는 해당 개념과 완벽하게 일치되지 않는다. 이제 순수 지식 개념의 윤곽은 어느 한 이미지가 될 수 없다. 이러한 윤곽은 범주에 의해 표현되는 것이며, 개념 일반에 따라서 하나됨을 만들어 내는 규칙과 같은 순수 종합일 뿐이다. 또한 윤곽은 상상력의 초월적 산물이며, 표상들이 지각의 하나됨에 따라 하나의 개념 안으로 경험 무관하게 함께 연관되는 한, 모든 표상에 관해 저 감각의 형식(즉, 시간) 조건에 따라 내적 감각 일반을 규정하는 것에 관여한다.

A142

순수 지식 개념 일반의 초월적 윤곽에 요구되는 건조하고 지루하고 세심한 분석 대신에, 이제부터 우리는 범주들의 순서[537]에 따라, 그리고 범주들과 관련 지어 윤곽을 제시해 보기로 하자.

---

535 기존 번역은 '도상'. '이미지'라는 단어를 평범함 일상 용어로 사용하는 21세기 대한민국에서 여전히 '도상'이라는 번역어를 사용할 수 있을지는 의심스럽다.

536 Monogram. 2개의 문자를 조합해서 디자인한 기호로 누구의 소유인지를 나타내는 기능을 갖는다. 예컨대 작품에 찍는 작가의 낙관, 상품의 출처를 나타내는 브랜드, 스포츠 팀을 상징하는 기호 등으로 사용된다. 즉 윤곽은 대상의 이미지에 의미상 출처를 밝히는 개념의 낙관 같은 기능이라는 의미.

537 양 → 질 → 관계 → 양상의 순서.

B182 우리 외부 감각에 대한 모든 양quanta의 순수 이미지는 공간이다. 반면 감각 일반의 모든 대상에 대해서는 시간이다. 그러나 지식 개념인 **수량**quantitas의 순수 **윤곽**은 수이다. 수는 하나에다 (같은 종류의) 다른 하나를 연속해서 더해 망라하는 표상이다. 그러므로 수는 같은 종류의 직관 일반의 다양함을 하나로 합치는 것에 다름 아니며, 이런 하나됨은 내가 그 직관을 탐색하는 동안에 내 자신이 시간을 만들어 내기 때문에 생겨나는 것이다.[538]

A143

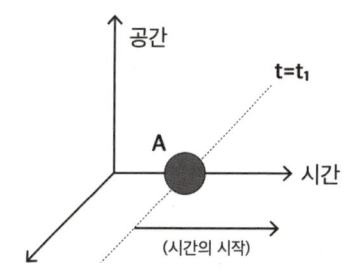

순수 지식 개념에서 실체[539]는 감각 일반에 대응하는 것이다.[540] 그러므로 실체는 (시간 속에서) 어떤 존재를 가리키는 바로 그런 개념이며, 부정은 (시간 속에서) 어떤 존재 아님을 표상하는 그런 개념이다. 따라서 실체와 부정의 대립은 동일 시간을, 채워진 시간으로, 아니면 텅 빈 시간으로, 구별함으로써 생긴다. 시간은 단지 직관의 형식이며, 그래서 단지 현상인 대상의 형식이므로, 이 대상에서 감각에 대응하는 것은 사물 자체이며 모든 대상의 초월적 재료(사물의 성질,

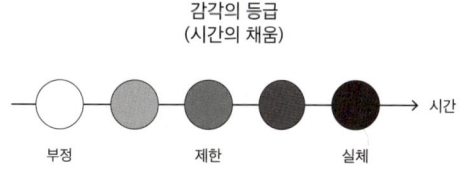

---

538 어떤 대상이 수로 나타날 때(하나, 복수, 전체), 바로 그 대상에 관한 시간이 내 머릿속에서 시작되는 것이다.

539 Reality. 기존 번역은 '실재'. 실제로 있는 어떤 것을 가리키며, 불변성의 범주인 substance(본질)과 다르다.

540 무엇인가가 감각돼서 머릿속에 나타난다면, 그 무엇인가는 '실체'이다.

실체)이다.[541] 모든 감각은 등급[542] 또는 양[543]을 가지면서, 어떤 대상의 동일한 표상에 관하여 동일한 시간을, 다시 말하면 내적 감각을, 더 많이 혹은 더 적게 채우되, 감각 없음(=0=무)에서 멈출 때까지 채울 수 있다. 따라서 실체와 부정 사이에는 관계와 결합이 있으며, 아니면 실체에서 부정으로의 이행이 있는 것이되, 이는 양적인 것으로 표상되는 모든 실체에 해당한다. 그리고 무엇인가가 시간을 채우는 한, 그 무엇인가의 양으로서, 실체의 윤곽은 바로 시간 속에서 연속적이고, 일정한 저 양을 생산하는 것이다. 우리는 시간 속에서 어떤 등급을 갖는 감각으로부터, 그 감각이 사라질 때까지 내려가거나, 아니면 감각의 부정에서 그 감각의 어느 양까지 점차 올라가는 것이다.[544]

B183

관계의 윤곽
(시간 속에서의 상호 관계)

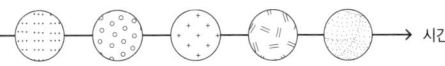

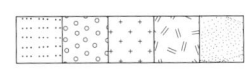

본질 비본질

본질[545]의 윤곽은 시간 속에서 실체적인 것의 불변성이다. 다시 말해 본질의 윤곽은 다른 모든 것이 변하는

A144

---

541 이 질의 범주를 통해 '초월적 재료'인 사물 자체를 아는 것은 아닐지라도 그것의 존재가 감각되고 있는지 아닌지 여부만큼은 알 수 있다.

542 Degree. 기존 번역은 '도(度)'.

543 Magnitude. 기존 번역은 '크기'. 그러나 '크기'는 질의 범주에는 적당하지 않은 단어이다.

544 예를 들어 등급이 0~1의 범위라면, 눈앞에 있는 어떤 것을 감각할 때의 등급은 1이 되고, 그 어떤 것은 '실체'가 된다. 그리고 그 실체에 대한 감각이 머릿속에서 완전히 사라진다면 그때의 등급이 0이 되고, 그걸 '부정'이라 한다.

545 Substance. '불변의 것'으로 바꿔 이해해도 좋다. 기존 번역어는 '실체'. 그러나 substance는 실제로 있는 어떤 것만을 뜻하지 않으며, 감각될 수도 있고 감각되지 않을 수도 있다. 불변이냐 아니냐를 결정하는 기준은 머릿속에 있다. 따라서 기존 번역을 따를 수는 없다.

동안에도 지속하는, 경험적인 시간 규정 일반의 토대로서 실체적인 것에 대한 표상이다.[546] (시간 자체가 흐르는 게 아니라, 변할 수 있는 어떤 존재가 시간 속에서 흐르는 것이다. 따라서 그 자신이 변하지 않고 지속하는 시간에서, 현상에는 존재 속에서 불변하는 것, 즉 본질이 대응한다. 오직 본질에서만 현상들의 연쇄성과 동시성이 시간적으로 규정될 수 있다.)

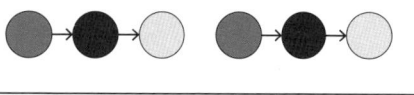

사물 일반의 원인 및 인과성의 윤곽은, 어느 실체적인 것이 놓일 때마다 다른 무엇이 항상 따르게 되는 그런 실체적인 것이다. 그러므로 어떤 규칙을 준수하는 한, 다양함의 순차성에는 이 윤곽이 있다.

B184 공동성[547](상호작용)의 윤곽, 바꿔 말해 비본질적인 것[548]에 관한 본질들의 상호 인과성의 윤곽은 — 어떤 보편적인 규칙을 따르는 — 하나의 본질 규정 및 다른 본질 규정의 동시성이다.

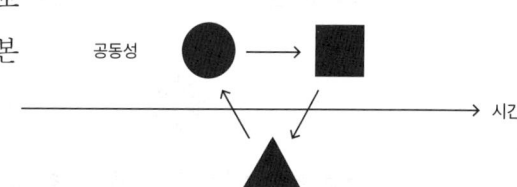

가능성의 윤곽은 서로 다른 표상들의 종합과 시간 일

---

546 불변이 머릿속에 개념으로 자리잡고 있어야 실체의 변화를 알 수 있다는 의미. 불변이 있어야 변화가 있다. 모든 것이 다같이 변한다면 변화를 어떻게 알 수 있겠는가? 머릿속에 있는 이 본질의 범주가 실체 속에서 불변을 찾아낸다.

547 Community. 기존 번역은 '상호성'.

548 Accidents. 기존 번역은 '우유적인 것' 혹은 '우유성'.

반의 조건들의 일치함이다. (그러므로 예컨대 대립하는 것은 한 사물 내에 동시에 있을 수 없으며, 오직 순서적으로만 존재할 수 있다.) 따라서 이런 윤곽은 한 사물의 표상에 대한 어느 시점에서 이루어지는 규정이다.

사실성의 윤곽은 어떤 정해진 시간에서의 존재함이다.   A145

필연성의 윤곽은 모든 시간에서의 어떤 대상의 존재함이다.

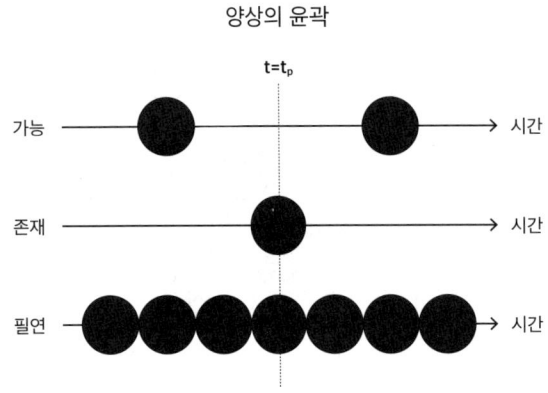

이제 이 모든 것으로부터 우리는 각 범주의 윤곽에 다음과 같은 사항이 들어있고, 그것들이 머릿속에 나타날 수 있음을 알 수 있다. 이를테면 양의 윤곽은 어떤 대상의 연쇄적인 파악에서 시간 자체의 생산(종합)이, 질의 윤곽은 시간 표상을 갖는 감각(포착)의 종합 아니면 시간의 채움이, 관계의 윤곽은 모든 시간에서 (즉 시간 규정의 규칙을 따르는) 포착된 것들의 상호

관계가, 마지막으로 양상의 윤곽과 그것의 범주들은 어떤 대상이 시간에 속하는지 아닌지, 어떻게 시간에 속하는지에 관해 그 대상을 규정하는 관계자로 시간 자체가 들어있다. 따라서 윤곽들은 규칙을 따르는 경험 무관한 시간 규정들에 다름 아니며, 이 규칙은 범주들의 순서에 따라서 모든 가능한 대상에 관한, **시간 계열, 시간 내용, 시간 순서** 그리고 마지막으로 **시간 전부**이다.[549]

이리하여 상상력의 초월적 종합에 의해 주어지는 지식의 윤곽 기능은 다름 아니라 내적 감각 안에서 이루어지는 모든 다양한 직관의 하나됨이며, 따라서 간접적으로는 내적 감각(수용성)에 대응하는 하나의 기능으로서 지각의 하나됨에 이르게 됨이 밝혀진다. 그러므로 순수 지식 개념의 윤곽은 이런 개념들에 대상과의 관련성을 제공하는, 그리하여 **의미**를 제공하는 참되고 유일한 조건이다. 그렇기 때문에 범주는 결국 가능한 경험적 사용 외의 다른 용도가 없다. 왜냐하면 (근원적인 지각에서는 모든 의식이 필수적으로 통합되기 때문에) 경험 무관하게 필수적인 하나됨의 근거로써, 범주는 그저 현상들을 종합의 보편적인 규칙에 따르게 하고, 그리하여 현상들을 하나의 경험 안으로

---

[549] 순서대로, 예컨대, 감각 데이터로 머릿속으로 들어오는 대상의 시계열(그 대상을 한순간만 감각하는 것은 아니므로)이 시작된다는 점, 그 대상이 시간을 채우는 정도가 다르다는 점(그래서 선명함의 세기가 다르다), 다른 대상과의 관계에서 순서가 있다는 점, 그리고 대상이 차지하는 전체 시간의 성격을 나타낸나는 점을 뜻한다. 다시 말해 우리는 범주 덕분에 머릿속으로 무슨 데이터(대상)가 들어오든, 그 데이터의 크기, 세기, 변화, 전체적인 운명을 누가 가르쳐주지 않음에도 규칙적으로 파악할 수 있다.

일관된 연결에 적합하도록 만드는 데에만 쓰이기 때문이다.

그런데 우리의 모든 인식은 모든 가능한 경험 전체 안에 있다. 그리고 모든 경험적 진리에 선행하면서 그것들을 가능하게 하는 초월적 진리는 이 가능한 경험과의 보편적인 관계에 있다.[550]

고양이는 감수성을 통해 직관되며, 그러므로 범주 적용의 대상이 된다. 범주 적용 가능 = 경험 대상

그러나 감수성에 대한 윤곽들이 범주를 비로소 실체화하는 것임에도 불구하고, 그것들은 범주를 제한하기도 한다는 점 역시 분명하다. 다시 말하면 감수성에 대한 윤곽은 범주를 지식 바깥(즉 감수성 안)에 있는 조건으로 제한하는 것이다. 따라서 그 윤곽은 실로 현상일 뿐이거나, 범주와 일치하는 어느 대상의 감각 개념에 불과하다. (**수**는 현상의 양이고, **감각**은 현상의 실체이며, 사물의 **항상성**과 지속성은 현상의 본질이고, **영원성**은 현상의 필연성이다는 등[551]) 이제 만약 우리가 이런 제한 조건을 없앤다고 가정한다면, 그건 마치 우리가 앞서 제한된 개념을 확장하는 것처럼 보일지도 모르겠다. 그런 경우, 범주들은 그 순수한 의미에서, 즉 감수성의 모든 제약 조건에서 벗어나 — 단지 **현상되는 대로** 이 사물들을 표상하는 범주의 윤곽

B186

A147

---

550 초월적 진리는 범주의 윤곽 기능에 있다는 의미. 즉 모든 인간의 머릿속에는 범주의 경험 무관한 윤곽 기능이 항상 들어있고, 그 사람이 무슨 경험을 하든지, 경험을 할 때마다 범주의 윤곽 기능이 작용하게 된다.

551 칸트는 라틴어로 적었다. *Numerus est quantitas phaenomenon, sensatio realitas phaenomenon, constans et perdurabile rerum substantia phaenomenon - aeternitas, necessitas phaenomena etc.*

과는 달리 — **있는 그대로의** 사물 일반에 타당하게 될 것이고, 그러므로 그때 범주들은 모든 윤곽과는 독립적인 의미를 갖게 될 것이며, 훨씬 확대된 의미를 갖게 될지도 모른다. 그러나, 모든 감각 조건으로부터 그런 분리를 한 다음에도 지식 개념들이 어떤 의미를 실제로 갖게 될지라도, 그런 건 단지 논리적인 의미로서 그저 머릿속에 있는 것들을 하나로 합치는 것에 불과하다. 그런데 이때 그런 개념에는 대상이 전혀 주어지지 않았으므로, 대상에 대해 어떤 개념을 제공하는 의미는 없다. 따라서 예컨대 본질이라는 개념에서, 만약 사람들이 그 개념으로부터 불변성이라는 감각 규정을 없앤다면, 그 본질 개념은 다른 무엇인가의 술어로서 생각됨 없이 주어로서 생각될 수 있는 무언가를 의미할 뿐일 것이다.[552] 이제 이것은 내가 어떻게 할 수 없는 표상이다. 왜냐하면 이것은 내게 제1 주어로 여겨질 사물에 어떤 규정을 줄 것인지 전혀 제시해 주지 않기 때문이다. 그러므로 윤곽이 없다면, 범주들은 그저 개념들을 만드는 지식의 기능에 불과할 뿐이어서, 그 어떤 대상도 머릿속으로 가져오지 못한다. 대상의 의

B187

드래곤은 감수성을 통해 감각되지 않는 것이므로, 비록 생각이 되더라도, 범주의 적용 대상이 아니다. 경험은 불가하지만 사유는 가능하다.

---

[552] 논리학 관점에서, 대상이 주어졌을 때 머릿속 경험 개념은 그 대상의 성격을 규정하는 술어의 역할을 한다. 그러나 대상이 인식되려면, 무엇이 '불변하는' 주어인지 밝혀주는 순수 개념이 필요하다. 이것이 본질 개념이다. 본질 개념은 주어진 대상을 주어로 선언해 주고, 그러므로 그 주어의 다양한 변화 속성이 술어로 연결될 수 있는 여건을 만든다. 예를 들어 고양이가 대상으로 주어졌다면, 다시 말해 고양이를 감각했다면, 본질 범주는 즉각적으로 고양이에 불변성을 부여하여 '주어'가 되게 하고, 그래서 주어가 된 고양이에 '귀엽다', '작다', '검다', '점이 났다', '꼬리를 세운다', '뛰어오른다' 같은 다양한 변화 속성을 술어로 연결하는 것이다. 그러나 만약 대상이 전혀 주어지지 않는다면, 이제는 본질 개념 스스로 주어 역할을 할 수밖에 없는데, 그런 막연한 주어에 연결될 술어가 없다. 따라서 공허한 주어일 따름이다. 직관 없는 개념은 공허하다.

미는 감수성으로부터 범주들에게 주어지는 것이다. 감수성은 지식을 실체화하며서도 동시에 그것을 제한한다.

판단력의 초월적 이론
(또는 원리의분석)

제2절
순수 지식의 모든 원리의 체계

우리는 앞 절에서 보편적인 제약 조건들[553] 관점으로만 초월적 판단력을 설명했는데, 그런 조건들 하에서만 종합 판단을 위한 순수 지식 개념의 사용 권한이 부여되었다. 이제 우리의 작업은 이 조심스러운 비판 속에서 지식이 경험 무관하게 실제로 수행하는 판단력[554]을 체계적인 연관성으로 제시하는 일이다. 우리가 살펴본 범주표가 이 작업의 자연스럽고 안전한 안내 역할을 할 것임에 틀림없다. 왜냐하면 범주들이 갖는 가능한 경험과의 관계에 모든 경험 무관한 순수 지식의 인식이 구성됨에 틀림없기 때문이다. 바로 그런 이유로 감수성에 대한 범주들의 관계가 지식 사용을 위한 모든 초월적 원리[555]를 완벽하게 그리고 하나의 체계로 보여줄 것이기 때문이기도 하다.

이제 경험 무관한 원리들이 그런 이름[556]을 갖는 까닭은 그 원리들에 판단의 근거가 들어있기 때문이기도 하고, 그런 원리 자신은 더 높고 더 보편적인 인식에 근거를 두지는 않기 때문이기도 하다. 그러나 그런 성격이 있다고 해서 모든 증명이 면제되는 건 아니다. 그런 증명이 더 이상 객관적으로 수행될 수 없음에도, 경험 무관

---

553 즉, 시간 형식 속에서 대상과 관계하는 범주의 윤곽 기능을 말한다.

554 독자는 칸트의 맥락을 이해해야 한다. 이때의 판단력은 인간의 모든 판단력이 아니라, 범주가 선행해서 수행하는 순수한 판단력을 뜻한다. 인간의 실제 판단력에는, 이런 순수 판단력만이 아닌, 무수히 많은 경험 개념이 수행하는 경험적인 판단력도 포함됨을 잊지 말아야 한다. 하지만 여기에서는 순수 판단력만을 살펴본다.

555 대상 인식에서 항상 나타나는 원리.

556 '초월적 원리'라는 이름. 이 원리가 바로 〈경험 무관한 종합 판단〉이다.

한 원리들이 대상에 대한 모든 인식의 기초가 된다. 하지만 이런 사실이, 주관적인 원천에서 대상 일반에 대한 인식이 가능해짐을 증명하는 것을 막지는 않는다. 또한 그런 증명을 해내는 것이 필요함을 방해하지도 않는다. 그렇지 않다면 그 명제557는 순전히 허위로 생겨난 주장에 불과하리라는 커다란 의혹이 일어날 것이기 때문이다.

둘째,558 우리는 범주와 관련한 그런 원리들에만 우리 자신을 제한할 것이다. 그러므로 공간과 시간이 현상들인 모든 사물이 가능해지는 조건이라는 초월적 감성의 원리는 우리 연구의 핵심 분야에 속하지 않는다. 감각 원리가 사물 자체에 관해서는 이용될 수 없다는 제한도 마찬가지로 제외한다. 이와 마찬가지로 수학적 원리들559도 이 체계의 일부가 되지는 못한다. 왜냐하면 수학 원리들은 단지 직관으로부터 도출되는 것이지 순수 지식 개념에서 비롯된 것은 아니기 때문이다. 그렇지만 그것들이 경험 무관한 종합 판단이라는 이유로, 그것들의 가능성도 여기에서 반드시 고찰될 것이다. 다만 수학 원리들의 올바름과 필연적인 확실성을 증명하기 위함이 아니라 ─ 수학에서 그런 증명은 전혀 필요 없다 ─ 그저 그런 명백한 경험 무관한 인식의 가능성을 이해하기 위함이요, 그것을 연역하기 위함일 뿐이다.

B189

그러나 우리는 또한 분석 판단의 원리에 대해서 언급해야만 할 것인데, 우리가 실제로 다루는 종합 판단의 원리와 대조해 가면서 이야기할 터이다. 왜냐하면 바로 이런 대조야말로 종합 판단에 대한 이론적 오해를 없애 주고, 그것들의 고유한 본성을 우리 앞에 분명히 꺼내 놔 줄 것이기 때문이다.

A150

557　순수 지식 개념이 감수성과의 관계에서 초월적 원리를 완벽하게 보여준다는 명제.

558　'첫째'가 없지만, 앞 단락을 첫째로 간주한다.

559　기하학의 원리들.

순수 지식 원리의 체계

제1관
모든 분석 판단의 최고 원리에 대하여

우리 인식이 어떤 내용을 갖든, 대상과 어떻게 관계하든, 설령 소극적이기는 해도 우리의 모든 판단 일반은 판단이 자기 자신과는 모순되지 않는다는 보편적인 제약 조건 아래에 있다. 판단 자체는 (심지어 대상을 따질 것도 없이) 아무것도 아니다. 그러나 우리 판단에 아무런 모순이 없는 경우에는, 대상에 부여된 게 아닐지라도, 혹은 경험 무관하게든 경험에서 비롯된 것이든 그런 판단을 정당화할 근거가 전무할지라도, 판단은 아무렇지도 않게 개념들과 결합할 수 있다. 그렇기 때문에 어느 판단은 내적 모순이 없음에도 불구하고 여전히 거짓일 수 있거나 근거가 없을 수 있다.

〈어떤 것도 자신과 모순되는 술어를 갖지 않는다〉라는 명제를 일컬어 모순율이라고 부른다. 모순율은 그저 소극적이기는 해도 모든 진리의 보편적인 기준이다. 바로 이런 점 때문에 이 명제는 논리학에 속한다. 왜냐하면 모순율은 내용과 무관하게, 다시 말하면 순전히 인식 일반으로서의 인식에 타당하기 때문이며, 그 원리가 〈모순은 인식 전부를 무효화하고 취소한다〉라고 말하기 때문이다.

그러나 모순율은 적극적으로도 사용될 수 있으니, 즉 거짓과 오류를 금할 뿐 아니라(그것들이 모순에 근거하는 한), 참을 인식하는 데도 사용될 수 있다. **만약 판단이 분석적이라면**, 그것이 부정이든 긍정이든, 판단의 참은 항상 모순율에 따라 충분히 인식될 수 있기 때문이다. 그런 대상[560]을 인식하는 데에서, 이미 놓인 개념과

---

560 분석 판단의 대상. 예컨대 〈총각은 결혼하지 않는 남자다〉라는 분석 판단에서 '총각'이라는 대상.

생각되는 것은 그 반대를 당연히 부정하는 데다가 그 개념 자체는 대상을 반드시 긍정해야만 하는데, 그 개념의 반대는 대상과 모순될 터이다. B191

따라서 우리는 **모순율**을 **모든 분석 인식의** 보편적이며 완전히 충분한 **원리**로서 받아들여야 한다. 그렇지만 참에 대한 충분한 기준으로서 이 원리의 권위와 유용성이 분석 인식을 넘어서지는 못한다. 왜냐하면 어떤 인식도 그것이 무엇이든 자기 자신을 무효화하지 않고서는 이 원리를 위배할 수 없다는 사실이 우리 인식의 참에 관한 필수 불가결한 제한 조건이 될지라도, 그것만으로 우리 인식의 참을 결정하는 근거를 만들지는 못하기 때문이다. 이제 우리는 우리 인식의 종합적인 부분만을 다루는 작업에 들어갈 것이다. 종합적인 종류의 인식이 참인지에 관해서는, 설령 우리가 저 불가침의 원리를 어기지 않도록 항상 주의할지라도, 모순율로부터 어떤 조언도 기대할 수 없다. A152

그런데 이 유명한 원리가 모든 내용을 없애고 순전히 형식적인 원리임에도 거기에는 부주의한 데다가 완전 불필요한 어떤 종합이 섞여 들어가 있다. 〈어떤 것이 있으면서 **동시에** 없는 것은 불가능하다〉라는 공식이 그것이다. 이 명제는 자명하게 이해되는 확실함이 있기는 해도, 여기에 굳이 (불가능이라는 단어에서 비롯된) 필연적인 확실성이 더 부가되어 있다. 그러나 이 명제는 시간 조건에 의해 영향을 받으니, 말하자면 〈B인 어떤 것인 사물 A가 동시에 B가 아닌 것일 수는 없다〉는 것이지만, 순차적으로는 두 가지 — B이면서 B가 아닌 —는 아주 쉽게 존재할 수 있다. 예를 들어 젊은이가 동시에 노인일 수는 없지만, 같은 사람이 한때 젊을 수 있고 또 다른 때에는 젊지 않을 수, 다시 말해 늙을 수 있는 것이다. 이제 이 모순율은 순전히 논리적 원리라는 점에서 그 권리 주상을 일시적인 관계로 제한하지 말아야 한다.[561] 따라서 앞에서 언급한 저 공식은 모순율의 의도와는 전적으로 부합하지 않는다. 오해는 이런 식으로 비롯되었다. 우선 한 사물의 개념으로부터 그 사물의 어느 한 술어를 떼어낸 다음에, 나중에 반대 의미로 그 술어를 연결하는 것이다. 그러 B192 A153

---

561 칸트는 '시간' 개념 자체가 종합적인 성격이 있다고 보기 때문에, 분석 원리인 모순율에서 시간 개념을 빼내야 한다는 입장을 피력하는 듯하다.

나 이는 주어와는 모순되지 않는다. 주어와 종합적으로 결합된 그 주어의 술어와 모순될 뿐이다. 게다가 그런 모순도 첫 번째 술어와 두 번째 술어가 동시에 상정될 때에만 그러하다는 것이다. 만일 내가 〈배우지 않은 사람은 배움이 없다〉라고 말한다면, 이 경우 **동시에**라는 조건이 더해져야 한다. 한때 배우지 않은 그 사람이 다른 시점에서는 아주 잘 교육받을 수도 있기 때문이다. 그러나 내가 만일 〈무교육자는 교육을 받지 않은 사람이다〉라고 말한다면, 이 명제는 분석적이다. 왜냐하면 그런 표식(교육을 받지 않은 사람)은 이미 주어 개념을 이루고 있기 때문이며, 이 경우 **동시에**라는 조건이 붙을 필요도 없이 부정 명제는 곧바로 모순율로부터 밝혀지기 때문이다. 내가 위에서 모순율의 공식을 바꾼 까닭은 분석 명제의 본성이 더 분명하게 표현되도록 함에 있다.

순수 지식의 원리 체계

A154

제2관
모든 종합 판단의 최고 원리에 대하여

종합 판단의 가능성을 설명하는 일은 일반 논리학과는 아무 관련이 없고,[562] 정말이지 일반 논리학의 그 이름조차 알 필요가 없는 문제이다. 그러나 초월 논리학에서, 이 설명은 그 무엇보다 가장 중요한 과업이다[563]. 만약 우리가 경험 무관한 종합 판단의 가능성, 그런 판단들의 조건이나 타당성의 범위까지 다룬다면, 유일한 과업이기까지 하다. 왜냐하면 이 과업을 완수한 후에야 초월 논리학은 자기의 목적, 즉 순수 지식의 범위와 한계를 정하는 일을 완벽하게 수행할 수 있기 때문이다.

분석 판단에서 나는 주어진 개념에 머물면서, 그것에 관해 무엇인가를 분별한다. 만약 그 판단이 긍정적이라면, 나는 개념 안에 이미 생각된 것만을 그 개념에 부여하고, 만약 그 판단이 부정적이라면 그때 나는 개념과 반대되는 것을 그 개념에서 제외한다. 그러나 종합 판단에서 나는 주어진 개념 바깥으로 나가야 하며, 이 개념과 관련하여, 그것 안에서 생각되는 것과 다른 어떤 것을 고찰한다. 따라서 이런 관계는 동일성의 관계도 아니거니와 모순의 관계도 아니며, 그래서 우리는 판단 자체에서 그 판단의 참됨도 오류도 볼 수 없다.

B194
A155

그러므로 만약 우리가 다른 개념과 종합적으로 비교하기 위해 어느 주어진 개념 바깥으로 나가야 한다고 한다면, 오직 그 안에서만 두 개념들의 종합이 생겨날 수

---

562 칸트가 말하려는 종합 판단의 가능성은 대상과의 관계를 전제로 하는데, 일반 논리학은 대상과의 관계를 배제하기 때문이다. 또한 경험을 통해 얻는 모든 지식은 종합 판단으로 이루어져 있고, 우리가 자연스럽게 알게 되기 때문이기도 하다.

563 경험 무관하게 모든 사람의 머릿속에 종합 판단이 들어있게 되는 까닭을, 그리고 그 경험 무관한 종합 판단이 무엇인지를 설명해야 하기 때문.

있도록 하는 제3의 무엇이 필요하다. 그렇다면 모든 종합 판단을 매개하는 이 제3의 것은 무엇인가? 우리 머릿속에 있는 모든 것에는 오직 하나의 요지가 들어있으니, 내적 감각이며 그리고 그것의 경험 무관한 형식인 시간이다. 더욱이 머릿속에 있는 것들의 종합은 상상력에 의거하되, (판단에 필요한) 표상들의 종합적 하나됨은 지각의 하나됨에 의거한다. 따라서 종합 판단의 가능성은 이것들 안에서 찾아야 하며, 그리고 이 세 가지[564]에는 경험 무관한 표상들의 원천이 들어 있으므로, 순수 종합 판단의 가능성도 이것들 안에서 찾아야 한다. 정말이지 대상 인식이 오직 표상들의 종합에 의존해서 생겨나는 것이라면, 순수 종합 판단은 반드시 이것들 세 가지를 근거로 삼는다.

만약 어떤 인식이 객관적 실체를 갖는다면, 다시 말해 인식이 대상과 관계하고 그 대상에 있는 뜻과 의의를 갖는다면, 그 대상은 어떤 방법으로 주어질 수 있어야 한다. 그렇지 않다면 개념은 공허하고, 우리가 개념을 통해 생각하긴 하더라도, 실제 그런 생각으로는 아무것도 인식하지 못하니, 우리는 그저 표상들의 유희만을 갖게 될 뿐이다. 어떤 대상을 준다는 것은 그저 간접적으로 대상이 주어지는 게 아니라, 직관을 통해 직접 제시되는 것을 의미한다. 이것은 그 대상이 머릿속에서 경험(실제 경험이든 가능한 경험이든, 어쨌든 경험)과 관계하도록 하는 것이다. 공간과 시간은 모든 경험적인 것으로부터 순수하고, 완전히 경험 무관하게 머리 안에 표상되어 있음에 틀림없지만, 그것들조차 경험 대상에 필수적으로 사용되고 있음을 보이지 않는다면, 아직은 객관적 타당성도, 의의와 뜻도 갖지 못할 것이다. 정말로 공간과 시간의 표상은 경험 대상을 소환하는 복제적 상상력에 언제나 관계하는 윤곽이다. 그렇기 때문에 경험 대상이 없다면 공간과 시간은 의미가 없을 터이다. 그리고 이는 모든 개념에도 마찬가지다.

따라서 **경험의 가능성**은 우리의 모든 경험 무관한 인식에 객관적 실체를 제공하는 것이다. 이제 경험은 현상의 종합적 하나됨, 즉 현상 일반의 대상 개념들을 따라 행해지는 종합에 의존한다. 그런 종합이 없다면, 경험은 인식조차 되지 못한 채, 포착

---

564 감각(시간), 상상력, 지각의 하나됨. A115를 보라.

된 것들의 랩소디에 그칠 것이다. 그렇다면 이는 일관되게 연결된 (가능한) 의식의 규칙에 따르는 맥락에 부합하지 못할 것이며, 그러므로 지각의 초월적이며 필연적인 하나됨에도 부합하지 못할 것이다. 따라서 경험의 기초에는 경험 무관한 형식 원리가 있으니, 이 원리는 현상의 종합에서 이루어지는 하나됨이라는 보편적인 규칙이며, 경험의 필수 조건으로서 이 규칙의 객관적 실체가 언제나 경험으로 나타날 수 있고, 정말이지 경험의 가능성에서도 그러하다. 이런 관계가 없다면, 경험 무관한 종합 명제는 전적으로 불가능하다. 왜냐하면 그것들은 세 번째 것을, 다시 말하면 개념들의 종합적 하나됨으로 객관적 실체가 성립될 수 있는 대상을 가질 수 없게 된다.

B196

A157

따라서 공간 일반에 관하여, 혹은 생산적 상상력에 의해 공간에서 그려지는 형상들에 관하여, 실로 많은 것이 종합 판단으로 경험 무관하게 우리에게 인식되는 것이니, 이런 인식에 대해서는 우리는 실제 경험이 필요하지 않다. 만일 공간이 외부 경험의 재료에 해당하는 현상들의 한 조건으로 간주되는 게 아니라면, 공간에서 이 모든 인식은 아무것도 아니게 될 것이고, 그저 머릿속에 망상만 차지하게 될 뿐이다. 그렇기 때문에 저 순수 종합 판단[565]이 — 설령 간접적이기만 하더라도 — 가능한 경험에, 아니면 오히려 가능한 경험 자체에 관계하는 것이고, 오직 이러한 관계에서 저 종합의 객관적 타당성이 놓인다.

그리하여 경험적 종합으로서의 경험은 — 경험의 가능성 면에서 — 다른 모든 종합[566]에 실체를 제공하는 유일한 인식 유형이며, 고로 경험 무관한 인식으로서 그 종합은 경험 일반의 종합적 하나됨에 필수적인 것만이 그것에 들어있다는 이유만으로,[567] 참(대상과 일치함)이 된다.

B197

A158

따라서 모든 종합 판단의 최고 원리는 이러하다. 〈모든 대상은 가능한 경험에서 직

---

565 공간 일반 또는 공간에서 그려지는 현상들에 관한 판단들. 예컨대 기하학적인 판단들.
566 경험 무관한 종합을 뜻한다.
567 다시 말해 모든 경험에서 항상 나타나는 종합이며, 그 종합이 있어야만 지각의 하나됨이 가능하다는 의미.

관의 다양함을 하나로 합치는[568] 필수적인 조건들을 따라야 한다〉

이런 방식으로 경험 무관한 종합 판단이 가능해진다. 만일 우리가 경험 무관한 직관, 상상력의 종합, 그리고 초월적 지각에서의 하나됨이라는 형식 조건들에 가능한 경험적인 인식 일반을 관련시킨다면, 그리고 만일 우리가 〈**경험 일반을 가능하게 하는** 조건들은 동시에 **경험 대상을 가능하게 하는** 조건들이며, 그렇기 때문에 경험 무관한 종합 판단이 객관적 타당성을 갖는 것〉이라고 말한다면, 그러하다는 것이다.

---

568 즉, '종합적 하나됨'

순수 지식 원리의 체계

제3관
순수 지식의 모든 종합 원리의 체계적인 표상

모든 곳에서 원리가 생겨난다는 사실은 오직 순수 지식에서 비롯된다.[569] 왜냐하면 순수 지식은 발생하는 것에 관하여 우리의 규칙 능력일 뿐만 아니라, (우리가 어떤 대상으로서 무엇을 만나든지[570]) 모든 것이 반드시 규칙을 지켜야 한다는 원리들의 원천이기 때문이다. 규칙이 있지 않고서는 현상들이 대응하는 대상 인식에 이를 수 없을 터이다. 자연법칙도 — 그것들이 지식의 경험적인 사용에서 원리로 여겨지는 경우에는 — 동시에 필연성의 원리로 표현되며, 그러므로 적어도 경험 무관하게 타당하고 모든 경험에 선행하는 근거들에 의해 규정된다고 간주되는 것이다. 그런데 자연의 모든 법칙은 특별할 것도 없이, 현상의 특별한 사례들에 더 높은 지식의 원리들[571]이 적용되는 한, 그런 지식의 원리 아래에 놓인다. 따라서 이런 높은 원리들만이 홀로 우리에게 규칙 일반의 제약 조건과, 말하자면 거듭 제곱이 들

---

569 순수 지식이 아니라 경험 지식이라면, 그 대상을 경험하는 인식 주체에 따라 그 경험 지식의 적용이 달라지고, 결국 어떤 대상이고 어떤 인식 주체이냐에 따라 경험 지식이 낳는 원리의 적용도 달라질 것이다. 그러나 '모든 곳에서' 원리가 생겨나려면, 결국 경험 지식이 아니라 '순수 지식'이어야 한다는 것.

570 이 문구와 같은 표현이 바로 '대상 일반'이다. 독자들은 칸트가 순수 지식의 원리 체계를 적용하는 대상이 구체적인 대상이 아니라, '대상 일반'을 상정하고 있음을 유념해야 한다. 그래서 이 원리가 적용되는 경험도, 어떤 '특정 경험'이 아니라, 모든 경험을 뜻하는 '가능한 경험'으로 표현된다.

571 예컨대 앞에서 언급한 '필연성의 원리', 즉 순수 지식의 원리들을 가리킨다. 다시 말해 이제부터 설명되는, 범주에 의한 경험 무관한 종합 판단이 그것이다.

어있는 개념[572]을 제공하는 것이되, 경험[573]은 우리에게 그 규칙 아래에 놓이는 사례를 제공한다.

누군가 단지 경험적인 원리인 것을 순수 지식 원리로 간주한다거나 그 반대로 여기는 것은 실제로 위험하지 않다. 왜냐하면 순수 지식 원리가 특징 짓는 개념들을 따르는 필연성에 주의를 기울인다면, 모든 경험 명제에서는 — 그런 명제가 아무리 일반적으로 받아들여지더라도 — 그런 개념의 부족이 쉽게 포착된다는 점에서 그런 혼동은 쉽게 방지되기 때문이다. 그런데 내가 순수 지식에 속하는 것으로는 생각하고 싶지 않은 경험 무관한 순수 원리도 있다. 그런 원리들은 순수 개념에서 도출됐다기보다는 (설령 지식을 통하게 되더라도) 순수 직관으로부터 도출된 것이기 때문이다. 그런데 지식은 개념의 능력이다. 수학에는 이런 종류의 원리들[574]이 있다. 하지만 그것들을 경험에 적용해서 객관적 타당성[575]을 갖게 되는 경우, 정말이지 그런 경험 무관한 종합 인식의 가능성(즉, 그것의 연역)은 항상 순수 지식에 의존한다.

따라서 나는 내 원리들에 수학 원리 자체들을 포함시키지는 않을 것이다. 그렇지만 수학 원리의 가능성과 객관적 타당성이 경험 무관하게 근거를 두는 원리들은 포함할 것인데, 그러므로 그것들은 수학 원리의 원리로 여겨져야 한다. 그것들은 **직관에서** 나와 개념으로 가는 게 아니라, **개념에서** 나와 직관으로 나아가는 것이다.

순수 지식 개념이 가능한 경험에 적용되는 경우, 그것들의 종합은 **수학적**이거나

---

572 거듭 제곱의 밑수가 순수 지식 개념이 되고, 거듭 제곱에 의해 이루 헤아리기 어려울 정도로 수많은 원리와 경험법칙들을 만들어 낼 수 있음을 비유적으로 표현한 것. 칸트는 순수 지식 개념, 즉 범주들이 그런 경험 개념들과는 비교할 나위 없이 보편적인 규칙 능력을 갖는다고 '거듭' 강조한다.

573 즉, 경험 개념.

574 순수 직관에서 도출된 원리를 뜻한다.

575 논리학에서 말하는 '객관적 타당성'은 그 내용 면에서 타당하다는 의미가 아니라, 그런 개념이나 원리가 대상을 갖는다, 즉 '실체가 있다'라는 의미.

아니면 **역학적**이다. 왜냐하면 그런 종합 적용은 부분적으로는 그저 직관에만 관련되고,[576] 부분적으로는 현상 일반의 **존재**에 관련되기 때문이다.[577] 그러나 직관의 경험 무관한 조건은 가능한 경험에 관해 일관되게 필연적인 반면, 가능한 경험적 직관의 대상에 대한 존재 조건의 경우 그 자체로는 우연적일 뿐이다. 그러므로 수학적 사용 원리들은 무조건 필수적, 즉 필연적이라 하겠다. 그러나 역학적 사용 원리들에 대해서는, 그것들 역시 경험 무관한 필연성의 특징을 가지기는 해도, 어느 경험 속에서 경험적 생각을 제약하는 조건에서만 그럴 뿐이요,[578] 따라서 그것들은 오직 매개적으로 그리고 간접적으로만 그러하다. 결과적으로 이 원리들은 (그것들이 경험과 보편적으로 관계하는 확실성을 해치지 않을지라도) 전자에 해당하는 원리[579]가 갖는 직접적인 명백함이 부족하다. 그런데 이는 원리의 체계에 관한 결론 부분에서 우리가 좀 더 잘 판단할 수 있을 것이다.

범주표는 우리에게 저 원리들의 표를 매우 자연스럽게 안내해 준다. 왜냐하면 이런 원리는 범주를 객관적으로 사용하기 위한 규칙에 다름 아니기 때문이다. 따라서 순수 지식의 모든 원리는 다음과 같다.

---

576 경험 무관한 종합 판단 중에서 첫 번째(직관의 공리)와 두 번째(포착의 예감) 종합 판단을 가리킨다. '수학적'의 의미는 기하학적으로 나타나거나, 수 혹은 비율로 나타낼 수 있다는 의미이다. 어떤 대상이 나타나는 경우, 양의 범주와 질의 범주는 다른 전제를 생각힐 것도 없이 그 대상에 단순하고 명백하게 적용된다. 범주 적용 다음, 판단력이 경험 개념들을 대상에 실제로 적용할 때, 범주의 규정을 그대로 따르게 된다.

577 관계의 범주와 양상의 범주가 적용되는 경험 무관한 종합 판단들을 가리킨다. '역학적'이라는 말의 의미는 복수의 존재 사이의 시간적인 관계(관계의 범주)를 나타내거나, 또는 그 대상이 실제로 어떻게 존재하는지를 나타낸다는 의미이다.

578 범주 적용 다음, 판단력이 경험 개념들을 대상에 적용하여 경험적 인식을 수행하게 될 때, 그 적용을 제약한다는 의미. 예컨대 인과성 범주가 대상들의 시간적 순서를 규정하면, 그 시간 순서에 따라 인과성 개념(이것은 경험 개념이다)을 적용해서 실제로 무엇이 원인이고, 무엇이 결과인지 판별하게 된다는 의미.

579 수학적 원리들을 가리킨다.

1
직관의 공리

2
포착의 예감

3
경험의 유추

4
경험적 생각 일반의 상정

B201

A162

B202

나는 이 이름을 조심스럽게 선택했다. 이런 원리의 분명함과 실사용에 관련한 차이를 간과하지 않기 위함이었다. 그러나 현상에 대한 경험 무관한 규정과 그 분명함에 관해서, **양**과 **질**의 범주에 따르는 원리는 (만약 우리가 이 원리들의 형식에만 주목한다면) 나머지 원리와 아주 다르다는 점을 우리가 곧 알게 될 것이다. 왜냐하면 이 두 종류의 원리가 완벽한 확실성을 갖고 있기는 해도, 전자의 원리에서 그 확실성은 직관적임에 비해, 후자의 원리는 그저 언어적인[580] 확실성이기 때문이다. 따라서 나는 전자를 **수학적** 원리로, 후자를 **역학적** 원리라고 칭할 것이다.* 그러나 내가 어떤 사례에서는 수학적 원리, 다른 사례에서는 일반 (자연학의) 역학적 원리라는 식으로 구별하는 게 아님을, (감각에 의해 주어진 표상들을 구별할 것도 없이[581]) 오직 내적 감각에 관련된 순수 지식 원리만으로 염두에 두고 있음을 독자들은 유념해야 한다. 이런 순수 지식 원리를 통해서만 수학적 원리도 역학적 원리도 모두 그것들의 가능성을 얻는 것이다. 따라서 나는 그것들의 내용이 아니라 적용 관점으로, 그 원리들에 수학적이니 역학적이니 이름을 명명한 것이며, 이제 앞의 표에서 나타낸 동일한 순서에 따라 그 원리들에 대한 탐구를 진행해 보고자 한다.

* 칸트 주석: 모든 **결합**은 **합성**이거나 **연결**이다. 합성은 서로 필연적으

---

580 기존 번역은 '논변적'(백종현), '추리적'(최재희). 역학적 원리는 개념들의 관계와 양상으로서 논리적이며, 그러므로 언어로 설명될 수 있다.

581 구체적인 대상, 현상, 경험을 따질 것 없이, 대상 일반에, 즉 가능한 경험에 '초월적으로' 적용되는 원리를, 다시 말하면 경험 무관한 종합 판단을 설명하겠다는 의미.

로 속하지 않는 다양함의 종합이다. 예를 들어 한 사각형의 대각선에 의해 나눔으로써 생기는 두 삼각형은 그 자체로 서로 필연적으로 속하지 않는다. **수학적으로** 탐구될 수 있는 모든 것에서, **같은 종류**의 종합이, 그러하다. (이 종합은 다시 **집합**과 **연합**으로 나뉠 수 있고, 전자는 **크기**의 양과 관련되며, 후자는 **세기**의 양과 관련된다) 두 번째 종류의 결합 (연결)은 **서로 필연적으로 속하는** 다양함의 종합이다. 예를 들어 비본질적인 것이 어떤 본질에 필연적으로 속하며, 결과는 원인에 속한다. 그리하여 그 다양함이 설령 **다른 종류**일지라도, 경험 무관하게 연결되어 있는 것으로 표상된다. 나는 이 결합을 **역학적**이라고 부르는데, 그 까닭은 결합이 자의적으로 만들어지는 게 아니라, 다양함의 **존재**와 연결되기 때문이다. (이 결합은 다시 현상들 상호 **자연학적** 결합과, 경험 무관한 인식 능력에서의 현상들의 결합인 **형이상학적** 결합으로 나뉠 수 있다)[582]

---

582 B판에서 추가된 칸트의 주석이다.

제1조
직관의 공리[583]

이것들의 원리는 이러하다. <모든 직관은 크기의 양이다>[584]

증명

형식에 관한 한, 모든 현상에는 그것들을 경험 무관하게 근거 짓는 공간과 시간에서의 직관이 들어있다. 그러므로 현상들은 일정한 공간이나 시간의 표상들이 만들어 내는 다양함의 종합을 통하지 않고서는 탐색될 수 없다. 즉 경험적 인식 안으로 받아들여질 수 없다. 다시 말하면 현상들은 같은 종류의 합성을 통해서만, 그리고 이런 같은 종류의 다양한 표상을 하나로 합치는 의식을 통해서만 탐색될 수 있다.[585] 이제 직관 일반에서 같은 종류의 다양한 표상을 하나로 합치는 의식은 — 이런 의식을 통해 대상에 대한 표상이 비로소 가능해지는 한 — 양의 개념이다. 따라서 어떤 대상을 현상으로 포착하는 것조차 (주어진 감각 직관의 다양함의) 동일한

---

583 A판에서는 "직관의 공리에 대하여"라는 제목으로, "**순수 지식의 원리**는 이러하다. <모든 현상은, 그것들의 직관의 면에서, **크기의 양**이다>"로 쓰여 있었다.

584 순수 지식의 원리로서 **첫 번째** 경험 무관한 종합 판단(선천적 종합 판단 혹은 선험적 종합 판단)이다.

585 예를 들어 '광화문에서 수많은 사람들이 시위하고 있는 상황'을 우리가 목격한 후에, <엄청 많은 사람이 데모하고 있어>라는 판단을 내렸다고 가정해 보자. 우리의 시각을 통해 시위하고 있는 사람만이 아니라 건물, 도로, 자동차, 지나가는 행인 등 온갖 **다양한** 데이터가 머릿속에 한꺼번에 들어온다. 그런데 우리가 이런 판단을 내리려면, 머릿속에 들어온 데이터 중에서 다른 것들을 모두 제외하고 '시위하고 있는 사람'들만을 '같은 종류'로 선별해서 하나로 합치는 과정이 머릿속에서 행해져야 한다. 그것이 <탐색의 종합>이다. 그다음 같은 종류의 것이 '많다'라는 의식이 한순간 내려지는데, 이는 시각 데이터에 '크기의 양'을 판별하는 기능이 누구의 머릿속에나 들어있기 때문이며, 칸트는 이것을 양의 개념(범주)이 작용한 결과라고 설명한다. 실제 세계에서 공간과 시간 속에 있는 것은 모두 크기를 갖고 있다. 그런데 머릿속에도 순수 직관으로서 공간과 시간이 있다. 그러므로 머릿속 공간과 시간에 놓이는 모든 깃도 크기를 갖는다. 공간과 시간은 직관의 형식일 뿐이므로, 그것들 자체로는 크기를 갖지 않는다. 그렇다면 순수 지식이 머릿속에 들어온 직관에 크기를 구별하는 판단 원리를 제공해야 한다는 것이며, 그것이 바로 순수 개념(양의 범주)의 공리이다.

모든 직관은 하나, 복수, 전체의 **크기**를 갖는다. 이것은 머릿속 공간에서 나타났다가 사라지는 순간의 크기가 아니라 **시간의 양**을 갖는 크기이다. 즉 우리 의식 안에서 무엇인가 직관된다 함은, 무엇인가 크기를 갖는 것이 의식 안에서 나타나는 것이고, 그것이 바로 사라지지는 않기 때문에, 감각 대상에 대한 시간이 우리 의식에서 **시작**된다는 의미이다. 따라서 감각 대상에 대한 시간은 대상에 속하는 것이 아니라, 주체의 의식에 속한다.

종합적 하나됨을 통해서만 가능해지며, 그리하여 같은 종류의 다양함을 합성해서 하나로 합치는 것이 **양**의 개념에서 생각된다. 다시 말하면 현상들은 모두 양이며, 특히 **크기의 양**이다. 왜냐하면 공간 또는 시간에서의 직관으로서 현상들은 공간과 시간 일반이 규정되는 바로 그 종합을 통해서 표상될 수밖에 없기 때문이다.

나는 크기의 양을 부분들의 표상이 전체 표상으로 가능해지도록 하는 (그러므로 반드시 전자가 후자에 선행하는) 것을 일컫는다. 아무리 작더라도, 어떤 선분도 내가 생각 속에서 그걸 그어 보지 않는 한, 즉 하나의 점에서 그것의 모든 부분을 순차적으로 만들어 내는 그런 직관을 그려 보지 않는 한, 나는 그 선분을 표상할 수 없다. 이런 사정은 아무리 작은 시간이더라도 모든 시간에서도 마찬가지다. 어떤 시간 속에서 나는 오직 하나의 순간에서 다음 순간으로 순차적으로 진행하는 것을 생각하는데, 모든 시간의 부분과 그것들의 덧붙임을 통해 마침내 일정한 시간의 양이 만들어진다. 모든 현상에서 순전히 직관인 것은 공간이거나 시간이기 때문에, 모든 현상은 직관으로서 크기의 양이며, 이는 (부분에서 부분으로) 탐색에서 순치적으로 종합함으로써 인식될 수 있는 한 그러하다. 따라서 모든 현상은 집합으로서 (앞서 주어진 양으로서) 이미 직관되는 것이며, 이는 모든 종류의 양에서 그러한 것은 아니고, **크기**로서[586] 우리에게 표상되고 탐색되는 양에서만 그러하다.

A163

B204

---

586 즉 형태가 있는 것

이와 관련하여 형태를 만들어 낼 때 생산적 상상력의 순차적 종합은 크기의 수학(즉, 기하학)과 그것의 공리들의 근거가 된다. 이런 공리는 그런 조건 하에서만 외부 현상에 대한 순수 개념의 윤곽이 생겨나도록 하는 경험 무관한 감각 직관의 조건들을 나타낸다. 예컨대 〈두 점 사이에는 하나의 직선만 가능하다〉, 〈두 직선으로는 어떤 공간도 구획할 수 없다〉 등이 그러하다. 이것들은 바르게 말하자면 오직 양(quanta) 자체에만 관계하는 공리들이다.

A164

B205

그러나 수량(quantitas)에 관해서, 즉 어떤 것이 얼마나 큰지에 관한 문제에 답하는 것에는, 설령 그런 명제들이 여러모로 종합적이며 직접적으로 확실할지라도(증명할 필요도 없고, 증명도 불가능한), 본래 의미에서는 어떤 공리도 없다. 왜냐하면 같은 것에 같은 것을 더하거나 빼는 것이 같을 것이라는 명제[587]는 분석 명제이기 때문이다. 나는 여기서 한쪽에서 만들어진 양이 다른 쪽에서 만들어진 양과 동일함을 바로 의식한다. 그런데 공리라는 것은 경험 무관한 종합 명제들이다. 반면 수적인 관계에서 자명한 명제들은 실로 종합적이기는 해도, 기하학적인 명제들과는 달리 보편적이지는 않은데, 공리라 불릴 수는 없고, 오히려 수식이라 칭해질 수 있기 때문이다. 〈7+5=12〉는 분석 명제가 아니다. 왜냐하면 7이라는 표상에서도 5라는 표상에서도, 그리고 두 수의 합이라는 표상에서도, 나는 12라는 수를 생각할 수 없기 때문이다. (내가 **두 수를 더하는 것**에서 숫자 12를 생각해야만 하는 것은 여기서 문제가 아니다. 분석 명제에서는 그저 내가 주어진 표상 안에서 술어를 실제로 생각하는지만 문제일 뿐이다) 그러나 7+5=12라는 명제가 종합적이기는 해도, 여전히 한 개의 단일 명제이다. 왜냐하면 우리는 여기서 (하나됨이라는) 같은 종류의 종합만을 고려할 뿐이고, 설령 이런 수를 **사용**하는 것이 나중에는 보편적일지라도, 거기에서 종합은 단지 한 가지 방식으로만 생겨날 수 있기 때문이다. 만일 내가 〈두 변의 합은 한 변의 길이보다 큰 세 개의 선분으로 삼각형이 그려진다〉라고 말한다면, 나는 그저 생산적 상상력의 기능만으로, 선분들을 더 크게도 더 작게도 그릴 수 있고, 마찬가지로 여러 각도를 임의로 선택해 작도할 수 있다. 반면 숫자 7은 오직 한 가지 방법으로만 가능하고, 7과 5의 종합으로 만들어진 숫자 12도 마찬

A165

---

587 〈a+b = a+b〉, 〈a-b = a-b〉

가지다. 따라서 그런 명제들은 공리라고 불릴 수 없고, (그렇지 않다면 공리가 무한히 많아진다) 그저 수식이라 불려야 하는 것이다.

현상들에 관한 수학의 초월적 원리[588]는 우리의 경험 무관한 인식을 크게 확장한다. 왜냐하면 그 원리가 완벽한 정확성으로 순수 수학이 경험 대상들에 적용될 수 있도록 만들어 주기 때문이다. 만약 이 원리가 빠져 있다면, 이런 적용은 그다지 자명하지 않게 될 뿐더러, 실로 많은 모순을 일으키고 말 것이다. 현상은 사물 자체가 아니다. 경험적 직관은 오직 (공간과 시간의) 순수 직관을 통해서만 가능하다. 따라서 기하학이 순수 직관에 대해 말하는 것은 경험 직관에 대해서도 이론의 여지 없이 타당하다. 그런데 감각 대상들이 공간에서의 구성 규칙(예를 들어 선분과 각도는 무한히 분할된다는 규칙)에 일치할 필요가 없다는 핑계는 기각돼야 한다. 왜냐하면 그들은 공간에 대한 모든 객관적 타당성을 부정하고, 동시에 모든 수학에 대해서도 그러할진대, 어째서 그리고 어디까지 수학이 현상들에 적용되는 것인지 더 이상 알지 못하기 때문이다. 모든 직관의 본질적인 형식인 공간과 시간의 종합은 또한 현상의 탐색을 가능하게 해 준다. 따라서 모든 외부 경험을, 결국 그 대상에 대한 모든 인식을 가능하게 해 준다. 그리하여 수학이 그것의 순수한 사용에서 저 종합에 대해 증명해 주는 것은 후자[589]에 대해서도 반드시 타당하다. 이에 대한 모든 반론은 잘못 배운 이성의 궤변일 뿐이니, 그릇되게도 감각 대상들을 우리 감수성의 형식 조건으로부터 떼어놓으려는 것이고, 그저 현상에 지나지 않은 것을 대상 자체로 지식에 주어진 것으로 표상한다는 것이다. 그러나 그리 되면, 대상에 대한 어떤 경험 무관한 종합 인식도 불가능해질 것이고, 그러므로 공간의 순수 개념들을 통한 종합 인식도 불가능해지며, 그리하여 그런 개념들이 규정하는 학문, 즉 기하학은 그 자체가 불가능해지고 말 것이다.

---

588 〈모든 직관은 크기의 양이다〉라는 공리를 기하학 관점으로 풀어내는 원리.

589 모든 인식, 혹은 현상의 탐색이나 외부 경험을 가리킨다.

제2조
포착의 예감[590]

이것들의 원리는 이러하다.
〈모든 현상에서 감각 대상인 실체적인 것은 세기의 양, 즉 등급을 갖는다〉

증명

포착은 경험적인 의식, 즉 동시에 감각이 있는 의식이다.[591] 포착의 대상인 현상은 공간과 시간 같은 순수한 (다시 말하면 그저 형식적인) 직관이 아니다. (공간과 시간 그 자체는 전혀 포착될 수 없기 때문이다) 따라서 현상에는 직관에 더해 어떤 대상 일반에 대한 (공간 또는 시간 속에서 존재하는 무언가가 표상되는 것을 통해) 내용이 들어있다. 즉 현상에는 그저 주관적인 표상으로서 감각의 실체적인 것도 들어있다. 그런데 우리는 주관이 영향받는 것만을 의식할 수 있을 뿐이고, 그래서 우리는 대상 일반과 관계하게 되는 것이다.[592] 이제 경험적 의식에서 순수 의식까지 단계적인 변화가 가능해진다.[593] 경험적 의식 안에서 실체적인 것이 완전히 사

---

590 두 번째 경험 무관한 종합 판단이다. A판에서는 "모든 포착 그 자체를 예감하는 **원리**는 이러하다. 〈모든 현상에서 감각은, 그리고 대상에서 감각에 대응하는 **실체적인** 것(현상적 실체)은, **세기의 양**, 즉 등급을 갖는다〉"로 쓰여 있었다.

591 그러나 포착(perception)은 범주가 적용되기 전, 다시 말해 앎에는 아직 이르지 않은 '단순 감각 의식'이다. 앎에 이르려면, 지각의 하나됨에서 범주가 일을 해야 한다. 그다음 경험 개념이 적용된다. 포착은 대상을 경험하고, 그 대상에 대한 감각 덩어리는 머릿속에 가져온다. 그러나 이런 포착은 감각이 있는 의식이지만, 개념을 적용하기 전의 의식이므로, 인식은 아니다. Perception의 기존 번역어는 '지각'이다.

592 영향을 받는다는 것은 '무엇'으로부터 영향을 받는다는 것이고, 그 무엇이 바로 대상 일반이다.

593 '경험적 의식(포착) → 범주 → 순수 의식(지각) → 경험 개념 → 인식'의 과정이다.

라진[594] 다음, 공간과 시간에서의 다양한 표상에 대한 순전히 형식적인 (경험 무관한) 의식만이 남게 되고, 그리하여 감각의 양을 만들어 내는 종합도 그 감각의 시작, 즉 순수 직관 =0에서부터 감각의 이런저런 양에 이르기까지 가능해진다. 이제 감각 자체는 객관적 표상이 전혀 아니게 되었고, 공간에 대한 표상도 시간에 대한 표상도 감각 안에서는 만날 수 없게 되었으므로, 실로 그 감각은 크기의 양을 갖지 않게 되는데, 그럼에도 그것은 여전히 어떤 양을 갖게 될 것이다. (감각에서의 탐색을 통해 경험적 의식은 어떤 특정 시점에서의 무(=0)에서부터 그 감각에 주어진 정도까지 증가할 수 있다) 따라서 감각은 세기의 양을 가질 것이다. 이러한 감각의 **세기의 양**에 대응하여, 포착이 감각을 포함하는 한, 우리는 포착의 모든 대상에도 **세기의 양**, 다시 말하면 감각 기관에 미치는 영향에 대한 등급을 부여해야 한다.

내가 경험적 인식에 속하는 것을, 경험 무관하게 인식하고 규정할 수 있도록 해 주는 모든 인식을 일컬어 예감[595]이라 부르고, 이는 의심할 나위 없이 에피쿠로스가 사용한 '프로렙시스[596]'라는 용어를 의미하는 것이다. 그런데 현상에는, 경험 무관하게 인식될 수 없으며, 그래서 경험적 인식과 경험 무관한 인식 사이의 본연의 차이에 해당하는 것, 즉 (포착의 내용인) 감각이 들어있다. 그 감각은 실로 예감될 수 없는 것이다. 반면 형태와 양에 관하여 공간과 시간에서의 순수 규정들은 현상의 예감이라 칭해질 수 있다. 왜냐하면 그것들은 경험에서 항상 후천적으로 주어지리라는 것을 경험 무관하게 표상하기 때문이다. 그런데 모든 감각에서 (설령 특정한 감각이 주어지지 않는다 해도) 감각 일반에서 경험 무관하게 인식될 수 있는 무언가가 있다고 가정한다면, 그때 그것은 특별한 의미를 지니는 예감이라 불릴 만하다 하겠다. 왜냐하면 경험의 내용에 관한 것에서 경험을 미리 예감할 수 있다니, 그

A167

B209

---

594 예컨대 버스를 타고 '광화문 광장에 모인 사람들'을 보고 그 사람들에 대한 어떤 인상을 갖고 있다가, 버스가 떠나 다른 곳으로 지나친 경우를 뜻한다. 이때부터 내 감각 안에는 '광화문 광장에 모인 사람들'이 사라진다. 즉 '광화문 광장에 모인 사람들'에 대한 감각이 갖고 있던 크기의 양도 사라진다.

595 Anticipation. 기존 번역은 '예료'(최재희), '예취'(백종현). 이에 대해서는 〈괘씸한 철학 번역〉(코디정, 2025), 275~280쪽 참고.

596 Prolepsis. 원문에는 희랍어로 적혔다.

런 건 오직 경험을 통해서만 끌어낼 수 있기 때문이다. 그런데 그런 일[597]이 여기에서는 실제로 일어난다.

탐색은 그저 감각을 통해 (만약 내가 수많은 감각이 순차적으로 나타나는 것을 고려하지 않는다면[598]) 오직 순간만을 채운다. 현상 속에 들어있는 어떤 것으로서 그것의 탐색은 부분에서 전체로 나아가는 순차적인 표상의 종합이 아니다. 그러므로 그것은 크기의 양을 갖지 않는다. 저 순간에서 감각이 없음은 그 순간을 텅 빈 것으로, 고로 0으로 표상하는 것이다. 감각에 대응하여 경험적 직관에 있는 것은 실체(현상적 실체)이며, 감각의 부재에 대응하는 것은 부정 =0이다. 따라서 모든 감각은 감소할 수 있어서 그것은 줄어들다가 점차 사라질 수 있다.[599] 그렇기 때문에 한편으로는 현상에 들어있는 실체와 부정 사이에, 다른 한편으로는 수많은 가능한 중간 감각들이 연속하여 관련되는데, 이것들의 차이는 주어진 감각과, 0, 즉 완전한 부정과의 차이보다 언제나 작다. 다시 말하면 현상 속 실체적인 것은 항상 양을 갖는다. 그러나 이 양은 탐색에서는 만나지 않는다. 왜냐하면 그런 탐색은 수많은 감각의 순차적인 종합에 의한 게 아니라, 그저 감각을 통해

A168

B210

누군가를 만나러 갈 때, 상대방의 감각 등급은 커질 것이며, 실제로 만날 때 그 등급은 실체가 된다.

---

597 경험하지 않았음에도 경험의 내용을 미리 예감하는 일. 그러나 독자는 어떤 특정 내용을 예측한다는 의미가 아님을 주의해야 한다. 범주는 형식 개념이고, 그러므로 범주의 원리도 형식적인 예감에 그친다. 칸트는 이 형식적인 예감에 대해 시간을 채우는 양으로 설명한다.

598 이와 달리 순차적으로 나타나는 것을 고려한다면, 탐색의 종합은 크기의 양을 갖는다.

599 예를 들어 '광화문 광장에 모여 있는 사람들'에 대한 나의 경험적 직관은 그 장소에서 이탈하면서 감각 부재에 빠지며, 그러면서 그 감각은 점점 감소할 것이다.

한순간 생겨난 것이기 때문이고, 따라서 부분에서 전체로 나아가지 않기 때문이다. 그렇기 때문에 실체적인 것은 정말이지 양을 갖긴 해도 크기의 양이 아니다.

오직 하나로서 탐색되는 양과 그것의 다수는 단지 부정 =0을 향해 다가가는 것에 의해서만 표상될 수 있는데, 나는 이를 **세기의 양**이라 부른다. 따라서 현상 안에 포함된 임의의 실체는 세기의 양, 즉 등급을 갖는다. 만일 이런 실체가 원인이라고 한다면 (그것이 감각적인 원인이든 아니면 현상에 포함된 다른 실체, 예컨대 변화의 원인이든) 그때 원인으로서 그 실체의 등급은 작용점[600]이라 칭하며, 예를 들어 중력 모멘트라 부른다. 왜냐하면 등급은 저 양이, 그런 탐색이 순차적인 게 아니라 순간적임을 가리키기 때문이다. 그러나 여기에서 나는 이 문제를 그저 건들기만 한다. 지금은 내가 아직 인과관계를 다루지는 않기 때문이다.[601]

A169

그러므로 모든 감각, 따라서 현상에 들어있는 모든 실체 역시 — 그것들이 아무리 작더라도 — 등급을, 다시 말하면 세기의 양을 갖는다. 양은 항상 줄어들 수 있으며, 실체와 부정 사이에서 가능한 실체들과 더 적게 갖게 되는 다양한 포착들이 연속하여 관련된다. 모든 색깔, 예를 들어 빨간색은 그게 아무리 적을지라도 등급을 가지며 최소라는 건 있을 수 없다. 이러한 사정은 열에서도 중력 모멘트에서도 기타의 경우에도 마찬가지다.

B211

양의 성질은 양 속에서 어떤 부분도 최소라는 게 가능하지 않으며 (즉 어떤 부분도 단순성을 갖지 않는다) 이를 양의 연속성이라 일컫는다. 공간과 시간은 **연속하는 양**이다. 왜냐하면 공간과 시간의 어떤 부분도 경계(점이나 순간)들이 둘러싸인 채로 주어지기 때문이며, 그래서 공간과 시간의 어떤 부분이든 그 부분 자체가 다시금 공간이거나 시간이라는 방식으로만 주어지기 때문이다. 이리하여 공간은 단지 공간들로 이루어지며, 시간은 그저 시간들로 이루어진다. 점과 순간은 그저 경계

---

600 Moment. 어떤 고정된 기준점으로부터 일정 거리에 있는 물리량을 다루는 개념으로, 거리와 물리량의 곱으로 표현된다. 이 책에서는 '작용점'으로 번역.

601 그러나 지금 작용하는 원인도 그 세기가 줄어들게 됨을 우리는 예감할 수 있다.

들이며, 다시 말해서 공간과 시간의 한계를 짓는 위치에 지나지 않는다. 그러나 위치들은 그것들을 규정하거나 한계 짓는 직관들을 항상 전제하는데, 공간이나 시간에 앞서 주어질 수 있는 구성 요소로서, 순전히 위치들로부터는 어떤 공간이나 시간이 합성되지 못한다. 이런 양을 일컬어 **흐르는** 양이라고 부를 수도 있는데, 그것들을 만들어 내는 (생산적 상상력의) 종합이 시간에 따라 진행하며, 시간의 이러한 특별한 연속성을 가리켜 보통 '흐르는' 것(흘러가는 것)이라는 표현을 사용하기 때문이다.

그러므로 모든 현상 일반은 연속적인 양이다.[602] 한편으로는 직관의 면에서 크기의 양으로서 그러하고, 다른 한편으로는 그것들의 포착(감각, 고로 실체)의 면에서 세기의 양으로서 그러하다. 만약 현상의 다양함을 종합하는 것이 단절된다면, 이때 그 다양함은 수많은 현상의 집합인 것이다. 실로 그것은 양으로서 현상이 아니다. 그런 집합은 순전히 생산적인 종합이 연속해서 이루어지는 방식으로 만들어지는 게 아니라, 자꾸 중단되는 종합을 반복함으로써 만들어지는 것이다. 내가 만일 13탈러를 돈의 양으로 칭한다면, 그때 내가 순은 1마르크의 내용으로 13탈러를 뜻하는 한, 나는 옳게 말한 것이다. 마르크는 실로 연속적인 양이며, 거기에서는 어떤 부분도 최소가 아니다. 각 부분은 더 적은 양을 위한 것이 항상 들어있는 돈의 조각을 구성할 수 있다. 그러나 만일 내가 13탈러를 수많은 은전으로서 (은이 얼마나 포함되었든) 13개의 둥근 탈러 은전을 뜻하는 것이라면, 이때 내가 돈의 양으로 칭하는 것은 잘못이다. 그 대신에 나는 그것을 집합으로, 즉 돈의 조각 수로 칭해야 한다. 그런데 모든 수에도 그것을 기초 짓는 단위가 있게 마련이므로, 단위로서 현상은 하나의 양이며, 그런 것은 언제나 하나의 연속이다.

이제 모든 현상이 세기로 고찰되든 크기로 고찰되든 연속적인 양이라면, (어떤 사물이 어느 상태에서 다른 상태로 이행하는 것인) 〈모든 변화는 연속적이기도 하다〉라는 명제는 여기서 쉽게 그리고 수학적 자명함으로 증명될 수 있을 것이다. 변

---

602 여기서부터 칸트는 세기의 양뿐 아니라 크기의 양에서 설명한 부분까지 포함해서 설명한다. 독자는 '직관의 공리' 부분이 섞여 있음에 유의할 필요가 있다.

화 일반의 인과관계가 완전히 초월철학의 한계 바깥에 있지 않으면서 경험 원리들을 전제한다면 그러하다. 왜냐하면 우리 지식은, 어떤 사물의 상태에 변화를 일으키는, 즉 특정 주어진 상태의 사물을 반대의 상태로 규정하는 원인의 가능성을 우리에게 경험 무관하게는 전혀 시사해 주지 못하기 때문이다.[603] 단순히 그런 가능성에 대한 통찰을 지식이 우리에게 제공하지 못할 뿐만 아니라 (실로 그런 통찰이 수많은 경험 무관한 인식들에서는 결여되어 있다) 변화 가능성은 단지 현상들에 대한 특정한 규정에만 관련되기 때문인데, 그런 것은 경험만이 우리에게 가르쳐 주는 것이다. 그런 규정 속 원리라는 것도 오직 불변의 것[604] 안에서만 발견되는 것이다. 그런데 여기서 우리는 ― 경험적이라고는 아무것도 없는 ― 모든 가능한 경험에 대한 순수한 기초 개념들 말고는 우리가 이용할 수 있는 게 없으니, 그러므로 우리는 하나된 체계[605]를 해치지 않고서는 특정 기초 경험들 위에 세워진 일반 자연학을 예감할 수는 없다.

A172

그럼에도 불구하고 포착을 예감하는 데 우리의 원리가 지대한 영향을 미친다는 것에 대한 증거들이 부족하지 않다. 또한 그런 부족으로부터 생겨날 수 있는 모든 잘못된 추론을 이 원리가 막아내는 한, 그런 부족이 보상되리라는 점에서도 증거들은 부족한 게 아니다.

만일 포착된 모든 실체가 등급을 가지며, 그 등급과 부정 사이에서 점점 더 작은 등급의 무한한 단계들이 있으며, 그것과 마찬가지로 모든 감각 기관이 감각의 수용성에서 일정한 등급을 가져야 한다면, 어떤 포착도 그래서 어떤 경험도, 직접이든 간접이든 (추론 속에서 어떤 우회를 택하든) 현상 속에서 모든 실체적인 것의 완벽한 결여를 증명할 수는 없다. 다시 말하면 누구도 경험으로부터 텅 빈 공간이라거나 텅 빈 시간에 대한 증명을 이끌어낼 수 없다. 왜냐하면 첫째 감각 직관 안에서

B214

---

603   이 문장을 포함해서, 이 단락 전체는, 변화를 일으키는 인과성 문제가 모두 경험적인 문제임을 말한다. 그런 원인 자체는 수학적 범주(양의 범주와 질의 범주)에서는 '경험 무관하게는' 포착될 수도, 예감할 수도 없다.

604   12범주의 관계에 속하는 불변의 '본질' 개념을 가리킨다.

605   칸트가 주창하는 초월철학의 체계.

A173 실체적인 것의 완벽한 결여는 그 자체가 포착될 수 없기 때문이며, 둘째 이것은 단 하나의 현상으로부터도 그리고 그것의 실체에서의 차이로부터도 도출될 수도 없기 때문이다. 그런 것들을 설명한답시고 가정해서도 안 된다. 일정한 공간이나 시간에 대한 모든 직관이 하나부터 끝까지 실제적일지라도, 즉 어떤 부분도 텅 비어 있지 않더라도, 모든 실체는 자신의 등급을 갖는다. 그 현상의 크기의 양이 불변으로 남아 있어도 수많은 단계로 무한히 감소하여, 무(즉 텅 비어 있음)에 이를 수 있는 등급이기 때문에, 공간과 시간을 채우는 서로 다른 수많은 등급이 무한히 있어야 한다. 그래서 직관의 크기의 양이 동일한 경우에도, 서로 다른 현상 속에서 세기의 양이 더 작게든 더 크게든 가능해지는 것이다.

B215 이에 대해서 예를 들어 보자.[606] 거의 모든 자연학자는 동일한 부피에서 서로 다른 종류의 물질이 양에서 아주 큰 차이가 있음을 포착하기 때문에(부분적으로는 중력이나 무게 모멘트를 통해서, 부분적으로는 운동에서 다른 물질에 대한 저항의 모멘트를 통해서), 그들은 한결같이 모든 종류의 물질에서, 서로 다르긴 하더라도, 이런 부피(즉 현상의 크기의 양)가 텅 비어 있어야 한다고 추론한다. 자연을 탐구하는 수학적이고 역학적인 연구가들 중에서 누군가는 그들의 이러한 추론이 전적으로 형이상학적 전제 위에 — 그런데 그런 전제는 그들이 그렇게나 피하려고 했던 게 아닌가? — 놓여 있음을 깨닫게 되는데, 〈공간 안에서 **실체적인** 것은 (나는 여기서 불투과성이라거나 무게 같은 것을 거론하고 싶지는 않다. 그런 것들은 경험적인 개념이기 때문이다) **모든 곳에서 동일하다**. 그리고 오직 크기의 양, 즉 물리량에 따라서만 달라질 수 있다〉는 전제가 그것이다. 그러나 경험에 근거하지 못하고 오직 형이상학적으로만 존재하는 이런 전제를 나는 초월적 증명으로 반박한다. 물론 이 증명이 공간이 채워지는 방식에 차이가 생기는 이유를 설명하려는 것은 아니다. 그러나 이 증명은 오직 빈 공간을 가정함으로써만 그 차이를 설명할 수 있다는 그런 가정의 필연성을 완전히 무효화한다. 따라서 적어도 이 증명은, 자연을 설명하기 위해 어떤 다른 가설이 필요할 경우에, 다른 방식으로 생각해 볼 수 있

---

606 이하의 예는 머릿속에서 이루어지는 '포착의 예감'에 대한 직접적 견본이 아니라, 칸트 자신의 견해가 자연학 원리에서도 잘 어울릴 수 있음을 보여주는 예시에 불과하다. 즉 물리학에서도, 크기의 차이뿐 아니라 세기의 차이까지 포함해서 물질을 연구해야 한다는 주장.

도록 지식에 자유를 부여한다는 점에서 의미가 있다. 왜냐하면 그때 우리는, 똑같은 공간들이 서로 다른 종류의 물질로 완전히 채워져서는 그 공간들 어디에서도 어떤 물질을 만나지 못하는 지점이 없게 되었을 정도로 꽉 채워졌다 해도, 실체적인 모든 것은 동일한 질에 대해 그것의 (저항이나 무게의) 등급을 가지며, 이런 등급은 — 크기의 양이나 물리량의 감소 없이도 — 그 실체적인 것이 텅 비어 있음과 소멸로 이행하기까지는 무한히 작아질 수 있음 알게 되기 때문이다. 그러므로 어떤 공간을 채우고 확산되는 것, 예컨대 열과 기타 마찬가지의 다른 모든 (현상에 들어있는) 실체는, 이 공간의 최소 부분조차 비워두지 않고서도 그것의 등급이 무한히 감소할 수 있으며, 그럼에도 불구하고 더 큰 등급으로 공간을 채울 수 있는 것 같이 더 작은 등급으로도 이 공간을 채울 수 있다. 나는 여기서 이런 사정이 특정 중력 안에서 물질의 종류가 어떻게 다른지를 주장하려는 게 아니다. 오히려 나는 순수 지식의 원리로부터 우리가 포착한 것의 본성이 그런 설명 방식을 가능하게 해 준다는 점을 확실히 하고자 한다. 또한 나는 사람들이 현상의 그 실체적인 것이 동일한 등급을 가지되 단지 그것의 집합과 크기의 양만 다를 뿐이라고 가정하는 경우, 그리고 이런 주장이 경험 무관한 지식의 원리를 통해 뒷받침된다고 하는 경우, 오류가 된다는 점을 확인해 두려는 것이다.

그럼에도 불구하고 초월적인 사유에 익숙하고 그래서 조심스러운 어떤 연구자에게는 이런 포착의 예감에 관해 언제나 골때리는 무언가가 있다. 왜냐하면 이런 예감은, 지식이 어떤 종합 명제를 — 현상 속에서 실체적인 모든 것의 등급에 관한 종합 명제, 따라서 만약 우리가 그것의 경험적 성질을 빼낸다면 감각 자체의 내적 차이의 가능성에 관한 종합 명제를 — 예감할 수 있다는 주장에 관해 어떤 의혹을 일으키기 때문이다. 그러므로 여전히 해결할 가치가 있는 문제는 남는다. 다시 말해 지식이 이런 문제에서 어떻게 현상에 관해 종합적인 것을 경험 무관하게 주장할 수 있는지, 그리하여 지식이 실로 그저 경험적인 것에서, 즉 감각적인 것에서 어떻게 현상을 예감할 수 있는지이다.

B217

감각의 **질**(예컨대 색깔, 맛 등)은 언제나 그저 경험적이며, 그것들은 모두 경험 무관하게 표상될 수 없다. 그러나 부정(=0)과는 반대로, 감각 일반에 대응하는 실체

A176

B218

적인 것은 오직 무엇인가를 표상하되, 개념 자체에 그것의 있음이 들어있는 그 무엇인가를 표상할 뿐이다. 이는 경험적 의식 일반 안에서의 종합에 다름 아님을 나타낸다. 왜냐하면 내적 감각 안에서 경험적 의식은 0에서부터 더 높은 등급까지 올라갈 수 있고, 결과적으로 동일한 직관의 크기의 양(예컨대 밝은 불빛의 표면)이 다른 많은 (불빛이 줄어든 표면의) 집합이 종합되는 만큼의 감각을 일으키기 때문이다. 그러므로 우리는 현상에서 크기의 양을 완전히 뺄 수 있지만, 여전히 한순간의 감각 속에서 0에서부터 주어진 경험적 의식까지 올라가는 한결같은 종합을 표상할 수 있다. 따라서 모든 감각이 그 자체로는 경험적으로 주어지는 것일지라도, 등급을 갖는 감각의 성질은 경험 무관하게 인식될 수 있다. 양 일반에서, 우리가 오직 단 하나의 **질**, 다시 말해 연속성을 경험 무관하게 인식할 수 있다는 점, 그리고 모든 질(현상의 실체적인 것)에서는 그저 그것들의 세기의 **양**, 다시 말하면 등급을 갖는다는 것만을 경험 무관하게 인식할 수 있다는 점은 주목할 만하다. 다른 모든 것은 경험에 맡겨져 있다.

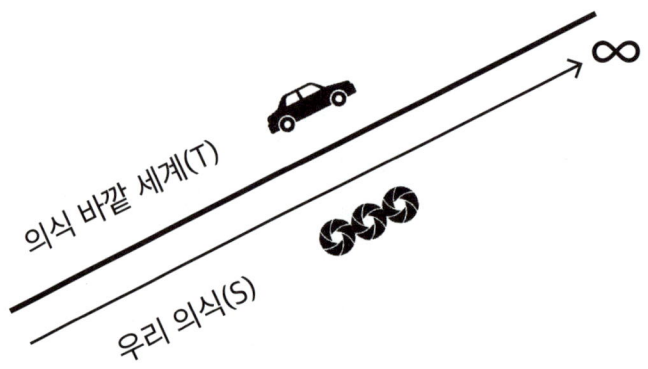

유추란 소스 도메인(S)과 타깃 도메인(T) 사이의 유사점에 기초해, 소스의 구조를 타깃에 적용해 보는 추론이다. 칸트에게 경험이란 경험적 인식이며, 즉 우리 의식에서 생기는 감각 의식과 개념이 결합된 인식이다. 그런데 시간은 무한히 흐르는 양이며, 직관의 공리에 의해 의식 속에 들어온 대상은 지속한다. 그러므로 경험도 시간적인 양을 가져야 한다. 경험의 유추란, 우리 의식(S)에서 어떤 시간적인 관계가 성립한다면, 우리 의식 바깥 세계(T)에서도 그런 시간적 관계가 성립하리라는 추론이다. 동일한 대상에 대한 감각 의식이 서로 시간적으로 연결될 때, 그 대상에 대한 경험적 인식이 비로소 성립한다. 다시 말해 경험은 머릿속 감각 의식이 서로 시간적으로 연결되고 연합해야만 가능해진다.

제3조
경험의 유추[607]

이것들의 원리는 이러하다.
⟨경험은 포착의 필연적인 연결 표상을 통해서만 가능해진다⟩[608]

증명

경험은 경험적인 인식이다. 다시 말해 포착들[609]을 통해 대상을 규정하는 인식이다. 그러므로 경험 그 자체는 포착에 들어 있지 않다. 그러나 하나의 의식 속에서 포착들의 다양함이 종합적으로 하나가 되는데, 경험이란 그런 포착들의 종합이다. 이러한 포착을 하나로 모으는 것은 (감각 기관의 단순한 감각이나 직관에 필수적이라기보다는) 감각 **대상**에 대한 인식, 즉 경험에 필수적인 것이다.

B219

경험 속에서 포착들은 실로 우연적으로만 하나가 되는 것이다. 그것들의 연결 속에서 어떤 필연성도 포착 자체로부터는 자명하지 않으며, 그렇게 될 수도 없다. 왜

---

607 A판은 다음과 같다.
경험의 유추
이것들의 일반 **원리**는 이러하다. ⟨그것들의 존재에 관해서 모든 현상은 하나의 시간 속에서 상호 관계를 규정하는 규칙에 경험 무관하게 종속된다⟩

608 세 번째 경험 무관한 종합 판단이다. 요즘말로는 이렇게 바꿔 이해할 수 있다. ⟨머릿속에서 수집된 데이터가 반드시 연결돼야만 경험이 가능해진다⟩ 이 장에서 나오는 '포착'이라는 단어를 '수집된 데이터'로 바꿔 이해하면 독서가 순조롭다.

609 포착은 경험적 '의식'이다. 의식과 인식은 다르다. 경험적 표상(포착)에 알맞은 이름(개념)을 부여하면, 그것을 일컬어 '대상을 규정한다'라고 표현하고, 그것이 곧 '대상에 대한 앎'이며, 그러므로 경험적 인식이 된다. 그런데 모든 것은 순간적으로 존재하는 게 아니라 시간적으로 존재한다. 우리의 의식도 순간적인 게 아니라 시간적인 것이며(모든 직관은 시간에서 이루어졌다), 따라서 포착은 시간적인 연결을 가짐을 유념하자. 다시 말해 포착은 탐색을 시간으로 적분한 감각 데이터이다.

냐하면 탐색⁶¹⁰은 그저 경험적 직관의 다양함을 편집한 것에 지나지 않기 때문이며, 그래서 우리는 그런 탐색 안에서는 편집된 현상들에 관해 공간과 시간에서 결합된 존재의 필연성을 발견하지는 못하기 때문이다.⁶¹¹ 반면 경험은 포착을 통한 대상 인식이다. 따라서 다양한 표상의 존재 안에 있는 관계라는 것은 시간에서 편집된 것으로 머릿속으로 들어오는 게 아니다.⁶¹² 관계는 시간에서 객관적으로 존재하는 것으로 머릿속으로 들어오는 것이다. 그런데 시간은 그 자체로는 포착될 수 없다. 따라서 시간 속에서 대상의 존재를 결정하는 것은 오직 시간 일반 속에서 포착의 결합을 통해서만, 그래서 오직 그런 연결을 만드는 개념들⁶¹³을 통해서만 생겨난다. 이제 이 개념은 항상 포착들에 필연성을 불러오고, 그리하여 경험은 포착들의 그와 같은 필연적인 연결의 표상을 통해서만 가능해진다.⁶¹⁴

시간의 세 가지 양상은 **불변성, 순차성, 동시성이다.** 그러므로 현상들의 모든 시간 관계를 지배하는 세 가지 규칙⁶¹⁵이 존재하게 되니, 이것에 의해 현상의 존재는 모든 시간의 하나됨에 관해서 규정될 것이다. 또한 이것은 경험에 선행해서 경험을 비로소 가능하게 하는 규칙이다.

A177

이 세 가지 유추의 일반 원리는 모든 가능한 (포착의) 경험적 의식에 관하여, **모**

B220

---

610 탐색은 포착 전 단계에서 행해지는 상상력의 기능이다. 인간은 직관 → 탐색 → 포착 → 개념의 과정을 통해 대상을 인식한다. 개념은 범주로서 순수 개념이 먼저 작용되고(순수 개념이 작동하므로 모든 인간에게 공통된다. 이것이 개념의 초월적 사용이다), 그다음 경험 개념이 적용되는 구조로 개념을 사용하게 되는데, 칸트는 원리의 분석을 통해 순수 개념의 사용을 분석한다. 개념을 적용해야 의미가 생긴다. 탐색 단계에서는 아직 의미가 없고, 따라서 관계도 성립하지 않는다. 탐색한 것을 공간적으로 그리고 시간적으로 연결한 것이 포착이며, 이런 포착이 생각의 대상으로 정해진 것을 일컬어 현상이라 부른다.

611 필연성은 범주에 의해, 즉 지식 안에서 비로소 나타난다.

612 감수성 영역에는 편집 기능이라는 게 없다.

613 범주를 뜻한다.

614 즉 범주를 통해서만 가능해진다.

615 인간 머리의 범주에 있는 시간 관계에 대한 경험 무관한 규칙으로서, 불변성의 시간 관계 규칙, 순차성의 시간 관계 규칙, 동시성의 시간 관계 규칙이 있음을 말한다. 이 규칙들로부터 불변성, 순차성, 동시성의 실제 시간 관계(즉 경험 세계의 모든 시간 관계)를 유추할 수 있다는, 즉 경험을 가능하게 한다는 논리가 펼쳐진다.

든 시간에서의 지각의 필연적 **하나됨**에 의존한다.⁶¹⁶ 이러한 하나됨이 경험 무관하게 기초하므로, 이 원리는 시간 관계에 따르는 모든 현상의 종합적 하나됨에 의존한다. 왜냐하면 근원적 지각은 내적 감각(모든 표상의 합계)에 관련되며, 특히 내적 감각의 형식에, 다시 말해 다양한 경험적 의식의 시간 관계에 경험 무관하게 관련되기 때문이다. 이리하여 이 모든 다양함은, 그것이 시간 관계에 관한 한, 근원적 지각에서 하나가 돼야 한다. 이는 나의 (즉, 나의 하나된) 인식에 속하는 모든 것이, 그러므로 내게 하나의 대상이 될 수 있는 모든 것이 종속되는 것이며, 그래서 지각의 경험 무관한 초월적 하나됨이라 칭해진다. 따라서 모든 포착의 시간 관계에서 이러한 종합적 하나됨은 **경험 무관하게 규정되는 것**이므로, 이는 〈모든 경험적 시간 규정은 보편적 시간 규정의 규칙들⁶¹⁷에 종속해야 한다〉는 법칙이 된다. 그리고 이제 우리가 다루고자 하는 경험의 유추는 이런 종류의 규칙임에 틀림없다.

A178

이런 원리들은 현상과 그것들의 경험적 직관의 종합을 고려하지 않는다. 그저 **존재**⁶¹⁸와, 저 존재에 관한 상호 **관계**만을 고려한다는 점에서 특이점이 있다. 그런데 현상에서 무엇인가가 탐색되는 방식은 현상의 종합에 대한 규칙이 — 동시에 눈앞에 있는 모든 경험적 사례에 대해 — 경험 무관한 직관을 줄 수도 있는,⁶¹⁹ 다시 말해 그런 직관으로부터 현상을 만들어 낼 수 있는 방식으로 경험 무관하게 정해질 수 있다. 그러나 현상들의 존재는 경험 무관하게 인식될 수는 없다. 그래서 설령 우리가 앞에서 언급한 방식으로 어떤 존재나 그 밖의 것을 추론하는 데 성공할 수 있을지라도, 우리는 여전히 그것을 확정적으로는 인식할 수 없을 것이다. 즉 우리는 그것⁶²⁰의 경험적 직관으로부터 다른 직관들과 구별되는 것을 예감하지는 못할 것

B221

---

616 우리가 직관하는 외부의 객관(대상)이 하나라면(지금 이 시간에서는 하나밖에 없다고 가정하자) 그것에 대한 우리 머릿속 현상도 하나여야 한다. 그런데 그런 대상을 관찰할 때 생겨나는 다양한 표상을 하나로 만드는 기능이 경험 무관하게 머릿속에 있고, 그것이 바로 개념을 표상(현상)에 적용하는 지각의 기능이다. 칸트는 그것을 일컬어 '초월적 하나됨'이라고 칭한다.

617 시간 규정은 관계의 범주가 현상에 작용하여 결정하는 불변성, 순차성, 동시성 중 어느 하나 이상의 규정에 해당하게 된다는 규칙.

618 즉, 현상들의 존재.

619 예컨대 앞에서 살펴본 직관의 공리.

620 즉, 현상들의 존재.

이다.

현상에 수학을 적용하는 것을 정당화해 주는 까닭에 내가 수학적 원리라고 칭했던 앞의 두 원리[621]는 그저 가능성 면에서 현상을 다루는 것이었다. 그 원리들은 수학적인 종합의 규칙을 따라 현상들의 직관 및 포착의 실체적인 것과 관련하여 그 현상들이 어떻게 만들어지는지를 우리에게 가르쳐 주었다. 따라서 우리는 두 경우에서 수량을 사용할 수 있으며, 그것들과 함께 양으로서의 현상에 대한 규정을 사용할 수 있다. 그러므로 예컨대 나는 달빛으로부터 약 20만 배의 광량을 햇빛의 감각 등급으로 모을 수 있고, 그래서 그런 등급을 경험 무관하게 규정할 수, 즉 구성할 수 있다. 그러므로 우리는 앞선 두 원리들을 구성적이라고 칭할 수 있는 것이다.[622]

A179

그러나 현상들의 존재를 저 규칙들[623] 아래로 경험 무관하게 놔둬야 하는 사정은 앞선 원리들과 아주 다르다. 왜냐하면 존재는 구성될 수 없기 때문이다. 그래서 존재에 관한 원리는 그저 존재의 관계만을 다루게 될 것이고, 그러므로 **조정적**[624] 원리만을 만들 수 있기 때문이다. 그렇기 때문에 여기서는 공리든 예감이든 찾을 수 없다. 만약 어떤 시간 관계에서 하나의 포착이 (설령 정해진 것은 아니더라도) 다른 포착된 것들에 주어진다면, 우리는 그 다른 포착이 어느 것이라거나 그것이 얼마나 큰지에 대해서는 말할 수 없다. 그러나 우리는 그것의 존재와 관련해서, 그런 시간의 양상에서 저 다른 포착이 전자의 포착과 어떻게 필연적으로 결합되는지에 대해서는 말할 수 있을 것이다.

B222

철학에서 유추의 의미는 그것이 수학에서 표상하는 것과는 아주 다르다. 수학에

---

621 직관의 공리와 포착의 예감.

622 머릿속에 나타나는 것만으로, 그 나타남에 따라 머리 바깥의 사물이 만들어지거나 상태가 바뀌는 원리라는 의미. 시간 속에서 직관이 어떻게 생겨나는지(직관의 공리), 그리고 감각 의식이 어떻게 시간을 채우는지(포착의 예감)에 관한 원리는 각각 직관과 포착의 구성에 직접 영향을 미친다.

623 불변성의 규칙, 순차성의 규칙, 동시성의 규칙.

624 Regulative. 기존 번역은 '규제적'(백종현), '통제적'(최재희).

서 유추는 두 양의 관계에서 동등함을 나타내는 공식이고, 그래서 항상 **구성적**이니, 비례식에서 세 개의 항이 주어진다면 네 번째도 주어지게 되고, 다시 말해 구성될 수 있게 된다. 그러나 철학에서 유추라는 것은 두 개의 **양적** 동등함이 아니라, 두 개의 **질적** 관계의 동등함이다. 여기에서 나는 세 개의 주어진 인식으로부터 단지 경험 무관하게 주어지는 오직 **관계**만을 인식할 수 있을 뿐이지, **이 넷째 항** 그 자체가 경험 무관하게 주어지는 것은 아니다. 내가 경험에서 저 네 번째 항을 찾는 어떤 규칙과 그것을 발견해 내는 표식을 가질지라도 그러하다. 그러므로 경험의 유추는 오직 경험의 하나됨이 포착된 것들에서 비롯된다는 규칙일 것이다(경험적 직관 일반으로서 포착 자체가 어떻게 생겨나는지를 말하는 규칙이 아니다).[625] 그리고 그런 유추는 대상들(즉 현상들)에 대한 원리로서, **구성적으로** 타당한 게 아니라, **조정적으로** 타당할 것이다. 한편 똑같은 것이 경험적 생각 일반의 상정에서도 적용될 것인데, 이는 단순한 직관의 종합(현상의 형식), 포착의 종합(현상의 내용), 그리고 경험의 종합(이 포착의 관계)에 함께 관련되는 것으로, 즉 이런 상정도 단지 조정적 원리라는 것이다. 이러한 원리가 구성적인 수학 원리와 구별되지만, 양자 모두 경험 무관하게 확립되는 확실성에서는 차이가 없고, 다만 그 증거 방식, 즉 그것들의 직관적인 특성(고로 증명돼야 함)에서 차이가 난다.

그러나 모든 종합 원리에 대해 잊지 말아야 하며, 여기에서 특별히 주목해야 할 것이 있으니, 이 유추는 지식의 초월적[626] 사용 원리가 아니라, 그저 경험적 사용 원리라는 것이다. 즉 이런 원리는 그것들의 유일한 의미와 타당성을 갖는 것이 아니라, 경험적 용도의 원리로서만 증명될 수 있다는 것이다. 결과적으로 현상은 본래 범주 아래가 아니라 오직 범주의 윤곽 아래에서[627] 포함돼야 한다. 왜냐하면 만약 이

---

625 쉽게 생각하면, 머릿속의 시간 관계(관계 S) 규칙에 따라 (현상으로서) 머리 바깥의 시간 관계(관계 T)가 조정된다는 의미. 우리가 어떤 경험을 하게 될 때, 그 경험적 인식은 지각에 의해 시간적으로 하나로 결합되어야 하는데, 그때 머릿속에서는 불변성, 순차성, 동시성의 시간 관계(관계 S)라는 규칙이 적용된다. 그리고 이런 관계 S에 따라 경험 세계의 관계(관계 T)가 정해질 것으로 유추할 수 있다는 것이다.

626 '초경험적'의 의미. 즉 경험의 유추는 경험을 초월한 형이상학적 존재나 사물 자체를 인식하는 용도로는 사용돼서는 안 되는 뜻이다.

627 범주는 순수 개념 자체를 뜻하지만, 범주의 윤곽은 직관이 전제되어야 한다.

런 원리가 관계하게 되는 대상들이 사물 자체라면, 그것들에 관해서는 경험 무관하게 그 무엇도 종합적으로 인식하는 것은 전적으로 불가능하기 때문이다. 결국 모든 경험 무관한 원리가 궁극적으로 이르게 되는 것에 대한 완벽한 인식은 그저 현상에 불과하며, 그런 완벽한 인식이 곧 우리의 가능한 경험인 것이다. 따라서 이런 원리는 현상의 종합에서 경험적 인식의 하나됨[628]을 위한 조건만을 자신의 목적으로 삼는다. 그러나 이러한 하나됨은 순수 지식 개념의 윤곽 안에서만 홀로 생각되는 것이며, 종합 일반의 하나됨으로서 어떤 감각 조건에 의해 제한되지 않는 저 윤곽에서의 하나됨이라는 기능이 범주 안에 포함되는 것이다. 이리하여 이런 원리가 우리로 하여금 오직 개념의 논리적이며 보편적인 하나됨과의 유추를 통해서만 현상들을 한데 모을 권한을 부여한다. 저 원리 자체에서 우리는 정말이지 범주를 사용할 것이지만, 그것을 실제로 사용하는 경우(즉 현상들에 원리를 적용하는 경우)에는 범주가 있는 장소 안으로 들어가는 열쇠로서 범주의 윤곽을 우리가 사용할 터이다. 그게 아니라면 우리는 범주의 공식이라 명명되는 것 아래에 범주를 제한하는 제약 조건으로서 바로 옆에 저 윤곽을 놓을 것이다.

B224

---

628 어떤 대상이 하나라면, 그 대상에 대한 우리의 인식도 하나여야 한다. 〈경험의 유추〉에서 칸트는 이런 진리를 전복한다. 모든 인간의 머릿속에서 윤곽 기능에 의해 현상이 하나가 되도록 경험 무관하게 프로그래밍되어 있기 때문에, 우리는 하나의 대상에 대해 한 개의 경험적 인식을 할 수 있다는 것이다. 이러한 하나됨이 머리 안에 작동하기 때문에 경험이 가능해진다고 칸트는 해설한다. 그리고 '객관적 타당성'은 인간이 객관 그 자체를 인식할 수 있기 때문이 아니라 범주의 이러한 윤곽 기능 덕분이라는 것.

A182

제1항
제1 유추
본질 불변의 원리[629]

**현상들이 모두 변하는 경우에도
본질[630]은 불변하며,
그것의 양은 자연 속에서
증가하지도 감소하지도 않는다.[631]**

증명[632]

모든 현상은 시간[633] 속에 있으며, 토대로서(즉 내적 직관[634]의 불변의 형식으로서)

---

629 A판: 불변의 원리
대상 자체로서 모든 현상에는 불변의 것(즉, **본질**)이 들어있으며, 그것의 단순한 규정으로서, 즉 대상이 존재하는 방식으로서 가변적인 것이 들어있다.

630 독자는 지금 칸트가 인간 머리 안의 순수 지식 개념의 원리를 설명하고 있음을 잊지 말아야 한다. 여기서 말하는 '본질'은 머리 바깥의 어떤 객관적인 본질을 말하는 게 아니라, 경험 무관하게 인간의 머릿속에 들어있는 범주를 뜻한다. 본질이 실제 무엇이냐라고 묻고 그것에 답하는 모든 과정은 경험적이다. 독자는 세 가지 경험의 유추를 통해 어떻게 경험이 가능해지는지, 인간의 머릿속의 판단이 어떻게 경험적 타당성을 확보하는지(거꾸로 이해해서는 안 된다) 주목해 볼 필요가 있다.

631 네 번째 경험 무관한 종합 판단. 실제로 있는 것의 본질이 아니라, 머릿속 본질이므로, 자연 속에서 증가하거나 감소하지 않는다는 것은 실제 자연에서 그러하다는 게 아니라, 머릿속에서 본질의 특성이 그렇게 나타난다는 뜻. 이런 경험 무관한 종합 판단이 인간의 머리 안에 있기 때문에, 변화에 대한 경험적 인식이 가능해진다.

632 A판: 제1 유추의 증명
모든 현상은 시간 속에 있다. 시간은 현상이 순차적이거나 동시적인 두 가지 방식으로 현상의 존재에서의 관계를 규정할 수 있다. 첫 번째 방식의 관점에서 시간은 시계열로서 고찰되며, 두 번째 관점에서는 시간 범위로 고찰된다.

633 경험적인 지식으로서 시계적인 시간이 아닌, 인간 머릿속 시간을 가리킨다.

634 의식의 시간적 조건.

시간 속에서만 **동시성**이나 **순차성**이 표상될 수 있다. 그러므로 시간 속에서 현상들의 모든 변화가 생각되겠지만, 시간은 지속하고 변하지 않는다. 왜냐하면 시간은 그런 것이기 때문이며, 그 안에서만 현상들을 규정하는 순서성이나 동시성이 표상될 수 있기 때문이다. 시간은 그것만으로는 포착될 수 없다. 따라서 시간 일반을 표상하는 토대는 포착의 대상, 즉 현상 속에서 발견돼야 한다. 토대 안에서의 모든 변화나 동시성은 탐색되는 현상들의 시간 관계를 통해 포착될 수 있는 것이다. 그런데 실체적인 모든 것의 토대, 다시 말하면 사물의 존재에 속하는 모든 것의 토대가 곧 **본질**이다. 이 본질에서 존재에 속하는 모든 것은 단지 본질의 술어 규정으로 생각될 수 있다. 그리하여 현상의 모든 시간 관계가 규정될 수 있는 그런 관계에서 불변하는 것은 현상 속에서의 본질이다. 다시 말해 모든 변화에서도 항상 그대로 남아 있는 토대로서의 본질은 현상 속에 실제로 있는 것이다. 그러므로 본질이란 그것의 존재에서는 변할 수 없는 것이니, 자연 속에서 그 양이 증가할 수도 감소할 수도 없다.

B225

외부 대상에 본질과 비본질 개념을 구별하여 적용함으로써 우리는 변화를 인식할 수 있다. 예컨대 우리는 나무는 본질이며, 나뭇잎은 비본질임을 구별할 수 있다.

현상의 다양함에 대한 우리의 **탐색**은 언제나 순차적이며, 그래서 늘 바뀐다. 그러므로 탐색만을 통해서는 우리는 경험 대상으로 고찰되는 저 다양함이 동시적인지 아니면 순차적인지 규정할 수 없다. 만약 경험의 기초가 되는 무엇인가가 **항상 있지** 않다면, 다시 말해 모든 변화와 동시성은 그저 불변의 존재 속에서의 여러 가지 방식(시간 양상)에 불과하다는, 그런 **지속성**과 **불변성**을 갖는 무엇인가가 없다면, 우리는 동시와 순서를 규정할 수 없다. 따라서 모든 시간 관계는 (동

A182

B226

A183 시성과 순차성은 오직 시간 관계이므로) 불변 속에서만 가능하다. 이런 불변성이 시간 그 자체의 경험적 표상의 **토대**이며, 모든 시간 규정은 이러한 토대에서만 가능한 것이다. 불변은 모든 현상의 있음과 모든 변화 그리고 동반되는 모든 것에 항상 관련되는 것으로서 시간 일반을 표현한다. 왜냐하면 변화라는 것은 시간 자체가 아닌 오직 시간 속 현상에 관한 것이기 때문이다(마찬가지로 동시성은 시간 자체의 양상이 아니며, 시간의 어떤 부분도 동시적이지 않고, 모든 것은 순차적이다). 만약 우리가 시간 자체에 순차성이나 순서성을 부여하고자 한다면, 그때 우리는 그런 순차성을 가능하게 하는 또 다른 시간을 생각해야만 할 것이다. 오직 불변성을 통해서만이 시계열의 서로 다른 부분에서 순서적으로 **존재하는 것**이 **지속**이라는 **양**을 얻는다. 왜냐하면 그저 순차성에서는 존재는 항상 명멸하고 말 뿐, 최소한의 양도 갖지 못하기 때문이다. 그러므로 그런 불변성이 없다면 시간 관계도 없다. 그런데 시간 자체는 포착될 수 없는 까닭에, 현상 안에서의 이런 불변성은 모든 시간 규정의 토대이며, 따라서 그것은 모든 포착의 종합적 하나됨의 가능성, 즉 경험

B227 가능성의 조건이기도 하다. 그리고 이런 불변하는 것에서, 시간 속 모든 존재와 모든 변화가 지속하고 불변하는 것의 하나의 존재 양상으로 여겨질 수 있다. 따라서 모든 현상에서 불변성은 대상 자체로, 다시 말해 (현상물의) 본질이지만, 변하거나

A184 변할 수 있는 모든 것은 저 본질(혹은 본질들)의 존재 방식에 속하기 때문에, 그것은 본질의 술어 규정에 불과하다.

모든 시대에서 철학자들만이 아니라 평범한 지식을 가진 사람들도 저 불변성을 모든 현상 변화의 토대로 전제했으며, 그런 전제를 항상 의심할 수 없는 것으로 여겼음을 나는 안다. 다만 철학자는 〈세계의 모든 변화 속에서 **본질**은 지속하되 오직 **비본질**만이 바뀐다〉고 말함으로써 자기 생각을 더 분명하게 표현한다. 그러나 나는 이런 종합 명제를 증명하려는 시도조차 어디에서도 본 적이 없다. 정말이지 저 명제가 완전히 경험 무관하게 타당하고, 순수한 자연법칙의 정점에 놓일 만한 가치가 있다고 확신되는 일도 거의 없었다. 〈본질은 불변이다〉라는 명제는 실로 동어반복이다. 왜냐하면 이런 불변성이라는 것은 본질 범주를 그저 현상에 적용한 것에 불과하기 때문이다. 사람들은 모든 현상 속에서 불변하는 무언가가 실제로 있되, 변하는 것은 단지 그 불변의 존재에 대한 술어 규정에 지나지 않음을 증명해

야 한다. 그러나 그런 증명은 자기 확신적으로, 다시 말하면 개념으로부터는 행해질 수 없다. 이것은 경험 무관한 종합 명제가 관련된 문제이기 때문이다. 사람들은 그런 명제라는 것은 오직 가능한 경험에 관해 타당할[635] 뿐이어서 단지 경험 가능성의 연역[636]에 의해서만 증명될 수 있다는 사실을 미처 생각하지 못했다. 이런 명제가 모든 경험의 기초에 놓여 있었건만(사람들은 경험 인식에서 그런 필요를 느끼기 때문이다), 그것이 한 번도 증명된 적이 없다는 사실이 놀랄 만한 일도 아니다.

B228

A185

한 철학자가 질문을 받았다. "연기의 무게는 어느 정도입니까?" 철학자가 답했다. "저 불탄 나무의 무게에서 남아있는 재의 무게를 빼십시오. 그러면 연기의 무게를 얻습니다." 그러므로 철학자는 재료(본질)는 불 속에서도 사라지지 않고, 단지 그것의 형태만이 변화된다는 것을 반박할 수 없는 사실로 전제했던 것이다. 마찬가지로 〈그 무엇도 없음에서는 생겨나지 않는다〉라는 명제도 불변의 원리로부터, 아니면 현상 속에 들어있는 본래의 주체[637]의 변치 않는 있음으로부터 생긴 또 다른 결과일 뿐이었다. 왜냐하면 만약 우리가 현상 속에서 본질이라고 부르고자 하는 것이 모든 시간 규정의 참된 토대가 되는 것이라면, 과거 시간에서나 미래 시간에서나 모든 있음은 오로지 그 본질에 의해서만 규정될 수 있는 것이어야 하기 때문이다. 그렇기 때문에 우리가 어떤 현상에 본질이라고 명명되는 것을 부여하는 것이다. 그리고 이는 오직 우리가 본질을 모든 시간[638]에서의 있음으로 전제함에서 비롯된다. '불변성'이라는 단어로는 모든 시간에서의 있음을 완벽하게 표현하지 못하는데, 이는 이 단어가 미래 시간을 더 가리키기 때문이다. 그렇지만 불변성에 들어있는 고유한 필연성은 언제나 있어 왔다는 필연성과 불가분으로 섭합돼 있으니 그 표현을 계속 써도 좋을 것이다. 〈그 무엇도 없음에서 생겨나지 않고, 그 무엇도

B229

A186

---

635 그러므로 〈본질은 불변이다〉라는 명제는 모든 경험에 타당하다는 뜻. 따라서 경험을 가능하게 하려면 본질 개념이 경험 무관하게 머릿속에 들어있어야 한다.

636 경험의 연역이 아니라, 경험 가능성의 연역. 즉 불변성이라는 본질 범주가 있기 때문에 경험이 가능해진다는 연역.

637 즉, 변하는 현상에 관여하는 불변의 '본질'을 뜻한다.

638 머리 바깥의 경험적인 시간이 아니라, 머릿속 시간.

없음으로 되돌릴 수 없다〉라는 명제는 옛 사람들이 분리하지 않고 연결한 두 명제이며, 요즘 사람들은 자주 분리해서 사용한다. 저 명제들은 사물 자체에 관한 것인데, 앞의 명제가 어떤 최고의 원인[639]에 이 세계가 의존해야 한다는 것(세계의 본질[640] 면에서)에 반하리라는 사람들의 상상에서 비롯된 오해 때문에 두 명제를 분리하지만, 이는 불필요한 걱정이다. 왜냐하면 우리는 여기서 단지 경험의 영역 안에 있는 현상들에 관해서만[641] 이야기하고 있기 때문이며, 만약 우리가 새로운 사물을 생기게 하는 것이라고 가정한다면, 경험의 하나됨은 결코 가능해지지 않기 때문이다(본질의 면에서). 그런 가정에서는 시간의 하나됨을 표상할 수 있는 것이, 다시 말해 모든 변화를 일관되게 하나로 만드는 유일한 것으로서 토대의 동일성이 더 이상 존재하지 않게 되기 때문이다. 그러하니 이런 불변성은 (현상 속에서) 사물들의 존재를 머릿속으로 가져오는 우리의 방식에 다름 아니다.

어떤 본질이 규정하는 것 — 이는 그 본질이 존재하는 특정 방법에 지나지 않는다 —을 일컬어 **비본질**[642]이라 부른다. 그것들은 본질의 있음에 관한 것이므로 항상 실체적이다. (부정이란 단지 본질에서 어떤 것의 없음을 표현하는 규정들이다) 만약 우리가 본질에서 그런 실체적인 것에 특별한 있음을 부여한다면(예컨대 어떤 물질의 비본질로서 운동), 그때 그런 있음은 존속성[643]이라 불리는 본질의 있음과 구별되도록 부속성[644]이라 칭한다. 그러나 여기에서 많은 오해가 생겨난다. 만약 우리가 오직 본질의 존재가 적극적으로 규정되는 방식으로 비본질을 특징 짓는다면, 이것은 더 정확하고 올바르게 말하는 것이다. 그러나 우리 지식의 논리적 사용에 대한 제약 탓에 우리는 불가피하게도, 말하자면 본질 자체가 지속함에도, 본질의 존재 속에서 바뀔 수 있는 것에 대한 고찰과 불변의 근본적인 것에 관한 고찰을 분

---

639 조물주로서의 신의 존재.

640 머릿속 본질이 아니라 사물 자체의 본질.

641 다시 말해 머릿속에서 생각되는 변화와 불변에 대해서만.

642 Accidents. 기존 번역은 '우유성'.

643 예컨대 소유물은 사라지지 않고 계속 존속한다.

644 재산을 소유하면 그 소유자에게 소유물에 대한 권리(소유권 등)가 부여되는데, 그때의 성격이 부속성이다.

리한다. 따라서 이 범주⁶⁴⁵가 관계라는 명칭 아래에 있기는 해도, 그 자체에 관계가 들어있다기보다는 관계의 제약으로서 그러하다는 것이다.

이제 이러한 불변성은 이어서 **변화** 개념을 교정하는 기초가 되기도 한다. 생성과 소멸은 생성하고 소멸하는 것의 변화가 아니다. 변화라는 것은, 똑같은 대상의, 어느 한 존재 방식에 이어지는 다른 존재 방식이다. 그러므로 모든 변화는 **지속하는 것**의 **상태만이 바뀌는 것**이다. 따라서 이런 변화는 중단되느냐 아니면 시작되느냐는 규정에 관한 것이니, 조금 역설적에게 보이는 표현을 이용해서 우리는 이렇게 말할 수 있다. 〈오직 불변의 것(본질)이 변하는 것이요, 변화는 변하는 게 아니라 그저 **변경**이니, 이런 규정이 중단되고 저런 규정이 시작되는 것이기 때문이다〉

B231

따라서 변화는 본질에서만 포착될 수 있는 것이며, 불변성의 규정과 순전히 관계하지 않는다면, 생성과 소멸은 가능한 포착이 될 수 없다. 바로 저 불변성이 하나의 상태에서 다른 상태로, 없음에서 있음으로, 이행하는 것을 머릿속으로 나타내게끔 해 주기 때문이며, 따라서 그런 상태 이행은 지속하는 것의 변화 규정으로서만 경험적으로 인식될 수 있기 때문이다. 만약 여러분이 단독으로 존재하기 시작하는 것이 있다고 가정한다면, 그것이 존재하지 않았던 어떤 시점을 생각해야만 하는데, 이미 그곳에 존재하고 있는 것이 아니라면, 여러분은 그런 시점을 어디에다 묶어둘 것인가? 앞서 있으리라는 텅 빈 시간은 포착 대상이 아닌 탓이다. 그러나 만일 여러분이 이런 생성을 앞서 있었고 생성되는 무엇에 이르기까지 지속한 사물에 묶는다면, 그때 저 생성된 것은 단지 불변으로서 이전부터 있었던 것의 규정에 지나지 않는다. 이런 일은 소멸에서도 마찬가지다. 현상이 더 이상 없는 곳에서 이띤 경험석인 시간 표상을 전제하기 때문이다.

A188

현상에 들어있는 본질은 모든 시간 규정의 토대이다. 만약 어떤 본질이 생성되되 다른 본질이 소멸되는 것이라면, 이런 일 자체가 시간의 경험적 하나됨의 유일한 조건을 폐기하는 것이고, 그러면 현상들이 서로 다른 시간 — 그 안에서 존재가 동

B232

---

645 본질이라는 범주.

A189 시에 흘러가게 되는 —에 관계하게 되는 것이니 불합리하다. 왜냐하면 **오직 한 개의** 시간만이 있을 뿐이기 때문이다. 그리고 모든 상이한 시간은 동시가 아니라 순차적으로 놓여야 하기 때문이다.

따라서 불변성은 그 아래에서만 현상들이 가능한 경험 속에서 사물이든 대상이든 규정될 수 있는 필연적인 조건이다. 그러나 무엇이 이 필연적인 불변성의 경험적인 기준인지, 그리고 이와 함께 무엇이 현상들의 본질성인지에 관해서 필요한 이야기를 할 기회가 이어서 주어질 것이다.

제2항
제2 유추
인과성의 법칙을 따르는 시간 순차성의 원리[646]

**모든 변화는
원인과 결과의 연결 법칙에 따라 생겨난다.**[647]

증명

(앞에서 설명한 원리는, 시간 순차성의 모든 현상은 모든 것이 그저 **변화**일 뿐이라는, 다시 말해 그것들은 그 자신이 변하지 않는 본질이 규정하는 순차적인 있음과 있지 않음이라는, 그러므로 본질의 없음에 이어지는 본질 자체의 있음, 혹은 본질의 있음에 이어지는 본질 자체의 없음 같은 것은 존재하지 않음을 밝혔다. 다르게 말하면 본질 자체의 생성과 소멸 따위는 없다는 것이었다. 이런 원리는 이렇게도 표현할 수 있을 것이다. 〈현상들의 모든 변경이 다름 아닌 변화이다〉 왜냐하면 본질의 생성과 변경은 그것의 변화가 아니니, 변화라는 개념은 서로 반대되는 두 규정을 가진 하나의 동일한 주체를 전제하기 때문이며, 그래서 불변하는 것이 전제되기 때문이다. 이렇게 예비적으로 주의한 다음에 이제 이어서 증명하기로 한다.)

B233

현상들이란 서로 뒤따르는 것임을, 즉 사물의 어떤 상태는 한때 그 이전 상태에서는 반대였음을 나는 포착한다. 그래서 나는 정말이지 시간 속에서 두 개의 포착

---

646 생산의 원리(A판)
생겨나는 (즉 존재하기 시작하는) 모든 것은 어떤 규칙에 따라 이어지는 무엇인가를 전제한다.

647 다섯 번째 경험 무관한 종합 판단. 머리 바깥의 자연법칙에 대한 설명이 아니라, 머릿속에서 모든 현상에 경험 무관하게 적용되는 순수 지식 개념의 원리이다. 그리고 이 경험 무관한 종합 명제에 의해 순서를 갖는 경험이 가능해지고, 그런 인간의 인식이 객관적인 실체를 갖게 된다.

을 연결하는 것이다. 그런데 연결은 그저 감각과 직관의 소관이 아니다.[648] 여기서는 시간 관계에 관해 내적 감각을 규정하는 우리 상상력의 종합적인 능력의 산물이다. 상상력은 문제의 저 두 상태를 상이한 두 가지 방식으로 결합할 수 있으니,[649] 시간 속에서 어느 하나의 상태가 다른 상태에 선행하도록 하는 것이다. 왜냐하면 시간은 그 자체로 포착될 수는 없기 때문인데, 시간과 관련해서 말하자면 대상 속에서 선행하는 것과 뒤따르는 것은 경험적으로 규정될 수 없다. 그러므로 나는 나의 상상력이 하나의 상태를 앞에, 다른 상태를 뒤에 놓는다는 것만을 의식하는 것이지, 대상 안에서 하나의 상태가 다른 상태에 선행한다는 것을 의식하는 게 아니다. 다시 말하면 포착만을 통해서는 서로 뒤따르는 현상들의 **객관적인 관계**가 규정되지 않은 채로 남아 있다. 이제 이 객관적인 관계가 규정된 것으로 인식되기 위해서는, 두 가지 상태의 관계가, 그중 어느 상태가 앞에 놓이고 다른 것이 뒤에 놓이고, 거꾸로는 안 된다는 것이 필연적으로 규정되는 그런 방식으로 생각돼야 한다. 그러나 종합적 하나됨의 필연성을 동반하는 개념은 포착 속에 거주하는 게 아니라, 오직 순수 지식 개념에서만 가능하다. 여기서 그 개념이란 저 두 가지에 관한 **원인과 결과의 관계** 개념이며, 원인은 시간 속에서 결과를 규정하는 것이고, 이는 그저 상상 속에서 선행하리라는 무엇으로서가 아니라(전혀 포착될 수 없는 그런 게 아니라), 원인의 귀결로서 규정하는 것이다. 따라서 경험 자체, 다시 말해 현상들에 대한 경험적 인식이라는 것은 우리가 현상들의 순서를, 그러므로 모든 변화를 인과성의 법칙에 종속시킴으로써만 가능해지는 것이다. 이리하여 경험의 대상

B234

A189

---

648 연결이라는 행위는 머리에서 **자발적으로** 이루어지는 것이다. 그러므로 수동적인 수용성에 불과한 감각이나 직관이 '연결이라는 행위'를 머릿속에서 할 수 없다. 칸트의 일관된 입장. 머릿속에는 실로 다양한 연결이 존재한다. 직관과 관련된 모든 '연결'은 상상력이 담당하고, 선별된 직관(포착)에 개념을 연결하는 것은 판단력이 담당한다.

649 상상력의 종합만으로는 데이터를 시간적으로 결합해서 포착을 만들어 내었을 뿐이다. 비유해서 말하자면, 데이터를 시간적으로 압축했을 뿐이다. 데이터 압축을 풀어야만 시간 순서가 정해지고, 그런 압축 해제를 인과성의 범주가 담당한다.

으로서 현상들 그 자체는 오직 이 법칙에 합당해야만 가능해진다.[650]

현상들의 다양함을 탐색하는 것은 언제나 순차적이다.[651] 부분들에 대한 표상은 서로 순차적이다. 그것들이 대상 안에서 서로를 따르는지 여부는 첫 번째 지점에서는 들어 있지 않은 두 번째에서 숙고할 지점이다. 우리는 확언컨대, 우리가 그것을 의식하는 한, 모든 것을, 심지어 모든 표상조차 대상이라 칭할 수 있다. 이 단어가 현상의 사례 속에 무엇을 의미하는지는 — 머릿속에 있는 것으로서 그것들이 대상인 한에서가 아니라, 그것들이 그저 어떤 대상을 가리키는 한해서 — 더 깊은 탐구가 요청된다. 그것들이 그저 머릿속에 있는 것으로서 동시에 의식의 대상인 한, 그것들은 상상력의 종합 안으로 끌어모으는 탐색과 다르지 않으며, 따라서 우리는 현상들의 다양함이란 항상 머릿속에서 순차적으로 만들어지는 것이라 말해야 한다. 만약 현상들이 사물 자체라고 한다면, 어떤 인간도 현상들의 다양함이 대상 속에서 어떻게 결합되는 것인지 머릿속에 있는 것들의 순차성으로부터는 가늠할 수 없

시간적인 순차성에서 우리는 무엇이 먼저 있었고, 무엇이 나중에 뒤따르는지를 구별할 수 있다. 그것이 인과성을 만들어 내는 규칙이 된다.

---

650 순수 지식 개념으로 인과성의 원칙이 인간의 머릿속에 들어있기 때문에, 머리 바깥의 존재 중에서 인과성에 맞는 것만을 인간이 경험적으로 인식하는 것이지, 객관에 실제로 들어있는 인과성이 있기 때문에 인간의 머리가 그 인과성을 확인하는 게 아니라는 의미(머리 안으로 들어온 대상에 대한 수집된 데이터(포착)는 그저 있는 것이거나 시간적으로 흘러가는 데이터에 불과하다). 칸트는 이런 논리를 일관되게 유지한다. 그렇기 때문에 자연법칙은 범주가 만들어 내는 인과성의 법칙 아래에 놓인다는 것이다. 왜냐하면 그래야만 인간이 아는 자연법칙이 되기 때문이다.

651 그러나 범주가 적용되기 전에는 아직 시간 순서가 정해지지 않는다.

다. 왜냐하면 우리는 결국 그저 우리 머리 안에 있는 것만을 다룰 뿐이요, 사물들이 어떻게 그 자체로 존재하는지는(다시 말해 그것들이 우리에게 영향을 미치는 그런 표상을 고려할 것도 없이) 완전 우리 인식의 영역 바깥에 있기 때문이다. 현상은 실로 사물 자체가 아님에도, 그럼에도 불구하고 인식을 위해 우리에게 주어질 수 있는 유일한 것이다. 설령 탐색 안에서 다양한 표상이 언제나 순차적일지라도, 나는 저 현상 자체에서 다양한 표상에 어떤 종류의 시간적인 결합이 들어있는지를 여전히 보여줘야 한다.[652] 그러므로 예컨대 내 앞에 서 있는 집이라는 현상에서, 다양한 표상의 탐색은 순차적이다.[653] 지금 문제는, 이 집 자체의 다양함도 역시 순차적이냐는 점인데,[654] 확실히 이에 대해서는 아무도 인정하지 않을 것이다. 그러나 내가 어떤 대상에 대한 나의 개념들을 초월적 의미까지 끌어올리면, 저 집은 대상 그 자체가 아니라 단지 하나의 현상, 다시 말해 표상일 뿐이다. 그것의 초월적 대상[655]은 알려지지 않는다. 그렇다면 나는, (그 자체로는 아무것도 아닌) 저 다양함이 현상 자체 안에서 어떻게 결합되어 있는지에 관한 문제에서, 도대체 무엇을 이해하고 있는 것일까? 순차적으로 탐색되는 것은 다름 아닌 표상일 뿐이다.[656] 내게 주어진 현상은 — 그것이 이런 표상의 합계에 지나지 않음에도 — 그런 표상들의 대상으로 간주된다. 그리고 내가 탐색 과정에서 얻은 개념은 저 대상과 일치해야 한다. 인식이 대상과 일치함이 곧 진리이기 때문에, 여기서 우리는 이 문제가 그저 경험적 진리의 형식 조건이 무엇인지를 묻고 있음을 알 수 있다. 그리고 탐색되는 표상들과 비교되면서, 우리는 다양함의 결합 방식이 반드시 그렇게 될 수밖에 없는 일정한 규칙에 하나의 현상이 종속될 때에만, 비로소 그 현상이 탐색된 표상들과

---

652 우리의 생각이 어떻게 객관적 타당성을 갖는지, 다시 말해 어째서 우리의 생각이 사물이 실제로 존재하는 모습에 합당하게 되는지를 밝혀야 한다.

653 집이라는 현상은 그냥 있는 것이지 새롭게 무엇인가가 생성되는 건 아니다. 그러므로 집을 탐색하는 과정이 아무리 순차적이라 하더라도 현상 그 자체에 대한 포착이 어떤 필연적인 순서성을 갖는 건 아니다. 뒤의 강물의 예와 비교할 필요가 있다.

654 내 머리 안의 순서가 내 머리 바깥의 존재의 순서와 일치하는가, 즉 객관적으로 타당한가.

655 그 집 자체.

656 탐색은 한순간의 감각 자료이며 시간적인 종합은 아니다. 시간적으로 종합(포착)되어 시간 순서가 결정되려면, 관계의 범주가 적용돼야 하고, 그때 비로소 경험이 가능해진다.

는 구별되는 하나의 대상으로⁶⁵⁷ 표상될 수 있음을 알게 된다. 그런 필연적인 탐색의 결합 규칙이 포함된 현상, 그것이 곧 대상이다.

이제 우리 문제로 나아가 보자. 무엇인가 생성된다는 것, 다시 말해 전에 없던 상태 또는 무엇인가가 존재하게 된다는 것은, 그것이 그런 상태를 포함하지 않는 현상이 선행되지 않는다면, 경험적으로 포착될 수 없다. 왜냐하면 텅 빈 시간 이어져 온 어떤 사실이, 즉 사물의 어떤 상태도 선행되지 않은 생성이라는 것이, 텅 빈 시간 자체를 넘어 탐색될 수는 없기 때문이다. 그러므로 어떤 사건을 탐색하는 일이란 어떤 포착에 이어지는 다른 포착인 것이고,⁶⁵⁸ 그런데 이는, 내가 앞에서 집에 대한 현상에 관해 보여준 것처럼, 모든 탐색의 종합 속에서 동일하기 때문에, 그것에 의해 어떤 사건에 대한 탐색이 다른 탐색들과 구별되지는 않는다. 그러나 만약 생성을 포함하는 어떤 현상의 경우, 내가 선행 포착 상태를 A라 칭하고, 후행 포착 상태를 B라 칭한다면, B는 포착 과정에서 A에 뒤따를 수만 있으며, 마찬가지로 포착 A는 B에 뒤따를 수 없고 오직 그것에 선행할 수만 있을 뿐임을 나는 알아챈다. 예를 들어 나는 강을 떠내려가는 한 척의 배를 본다. 하류 지점에서의 나의 포착은 상류 지점의 배의 포착을 뒤따른다. 이런 현상에 대한 탐색에서 그 배가 하류에서 포착된 다음에 나중에 상류 지점에서 포착되는 것은 불가능하다. 그러므로 탐색 과정에서 저 포착의 순차성의 순서가 여기서는 정해진 것이니, 탐색은 이러한 순서에 묶인다. 앞서 살펴본 집의 예에서는, 탐색 과정에서 나의 포착은 그 집의 지붕에서 시작할 수 있었고, 바닥 끝에서 시작할 수 있었으며, 아래에서 시작하여 위에서 끝날 수도 있었다. 마찬가지로 나는 오른쪽에서든 왼쪽에서든 경험적 직관의 다양한 표상을 탐색할 수도 있었다. 따라서 이런 포착들의 시계열 속에서는 어떤 정해진 순서가 없으며, 저 다양한 표상을 경험적으로 결합하기 위해 내가 반드시 시작해야 하는 탐색 지점을 필연적으로 만드는 순서랄 게 없다. 그러나 생성되는 것의 포착에서는 이 규칙⁶⁵⁹이 항상 발견되고, 그 규칙에 의해 서로 뒤따르는 포착들에

---

657 주관적인 순서가 객관적인 순서가 된다는 의미.

658 단순한 감각적 의식인 포착은, 비유해서 말하자면, 어느 시간 사이에서의 탐색의 적분이다.

659 내가 어디에서 시작해야 하는가에 대한 규칙

대한 순서가 (이런 현상의 탐색에서) **필연적**이게 된다.

이리하여 우리의 경우[660]에서 나는 현상들의 **객관적 순차성**[661]에서 탐색의 **주관적 순차성**[662]을 도출해야 한다. 그렇지 않으면 주관적인 순차성은 완전히 무규정이 되어 하나의 현상이 다른 현상과 구별되지 못하기 때문이다. 완전히 임의적으로 돼 버린 주관적인 순차성 자체는 대상 안에서 다양한 표상을 연결하는 것에 관해 아무것도 증명하지 못한다. 따라서 객관적인 순차성은, **하나의 규칙에 따라서** 어떤 것(즉 생겨나는 것)에 대한 탐색이 다른 것(즉 선행하는 것)에 대한 탐색을 뒤따른다는, 현상의 다양한 표상의 순서에 있는 것이다. 오직 이것만이 나로 하여금 나의 탐색이 아니라 현상 자체에서 순차성이 발견되는 것이라고 말할 수 있게 하니, 이는 곧 이런 순차성을 빼놓고서는 내가 탐색을 수행할 수 없음과 마찬가지다.

B239

A194

그러므로 이러한 규칙에 따라 어떤 사건 일반에 선행하는 것에는 어떤 규칙 제약이 놓여 있어야 한다. 그리고 그것에 의해 그 사건이 항상 그리고 필연적으로 뒤따른다. 그러나 나는 그 사건으로부터는 거꾸로 거슬러 올라갈 수는 없고 (탐색을 통해) 선행하는 것을 규정할 수도 없다. 왜냐하면 어떤 현상도 시간의 후행 지점에선 앞선 지점으로 역행할 수 없기 때문이며, 그리고 그것이 **어떤 앞선 지점**에 관한 것이기 때문이다. 그렇지만 주어진 시간에서 다음 정해진 시간으로 전진하는 것은 필연적이다. 따라서 생겨나는 것은 결국 뒤따르는 것이다. 그렇기 때문에 나는 선행하는 다른 무엇과 필연적으로 관계 지을 수밖에 없고, 또한 뒤따르는 것은 규칙에 따라, 즉 필연적으로 후행하는 것이다. 그래서 제약된 것으로서 사건은 우리에게 어떤 조건[663]을 확실하게 가리키는 반면, 이 조건이 사건을 규정한다.

만약 어떤 사건이 어떤 것 — 규칙에 따라 그 사건이 후행해야 하도록 만드는 그런

---

660 순서의 필연 속에서 생성되는 것에 대한 포착 사건을 말한다. 예를 들어 강물을 따라 떠내려가는 배.

661 시간 규칙에 따르는 순차성.

662 내가 무엇을 먼저 탐색하느냐에 관한 순차성.

663 시간적인 순차성이라는 조건.

것 ―에 의해 선행되지 않는다고 한다면, 그러면 포착의 모든 순차성은 오직 탐색에서, 순전히 주관적으로 정해질 것이다. 그러나 그렇게 돼서는 포착 중에서 어느 것이 본래 선행하는 것이요, 어느 것이 후행하는 것인지 도무지 객관적으로는 규정될 수 없다. 이런 방식으로는 그 어떤 대상과도 관련되지 않을 그저 표상의 유희만을 우리가 갖게 된다. 즉 우리의 포착은 시간 관계 면에서 하나의 현상을 다른 모든 현상과 전혀 구별하지 못할 것이다. 탐색 과정의 순차성은 어디에서나 이런 식이 되는데, 이는 객관적인 것으로서 어떤 순차성에 의해 필연성을 만들어 주는 그런 순차성을 규정하는 것이 현상 속에서는 아무것도 들어있지 않은 탓이다. 그렇기 때문에 그 경우 나는 현상 속에서 두 가지 상태가 서로 순차적으로 이어진다고 말하지는 못한다. 그저 나는 하나의 탐색이 다른 탐색에 뒤따르며, 이는 단지 **주관적인** 무엇일 따름이어서 어떤 대상도 규정하지 않으니, 이는 어떤 대상에 대한 인식으로도 (심지어 현상의 대상이 아닌 것일지라도) 인정될 수 없다[664]고 말하게 될 뿐이다.

B240

A195

따라서 우리가 무엇인가의 생성을 경험하는 경우, 그때 우리는 항상 어떤 규칙에 따라 그것이 뒤따르는 다른 무엇인가가 선행하고 있음을 전제하는 것이다. 그렇지 않다면 나는 그것이 뒤따르는 대상에 대해서는 말하지 못할 것이다. 만약 그것에 선행하는 무엇인가와 관련하여 어떤 규칙에 의해 그 생성이 규정되지 않는다면, 나의 탐색 안의 한낱 순차성은 대상 안의 어떤 순차성도 정당화하지 못한다. 그렇기 때문에 나는 언제나 내 주관적인 (탐색의) 종합을 어떤 규칙과 관련하여 객관적으로 만들게 되는 것이고, 따라서 그 규칙은 생성들의 순차성에, 즉 그것들이 생겨나는 그 이전 상태에 의해 현상들이 규정된다는 그런 순차성에 따르는 규칙이다. 그리고 생겨나는 어떤 것에 대한 경험 자체는 오직 그런 전제 아래에서만 홀로 가능해지는 것이다.

이런 이야기는 사람들이 우리 지식 사용의 과정에 관해 항상 가지고 있던 모든 논

---

664 객관적 실체가 없다, 즉 객관적 타당성을 갖지 못한다, 또는 머릿속 유희에 불과하다 등의 의미.

평과 모순되는 것처럼 보이기는 한다. 사람들의 말에 따르면, 우리가 특정 사건들이 특정 현상들을 언제나 뒤따르게 하는 어떤 규칙을 비로소 발견하는 까닭은, 선행하는 현상들을 뒤따르는 그런 동일한 사건들의 순차성을 포착하고 비교하기 때문이며,[665] 오직 그런 이유만으로 우리가 원인이라는 개념을 형성하도록 유도된다는 것이다. 이런 기반에서는 원인 개념은 그저 경험적이다. 그리고 〈발생하는 모든 것은 원인을 갖는다〉라는 규칙조차 저 원인 개념이 제공하는 것이니, 경험 자체와 마찬가지로 우연적이게 될 것이다. 그리하여 규칙의 보편성과 필연성은 그저 꾸며 낸 것에 불과하게 되고, 참된 보편적 타당성도 갖지 못할 것이다. 규칙들이 경험 무관한 것에 근거를 두지 못하고 단지 귀납에만 근거를 두기 때문이다.[666] 그러나 이런 사정은 다른 경험 무관한 순수 표상들(예컨대 공간과 시간)의 사정과 같다. 우리는 그것들[667]을 명료한 개념들로서 경험에서 끄집어 낼 수 있었는데, 이는 우리가 오직 그것들을 경험 안에 집어 넣었고, 그래서 먼저 그것들을 통해 경험이 생겨 나도록 했기 때문이다. 물론 일련의 사건들을 규정하는 — 원인이라는 개념으로서 — 규칙에 대한 이런 표상은, 우리가 그것을 경험에서 사용하는 바로 그때에만 논리적인 명료성을 가질 수 있다. 그러나 시간 속에서 현상들의 종합적 하나됨이라는 조건으로서 이런 점을 고려해 보면, 이는 경험 자체의 근거일 수밖에 없으니, 경험 무관한 조건으로서 경험에 선행하는 것이다.

그러므로 우리로 하여금 다른 순서가 아니라 포착들의 순서를 지키도록 강제하는 규칙이 근거에 놓인 경우를 제외한다면, 우리가 (이전에 그곳에 없던 것이 생겨난 사건의 경우에서) 순차성을 대상에 부여하지 못하며, 이런 순차성을 우리 탐색 속의 주관적인 순차성과 구별할 수 없음을 우리는 사례를 통해 보여야 한다. 정말이지 우리는 이런 강제야말로 대상에서 저 순차성의 표상이 실제로 가능하게 만드는 것임을 보여야 한다.

---

665 즉 머리 안에 어떤 시간 관계의 규칙이 있기 때문이 아니라, 머리 바깥의 사건에 들어있는 시간 관계를 발견하기 때문이라는 이야기. 다시 말해 원인 개념은 개별적인 사건이지 보편적인 게 아니라는 의미다.

666 데이비드 흄의 사상을 비판하는 대목.

667 공간과 시간이라는 순수 직관을 가리킨다.

우리는 우리 자신도 의식할 수 있는 표상들을 우리 안에 갖고 있다. 이 의식이 얼마나 확장되고 얼마나 정확하고 정밀하든, 그것은 항상 머릿속에 있는 것으로만, 다시 말해 이런저런 시간 관계 안에서 우리 머리의 내적 규정들로만 머물러 있다. 그런데 우리는 어떻게 이런 머릿속에 있는 것들에 하나의 대상을 놓게 되는가? 또는 우리는 어떻게 변환물인 주관적 실체에 어떤 종류의 객관적 실체가 부여되도록 하는가? 객관적 의미는 (사람들이 그 대상에 부르고 싶었을) 머릿속에 있는 다른 어떤 것과 관련돼서 성립되는 게 아니다. 왜냐하면 그런 경우라면 저 문제는 이렇게 바뀌기 때문이다. 어떻게 머릿속에 있는 그것이 자기 자신을 넘어, 머리의 상태 규정으로서 특유한 주관적 의미에 더해, 객관적 의미를 획득하는가? 만약 우리가 **어느 대상과의 관계를 통해** 우리 표상들에 주어지는 새로운 성질이 무엇이며, 그것을 통해 우리 표상들이 얻어낸 권위가 무엇인지에 대해 탐구한다면, 그때 우리는 대상과의 관계가, 다름 아니라 표상들의 결합이, 특정 방식으로 필연적이게 하는 규칙에 종속되는 것임을 발견한다. 역설적에게도 우리는 오직 우리 머릿속에 있는 것의 시간 관계에 있는 특정 순서의 필연성을 통해서만 우리 머릿속에 있는 것에 객관적 의미가 부여됨을 발견한다는 것이다.[668]

B243

현상의 종합에서 표상들의 다양함은 항상 순차적이다. 그런데 이런 순차성을 통해서는 어떤 대상도 머릿속에 나타나지 않는다. 왜냐하면 이런 순차성을 통해서는 — 이는 모든 탐색에 공통된다 — 그 무엇도 다른 것과 구별되지 않기 때문이다. 그러나 이러한 순차성에서 어떤 규칙에 따라 머릿속에 있는 것이 선행 상태와의 관계하면서 뒤따르는 것으로 내가 포착하거나 예감하자마자, 나는 어느 사건으로서의 무엇인가를 혹은 발생한 머릿속으로 가져온다. 다시 말하면 나는 시간 속에서 특정한 위치에 놓아야 하는 하나의 대상을 인식하게 되고, 그런 위치는 선행 상태 관점에서 다르게는 부여될 수 없다. 그러므로 만약 내가 무엇인가의 발생을 포착한다면, 이런 표상 안에 들어있는 첫 번째 것은 무엇인가가 선행한다는 것이다. 현상이 그것의 시간 관계를 얻는 것은, 즉 현상이 존재하지 않았던 선행 시간 이후에

A198

---

668 대상 자체에 있는 순서가 머릿속 표상의 순서를 결정하는 게 아니라, 머릿속 순수 개념의 순서 규칙(즉 인과성)에 의해 대상의 순서가 (머리 안에서) 결정되고, 그렇기 때문에 머리 바깥의 존재와 머리 안의 존재가 일치하게 된다는 의미로 역설적이다.

존재하게 되었음은 바로 저 선행하는 무언가와의 관계에서 비롯되기 때문이다. 그러나 현상은 이 관계에서, 오직 그 현상이 항상 따르는, 다시 말해 현상이 어떤 규칙에 따르는 저 선행 상태 속에 전제된 무엇인가[669]를 통해서만 특정 시간 위치를 얻게 될 뿐이다. 그리고 이런 결과로부터, 첫째, 나는 발생한 것을 취해 그 발생한 것이 따르는 것 앞에 놓으면서 시계열을 뒤집을 수 없으며, 둘째, 일단 선행하는 상태가 놓이면, 그런 정해진 사건이 불가피하게 그리고 필연적으로 뒤따르게 된다. 이리하여 우리 머릿속에 있는 것에는 어떤 순서가 있으며, 현재의 표상은 (그것이 나타나게 되는 한) 주어진 이런 사건과 관계하는 것으로서 어떤 선행 상태가 존재함을 우리에게 가리켜 준다. 이런 관계가 아직은 규정되어 있지 않더라도, 결과로서는 이 사건과 규정적으로 관계하며, 시계열 속에서 필연적으로 연결된다.

만약 앞선 시간이 뒤따르는 시간을 필연적으로 규정하는 것이 — 내가 앞선 시간을 통하지 않고서는 뒤따르는 시간에 도착할 수 없다는 점에서 — 우리 감수성의 필연적인 법칙이자, 그래서 모든 포착의 **형식 조건**이라고 가정한다면, 지나간 시간의 현상들이 뒤따르는 시간에 존재하는 모든 것을 규정함도 필수 불가결한 시계열에서의 **경험적 표상**의 **법칙**이다.[670] 그리고 사건으로서 이런 존재는 어떤 규칙에 따라 시간 속에서 확정되지 않는 한 — 즉 그것들의 존재가 과거 시간의 현상들에 의해 시간 속에서 정해지는 것이 아닌 한 — 생겨나지 않음도 마찬가지다. 왜냐하면 **우리는 오직 현상들 속에서만**[671] **시간의 연결 속에서 이런 연속성을 경험적으로 인식할 수 있기** 때문이다.

모든 경험과 경험의 가능성을 위해 지식이 필요하다. 그리고 지식이 이것들을 위

---

669 그 무엇이 실제로 무엇인지는 경험 개념을 통해 밝혀질 것이다. 우리는 지금 경험 개념이 아니라 '순수 개념'의 원리를 분석하고 있음을 잊지 말아야 한다.

670 이것이 순차성에 관한 경험의 유추이다. 머릿속에서 순차성의 규칙이 들어있기 때문에, '인간의 앎'에서 경험 세계에도 순차성이 부여되고, 그런 순차성을 규정해 버리는 인과관계의 법칙이 생겨남을 뜻한다.

671 사물 그 자체가 아니라.

해 하는 첫 번째 일은 머릿속에서 대상들을 구별되게 하는 것이 아니다.[672] 대상들을 머릿속으로 가져오는 일이 가능해지게 하는 것이다.[673] 이는 현상과 그것들의 존재에 지식이 시간 순서를 부여함으로써 이루어진다. 선행하는 현상과의 관계에서 경험 무관하게 정해지는 시간 속 위치를 결과로서 각 현상에 부여하는 것이다. 이런 시간 속 위치가 없다면, 현상은 그것의 모든 부분의 위치를 경험 무관하게 정해 주는 시간 자체와 일치하지 않게 될 것이다. 어떤 현상의 위치에 관한 이러한 규정은 현상과 절대 시간의 관계로부터 빌려올 수는 없다(왜냐하면 절대 시간은 포착의 대상이 아니기 때문이다). 오히려 거꾸로 현상들 스스로 서로 시간 속에서 자기들의 위치를 규정해야 하며, 이런 위치를 시간 순서에서 필연적이게 해야 한다.[674] 다시 말해 뒤따르거나 생겨난 것은 보편적인 규정에 맞게 그 이전 상태에 들어있던 것의 뒤에 이어져야 한다. 이것이 현상들의 시계열을 낳는다. 가능한 포착들의 시계열 속에서 지식은, 내적 직관의 형식(즉 시간)에서 경험 무관하게 발견되는 것과 동일한 시간과 확고한 결합을 만들어 내고, 그것을 필연적이게 한다. 그리고 여기에서 모든 포착이 그것들의 위치를 가져야 한다.

따라서 무엇인가가 생겨남은 가능한 경험에 속하는 하나의 포착이다. 내가 시간 속에서 그것의 위치가 정해진 것을 현상으로 보는 경우, 그리하여 내가 현상을 포착들의 결합 속에서 규칙에 따라 항상 발견될 수 있는 하나의 대상으로 간주하는 경우, 이러한 경험이 실체가 되는 것이다. 그러나 시간 순차성에 관해 무엇인가를 규정하기 위한 이러한 규칙은 어떤 사건이 항상 (즉 필연적으로) 따르는 조건이 그 사건에 선행하는 것 안에서 발견되어야 한다는 것이다. 그러므로 충분근거율은 가능한 경험의 근거, 다시 말해 시간 순서 안에서 그것들의 관계와 관련하여 현상들에 관한 객관적인 인식의 근거이다.

이러한 명제를 증명해 주는 근거는 다음과 같은 핵심 논점들에 전적으로 의거한

---

672 경험 개념을 먼저 적용하는 게 아니라.
673 순수 개념을 우선 적용하는 것이다.
674 이런 일을 지식이, 더 정확하게는 순수 지식 개념 중 인과율의 범주가 담당한다.

다. 모든 경험적 인식은 상상력에 의한 다양함의 종합을 포함한다. 이러한 종합은 언제나 순차적이다. 즉 이 종합에서 머릿속에 있는 것들은 항상 서로 이어진다. 그러나 순서에 관해 (무엇이 선행해야 하며, 무엇이 뒤따라야 하는지에 관해) 상상력 자체에서는 순서가 전혀 정해지지 않으며, 서로 이어지는 표상의 시계열은 앞쪽으로 취해질 수 있기도 하고, 뒤쪽으로 취해질 수 있기도 하다. 그러나 만약 이러한 종합이 (주어진 현상에 관한 다양한 표상의) 탐색의 종합이라면, 순서는 대상에서 정해지거나, 아니면 더 정확하게 말하자면, 이런 탐색에서 한 대상을 규정하는 순차적인 종합의 순서가 있어서 이 순서에 따라 어떤 것이 필연적으로 선행해야 하고, 그것이 놓이면 다른 것이 뒤따라야 한다는 것이다. 그러므로 만약 나의 포착이 한 사건에 대한 인식을 포함한다면, 다시 말해 무엇인가가 실제로 일어났음을 인식하는 것이라면, 순서가 정해진 ― 즉 시간 면에서 반드시 또는 규칙에 따라 뒤따르는 다른 현상을 전제하는 ― 결과를 우리가 생각하는 그런 경험적 판단일 수밖에 없다. 그런 게 아니라면, 만약 내가 무엇인가 선행하는 것을 가정했음에도 어떤 사건이 선행하는 것을 필연적으로 뒤따르지 않는다면, 나는 그 사건을 내 상상력의 주관적인 유희로 간주할 수밖에 없을 것이다. 그럼에도 내가 그것에 의해 객관적인 무엇인가를 여전히 표상한다면, 나는 그것을 한낱 꿈이라고 불러야 할 것이다. 그러므로 뒤따르는 (발생하는) 것의 존재에 관해, 그것에 선행하는 것에 의해 시간 속에서 필연적으로 그리고 규칙에 따라 정해지는 (가능한 포착들로서) 현상들의 관계는, 결과적으로 결과에 대한 원인의 관계는, 포착들의 시계열에 관한 우리의 경험적 판단들에 대한 객관적 타당성의 조건이다. 요컨대 현상들의 인과관계가 이런 판단들의 경험적 참의 조건이자 고로 경험의 조건인 것이다. 따라서 현상들의 순서에서 인과관계의 원리는 (순차성의 조건 하에서) 모든 경험 대상에도 타당하다.[675] 왜냐하면 그 원리는 그 자체로 그런 경험을 가능하게 하는 근거이기 때문이다.

B247

A202

그러나 여기서 해결돼야 할 의문이 나타난다. 현상 중에서 인과적인 연결에 관한

---

[675] 독자는 여기에서 인과관계의 원리가 특정 내용을 가리키는 게 아니라, 단순히 '인과관계 있음'이라는 형식만을 가리키는 것임을 잊지 말아야 한다.

원리는 우리의 형식에서 현상들의 순서에 제한되는데, 이런 원리를 이용하는 경우, 우리는 현상들이 함께 동반되는 경우에도 그 원리가 적용되고, 그때 원인과 결과가 동시에 있음을 발견한다. 예를 들어 바깥 공기가 들어오지 않는 실내에 온기가 있다고 가정하자. 내가 그 원인을 찾아보니, 난로를 발견한다. 이제 원인으로서 이 난로는 그것의 결과인 실내의 온기와 동시에 있다. 여기에서는 시간적으로 원인과 결과 사이에 아무런 순서가 없다. 그러나 그것들은 오히려 동시적이라고 해도, 여전히 저 법칙은 타당하다. 이런 일은, 자연 속의 대부분의 작용 원인은 그 결과와 동시적이되 결과의 시간적인 순서는 그저 원인의 한순간에 모든 결과를 달성할 수는 없다는 사실에 기인한다. 그런 순간에서도 그 결과가 처음 나타나는 그때, 그것은 항상 그것의 원인과 인과성이 동시에 나타난다. 그 원인이 순간적으로 바로 앞에서 원인이기를 그만둔다면, 결과라는 건 결코 발생하지 못할 것이기 때문이다. 따라서 여기서 우리가 숙고하고 있는 것은 시간의 **순서**이지 시간의 **지나가 버림**이 아니다. 시간이 흐르지 않았더라도 시간 관계는 남는다. 원인의 인과성과 그 원인의 직접적인 결과 사이의 시간이 **없어질** 수 있지만 (그리하여 동시적일 수 있지만) 원인의 결과에 대한 시간 관계는 여전히 규정될 수 있는 것으로 남는다. 만일 빵빵한 방석 위에 올려진 공이 원인으로서 방석 표면을 움푹 내려가게 했다면, 이때의 원인은 결과와 동시적이다. 그러나 나는 여전히 이 역학적 연결에서 시간 관계에 의해 그 두 가지를 구별한다. 왜냐하면 내가 방석 위에 공을 두었기 때문에 그 이전의 부드러운 모양이 움푹 내려가게 된 것이지, (무슨 까닭도 모르게) 방석이 움푹 내려가서 납으로 만들어진 공이 그 위에 올려지는 것은 아니기 때문이다.

그러므로 시간 순서는 실로 어떤 결과에 대해 그것에 선행하는 원인의 인과성에 대한 유일한 경험적 기준이다. 컵은 물이 바닥면보다 더 위에 있도록 만드는 원인이니, 두 현상이 동시적이어도 그러하다. 내가 더 큰 통에서 컵 안으로 물을 따르자마자 무엇인가가 뒤따르는데, 다시 말하면 큰 통 안에 있던 물의 수평 상태가 컵 안의 오목 상태 안으로 바뀌기 때문이다.

이러한 인과성이 작용이라는 개념으로 이어지고, 작용이 힘이라는 개념으로 이어지며, 이로써 본질이라는 개념까지 이른다.[676] 내 비판적인 기획은 오직 경험 무관한 종합 인식의 원천만을 다루고, 그래서 나는 이 기획이 개념들에 관한 (확장이라기보다는) 단순한 해명에 지나지 않는 그런 분석들과 뒤섞이기를 바라지 않으므로, 이런 개념에 대한 자세한 논의는 — 특히 우리가 이런 종류의 교과서들에서 그런 분석을 상당히 많이 발견할 수 있을지라도 — 장차 순수 이성의 체계에 맡겨 두기로 한다. 그러나 나는 본질에 관한 경험적 기준에 관해서는 다루지 않을 수 없으니, 그것이 현상의 불변성이 아니라 작용을 통해서 더 잘 그리고 더 많이 드러날 것처럼 보이는 한에서 그러하다.

B250

A205

작용이 있는 곳에는, 그러므로 활동과 힘이 있는 곳에는 본질도 있으며, 현상들의 풍요로운 원천의 자리는 본질에서만 발견돼야 한다. 이런 말은 멋지게 들린다. 그러나 만약 우리가 본질의 의미를 설명해야 하고, 순환 추론의 오류를 피하기를 원한다면, 이에 답하는 것은 쉽지 않다. 우리는 그렇게 작용하는 것의 **불변성**— 본질의 필수적이고 고유한 특징(현상) —을 어떻게 그 작용으로부터 직접 추론할 것인가? 그러나 우리가 이미 앞에서 이야기한 것에 따르면, 이 문제의 해결책은 그렇게 어려운 것만은 아니다. 설령 그 문제가 (그저 개념들을 분석적으로 진행하는) 일반적인 방법으로는 아주 풀리지 않을지라도 그러하다. 작용은 결과에 대한 인과성의 주체가 갖는 관계를 의미한다. 이제 어떤 결과는 발생하는 것에, 결과적으로 변하는 것에 있으니, 이는 시간 속에서 순차성을 가리키고, 따라서 변하는 것의 궁극적인 주체는, 변화하는 모든 것의 토대로서, 즉 본질로서 **불변하는 것**이다. 왜냐하면 인과성의 원리에 따르면, 작용은 언제나 현상의 모든 변화의 제일의 근거이기 때문이며, 그리하여 작용이라는 것은 그 자체가 변하는 어떤 주체[677] 안에 놓일 수 없는데, 그렇지 않다면[678] 그런 변화를 규정하는 다른 작용들과 다른 주체가 필요하게 될 것이기 때문이다. 이제 이런 이유 때문에, 충분한 경험적 기준으로서 작용은 내가 먼저 비교되는 포착들을 통해 본질의 불변성을 찾을 필요도 없이 본질성을 증

B251

---

676 인과성이 작용하면 변화가 생기고, 변화가 있는 곳에는 그 변화의 토대이자 주체인 불변성이 필요하기 때문인데, 그 불변성이 곧 본질 개념이다.

677 본질.

678 즉, 본질 자체에 작용이 가해진다면.

명한다. 그런 비교 방식에서 본질 개념의 크기와 엄밀한 보편성에 필요한 완벽함을 얻을 수는 없다. 모든 생성과 소멸의 인과성에 관한 제일의 주체가 그 자체로 생성될 수도 소멸될 수도 없음은 경험적 필연성과 존재의 불변성으로 이어지고, 그리하여 현상으로서 본질 개념으로 이어지는 확실한 추론이기 때문이다.

무엇인가가 생겨나는 경우, 그때 생성되는 것은 — 우리가 설령 무엇이 생겨난 것인지 모른다 해도 — 그 자체로 이미 탐구의 대상이다. 어떤 상태의 없음에서 이런 상태의 있음으로의 이행 자체는, 이런 상태에서는 현상의 아무런 성질도 들어 있지 않더라도, 이미 탐구할 필요가 있다. 제1 유추에서 이미 살펴본 것처럼, 이런 생성은 본질에 관한 게 아니라 (본질은 생성되는 게 아니므로) 본질의 상태에 관한 것이니, 따라서 생성이란 그저 변화일 뿐이지 무에서부터 발원되는 건 아니다. 만일 이런 발원이 외부 원인의 결과로서 간주된다면, 그때 그런 생성은 창조라 불리기 때문이며, 창조라는 건 현상들 사이에서 생겨나는 사건으로는 인정될 수 없기 때문이다. 바로 그런 가능성만으로 이미 경험의 하나됨은 무효화될 터이다. 반면 만약 내가 모든 사물을 현상으로서가 아니라 사물 자체로, 그러면서도 지식의 순전한 대상으로 간주한다면, 그때 그것들의 본질이 있음에도 불구하고 그 본질은 그 존재의 면에서 어떤 외부 원인에 여전히 의존적일 수 있다. 그러나 그것은 완전히 새로운 단어의 의미를 도입하는 것이어서 경험의 가능한 대상으로서 현상들에는 적합하지 않을 것이다.[679]

B252

그런데 무엇인가가 어떻게 변하게 되는지, 다시 말해 시간의 어느 시점에서 생겨난 하나의 상태가 또 다른 시점에서 반대 상태가 생겨나서 뒤따를 수 있게 되는지에 관해서, 우리는 그 최소한의 개념도 경험 무관하게 지니고 있지 않다.[680] 이를 위해서는 실제 힘이 필요하며, 그 힘은 오직 경험으로만 주어질 수 있다. 예를 들어

A207

---

679 즉, 사물 자체의 본질은 경험 가능하지 않다.

680 즉, '변화의 내용'에 관해서는 경험 무관하지 않고, 순수 지식 개념이 관여하는 것도 아니며, 그저 경험을 통해 알 수 있는, 다시 말해 범주가 아니라 경험 개념을 사용해야 한다는 이야기.

운동을 일으키는 힘에 대한 지식,[681] 또는 같은 말이지만 (운동으로서) 그런 힘을 가리키는 특정 순차적인 현상에 대한 지식이 필요하다는 것이다. 그러나 그런 변화의 형식, 그런 조건 아래에서만 다른 상태의 생성으로서 변화가 생겨날 수 있으며 (그 내용이 무엇이든, 다시 말해 변하는 상태가 무엇이든) 그렇기 때문에 그 상태 자체의 순차성이 (발생한 그것이) 여전히 경험 무관하게 고찰될 수 있으니 이는 인과성의 법칙과 시간 조건에 따라 그러하다.*

> * 칸트 주석: 내가 특정 관계의 변화 일반에 대해 이야기하고 있는 게 아니라, 상태의 변화를 말하고 있음에 주의해야 한다. 그러므로 만일 어느 물체가 일정하게 움직인다면, 그 물건의 (운동) 상태는 전혀 변화되지 않는다. 그러나 만일 물체의 운동이 가속하거나 감속한다면, 그것의 상태가 바뀌게 된다.

B253
A208
어떤 본질이 하나의 상태 a에서 다른 상태 b로 이행하는 경우, 두 번째 상태의 시점은 첫 번째의 시점과 다르되 그것을 따른다. 마찬가지로 (현상 속의) 실체로서 두 번째 상태는 첫 번째와 다르며, 그 실체가 아직 존재하지 않았을 때 b가 0과 구별되는 것과 같다. 다시 말하면 만약 상태 b가 상태 a와 단지 양에서만 다르다면, 그때 변화는 b-a의 생겨남일 것이고, 이는 그 상태가 0인 것과 관련하여 앞선 상태에서는 존재하지 않았다.

따라서 문제는 어떻게 한 사물이 하나의 상태 a에서 다른 상태 b로 이행하는 것인지이며, 두 순간 사이에는 언제나 하나의 시간이 있고, 그런 순간들에서 두 개의 상태 사이에는 언제나 양을 갖는 차이가 있다(왜냐하면 현상의 모든 부분이 항상 차례차례 양이기 때문이다). 그러므로 하나의 상태에서 다른 상태로의 어떤 이행이 두 순간 사이에 들어 있는 어떤 시간에서 발생하되, 첫 번째 순간은 사물이 물러나는 상태를 규정하고, 두 번째 순간은 사물이 들어오는 상태를 규정한다. 그리하여 두 순간들은 어떤 변화의 시간 경계이며, 따라서 두 상태 사이의 중간 상태의 경계

---

681 Knowledge. 머리의 요소로서 지식(understanding)이 아니다.

이다. 그리고 그런 것들이 전체 변화에 속하는 것이다. 이제 모든 변화는 어떤 원인을 가지며, 그것이 변화가 진행하는 동안의 전체 시간에서 원인의 인과성을 드러낸다. 그러므로 이 원인은 그것의 변화를 갑자기(즉 모두 동시에 또는 한순간에) 만들어 내는 게 아니라, 어떤 시간 속에서 만들어 내는 것이니, 그래서 그 시간이 처음 상태 a로부터 b 상태에서 완료될 때까지 증가함에 따라 실체의 양(b-a) 또한 첫 번째 상태와 마지막 상태에 들어있는 더 작은 등급을 통해 생성된다. 그렇기 때문에 모든 변화란 인과성의 연속적인 작용에 의해서만 가능한 것이며, 그런 작용이 일정하다면 그것을 일컬어 '**작용점**'[682]이라 부른다. 변화는 이런 작용점으로 이루어지는 게 아니라, 작용점들의 결과로서 그것들을 통해 만들어지는 것이다.

이제 이것이 모든 변화에 관한 연속성의 법칙이다. 그리고 이 법칙의 근거는 이러하다. 〈시간도 시간 속 현상도 최소라 하는 부분으로 이루어지지 않으며, 그럼에도 불구하고 한 사물의 변화에서 그 사물의 상태는 요소로서 이런 모든 부분을 통해서 제2의 상태로 이행한다〉 시간의 양에서 어떤 차이도 최소가 아닌 것처럼, 현상 속에서 실체적인 것의 **어떤 차이도 최소의 것**이 아니다. 그래서 실체의 새로운 상태는 그것이 없었던 처음 상태에서 시작하는데, 실체의 모든 무한한 등급을 통해 이 등급의 모든 차이는 0과 a 사이의 차이보다 작다.

이런 명제가 자연에 대한 탐구에 어떤 유용성이 있는지는 여기서 우리의 관심사가 아니다. 그러나 자연에 대한 우리의 인식을 그토록 확장해 주는 것으로 보이는 그런 명제가 어떻게 온전히 경험 무관하게 가능한지, 이것이야말로 우리의 검토가 필요한 문제이다. 설령 이런 명제가 실제로 있으며 올바르다는 것이 분명하고, 그래서 우리 스스로 저 명제가 어떻게 가능했는지 문제 삼지 않을지라도 그러하다. 왜냐하면 우리 인식이 순수 이성을 통해 확대될 수 있으리라는 근거 없는 추정들[683]이 너무나 많기 때문에, 이런 모든 추정을 불신하는 것을 일반 원리로 삼아야 하며,

---

682 Moment. 기존 번역은 '인자'(백종현), '운동량'(최재희).

683 칸트는 관계의 범주가 적용된 결과인 이런 변화의 형식에 관한 규칙을 경험인 용도로 사용하는 게 아니라 초월적인 용도(즉, 초경험적인 용도)로 사용해서는 안 된다는 점을 다시 확인한다.

A210　충분한 근거의 연역을 제공하는 증명서가 없는 한, 그런 종류의 명백한 자기 확신적 증명조차 믿고 받아들여서는 안 된다.

경험적 인식의 확장과 포착의 향상 모두, 다름 아니라 내적 감각의 규정의 확대일 뿐이니, 이는 대상이 무엇이든, 현상이든 순수 직관이든, 시간 속에서의 진행에 불과하다. 이러한 시간 속에서의 진행이 모든 것을 규정하며, 그 자체는 더 이상 다른 것에 의해 규정되지는 않는다. 다시 말해 시간 진행의 부분들은 오직 시간 속에서만 존재하며, 시간의 종합을 통해 주어지는 것이지, 그런 종합 이전에 주어지는 것은 아니다. 그렇기 때문에 포착에서 시간상 뒤따르는 어떤 것으로의 이행은 그 전부가 이런 포착의 생성을 통해 이루어지는 시간 규정이다. 그리고 그것은 항상 그 모든 부분에서 양을 가지므로, 포착의 생성은 양으로서의 생성이며, 0에서 시작해서 그 양의 특정 등급에 이르기까지, 최소 단위를 가지지 않은 채, 양의 모든 단계를 거쳐 이루어진다.[684] 이로써 변화의 형식에 관한 법칙을 경험 무관하게 인식할 수 있는 가능성이 밝혀진다. 우리는 오직 우리 자신의 탐색을 예감할 수 있을 뿐이니, 이 탐색의 형식적 조건은 모든 주어진 현상 이전에 우리 안에 존재하기 때문에, 실로 경험 무관하게 인식될 수 있어야 한다.

B256

A211　존재하는 것이 그것을 뒤따르는 것으로 연속적으로 진행할 수 있는 가능성의 경험 무관한 감각적 조건이 시간에 들어있듯이, 마찬가지로 지식에는 지각의 하나됨을 통해 모든 현상의 위치를 시간 속에서 연속하여 규정할 수 있는 가능성의 경험 무관한 조건이 들어있다. 이는 원인과 결과의 시계열을 통해 이루어지며, 앞선 것이 필연적으로 뒤따르는 것의 존재를 이끌어냄으로써, 시간 관계에 대한 경험적 인식을 모든 시간에 걸쳐 타당하게 (즉, 보편적으로) 만들며, 그리하여 객관적으로도 타당하게 만들어 준다.

684　포착이 양(magnitude)을 갖기 때문에, 질의 범주에서는 양의 등급에 관하여 어떤 실체에 대한 예감이 경험 무관하게 가능했다. 관계의 범주에서는 현상에서 일어나는 변화를 경험 무관하게 직접 규정함으로써 변화의 등급이 관여하는 모든 경험적 인식을 가능하게 한다.

제3항
제3유추
상호작용 또는 공동성(共同性)[685]의 법칙을
따르는 동시성의 원리[686]

**모든 본질은 공간에서
동시적으로 포착될 수 있는 한
일관된 상호작용 안에서 존재한다.[687]**

증명

[688]만약 경험적 직관에서 한 사물의 포착이 다른 사물의 포착을 **상호적으로** 뒤따를 수 있다면, 사물들은 **동시적**이다(그러나 현상의 시간적 연속에서는 — 이는 두 번째 원리에서 살펴본 것처럼 —그런 일이 일어날 수 없다). 그러므로 나는 먼저 달을 포착하고 그다음에 지구를 포착할 수 있고, 반대로 먼저 지구를 포착한 후 달을 포착할 수도 있다. 이런 대상에 대한 포착이 서로 상호적으로 뒤따를 수 있기 때문에, 나는 이런 대상이 동시적으로 존재한다고 말한다. 이제 동시성이란 다양한 표상이 동일한 시간[689]에 존재하는 것이다. 그러나 우리는 시간을 직접 포착할 수 없으며, 그래서 사물들이 동일한 시간에 놓인다는 사실만으로 그것들의 포착이 상호적으로 서로 뒤따를 수 있다는 결론을 도출할 수는 없다. 그렇기 때문에 탐색 과정

B257

---

685   Community. 기존 번역은 '상호성'

686   공동성의 원리(A판)
모든 본질은 동시적인 한 일관된 공동성(즉 상호작용) 속에 놓인다.

687   여섯 번째 경험 무관한 종합 판단. 이 원리는 실제 머리 바깥의 원리가 아니라 우리 머리 안쪽에서 동시성을 인식하는 경험 무관한 원리를 가리킨다. 그러므로 머릿속에서 동시성을 인식하는 상황을 연상하면서 이해할 필요가 있다.

688   이 단락은 B판에서 추가되었다.

689   이 시간은 인식 주체의 머릿속에 있는 시간이다.

에서는 단지 어떤 사물의 포착이 이루어질 때 다른 사물의 포착은 이루어지지 않는다는 점만을 상상력의 종합이 가리키게 될 뿐이다(그 반대도 마찬가지다). 그러나 이것만으로는 그 대상들이 동시적임을, 다시 말해 하나가 그곳에 존재할 때 다른 하나도 동일한 시간 속에 존재함을, 그리고 포착들이 서로 상호적으로 뒤따를 수 있도록 함에 대상들의 동시성이 필수적임을 가리키지는 않을 것이다. 결과적으로 외부에 동시 존재하는 사물들을 위해서 그리고 그것들의 규정에 관하여, 우리는 상호적인 순차성이라는 지식 개념을 필요하게 된다. 이는 우리가 그런 포착들의 상호적인 순차성이 대상 안에서 그 근거를 가진다고 말하기 위함이며, 그래서 그 동시성을 객관적으로 머릿속으로 가져오기 위함이다. 그런데 한 본질에 들어있는 규정들[690]의 근거가 다른 본질 안에도 포함되어 있는 그런 본질의 관계는 서로 영향을 주고받는 관계이다.[691] 만약 후자의 본질이 전자의 본질 안의 저 규정들의 근거를 포함한다면, 그것은 공동성 또는 상호작용의 관계이다. 따라서 공간 내 본질들의 동시성은 그것들 사이의 상호작용을 전제하지 않고서는 경험적으로 인식될 수 없다. 그러므로 이러한 상호작용은 사물들 자체들이 경험적 대상으로서 존재할 가능성의 조건이기도 하다.

사물들이 하나의 동일한 시간[692]에 존재하는 한 그것들은 동시적이다. 하지만 사물들이 하나의 동일한 시간에 있음을 우리가 무엇을 통해 인식하는가? 이는 저 다양한 표상에 대한 탐색의 종합에서 순서가 상관 없을 때, 다시 말해 그 종합이 A에서, B, C, D를 거쳐 E에 이를 수도 있고, 반대로 E에서 A로 되돌아갈 수도 있을 때 그러하다. 왜냐하면 만약 그 종합이 시간 속에서 (A에서 시작해서 E로 끝나는 순서로)

---

690 다시 말해, 변화라는 속성.

691 본질 사이에서 주고받는 영향은, 인과관계의 작용이 행해지는 영향이 아니라, 서로 '불변임'을 전제로 변화의 근거가 공통된다는 영향을 뜻한다. 그러므로 '상호작용'은 시간적인 순서를 갖는 물리적, 화학적 작용이라기보다는 변화의 근거를 주고받는 작용이다. 그런데 인식 주체의 머릿속 사건이라는 점에서, 하나의 주체 안에서 동시적이어야 한다. 그러므로 두 개의 본질은 시간적 관계(즉 변화)가 인식 주체에게 함께 포착되어야 한다. 이 공동성의 머리 바깥에서 동시에 존재하는 사건이나 상태를 가리키는 것이 아니라, 머리 안쪽에서 '동시'라고 경험 무관하게 판단하는 원리를 뜻한다. 그리고 머리 안쪽에서 이런 원리가 작용하면 머리 바깥의 경험 세계에서도 실제로 그러할 것이다.

692 머릿속 시간.

순차적이라면, 포착에 있어 E에서 탐색을 시작하여 A 로 거슬러 가는 것은 불가능해지기 때문이다. A는 과거에 속하는 것이니, 그래서 더 이상 탐색 대상이 될 수는 없기 때문이다.

이제 현상으로 취해진 여러 가지 본질에서,⁶⁹³ 그 각각의 본질이 완전히 고립되어 있다고, 다시 말해 어떤 본질도 다른 본질에 영향을 미치지 않고, 서로 영향을 받지도 않는다고 가정해 보자.⁶⁹⁴ 그런 경우에 그것들의 **동시성**은 가능한 포착의 대상이 되지는 못할 것이며, 어떤 경험적 종합으로도 하나의 본질은 다른 본질의 존재함으로 이어질 수 없노라고 나는 말할 것이다. 왜냐하면 만약 여러분이 그 본질들이 완전히 텅 빈 공간에 의해 분리되어 있다고 믿는다면, 그 경우 시간 속에서 하나의 본질에서 다른 본질로 진행되는 포착이 설령 뒤따르는 어떤 포착을 통해 그 다른 본질의 존재를 규정할지라도, 그때의 현상이 앞선 것에 뒤따르는 것인지 아니면 동시적인 것인지 객관적으로는 구별할 수 없기 때문이다.

A212

B259

그러므로 단순히 존재함 이외에 다른 무엇인가가, 그것에 의해 A는 B의 시간 속 위치를, 그리고 다시 B가 A의 시간속 위치를 규정하는 무엇인가가 있어야 한다. 왜냐하면 오직 이런 조건 아래에서만, 그들 본질이 경

동시성 인식은 단순히 같은 시간에 같은 장소에 있었다는 것만으로는 파악되지 않는다. 서로 다른 두 본질이 상호 영향을 미치는 관계가 있을 때, 우리는 그것들이 서로 동시에 존재한다고 인식할 수 있다.

---

693 예컨대 우리가 창문 밖 세상을 관찰하는 중에 눈에 보이는 '불변의 것들' 중에서.

694 예를 들어 같은 시야에 들어온 대상 중에서 왼쪽 불변하는 것이 오른쪽에서는 불변하는 것이 아닐 수도 있다는 가정을 뜻한다.

험적으로 **동시에 존재하는** 것으로 머릿속으로 들어올 수 있기 때문이다. 이리하여 다른 무엇 또는 그것의 술어 규정[695]에 대한 원인만이 그 무엇의 시간적인 위치를 규정한다. 그렇기 때문에 모든 본질 자체에는 (본질은 오직 본질의 술어 규정에 관해서만 하나의 결과가 될 수 있다) 다른 본질의 어떤 규정들에 대한 인과적 원인[696]이 들어있으며, 동시에 그 다른 본질의 인과적 결과[697]가 들어있다. 즉 그 본질들의 동시성[698]이 어떤 가능한 경험 속에서도 인식되는 것이라면, 그것들은 역학적 공동성 안에 (직접적으로든 간접적으로든) 있어야 한다. 그런데 만약 저 무엇인가가 없이는 대상을 경험하는 것 자체가 불가능해진다면, 그 무엇은 경험 대상에서 필연적이다. 따라서 현상 속에서 모든 본질에 대해 말하자면 — 그것이 동시적인 한 — 상호작용하는 일관된 공동성 안에 서 있음도 필연적이다.

A213

B260

우리말에서 공동성이라는 단어는 모호하다.[699] 그것은 '공유함'과 같은 의미일 수도 있고, '관계함'과 같을 수도 있다. 우리는 여기서 역학적 공동성을 뜻하는 것으로서 후자를 채용한다. 이것이 없다면 위치적 공동성 (장소의 공유)도 경험적으로 인식될 수 없을 것이다. 우리는 우리의 경험을 통해 다음 사항을 쉽게 알 수 있다. 모든 공간 위치에서 일어나는 오직 연속된 영향만

서로 다른 두 본질이 동시에 존재한다 함은 어느 하나의 본질이 다른 본질의 원인이 되고, 그 역도 마찬가지여서, 이런 상호 의존적 인과성에 의해 변화가 일어난다는 의미이다.

---

695 본질의 변화.

696 즉 B가 변화하는 근거.

697 즉 A가 변화하는 근거.

698 시간 속에서 일어나는 변화가 서로 관련되는 것.

699 '공동성'으로 번역된 단어는 독일어로 Gemeinschaft를 가리킨다.

이 우리의 감각을 한 대상에서 다른 대상으로 이끌 수 있다. 우리의 눈과 천체 사이에서 비치는 빛이 우리와 천체 사이의 간접적인 공동성을 일으키면서 그것들의 동시성을 증명할 수 있다. 어느 곳에서나 물질이 우리 위치에 대한 포착을 가능하게 해 주지 않는다면, 우리는 장소를 경험적으로 변화시킬 수 없으며(그리고 그런 변화를 포착할 수도 없으며), 그리고 오직 물질의 상호 영향을 통해서만 물질이 그것의 동시성을 밝힐 수 있으니, 이로써 (설령 간접적일 뿐이지만) 아주 멀리 떨어진 대상들의 공존을 밝힐 수 있는 것이다. 공동성이 없다면, (공간 내에서의 현상에 대한) 모든 포착은 다른 포착으로부터 단절될 것이며, 경험적 표상들의 연쇄, 다시 말해 경험은 각각의 새로운 대상과 함께 완전히 새롭게 시작될 것이다. 또한 앞선 연쇄들이 그것과 조금도 연결될 수 없고, 시간 관계를 가질 수도 없게 될 것이다. 이런 식으로 내가 텅 빈 공간을 부정하겠다는 건 아니다. 왜냐하면 포착이 다다를 수 없는 공간이 존재할 수도 있기 때문이요, 그래서 그런 곳에서는 동시성에 대한 어떤 경험적 인식도 일어나지 않을 수도 있기 때문이다. 그러나 우리의 모든 가능한 경험에 대해서 그런 공간은 대상이 아니다.

A214

B261

다음과 같은 이야기가 해명으로 활용될 수 있다. 우리 머릿속에서 가능한 경험에 들어있는 모든 현상은 지각의 공동성(공유함) 속에 서 있어야 하며, 그리고 대상들이 동시에 존재하는 것으로 연결되어 표상되는 것이라면, 그것들은 반드시 하나의 시간 속에서 서로의 위치를 상호적으로 규정해야 한다. 그리하여 하나의 전체를 이루어야 한다. 만약 이러한 주관적 공동성이 객관적인 근거에 의존하는 것이라면, 또는 본질로서의 현상에 관계하는 것이라면, 하나의 현상에 대한 포착은 근거로서 다른 현상에 대한 포착을 가능하게 해야 하며, 그 역도 마찬가지다. 오직 그런 경우에만, 탐색으로서 포착 안에 항상 존재하는 순차성이, 대상들에 있는 게 아니라, 동시에 존재하는 것으로서 머릿속에 있게 될 수 있다. 그러나 이것은 어떤 상호적인 영향, 즉 본질들의 실체 있는 공동성(관계함)이며, 이런 공동성이 없다면 경험적인 동시성 관계는 경험 속에서 일어날 수 없을 것이다. 이러한 관계함을 통해, 현상들은, 서로 분리되어 있으면서 여전히 연결되어 있는 한, 하나의 복합물(실제 있는 복합물)을 이룬다. 이런 복합물은 다양한 방식으로 가능해진다. 따라서 모든 다른 관계가 나타나게 하는 세 가지 역학적 관계가 있으니, 부속하는 관계, 결과

A215

B262

적인 관계, 복합적인 관계가 그러하다.

○

이제 이것들이 세 가지 경험의 유추이다. 이것들은 단지 현상들의 존재를 시간 속에서 규정하는 원리일 뿐이다. 이런 원리는 세 가지 시간 양상을 따르니, 즉 양(존재의 양, 다시 말해 지속)으로서의 시간 자체에 대한 관계, 시계열(즉 순차적인 것)로서 시간 관계, 그리고 마지막으로 모든 존재의 종합으로서의 (즉 동시적인) 시간 관계에 따르는 원리들이다. 시간 규정의 하나됨은 일관되게 역학적이다. 다시 말해 시간은 경험이 각 존재가 차지하는 위치를 시간 속에서 직접 규정하는 그런 것으로는 여겨지지 않는다. 그런 규정은 불가능하다. 왜냐하면 절대적인 시간은 포착 — 그것에 의해 현상들이 유지된다 —의 대상이 아니기 때문이다. 지식 규칙은 현상들의 존재가 시간 관계 면에서 종합적 하나됨을 얻을 수 있는 유일한 것이며, 각 현상이 시간 속에서 자기 위치를 규정하는 것이고, 그렇기 때문에 지식 규칙이 모든 시간에 대해 경험 무관하게 그리고 타당하게 그런 일을 하게 되는 것이다.

우리는 자연을 (용어의 경험적인 의미에서) 필연적인 규칙, 즉 법칙을 따르는 존재로 간주되는 현상의 결합으로 이해한다. 그러므로 우선 자연을 가능하게 하는 일정한 법칙들이, 더욱이 경험 무관한 법칙들이 있는 것이다. 경험법칙들은 오직 경험을 통해서만 발견될 수 있다. 그렇다면 이는 경험을 비로소 가능하게 하는 근원적인 법칙들의 결과로서 생겨나고 발견될 수 있다. 따라서 우리의 유추는 일정한 지표 아래에서 모든 현상의 연관 속에서 자연의 하나됨을 실제로 보여준다. 이런 지표는 지각의 하나됨 — 이런 하나됨은 오직 규칙에 따르는 종합 속에서만 생겨날 수 있다 —에 대한 시간 관계를 표현한다(시간이 모든 존재를 포괄하는 한). 따라서 이런 유추는 〈모든 현상은 하나의 자연 안에 있으며, 있어야 하는 것이니, 왜냐하면 이런 경험 무관한 하나됨이 없다면 어떤 경험적인 하나됨도 없게 되고, 그리하여 경험에서 대상들을 규정하는 것도 불가능해지기 때문이다〉라고 말하는 것이다.

그런데 나는, 우리가 이런 초월적인 자연법칙에 사용했던 증명 방식에 관해서, 그리고 그 방식의 특성에 관해 주석을 놓는다. 이 주석은 지적이며 또한 종합적인 경험 무관한 명제들을 증명하려는 다른 모든 시도를 위한 하나의 지침으로서 매우 중요하다. 왜냐하면 이런 유추를 할 때, 다시 말해 존재하는 모든 것은 불변하는 것 속에서만 발견된다고, 모든 사건은 그것이 어떤 규칙에 따라 뒤따르게 되는 선행 상태 속의 무엇인가를 전제한다고, 마지막으로 동시적인 다양한 표상에서의 상태는 어떤 규칙에 따라 상호 관계 속에서 동시적이라는 것이라는 (공동성 안에 있다는) 유추를 할 때, 만약 우리가 개념으로만 증명하고자 했다면, 그런 자기 확신적 생각만으로는 우리의 모든 노력이 완전 허사가 되고 말았을 것이기 때문이다. 사물들의 개념만으로는 — 우리가 아무리 이런 개념을 분해한다 해도 — 우리는 어느 하나의 대상으로부터 그리고 그것의 존재로부터 다른 대상의 존재라거나 그것의 존재 방식을 얻을 수 없다. 그렇다면 우리에게 무엇이 남겠는가? 만약 머릿속에 있는 대상이 우리에게 객관적 실체를 갖는다면, 결국 모든 대상이 우리에게 주어질 수 있어야 하고, 바로 그런 인식으로서 경험의 가능성만이 남는다. 이제 이 제3의 것[700] 안에서 — 경험의 필수적인 형식은 지각이 모든 현상을 하나로 합치는 데 있는데 — 우리는 현상 속 모든 존재에 대한 일관되고 필연적인 시간 규정을 위한 경험 무관한 조건들을 발견했다. 이런 방법이 없는 상황에서, 그리고 지식의 경험적 사용이 지식 원리로서 추천하는 종합 명제들을 자기 확신적으로 증명하려는 망상 속에서, 사람들은 충분근거율의 증명 방식을 자주 시도했지만, 항상 헛되고 말았다. 어떤 이도 나머지 두 가지 유추를 — 그들이 언제나 암묵적으로 사용해 왔으면서도 — 생각하지 않았으니,* 그 까닭은 그들이 제대로 범주들을 안내자로 삼지 못했기 때문이다. 범주만이 지성의 개념이나 원리에서의 모든 공백을 드러내고 눈에 띄도록 해준다.

B264
A217

B265
A218

*칸트 주석: 모든 현상이 연결되어 있는 세계 전체의 하나됨이라는 것은 틀림없이, 동시에 존재하는 모든 본질의 공동성의 원리라는 은밀한 가정에서 도출한 결론에 지나지 않는다. 왜냐하면 만약 저 현상들이 분리

---

700 경험을 말한다.

되어 있다면, 그것들은 하나의 전체를 이루는 부분이 되지는 못했을 것이기 때문이며, 만약 현상들의 연결(다양한 표상의 상호작용)이 본질의 동시성으로 말미암아 필연적이게 된 것이 아니라면, 우리는 그저 관념적인 관계에 지나지 않는 동시성으로부터 실제 관계인 하나됨을 추론할 수는 없었을 것이기 때문이다. 그러나 우리는 적절한 위치[701]에서 공동성이야말로 어떤 공존에 대한 경험적 인식을 가능하게 하는 근거이며, 사람들이 실제로 이런 가능성으로부터 그것의 조건인 저 공동성을 거꾸로 추론해 내는 것임을 보여주었다.

---

701   A213~214, B260~261 부분을 가리킨다.

제4조
경험적 생각 일반의 상정[702]

1. (직관과 개념 면에서)
무엇이든 경험의 형식 조건들[703]에 일치한다면,
그것은 **있을 것**이다.[704]
2. (감각적인) 경험의 내용 조건[705]과 관련되는 것은
실제로 있다.[706]
3. 실제로 있는 것과의 연관성이
경험의 보편 조건에 맞게 규정되는 것이라면,
그것은 **반드시 있다**(필연적으로 존재한다).[707]

해명

---

702 Postulates. 기존 번역은 '요청'. 수학자들은 '공준'이라고 번역한다. 이는 누군가 심리적으로 무엇인가를 요구하는 의미가 아니다. 모순을 피하기 위한 논리적 수단으로 무엇인가의 존재(비존재)를 증명할 수는 없어도, 그것이 그럴 것임이 확실하다고 논리적인 참으로 전제하고 상정하는 것을 뜻한다. 이 책에서는 '상정'으로 번역한다. Postulates와 공리(Axiom)는 그것이 참임이 자명하게 나타나고, 경험과는 무관하며, 이 두 가지 원리를 기초로 다양한 원리가 연역될 수 있다는 점에서 공통된다. 그러나 자명함의 성격과 취급에서 차이가 나타난다. 공리는 〈A=A〉, 〈두 점을 연결하는 하나의 직선만 존재한다〉, 〈두 직선으로는 어떤 공간도 구획할 수 없다〉와 같은 보편적인 진리를 간주되며, 모든 지식 체계에서 인정돼야 하는 자명함이다. 그러나 상정(공준)은 〈어느 한 점을 중심으로 같은 거리로 하나의 원을 그릴 수 있다〉, 〈모든 직각은 서로 같다〉와 같은 유클리드 기하학의 원리처럼 자명하게 보이지만, 보편적인 원리라기보다는 그걸 출발점으로 지식 체계를 세우는 원리를 뜻한다. 다른 지식 체계(예컨대 비유클리드 기하학 체계)가 등장하면 참으로 인정되지 않는다.

703 지금껏 살펴보았던 시간과 공간이라는 순수 직관과 12개의 범주를 포함하는 순수 지식 개념에 부합하느냐의 조건을 가리킨다.

704 일곱 번째 경험 무관한 종합 판단.

705 감각이 있느냐 없느냐의 조건. 따라서 실제로 존재한다면, 인간 머릿속으로 감각되어야 한다.

706 여덟 번째 경험 무관한 종합 판단.

707 아홉 번째 경험 무관한 종합 판단.

양상의 범주는 다음과 같은 특색이 있다. 대상의 규정으로서 양상의 범주는 주어지는 개념을 조금도 증가시키지 않고, 단지 인식 능력에 대한 그 대상의 관계만을 표현한다는 점이다. 왜냐하면 하나의 사물 개념이 완벽하다 해도, 나는 여전히 이 대상에 대해, 그것이 그저 가능하다는 것인지 아니면 실제로 있다는 것인지, 실제로 있다면 그것이 필연적이기도 한지 물을 수 있기 때문이다. 여기서는 대상 자체에 대한 상세한 술어 규정이 생각되지는 않는다. 오히려 이 물음은 오직 어떻게 대상이 (그것의 모든 규정과 함께) 지식과 지식의 경험적 사용에, 경험적 판단력에, 그리고 (경험에 적용되는) 이성에 관계하는지를 묻는 것이다.

바로 이런 이유 때문에, 양상의 원리들은 그것들을 경험적으로 사용할 때 가능성, 실제성, 필연성이라는 개념으로 전개되는 것이며, 따라서 이 원리들은 모든 범주를 그저 경험적 용도로 제한하되, 초월적 용도[708]로 사용되는 것을 불인정하고 불허한다. 왜냐하면 만약 범주가 그저 논리적 의미만을 가져서 **생각**의 형식을 분석적으로만 표현하는 게 아니라, **사물들**에 관하여 사물들의 가능성, 실제성, 필연성과 관계하는 것이라면, 양상의 범주들은 가능한 경험과 그래서 그것의 종합적 하나됨[709] — 그래야만 인식 대상들이 주어진다 — 과 관계해야 하는 것이기 때문이다.

B267

저 사물들의 가능성에 대한 상정은 사물들의 개념이 경험 일반의 형식 조건과 일치할 것을 요구한다. 그러나 이러한 경험, 다시 말해 경험 일반의 객관적인 형식에는 대상 인식에 필요한 모든 종합[710]이 들어있다. 만약 이러한 종합이 경험에 적용되는 게 아니라면, 종합을 포함하는 개념은 텅 빌 수밖에 없고, 어떤 대상과도 관계하지 못한다. 어떤 종합이 경험으로부터 얻어지는 종합이라면, 그때의 개념은 경

A220

---

708 다시 말해 '초경험적으로'라는 뜻. 경험의 한계를 넘어 무엇인가를 알기 위한 목적으로 인식을 확장하는 데 범주를 사용할 수 없다. 여기서 그 까닭을 밝히는 바와 같이, 그 앎의 대상에 '객관적 실체'가 없기 때문이다.

709 '종합적 하나됨'은 하나로 합쳐야 할 수많은 감각 데이터가 있을 것을 전제한다.

710 칸트는 개념의 분석편에서 상상력이 감각 데이터를 어떻게 연결하고, 그 모든 것이 지각에 의해 어떻게 하나로 연결되어 합쳐지는지를 설명했다. 그 모든 과정을 일컬어 '종합'이라 부른다. 종합은 내용적인 의미가 아니라 형식적인 의미만을 갖는다. 그래서 종합이 경험의 '형식 조건'이 되는 것이다.

험 개념이라 불린다. 어떤 종합이 경험 무관한 조건으로 경험 일반을 근거짓는 종합[711](경험의 형식)이라면, 그때의 개념은 **순수 개념**이 된다. 그럼에도 불구하고 순수 개념은 경험에 속하는데, 대상을 오직 경험 속에서만 만날 수 있기 때문이다. 만일 대상에 대한 경험적 인식의 형식인 종합으로부터가 아니라면, 경험 무관한 종합 개념을 통해 생각되는 어떤 대상의 가능성에 관한 특징을 우리가 어디에서 얻을 수 있단 말인가? 그런 개념에 어떤 모순도 들어있지 않아야 함은, 실로 논리적으로 필요한 조건이기는 해도, 그것만으로는 그 개념이 객관적 실체를 갖는다는 것에는, 다시 말해 그런 개념을 통해 생각되는 저 대상의 가능성에는 아주 불충분하다. 두 직선에 의해 둘러싸인 도형이라는 개념 안에는 어떤 모순도 없다. 두 직선이라는 개념에도, 그리고 그것들의 만남이라는 개념에도 도형에 대한 부정이 들어있지 않기 때문이다. 오히려 저 도형의 불가능함은 도형 개념 자체에서 비롯되는 게 아니라, 공간에서의 그것의 구성, 즉 공간과 공간의 규정이라는 제한 조건에서 기인하는 것이다. 그리고 이런 조건들이 객관적 실체를 갖는 것이니, 즉 가능한 사물들에 적용되는 것이니, 바로 그것들에 경험 일반의 경험 무관한 형식[712]이 들어있기 때문이다.

B268

A221

---

711 이때의 종합은 원리의 분석편에서 자세히 설명한 12개의 범주에 의해 만들어지는 경험 무관한 종합 판단을 가리킨다. 모든 인간이 선천적으로 갖고 있고, 모든 경험에 관여하며, 그러면서도 사람들의 이런저런 경험에 의해 달라지지 않기 때문에, '경험 무관'하다.

712 '경험 일반의 경험 무관한 형식'을 쉽게 풀어 보면, '무슨 경험이든 모든 경험에 적용되는 인간 머릿속의 선천적인 형식'과 같은 의미이다.

이제 이런 가능성에 대한 상정이 갖는 커다란 유용성과 영향을 명료하게 나타내 보자. 만약 내가 어떤 불변의 사물을 내 자신에게 표상하면서 그 안에서 변화하는 무엇이든 모든 것이 그 사물의 상태에 속하는 것으로 표상한다면,[713] 그때 나는 그 개념[714]만으로는 그런 종류의 사물이 가능할지 인식할 수 없다. 또는 만약 내가 무엇인가를 가정할 때 다른 무엇인가가 항상 그리고 반드시 뒤따른다는 특징을 갖는 무엇인가를 내 자신에게 표상한다면,[715] 이는 모순 없이 그렇게 생각될 수 있을지 모른다. 그러나 우리가 그런 종류의 특성(인과관계)을 어떤 가능한 사물 안에서 만나게 된다는 사실을 그것만으로는 판단할 수 없다. 마지막으로, 나는 하나의 사물의 상태가 다른 상태의 결과를 일으키고 그 역도 마찬가지인 그런 다양한 사물(본질들)을 나 자신에게 표상할 수는 있다.[716] 그러나 나는 그런

B269

우리는 감각적인 경험에 의해 비가 오리라 예측할 수 있다.

---

713   예를 들어, 내가 소설 〈오즈의 마법사〉 속 '겁쟁이 사자'라는 개념을 머릿속으로 떠올리면서 그 겁쟁이 사자의 특징과 성격의 변화를 생생하게 묘사하는 데 성공하는 경우를 생각해 보자. 아니면 영화 〈어벤저스〉의 '인피니티 스톤'을 머릿속으로 가져와 볼 수도 있다.

714   불변의 개념, 즉 순수 지식 개념으로서 본질. 위 주석의 예의 경우에는 '겁쟁이 사자' 혹은 '인피니티 스톤'

715   〈오즈의 마법사〉에서 주인공 도로시가 토네이도에 휘말려 마법의 세계 오즈에 도착하게 되는 것처럼, 토네이도에 휘말리면 마법의 세계에 가게 된다는 인과관계를 머릿속에서 정의해 보는 경우를 생각해 보자. 아니면 영화 〈어벤저스〉에서 6개의 인피니티 스톤을 건틀렛에 모두 장착한 다음 인피니티 스냅을 실행하면 우주 생명체의 절반이 순식간에 죽게 된다는 경우를 떠올려 보자.

716   예를 들어 한 사람의 인격 안에서 공존하는 〈지킬 박사와 하이드〉의 관계를 떠올려 볼 수 있다. 또한 소설 속 등장인물들의 모든 갈등 관계와 정교하게 설계된 사건들을 떠올려 볼 수 있다.

창문 밖에서 비가 내리고 있는 모습을 보고 있다면, 실제로 비가 내리고 있는 것이다.

비를 맞으면 젖게 되는 것은 필연적이다.

관계가 어떤 사물에 들어있는지 여부를 그저 임의적인 종합이 들어있을 뿐인 그런 개념들[717]로부터는 도출할 수 없다. 그러므로 우리가 개념들의 객관적 실체, 다시 말해 초월적 진리를 인식한다 함은 오직 이러한 개념들이 모든 경험에서 포착들의 관계를 경험 무관하게 표현한다는 사실에 의존할 뿐이다. 설령 우리가 객관적 실체를 경험과는 독립적으로 인식하기는 해도,[718] 우리가 그것을 경험 일반의 형식과의 관계에서 독립적으로 인식하는 것이 아니며, 모든 대상이 경험적으로 인식될 수 있도록 만들어 주는 종합적 하나됨과의 관계에 대해서도 독립적인 것은 아니다.

A222

만약 우리가 경험 자체와 연결되는 개념들의 사례를 취하지 않고, 포착에 의해 우리에게 제공되는 재료와는 다른, 완전히 새로운 본질 개념, 새로운 힘 개념, 새로운 상호작용 개념을 만들어 내기를 바란다면, 그것은 머릿속 공상으로 끝날 것이다. 그것들의 가능성에는 그것이 사실임을 나타내는 표시가 없다. 왜냐하면 이런 개념에 관해 우리가 그 개념들을 알려주는 선생으로서 경험을 채용할 수도, 경험으로부터 그런 개념들을 취할 수도 없기 때문이다. 저런 종류의 개념들은 범주가 할 수 있었던 개념이 가능성이라는 특성을, 모든 경험이 의존하는 조건으로서, 경험 무관하게 얻을 수 없다. 오히려 그것들은 단지 경험 자체에 의해 주어진 개념으로서 후천적으로만 얻을 수 있는 것이며, 그러므로 그것들의 가능성은 후천적으로, 다시 말해 경

B270

---

717 상호작용의 공동성이라는 순수 지식 개념.

718 우리가 객관적 실체 전부를 직접 경험하는 것은 아니다.

험적으로 인식돼야만 하거나, 그게 아니라면 전혀 인식될 수 없는 것이다.

A223 공간을 차지하지 않지만 공간 안에서 불변하는 것으로 머릿속에 나타난 어떤 본질(어떤 이들이 제안하고자 했던 물질과 생각 사이에서 제시되는 중간물 같은), 혹은 장차의 미래 사건들을 직관하는 (단순히 추론하는 것이 아니라) 우리 머릿속 특별하고 근본적인 힘, 아니면 마지막으로 다른 사람과 (아무리 멀리 떨어져 있더라도) 생각을 공유할 수 있도록 하는 머리의 능력, 이것들은 전혀 근거 없는 가능성을 가진 개념에 불과하다. 우리가 그 가능성을 경험과 경험의 익숙한 법칙들에 근거 지을 수 없기 때문이다. 경험과 경험법칙들이 없다면, 저 가능성은 생각이 만들어 내는 임의적인 결합이 되며, 설령 생각의 그런 결합에 아무런 모순이 없을지라도, 그런 가능성만으로는 객관적 실체를 주장할 수 없으며, 그러므로 사람들이 여기서 생각하려는 그 대상이 과연 가능하리라는 주장도 할 수 없다. 실체에 대해 말하자면, 경험의 도움 없이 그것을 구체적으로 생각하는 것은 그 자체로 허용되지 않는다. 왜냐하면 실체란 경험의 내용으로서 감각에 의해서만 다뤄질 수 있기 때문이며, 그런 건 관계의 형식에 관한 게 아니기 때문이다. 관계의 형식만으로는 우리는 기껏해야 자기가 지어낸 것의 유희를 즐길 수 있을 뿐이다.

B271 그러나 나는 그저 경험 속 사실에서만 그 가능성을 얻을 수 있는 모든 것을 논외로 하고, 여기서는 단지 경험 무관한 개념을 통한 사물들의 가능성만을 탐구한다. 그리고 나는 그 가능성이 오직 그런 개념들만으로 스스로 생겨나는 게 아니라, 언제나 경험 일반의 형식적이고 객관적인 조건들로서 생겨난다는 주장을 이어가 본다.

A224 실로 삼각형의 가능성은 마치 삼각형 개념 자체로부터 인식될 수 있는 것처럼 보인다(그 개념은 확실히 경험과는 독립적이다). 왜냐하면 우리는 실제로 삼각형 개념에 어떤 대상을 완전 경험 무관하게 줄 수 있으며, 다시 말해 그 개념을 구성할 수 있기 때문이다. 그러나 이것[719]은 그저 대상의 형식일 뿐이며 여전히 상상의 산물로 남아있다. 이 대상의 가능성은 여전히 의심스럽다. 그리고 그것의 가능성은

---

719 삼각형이라는 기하학적 대상.

제2장 원리의 분석 | 433

여전히 더 무엇인가를 필요로 하며, 다시 말해 그 도형은 나머지 경험의 모든 대상에 대한 그런 조건 하에서 생각돼야 한다. 공간이란 외부 경험의 경험 무관한 형식 조건이라는 점, 우리가 상상 속에서 어떤 삼각형을 구성하게끔 해주는 저 형태적 종합은 우리가 현상을 탐색하여 그것에 대한 경험 개념을 만들어 내는 종합과 전적으로 같은 것이라는 점, 이런 것이야말로 삼각형 개념과 그런 사물의 가능성이라는 표상을 연결하는 것이다. 그렇기 때문에 연속적인 양이라는 개념, 실로 양 일반조차 모두 종합적이니, 양의 개념은 그 개념 자체만으로는 분명하지 않고, 경험 일반에서 대상들을 규정하는 형식 조건에 해당하는 개념들이라는 점에서 분명해지는 것이다. 만약 우리가 우리에게 유일하게 대상을 주는 경험에서 대상을 찾는 게 아니라면, 우리는 대체 개념에 대응하는 대상을 어디에서 찾아야 한단 말인가? 우리가 비록 경험 자체를 예감하지는 않더라도, 무엇인가를 경험 속에서 어떤 대상으로 정해질 수 있게 하는 그런 형식 조건들과의 관계만으로도 우리는 사물들의 가능성을 인식하고 특징지을 수 있다. 따라서 우리는 완전히 선천적으로 그렇게 할 수 있으니, 오직 경험과 관계해서만, 그리고 경험의 한계 안에서만 그러하다.

B272

사물들의 **실제성** 인식에 대한 상정은 **포착**을 필요로 한다. 따라서 우리가 의식하는 감각이 필요하다.[720] 그 존재가 인식돼야 하는 대상 자체에 대한 직접적인 포착이 아닐지라도, 경험 일반에서 실제 연결을 나타내는 그런 경험의 유추들[721]에 합당한 어떤 사실적인 포착과의 연결이 필요하다.

A225

사물에 대한 **단순 개념**만으로는 그 사물의 존재에 관한 특성을 만날 수 없다. 아무리 개념이 완벽해서 우리가 한 사물에 대해 그것의 모든 내적 규정들을 생각하는 데 아무런 부족함이 없더라도, 여전히 존재는 이 모든 것과 관계있는 게 아니다. 존재라는 것은 오히려 사물에 대한 포착이 어떻게 그 개념에 선행할 수 있는지, 어떻

---

720   칸트는 지금껏 실제로 있는 사물 → 감각 → 탐색 → 포착(확정된 감각 의식) → 범주(순수 개념) → 하나됨(경험 개념 적용, 인식)의 과정을 설명했다. 이제 거꾸로 실제로 있는 것이 정말로 실제로 있는 것이라면 감각이 필요함을 말한다.

721   불변과 변화에 관한 원리, 원인과 결과에 관한 원리, 동시성의 상호작용에 관한 원리에 따른 포착이 있어야 한다는 뜻.

게 포착이라는 방식으로 사물이 우리에게 주어지는지 여부와만 관계할 뿐이다. 왜냐하면 개념이 포착에 선행한다 함은 그저 가능성만을 의미하기 때문이고, 개념을 위해 재료를 제공하는 포착은 실제성의 유일한 특성이기 때문이다. 그런데 만약 존재가 포착들의 경험적 연결의 원리들(유추)에 맞게 포착들에 연결되기만 한다면, 사물의 존재는 사물의 포착에 선행하고, 그리하여 상당히 경험 무관하게 인식될 수 있다. 왜냐하면 그런 경우에 그 사물의 존재는 가능한 경험 속에서 우리 포착들과 연결되어 있기 때문이요, 저 유추들의 안내에 따라 우리가 실제로 있는 포착들로부터 가능한 포착들의 시계열 안에 있는 사물에 닿을 수 있기 때문이다. 그러므로 끌어당겨진 쇳가루에 대한 포착으로부터, 우리는 모든 물체를 관통하는 자성 물질의 존재를 인식한다. 설령 이 자성 물질에 대한 직접적인 포착이 우리의 기관에서는 불가능할지라도 그러하다. 만약 우리의 감각이 — 우리 거친 감각은 가능한 경험 일반의 형식에 어떤 영향도 미치지 못한다[722] — 좀 더 섬세했다면, 감수성의 법칙들과 우리 포착들의 맥락에 맞게 우리는 어느 경험 속에서 자성 물질에 관해 직접적인 경험적 직관을 했을 수도 있을 것이다. 따라서 사물의 존재에 대한 우리 인식은, 우리의 포착과 포착에 부수적인 것이 경험법칙들에 따라 미치는 곳까지 도달하게 된다. 만약 우리가 경험에서 시작하지 않거나, 아니면 현상들의 경험적 연관 법칙들에 맞게 나아가지 않는다면, 그때 어떤 사물의 존재를 발견하거나 탐구하려는 바람은 헛된 과시에 불과할 따름이다. 그러나 존재를 이처럼 간접적으로 증명하는 규칙들에 맞서 관념론은 강력한 이의를 제기하는데, 여기가 **관념론** 반박하는 적당한 곳이다.

---

[722] 경험 일반의 형식은 머리 안에 이미 존재하는 것이고, 이 사례에서 감각은 머리 안으로 머리 바깥의 데이터를 수용하는 데 기여할 뿐이다.

주요 개념 번역 비교 및 해설

독일어(라틴어)	영어	기존 번역
Erscheinungen	Phenomena	현상체
Noumena	Noumena	가상체(최), 예지체(백)
Sinnenwelt	World of Sense	감성계(최), 감성세계(백)
Verstandeswelt	World of understanding	오성계(최), 예지세계(백)
Reflexion	Reflection	반성(성찰)
Identität	Identity	일양성
Nichts	Nothing	없음(최), 무(백)

이 번역	비고
현상물	우리 머리 안에 있는 것으로서 감각 직관을 거쳐 범주가 적용된 생각의 대상을 가리킨다. 이것만이 경험 지식이 될 수 있다.
사유물	우리 머리 안에서 생각되는 것으로서, 인간의 감각 능력으로는 직관할 수 없거나, 직관 너머에 있는 것을 가리킨다. 칸트는 지식으로서는 사유물을 인정하지 않는다.
감각 세계	감각적인 세계. '대상 인식'에서 관해서 감각은 전제되어야 하고, 인간 지식의 대상이자 내용이 되는 현상은 감각적인 것이다. 그러므로 칸트에게 지식 세계는 감각 세계라 할 수 있다.
사유 세계	지적인 세계. 칸트는 감각 세계와 사유 세계를 구별하여 감각과 개념을 분리하려는 시도를 부정한다. 감각과 개념이 결합해야만 인식이 생기기 때문이다.
분별	'레플렉시오'는 사람의 행동에 관한 단어가 아니라, 머릿속에서 일어나는 사고 과정 중에서, 감각적인 것에 속하느냐 개념적인 것에 속하느냐를 '분별'하는 것을 뜻한다.
동일성	같은 것을 뜻한다.
아무것도 아님	'없음' 또는 '무'라고 번역하면 칸트 사상이 동양적 신비주의에 빠진다. 칸트가 말하려는 것은 인간에 의해 감각되는 something과 대립하는 감각되지 않는 것을 생각할 수 있고, 그런 생각을 범주의 순서처럼 4개로 나타내는 것이었다.

관념론 반박

관념론(나는 이를 **내용적** 관념론[723]을 가리킨다)은 우리 바깥의 공간 안에 있는 대상들의 존재가 그저 의심스럽다거나 **증명할 수 없다**거나, 아니면 거짓이며 **불가능하다**고 선언하는 이론이다. 첫 번째는 데카르트의 미정적 관념론으로 〈나는 존재한다〉라는 단 하나의 경험적 주장만을 의심할 수 없노라고 선언한다. **두 번째**는 버클리의 **자기 확신적** 관념론으로, 공간이 불가분의 조건으로 붙어있는 모든 사물과 그 공간까지 그 자체로는 불가능한 것으로 선언하고, 그리하여 공간 안에 있는 그 사물들은 단순한 상상물에 지나지 않는다고 선언한다. 만일 우리가 공간을 사물 자체에 속하는 특성으로 간주한다면, 자기 확신적 관념론을 피할 수 없게 된다. 왜냐하면 그때 공간은 공간이 조건으로 기능하는 모든 것과 함께 실제로 있는 게 아니게 되기 때문이다. 그러나 이러한 자기 확신론의 근거는 이미 우리의 〈초월적 감성〉 부분에서 기각되었다.[724] 미정적 관념론은 이런 문제에 관해 아무것도 주장하지는 않지만, 우리 바깥에 있는 존재를 직접적인 경험으로 증명할 능력을 우리가 갖고 있지 않다고 주장하는데, 이는 합리적이며 일관된 철학적 사고방식으로는 합당하다. 다시 말해 충분한 증거가 발견되기 전까지는 어떤 결정적인 판단도 허용하지 않겠다는 것이다. 그러므로 외부 사물들은 우리가 그것을 **상상**할 뿐만 아니라 **경험**도 하는 것임을 밝혀야 하며, 또한 데카르트가 의심할 수 없다고 했던 우리의 **내적 경험**조차 오직 외부 경험을 전제해야만 가능해진다는 것도 증명할 수 있어야 한다.

B275

정리

경험적으로 정해지는, 나 자신의 존재에 대한 의식만으로도 나의 바깥 공간 안에

---

723 칸트의 관념론은 형식적 관념론이다.

724 공간은 감수성의 형식이자 순수 직관으로서 우리 머리 안에 있는 것이다.

있는 대상들의 존재를 증명한다.

증명

나는 시간 속에서 정해지는 것으로 나의 존재를 의식한다. 모든 시간 규정은 포착 속에서 **불변하는** 어떤 것[725]을 전제한다. 그러나 이 불변의 것은 내 안에 있는 어떤 것이 아니다.[726] 왜냐하면 나라는 존재는 시간 속에서 바로 저 불변의 것에 의해서만 규정될 수 있기 때문이다. 따라서 저 불변의 것에 대한 포착은 ― 단순히 나 바깥의 어떤 사물에 대한 **표상**만을 통해 가능해지는 게 아니라 ― 나 바깥의 어떤 **사물**을 통해서만 가능해진다. 그렇기 때문에 시간 속에서 내가 존재함을 규정하는 것은 내가 내 바깥에 있는 것으로 포착하는 실제 사물들의 존재를 통해서만 가능한 것이다. 이제 시간 속에서 나의 존재함에 대한 의식은 필연적으로 이러한 시간 규정[727]의 가능성에 대한 의식과 결합된다. 따라서 내 존재 의식은 시간 규정의 조건으로서 또한 내 바깥의 사물들의 존재와 결합되고, 다시 말해 나 자신의 존재에 대한 의식은 동시에 내 바깥의 다른 사물들의 존재에 대한 직접적인 의식이다.

주 1. 위의 증명을 통해 우리는 관념론의 유희가 당연히 자가당착에 빠질 수밖에 없음을 알게 된다. 관념론은 유일한 직접적인 경험은 내적 경험일 뿐이며, 그것으로부터 우리가 외부 사물들을 **추론**할 뿐이라고 가정했다. 그러나 그것들은 우리가 주어진 결과로부터 **규정** 원인을 추론할 때마다 생기는 것이니, 외부 사물들에 대한 추론은 믿을 만하지 않다는 것이다. 왜냐하면 우리가 외부 사물들에 있는 것으로 돌리는 ― 아마도 거짓으로 ― 표상들의 원인이라는 건 우리 안에 놓인 것일 수도 있기 때문이다. 그렇지만 여기서 외부 직관은 실제로 직접적인 것이며,* 오직

---

725 다시 말해 '소멸하지 않는 어떤 것'을 뜻한다. 이미 우리는 관계의 범주 제1 유추에서 본질 개념을 자세히 살펴보았다.

726 우리의 머리는 포착 중에서 본질과 비본질을 인식하는 순수 개념만을 가질 뿐이지, '불변의 것' 자체를 보유하고 있는 것은 아니다.

727 불변하는 것에 대한 포착을 가리킨다.

그것으로 말미암아 내적 경험이 가능해짐을 — 우리 자신의 존재에 관한 의식이라기보다는 시간 속에서 우리 자신의 존재에 대한 규정임을 — 우리는 증명했다. 모든 생각에 동반될 수 있는 의식을 표현하는 〈**나는 존재한다**〉라는 표상은 확실히 어떤 주체의 존재를 직접 포함하지만, 그것만으로 그 주체에 대한 **인식**은 아니다. 그러므로 주체에 대한 경험적 인식이 아니며, 다시 말해 경험이 아니다. 그런 경험은 존재하는 어떤 것에 대한 생각만이 아니라, 직관도 포함한다. 여기서는 특별히 내적 직관을 포함하는데, 이는 주체가 시간 속에서 규정되어야 하는 것과 관계한다. 그리고 이런 규정은 전적으로 외부 대상을 필요로 한다. 따라서 내적 경험이라는 것은 그 자체로는 오직 간접적인 것이요, 외부 경험을 통해서만 가능하다.

> * 칸트 주석: 위의 정리에서 외부 사물의 존재함에 대한 **직접적인** 의식은, 우리가 이 의식의 가능성까지 통찰하든 그렇지 않든, 전제되는 게 아니라 증명되는 것이다. 그런 가능성에 관한 문제는 우리가 과연 내적 감각만을 갖고, 외부 감각은 없으며, 그건 그저 외적인 상상에 불과한지 여부이다. 그렇지만 우리가 어떤 것을 상상하기 위해서라도, 다시 말해 직관 속에서 감각에 그걸 외적인 것으로 나타내기 위해서라도, 우리는 외부 감각을 가져야 한다. 그리고 그것을 통해 외부 직관의 단순한 수용성과 모든 상상을 특징짓는 자발성을 직접 구별해야 한다. 만약 외부 직관이 그저 상상되는 것이라면, 이는 상상력에 의해 규정되어야 할 우리 직관력 자체를 폐기하게 되기 때문이다.

주 2. 이제 이러한 내용들은 우리가 시간 규정 속에서 인식 능력을 사용하는[728] 그런 모든 경험적 사용과 완전히 일치한다. 우리는 공간 안에서 불변하는 것과 관계하는 외부 관계 속 변화(즉 운동)를 통해서만 모든 시간 규정을 취할 수 있을 뿐더

B278

---

728 나는 10초 동안 아카시아 꽃 주위를 날고 있는 벌 한 마리를 보고 있다. 지금 보고 있는 벌과 꽃은 0.1초 전의 그 벌과 꽃과 동일하다. 지금 맡고 있는 꽃향기도 0.1초 전의 꽃향기와 동일하다. 우리는 순간을 인식하는 것이 아니라 10초 동안의 관찰 속에서 지속해서 나타나는 대상 전부를 동일한 하나로 인식한다. 다시 말해 우리의 인식 능력은 시간 규정 속에서 사용된다. 시간 규정 속에서 하나의 개체로 모아진 데이터가 바로 포착이다. 그리고 이렇게 모아진 포착에, 개념이 적용될 때, 비로소 생각이 이루어진다.

러(예를 들어 지구에 있는 것과 관련해서 태양의 운동), 순전히 **재료**라는 것을 제외한다면 우리는 직관으로서는 — 우리가 본질 개념에 기초를 두는 — 어떤 불변하는 것도 갖지 않는다. 그리고 이러한 불변성은 외부 경험에서도 도출되지 않으며, 모든 시간 규정의 필연적인 조건으로서 경험 무관하게 전제되는 것이다. 그러므로 외부 사물들의 존재를 통해 우리 자신의 존재함에 관하여 내적 감각의 규정으로서 불변성이 전제되는 것이다. '**나**'라는 표상 속에서 내가 나 자신을 갖는다는 의식은 직관이 아니라, 생각하는 주체의 자기 활동[729]에 관한 단순한 **지적인** 표상이다. 따라서 말하자면 이 '나'는, 물질에서 **불투과성**이 **경험적** 직관의 술어가 되는 것 같은 그런 술어를, 내적 감각 속에서 시간 규정에 관계하는 것으로 역할할 수 있는 **불변성**의 직관에 대한 최소한의 술어를 갖고 있지 않다.

주 3. 우리 자신을 규정하는 의식의 가능성에 외부 대상들의 존재가 필요하다는 사실로부터, 외부 사물들에 대한 모든 직관적인 표상이 동시에 이러한 사물들의 존재를 포함한다는 것이 나오지는 않는다. 그건 그저 (환상 속에서나 꿈속에서나) 상상의 결과일지도 모르기 때문이며, 이는 이전에 있던 외부 포착들의 복제를 통해서만 가능해지는데, 이미 우리가 살펴본 것처럼, 그런 포착들은 오직 외부 대상들의 실제성을 통해서만 가능한 것이다. 여기서 증명돼야 했던 것은 내적 경험 일반은 오직 외부 경험 일반을 통해서만 가능하다는 것뿐이다. 이것이든 저것이든 추정되는 경험이 단순한 상상에 지나지 않은지 여부는 그 경험의 특수한 규정들에 따라, 그리고 모든 사실적인 경험의 기준과의 관계를 통해 밝혀져야 한다.

마지막으로 저 세 번째 상정[730]에 관해서 말하자면, 그것은 존재에서 물질적 필연성을 다루는 것이지 단순히 개념들의 연결 속에서 형식적이고 논리적인 필연성을 다루는 것은 아니다. 감각 대상의 존재는 경험 무관하게는 완벽하게 인식될 수는 없

---

729 혹은 '자발성'
730 필연성에 대한 상정.

다. 그러나 그런 존재는 상당히 경험 무관하게 인식될 수는 있는데, 즉 이미 주어진 다른 것의 존재함과의 관계에서 비교적 그러하다는 것이다. 그러나 그런 경우조차 우리는 단지 주어진 포착이 경험의 일부를 이루는 그런 경험의 연관성 속 어딘가에 들어있어야 하는 것으로서 어떤 존재에 이를 수 있을 뿐이다. 그렇기 때문에 존재의 필연성은 개념으로부터는 얻을 수 없으며, 항상 보편적인 경험법칙들에 따라 포착되는 것의 연결로부터만 얻을 수 있는 것이다. 그런데 인과의 법칙에 따라 주어진 원인들로부터 나타나는 결과들의 존재를 제외한다면, 다른 주어진 현상들의 조건 아래서 필연적으로 인식될 수 있는 존재함이란 없다. 그러므로 우리가 유일하게 인식할 수 있는 필연성은 사물들(본질)의 존재가 아니라, 사물들의 상태다. 다시 말해 우리는 포착 속에서 주어진 다른 상태로부터 경험적인 인과법칙에 따라 필연성을 인식할 수 있을 뿐이다. 이로부터 필연성의 기준은 오직, 발생하는 모든 것은 현상 속에 있는 그것의 원인에 의해 경험 무관하게 규정된다고 말하는 그런 가능한 경험법칙 안에 놓이는 것이다. 따라서 우리가 필연성을 인식하기를, 그 원인들이 우리에게 주어지는 자연의 **결과들**의 필연성만을 인식하는 것이다, 존재 안의 필연성의 특징은 가능한 경험의 영역을 벗어날 수 없다. 이 경험 영역에서조차 사물들의 존재는 본질로서 타당한 것은 아니다. 왜냐하면 본질이란 경험적인 결과물로서 간주될 수 없기 때문이요, 즉 발생하거나 나타나는 무엇인가로 여겨질 수 없기 때문이다. 이리하여 필연성은 역학적인 인과법칙에 따르는 현상들의 관계에만 관련되는 것으로, 그 가능성은 주어진 어떤 존재(하나의 원인)로부터 경험 무관하게 다른 존재(그 결과)를 추론하는 것에 근거한다. 발생하는 모든 것은 조건적으로 필연적이다. 이것은 세계 안의 변화를 어떤 법칙에, 다시 말해 필연적인 존재의 규칙에 종속되도록 하는 원리로, 이것이 없다면 자연조차 생겨나지 않았을 것이다. 〈그 무엇도 맹목적으로 생겨나지 않는다〉(세계 안에 우연이란 없다)는 명제는 경험 무관한 자연법칙이다. 또한 〈자연의 어떤 필연성도 맹목적이지는 않고, 모든 것은 조건적이며 그리하여 이해 가능한 필연성이다〉(운명이란 없다)라는 명제가 있다. 이 두 가지는 변화라는 각본이 (현상으로서) 사물의 본성에 종속되거나, 아니면 같은 말이기는 해도, 지식의 하나됨에 종속되는 법칙들이다. 지식의 하나됨을 통해서만 이 변화들이 하나의 경험에, 다시 말해 현상들의 종합적 하나됨에 속할 수 있게 된다. 이 두 원리는 역학적 원리에 속한다. 전자는 사실 (경험의 유추

중에서) 인과율의 결과이다. 후자는 양상의 원리에 속하는 것으로, 양상은 필연성의 개념에 인과적 규정을 더하지만, 이런 필연성은 지식의 규칙에 종속된다. 연속성의 원리는 현상의 시계열(변화) 속에서 일체의 도약을 금했다(이 세계에 도약은 없다). 그러나 그 원리는 공간 속에서 모든 경험적 직관의 총계 속에서 두 현상 사이에서 어떤 공백이나 틈도 금했다(갈라짐이 없다). 왜냐하면 사람들은 명제 〈텅 빈 공간을 증명하거나 그것을 경험적 종합의 한 부분으로 허용하려는 그 무엇도 경험으로 들어올 수 없다〉고 표현할 수 있기 때문이다. 사람들이 가능한 경험의 영역(세계) 바깥에 있을 것으로 생각할 수도 있는 빈 공간에 관해 말하자면, 그것은 지식의 관할권 안에 속하는 게 아니다. 지식은 오직 경험적 인식을 위해 주어지는 현상들의 이용에 관한 문제에 대해서만 결정한다. 저 빈 공간은 이데아적[731] 이성의 문제로, 이성은 가능한 경험의 영역을 넘어서는 저 경험 영역 자체를 둘러싸고 한계짓는 것에 대해 판단하려는 것이니, 따라서 그것은 〈초월적 변증〉편에서 탐구되어야 한다. 우리는 이 네 가지 명제들(이 세계에 갈라짐이 없다. 도약은 없다. 우연은 없다. 운명은 없다)을, 그 순서대로, 범주들의 순서에 따라 모든 초월적 근본 원리처럼 쉽게 머릿속으로 가져올 수 있을 것이며, 각각의 명제 위치를 보여줄 수 있을 것이다. 그러나 이미 숙련된 독자들은 스스로 그렇게 할 것이며, 그게 아니더라도 그렇게 하기 위한 실마리를 쉽게 발견할 것이다. 그렇지만 저 네 개의 명제 모두가 단순히 다음과 같이 하나로 합쳐지는데, 그것들은 경험적 종합 안에서 지식과 모든 현상의 연속적인 연관성, 다시 말해 지식 개념들의 하나됨을 해치거나 방해할 수 있는 그 어떤 것도 허용하지 않는다는 것이다. 왜냐하면 지식이야말로 경험적 하나됨 ― 그 안에 모든 포착은 각각의 위치를 가져야 한다 ― 이 가능해지도록 하는 유일한 것이기 때문이다.

가능성의 영역이 과연, 실제로 있는 모든 것이 들어있는 영역보다 큰지, 이어서 과연 후자의 영역이 필연적인 것의 집합보다 큰 것인지에 대한 물음은 올바른 물음이다. 이것은 확실히 종합적으로 풀어야 한다. 그렇지만 이런 물음들도 오직 이성의 관할 아래에 놓인다. 왜냐하면 이런 물음들이 의미하는 것은 대체로 현상으로

---

731 Ideal.

서 사물들은 한 개의 경험의 총합과 맥락에 속해서 그 경험 속 모든 주어진 포착이 하나의 부분을 이루고, 그래서 그 포착이 상이한 그 밖의 현상과 결합될 수 없는 것인지, 아니면 나의 포착들은 (그것들⁷³²의 보편적인 연관 속에서) 하나의 가능한 경험 이상에 속할 수 있는 것인지의 문제이기 때문이다. 지식은 감수성과 지각의 주관적이며 형식적인 조건들에 따라서만 경험 일반에 경험 무관한 규칙을 제공하며, 그런 조건들만이 홀로 경험을 가능하게 한다. 설령 (공간과 시간 형식과는 다른) 상이한 직관 형식과, (생각의 언어 형식이거나 개념들을 통한 인식 형식과는 다른) 마찬가지로 상이한 지식 형식이 가능할지는 몰라도, 우리는 그것들을 생각해 낼 수 없으며, 어떤 식으로든 이해할 수도 없다. 설령 우리가 그런 일을 할 수 있다 해도, 그것들은 여전히 우리에게 주어지는 유일한 대상 인식인 경험에는 속하지 않을 것이다. 우리가 우리의 가능한 경험 전체에 속하는 것과는 다른 포착이 있는지, 그러므로 완전히 다른 영역의 내용을 과연 얻을 수 있는지 여부는, 지식에 의해 정해질 수 없으니, 지식은 그저 주어진 것의 종합만을 다룰 뿐이다. 우리는 실제로 있는 모든 것(모든 경험 대상)은 극히 작은 부분에 지나지 않는다는 거대한 가능성의 세계를 드러낸 우리의 평범한 추론이 얼마나 빈약한지 쉽게 알 수 있다. 〈실제로 있는 모든 것은 가능하다〉, 이것으로부터 자연스럽게 논리 전환의 규칙에 따라, 〈어떤 가능한 것은 실제로 있다〉와 같은 특수 명제가 뒤따른다. 그리고 이 명제는 〈실제로 있지 않은 많은 것이 가능하다〉라는 것을 의미하는 것처럼 보인다. 정말이지 실제 있는 것을 만들기 위해서는 무엇인가가 가능한 것에 더해져야 하기 때문에, 사람들이 실제 있는 것의 개수보다 가능한 것의 개수를 더 많게 할 수 있는 것처럼 보이기는 한다. 그러나 나는 가능한 것에 더해지는 그것을 알지 못한다. 왜냐하면 가능한 것을 넘어 무엇인가를 더해야 하는 일은 불가능한 일이기 때문이다. 나의 지식에 더해질 수 있는 모든 것은 경험의 형식 조건들에 일치하는 것을 넘어서는, 즉 어떤 포착과의 연결을 넘어서는 것이다. 그러나 포착과 연결되는 것이 — 경험법칙들에 따라 — 실제로 있는 것이다. 설령 그것이 직접적으로 포착되지 않더라도 그러하다. 그렇지만 현상들의 상이한 시계열이 포착에서 내게 주어진 것의

---

732 이 '그것'이 무엇을 가리키는지에 관하여, 캠브리지 판본은 '포착', 해켓 판본은 '경험'을 가리킨다고 해석한다. 의미적으로 큰 차이는 없다.

일관된 연관성 속에서 가능한데, 그렇기 때문에 모든 것을 망라하는 하나의 경험보다 더 많은 것은 주어진 것으로부터는 추론될 수 없다. 재료가 없다면 그 무엇도 생각될 수 없기 때문에, 다른 무엇인가가 주어지지 않는다면 더욱 추론할 수 없다. 단순히 스스로 가능할 따름이라는 조건 아래에서만 가능해지는 것은 **모든 관점에서** 가능하지 않다. 누군가 사물들의 가능성이 경험이 다다를 수 있는 것보다 더 멀리 확장될 수 있는지 여부를 알기 원한다면, 이 물음이야말로 저런 가능성에 관한 것이다.

B285 내가 이런 문제들을 언급하는 까닭은 단지 평범한 견해에 따르면서도 지식 개념들에 속하는 것 안에 빈틈을 남기지 않도록 하기 위함이다. 그러나 사실, 절대적인 가능성(모든 관점에서 타당한 그런 가능성)은 단순히 지식 개념이 아니며, 어떤 식으로든 경험적으로 사용될 수 없는 것이다. 오히려 그것은 오직 이성에 속하는 것으로, 모든 가능한 지식은 경험적 용도를 넘어선다. 따라서 여기서는 그저 비판적인 주석만으로 만족하기로 한다. 그렇지 않다면 우리가 이 문제를 앞으로 더 깊이 다룰 수 있을 때까지 모호한 상태로 남겨 두자.

이제 나는 이 네 번째 섹션[733]의 결론을 내면서 순수 지식의 모든 원리에 관한 체계를 마무리하려고 하기 때문에, 나는 내가 저 양상의 원리들을 일컬어 '상정'이라고 부르는 근거를 제시해야 한다. 나는 이 용어를 최근 몇몇 철학 저술가들이 수학적인 용법과 반대되는(그럼에도 불구하고 수학적인 의미에 속하는) 의미로 사용하는, 다시 말해 정당화나 증명 없이도 직접적인 확실함으로 어떤 명제를 내세우는 것 같은 의미로는 쓰지 않을 것이다. 만약 우리가 아무리 명백한 것처럼 보일지라도 단지 자기 주장만으로 아무런 연역 없이 종합 명제들이 무조건적인 승인을 주장할 수 있게 한다면, 그때 지식에 대한 모든 비판이 상실되고 말 것이기 때문이다.

A233

B286 그리고 거기에는 평범한 믿음(그러나 이는 신용장이 부여된 건 아니다)이 거부하지는 않는 거만한 허세가 없지 않으므로, 우리 지식은 온갖 기만에 노출되고 말 것이다. 그런 경우 우리 지식은 설령 부당하더라도 실제 공리와 같은 확고함으로 승

---

733 제4조 경험적 생각의 일반의 상정 부분.

인을 요구하는 그것들의 주장을 거부할 수 없을 것이다. 따라서 만약 어떤 경험 무관한 규정이 한 사물의 개념에 종합적으로 더해진다면, 그때 그런 명제를 위해, 증명까지는 아니더라도, 적어도 그런 주장의 정당성에 대한 연역이 틀림없이 덧붙여져야 한다.

그러나 양상의 원리들은 객관적으로는 종합적이지 않다. 왜냐하면 가능성, 실제성, 필연성의 술어들이 확정된 개념을 조금도 늘려주지 않기 때문이며, 그것들은 대상에 관한 표상에 무엇인가를 더하는 방식으로 주장되기 때문이다. 그럼에도 불구하고 그것들은 항상 종합적이니, 오직 주관적으로만 그러할 뿐이다. 다시 말해 그것들은 아무것도 말하지 않은 (실제로 있는 것인) 한 사물 개념에 그 개념이 자라고 거주하는 인식 능력을 더하는 것이다. 그러므로 만약 그 개념이 지식 안에서 경험의 형식 조건들과 단지 연결된다면, 그 개념의 대상은 가능하다고 말하고, 만약 그 개념이 포착(감각의 내용인 감각된 것)과 연관되는 것이라면, 그리고 포착을 통해 지식에 의해 규정된다면, 그 대상은 실제로 있는 것이고, 만약 그 개념이 포착들의 연관성을 통해서 개념들을 따른다면, 그 대상은 필연적이라 불린다. 따라서 양상의 원리가 어떤 개념에 관해 나타내는 것은 그 개념을 만들어 내는 인식 능력의 작용에 지나지 않는다. 수학에서 상정이라 불리는 것은 단지 종합이 들어있는 실천 명제인데, 먼저 우리가 우리 자신에게 어떤 대상을 주고, 그 대상의 개념을 만들어 내는 종합으로, 예컨대 〈평면 위에 주어진 어느 한 점으로부터 하나의 직선으로 원을 그릴 수 있다〉734 이와 같은 명제가 증명될 수 없는 까닭은, 그런 명제가 요구하는 과정이 바로 우리가 그런 도형 개념을 비로소 만들어 내는 과정이기 때문이다. 그러므로 우리는 이런 것과 동일한 권리로 양상의 원리들을 상정할 수 있는 것이다. 양상의 원리들은 사물에 대한 우리의 개념을 전혀 증가시키지 않기 때문이요,* 그 개념이 인식 능력 일반과 연결되는 방식만을 가리키기 때문이다.

A234

B287

A235

> *칸트 주석: 한 사물의 **실제성을 통해서** 나는 실로 그것의 가능성 이상의 것을 놓지만, **그 사물 안에서** 그러하지는 않는다. 왜냐하면 그 사물은

---

734 유클리드 기하학의 세 번째 postulate이다.

그것의 완벽한 가능성 안에 들어있는 것 이상의 것을 사물의 실제성 안에 포함할 수 없기 때문이다. 오히려 그 사물의 가능성이라는 것은 지식(지식의 경험적 사용)과의 관계에서 그 사물에 관한 설정에 지나지 않았던 반면, 실제성은 그 사물이 포착과 동시에 연결되어 있는 것이다.

원리의 체계에 대한 일반 주석[735]

단순히 범주만을 따른다고 해서 어떤 사물의 가능성을 통찰할 수 있는 것은 아니다. 순수 지식 개념의 객관적 실체를 나타내기 위해서는 항상 직관을 입수해야 한다. 이 사실은 매우 주목할 만한다.

예를 들어 관계의 범주를 취해 보자. 그저 개념들로부터는, (1) 어찌하여 무엇인가가 오직 **주어**로만 존재하고 다른 사물들에 대한 한낱 술어 규정으로는 존재하지 않는지, 다시 말해 어떻게 그것이 **본질**이 될 수 있는지, (2) 어찌하여 무엇인가가 존재한다는 이유로 다른 무엇이 존재해야 하는지, 그리하여 무엇인가가 일반 원인이 될 수 있는지, (3) 여러 사물이 존재하는 경우, 어찌하여 그것들 중 하나의 존재로부터, 어떤 것이 나머지 것을 서로 뒤따르는지, 그리하여 본질의 공동성이 이런 방식으로 생겨날 수 있는지에 관한 통찰을 얻을 수 없다. 나머지 범주에서도 마찬가지다. 예를 들어 어찌하여 한 사물이 많은 사물과 하나가 될 수 있는지, 다시 말해 양이 같아질 수 있는지 따위다.

그러므로 직관이 결여되어 있는 한, 과연 우리가 범주를 통해 한 사물을 생각하고 있는지, 그리고 과연 대상이라는 것이 범주에 속할 수 있는 것인지를 알지 못한다.

---

735 B판에서 추가된 글이다.

그래서 범주는 그 자체로는 **인식**이 아니다. 범주는 주어진 직관으로부터 인식을 만들기 위한 단순한 **생각의 형식**에 지나지 않는다. 바로 이런 이유 때문에, 단순히 범주만으로부터는 종합 명제가 만들어질 수 없다.

B289

예컨대 〈모든 존재함에는 본질이, 즉 주어로만 존재할 수 있을 뿐, 한낱 술어로는 존재할 수 없는 어떤 것이 있다〉 또는 〈모든 사물은 양이다〉 등은 범주만으로는 만들어지지 못한다. 왜냐하면 여기에서는 주어진 개념을 넘어 다른 개념에 연결되도록 하기 위해 우리가 쓸 수 있는 게 아무것도 없기 때문이다. 따라서 순수 지식 개념만으로는 예컨대 〈우연적으로 존재하는 모든 것은 원인을 갖는다〉라는 명제와 같은 종합 명제를 증명하는 데 성공한 사람은 없었다. 우리는 이런 인과관계 없이는 저 우연적인 것의 존재를 전혀 **파악할 수 없다**는 것, 다시 말해 그런 것의 존재를 지식을 통해 경험 무관하게 인식할 수 없다는 것을 증명하는 것 이상 나아갈 수 없었다. 하지만 이로부터는 그 관계가 사물 자체의 가능성을 위한 조건이기도 하다는 결론은 나오지 않는다. 그러므로 만일 독자들이 인과성의 원리의 가능성에 대한 우리의 증명을 돌이켜 본다면, 오직 가능한 경험 대상들에 대해서만 우리가 그 원리를 증명할 수 있었음을 알게 될 것이다. 즉 〈발생하는 모든 것(다시 말해 각각의 모든 사건)은 원인을 전제한다〉는 것이다. 우리는 이것을 단순히 개념들로만으로는 증명할 수 없었다. 그렇지만 우리는 그 원리를 경험의 가능성에 대한, 따라서 **경험적 직관**으로 주어진 대상 **인식**의 가능성에 대한 원리로서만 증명할 수 있었다. 그럼에도 불구하고 〈우연적인 모든 것은 원인을 가져야 한다〉는 명제가 단순히 개념만으로도 모든 이에게 매우 자명하다는 사실은 부인될 수 없다. 그런데 이 경우 (존재하지 않는 것이 **생각될 수는 있다**[736]) 우연적인 개념에 양상의 범주가 들어있지 않고, (어떤 것은 다른 어떤 것의 결과로서만 존재할 수 있다는) 관계의 범주가 들어있는 방식으로 우연 개념이 구조화되어 있다. 그리고 저 명제는 〈결과로서만 존재할 수 있는 것은 그것의 원인을 갖는다〉라고 말하는 것과 동일 명제이다. 실제로 우리가 우연적으로 존재함의 사례를 드는 경우, 우리는 항상 **변화**를

B290

---

736 예컨대 '드래곤'은 생각될 수 있다. 그런데 이 '드래곤'에는 양상의 범주(가능성, 실제성, 필연성)가 적용되지 않는다. 그러나 관계의 범주(불변성, 인과성, 공동성)가 '드래곤'에 적용될 수는 있다.

B291 어필하지, 단순히 **반대로 생각**할 수 있음을* 어필하지는 않는다. 그러나 변화란 하나의 사건이다. 사건 일반은 단지 원인을 통해서만 가능하며, 그래서 원인의 부재는 가능 그 자체이다. 그렇기 때문에 우리는 무엇인가가 어떤 원인의 결과로서만 존재할 수 있다는 사실로부터 우연성을 인식할 수 있고, 따라서 한 사물이 우연적인 것으로 가정된다면, 그때 그건 그 사물이 원인을 갖는다고 말하는 것은 분석 명제이다.

  * 칸트 주석: 우리는 물질이 존재하지 않음을 쉽게 생각할 수 있지만, 옛 사람들은 이것으로부터 물질의 우연성을 추론하지 않았다. 모든 변화를 이루는, 어떤 사물의 주어진 상태의 있음과 없음의 바뀜조차 그 반대편이 실제로 있다는 것으로부터 그 상태의 우연성을 증명하지 않는다. 이를테면 한 물체의 운동에 이어지는 정지가, 정지는 운동의 반대라는 이유로, 그 물체의 운동의 우연성을 증명하지는 않는다. 왜냐하면 이러한 반대편은 단지 논리적으로 다른 상태와 **반대되는** 것이지 실제로 반대인 것은 아니기 때문이다. 물체의 운동에 관한 우연성을 증명하기 위해서는, 그 물체가 **나중에** 정지될 것으로 증명하는 게 아니라, 선행 시점에서 물체가 그 운동 **대신에** 바로 **그때** 정지되었을 수도 있음을 증명해야 할 것이다. 왜냐하면 이런 경우 서로 대립되는 두 가지가 모순이 없기 때문이다.

그런데 범주에 합당하게 사물들의 가능성을 이해하기 위해서는, 그래서 범주의 **객관적 실체**를 밝히기 위해서는, 우리는 직관이 단순히 필요하다는 게 아닌, 항상 **외부 직관**을 필요로 한다는 사실은 더욱 주목할 만하다. 만약 우리가 예컨대 **관계**의 순수 개념을 취한다면, 우리는 다음을 알게 된다. (1) **본질** 개념에 대응하는 것으로서 직관 속에서 **불변**의 것을 주기 위해서 (그리고 이를 통해 그 개념의 객관적 실체를 밝히기 위해서) 우리는 **공간에서의** 직관(내용에 관한 직관)을 필요로 한다. 왜냐하면 공간만이 불변을 규정하되, 시간의 경우, 그리하여 내적 감각 속에 있는 모든 것은 끊임없이 흐르기 때문이다. (2) **인과성** 개념에 대응하는 직관으로서 **변화**를 나타내기 위해서는, 우리는 공간 속에서의 변화로 운동을 사례로 취해야 한다. 정말이지 이렇게 해야만 변화가 직관될 수 있는데, 이런 가능성은 순수 지식이 파악할 수 있는 게 아니다. 왜냐하면 변화라는 것은 한 개의 동일한 사물에 관한 존재에서 서로 모순적으로 반대되는 규정들의 결합이기 때문이다.

이제 동일한 사물에서, 하나의 주어진 상태로부터 반대되는 상태가 뒤따라야 하는 것이 어떻게 가능한지, 이는 사례가 주어지지 않는다면 이성에 의해 파악될 수 없을 뿐더러, 직관이 없다면 이해될 수도 없다. 그리고 이러한 직관은 공간 안에서 어느 한 점의 운동에 관한 직관이며, 서로 다른 위치에서의 이 점의 존재만이 (서로 반대되는 규정들의 순차적인 것으로서) 비로소 변화가 우리에게 직관되도록 해준다. 왜냐하면 나중에 내적 변화들도 생각될 수 있도록 하려면, 우리가 시간을 내적 감각의 형식으로서 하나의 선분을 통해 형태적으로 이해할 수 있게끔 돼야 하는데, 우리는 이런 선분을 그려 보는 것을 통해 (다시 말해 운동을 통해) 내적 변화를 이해해야 하고, 그리하여 상이한 상태 속에서 우리 자신의 순차적인 존재를 외부 직관을 통해 이해할 수 있도록 만들어야 하기 때문이다. 그저 변화로 포착되기 위해서만이라도, 모든 변화는 직관 속에서 불변하는 어떤 것을 전제한다. 그러나 이는 내적 감각 안에서는 불변하는 직관을 만날 수 없다는 게 진짜 이유이기도 하다. 마지막으로,[737] **공동성** 범주에 대한 가능성은 단순히 이성만을 통해서는 파악되지 않는다. 그래서 직관 없이는, 실로 공간에서의 외부 직관 없이는 이 개념의 객관적 실체를 통찰하는 것은 가능하지 않다. 만일 여러 본질이 존재하고, 본질 하나의 존재가 (결과로서) 다른 본질들의 존재를 상호 뒤따른다면, 그래서 하나의 본질 안에 어떤 것이 있다는 이유로 다른 본질들의 존재만으로는 이해될 수 없는 어떤 것이 그 다른 본질 안에서도 있어야 한다는 것의 가능성을 우리가 어떻게 생각할 수 있겠는가? 이 때문에 공동성이 필요한 것이지만, 이것은 각각이 그것의 자존성을 통해서 스스로 완벽하게 격리되는 사물들 사이에서는 이해될 수 없다. 그렇기 때문에 공동성을 지식만으로 생각될 수 있는 것으로서 이 세상의 본질에 부여되는 것으로 봤던 라이프니츠는 저 공동성을 매개하는 것으로 신의 힘을 필요로 했다. 왜냐하면 그것들의 존재만으로는 저 공동성이 나타나는 것이 그에게는 납득할 수

---

737 (3)번에 해당한다.

없는 것처럼 보였기 때문이다. 그러나 우리는 (현상들로서 본질의) 공동성의 가능성을 아주 잘 납득할 수 있다. 만약 우리가 공간 안에서 본질들을 머릿속으로 가져오는 것이라면, 따라서 외부 직관 안에서 그 본질을 가져오는 것이라면 쉽게 납득할 수 있다. 공간 안에는 실제 관계들의 가능성을 위한 조건들로서 형식적인 외부 관계들이 경험 무관하게 이미 들어있기 때문이다(작용과 반작용, 그래서 공동성의 가능성을 위한 조건들로서).

마찬가지로, **양**으로서의 사물들의 가능성 — 그러므로 양의 범주에 관한 객관적 실체 —도 오직 외부 직관에서만 나타날 수 있으며, 그래서 그 외부 직관을 통해서만 나중에 내적 감각에도 적용될 수 있는 것임을 우리는 쉽게 밝힐 수 있다. 그러나 이야기가 길어지는 것을 피하기 위해서라도, 나는 이 문제에 대한 사례들을 독자의 사유에 맡겨둘 수밖에 없다.

B294 이런 주석 전체는 우리의 앞선 관념론 반박을 확인하기 위해서도, 더욱이 우리가 단순히 내적 의식만으로 비롯되는 **자기 의식**에 관해, 그리고 외부 경험적 직관들의 도움 없이 우리 본성의 규정에 관해 이야기하게 될 때, 우리에게 그런 인식의 가능성의 한계를 나타내기 위해서도 아주 중요하다.

그러므로 이 전체 섹션의 마지막 결론은 이러하다. 순수 지식의 모든 원리는 경험의 가능성[738]에 관한 경험 무관한 원리에 지나지 않는다. 또한 모든 경험 무관한 종합 명제는 오직 저 가능성에만 관계하는 것으로, 정말이지 그 명제들의 가능성[739] 자체는 전적으로 이런 관계[740]에 의존한다.

---

738 다시 말해 실제로 나타날 수 있고 나타나는 모든 경험에 대한.

739 지금까지 살펴본 범주의 경험 무관한 종합 판단들(직관의 공리, 포착의 예감, 경험의 유추, 경험적 생각 일반의 상정)이 실제로 작용되는 것.

740 직관과의 관계.

판단력의 초월적 이론
(원리의 분석)

제3절
대상 일반을
현상물[741]과 사유물[742]로 구별하는
근거에 대하여

이제 우리는 순수 지식의 영토 전역을 둘러보면서 조심스럽게 모두 살펴보았을 뿐더러, 이 안에 있는 모든 것에 올바른 장소를 정해주면서 그것들을 철저히 조사했다. 그러나 이 땅은 하나의 섬으로 자연 자체에 의해 둘러싸여 변할 수 없는 한계 속에 있다. 이곳은 (매력적인 이름으로) 진리의 땅이다. 그리고 폭풍을 품은 방대한 대양이 사방으로 펼쳐진다. 농무가 자욱한 가운데 빠르게 녹고 있는 빙산이 새로운 땅인 양 떠 있는, 이 환영의 본고장은 새로운 발견을 찾으려는 항해자를 헛된 희망으로 끊임없이 속이면서 탈출할 수 없는 모험 안으로 그 사람을 휘감으며 목적지에는 결코 데려다 주지 않는다. 그러나 우리가 모험을 떠나 이 바다의 모든 너비를 알아보고, 과연 이 바다에서 희망하는 것이 있는지 확인하려고 하기 전에, 우선 우리가 지금 떠날 이 땅의 지도를 다시 한 번 살펴보고 다음과 같은 질문을 던져봄이 유용할 것이다. 첫째, 우리가 이 땅에 들어있는 것에 만족할 수는 없는지, 또는 우리가 정주할 수 있는 다른 땅이 없다면, 어쩔 수 없이 만족해야만 하는 건 아닌지. 둘째, 우리가 대체 무슨 권한으로 이 땅을 소유하는 것이며, 모든 적대적인 권리 주장에 맞서 우리가 우리 자신을 지켜낼 수 있는지. 비록 우리가 분석편의 과정에서 이런 질문들에 이미 충분히 답했다 해도, 저 분석의 해답들에 대한 요약은

---

741 Phenomena. 기존 번역은 현상체.

742 Noumena. 기존 번역은 가상체(최재희) 또는 예지체(백종현).

각 해답의 작용점들⁷⁴³을 한 개의 지점으로 모두 합침으로써 사람들의 신념을 더 강화해 줄 것이다.

B296

A237

우리는 지식이 경험으로부터 빌려오는 것 없이 지식 그 자신으로부터 끄집어 낸 저 모든 것⁷⁴⁴과, 그럼에도 불구하고 그것들이 경험 속에서만 그 용도를 갖게 됨도 살펴보았다. (수학적인 원리처럼) 경험 무관하게 구성적인 원리이든, 아니면 (역학적인 원리처럼) 단순히 조정적인 것이든, 순수 지식의 원리들에는 가능한 경험을 위한 순수 윤곽만이 들어있다. 왜냐하면 경험은 오직 지식의 종합적 하나됨 — 이는 근원적으로 자기 자신에 근거하는 지식이 (지각과 관계하면서) 상상력의 종합에 제공하는 것이다 —에서만 하나가 되기 때문이요, 인식을 가능하게 하는 자료인 현상이 저 종합적 하나됨과 경험 무관하게 관계를 가져야 할 뿐만 아니라 일치해야 하기 때문이다. 이제 이러한 지식의 규칙들은 경험 무관하게 참이며, 이것들이 우리에게 대상을 제공하는 모든 인식의 합계로서 경험의 가능성을 위한 근거도 포함한다. 이를 통해 그 지식의 규칙들은 모든 참의 원천, 다시 말해 우리 인식을 대상에 일치되도록 하는 원천이기까지 하다. 그러나 무엇이 참인지 상세히 설명하는 것만으로는 충분하지 않은 것처럼 보인다. 사람들이 알고 싶은 것까지 설명해야 한다.

B297

그렇기 때문에 이런 비판적인 탐구를 했음에도, 만약 우리가 그저 경험적으로 지식을 사용하면서 만나는 사례를 통해, 세밀한 탐구 없이도 익히게 되는 그런 수준의 것 이상을 배우지 못한다면, 이런 탐구로 얻는 이득은 필수품의 가치에 미치지 못할 것이다. 그런데 이에 대하여, 사람들이 탐구도 하기 전에 항상 유용성을 먼저 내세우는 것보다, 다시 말해 이러한 유용성의 최소한의 개념을 알 수 있기도 전에 그 유용성을 알고 싶어 하는 호기심보다(설령 그것이 눈앞에 있더라도) 우리 지식 확장에 더 해로운 게 없노라고 답할 수는 있을 것이다. 그러나 그런 초월적 탐구를

---

743 Moments.

744 범주와 범주의 기능과 범주들에 의해 만들어지는 경험 무관한 종합 판단의 원리들을 가리킨다.

가장 어려워하는 무기력한 학습자조차 납득할 수 있고 관심을 갖는 한 가지 이득 A238
이 있다. 만약 지식의 경험적 사용에만 신경 쓴 나머지 자기 인식의 원천에 대해서
숙고하지 않는다면, 우리가 그 지식만으로는 지식 사용의 한계를 정할 수 없다는
것이다. 설령 지식이 상당히 능수능란할지라도, 지식만으로는 지식의 모든 영역에
서 무엇이 그 안쪽에 있는지 혹은 바깥에 있는지를 알 수 없다는 것이다. 왜냐하면
이런 일이 바로 우리가 수행했던 깊은 탐구를 필요로 하기 때문이다. 그러나 만약
지식이 어떤 문제들에 대해서 그것이 지식의 지평 안에 있는지 아니면 그렇지 않
은지 여부를 구별할 수 없다면, 그때 지식은 자기 권리 주장과 소유권을 확신할 수
없을 터이니, 오히려 자기 영역의 한계를 넘어 망상과 기만 속에서 길을 잃을 때마
다 항상 빗발치는 교정을 받을 수밖에 없다.

그러므로 〈지식은 그것의 모든 경험 무관한 원리를, 실로 그것의 모든 개념을, 오
직 경험적으로만 사용할 수 있으며, 초월적인 사용은 불가하다〉는 명제는 — 그것
이 확실하게 인식될 수 있다면 — 중요한 결론을 가리키는 명제이다. 어떤 종류의 B298
원리에서 개념의 초월적 사용이라 함은 사물 **일반**에 그리고 사물 **자체**에 개념을
관계 짓는 것이다. 그러나 개념을 단순히 **현상**에만, 다시 말해 가능한 **경험** 대상 A239
에만 관계 짓는다면, 경험적 사용이다. 그런데 〈오직 경험적으로만 사용할 있다〉는
것은 다음과 같은 이유로 알 수 있다. 첫째, 모든 개념은 개념 일반의 논리 형식(생
각의 논리 형식)을 필요로 하며, 둘째, 개념에는 그 개념이 관계할 어떤 대상이 주
어질 수 있어야 한다. 대상이 없다면 개념은 의미가 없고 내용 면에서 완전히 공허
하다. 설령 데이터가 주어지기만 하면 개념을 만들어 내는 논리적인 기능이 그 개
념에 여전히 들어있다 해도 그러하다. 그런데 대상이라는 것은 직관이 아니고서는
개념에 주어질 수 없다. 비록 대상을 만나기 전에도 순수 직관이 경험 무관하게 가
능할지라도, 그때조차 순수 직관 자체는 오직 경험적 직관을 통해서 자신의 대상
을 얻을 수 있었고, 그리하여 저 단순 형식에 불과했던 순수 직관의 객관적 타당성
을 얻을 수 있었다. 따라서 모든 개념과 그것들과 함께하는 모든 원리는, 이것들이
경험 무관하든 그렇지 않든, 경험적 직관, 다시 말해 가능한 경험을 위한 데이터와
관계해야 한다. 이런 관계가 없다면, 그것들은 모두 객관적 타당성이 없고 그저 유

희에 불과하다.[745] 이는 그것이 상상으로 머릿속으로 가져온 것이든 아니면 지식에서 비롯된 것이든 그러하다.

B299
A240
수학 개념들을 사례로 취해 보자. 먼저 순수 직관에서 취해 보면, 〈공간은 삼차원이다〉, 〈두 점 사이에는 오직 하나의 직선만이 존재할 수 있다〉 등이다. 설령 모든 수학 원리와 이 학문이 다루는 대상의 표상이 머릿속에서 완전히 경험 무관하게 만들어진다 해도, 만약 우리가 현상(경험적 대상) 속에서 그것들의 의미를 항상 나타낼 수 없다면, 그것은 아무런 의미가 없을 것이다. 따라서 우리는 추상 개념 역시 **감각되도록**, 즉 그 개념에 대응하는 대상이 직관 속에서 나타나도록 할 것을 필요로 한다. 왜냐하면, 그렇지 않으면, 그 개념은 (우리가 이야기한 것처럼) **감각**이 없는, 다시 말해 의미가 없는 상태로 남게 되기 때문이다. 수학은 형태를 구성함으로써 이런 요구를 이행하는데, 그 형태[746]가 (설령 경험 무관하게 생겨나지만) 감각에 제시된 현상이다. 똑같은 학문에서, 양의 개념은 수에서 그것의 지위와 의미를 찾는다. 그리고 수는 우리 눈앞에 놓인 손가락에서, 주판알에서, 또는 선과 점에서 그것을 찾는다. 그 개념[747]은 언제나 종합적인 원리 또는 그런 개념들[748]에 근거를 둔 공식과 함께 경험 무관하게 만들어지는 것이다. 그러나 그것의 용도와 제기된 대상과의 관계는 결국 경험이 아닌 곳이라면 어디에서도 찾을 수 없으니, (형식에 관한 한) 그것의 가능성이 이런 개념들 안에 경험 무관하게 들어있다.

B300
그렇지만 이것이 모든 범주와 그리고 범주로부터 비롯된 원리의 경우에도 마찬가지라는 사실은 다음으로부터 분명하게 밝혀진다. 우리가 감수성의 조건들로, 즉 현상들의 형식으로 즉시 내려가지 않는다면, 우리는 범주 하나라도 실질적으로[749]

---

745 예컨대 '고양이'는 순수 직관 면에서도 순수 지식 개념 면에서도 객관적 타당성이 있지만 (객관적 타당성이 있지만), '드래곤'은 양자 모두에서 객관적 타당성을 갖지 못한 상상물에 불과하다.

746 기하학적 형태.

747 양의 개념.

748 종합적인 성격의 개념들.

749 이 단어가 B판에서 추가되었다.

정의할 수 없다. 다시 말해 그 대상의 가능성을 이해할 수 없다.⁷⁵⁰ 결과적으로 범주는 그것의 유일한 대상인 현상으로 제한되어야 한다. 왜냐하면, 만약 우리가 이런 조건을 제거한다면 대상과 관계하는 모든 의미가 사라지며, 어떤 사례를 통해서도 우리는 그런 종류의 개념이 도대체 어떤 종류의 사물을 의미하는지 스스로 파악할 수 없기 때문이다.

⁷⁵¹ 위에서 범주표로 나타낼 때⁷⁵² 우리는 그것들 각각에 대한 정의를 생략했다. 우리의 목적이 오직 범주의 종합적 사용에만 관련돼서 그런 정의가 필요하지 않았기 때문이고, 하지 않아도 될 불필요한 작업 탓에 생겨나는 책임을 피할 수 있기 때문이었다. 이것은 핑계가 아니라 사소하지 않은 중요한 규칙이었다. 즉 전체 개념을 구성하는 모든 것의 완벽한 일람을 제공할 필요 없이, 그 개념을 나타내는 표식의 한두 개만을 사용할 수 있다면, 즉각적으로 정의하려는 위험을 감수하지 않아도 된다는 것이었고, 개념을 규정하는 데 완벽함이나 정확함을 얻으려 시도하거나 가장하지 않는다는 것이었다. 그러나 지금 우리는 이런 조심스러움이 여전히 더 심하게 자리잡고 있음을 안다. 심지어 이것은 그것들을 정의하기를 원해도 정의할 수 없다는 사실에서 비롯된다.* 만약 우리가 범주들에서, 그것을 가능한 경험적 사용을 위한 개념으로 구별시켜 주는 감수성의 모든 조건들을 제거한다면, 그리하여 범주를 사물 일반의 개념으로 취한다면, (그러므로 초월적 용도의 개념으로 한다면) 그때 범주는 판단 속에서 사물 자체의 가능성의 조건으로서 범주가 갖는 논리적 기능⁷⁵³으로 여겨지는 것 외에 아무것도 갖지 못한다. 그

---

750 이 문장이 B판에서 추가되었다.

751 이 단락은 A판에 있던 글로 B판에서는 삭제되었다.

752 그 표에 대해서는 A80, B106.

753 그 사물을 생각할 때, 그 생각을 가능하게 하는 언어적인 수단으로서, 다시 말해 판단표에 나타나는 판단을 가능하게 하는 논리적 수단으로서의 기능. 예컨대 '드래곤'을 머릿속에 떠올리면서 〈드래곤이 불을 뿜는다〉와 같은 단일 판단 및 무조건 판단을 가능하게 하는 기능으로 쓰일 뿐인데, 이것은 이미 순수 지식 개념이 아니라, 상상 속 경험 개념의 논리적 기능이다. 동화나 영화 속 캐릭터로 '드래곤'을 경험하지 않았다면, 저런 판단 자체가, 아니, 머릿속에서 떠올리는 것 자체가 가능하지 않다.

리하면 범주가 도대체 어디에서 그것의 적용과 대상을 가질 수 있는지, 감수성이 없는 순수 지식 속에서 그것이 도대체 어떻게 의미와 객관적 실체를 가질 수 있는지 전혀 보여줄 수 없게 된다.

> * 칸트 주석: 나는 여기서 실제적인 정의를 말하는 것이다. 그런 정의는 단순히 어떤 사물의 이름으로 이러쿵저러쿵 알기 쉬운 단어들을 사용하는 게 아니라, 명확한 **표식**이 그 안에 포함되도록 함으로써 그 **대상**(정의되는 것)이 언제나 확실하게 인식될 수 있고, 그래서 실제 적용시에 설명되는 개념으로 사용될 수 있는 개념이 되도록 하는 것이다. 그러므로 실제적인 설명이란 단순히 개념만이 아닌 그 개념의 **객관적 실체**를 분명히 하는 설명일 것이다. 이런 종류의 설명으로는 대상을 개념에 맞게 **직관에서** 나타내는 수학적인 설명이 있다.

A242 〈양의 개념은 어떤 사물에 대한 술어 규정으로, 그것을 통해 우리는 얼마나 많은 하나가 그 개념 속에 놓여 있는지를 알 수 있다〉와 같이 말하는 것을 빼놓고서는 어느 누구도 양 일반에 관한 개념을 설명할 수 없다. 그런데 이러한 '얼마나 많은'이라는 것은 순차적인 반복에 근거를 두고, 그러므로 시간에, 그리고 시간 속에서의 (같은 것)의 종합에 근거를 둔다. 부정과 반대되는 실체는, 오직 우리가 시간을 채우거나 아니면 텅 비어 있는 (모든 있음의 총합으로서) 그 시간을 생각하는 경우에만,[754] 설명될 수 있다. 만약 본질이라는 개념에서 내가 (모든 시간에서의 존재인) 불변성을 빼낸다면, 오직 주어로서만 생겨나는 (무엇인가의 술어가 됨 없이)

A243
B301 어떤 것을 나 자신에게 표상하여 어떤 실체를 찾으려는 그런 주어의 논리적 표상 외에는 본질 개념에 아무것도 남지 않게 된다. 그러나 이것은 어떤 종류의 사물로 하여금 이러한 논리적 탁월함을 갖도록 하는 그런 조건들을 나는 전혀 알 수 없으며, 그 개념으로부터 아무것도 만들어 낼 수 없고, 어떤 것도 그것으로부터 도출될 수 없다. 왜냐하면 이런 설명으로부터는 어떤 대상도 본질 개념으로 규정되지 않

---

[754] 어떤 사물이 시간을 계속 채우고 있다면 그 사물이 실제로 있는 것이고(즉 실체), 그 사물이 흐르는 시간을 전혀 채우지 않고 있다면, 그것은 없는 것이다(즉 부정)

으니, 그래서 우리는 그 개념이 실제로 무엇을 의미하는지 전혀 모르기 때문이다.

순수 범주[755]로서 원인 개념에 대하여, (만약 내가 그것으로부터 무엇인가가 다른 무엇을 규칙에 따라 뒤따르는 시간을 제거한다면) 그 무엇은 다른 무엇인가의 존재를 추론한다는 것 말고는 나는 그 이상을 알지 못할 것이다. 그리고 그런 경우 원인과 결과를 구별해 주는 그 무엇도 없게 될 것이고, 이런 추론을 도출하는 가능성은 내가 알지 못하는 조건들을 필요로 하게 될 것인데, 그 때문에 어떻게 그 개념이 대상에 적용되는지에 관해서는 아무런 규정도 갖지 못할 것이다. 이른바 〈우연적인 모든 것은 원인을 갖는다〉라는 원리는, 마치 그것이 스스로 위엄을 갖고 있는 듯이 상당한 무게감으로 등장한다. 만약 내가 그 우연이라는 게 무엇인지 묻는다면, 여러분은 '있을 수 있는 없음'이라고 답하고, 그러면 나는 여러분이 그런 없음의 가능성을 무엇으로 인식하려고 하는지, 다시 말해 여러분이 현상들의 시계열 속에서 순차성을 표상하지 않는다면, 이러한 순차성 속에서 저 없음을 따르는 있음을(그 역도 마찬가지) 표상하는 게 아니라면, 그래서 변화를 머릿속으로 가져오지 않는다면, 무엇에서 없음의 가능성을 인식하려고 하는지 나는 알기 원한다. 〈한 사물의 없음은 사물 그 자신과 모순되지 않는다〉라는 것은, 설령 이것이 개념에는 필수적이기는 해도, 단순한 그런 논리적 조건에 변변찮게 호소하는 것일 뿐, 사물의 진짜 가능성에 대해서는 아주 불충분하기 때문이다. 내가 정말이지 나의 사유 속에서 존재하는 어떤 본질을 나 자신과 모순됨 없이 없앨 수는 있다. 그러나 이것으로부터 내가 그 있음 속에서 저 본질의 객관적 우연성을, 다시 말해 그 없음 자체의 가능성을 추론할 수 있는 건 아니다.[756]

A244
B302

공동성 개념에 관해서, 본질과 인과성이라는 두 가지 순수 범주가 대상을 규정하

---

755 범주의 다른 이름이 '순수 지식 개념'이며, 그 자체로 경험 무관한 개념이다. '순수 범주'는 **순수 순수** 지식 개념'이 되는 것이고, 그러므로 우리는 이 표현을, 직관과의 관계를 완전히 제거했을 때, 범주가 과연 어떤 의미가 있는지를 나타내는 칸트의 단어 사용법으로 이해할 수 있다.

756 본질이라는 개념은 생성되거나 소멸되지 않고 불변하는 것으로 남아 있는 순수 개념이기 때문에, 설령 머릿속에서 그 개념을 없애 봐도, 본질의 있음도 본질의 없음도 추론되지 않는다는 의미.

는 정의로는 인정될 수 없으므로, 서로 관계하는 본질들의 관계(상호작용)[757]에서의 상호 인과성도 마찬가지로 그런 정의로는 인정될 수 없으리라는 점을 우리는 쉽게 짐작할 수 있다. 가능성, 존재, 그리고 필연성에 관하여, 그것들의 정의를 오직 순수 지식에서 도출하려는 사람들은 누구도 명백한 동어반복 말고는 그것들을 정의할 수 없다. 왜냐하면 **사물**의 초월적 가능성(여기서 개념이 대상에 대응한다)을 **개념**의 논리적 가능성(여기서 개념은 자신과 모순되지는 않는다)으로 기만스럽게 대체하는 것은 그저 미숙한 사람만을 속이고 만족시킬 수 있을 뿐이기 때문이다.*

> *칸트 주석: 한마디로 말해, 만약 모든 감각 직관(우리가 갖고 있는 유일한 직관)이 제거된다면, 그때 이 개념은 무엇에 의해서도 뒷받침될 수 없으며, 그것들의 실제 가능성도 증명될 수 없다. 그러면 남게 되는 것은 논리적 가능성, 다시 말해 그 개념(그런 생각)이 가능하다는 사실뿐이다. 그러나 문제는 이런 게 아니라, 그런 개념이 어떤 대상과 관계하는지, 혹은 관계하지 않는지, 그래서 무엇을 의미하는지이다.

A245

[758] 확실히 의미를 가지면서도 그것을 정의할 수 없는 개념이 존재한다니, 참 기묘하고 터무니없다. 그러나 여기서 범주들의 경우 그런 특별한 사정이 있다. 범주는 오직 보편적 **감각 조건**만을 통해서 규정적인 의미를 가질 수 있으며, 그래야 어떤 대상과 관계할 수 있다. 그러나 이런 기능만으로는, 다시 말해 개념의 형식만으로는, 우리는 어떤 대상이 그 범주 아래에 속하는 것인지에 관해 아무것도 인식할 수도, 구별할 수도 없으니, 이는 우리가 대상이 범주 하에서 유일하게 속할 수 있는 감각 조건을 빼내버린 바로 그 이유 때문이다. 따라서 범주들은, 순수 지식 개념에 더해, 감수성 일반에 그것들을 적용하는 규정(윤곽)이 필요한 것이다. 이러한 규정이 없다면, 범주들은 그것을 통해 대상을 인식하고 다른 대상들과 구별되도록 하는 그런 개념이

---

757 A 213, B 260을 보라.
758 이 단락은 A판에만 존재한다. B판에서는 삭제.

아니게 되며, 단지 가능한 직관을 위해 대상을 생각하고, 그런 대상에 (여전히 필요한 조건 아래에서) 지식의 어떤 기능, 즉 대상을 **정의하는** 기능에 부합하는 의미를 제공하는 그런 여러 방식에 그칠 뿐이다. 따라서 그것들[759]은 스스로 정의될 수 없다. 판단력 일반의 논리적 기능들 — 하나와 복수, 긍정과 부정, 주어와 술어 —은 순환 논리에 빠짐 없이 정의될 수 없다. 왜냐하면 결국 정의 자체는 판단되어야만 하고, 따라서 이미 저 기능들을 이미 포함해야 하기 때문이다. 그러나 순수 범주들은, 직관의 다양함이 이런저런 논리적 기능들을 통해 생각되어야 하는 한, 사물 일반에 대한 표상에 지나지 않는다. 양이라는 것은 오직 양을 갖는 판단(보통의 판단)을 통해서만 생각될 수 있는 규정이며, 실체라는 것은 긍정 판단을 통해서만 생각될 수 있는 규정이고, 본질이란 직관과 관계하면서 다른 모든 규정의 궁극적인 주어가 되어야 하는 것이다. 그러나 다른 기능이 아니라 이 기능이 적용돼야 한다는 것에 관해, 어떤 종류의 사물이 그러한지는 완전히 무규정으로 남아있다. 그러므로 종합이 들어있는 감각 직관의 조건 없이는, 범주는 어떤 특정 대상과 전혀 관계가 없으며, 그래서 어떤 대상도 정의할 수 없고, 결과적으로 범주는 그 자체에서 개념의 객관적 타당성을 갖지 못한다.

A246

이제 이것으로부터 반박할 수 없을 정도로 다음과 같은 사실이 뒤따른다. 순수 지식 개념은 **결코 초월적인** 용도를 가질 수 없고, 항상 **경험적** 용도만을 가진다는 것이다. 그리고 순수 지식의 원리는 오직 가능한 경험의 보편 조건과 관련해서만 감각 대상과 관계할 수 있다는 것이다. (우리가 그것들을 어떤 방식으로 직관할 것인지 고려함이 없다면) 사물 일반과는 관계할 수 없다.

B303

따라서 초월적 분석은 다음과 같은 중요한 결론을 갖는다. 지식은 가능한 경험 일반의 형식을 예감하는 것[760] 이상을 경험 무관하게 달성할 수 없으며, 현상이 아닌

---

759 범주를 가리킨다.

760 무엇이든지 경험이 가능해지기 위해서는 그 경험을 가능하게 만들어 줄 머릿속 기능(형식)이 미리 갖춰져 있어야 하고, 따라서 우리 머리 자체가 그런 '디폴트로 설정된' 형식의 존재만큼은 스스로 안다는 의미.

것은 경험의 대상이 될 수 없기 때문에, 지식은 그 안에서만 대상이 홀로 우리에게 제공되도록 하는 감수성의 한계를 넘어설 수 없다. 그것의 원리들은 현상을 해설하기 위한 규칙이며, 그리하여 체계적인 이론으로 사물 일반에 관한 경험 무관한 종합 인식(예를 들어 인과성의 원리)을 제공한다고 과시하는 존재론이라는 저 당당한 이름은 한낱 순수 지식의 분석이라는 겸손한 이름으로 바뀌어야 한다.

생각이란 주어진 직관들을 어떤 대상에 관계시키는 활동이다. 만약 이런 직관이 어떤 방식으로든 주어지지 않는다면 그 대상은 그저 초월적이며, 지식 개념은 단지 초월적인 용도만을 갖는 것으로, 다시 말해 다양함 일반[761]에 대한 생각의 하나 됨만을 제공하는 것이다. 그러므로 우리에게 가능한 유일한 것인 감각 직관의 조건들이 빠진 순수 범주를 통해서는 어떤 대상도 규정되지 않는다. 오히려 순수 범주는 서로 다른 양상에 따라 대상 일반에 대한 생각만을 표현할 뿐이다. 한편 개념의 사용은 판단력의 기능에도 속하는데, 판단력을 통해 어떤 대상이 그 개념 아래에 포섭된다. 그래서 개념의 사용은 어떤 것이 직관 속에서 주어질 수 있게끔 해주는 최소한의 형식 조건을 포함한다. 만약 판단력의 이러한 조건(윤곽)이 결여된다면, 모든 포섭이 상실된다. 왜냐하면 그 개념 아래로 포섭될 수 있는 것이 아무것도 주어지지 않기 때문이다. 따라서 범주의 초월적 사용은 사실상 아무런 사용도 아니다. 규정될 대상이 없거나, 범주의 형식에 관한 한 규정할 수 있는 대상도 없는 것이다. 이를 통해 순수 범주라는 것은 경험 무관한 종합 원리에 대해서 불충분하며, 순수 지식의 원리는 단지 경험적인 사용에 관한 것이지 초월적인 사용에 관한 원리가 아니며, 가능한 경험의 영역을 넘어서 경험 무관한 종합 원리가 있을 수 없다는 사실이 도출된다.

그러므로 다음과 같이 논점을 표현하는 것이 바람직해 보인다. 감수성이라는 형식 조건이 없는 순수 범주는 단지 초월적 의미만을 가질 뿐이지 초월적 용도를 갖

---

761 실제로 머리 안으로 들어온(즉 직관된) 다양함 자체, 다시 말해 구체적으로 특정된 어떤 다양한 표상이 아니라, 이론적으로 가능한 표상 전부를 가리키는 개념. 형체도 윤곽도 없다.

는 건 아니다.⁷⁶² 왜냐하면 순수 범주의 그런 사용은 그 자체로 불가능하기 때문이고, 그 까닭은 범주들이 (판단 속에서) 그것들의 사용을 위한 모든 조건이, 다시 말해 이런 개념 아래에 제기된 어떤 대상을 포섭하기 위한 형식 조건이 결여되어 있기 때문이다. 따라서 (한낱 순수 범주로서) 만약 그것들이 모든 감수성으로부터 분리된다면, 그것들은 경험적인 용도를 갖는 것으로 여겨지지도 않고, 초월적인 용도를 가질 수도 없기 때문에, 어떤 용도도 갖지 못하게 되는 것이다. 다시 말해 그런 경우 그것들은 그 어떤 대상에도 적용될 수 없다. 오히려 그것은 그저 대상 일반에 관한 지식 사용의 순수한 형식에, 그리고 생각의 순수 형식에 지나지 않는다. 그것만으로는 우리가 어떤 대상을 생각할 수도, 규정할 수도 없다.

그러나 여기에 피하기 어려운 근본적인 착각이 있다. 범주는 그것들의 근원에 관한 한 **직관의 형식**인 공간과 시간처럼 감수성에 근거를 두지 않는다. 그러므로 모든 감각 대상을 넘어서 범주들의 적용이 확대될 수 있는 것처럼 보인다. 그러나 범주 자체는 **생각의 형식**에 지나지 않으니, 내 의식 속에서 직관 안으로 주어진 다양한 표상을 경험 무관하게 하나로 합치는 논리적 능력만이 들어있을 뿐이다.

B306

⁷⁶³ 현상은 그것들이 범주의 하나됨에 따라 대상으로서 생각되는 한, **현상물**⁷⁶⁴이라 일컫는다. 그러나 만일 내가 지식의 단순한 대상인 사물을, 그리고 설령 감각 직관으로 주어지지 않지만 그럼에도 불구하고 직관(지적인 직관)으로 주어질 수 있는 사물을 가정한다면, 그런 사물은 **사유물**⁷⁶⁵(지적인 것)이라 일컬을 수 있다.

A249

---

762 순수 범주만으로는 사물 자체를 알 수 없다. 직관과 결합하는 범주 역시 사물 자체를 알 수 없는 것은 마찬가지다.

763 여기에서부터 이어지는 네 개 단락은 모두 A판에만 수록되어 있다.

764 기존 번역은 '현상체'

765 기존 번역은 '가상체'(최재희), '예지체'(백종현). '가상체'는 사물 자체를 부정해 버리는 뉘앙스를 준다는 점에서 약점이 있고, '예지체'는 일반 독자가 무슨 말인지 그 의미를 알 수 없다는 점에서 약점이 있다. 이런 약점을 극복하고 라틴어 noumena의 본래 의미를 살리면서 칸트의 메시지를 우리말로 옮긴다면 '사유물'이라는 번역이 합당하다.

그런데 초월적 감성편에서 한계가 정해진 현상 개념들이 이미 우리에게 스스로 사유물의 객관적 실체를 제공하고, 대상들을 현상물과 사유물로 나누며, 그래서 이 세계를 감각 세계와 사유 세계(감각적인 세계와 지적인 세계[766])로 나누는 것을 정당화한다고 생각할지도 모른다. 실로 이런 생각은, 단순히 동일한 사물에 대한 흐릿한 인식이거나 분명한 인식에 대한 논리적 차이에 관한 게 아니라, 어떻게 사물들이 우리 인식에 근원적으로 주어질 수 있는지에 관한 차이를 말하는 것이다. 그리고 그것들이 서로 다른 집합[767]에 스스로 속하게 되는지에 관한 차이라는 것이다. 만일 감각들이 그저 우리에게 그것이 **현상되는 것으로서** 무엇인가를 표상하는 것이라면, 그때 그 무엇인가는 그 자체로 어떤 사물이어야 한다는 것이고, 직관에 감각될 수 없는 어떤 대상, 다시 말해 지식의 대상인 경우의 인식이라는 것은 어떤 감수성도 만나지 않은 채 가능해야 하며, 그래서 그 인식만으로 절대적인 객관적 실체를 가져야 하며, 즉 이런 인식을 통해 대상들은 우리에게 그것들이 **존재하는 것으로서** 표상된다는 것이다. 이것은 우리 지식을 경험적으로 사용하는 경우 사물이 오직 **현상되는 것으로** 인식되는 것과 대조된다. 따라서 그런 생각에는, 범주의 경험적 사용(그때 범주는 감각 조건들에 의해 제한된다)이 아닐지라도, 순수하고 그렇지만 객관적으로 타당한 어떤 것이 있다는 것이다. 그래서 우리가 앞서 주장했던, 순수한 지식 인식이라는 것은 경험의 형식적인 가능성만을 경험 무관하게 다룰 뿐인 현상을 설명하는 원리 이상의 것이 아니라는 주장을, 우리가 할 수 없게 된다는 것이다. 왜냐하면 여기서는 완전히 상이한 영역이 우리 앞에 열려 있다는 것이고, 말하자면 영으로 생각되는 세계(심지어 직관될 수도 있는)가 열려 있고, 그 세계가 우리의 지식을 정말이지 훨씬 고귀하게 차지하기 때문이라는 것이다.

사실 우리 머릿속에 있는 모든 것은 지식을 통해 어떤 대상과 관련한다. 현

---

766 라틴어로 쓰여 있다. *Mundus sensibilis et intelligibilis*. 이 번역에서 감각 세계와 사유 세계라고 표현된 단어는 기존 번역에서는 '감성계', '가상계(예지계)'라고 표현된다.

767 가이어, 우드(1998) 판본에서는 species. 아리스토텔레스의 개념으로 '유'로 번역되곤 하지만, 현대적 의미로 '집합'으로 번역한다.

상은 그저 표상에 불과하므로, 지식은 그것들을 감각 직관의 대상으로서 어떤 것과 관련시킨다. 그러나 그 **어떤 것**은 그런 의미에서 단지 초월적 대상이다. 이것은 그저 어떤 것=x를 의미하지만, 우리로서는 그저 무엇인지 알 수 없고, (우리 지식의 현재 구성으로는) 어떤 것인지도 알 수 없는 것이다. 오히려 이 초월적 대상은, 지식이 어느 대상 개념 안에 있는 다양한 표상을 하나로 합치는 것에, 다시 말해 감각 직관의 다양함을 하나로 만들기 위한 지각의 하나됨에 관련되는 것이라는 역할만을 할 수 있을 뿐이다. 이러한 초월적 대상은 감각 데이터와 전혀 분리될 수 없다. 왜냐하면 그것이 분리되는 경우, 그것을 통해 생각될 그 무엇도 남지 않기 때문이다. 따라서 그것은 인식 대상 그 자체가 아니라, 그저 이런 현상의 다양함을 통해 규정될 수 있는 대상 일반의 개념[768] 아래의 현상들에 관한 표상일 뿐이다.

A251

비록 이런 이유 때문에, 범주는 지식에게 홀로 주어지는 특별한 대상을 표상하지 않고, 감수성 안에 주어진 것을 통해 (어떤 것 일반의 개념인) 초월적 대상을 규정하는 역할만 하며, 이로써 우리는 대상 개념 아래에서 현상들을 경험적으로 인식할 수 있는 것이다.

그러나 어째서 사람들은 감수성의 토대에 만족하지 못하여 **현상물**에 순수 지식만이 생각할 수 있는 **사유물**을 더하는 것인지, 그 까닭은 단순히 다음과 같다. 감수성과 그것의 영역, 다시 말해 현상의 영역 자체는 지식에 의해 제한되며, 결과적으로 사물 자체를 다루는 게 아니라, 오직 우리의 주관적인 구성을 근거로 사유물이 우리에게 현상되는 방식만을 다룬다. 이는 초월적 감성편 전체의 결과였다. 그리고 그 자체로는 현상이 아닌 어떤 것이 현상 일반에 대응하게 됨을 현상 일반 개념으로부터 자연스럽게 도출된다. 왜냐하면 현상이란 그 자체로는 그리고 표상하는 우리의 방식 바깥에서는 아무것도 아니기 때문이다. 그러므로 만일 순환 논리에 빠지지 않는다면, '현

A252

---

768 다시 말해 초월적 대상은 구체적으로 특정된 어느 하나의 대상이 아니라 특정될 수 없는 대상 전체를 가리킨다. 이런 용법으로 '대상'과 '대상 일반'이라는 개념이 다른 의미로 사용된다.

상'이라는 단어의 의미에는 이미 어떤 것에 관한 직접적인 표상이 들어있다는 것이다. 확실히 감각적이기는 해도, 그러나 그 자체로는 (우리 직관의 형식이 근거하는) 우리 감수성의 구성이 없는 어떤 것, 다시 말해 감수성으로부터 독립된 어떤 대상과의 관계를 현상이 나타내야 한다는 것이다.

이제 이것에서 **사유물** 개념이 나타난다. 그러나 이 개념은 전혀 적극적이지 못하고, 그래서 어떤 종류의 사물을 규정하는 의미도 아니며, 그저 내가 감각 직관의 모든 형식을 빼낸 어떤 것 일반에 대한 생각을 의미할 뿐이다. 그런데 어떤 사유물이 모든 현상과 구별되는 참된 대상을 의미하도록 하기 위해서는, 내가 감각 직관의 모든 조건에서 나의 생각을 **자유롭게** 하는 것만으로는 충분하지 않고, 나는 거기에 더해, 그런 감각 직관과는 다른 직관, 그것을 통해 그런 대상이 주어질 수 있도록 하는 직관을 **가정하기** 위한 근거를 가져야 한다. 그렇지 않다면, 나의 생각은 결국 텅 빈 것이기 때문이다. 그 생각이 설령 모순이 없더라도 그러하다. 위에서[769] 우리는 감각 직관이 유일하게 가능한 직관임을 증명할 수 없었다. 우리는 그저 그것이 **우리를 위해** 가능한 유일한 직관임을 증명할 수 있었을 뿐이다. 그런데 마찬가지로 우리는 다른 종류의 직관이 역시 가능함을 증명할 수 없었다. 비록 우리의 생각이 저 감수성을 빼낼 수 있을지라도, 우리에게는 여전히 이런 생각[770]이 개념의 단순한 형식인 것은 아닌지, 그리고 그런 분리 후에 대상이 남아있기는 한지의 문제가 남겨진다.

내가 현상 일반에 관계시키는 저 대상은 초월적 대상, 다시 말해 사물 일반에 관한 완전히 무규정적인 생각이다. 이것은 **사유물**이라고 불릴 수 없다. 왜냐하면 나는 그것이 그 자체로 무엇인지 내가 전혀 모르기 때문이며, 감각적 직관 일반의 저 대상 — 따라서 모든 현상에 대해 똑같은 대상 —에 관한 개념을 빼고 나면, 나는 그것에 대해 어떤 개념도 갖지 못하기 때문이며,

---

769 초월적 감성편에서.

770 사유물에 관한 생각을 가리킨다.

나는 그것을 어떤 범주로도 생각할 수 없다. 범주들은 경험적 직관에만 타당하기 때문이며, 그 직관을 대상 일반이라는 개념 아래에 가져다 주기 위함이기 때문이다. 비록 범주의 순수한 사용이 논리적으로 가능하고, 다시 말해 모순이 없더라도, 그것이 무엇이든 객관적 타당성이 없다. 왜냐하면 범주에 어떤 대상을 더해 하나로 합쳐지게 할 어떤 직관도 들어있지 않기 때문이다. 결국 범주는 그저 생각의 기능에 지나지 않으며, 그것을 통해서는 어떤 대상도 내게 주어지지 않는다. 나는 오직 직관에서 주어질 수 있는 것을 범주를 통해 생각할 뿐이다.

그러므로 만약 우리가 범주에서 우리에게 유일하게 가능한 직관만을 제거한다면, 그때 범주가 갖는 의미는 저 순수한 감각 형식들의 의미보다 더 적을 수도 있다. 왜냐하면 이러한 형식을 통해 적어도 대상이 주어질 수는 있지만, 반면 지식은, 만약 이러한 다양함을 홀로 제공하는 직관이 더해지지 않는다면, 아무런 의미도 없기 때문이다. 설령 지식이 다양한 표상을 결합하는 특별한 방식을 갖고 있더라도 그러하다. 동시에 만약 우리가 어떤 대상들을 일컬어 현상으로서 감각 존재(현상물)로 부른다면, 그때 우리는, 우리가 그것들을 직관하는 방식을, 그것들이 그 자체로 갖는 본성과 구별하게 되는데, 이런 구별 속에는 다음과 같은 것이 암시된다. 우리가 그것을 그 본성대로 직관하지는 못할지라도, 우리는 그 대상을 그것 자신이 본성으로 여겨지는 것으로 놓고, 또는 우리의 감각 대상은 아니지만 전자와 달리 단지 지식을 통해서만 대상으로 생각되는 것으로서 지식 존재(사유물)라고 이름 붙이는 다른 가능한 사물들을 놓는 것이다.

B306

그러나 여기서 비로 그 시작점부터 우리는 아주 큰 오해를 일으킬 수 있는 모호함을 발견한다. 지식이 한 대상을 하나의 관계 속에서 단순히 현상이라 부를 때, 동시에 지식은 그런 관계뿐만 아니라 **대상 자체**의 표상을 만든다. 그래서 지식은 그런 대상 **개념**을 만들어 낼 수도 있음에 도달하는 것이다. 그런데 지식은 범주에 더해 다른 개념들을 만들어 내지 않기 때문에, 이는 대상 자체가 적어도 이 순수 개념들을 통해 생각되어야 하고, 바로 이것이 지식 존재의, 즉 우리 감수성 바깥에 있는 어떤 것 일반의 완전히 **무규정적인** 개념을, 우리가 지식을 통해 인식하는 그런

B307

방식으로 인식할 수 있는 존재에 대한 **규정적인** 개념으로 다루도록 잘못 안내하고 만다.

만약 우리가 사유물[771]을 그것이 **우리의 감각 직관의 대상이 아닌** 그런 사물을 뜻하고, 그 사물을 직관하는 우리의 방식을 빼낸다면, 이는 **소극적** 의미의 사유물이다. 그러나 만약 우리가 그 사유물을 **감각 불가능한 직관의 대상**으로 뜻한다면, 그래서 우리가 특별한 종류의 직관을, 다시 말해 우리가 그걸 소유하지 않으며 그 가능성에 대해 어떤 통찰도 갖지 못하는 지적인 직관을 가정하는 것이라면, 이러한 사유물은 **적극적** 의미의 사유물이다.

B308 그런데 감수성에 관한 이론은 동시에 소극적 의미의 사유물에 관한 이론으로, 즉 이는 우리 직관 방식에 관계하지 않고서 지식이 생각해야 하는 그런 사유물에 관한 이론이 된다. 그러므로 지식이 단지 현상이 아닌 사물 자체를 생각해야 하는 것이다. 그러나 동시에 우리의 지식은 직관 방식과 분리된 이런 방식에서 범주를 전혀 사용할 수 없음을 안다. 왜냐하면 범주는 공간과 시간 속에서 직관의 하나됨에 관계해서만 그것의 의미를 갖기 때문이며, 그리하여 범주들은 한낱 공간과 시간의 관념성으로 말미암아 보편적인 연결 개념들을 통해 그와 같은 하나됨을 경험 무관하게 규정할 수 있기 때문이다. 그러나 이곳에서는 시간의 하나됨은 발견될 수 없으며, 그러므로 이런 사유물에서 범주의 모든 의미와 그것의 전체 사용이 완전히 사라지게 된다. 우리가 범주에 대응하게 될 사물들의 가능성에 대한 어떤 통찰도 갖지 못하기 때문이다. 이런 점에 관해 나는 독자들에게 앞선 장에서 덧붙인 일반 주석의 시작 문장에서 내가 이야기한 것을 참고하기 바란다.[772]

어떤 사물의 가능성은 그것의 개념이 모순적이지 않다는 사실만으로는 증명될 수 없으며, 오직 그 개념을 그것에 대응하는 직관에 의해 지지되어야만 증명될 수 있는 것이다. 따라서 만약 우리가 현상으로 여겨지는 것이 아닌 대상들에 범주를 적

---

771   사물 자체로서 초월적 대상.
772   B 288을 보라.

용하고자 한다면, 그때 우리는 감각적이지 않은 어떤 다른 직관을 상정해야만 하고, 그러면 그 대상은 **적극적 의미**의 사유물이 될 것이다. 그런데 그런 직관은 지적인 직관773이어서 절대적으로 우리 인식 능력의 바깥에 놓인다. 그리하여 마찬가지로 범주의 사용은 경험 대상이 들어있는 경계를 넘어 확장될 수 없다. 정말이지 의심할 나위 없이, 감각 존재에 대응하는 지식 존재가 있고, 또한 우리의 감각적인 직관 능력으로는 전혀 관계를 가질 수 없는 그런 지식 존재들이 있다는 것인데, 그러나 우리의 감각 직관에 대한 한낱 생각의 형식인 우리의 지식 개념이 결코 그런 존재로는 확장될 수 없다. 따라서 우리가 사유물이라고 명명하는 것은 오직 **소극적인** 의미의 그런 사유물을 뜻해야 한다.

B309

만약 경험적 인식에서 내가 (범주에서 비롯되는) 모든 생각을 제거한다면, 그때 대상에 대한 인식은 전혀 남지 않는다. 단순히 직관만으로는 그 무엇도 생각될 수 없다. 그러므로 내 안에서 내 감수성이 영향받는 것이 있다는 사실로는 어떤 대상에 대한 그런 표상 관계774에 이르지는 못한다. 반면 만약 내가 모든 직관을 제거한다면, 그때 생각의 형식, 다시 말해 가능한 직관의 다양함을 위해 대상을 규정하는 그런 방식은 여전히 남게 된다. 따라서 이런 범위로 범주는 감각 직관보다 훨씬 더 확장되는데, 이는 범주가 대상이 주어지게 되는 (감수성의) 특별한 방식을 찾지 않아도 대상 일반775을 생각하기 때문이다. 그러나 범주가 그것을 통해 대상에 관해 더 넓은 영역을 규정하는 것은 아니다. 그런 대상이 주어질 수 있다는 것은 감각이 아닌 다른 종류의 직관이 가능하다고 전제하지 않고서는 있을 수 없는데, 그러나 우리에게는 그런 전제를 정당화할 방도가 없다.

A253

A254

어떤 개념에 모순이 들어있지 않으면서도 주어진 다른 개념에 대한 경계로서 다른 인식과 연결되기는 하지만, 그 개념의 객관적 실체는 어떤 방법으로도 인식할

B310

---

773 칸트는 그런 '지적인 직관'은 인간이 가질 수 없고, 신이라는 존재에서만 가능하다고 말한다.

774 즉 인식을 가리킨다.

775 구체적으로 특정된 대상이 아니라, '대상 일반'임을 주의하자. 어떤 대상이 구체적으로 특정되려면 직관을 통해 감각되어야 하기 때문이다.

수 없는 경우, 나는 그 개념을 일컬어 미정적이라고 부른다. **사유물**이라는 개념, 다시 말해 감각들의 대상으로는 생각될 수 없으면서 사물 자체로서 (오직 순수 지식을 통해) 생각되는 사물에 대한 개념은 전혀 모순적이지 않다. 왜냐하면 우리는 감수성에 대해서 그것이 유일하게 가능한 종류의 직관이라고 주장할 수는 없기 때문이다. 더욱이 사유물이라는 개념은 감각 직관을 사물 자체 너머까지 확장하지 않도록 하기 위해, 그래서 감각 인식의 객관적 타당성을 한계 짓기 위해 필요한 것이다. (왜냐하면 감수성이 다다를 수 없는 저 남아있는 사물들에 대해, 그런 인식들은 지식이 생각하는 모든 것까지 자기 영역을 넓힐 수 없음을 나타내기 위해서라도, 바로 그런 목적으로 사유물이라고 명명되는 것이기 때문이다) 그러나 결국 우리는 그런 사유물의 가능성을 전혀 통찰할 수 없고, 그래서 현상계 바깥 영역은 (우리에게) 텅 비어 있다. 다시 말해 감수성 영역보다 더 멀리 **미정적으로** 확장하는 지식을 우리가 갖고 있기는 해도, 감수성 영역 바깥의 대상들이 주어질 수 있도록 하면서 지식으로 하여금 **확정적으로** 사용될 수 있도록 하는 그런 직관을, 정말이지 그런 가능한 직관이라는 개념조차 우리는 갖고 있지 않다. 그러므로 사유물이라는 개념은 오직 감수성의 부당한 권리 주장을 제한하는 역할을 하는 **경계 개념**이며, 따라서 오직 소극적 용도의 개념이다. 그럼에도 불구하고 사유물 개념이 임의적으로 만들어진 것은 아니니, 이는 감수성의 한계와 연결돼서 그 어떤 것도 감수성의 영역 바깥에는 적극적으로 놓을 수 없도록 한다.

그리하여 대상들을 현상물과 사유물로 구별하고, 세계를 감각 세계와 사유 세계로 나누는 것은 적극적인 의미로는[776] 전혀 인정될 수 없다. 설령 개념들이 감각적인 것과 지적인 것의 분별을 실제로 인정한다 해도 그러하다. 왜냐하면 우리가 지적인 개념을 위한 대상을 규정할 수 없기 때문이요, 그래서 그런 개념들이 객관적 타당성이 있도록 할 수 없기 때문이다. 만약 우리가 감각을 제거한다면, 그저 생각의 하나됨 이상의 다른 어떤 대상이 주어져야 하고, 즉 범주가 적용될 수 있는 어떤 가능한 직관과 관계를 맺어야 하는데, 그때 우리 범주들(사유물에 대해 유일하게 남아있는 개념일 것이다)이 의미를 갖는다는 것을 우리가 어떻게 이해할 수 있단 말

---

776 '적극적인 의미로는'이라는 수식어는 B판에서 추가되었다.

인가? 그럼에도 불구하고 그저 미정적으로 취해지는 사유물 개념은 인정하지 않을 수 없을 뿐더러, 감수성을 제한하는 어떤 개념으로서 불가피한 것이기도 하다. 그러나 저 사유물은 우리 지식에 대해 특수 **지적인 대상**이 아니다. 그 사유물이 지식이 속하는 것으로 본다면, 그것이 그 자체로 오히려 문제다. 즉 지식이 그것의 대상을 범주를 통해 논리적으로 인식하는 게 아니라, 감각적이지 않은 직관으로 직관적으로 인식한다는 것인데, 우리는 그 가능성을 조금도 표상할 수 없다. 그런데 이러한 방식으로 우리 지식이 소극적인 확장을 얻기는 한다. 다시 말해 지식이 감수성에 의해 제한되지 않는다는 것이며, 오히려 지식이 사물 자체를 (현상으로서 여겨지지 않는 사물들인) 사유물이라고 일컬음으로써 감수성을 제한한다는 것이다. 그러나 이는 지식 역시 곧바로 자기 자신을 한계 짓는다. 지식은 어떤 범주를 통해서도 사물 자체를 인식하지 못하며, 그래서 오직 뜻 모를 사물의 이름 아래 그것들을 생각하는 것임을 깨닫는다.

B312

그런데 현대의 작품들[777] 속에서 나는 감각적인 세계와 지적인 세계*라는 표현을 옛 사람들이 사용했던 의미에서 완전히 벗어나 상당히 다르게 사용함을 발견한다. 설령 그렇게 사용하는 데 아무런 어려움이 없기는 해도, 그것은 그저 단어들을 함부로 밀수입해서 사용하는 것에 불과하다. 이러한 단어 사용법에 따르면, 어떤 사람들은 현상의 총합을 그것이 직관되는 한 감각계로 칭하기를 좋아하고, 현상들의 연결이 지식의 보편적인 법칙들에 따라 생각되는 한 그것을 지성계라 부르는 것을 좋아한다. 별이 빛나는 하늘에 대한 관찰을 설명하는 이론적인 천문학은 전자가 될 것이고, 반면에 (말하자면 코페르니쿠스 우주 체계 또는 뉴턴의 중력의 법칙에 따라 설명되는) 사색하는 천문학은 후자가 될 것이다. 그러나 그런 단어의 왜곡은 그저 그 의미를 상투적으로 격하시킴으로써 어려운 문제를 회피하려는 궤변적인 모면에 지나지 않는다. 현상에 관해서는 지식과 이성 모두 사용될 수 있지만, 문제는 이런 식으로 나타난다. 과연 양자가 대상이 현상 아닌 경우(사유물인 경우)에도 여전히 사용될 수 있는지에 대한 의문이다. 그리고 이런 의미에서 대상은 그 자체로 그저 지적인 것으로 생각되는, 다시 말해 오직 지식에만 주어지고 감각에는

A257

B313

---

777 라이프니츠와 볼프의 저술을 가리킨다.

전혀 주어지지 않는 경우의 대상에 대한 의문이다. 따라서 지식의 경험적 사용 너머 (심지어 우주에 관한 뉴턴 식의 표상까지도) 대상으로서 사유물을 다루는 지식의 초월적 사용이 과연 가능한 것인지에 관한 문제이고, 우리는 이 문제에 부정적으로 답했다.

> *칸트 주석: 우리는 이런 표현 대신에 독일어에서 관습적으로 사용되는 **지성** 세계라는 표현을 사용하지 말아야 한다. 왜냐하면 오직 **인식**이라는 것은 지식에 관한 것이라거나 감각에 관한 것인데, 그러나 오직 이런 저런 종류의 직관의 대상이 될 수 있는 것은, 다시 말해 객관은 (발음하기 어렵게 들리든 상관하지 않고) 지적인 것이거나 감각적인 것으로 불려야 하기 때문이다.[778]

A258

B314

그러므로 만일 우리가 〈감각은 대상을 **그것들이 현상하는 대로** 우리 머릿속으로 가져오지만, 지식은 그것들을 **그것들이 존재하는 대로** 우리 머릿속으로 가져온다〉라고 말하는 경우, 그때 후자는 초월적으로 취해지는 게 아니라, 그저 경험적 의미로 취해지는 것인데, 다시 말해 대상이 경험 대상인 한 그것들은 현상들의 일관된 연결 속에서 표상되어야 하며, 가능한 경험과 결과적으로 감각 일반과의 관계를 벗어나 순수 지식의 대상이 될 수 있는 그런 것을 따라서는 안 된다는 것을 의미한다. 왜냐하면 그것은 항상 우리에게 알려져 있지 않고, 심지어 과연 그런 초월적 (평범하지 않은) 인식이 가능할지, 그것이 적어도 우리의 일상적인 범주 아래에 있는 그런 인식으로서 과연 가능한지조차 알려져 있지 않기 때문이다. 우리의 경우, **지식**과 **감수성**은 **오직 결합 속에서** 대상들을 규정할 수 있다. 만일 우리가 그것들을 분리해 낸다면, 그때 우리는 개념 없는 직관을 갖거나 직관 없는 개념을 갖게 되는데, 어느 경우에서든 우리는 어떤 대상 규정도 관계할 수 없는 표상을 가질 뿐이다.

만약 이런 논의를 한 후에도, 누군가 여전히 범주의 초월적 용도를 부정하는 데 망

---

778 이 칸트 주석은 B판에서 추가되었다.

설인다면, 그 독자로 하여금 범주를 모종의 종합적인 주장에 사용하게 해 보자. 왜냐하면 분석적인 주장으로는 지식을 더 앞으로 이끌 수 없기 때문이다. 그리고 여기서 지식은 개념 속에서 이미 생각되는 것만을 다루기 때문에, 그 개념이 과연 그 자체로 대상과 관계하는지, 단지 생각 일반의 하나됨(이 하나됨은 대상이 주어질 수 있는 방법은 완전히 제외될 것이다)만을 의미하는지는 미정으로 남겨진다. 지식은 그 개념 안에 놓인 것을 알기만 해도 충분하고, 그 개념 자체가 무엇에 적용되는 것인지 상관이 없다. 따라서 독자로 하여금 〈존재하는 모든 것은 본질로서 존재하거나 아니면 그것에 붙는 술어 규정으로서 존재한다〉 또는 〈우연적인 모든 것은 다른 사물, 즉 그것의 원인의 결과로서 존재한다〉와 같은 종합적이고, 이른바 초월적 원리로 범주를 사용해 보도록 하는 것이다.

A259

B315

그러면 나는 묻는다. 그 개념들이 가능한 경험에 타당한 것이 아니라 사물 자체(사유물)에 적용되는 것이라면, 그런 종합 명제들을 어디에서 얻으려는 것인가? 여기 어디에 논리적(분석적) 친족성이라고는 전혀 없는 개념들을 서로 연결하기 위해 종합 명제에 언제나 필요한 제3의 것이 있는가? 이 명제는 증명될 수 없고, 나아가 그런 순수한 주장의 가능성조차 지식의 경험적 사용을 고려하는 방식이 아니고서는 설명될 수도 없다. 그런데 그런 방식으로는 순수하면서도 감각이 없는 판단이 아니게 된다. 따라서 순수하면서 그저 지적인 대상에 대한 개념은 그런 개념을 적용할 수 있는 어떤 원리도 완전히 비어 있게 되는 것이다. 그런 대상이 도대체 어떻게 주어지는 것인지 그 방법을 우리가 생각할 수 없기 때문이요, 그런 미정적인 생각은 여전히 그 가능성의 여지가 남더라도, 마치 텅 빈 공간처럼 경험적 원리들을 제한할 뿐, 그 원리들의 바깥 영역에 있는 어떤 인식 대상도 늘어있지도 나타내지도 않는다.

A260

제2부 초월적 논리

제1편 초월적 분석

부록

여기에서 칸트는 라이프니츠의 모나드론을 비판하면서 분별 개념의 필요성을 강조한다.

부록

지식의 경험적 사용과 초월적 사용의 혼동을 통해 생겨난 분별 개념의 모호함에 대하여

숙고(분별)[779]란 머릿속 상태로서, 대상에게서 개념을 직접 얻기 위해 대상 자체와 관계하는 게 아니라, 우리가 개념에 이를 수 있는 주관적인 조건들을 발견하기 위해 우리 스스로 준비하는 것이다. 분별은 주어진 표상들이 우리의 여러 인식 원천과 관계를 맺는 우리의 의식이며, 오직 이 의식을 통해서만 이런 표상 사이의 관계가 올바르게 규정될 수 있다. 우리가 우리 머릿속에 있는 것들을 더 다루기 전에 우리가 물어봐야 하는 첫 번째 질문이 있다. 그것들은 어느 인식 능력에 속하는 것인가? 그것들이 연결되거나 비교하게 하는 것은 지식인가 아니면 감각인가? 많은 판단이 습관에 의해 취해지거나 성향을 통해 연결되는데, 분별이 판단에 선행하지 않거나 적어도 그 판단을 비판적으로 이어가지 못하기 때문에, 그런 판단[780]이 지식에 근원을 가진 판단으로 간주되고 만다. 그런데 모든 판단이 **탐구**를 필요로 하는 건 아니다. 다시 말해 우리가 모든 판단에서 참의 근거에 집중해야 하는 건 아니다. 왜냐하면 판단들이 직접적으로 확실한 경우, 예컨대 〈두 점 사이에는 오직 하나의 직선만이 존재한다〉라는 판단의 경우, 우리가 그 판단 자체가 표현하는 것보다 더

A261

B317

---

779 라틴어 *reflexio*는 기존 번역에서 일본식 번역어를 따라 '성찰'이나 '반성'으로 옮겨졌다. 이 책에서는 분별(또는 숙고)로 번역한다. 일상 한국어에서 성찰이니 반성이니 하는 단어는 주로 자신의 행동이나 부족함을 뉘우치거나 돌이켜 본다는 뜻으로 쓰인다. 그러나 이는 칸트가 정의한 본래 의미와는 거리가 멀다. '레플렉시오'는 사람의 행동에 관한 단어가 아니라 머릿속에서 일어나는 사고 과정에 관한 단어이다. 이런 차이에도 불구하고 기존 번역어를 고수하는 것은, 우선 칸트의 의도와 다르고, 독자에게 잘못된 단어를 강요하는 것이며, 철학자들의 '성찰(반성)'은 일상적인 의미와는 다르다고 굳이 해설해야 하는 번거로움을 낳는다. 같은 단어라도 철학자들이 쓰면 '철학적 의미'로 고상하게 취급되어야 한다는 생각이야말로, 하루빨리 사라져야 할 엘리트주의적 관행이다.

780 습관이나 성향에 의해 만들어지는 판단.

진실에 가까운 표식을 나타낼 수 없기 때문이다. 그럼에도 모든 판단, 실로 모든 비교는 **분별**을 필요로 한다. 즉 그것들은 주어진 개념이 속하는 인식 능력의 구별을 필요로 한다. 내가 표상 일반[781]의 비교를 그 비교가 만들어지는 인식 능력에 이르는 곳까지 갖고 가는 행위, 그리고 그 표상들이 순수 지식에 속해서 서로 비교되는 것인지, 아니면 감각 직관에 소속돼서 비교되는 것인지를 구별하는 행위, 그 행위를 일컬어 나는 **초월적 분별**이라 칭한다. 머릿속 어떤 상태에서 개념들이 서로 속하는 그런 상호 관계는 **동일성**과 **차이**, **조화**와 **대립**, **내적인 것**과 **외부의 것**, 마지막으로 **규정될 수 있는 것**과 **규정하는 것**(내용과 형식)의 관계이다. 이런 관계에 대한 올바른 규정은 이 개념들이 서로 **주관적으로** 속하는 인식 능력의 구별, 즉 감수성에 속하는지 아니면 지식에 속하는지의 구별에 달려 있다. 왜냐하면 이 두 가지를 구별하는 것에 의해 저 관계를 생각하는 우리의 방식에서 아주 큰 차이가 생겨나기 때문이다.

A262

B318

우리는 모든 객관적인 판단에 앞서 개념들을 비교하게 되는데, 그리하여 보편 판단을 위해서 (하나의 개념 아래에 있는 많은 표상의) **동일성** 개념을 생각해 내고, 개별 판단을 만들기 위해 그것들의 **차이** 개념을, 긍정 판단을 하기 위해 **조화** 개념을, 부정 판단을 할 수 있도록 **대립** 개념을 생각해 내는 것이다. 이로 말미암아 우리는 저 개념들을 비교 개념이라 불러야 할 것처럼 보인다. 그러나 개념의 논리 형식이 아니라 그것들의 내용이 관계되는 경우, 다시 말해 사물 자체가 동일한가 아니면 차이가 있는가, 조화인가 대립인가 등에서, 우리는 사물들이 우리의 인식 능력에 대해 두 겹의 관계, 즉 감수성에 대한 관계와 지식에 대한 관계를 가질 수 있음을 본다. 그러나 그것들[782]이 속해 **있는** 이 자리야말로 그것들이 서로에게 **어떻게** 속해야 하는지 그 방식을 규정한다. 그것이 바로 초월적 분별이며, 다시 말해 주어진 표상들이 이런 종류의 인식과 관계하느냐 아니면 저런 종류의 인식과 관계하느냐의 구별만이 그것들의 상호관계를 규정할 수 있다. 사물들이 동일한지 아니면 차이가 있는지, 조화인지 대립인지 등을 규정할 수 있는지 여부는, 단순한 비교만

---

781 머릿속에 있는 모든 것.

782 비교되는 개념들.

을 통해 개념들 자체로부터 직접 만들어질 수 있는 게 아니다. 오히려 초월적 분별(숙고)에 의해 그것들이 속하는 인식의 종류를 구별함을 통해서만 규정될 수 있는 것이다. 그러므로 우리는 확실히 〈**논리적 분별**은 단순한 비교에 불과하다〉라고 말할 수 있을 것인데, 이는 우리가 주어진 표상들이 속하는 인식 능력이라는 것을 완전히 빼내기 때문이며, 그래서 표상들은 그것들이 머릿속에 자리하고 있다는 점에서 같은 것으로 다뤄지기 때문이다. 그러나 (대상들 자체를 취급하는) **초월적 분별**에서는 표상들 상호간의 객관적 비교 가능성의 근거가 들어있다. 그리고 표상들이 속하는 인식 능력이 같지 않기 때문에, 논리적 분별과는 아주 다르다. 이러한 초월적 분별은, 사물에 대해 여하튼 경험 무관한 판단을 하고자 하는 사람이라면, 피할 수 없는 의무이다. 우리가 이제 이 일을 다룰 것이다. 그것은 우리가 지식의 본연의 과업을 정하는 데 밝은 빛을 비춰줄 것이다.

A263
B319

1. 동일성과 차이

어떤 대상이 우리에게 많이 나타나되 언제나 동일한 내적 규정들(질과 양)로 나타난다고 가정해 보자. 만약 그 대상이 순수 지식의 대상으로 여겨진다면,[783] 그것은 항상 동일한 대상이며, 많지도 않고 오직 한 개의 사물이다(수적인 동일성). 만약 그 대상이 현상이라면,[784] 개념 비교는 전혀 문제가 아니며, 오히려 이 개념들에 관한 모든 것이 동일할 것이지만, 동일 시점에서 이 현상의 장소에 관한 차이가 그 (감각의) 대상 자체에 관한 **수적 차이**의 충분한 근거가 된다. 그러므로 두 개의 물방울에서, 질과 양에 관한 모든 내적 차이를 우리가 완전히 빼낼 수 있는데, 상이한 장소에서 동시에 직관된다는 것은 물방울들을 수적으로 차이가 있는 것으로 여기는 데 충분하다. 라이프니츠는 현상들을 사물 자체가 되는 것으로, 그래서 지적인 것[785]이 되는 것으로, 다시 말해 순수 지식의 대상이 되는 것으로 보았다. (비록

A264
B320

---

783 다시 말해, 감각과 무관한 사유물로서 머릿속에서 생각하는 것이라면.

784 다시 말해, 우리 감각을 통해 머릿속에 들어온 것이라면

785 *intelligibilia*

그가 그런 표상들에 대한 혼동 탓에 현상물이라는 이름을 붙였더라도 그러하다) 그러므로 라이프니츠의 **구별 불가능한 것**의 원리(구별 불가능한 것의 동일성 문제)[786]는 정말이지 반박될 수 없는 것이었다. 그러나 현상은 감수성의 대상이고, 그것에 관한 지식의 사용은 순수한 게 아니라 그저 경험적인 것이다. 그렇기 때문에, 외부 현상의 조건으로서 공간 자체가 이미 복수성과 수적 차이를 나타낸다. 왜냐하면 공간의 한 부분이 다른 부분과 아주 비슷하고 동일하더라도, 그럼에도 불구하고 그 부분이 다른 부분의 바깥에 있다는 점에서 차이가 있으며, 공간의 한 부분에 다른 부분이 더해져 더 큰 공간을 구성한다. 그러므로 이러한 사정은, 다른 사물과 유사하거나 동일할지라도, 공간적으로 다양한 위치에서 동시에 존재하는 모든 사물에 타당해야 한다.

2. 조화와 대립[787]

A265

B321

만약 실체가 오직 순수 지식을 통해서만 표상된다면(사유물의 실체), 그때 실체들 사이에서, 다시 말해 3-3=0처럼, 실체들이 하나의 주체 안에서 결합되되, 각 실체가 서로의 결과를 소멸시키는 그런 관계에서는 어떠한 대립도 생각될 수 없다.[788] 반대로 현상 속에서 실체적인 것이라면(현상물의 실체), 두 실체는 실로 서로 대립될 수 있으며, 그것들이 동일한 주체 안에서 하나가 될 때, 하나의 실체가 **다른 실체의 결과를** 부분적으로 또는 전적으로 무효화한다. 예를 들어 동일한 직선에 있는 한 점에 대해 두 개의 운동력이 반대 방향으로 작용하는 경우라거나, 서로 평행한 수준의 고통과 쾌락 같은 경우가 그러하다.

---

786 무구별자(백종현)

787 '대립' 이외에도 '상충', '충돌', '반대'라는 단어를 번역어로 써도 무방하다. 마찬가지로 '조화' 대신에 '일치', '합치', '동의' 등의 번역어로를 선택해도 같은 의미다.

788 대립은 서로 반대되는 것이 '동시에' 작용하는 관계이다. 같은 것이 머릿속에서만 나타나 서로의 결과를 소멸시키는 관계는 대립이 아니다. 그런 관계에 관한 원리는 '모순율'이 있을 뿐이다.

3. 내적인 것과 외부의 것

순수 지식의 어떤 대상에서는, (그것의 존재에 관해) 자기 자신과 다른 그 어떤 것과도 관계를 맺지 않는 것만이 내적인 것이다. 반대로 공간에서 현상적 본질에 대한 내적 규정은 단지 관계에 지나지 않으며, 저 본질[789] 자체는 그저 관계의 총합일 뿐이다. 우리는 오직 공간 속에서 작용하는 힘을 통해서만 공간 속에 있는 본질을 안다.[790] 다른 본질을 그 본질 쪽으로 끌어당기거나(인력), 그 본질 안으로 다른 본질이 들어오는 것을 막는 힘(척력과 불투과성)이 그러하다. 우리는 우리가 물질[791]이라 부르며 공간에서 현상되는 그런 본질 개념을 만들어 내는 또 다른 특성은 알지 못한다. 반대로 순수 지식의 대상이 되는 모든 본질은 내적 규정과 그것의 내적 실체에 관한 힘을 가져야 한다.[792] 그러나 나의 내적 감각에 의해 나 자신에게 주어지는 그런 것 — 그 자체가 **생각**이거나 생각과 유사한 것 — 을 제외하고, 내가 어떤 내적 비본질을 생각해 낼 수 있단 말인가? 이것이 바로 라이프니츠가 모든 본질을 모나드로 바꾼 이유인데, 왜냐하면 그는 본질을 사유물로 생각했기 때문에, 생각 속에서 외부 관계를 의미할 수 있는 모든 것을, 심지어 그것의 합성조차 제거한 다음에, 본질을, 물질의 **구성요소**조차, 표상 능력이 부여된 단순한 주체로, 한마디로

A266

B322

---

789   Phenomenal substance(현상적 본질). 머릿속 공간에서 불변함으로 나타나는 것, 그런데 공간에서 나타나는 것은 '외부의 것'이다. 다시 말해 외부 실체(reality)가 머릿속 공간에서 나타나되, 불변하는 것이냐 변하는 것이냐, 앞선 것이냐 따르는 것이냐 등의 관계로 나타난다.

790   칸트에게 본질(substance)은 범주의 하나인 순수 개념이지만, 공간 속에서 작용하는 개념이다. 왜냐하면 공간만이 불변을 규정하기 때문이다. 내적 감각 안에서는 불변하는 직관을 만날 수 없다. 시간은 고정되지 않고, 모든 것은 시간 속에서 흐르기만 하기 때문이다.

791   재료 또는 내용.

792   본질(substance)은 그것의 실체(reality)와 비본질(accidents)을 가져야 한다는 의미. 다시 말해 본질이 존재하려면 그 본질이 토대가 되는 실체가 있어야 하고, 본질의 불변성이 인식되려면 그 실체에는 변화하는 비본질이 함께 붙어있어야 한다.

모나드[793]로 바꿨다.

4. 내용[794] 과 형식

이것들은 다른 모든 분별의 근거가 되는 두 가지 개념으로, 지식의 사용과 아주 불가분으로 결합되어 있다. 내용은 규정될 수 있는 것 일반을 의미하고, 형식은 그것을 규정하는 것을 의미한다. (이런 용어의 초월적 의미에 보자면, 주어진 것에서 그리고 그것이 규정되는 방식에서 모든 차이는 배제된다) 과거 논리학자들은 보편적인 것을 내용으로, 부분에서의 차이를 형식으로 불렀다.[795] 모든 판단에서 사람들은 주어진 개념을 (판단을 위한) 논리적 내용으로, (연결어[796]에 의한) 개념들의 연결을 판단의 형식이라 부를 수 있다는 것이다. 모든 존재에서 그것의 구성요소(필수적인 것)가 내용이며, 그 구성요소들이 하나의 사물 안에서 연결되는 방식이 필수적인 형식이라는 것이다. 더욱이 사물 일반과 관련하여 한계 없는 실체는 모든 가능성의 내용으로 간주되며, 그렇지만 그것의 제한(부정)은 초월적 개념에

---

793 Monad. '단자'(백종현)라고 번역되기도 하지만, '원자'나 '입자' 같은 물리적 개념이 연상돼서는 안 된다는 점에서 '모나드'로 음역한다. 모나드는 단순한 것이며, 부분으로 나누지 않는다. 물리적인 것이 아닌 정신적인 존재 혹은 '정신적 원자'이며, 더 이상 쪼개질 수 없는 비물질적인 단위다. 모나드는 외부와 상호작용을 하지 않는다(모나드는 창문이 없다). 모든 변화는 모나드 내부에서 일어나며, 다른 모나드로부터 직접 영향을 받지 않는다. 그럼에도 우주가 조화로운 까닭은 신의 '예정조화' 덕분이다. 모나드는 생성되거나 소멸되지 않으며, 시작과 끝도 없다. 이것이 바로 라이프니츠 모나드론(Monadology)에서 말하는 핵심 개념이다. 모나드라는 개념은 라이프니츠 철학을 대표하지만, 그가 최초로 만들어 낸 개념은 아니다. 이 단어 자체가 '하나'를 뜻하는 고대 그리스어에서 유래하며, 피타고라스는 1을 모든 수와 존재의 근원으로 삼았다. 동시대의 철학자인 파르메니데스도 서사시에서, 생성되거나 소멸되지 않고, 나뉘지도 변화하지도 않는 '하나'를 여신의 가르침으로 전했다.

794 재료 또는 물질로 바꿔 읽어도 좋다.

795 아리스토텔레스 학파의 견해. 현대적 의미로 보자면 앞의 '보편적인 것'은 '전체집합'으로, 뒤의 '부분'을 전체집합에 속하는 부분집합으로 이해할 수 있다. 학자들은 '유'와 '종'으로 해설한다.

796 Copula. 〈라이프니츠는 독일 철학자이다〉라는 명제에서, 주어 '라이프니츠'와 술어 '독일 철학자'를 연결해 주는 역할을 하는 것을 일컫는다. 우리 문법에서 보면 주격 조사와 서술격 조사가 함께 연결어의 역할을 한다. 그동안 일본어 번역을 그대로 가져와 계사, 연어, 연사 등으로 번역되어 왔다.

맞게 하나의 사물이 다른 사물과 구별되도록 해주는 형식으로 간주된다는 것이다. 다시 말해 지식은 (적어도 개념 속에서) 주어진 무엇인가를 먼저 요구하게 되는데, 이는 그것을 어떤 식으로든 규정할 수 있도록 하기 위함이다. 이리하여 순수 지식의 개념 안에서는 내용이 형식에 선행한다는 것이다. 이런 이유 때문에, 라이프니츠는 사물(모나드)과 그 안에 있는 내적 표상 능력[797]을 우선적으로 가정했던 것이며, 이어서 그 위에 그것의 외부 관계와 상태의 공동성(즉 표상들의 공동성)을 세우고자 했다. 그렇기 때문에 공간과 시간이 가능해진다는 것이었다. 공간은 오직 본질들의 관계를 통해 가능해지며, 시간은 근거와 결과로서 본질의 규정들을 연결함으로써 가능해진다는 것이다. 만일 순수 지식이 대상들과 직접 관계를 맺을 수 있다면, 그리고 공간과 시간이 사물 자체에 대한 규정이라면, 실제로도 그렇게 돼야 했을 것이다. 그러나 우리가 모든 대상을 그저 현상으로서 규정하도록 하는 것은 오직 감각 직관뿐이라면, 그때 (감수성과 주관적 구성으로서) 직관의 형식은 모든 내용(감각된 것들)에 선행하는 것이다. 따라서 공간과 시간이 모든 현상과 모든 현상에 관한 데이터에 선행하면서 이것들을 비로소 가능하게 해 주는 것이다. 그러나 저 지성주의 철학자는 형식이 사물 자체에 선행해야 하며, 그것들의 가능성을 규정한다는 견해를 인정할 수 없었다. 만약 그가 (설령 혼란스러운 표상과 함께할지라도) 우리가 사물들을 있는 그대로 직관한다고 가정[798]하기만 했어도 꽤 올바른 비판으로 보았을 것이다. 그러나 감각 직관은 모든 포착을 경험 무관하게 근거 짓는 아주 특별한 주관적 조건이자, 그것의 형식은 근원적인 것이기 때문에, 이 형식은 그 자체로 홀로 주어지는 것이고, 내용(또는 현상되는 사물 그 자체)이 (우리가 판단을 하더라도 그저 개념들에 따라 판단하는 것처럼) 기초에 놓인다는 것은 전혀 그러하지 않다. 오히려 내용의 가능성이 주어지는 것으로서 형식적 직관(공간과 시간)을 전제한다.

A267
B323

B324

---

797 여기서 '내적'은 단순히 우리 머리 안쪽을 가리키는 게 아니라 모나드 자체의 안쪽을 가리킨다.

798 어디까지나 가정이다. 사물은 있는 그대로 우리 머리 안으로 직관될 수는 있겠지만, 직관된 그것은 사물 자체가 아니라 현상이다.

분별 개념의 모호함에 대한 주석

우리가 어느 개념에 대해 감수성이든지 아니면 순수 지식이든지 그 개념의 위치를 할당할 때, 그 위치를 일컬어 내가 **초월적 장소**라고 명명하는 것을 허용해 주기 바란다. 같은 방식으로 이러한 위치에 대한 평가를, 우리가 그것을 이용함에 있어 그 차이에 따라 모든 개념에 들어있으며, 규칙에 따라 모든 개념에 이러한 장소를 정해 주기 위한 지침을 **초월적 위치론**이라 칭한다. 이것은 개념들이 올바르게 속하는 인식 능력을 언제나 구별해 주고, 순수 지식에 의해 만들어지는 헛된 주장과 거기서부터 생겨나는 착각에 맞서 우리를 철저하게 보호해 줄 이론이다. 많은 인식이 속하게 되는 모든 개념과 모든 이름은 **논리적 장소**라고 불릴 수 있는데, 바로 이것이 아리스토텔레스의 **논리적 위치론**[799]의 기초가 된다. 학교 교사들과 강연자들은 생각의 어떤 토픽을 찾아내서 그들의 당면한 이슈에 가장 적당한 것을 골라 일관된 티를 내면서 그것을 수다스럽게 말하고 합리화하기 위해 아리스토텔레스의 저 이론을 차용할 수 있었다.

A269
B325

그러나 초월적 위치론에는 모든 비교와 구별에 대해 앞에서 설명한 네 가지 토픽만 들어있다. 이것들은, 이것들이 보여주는 것은 대상 개념(양, 실체)을 구성하는 것에 따르는 그 대상이 아니라, 오히려 모든 다양한 표상 속에서 그 표상들을 비교하는 것이요, 이런 비교가 사물 개념에 선행한다는 점에서 범주와 구별된다. 그렇지만 이런 비교는 무엇보다 분별을, 다시 말해 비교되는 사물 대상들이 어느 장소에 속하는 것이며, 따라서 그것들이 순수 지식에 의해 생각되는 것인지 아니면 감수성에 의한 현상 안으로 주어진 것인지에 대한 규정을 필요로 한다.

개념들의 대상이 어디에 속하는지, 즉 사유물로서 그것들이 지식에 속하는지 아니면 현상물로서 감수성에 속하는지 여부를 우리가 걱정할 것도 없이, 그 개념들은

---

799 라틴어로는 〈Topica〉, 영어로는 〈Topics〉로 번역하며, 아리스토텔레스의 논리학 저서들(오르가논)의 일부를 이룬다.

논리적으로 비교될 수 있다. 그러나 만일 우리가 이 개념들을 갖고 그 대상까지 나아가고자 한다면, 그때 우리는 그것들이 어느 인식 능력을 위한 대상인지, 순수 지식을 위한 것인지 또는 감수성을 위한 것인지를 정하기 위해 초월적 분별을 필요로 하게 된다. 이런 분별 없이 내가 이 개념들을 사용한다면, 이는 매우 불확실하고, 비판적 이성이 알 수 없으며, 오직 **초월적 모호함**, 다시 말해 순수 지식의 대상과 현상의 혼동에만 기인하는 소위 그런 종합 원리들이 나타나게 된다.

A270/B326

저 유명한 **라이프니츠**는 초월적 위치론을 고려하지 못하고, 그리하여 분별 개념의 모호함으로 말미암아 생겨난 오해 탓에, **세계 지성 체계**를 세웠다. 그는 모든 대상을 그저 지식과 그의 생각에서의 추상적 형식 개념과만 비교했고, 그렇게 하는 한 그는 그가 사물의 내적 특성을 인식했노라 믿었다. 그런데 분별 개념에 대한 표[800]는 우리에게 모든 부분에서 라이프니츠의 학설 체계와 구별되는 것을 우리 앞에 놓아주는, 그리하여 동시에 그저 오해에 기인한 저런 특별한 사고방식의 지배적인 근거를 우리 앞에 놓아주는 기대치 못한 이점을 준다. 그는 단지 개념만으로 모든 사물을 서로 비교했으며, 지식에 의해 그 순수 개념들이 서로 구별되는 것일 뿐, 그 사물들 사이에는 아무런 다른 차이가 없다는 결론에 자연스럽게 이르렀다. 스스로 구별을 만들어 내는 감각 직관의 제약 조건들은 그에게 근원적인 게 아니었다. 왜냐하면 그에게 감수성은 그저 표상에 관한 혼란스러운 방식에 불과했고, 표상들의 특수한 원천은 아니었다. 그에게 현상은 **사물 자체에 관한** 표상이었다. 설령 표상이 논리적 형식에서는 지식을 통한 인식과 구별되는 것일지라도 그러했다.

A271

---

800 칸트 방식으로 표를 그리면 다음과 같다.

                    1
             동일성과 차이

2   3
조화와 대립   내적인 것과 외부의 것
                   4
             내용과 형식

B327 이는 분석이 부족했기 때문이다. 현상은 어떤 부수적인 표상의 혼합물 — 지식이라면 사물로부터 분리해 내는 방법을 안다는 것이다 —을 그 사물 개념 안으로 밀어넣었다. 한마디로 말해 **라이프니츠**는 현상을 **지성화**했다. 이것은 로크가 (내가 이런 표현을 사용하는 것이 허용된다면) **지식 생성 시스템**[801]에 따라 모든 지식 개념을 **감성화**했던 것처럼, 다시 말해 지식 개념을 그저 경험적인 것으로 믿거나 아니면 분별 개념을 빼냈던 것과 마찬가지다. 이 위대한 인물들은 지식 안에 있는 것이냐 아니면 감수성 안에 있는 것이냐라는 완전히 다른 두 개의 원천들의 결합을 탐구하기보다는 — 이것들이 **서로 결합될 때에만** 사물들에 대한 판단이 객관적 타당성을 가질 수 있다 — 이 두 가지 중 하나만을 원천으로 삼았으니, 그들의 견해에 따르면, 그중 하나는 사물 자체와 직접적으로 관계하는 반면, 다른 것은 그저 전자의 표상을 질서있게 만들어 주거나 아니면 혼란스럽게 하는 것에 지나지 않는다는 것이다.

그렇기 때문에 라이프니츠는, 그저 지식 안에서, 감각 대상들을 사물 일반으로서 서로 비교했던 것이다. **첫째**, 그는 그것들이 지식에 의해 판단되는 것인 한에서 이 대상들을 동일한 것으로든 차이가 있는 것으로든 비교했다. 그리하여 그의 시야에는 오직 그것들의 개념만 있을 뿐이요, 대상들이 유일하게 주어질 수 있는 직관에서의 위치가 그에게 보이지 않았다. 그래서 그는 이 개념들의 초월적 장소(즉 대상이 현상 안에 들어있는 것인지 아니면 사물 그 안에 들어있는 것인지)를 완전히

A272
B328 무시했던 것이다. 그러므로 그는 단지 사물 일반의 개념에만 타당한 구별 불가능한 것[802]에 관한 그의 원리를 감각 대상들(현상물의 세계)까지 확장했고, 그래서 그는 자연 인식에서 적지 않은 진전을 이뤄냈다고 스스로 믿게 되었다. 물론, 만약 내가 하나의 물방울을 사물 자체로 그것의 모든 내적 규정 면에서 안다고 한다면, 그

---

801 원문은 'noogony'로 표현되었다. 고대 그리스어의 'nous'와 'gonos'를 합성한 단어로, '인간의 지식과 이성의 기원은 무엇인가'라는 의미가 들어있다. 칸트가 경험을 통해 지식이 비롯된다고 주장하는 로크에 관해 이야기하고 있다는 점에서, 또한 독자의 동의를 구하고 있으므로 다소 낯선 표현이 어울린다는 점에서, '지식 생성 시스템'이라는 표현으로 번역한다.

802 다시 말해, 구별 불가능한 것의 동일성의 원리(the principle of the identity of indiscernibles). 이 원리는 어떤 구체적인 사물(다시 말해 감각되는 사물)이 아니라, 어느 추상적인 개념에 대응하는 사물 전부에 대한 것이다.

런데 이 물방울의 개념 전체가 다른 물방울과 동일한 경우에, 나는 그때 두 물방울에 차이가 있다고는 여길 수 없다. 그러나 만약 이 물방울이 공간 속 현상이라고 한다면, 그때 그것은 그저 지식 속에서(달리 말해 개념들에서) 그 위치를 갖지 못하고, 감각적인 외부 직관(즉, 공간) 속에 위치를 두는 것이다. 그리고 물리적 장소들은 사물에 대한 내적 규정들에 관해서는 아주 무관심하기 때문에, 장소 b는 장소 a에서 발견되는 다른 사물과 완전히 유사하거나 같은 사물을 받아들일 수 있고, 그 사물들이 내적으로 아주 다른 경우에도 마찬가지다. 또 다른 조건이 없더라도, 장소의 차이가 이미 현상으로서의 대상의 복수성과 구별을 만들어 내는 걸 가능하게 할 뿐 아니라, 필연적이기까지 하다. 따라서 그럴 듯한 저 법칙[803]은 자연법칙이 아니다. 그저 개념을 통해 사물을 비교하는 분석적 규칙일 뿐이다.

둘째, (긍정의 경우라면) 〈실체들은 서로 논리적으로 대립하지 않는다〉[804]는 원리는 개념들의 관계에 관해서는 완전히 참인 명제이지만, 자연에 관해 그리고 어느 사물 자체(이런 사물에 대해서 우리는 아무런 개념도 갖고 있지 않다)에 관해서는 아무런 의미가 없다. 왜냐하면 실제 대립은 항상 A-B=0이 있는 곳에서 생겨나며, 달리 말해 하나의 주체가 다른 주체의 영향을 무효화시키는 방식으로 한 실체가 다른 실체와 결합되는 곳에서 생겨나기 때문이다. 이는 자연 속에서 모든 장애물과 반작용으로 우리 시야에 끊임없이 나타난다. 이것들은 힘에 근거를 두기 때문에, **현상물의 실체**라 불려야 한다. 경험 무관한 규칙으로서, 일반 역학은 방향이 반대로 작용한다는 것을 이런 대립의 경험적 조건으로 나타낼 수 있는데, 이 조건에 관해 초월적 실체 개념은 아무것도 알지 못한다. 바로 라이프니츠 씨가 이런 명제[805]를 새로운 원리라도 되는 양 거창하게 선언하지는 않았지만, 새로운 주장을 만드는 데 그것을 사용했으며, 그를 따르는 사람들이 그들의 라이프니츠-볼프 학설에 그것을 명시적으로 포함시켰다. 예를 들어 이런 원리에 따라 모든 악은 다름 아닌

A273
B329

---

803 라이프니츠의 구별 불가능한 것의 동일성의 원리를 가리킨다.

804 예를 들어 긍정문 〈저자가 있다〉와 〈독자가 있다〉는 충돌하지 않는다. 〈사과는 동그랗다〉와 〈바나나는 길다〉 같은 긍정문들도 서로 대립하지 않는다.

805 위의 〈(긍정문의) 실체들은 서로 논리적으로 대립하지 않는다〉라는 명제를 가리킨다.

피조물의 한계, 다시 말해 부정[806]의 결과가 되는 것인데, 왜냐하면 그런 부정이야 말로 유일하게 실체와 반대되기 때문이다. (그래서 이는 사물 일반의 개념에 해당하는 것이지, 현상으로서의 사물에는 맞지 않다) 마찬가지로 라이프니츠 추종자들에게는 모든 실체를 하나의 존재 안으로 통합하는 것이 반대에 대한 아무런 근심 없이 가능할 뿐 아니라 자연스럽기도 하다. 왜냐하면 그들은 모순율의 반대(그것에 의해 한 사물의 개념이 그 자체로 소멸되게 된다) 말고는 다른 대립을 알지 못하기 때문이며, 상호 파괴의 반대를 모르기 때문이다. 여기에서는 하나의 실체 근거가 다른 실체의 근거를 소멸시키는데, 우리가 이런 대립 표상의 조건을 만나는 것은 오직 감수성 안에서만 그러하다.

셋째, 라이프니츠의 모나드론은 이 철학자가 내적인 것과 외부의 것의 구별을 그저 지식과 관계해서만 표상했다는 사실 이외에 다른 근거가 없다. 본질 일반은 **안에 있는** 무엇이어야 하고, 그런고로 그것은 모든 외부 관계로부터 자유로우며, 결과적으로 합성에서도 자연스럽다. 따라서 단순한 것이 사물 자체에서 내적으로 있는 것의 기초를 이룬다는 것이다. 그러나 이를 본질적인 것의 상태 안에서 내적인 것은 위치, 형태, 접촉 또는 운동(이런 규정들은 모두 외부 관계이다)일 수는 없으며, 그래서 우리가 본질로 돌릴 수 있는 것은, 우리 자신이 우리의 감각을 내적으로 규정할 수 있는 것, 달리 말해 그저 **표상의 상태**라는 것인데, 이리하여 '모나드'가 완성된다. 이것이 우주 전체의 기본 물질[807]이라는 것이다. 그러나 그것의 활동력은 오직 표상 안에서만 이루어지며, 실제로 그런 표상을 통해서 오직 자기 자신 안에서만 유효하다는 것이다.

그러나 바로 이런 이유 때문에, 라이프니츠는 본질들 사이의 가능한 **공동성**의 원리를 **예정 조화**로 보아야 했다. 그래서 이 원리가 물리적 영향이 될 수는 없었다. 왜냐하면 모든 것이 단지 내적으로만, 즉 그것의 표상에만 관련되는 탓에, 어느 하나의 본질의 표상 상태가 다른 본질의 상태와 어떤 영향을 주고받는 결합을 할 수

---

806 실체(reality)와 대립하는 부정(negation).
807 형태를 갖는 물리적인 물질이 아니라 형태가 없는 '정신적 것'이다.

없기 때문이었다. 그래서 이 모든 본질에 영향을 미치는 어떤 제3의 원인[808]이 있어서 그것이 본질들의 상태로 하여금 서로 관계가 맺어지도록 해야만 했다. 그러나 이는 우연적으로 제공되면서 각각의 경우에 특별하게 준비되는 방식으로 이루어지는 것(지원 체계)이 아니라, 모든 본질에 타당한 원인에 관한 하나된 이성 개념을 통해 이루어지는 것이었다. 그리고 이런 이성 개념 안에서 본질들은 모두 그것의 존재와 불변성을 얻으며 그리하여 본질 사이에서 이루어지는 상호작용이 보편적 법칙에 따르게 된다는 것이다.

넷째, **공간**과 **시간**에 관한 라이프니츠의 저 유명한 **이론**에서는 감수성의 형식들이 지성화되었는데, 그저 초월적 분별에 대한 이런 동일한 착오에서 비롯된 것이었다. 만약 내가 사물들의 외부 관계를 단지 지식만을 통해 머릿속으로 가져온다면, 이는 그것들의 상호작용이라는 개념을 통해서만 가능하다는 것이고, 만일 내가 동일한 사물에 대해 한 상태를 다른 상태로 연결하려고 한다면, 이것은 근거와 결과의 질서에서만 가능하다는 것이다. 그래서 라이프니츠는 공간을 본질들의 공동성 안에 있는 일정한 질서라고 생각했으며, 시간에 대해서는 그것들의 역학적 순서라고 생각했다. 그러나 그는 공간과 시간이 갖고 있는 것처럼 보이는 독립성과 고유성이라는 것은 그저 이 개념들의 **혼란스러움** 탓으로 보았으며, 역학적 관계들의 단순한 형식이 스스로 존속하는 직관으로 간주되면서 사물들 자체에 선행하게 된다는 것이다. 그러므로 라이프니츠에게 공간과 시간은 사물들(본질과 그것의 상태) 자체를 연결해 주는 지적인 형식이 된 것이고, 사물들은 지적인 본질(사유물의 본질)이 되었던 것이다. 그럼에도 불구하고 그는 이런 개념들이 현상에도 타당하게 되도록 했다. 왜냐하면 그가 감수성에는 그것 안에 어떤 종류의 직관도 허용하지 않았기 때문이며, 오히려 모든 것을, 심지어 대상에 대한 경험적 표상조차 지식에서 찾았기 때문이요, 감각에는 아무것도 남기지 않되 지식의 표상들을 혼란시키고 방해하는 비루한 일만 맡겼기 때문이다.

B332
A276

그러나 우리가 설령 순수 지식을 통해 **사물 자체에 대해** 무언가를 종합적으로 말

---

808 신(God)을 가리킨다.

할 수 있다 해도(그러나 이는 불가능하다), 그런 이야기는 현상에는 관계될 수 없는 것이니, 현상은 우리에게 사물 자체를 머릿속으로 가져오지 않는다. 따라서 현상의 경우에, 나는 항상 초월적 분별에서 나의 개념들을 감수성이라는 조건 하에서 비교해야 하며, 그리하여 공간과 시간은 사물 자체에 대한 규정이 아니라 현상에 대한 규정이 될 것이요, 나는 사물들이 그 자체로 무엇인지를 알지 못하고, 알 필요도 없는 것이다. 어떤 사물이든지 그것은 현상이 아니고서는 내 앞에 나타날 수 없기 때문이다.

나는 남아있는 분별 개념들에 대해서도 같은 방식으로 다룬다. 내용[809]은 현상물 본질이다. 나는 내용 안에 속하는 것을, 그것이 차지하는 공간의 모든 부분에서, 그리고 그것이 수행하는 모든 영향 속에서 구하는데, 확실히 이는 언제나 외부 감각의 현상이 아닐 수 없다. 그러므로 나는 정말이지 절대적으로 내적인 것[810]을 가지는 게 아니라, 단지 상대적으로 내적인 것을 가질 뿐이고, 그 자체로는 외부 관계인 것이다. 그러나 내용 안에 있는 절대적으로 내적인 것 — 순수 지식에 따르는 것 — 은 한낱 환상에 불과하다. 왜냐하면 내용은 순수 지식의 대상이 전혀 아니기 때문이다. 반면 우리가 내용이라 칭하는, 이러한 현상의 근거가 될 수도 있는 그런 초월적 대상에 대해 말하자면, 그것이 무엇인지 알지 못하는 어떤 것이다. 설령 누군가 우리에게 그것에 관해 말할 수 있을지라도 그러하다. 왜냐하면 우리의 단어들에 대응하는 어떤 것을 직관에서 갖는 것 말고는 우리는 무엇도 이해할 수 없기 때문이다. 만약 **〈우리는 사물들의 내적인 것을 전혀 통찰하지 못한다〉**라는 푸념이, 우리에게 나타난 저 사물들이 대체 무엇인지 순수 지식을 통해서는 이해할 수 없다는 이야기라면, 이런 푸념은 올바르지 않고 비합리적인 것이다. 이는 우리가 사물들을 인식할 수 있기를, 그러므로 감각이 없어도 그것들을 직관할 수 있기를 바라는 것이기 때문이다. 결과적으로 우리가 단순히 정도의 문제만이 아니라 직관과 유형의 면에서도 인간과 완전히 다른 인식 능력을 갖기를 바라는 것이요, 그리하여 우

---

809 외부에서 유래하는 물질로서, 생각의 재료로서, 내용을 뜻한다.

810 예컨대 우리가 관찰하는 어떤 물질의 안쪽에 감춰진 것을 가리킨다. 다시 말해 사물 자체의 안쪽에 있는 것.

리가 인간이 아니어야 한다고, 도무지 우리는 그것이 가능한지, 그것의 특성이 무엇인지 말할 수조차 없는 그런 존재[811]가 되기를 바라는 것이다. 현상에 대한 관찰과 분석은 자연의 내적 특성 안을 간파하는 일이기는 해도, 우리는 이런 간파가 시간 속에서 어디까지 나아가는지 알 수 없다. 우리는 자연을 넘어서는 초월적인 문제들에 대해 여전히 답할 수 없을 것이다. 설령 그 자연의 모든 것이 우리에게 드러나 있을지라도, 우리의 머릿속조차 내적 감각의 직관 말고는 다른 직관으로 관찰하는 일이 우리에게 주어지지 않기 때문에 그러하다. 우리 감수성의 근원에 관한 비밀이 감춰져 있는 탓이다. 어떤 대상과 감수성의 관계 맺음과, 이러한 하나됨의 초월적 근거가 될 수 있는 것은 확실히 우리에게는 너무 깊은 곳에 숨겨져 있다. 우리는 심지어 우리 자신에 대해서도 오직 내적 감각을 통해서만, 그러므로 현상을 통해서만 알게 될 뿐이다. 그런 우리로서는 현상을 더 많이 탐구하는 게 아니라면 다른 무엇을 탐구하는 데에는 적합하지 않은 그런 도구[812]를 사용하지 못한다. 설령 우리가 기꺼이 그런 비감각적인 원인을 탐구하려고 해도 그러하다.

그런 분별 작용으로부터 비롯되는 추론에 대한 이 비판은 아주 유용하다. 사람들이 지식 안에서 서로를 비교하기만 하는 대상들에 대한 모든 추론이 무용함을 밝혀주기 때문이다. 동시에 우리가 중요하게 강조한 것, 비록 현상들이 사물 자체로서 순수 지식의 대상으로 파악될 수는 없더라도, 그 현상이야말로 우리 인식이 객관적 실체를 가질 수 있는 유일한 대상, 즉 개념에 대응하는 직관임을 명확히 밝혀주기 때문이기도 하다.

만약 우리가 그서 논리적으로만 분별하는 것이라면, 그때 우리는 두 개념 모두 같은 것인지, 그것들이 서로 모순되는 건 아닌지, 개념 안에 무엇인가가 내적으로 들어있는지 아니면 그것이 더해질 것인지, 둘 중 어느 개념이 주어진 것으로 여겨지는 것인지, 그리고 둘 중 어느 쪽이 주어진 그것을 생각하는 방식으로 여겨져야 하는지에 관해서, 그저 지식 안에서 우리의 개념들을 서로 비교하기만 한다. 그러나

---

811 결국 신이거나 신적인 존재를 뜻한다.
812 인간의 직관 능력.

만약 내가 이런 개념들을 (초월적인 의미에서) 대상 일반에, 그것이 감각 대상인지 아니면 지적인 직관인지 더 규정해 보지 않은 채 적용하는 것이라면, 그 개념들의 모든 경험적 사용을 왜곡하는 한계들이 (우리는 이 개념 바깥으로는 넘어 가지 말아야 한다) 즉시 나타난다. 바로 그렇기 때문에, 이 한계들은 사물 일반으로서 대상을 머릿속으로 가져오는 것은 단순히 **불충분한** 것에 그치지 않을 뿐더러, 그 대상에 대한 감각적인 규정 없이는 그리고 경험적 조건과 무관한 경우에는 그 자체로 **모순**되기까지 함을 증명한다. 그리하여 이는, 사람들이 (논리 속에서) 어떤 대상을 빼내거나, 아니면 어떤 대상을 가정한다면, 그 대상을 감각 직관의 조건 아래에서 생각해야만 하는데, 그렇다면 지적인 것[813]은 우리가 갖고 있지 않은 완전히 특별한 직관을 필요로 하게 되고, 또 그렇다면 그런 특별한 직관이 없는 **우리에게는** 저 직관적인 것이 아무것도 아님을 증명하는 것이다. 다른 한편 저 현상은 사물 자체가 될 수 없음도 증명된다. 왜냐하면, 만약 내가 그저 사물 일반을 생각하는 것이라면, 그때 외부 관계들의 차이는 확실히 사물 자체들의 차이를 구성하는 게 아니라 그저 그것을 가정하는 것일 뿐이다. 만약 하나의 사물에 대한 개념이 다른 사물 개념과 내적으로 차이가 없다면, 나는 그저 서로 다른 관계에서 하나의 똑같은 사물을 놓는 것일 뿐이다. 더욱이 어느 긍정(실체)에 다른 하나의 긍정만을 더함으로써 적극적인 것은 증가하는데, 그것으로부터 그 무엇도 저하되거나 취소되지는 않는다. 그러므로 사물 일반 안에서 실제로 있는 것은 서로 모순될 수 없게 된다.

○

우리가 살펴본 것처럼, 어떤 오해로 인해 분별 개념들이 지식 사용에 영향을 미친 탓에, 모든 철학자 중에서도 가장 예리한 철학자[814]가 감각의 보충 없이도 지식 대상을 규정하는, 이른바 지적인 인식 체계를 고안하는 유혹에 빠졌다. 바로 이런 이유 때문에, 잘못된 원리를 만들어 내는 이런 개념들의 모호함에 관한 거짓 원인을 해명하는 이 작업은 지식의 한계를 믿음직스럽게 규정하고 확실히 하는 데 아주

---

813 즉, 사유물.
814 라이프니츠.

유용하다.

우리는 실로 〈한 개념에 보편적으로 일치하거나 모순되는 것은 그 개념 아래에 포함되는 특수한 모든 것에 일치하거나 모순된다〉(전부 또는 전무의 원리[815])라고 말해야 한다. 그러나 이런 논리학 원리를 다음과 같이 바꿔 읽는 것은 불합리할 것이다. 〈보편 개념 안에 들어있지 않는 것은 그 개념 아래에 놓이는 특수한 개념들에도 들어있지 않다〉 왜냐하면 특수 개념이라는 것은 보편 개념 안에서 생각되는 것보다 더 많은 것이 들어있는 바로 그런 개념이기 때문이다. 그럼에도 불구하고 라이프니츠의 전체 지성 체계는 저 후자의 원리 위에 세워진다. 그러므로 그의 체계는 이러한 원리와 함께 지식 사용 안에서 생겨난 모든 모호함과 더불어 무너진다.

구별 불가능한 것의 원리는 실제로 다음과 같은 전제에 기초한다. 만일 어떤 구별이 사물 일반의 개념 속에서 발견되지 않는다면, 그것은 사물 자체에서도 발견되지 않는다는 것이며, 결과적으로 (질이거나 양이거나) 그 개념들 속에서 서로 구별되지 않는 모든 사물은 완전히 동일하다는 것이다(수적으로 동일). 그러나 어떤 사물에 대한 단순한 개념 안에서, 필수적인 직관 조건들이 빠져 있기 때문에, 그런 결여된 개념이 전혀 만날 수 없이 어떤 사물로 여겨지게 되고, 그 개념에 들어있지 않는 것이라면 어떤 것도 그 사물에 없다고 하게 되니 기이할 정도로 경솔한 생각이다.

공간의 입방 피트[816]라는 개념은, 그것을 내가 어디에서 얼마나 자주 생각하든, 그 자체로 항상 완전히 동일하다. 그러나 그 입방 피트는 그저 그것들의 위치만으로도 공간에서 구별된다(수적으로 차이). 이런 위치는 저 개념의 대상이 주어진 곳에서의 직관의 조건이며, 이런 조건은 그 개념에는 속하지 않아도, 전체 감수성에는 속한다. 마찬가지로, 만약 부정적인 것이 긍정적인 것에 결합되어 있지 않다면,

---

815 *Dictum de omni et nullo.*

816 Cubic foot. 가로 피트 x 세로 피트 x 높이 피트의 정육면체의 부피를 말한다. 1피트는 약 30.48cm.

어느 한 사물에 대한 개념 안에서는 어떤 모순도 없다. 그저 긍정 개념만으로는 결합 속에서 어떤 취소가 생겨날 수 있는 게 아니다. 그러나 실체(예컨대 운동)가 주어지는 직관에서는, 우리가 운동 개념 일반에서 빼내었던 조건들(반대 방향)이 있어서 그것들이 충돌을 일으킬 수 있는데, 이는 확실히 논리적인 충돌이 아닌 것으로 완전히 적극적인 것에서 영(=0)을 만들어 낸다. 그래서 우리는 〈모든 실체가 서로 일치한다〉라고는 말할 수 없을 것이다. 어떤 충돌도 그것들의 개념에서는 발견되지 않기 때문이다.* 그저 개념에만 따른다면, 내적인 것은 모두 관계적이거나 외부 규정들의 토대이다. 그러므로 만약 내가 모든 직관 조건을 빼내서 오직 사물 일반의 개념에만 머문다면, 그때 나는 모든 외부 관계를 빼낼 수 있게 되는데, 그러면 어떤 개념만이 남을 수밖에 없고 그것은 관계를 의미하는 게 아니라, 그저 내적인 규정만을 의미할 뿐이다. 이제 이로부터 모든 사물(본질) 안에는 전적으로 내적이며 모든 외부 규정에 선행하면서 그것들을 비로소 가능하게 하는 무엇인가가 있게 되고, 그리하여 이 토대는 그 자체를 외부 관계가 들어있지 않는 무엇인가가 되며, 결과적으로 그것은 **단순한** 것이라는 추론이 나타나는 것처럼 보인다. (왜냐하면 형체를 갖는 것은 언제나 그저 관계이며, 적어도 서로 외부에 있는 부분들의 관계이기 때문이다) 또한 우리는 우리의 내적 감각을 통하지 않고서는 어떤 절대적으로 내적인 규정들을 알지 못하기 때문에, 이러한 토대는 단순할 뿐만 아니라 (우리 내적 감각과의 유추에 따라) **표상**을 통해 규정되는 것처럼 보이고, 다시 말해 모든 사물은 실로 **모나드**가 되거나, 아니면 표상이 부여된 단순한 존재인 것처럼 보인다.

* 칸트 주석: 만약 우리가 여기서 평범한 속임수를 써서 〈적어도 사유물의 실체는 서로 반대로 작용할 수 없다〉고 말한다면, 그때 우리는 그런 순수하고 감각이 없는 실체[817]의 사례를 들어 예증해야 할 것인데, 그리하여 그런 실체가 실로 무엇을 표상하는지, 아니면 전혀 표상하지 않는지가 이해되도록 해야 한다. 그러나 우리는 경험이 아니고서는 다른 어느 곳에서도 그런 사례를 얻을 수 없는데, 경험은 우리에게 현상물만을

817 즉, 모나드.

제공할 뿐이다. 그러므로 이 명제는 오직 긍정만이 들어있는 개념에 부정적인 것이라곤 전혀 들어있지 않음을 의미할 뿐이고, 이런 명제를 우리는 전혀 의심하지 않았던 것이다.

이런 견해는, 만약 사물 일반 개념을 넘어서 오직 외부 직관의 대상만이 우리에게 주어질 수 있다는 제약 조건이 아예 없다면, 그리고 순수 개념이 그것들을 빼낸다고 한다면, 그러면 전적으로 타당할지도 모른다. 왜냐하면 공간 속에 불변하는 현상(불투과성의 크기)에는 오직 관계만이 들어있고, 절대적으로 내적인 것이 없으며, 그렇지만 우리의 모든 포착의 기본 토대가 될 수도 있기 때문이다. 그런데 한낱 개념만으로는, 실로 나는 내적인 무엇인가를 빼놓고 외부의 것을 생각할 수는 없다. 관계 개념은 전적으로 주어진 사물을 전제하고, 그런 주어진 사물이 없다면 불가능해지는 바로 그런 이유 때문이다. 그러나 직관에는 사물 일반이라는 개념 안에 놓이지 않는 무엇인가[818]가 들어있고, 이 무엇인가가 우리에게 그저 개념만으로는 전혀 인식할 수 없었던 토대를 제공한다. 다시 말해 그것은 공간으로서 모든 것이 그 안에 들어있고, 순수하게 형식적이거나 아니면 실제로 있는 관계로 이루어지는 것이다. 그러므로 전적으로 내적인 것 없이는 어떤 사물도 **한낱 개념만으로는** 표상될 수 없기 때문에, 이런 개념 아래에 포함되는 사물 자체에서도 그리고 그것의 **직관에서도**, 전적으로 내적인 것에 근거를 두지 않는 외부의 것이 있다고는 나는 말할 수 없다. 왜냐하면 만약 우리가 직관의 모든 조건을 빼내면, 내적인 것 일반과, 외부의 것을 유일하게 가능하게 해주는 상호 관계 외에는 한낱 개념 안에 아무런 것도 남지 않기 때문이다. 이런 필연성은 ― 오직 직관을 빼내는 것에만 근거하는 ― 사물들이 어떤 내적인 것에 기초함 없이 그저 관계들을 표현하는 규정과 함께 직관에서 주어지는 한, 그런 사물[819]의 경우에는 발생하지 않는다. 왜냐하면 그런 사물들은 사물 자체가 아니라 단순히 현상이기 때문이다. 우리가 내용[820] 속에서 알게 되는 모든 것은 그저 관계일 뿐이다(우리가 그것의 내적 규정이라 부

---

818 여기에서 칸트는 순수 직관인 '공간'이 있어야 함을 강조하고 있다.
819 직관의 형식인 공간을 통해 주어지는 사물.
820 우리 바깥에 존재하는 물질 또는 인식의 재료.

르는 것은 단지 상대적으로 내적인 것이다). 그러나 이러한 관계 중에는 스스로 존속하고 불변하는 관계들이 있고, 이것들에 의해 어느 확정된 대상이 우리에게 주어진다. 만약 내가 이러한 관계들을 빼낸다면, 내가 생각할 것이 더 이상 남지 않게 된다. 그런데 이런 사실이 현상으로서의 사물 개념을 제거하지도, 추상적인 어떤 대상 개념을 제거하지도 않지만, 그저 개념을 통해서만 대상을 규정할 수 있다는 가능성만은, 다시 말해 사유물의 가능성만은 제거한다. 물론 하나의 사물이 전부 관계로 이루어져 있다는 말을 들으면 아주 놀랍기는 하다. 그러나 그런 사물은 단순히 현상인 것이고, 순수 범주[821]를 통해서는 생각될 수 없는 것이다. 사물 자체는 감각에 대한 그저 어떤 것 일반의 관계일 뿐이다. 마찬가지로 만약 우리가 그저 개념만을 가지고 시작한다면, 우리는 사물들의 관계를 — 어느 것이 다른 것을 규정하는 원인이라는 방식 말고는 — 추상적으로 생각하지 못한다. 왜냐하면 그것이 관계 그 자체에 관한 우리의 지식 개념이기 때문이다. 그러나 이런 경우에 우리가 모든 직관을 빼냈기 때문에, 다양한 표상이 그것들의 장소를 정할 수 있는 모든 방식을, 즉 모든 경험적 인과성에 선행하는 감수성의 형식(공간)을, 사라지게 만든다.

B342

B286

만약 그저 지적인 대상을 가리켜 어떤 감수성의 윤곽도 없이 그저 우리가 순수 범주를 통해서 생각되는 그런 것들을 뜻한다면, 그런 대상은 불가능하다. 우리의 모든 지식 개념의 객관적 사용 조건이라는 것은 대상들이 우리에게 주어지도록 하는 감각 직관 — 우리가 그저 갖고 있는 직관 방식이다 —이기 때문이며, 만약 우리가 이런 직관을 빼내버리면 개념들이 어떤 대상과도 관계를 갖지 못하기 때문이다. 설령 우리가 이러한 우리의 감각 직관과는 다른 종류의 직관을 가정하게 된다 할지라도, 정말이지 그런 경우라면 우리의 생각 기능이 저 다른 직관에 관해서는 무의미하게 있을 것이다. 만약 우리가 저 지적인 대상을 감각적이지 않은 직관의 대상으로만 이해한다면, 그래서 만약 우리의 범주가 참으로 그것에 타당하지 않게 된다면, 그리하여 우리가 전혀 인식을 가질 수 없게 된다면(직관 면에서도 개념

---

[821] 말하자면, '순수 순수' 지식 개념.

면에서도), 그때 이런 소극적인[822] 의미에서의 사유물은 허용될 수밖에 없다. 우리의 직관 방식은 모든 사물을 다루는 것이 아니라 그저 우리의 감각 대상만을 다루는 것이며, 결과적으로 그것의 객관적 타당성은 한계가 있고, 그러므로 다른 방식의 직관이 자리할, 그런 사유물 개념은 미정적이다. 이는 우리가 그것이 가능하다고도 말할 수 없고 불가능하다고도 말할 수 없는 그런 사물에 대한 표상이다. 왜냐하면 우리가 우리 자신의 감각적인 방식 말고는 다른 방식의 직관을 모르고, 범주 말고는 다른 방식의 개념들을 모르기 때문이며, 이 양자 모두 감각 바깥의 대상에는 적합하지 않기 때문이다. 그러므로 그런 사유물을 허용하는 것이 우리로 하여금 우리 감수성의 제약 조건들을 넘어 우리 생각의 대상들에 관한 영역을 적극적으로 확장해 주도록 하는 건 아니다. 또한 현상 너머 순수 생각의 대상들, 즉 사유물이 있노라고 가정하도록 해주는 것도 아니다. 우리가 그런 것들에 제시할 수 있는 적극적인 의미가 없는 까닭인데, 이는 범주만으로 사물 자체를 인식하기에 충분하지 않고, 감수성의 데이터가 없다면 범주들은 그저 어떤 대상도 없는 지식의 하나됨에 관한 주관적인 형식에 불과해짐[823]을 우리가 고백할 수밖에 없기 때문이다. 생각 자체는 확실히 감각의 산물은 아니다. 그리고 그런 범위에서는 감각에 의해 제한되지는 않는다. 그렇지만 그런 이유만으로는 곧바로 생각이 감수성의 지원 없이 독립적이면서 순수하게 사용될 수 있는 건 아니다. 대상 없이 생각이 존재하는 것이기 때문이다. 우리는 또한 저 사유물을 그런 **대상**이라고 부를 수도 없다. 왜냐하면 이것은 우리가 갖고 있는 것과는 다른 아주 상이한 직관과 아주 상이한 지식에 대한 미정의 대상 개념을 의미하기 때문이다. 그래서 이 대상은 그 자체기 문제이다. 따라서 이 사유물 개념은 어떤 대상에 대한 개념이 아니다. 오히려 우리 감

---

822 즉, 부정적인 의미로

823 따라서 이때의 순수 범주는 생각 속에서 발견되는 논리 형식에 불과하기 때문에, '순수 지식 개념'과 달리 능동적으로 일을 하지 않는다. 그러므로 상상물인 '드래곤'과 '**카르타피르체 쑤**'에는 범주가 작용하지 않는다. 그럼에도 그런 상상물에 대해 생각이 가능해지는 것처럼 보이고, 범주가 적용되는 것 같은 생각이 드는 까닭은, 획득한 기존 지식과 경험 개념을 이용하여 만들어 낸 문장 속에서 범주의 논리 형식이 발견되기 때문이다. 다시 말해 범주가 능동적으로 일하는 것이 아니라 범주가 발견될 뿐이다. 예컨대 독자는 '드래곤'에 대해서는 무슨 생각이라는 것을 할 수 있을 것이다. 왜냐하면 창작물을 통해 드래곤을 이미 접했고, 그래서 허구적인 감각 자료를 사용할 수 있기 때문이다. 그러나 어떤 독자도 '카르타피르체 쑤'에 대해서는 생각하지 못할 것이다.

수성의 한계와 불가피하게 결합된 문제이며, 이는 우리 감수성의 직관으로부터 완전히 벗어난 대상이 있을지도 모른다는 것에 관한 문제이다. 이 문제는 오직 무규정적으로만 답할 수 있을 뿐이다. 감각 직관이 무차별적으로 모든 사물을 다룰 수 있는 건 아니기 때문에, 여러 가지 다른 대상을 위한 자리가 비어 있으며, 그러므로 그런 대상들이 절대적으로 부정되는 건 아니다. 그러나 어느 확정된 개념이 없는 탓에 (왜냐하면 어떤 범주도 이것에는 적합하지 않기 때문이다) 그것들은 우리 지식의 대상으로는 주장될 수 없는 것이다.

따라서 지식은 감수성을 한계 짓는다. 그렇다고 해서 지식이 자신의 영역을 넓히는 것도 아니다. 그리고 지식은 감수성으로 하여금 사물 자체에 닿으려고 하지 말고, 오직 현상만을 다루라고 경고하지만, 정작 자신은 대상 그 자체에 대해 생각하는데, 그것은 단지 초월적 대상으로, 다시 말해 현상에 대한 원인으로 (그러므로 그 자체로 현상은 아니다) 생각하는 것이다. 하지만 그것은 양으로도 실체로도 본질로도 다른 것으로 생각될 수 없는 것이다. (왜냐하면 이런 개념은 언제나 그 안에서 어떤 대상을 규정하는 감각 형식들을 필요로 하기 때문이다) 그러므로 이런 초월적 대상에 관해서는, 그런 대상이 우리 안에서 발견될 수 있는지 아니면 우리 바깥에 있는지 여부, 그리고 그것이 감수성과 함께 동시에 제거될 것인지 아니면 우리가 감수성을 제거하더라도 여전히 남을 것인지 여부가, 우리에게 전혀 알려지지 않는다. 만약 우리가 이 대상을, 그것의 표상이 감각적인 게 아니라는 이유로 사유물이라 부르기를 원한다면, 우리는 그럴 자유가 있다. 그러나 우리가 그것에 우리의 지식 개념을 전혀 적용할 수 없는 탓에, 이 표상은 여전히 우리에게는 텅 빈 채로 남게 되고, 단지 우리의 감각 직관의 한계를 나타내는 역할을 할 뿐이며, 우리에게 가능한 경험을 통해서든 순수 지식을 통해서든 채울 수 없는 빈 공간을 남겨 줄 뿐이다.

이리하여 이런 순수 지식에 대한 비판은, 현상으로서 우리가 만날 수 있는 것들을 넘어 대상에 관한 새로운 분야를 만들어 내도록 해주는 것도 아니며, 지성 세계 안으로 멋대로 들어가도록 해주는 것도 아니다. 심지어 그것들의 개념 안으로 들어가는 것조차 인정해 주지 않는다. 이러한 잘못된 모험의 분명한 원인이면서도 정당화되지는 못하지만 실로 변명은 할 수 있는 그런 오류는, 지식을 그것의 본래의 사명과는 반대로, 초월적으로 사용한 것이며, 그러므로 대상을, 다시 말해 가능한 직관을 그런 개념에 따르도록 한 것이다. 이는 개념을 (대상들의 객관적 타당성이 의존하는 것으로서) 가능한 직관에 따르도록 하는 게 아니었다. 그러나 이러한 것의 원인은 다시금 지각이, 그리고 지각과 함께, 생각이 모든 가능한 표상 규정들의 준비에 선행한다는 것이었다. 그러므로 우리는 어떤 것 일반을 생각하고, 한편으로는 그것을 감각적으로 규정하는데, 다른 한편으로 우리는 추상적으로 표상된 보편적인 대상을 그것을 직관하는 방식과 구별한다. 따라서 우리에게는 그저 생각을 통해서만 대상을 규정하는 방식이 남게 되는데, 비록 이런 방식이 내용 없는 한낱 논리적 형식에 불과하지만, 그렇다 해도 그 대상은 그 자체로 (사유물로서) 존재하는 방식이 우리에게 있는 것처럼 보이는 것이고, 이는 우리 감각으로 제한되는 그런 직관을 고려하지 않는 것이다.

B346

A290

우리가 초월적 분석편을 끝내기 전에, 비록 그 자체로는 특별히 중요한 것은 아니지만, 이 체계와 완벽함을 위해 필요한 것처럼 보이는 무엇인가를 덧붙여야 한다. 초월철학을 시작하는 데 흔히 필요한 최고 개념은 가능한 것과 불가능한 것의 구분이다. 그런데 모든 구분은 구분돼야 하는 어떤 개념을 전제하기 때문에, 더 높은 개념이 주어져야 하고, 이것이 바로 대상 일반 개념이다(그것이 어떤 것인지, 혹은 아무것도 아닌지 여부가 정해지지 않은, 미정적으로 취해진 것이다). 범주는 대상 일반에 관계하는 유일한 개념이기 때문에, 그것이 어떤 것인지 혹은 아무것도 아닌지에 관하여 어떤 대상을 구별함은 범주의 순서와 안내에 따라 진행할 것이다.

B347

1. 전체, 복수, 하나라는 개념들은 모든 것을 소멸시키는 개념에 의해, 다시 말해 없음에 의해 반대된다. 그래서 주어질 수 있는 직관이 없는 것에 대응하는 개념의 대상은 '**= 아무것도 아님**'이다. 즉 사유물처럼 대상이 없는 개념이며(이성적 있음), 이는 가능성에서 있는 것으로 계산될 수 없다. 설령 그런 이유로 불가능한 것으로

A291

주장돼서도 안 될지라도, 그러하다. 어떤 새로운 기본 힘 같은 어떤 것이어서 우리가 모순 없이 생각하기는 해도, 경험의 사례 없이 생각되는 것이어서, 가능성에 있는 것으로 계산되지 말아야 한다.

2. 실체는 **어떤 것**이다. 부정은 **아무것도 없음**이다. 다시 말해 부정은 그림자나 추위 같이 대상이 결여된 개념이다(결핍의 없음).

3. 본질이 없는 단순한 직관의 형식은 그 자체로 대상이 없고, (현상으로서) 어느 대상에 대한 한낱 형식적 조건에 지나지 않는다. 순수 공간과 순수 시간이 그와 같은 것이고, 이것들은 실로 직관을 위한 형식이기는 해도 그 자신이 직관되는 대상이 아닌 어떤 것이다(상상의 있음).

B348

4. 자기 자신과 모순되는 개념의 대상은 아무것도 아닌 것이다. 왜냐하면 그 개념이 아무것도 아니기 때문으로, 말하자면 두 변으로 이루어진 사각형 같은 것이어

서 불가능하다(부정적 없음).

이리하여 **아무것도 아님**의 개념에 대한 구분표는 다음과 같이 그려내야 한다.

아무것도 아님[824]

1

대상이 없는 텅 빈 개념

(이성적 있음)

2

어떤 개념에 대한 텅 빈 대상

(결핍이 없음)

3

대상이 없는 텅 빈 직관

(상상의 있음)

4

개념이 없는 텅 빈 대상

(부정적 없음)

('어떤 것'에 대한 유사한 구분은 이것으로부터 직접 따라 나올 것이다[825])

우리는 사유-존재(1번)가 무(4번)와 구별됨을 본다. 사유-존재는 그것이 한낱 발명에 불과한 탓에 (설령 모순되는 발명은 아닐지라도) 가능성 중에 있는 것으로 계산돼서는 안 되지만, 무는 자기 자신조차 소멸시키는 개념인 흰 가능성에 반대

---

824 기존 번역자들이 '무無'라고 번역해 왔으나, '아무것도 아님'으로 번역하는 것이 바람직하다. '무'는 이 테이블에서 4번에만 해당한다. 그 동안 번역 과정에서 동양 사상의 신비적인 요소가 칸트 철학에 비집고 들어와 그 자명함을 해치는 일이 잦았다.

825 다음과 같이 그릴 수 있을 것이다.

어떤 것임

1

대상이 있는 채워진 개념

2

어떤 개념에 대한 채워진 대상

3

대상이 있는 채워진 직관

4

개념이 있는 채워진 대상

B349 되는 개념이기 때문이다. 그러나 양자 모두 텅 빈 개념들이다. 반면 결핍의 없음(2번)과 상상적 있음(3번)은 개념에 대해 텅 빈 자료이다. 만일 빛이 감각에 주어지지 않는다면, 그때 우리는 어둠도 표상할 수 없을 것이다. 만일 크기를 갖는 존재가 포착되지 않는다면, 우리는 공간을 표상할 수 없을 것이다. 실제로 있는 어떤 것이 없다면, 부정과 직관의 단순한 형식은 객관들이 아니다.

여기까지가
순수이성비판 1입니다.

인내력이 필요하긴 했어도 큰 어려움은 없었으리
라 생각합니다.

순수이성비판 2에서 뵙겠습니다.

다음 세 문제를 맞춰 보세요!

1. 칸트는 1787년 머리말에서 '나는 지식을 부정함으로써 신앙을 위한 자리를 만들었다'라고 선언했다. 이 말의 의미를 가장 정확히 해설한 사람은 누구인가?
① 구명진: 이론 이성이 초월적 대상에 적용될 수 없음을 증명함으로써, 실천 이성이 자유와 도덕, 신의 존재 등을 다룰 수 있는 공간을 열었습니다.
② 정우성: 경험적 세계에서는 신앙의 역할이 없기 때문에 이론 이성은 도덕과 무관해요.
③ 우섬결: 인간의 감각이 모든 것을 알 수 있기 때문에, 이성의 영역은 신앙 없이도 충분해요.
④ 마하린: 지식이 곧 신앙의 바탕이 되어야 한다는 합리론을 칸트는 적극 옹호합니다.
⑤ 남윤준: 이성은 진리를 탐구하지만 신앙은 마음의 안정에 불과하므로 철학과는 관련이 없어요.

2. 지식이 풍부하고 공부를 잘한다는 사람들이 어처구니 없는 실수를 저지르곤 한다. 그렇다면 그렇게나 똑똑한 판사가, 혹은 그렇게나 대단한 권력을 갖고 있는 고위 공무원이, 탁월한 지식을 갖고 있는 사람들이 어째서 개념을 적용할 때 쉽게 실수를 저지르게 되는지, 그 까닭은 무엇인가? 다음 중 칸트의 설명으로 가장 타당한 것은?
① 판단력이 부족하기 때문에.
② 생각보다 멍청하기 때문에.
③ 감수성이 게으르기 때문에.
④ 지식이 부족하기 때문에.
⑤ 상상력이 부족하기 때문에.

3. 심청은, 나는 누구인지, 내가 왜 사는 것인지, 참된 자기 자신의 모습은 무엇인지 등을 고민한다. 심청은 이런 문제에 대한 답을 찾아야 인생을 잘 살아갈 수 있을 것 같다는 생각에 휩싸여 있지만, 도무지 답을 얻지 못하고 있다. 심청의 고민은 깊고, 좀처럼 그 깊은 곳에서 헤어나오지 못한다. 번민의 날을 지속하고 있는 심청을 찾아가 홍길동이 조언한다. 홍길동은 최근 칸트의 순수이성비판을 읽고서 큰 깨달음을 얻은 바 있었다. 다음 홍길동의 조언 중 칸트의 견해와 가장 먼 조언은 무엇인가?

① 심청, 이렇게 생각해 봐. 네 의식 속에는 두 명의 심청이 있는 거야. 한 명은 '생각하는 심청'이고, 다른 한 명은 '생각되는 심청'이야. 지금 괴로워하는 것은 '생각하는 심청'이잖아? 지금 고민하고 나를 알고 싶어하는 그 나도 '생각하는 심청'이고. 그런데 그 생각하는 심청은 '생각되는 심청'을 어떤 방법으로 알 수 있을까?

② '생각되는 심청'은 생각하는 심청의 '앎의 대상'이야. 그렇지? 그런데 인간이 무엇인가를 알려고 하면 말이지. 우선 그것이 생각하는 심청의 감각에 나타나야 해. 그걸 내적 직관이라고 불러. 그런데 여기에서 몇 가지 문제가 있어. 만약 나타나지 않는 '생각되는 심청'이 있다면, 그 심청은 정말로 심청이 아닌 것일까? 혹시 그 심청은 오늘이 아니라 내일 나타날 수 있지 않을까? 옛날에 나타난 심청이 오늘은 어째서 나타나지 않는 거지?

③ 그래서 말이야. '생각하는 심청'이 '생각되는 심청'의 참된 모습, 진짜 나를 알 수는 없다는 거야. 생각하는 심청이 알 수 있는 것은 지금 '나타나는 생각되는 심청'일 뿐이야. 그러므로 불가능한 고민과 탐구는 그만하자. 더 잘 알 수는 있어도 완전히 알 수는 없어. 지금 더 잘 알 수 있었다고 생각해도, 내일 그 생각이 바뀔 수 있어.

④ 그래서 생각하는 심청의 의지가 필요한 거야. 언제까지 생각되는 심청이 본모습으로 나타나기를 기다리고 있을래? 우리가 거짓 감각에 현혹되지 말고, 깊고 영적인 생각을 통해서, 그리고 감각에 묶이지 않겠다는 그런 의지를 통해서, 참된 나를 만날 수 있다는 거야.

⑤ 그런데 말이야. 생각되는 심청이 이러하다 저러하다 규정하는 것은 외부 존재가 필요해. 생각되는 심청은 시간 속에서 나타나는 건데, 잘 생각해 봐. 생각되는 심청이 나타나는 '어떤 시간'은 아무것도 없는 암흑 세상이 아니었을 거야. 거기에는 항상 누군가가, 아니면 어떤 사물이나 상황이나 장소가 있었을 거야. 그래서 생각하는 심청이 생각되는 심청을 더 잘 알기 위해서는, 너무 머릿속에서만 있으면 안 되고, 세상 밖으로 나와서 다양한 관심을 갖는 게 중요해. 생각하는 심청은, 생각되는 심청을 잘 알기 위해서라도, 머리 바깥으로 나와 주위를 둘러봐야 한다는 거야.

정답 및 해설

1. 정답: ①.
칸트는 초월적 존재(신, 자유, 불멸성)에 대한 인식은 이론 이성의 대상이 될 수 없음을 증명하고, 이러한 인식 불가능성 덕분에 실천 이성이 자유롭게 도덕과 신앙을 다룰 수 있다고 본다.

2. 정답: ①.
그렇기 때문에 판단력의 오류를 예방하기 위해서라도 범주의 기능과 범주가 만들어 내는 원리들에 관심을 가질 필요가 있다.

3. 정답: ④.
이 조언은 합리론자(Rationalist)나 신비주의자의 주장과 가깝다. 칸트는 감각(직관)을 무시한, 순수한 사유(지적인 생각/영적인 생각)만으로는 참된 나('사물 자체'로서의 나)를 알 수 없다고 주장한다. 우리의 지식 능력은 감각 직관의 한계를 넘어설 수 없다. 감각을 배제하려는 의지적 노력은 자기 확신론으로 이어진다. 칸트는 이러한 자기 확신론적인 이성의 초월적 사용을 금했다.

독자 여러분께

코디정의 순수이성비판 새번역은 일종의 워크북입니다. 순수이성비판을 제대로 읽었는지, 칸트가 전하려는 메시지가 정확히 무엇인지, 혹시 내가 잘못 오해하고 있는 것인지, 궁금하시지 않으신가요? 이런 궁금증을 해소하기 위해서 순수이성비판 문제집을 별도로 준비했습니다. 8회분의 모의고사 형식의 문제집입니다. 평가와 점수를 위한 문제집이 아니라, 독자 여러분의 이해를 돕기 위한 도구로서의 문제집입니다. 꼭 문제집의 문제를 풀어 보십시오. 칸트를 읽으면 칸트가 이해됩니다. 문제를 풀면 더 확실히 이해됩니다.

코디정 드림

임마누엘 칸트
Immanuel Kant
1724~1804

그는 63세에 이르러 집을 소유할 수 있었다. 그때는 이미 결혼 적령기를 한참이나 넘긴 나이였다. 쉰일곱 살에 첫 번째 주요 저술 〈순수이성비판〉(1781)을 출간했다. 십 년을 넘게 시간강사 생활을 이어가다 46세가 돼서야 자기 고향에 있는 쾨니히스베르크 대학의 철학과 교수가 될 수 있었다. 평범한 서민의 아들이었으며 젊어서 두각을 나타낸 인물도 아니었고 부와 명예를 위해 활발하게 활동한 사람도 아니었다. 그러나 칸트는 늦은 나이에 빛을 내기 시작한 천재였다. 소크라테스 이후 오랜 세월 이어진 고전철학을 반성하면서 현대의 정신세계를 자극하는 거대한 흐름을 만들어 냈다. 〈순수이성비판〉을 출간한 후 4년 뒤 〈도덕 형이상학의 기초〉(1785), 〈실천이성비판〉(1788), 〈판단력 비판〉(1790), 〈영원한 평화를 위하여〉(1795), 〈도덕 형이상학〉(1797) 등을 집필했다.

1804년 죽음에 임박한 노철학자는 늙은 하인 람페에게 포도주를 한 잔 청해 마시고는 "에스 이스트 굿(Es ist gut)"이라는 말을 남긴 뒤 영원한 평화에 들었다. 그 말은 "좋다"라는 뜻이었다. 장례식은 16일 동안 계속되었다. 땅에서는 수많은 사람이 그의 빈소를 찾았으며 하늘에서는 2월의 별자리들이 그를 맞이했다. 칸트의 묘비명에 새겨진 문장은 이러하다. 그것은 〈실천이성비판〉 맺음말의 첫 구절이었다. "생각하면 할수록 커져만 가는 존경과 경탄으로 내 마음을 새롭게 채워 주는 두 가지가 있으니 별이 빛나는 밤하늘이요, 내 안의 도덕법률입니다."

(옮긴이) 코디정 | 언어활동가, 변리사, 에디터. 생각과 표현 사이에서, 가장 낮은 곳에서든 가장 높은 곳에서든, 누구나 안심하고 건널 수 있는 '언어 교량'을 놓는 활동을 한다. 〈생각의 기술, 바로 써먹는 논리학 사용법〉, 〈괘씸한 철학 번역, 순수이성비판 길잡이〉 등 10권의 책을 저술했다. 제2회 정문술 과학저널리즘상(인터넷부문) 수상. 숭실대학교 국제법무학과에서 지식재산법을 가르치며(겸임교수), 유튜브 〈코디정의 지식 채널〉을 운영한다. 본명 정우성, 칸트주의자.

CREDIT

Kritik der reinen Vernunft (1781, 1787)
Critique of Pure Reason (1781, 1787)

순수이성비판 1, 평범하고 정확한 우리말 새번역 | 임마누엘 칸트

2025년 11월 30일 초판 1쇄 펴냄

(옮긴이) 코디정 | (편집) 마담쿠, 코디정 | (표지 디자인 및 일러스트) 구희선 | (본문) 마하린 | (행정지원) 우섬결 | (펴낸곳) 도서출판 이소노미아 | 서울시 종로구 율곡로 2길 7, 서머셋펠리스 303호 | (펴낸이) 구명진(h.ku@isonomiabook.com) | 인스타그램 @isonomia6 | 문의 사항은 이메일이나 인스타그램 DM으로 보내주세요. | 순수이성비판 원문은 인류 모두가 자유롭게 읽을 수 있는 퍼블릭 도메인입니다. 그러나 이 책의 우리말 번역은 저작권의 보호를 받습니다. © 코디정

ISBN 979-11-90844-65-9 (93110)